中国法律史学文丛

中华人民共和国
社会保障法治史

（1949—2011年）

刘翠霄　编著

2014年·北京

图书在版编目(CIP)数据

中华人民共和国社会保障法治史 1949～2011年/刘翠霄编著.—北京：商务印书馆，2014
（中国法律史学文丛）
ISBN 978-7-100-10951-2

Ⅰ.①中… Ⅱ.①刘… Ⅲ.①社会保障法—法制史—研究—中国—1949～2011 Ⅳ.①D922.182.2

中国版本图书馆 CIP 数据核字(2014)第 286343 号

所有权利保留。
未经许可，不得以任何方式使用。

中国法律史学文丛

中华人民共和国社会保障法治史
（1949—2011年）

刘翠霄 编著

商务印书馆出版
（北京王府井大街36号 邮政编码 100710）
商务印书馆发行
北京冠中印刷厂印刷
ISBN 978-7-100-10951-2

2014年12月第1版 开本 880×1230 1/32
2014年12月北京第1次印刷 印张 21¾
定价：65.00元

总　　序

随着中国的崛起,中华民族的伟大复兴也正由梦想变为现实。然而,源远者流长,根深者叶茂。奠定和确立民族复兴的牢固学术根基,乃当代中国学人之责无旁贷。中国法律史学,追根溯源于数千年华夏法制文明,凝聚百余年来中外学人的智慧结晶,寻觅法治中国固有之经验,发掘传统中华法系之精髓,以弘扬近代中国优秀的法治文化,亦是当代中国探寻政治文明的必由之路。中国法律史学的深入拓展可为国家长治久安提供镜鉴,并为部门法学研究在方法论上拾遗补阙。

自改革开放以来,中国法律史学在老一辈法学家的引领下,在诸多中青年学者的不懈努力下,这片荒芜的土地上拓荒、垦殖,已历30年,不论在学科建设还是在新史料的挖掘整理上,通史、专题史等诸多方面均取得了引人注目的成果。但是,目前中国法律史研究距社会转型大潮应承载的学术使命并不相契,甚至落后于政治社会实践的发展,有待法律界共同努力开创中国法律研究的新天地。

创立已逾百年的商务印书馆,以传承中西优秀文化为己任,影响达致几代中国知识分子及普通百姓。社会虽几度变迁,世事人非,然而,百年磨砺、大浪淘沙,前辈擎立的商务旗帜,遵循独立的出版品格,不媚俗、不盲从,严谨于文化的传承与普及,保持与学界顶尖团队的真诚合作始终是他们追求的目标。遥想当年,清末民国有张元济(1867—1959)、王云五(1888—1979)等大师,他们周围云集一批仁人志士与知识分子,通过精诚合作,务实创新,把商务做成享誉世界的中国品牌。

抗战风烟使之几遭灭顶，商务人上下斡旋，辗转跋涉到重庆、沪上，艰难困苦中还不断推出各个学科的著述，中国近代出版的一面旗帜就此屹立不败。

近年来，商务印书馆在法律类图书的出版上，致力于《法学文库》丛书和法律文献史料的校勘整理。《法学文库》已纳入出版优秀原创著作十余部，涵盖法史、法理、民法、宪法等部门法学。2008年推出了十一卷本《新译日本法规大全》点校本，重现百年前近代中国在移植外国法方面的宏大气势与务实作为。2010年陆续推出《大清新法令》(1901—1911)点校本，全面梳理清末法律改革的立法成果，为当代中国法制发展断裂的学术脉络接续前弦，为现代中国的法制文明溯源探路，为21世纪中国法治国家理想追寻近代蓝本，并试图发扬光大。

现在呈现于读者面前的《中国法律史学文丛》，拟收入法律通史、各部门法专史、断代法史方面的精品图书，通过结集成套出版，推崇用历史、社会的方法研究中国法律，以期拓展法学规范研究的多元路径，提升中国法律学术的整体理论水准。在法学方法上致力于实证研究，避免宏大叙事与纯粹演绎的范式，以及简单拿来主义而不顾中国固有文化的媚外作品，使中国法律学术回归本土法的精神。

何 勤 华

2010年6月22日于上海

自　序

我国社会保障制度的建立以 1951 年政务院颁布《中华人民共和国劳动保险条例》为标志。这部社会保险行政法规不仅规范性强，而且得到了切实实施，因而取得了非常好的社会效果。劳动保险条例的实施对那个时期社会稳定发挥了积极作用。因此，即使我国法学界认为我国社会主义法治开始于 1996 年"依法治国"入宪，我们仍然可以底气十足地说，我国的社会保障法治开始于 20 世纪 50 年代初。

一

1951 年政务院颁布的《中华人民共和国劳动保险条例》适用于国有企业和部分集体企业，1953 年修订案进一步扩大适用范围后，仍然没有将农民纳入社会保险保护范围。之后，国家机关和事业单位工作人员的社会保险制度也逐步建立起来。对此有学者认为，《劳动保险条例》没有把农民包括在内，是在当时历史条件下的无奈选择。[①] 还有学者认为，在计划经济体制下，将农村居民人为地排除在社会保障体系的覆盖范围之外的歧视性制度安排，是与当时的经济体制和经济发展战

[①] 胡晓义主编：《走向和谐：中国社会保障发展》，中国劳动社会保障出版社 2009 年版，第 15 页。

略高度耦合的。① 这些认识值得学界进一步商榷。

社会保险制度的覆盖范围从工业领域扩展到农业领域需要经过一个比较长的历史过程，一般滞后30年至50年，有些国家甚至长达60多年。新中国成立之初，新民主主义经济的特点是，在国民经济中，现代性工业占10%左右，农业和手工业占90%左右。在这样的经济水平下，没有把占人口总数绝大多数的农民纳入由政府提供财政支持的社会保障制度的覆盖范围，既不是无奈之举，也不是对农民的歧视，而是符合社会保障制度自身发展规律的做法。

1956年一届人大三次会议通过的《高级农业合作社示范章程》规定，对于缺乏劳动能力或完全丧失劳动能力、生活没有依靠的老弱孤寡、残疾社员，在生产和生活上给予适当的安排和照顾，保证他们吃、穿和烧柴的供应，保证年幼的受到教育和年老的死后安葬，由此确立起农村的"五保"制度。1961年中共中央通过的《农村人民公社工作条例（修正草案）》规定，集体经济从可分配的总收入中，扣除3%—5%的公益金，对于生活没有依靠的老、弱、孤、寡、残疾的社员，家庭人口多劳动力少的社员，以及遭遇不幸事故、生活发生困难的社员，实行供给或者给予补助。这种以国家政策的形式表达农民同样享有社会福利待遇权利的理念，在中国历史上尚属第一次。尤其是20世纪60年代末在农村兴起的合作医疗，用较低的投入解决了农民的基本医疗卫生问题，受到了国际社会的赞誉。

在计划经济体制下，城市的单位保障和农村的集体保障像两张安全网，将城乡几乎所有的成员都覆盖了起来，漏网的社会成员微乎其微。这种通过城乡社会保障制度体现出的、在较低待遇水平下的社会

---

① 宋士云：《新中国社会保障制度结构与变迁》，中国社会科学出版社2011年版，第163页。

公平，不仅使城乡居民的基本生活风险得到了保障，而且由于社会成员之间贫富差距不大，基本不存在由于分配不公而产生的社会矛盾，因此，人们在深切地感受到社会主义制度优越性的同时，迸发出前所未有的大干社会主义的热情和积极性，整个社会呈现出生机勃勃、奋发向上的局面，社会保障法治在其中所起的作用功不可没。有学者评价说当时的社会保障制度"是中国共产党领导革命和兴邦安国的重要法宝"。[1]

二

1978年中共十一届三中全会召开，各个领域开始拨乱反正。就在这一年召开的第五届全国人民代表大会第一次会议上通过的《中华人民共和国宪法》在第48条、第49条、第50条对劳动者的养老、医疗、福利等以及残废军人和烈士家属的生活保障问题作出了原则规定；1982年12月4日，五届人大五次会议修订并通过的《中华人民共和国宪法》在第43条、第44条、第45条、第46条等对公民的养老、医疗、伤残、教育等社会保障权作出了更为详细的规定；1984年10月20日，中共十二届三中全会通过的《中共中央关于经济体制改革的决定》掀开了中国全面改革的序幕，在计划经济时期建立起来的社会保障制度在经济体制改革的浪潮中必须顺应历史发展的潮流进行改革。在这期间（1978—1985年），国务院颁布过几个关于退休养老的行政法规，这些法规虽然没有对养老保险制度进行实质性改革，但是它们解决了历史遗留的养老保险问题和恢复了被"文化大革命"破坏的退休制度。

1986年7月12日，国务院颁布了《国营企业实行劳动合同制暂行

---

[1] 高书生：《社会保障改革何去何从》，中国人民大学出版社2006年版，第34页。

规定》后,对计划经济时期建立的社会保障制度改革的序幕全面拉开。

首先,国务院通过发布一系列社会保险行政法规对传统的社会保险制度进行改革,在建立责任分担的社会保险制度的同时,对传统的社会保险筹资模式、社会保险基金管理、待遇发放方式等进行了改革。尤其是适应市场经济社会的需要,建立了企业职工的失业保险制度,终结了计划经济时期认为社会主义中国不存在失业的意识形态对失业保险制度建设的干扰,开始认识市场经济社会的失业现象并通过失业保险制度为失业者提供基本生活保障。

其次,国家在将由企业为职工提供托儿所、食堂、洗浴等涉及职工多方面生活需要的福利待遇,改革为由第三产业的服务行业提供并由人们自己去购买的社会化服务的同时,国务院通过一系列行政法规对计划经济时期的住房制度和教育制度进行了改革。通过改革大大减轻了国家和企业的负担,逐步改变了人们在社会福利问题上的观念和行为方式。社会福利制度在逐步改革和完善的过程中,越来越接近它改善和提高社会成员生活质量、为社会成员发展权的实现提供法律保障的功能。

第三,国家将带有施舍和恩赐色彩的传统社会救济制度,改革为保障处于国家规定的最低生活保障线之下的公民基本生存权利的最低生活保障制度,在维护待遇获得者人格尊严的同时,使他们在权利受到侵犯时能够通过司法途径获得救济。城乡居民最低生活保障制度自实施以来,在促进经济发展、维护社会稳定方面,发挥了积极的作用。尤其是为在经济结构调整、产业结构调整过程中的下岗失业人员通过提供最低生活保障待遇,保障了社会转型顺利进行。

第四,国家在农村经济体制改革以后,适应农村生产力得到释放、农村经济有了明显发展、集体经济瓦解不再能够为农民生活风险提供有限保障的新形势下,适时建立农民养老保险制度和新型农村合作医疗制度，解决了农民一部分后顾之忧。

经过了将近30年的艰难改革后，在没有引起大的社会动荡的情况下，与社会主义市场经济相适应的、具有现代社会保障制度特征的中国社会保障法律体系基本建立了起来。社会化的以国家为主导、责任共担、多层次的社会保障法治，在维护社会平稳转型、促进经济发展、减少社会贫困中，凸显出其他任何制度无法替代的重要作用。

三

2011年《中华人民共和国社会保险法》颁布之前，我国的社会保险事业一直由国务院制定的行政法规和国务院有关部门制定的部门规章进行规范。《社会保险法》颁布实施之后，学者对其多有诟病，但是它的颁布由于提高了立法层次，增强了其在社会生活中适用的权威性，并为制定单项社会保险法提供了法律基础，因而对于我国社会保险事业的发展具有重要的里程碑意义；2009年2月，国务院常务会议研究部署事业单位工作人员养老保险制度改革试点工作，会议讨论并原则通过了劳动和社会保障部、财政部、人事部制定的《事业单位工作人员养老保险制度改革试点方案》；2009年4月国务院发布了《关于印发医药卫生体制改革近期重点实施方案（2009—2011年）的通知》；2009年9月国务院下发了《关于开展新型农村社会养老保险试点的指导意见》。所有这些努力，使得我国社会保障法律体系逐步完善，更好发挥其在保障公民生活风险、促进经济发展、维护社会稳定中的重要作用。

国家制定的"十一五"规划确立的目标是：到规划期末，城镇基本养老保险、基本医疗保险、失业保险、工伤保险、生育保险参加保险的人数分别达到2.23亿人、3亿人、1.2亿人、1.4亿人、8 000万人。5年以后的"十一五"期末，五险的参保人数分别达到2.5亿人、12.5亿人、1.3

亿人、1.6亿人、1.2亿人,这时,参加新型农村社会养老保险的人数已达到1亿人。各险种参保人数都明显超过了规划所预计达到的目标。① 更为可喜的是,"十一五"期间,农民工参保率有明显增长,到2010年10月底,农民工参加医疗保险、工伤保险、养老保险、失业保险的人数分别达到4 606万人、6 178万人、3 159万人、1 891万人,比2009年分别增长6.3%、10.6%、19.3%、15.1%。② 在社会保险覆盖范围扩大的同时,各险种的待遇水平也随着经济发展在稳步提高,城镇企业退休职工月均基本养老金在2010年达到1 300元,2011年进一步达到1 511元;③城镇职工基本医疗保险最高支付限额由职工年平均工资的4倍提高到了6倍;城镇居民疾病医疗以及新型农村合作医疗的最高支付限额分别达到居民年人均可支配收入、农民年人均纯收入的6倍;各级财政对城镇居民基本医疗保险和新型农村合作医疗的补助标准从初始的每人每年40元提高到了2010年的120元。④ 在社会保险基金管理方面,2011年末,全国城镇职工基本养老保险、城镇基本医疗保险、工伤、失业和生育5项社会保险基金资产总额30 175亿元。其中,各级政府财政专户存款25 813亿元,各级社会保险经办机构支出账户和其他银行存款1 725亿元。⑤

可以看出,我国社会保险制度的发展路径是基于人口众多、各地经

---

① 周晖:《过去5年是社会保障事业发展最快的时期》,《中国劳动保障报》2010年11月26日。
② 《2010年农民工十件大事》,《中国劳动保障报》2011年1月7日。
③ 白天亮:《2011年6万人冒领社保9475万元 已追回9084万元》,《人民日报》2012年6月28日。
④ 周晖:《过去5年是社会保障事业发展最快的时期》,《中国劳动保障报》2010年11月26日。
⑤ 白天亮:《2011年6万人冒领社保9475万元 已追回9084万元》,《人民日报》2012年6月28日。

济发展不平衡的国情，采取循序渐进的发展方式，即优先解决制度"从无到有"的问题，尤其是重建农村合作医疗和社会养老保险制度，对于逐步实现制度上的公平，改善国内消费结构具有重要的作用；进而扩大覆盖面，使覆盖范围"从小到大"，逐步达到全覆盖的目标；在待遇水平上，逐步"从低到高"，不断提高各险种的保障功能，提高全民的生活水平。总之，社会保险制度在比较长的一段时期内，是在遵循"广覆盖、保基本、多层次、可持续"的原则发展，而且这一原则在《社会保险法》第3条中得以确立。我国的社会保障制度在经济社会发展中越来越发挥出其减少贫困、促进经济发展、维护社会稳定的重要作用，成为我国社会主义市场经济下不可或缺的重要制度。

四

本书在对我国社会保障60余年法治史梳理的过程中，对多数制度制定的经济社会背景、法律法规的主要内容及其实施状况、学界对法律法规本身及其实施的评论等，进行了阐述。与只研究改革开放以后30年的社会保障制度和主要介绍新中国成立60年来社会保险制度发展历程的同类著作相比，从纵的方面来说，本书系统地阐述了我国社会保障法治从建立到改革再到逐步完善的60余年历程；从横的方面来说，本书阐述了社会保障法律体系中所包含的所有项目以及各大项目之下的子项目。可以说，它能够为有志于社会保障法治研究的学者提供比较客观、全面、系统的研究基础，也能够为越来越多地关注与自身福祉密切相关的社会保障制度发展和变革的老百姓提供了解这一制度的窗口，这是本书的主要价值所在。

本书的写作和出版得到中国社会科学院老干部工作局、中国社会科学院法学研究所杨一凡教授、商务印书馆王兰萍编审、中国社会科学院法学研究所谢增毅教授、国家社会科学基金规划办的大力支持。在此,我对他们致以衷心地感谢。

刘翠霄

2014年1月28日

目　　录

第一编　计划经济时期的社会保障法治
(1949—1977年)

第一章　社会保险制度 ································· 5
　第一节　企业职工劳动保险制度 ······················· 5
　　一、适用范围 ······································ 10
　　二、项目和待遇 ···································· 12
　　三、劳动保险基金筹集 ······························ 21
　　四、《劳动保险条例》逐步得到完善 ··················· 23
　第二节　国家机关工作人员的社会保险制度 ············· 27
　　一、退休制度 ······································ 27
　　二、公费医疗制度 ·································· 29
　　三、生育保险制度 ·································· 32
　第三节　劳动保险管理制度 ··························· 34
　第四节　"文化大革命"期间社会保险制度运行状况 ······· 36
　　一、劳动保险管理机构被撤销或停止活动 ·············· 36
　　二、劳动保险金的统筹制度终止实施 ·················· 37
第二章　社会优抚安置制度 ··························· 39

第一节 军人优待制度 …………………………………… 40
第二节 军人抚恤制度 …………………………………… 41
第三节 军人安置制度 …………………………………… 42
第四节 烈士褒扬制度 …………………………………… 45
第三章 社会福利制度 ……………………………………… 47
第一节 民政福利制度 …………………………………… 48
第二节 企业职工福利制度 ……………………………… 49
第三节 国家机关、事业单位职工福利制度 …………… 52
第四节 教育福利制度 …………………………………… 53
第五节 住房福利制度 …………………………………… 56
第四章 社会救济制度 ……………………………………… 61
第一节 失业救济制度 …………………………………… 61
第二节 社会救济制度 …………………………………… 65
第五章 农村社会保障制度 ………………………………… 68
第一节 农村养老保障制度 ……………………………… 68
第二节 农村合作医疗制度 ……………………………… 70
第三节 农村社会救济制度 ……………………………… 75
　一、社会救济制度 ……………………………………… 78
　二、"五保"制度 ………………………………………… 79
　三、对特殊群体的救济 ………………………………… 80
　四、灾害救济制度 ……………………………………… 81
第四节 被征地农民生活风险保障制度 ………………… 82
第六章 社会保障管理制度 ………………………………… 85

第二编　经济体制改革以后的社会保障法治

（1978—2008 年）

第七章　社会保险制度的改革 …………………………………… 95
　第一节　养老保险制度 ………………………………………… 95
　　一、企业职工养老保险制度 ………………………………… 95
　　二、国家机关、事业单位工作人员养老保险制度 ………… 117
　　三、特殊社会群体养老保险制度 …………………………… 122
　　四、农民工社会保险制度 …………………………………… 122
　　五、城镇无养老保险待遇的老年居民养老保障制度 ……… 125
　　六、养老保险历史债务和做实个人账户的措施 …………… 127
　　七、离退休人员死亡一次性抚恤金待遇 …………………… 135
　第二节　医疗保险制度 ………………………………………… 137
　　一、城镇职工医疗保险制度 ………………………………… 138
　　二、公费医疗制度 …………………………………………… 148
　　三、与城镇职工并存的几种医疗保险制度 ………………… 151
　第三节　失业保险制度 ………………………………………… 160
　　一、失业救济制度 …………………………………………… 160
　　二、国有企业职工待业保险制度 …………………………… 162
　　三、再就业工程和下岗职工基本生活保障制度 …………… 166
　　四、《失业保险条例》颁布实施 ……………………………… 173
　第四节　工伤保险制度 ………………………………………… 180
　　一、《企业职工工伤保险试行办法》出台 …………………… 182
　　二、《工伤保险条例》出台 …………………………………… 183
　　三、农民工工伤保险制度 …………………………………… 187
　第五节　生育保险制度 ………………………………………… 192

一、《女职工劳动保护规定》中的生育保险规定……………… 192
　　二、《企业职工生育保险试行办法》出台…………………… 195
　第六节　社会保险管理制度…………………………………… 197
　第七节　社会保险基金管理和运营制度……………………… 200
　　一、社会保险基金管理制度…………………………………… 200
　　二、社会保险基金运营制度…………………………………… 205
　第八节　社会保险法律责任制度……………………………… 212
　第九节　社会保险争议法律救济制度………………………… 215
　　一、社会保险争议按劳动争议处理制度……………………… 216
　　二、社会保险争议通过行政复议解决制度…………………… 218
　　三、社会保险争议通过诉讼途径解决制度…………………… 219
　　四、社会保险争议通过国家赔偿予以救济制度……………… 222
　　五、社会保险争议时效制度…………………………………… 222

第八章　军人优抚安置制度的改革……………………………… 225
　第一节　军人优抚制度………………………………………… 225
　第二节　军人安置制度………………………………………… 235
　　一、退役士兵的安置…………………………………………… 235
　　二、军队干部的安置…………………………………………… 238
　　三、军队离退休干部的安置…………………………………… 239
　　四、烈士褒扬工作的改革……………………………………… 241
　第三节　见义勇为社会补偿制度……………………………… 245

第九章　社会福利制度的改革…………………………………… 249
　第一节　民政福利制度………………………………………… 250
　第二节　企业职工福利制度…………………………………… 253
　第三节　住房福利制度………………………………………… 255
　　一、住房福利制度改革的历程………………………………… 257

  二、保障性住房制度形成 …………………………………… 263
 第四节 教育福利制度 ………………………………………… 276
  一、义务教育制度 …………………………………………… 277
  二、高中阶段教育制度 ……………………………………… 288
  三、高等教育制度 …………………………………………… 293
 第五节 流浪未成年人救助制度 ……………………………… 300
 第六节 被遗弃残疾儿童福利制度 …………………………… 302

第十章 社会救济制度的改革 ……………………………………… 306
 第一节 城市居民最低生活保障制度 ………………………… 309
  一、城市居民最低生活保障制度地方先行 ………………… 309
  二、城市居民最低生活保障制度 …………………………… 311
 第二节 城市医疗救助制度 …………………………………… 318

第十一章 农村社会保障制度的改革 ………………………………… 323
 第一节 农民养老保险制度 …………………………………… 325
  一、出台农民养老保险"基本方案" ………………………… 326
  二、"方案"的主要内容 ……………………………………… 329
  三、"方案"实施情况 ………………………………………… 331
 第二节 农村合作医疗制度重建和新型农村合作医疗制度 …… 334
  一、农村合作医疗制度重建 ………………………………… 335
  二、新型农村合作医疗制度 ………………………………… 338
  三、农村合作医疗管理体制 ………………………………… 341
  四、对城乡居民医疗保险制度进行整合的探索 …………… 342
 第三节 农村生育保障制度 …………………………………… 347
 第四节 乡镇企业职工社会保险制度 ………………………… 348
 第五节 农村社会救济制度 …………………………………… 349
  一、农村"五保"制度 ………………………………………… 350

二、农村最低生活保障制度 ⋯⋯⋯⋯⋯⋯⋯⋯⋯⋯⋯⋯⋯⋯ 354
　　三、农村医疗救助制度 ⋯⋯⋯⋯⋯⋯⋯⋯⋯⋯⋯⋯⋯⋯⋯⋯ 359
　　四、农村救灾救济制度和扶贫工作 ⋯⋯⋯⋯⋯⋯⋯⋯⋯⋯ 362
　　五、农村临时救助制度 ⋯⋯⋯⋯⋯⋯⋯⋯⋯⋯⋯⋯⋯⋯⋯⋯ 365
　第六节　失地农民社会保障制度 ⋯⋯⋯⋯⋯⋯⋯⋯⋯⋯⋯⋯ 367
第十二章　军人社会保障制度的改革 ⋯⋯⋯⋯⋯⋯⋯⋯⋯⋯⋯ 377
　第一节　军人社会保障制度建立 ⋯⋯⋯⋯⋯⋯⋯⋯⋯⋯⋯⋯ 378
　第二节　军人社会保障制度改革 ⋯⋯⋯⋯⋯⋯⋯⋯⋯⋯⋯⋯ 379
　第三节　军人社会保险立法提上议事日程 ⋯⋯⋯⋯⋯⋯⋯ 384
　第四节　军人住房保障制度 ⋯⋯⋯⋯⋯⋯⋯⋯⋯⋯⋯⋯⋯⋯ 388
　　一、军人住房制度改革方案颁布实施 ⋯⋯⋯⋯⋯⋯⋯⋯ 388
　　二、军人住房公积金制度 ⋯⋯⋯⋯⋯⋯⋯⋯⋯⋯⋯⋯⋯⋯ 390
　　三、军人住房租金制度 ⋯⋯⋯⋯⋯⋯⋯⋯⋯⋯⋯⋯⋯⋯⋯ 391
第十三章　残疾人社会保障制度 ⋯⋯⋯⋯⋯⋯⋯⋯⋯⋯⋯⋯⋯ 392
　第一节　残疾人社会保障制度建立 ⋯⋯⋯⋯⋯⋯⋯⋯⋯⋯ 394
　第二节　残疾人保障法的修订和实施 ⋯⋯⋯⋯⋯⋯⋯⋯⋯ 398
第十四章　社会保障管理制度的改革 ⋯⋯⋯⋯⋯⋯⋯⋯⋯⋯⋯ 404

第三编　社会保障法治逐步走向完善
（2009—2011年）

第十五章　社会保险制度 ⋯⋯⋯⋯⋯⋯⋯⋯⋯⋯⋯⋯⋯⋯⋯⋯ 419
　第一节　《中华人民共和国社会保险法》出台 ⋯⋯⋯⋯⋯ 419
　第二节　健全养老保险制度的配套措施 ⋯⋯⋯⋯⋯⋯⋯⋯ 431
　　一、《农民工参加基本养老保险办法》 ⋯⋯⋯⋯⋯⋯⋯⋯ 431
　　二、《城镇企业职工基本养老保险关系转移接续暂行办法》 ⋯⋯ 434
　第三节　事业单位养老保险制度改革 ⋯⋯⋯⋯⋯⋯⋯⋯⋯ 438

一、为什么要对事业单位养老保险制度进行改革 …………… 440
　　二、事业单位养老保险制度改革的内容 …………………… 447
　　三、事业单位养老保险制度改革在五省市试行 …………… 450
　　四、事业单位养老保险制度改革步履维艰 ………………… 453
　　五、深圳市启动事业单位养老制度改革 …………………… 455
　第四节　新医疗保险改革实施方案出台 ………………………… 456
　　一、为什么制定新医疗保险改革实施方案 ………………… 457
　　二、新医疗保险改革实施方案对医疗保险制度的完善 …… 461
　　三、新医改方案实施的效果 ………………………………… 468
　　四、陕西省神木县首推全民免费医疗引起的关注和争论 … 471
　第五节　《工伤保险条例》修订 ………………………………… 475
　第六节　社会保障行政复议制度进一步完善 …………………… 479
　第七节　社会保险基金预算制度建立 …………………………… 480
第十六章　优抚安置（社会补偿）制度 ……………………………… 483
第十七章　社会福利制度 ……………………………………………… 486
　第一节　强化保障性住房建设 …………………………………… 486
　　一、保障性安居工程建设纳入法治轨道 …………………… 487
　　二、保障性安居工程建设具体举措 ………………………… 489
　　三、推进公共租赁房建设 …………………………………… 491
　第二节　加大教育投入的措施 …………………………………… 494
　第三节　孤儿和流浪未成年人福利制度 ………………………… 496
　　一、孤儿福利制度 …………………………………………… 496
　　二、流浪未成年人福利制度 ………………………………… 503
第十八章　社会救济制度 ……………………………………………… 505
第十九章　农村社会保障制度 ………………………………………… 508
　第一节　重建农民养老保险制度 ………………………………… 508

一、为什么要重建农民养老保险制度……………………………508
　　　二、重建农民养老保险制度的地方尝试……………………………511
　　　三、启动农民养老保险制度重建工作……………………………515
　第二节　失地农民的社会保障制度……………………………………522
第二十章　残疾人社会保障制度……………………………………………523
　第一节　《残疾人事业"十二五"发展纲要》发布……………………523
　第二节　国际人权组织以及国内非政府组织的参与……………………525
第二十一章　社会保障审计制度建立……………………………………527
尾章　完善《社会保险法》的理论探讨…………………………………530
　第一节　社会保险法覆盖范围…………………………………………532
　　　一、现行法律法规的规定及其实施……………………………532
　　　二、对完善《社会保险法》覆盖范围规定的建议……………535
　第二节　养老保险统筹层次……………………………………………538
　　　一、我国养老保险统筹层次概况………………………………538
　　　二、养老保险统筹层次低的原因………………………………539
　　　三、统筹层次低对经济社会发展产生的负面影响……………542
　　　四、如何提高我国养老保险统筹层次…………………………546
　第三节　社会保险费征缴基数…………………………………………548
　　　一、现行法律法规对社会保险缴费基数的规定………………549
　　　二、以上法律法规实施状况……………………………………550
　　　三、社会保险缴费基数不一的原因分析………………………552
　　　四、完善社会保险缴费基数制度的建议………………………554
　第四节　社会保险费征收机构…………………………………………561
　　　一、现行法律法规的规定及其实施情况………………………561
　　　二、国外的做法…………………………………………………562
　　　三、对完善社会保险费征收机构的建议………………………564

第五节　社会保险基金筹资模式 …………………………… 565
第六节　社会护理保险 ………………………………………… 568
　一、我国亟需建立社会护理保险制度的原因 ……………… 570
　二、国外的经验 ……………………………………………… 572
　三、目前是我国建立社会护理保险制度的最佳时机 ……… 574
第七节　职工退休年龄 ………………………………………… 575
　一、我国职工退休年龄规定的沿革 ………………………… 575
　二、延长职工退休年龄为什么会引起全社会关注 ………… 577
　三、延长职工退休年龄是国际社会的普遍做法 …………… 580
　四、我国应适当延长职工退休年龄 ………………………… 580
第八节　社会保险基金管理 …………………………………… 582
　一、我国社会保险基金管理法的沿革 ……………………… 583
　二、在完善我国社会保险基金管理模式上的不同见解 …… 584
　三、需要对社会保险基金的行政管理和财务管理界限加以区分 …… 585
　四、需要实行社会保险基金预算管理制度 ………………… 586
第九节　社会保险基金管理的监督 …………………………… 587
　一、我国社会保险基金管理监督制度沿革 ………………… 587
　二、在完善社会保险基金管理监督机制上的不同见解 …… 588
第十节　社会保险基金运营 …………………………………… 589
　一、我国社会保险基金运营概况 …………………………… 590
　二、国外社会保险基金的运营 ……………………………… 591
　三、完善我国社会保险基金运营法律制度的建议 ………… 594
第十一节　社会保险争议法律救济 …………………………… 598
　一、国外的经验 ……………………………………………… 599
　二、德国和美国的经验对我国的启示 ……………………… 601
结　语 …………………………………………………………… 602

法律法规索引 ·· 605
 一、民国时期 ·· 605
 二、1949 年之后计划经济时期 ································ 606
 三、1978 年经济体制改革之后 ································ 612
  (一) 社会保险 ·· 612
   1. 养老保险 ·· 612
   2. 医疗保险 ·· 617
   3. 失业保险 ·· 618
   4. 工伤保险 ·· 620
   5. 生育保险 ·· 621
   6. 社会保险管理体制 ···································· 622
   7. 社会保险基金管理和运营 ····························· 622
   8. 社会保险法律责任 ···································· 623
   9. 社会保险争议法律救济 ······························· 623
  (二) 军人优抚安置 ·· 624
  (三) 社会福利 ·· 626
  (四) 社会救济 ·· 631
  (五) 农村社会保障 ·· 632
  (六) 军人社会保障 ·· 635
  (七) 残疾人社会保障 ·· 637
 四、2009—2011 年 ··· 638

参考文献 ·· 642

后　记 ·· 663

第一编

计划经济时期的社会保障法治

(1949—1977年)

新中国社会保障制度的建立具有与其他国家完全不同的社会背景。新中国成立之初，中国共产党领导的人民军队还在和国民党的残余势力继续作战，针对这样的情况，在当时起临时宪法作用的《中国人民政治协商会议共同纲领》规定："革命烈士家属和革命军人家属，其生活困难者应受到国家和社会的优待。参加革命战争的残废军人和退休军人，应由人民政府给予适当安置，使其能谋生自立"，由此将战争年代实行的供给制延续了下来。持续十几年的战争使得国民经济遭受到严重的破坏，从1949年至1951年，城镇失业工人年均达400余万人，失业率高达20%以上，失业工人的生活非常困难。[①] 在组建并巩固新生人民政权的关键时期，保障城市居民生活，建立稳定的社会秩序，成为当务之急。为此《中国人民政治协商会议共同纲领》规定要"逐步实行劳动保险制度"。频发的自然灾害迫使农民大批外逃求生，灾区的社会治安、疫病等问题亦急需解决，党和国家毅然承担起救济灾民的任务。在短短几年中，国家在恢复国民经济的同时，以《中国人民政治协商会议共同纲领》为法律依据，在战争年代创建起来的供给制的基础上，参照苏联"国家型"的社会保险制度的模式，[②]建立了新中国的社会保障

---

　　① 刘永富主编：《中国劳动和社会保障年鉴》(2001)，中国劳动社会保障出版社2001年版，第488页。转引自郑功成等：《中国社会保障制度变迁与评估》，中国人民大学出版社2002年版，第4页。
　　② 1912年，列宁在俄罗斯社会民主党第六次全俄会议上提出"工人保险的最好形式是国家保险"和国家保险的六项原则，成为苏联建立社会保障制度的指导思想。十月革命胜利以后，苏维埃政权废除了十月革命前的社会保险模式，实行新的列宁设计的"国家保险"。苏联的社会保障制度具有与欧美完全不同的特点，主要是：第一，就业有可靠的保障。宪法规定，公民有劳动的权利，一个劳动者只要与企业建立了劳动关系，就不会存在失业的问题，这

制度。新中国的社会保障制度自建立时起,就将劳动保险制度、优抚安置制度、社会福利制度、社会救济制度囊括其中,是一个比较完整的社会保障制度体系。

是由当时的社会主义不存在失业这样的意识形态所决定的。第二,是一种国家型的社会保障制度。所有社会成员无须缴纳社会保险费,就可以享受到例如养老保险、医疗保险、伤残保险、遗属抚恤等社会保险待遇,社会保险以及其他社会保障费用全部由国家和企业承担。第三,国家在社会保障事务中发挥着主导作用。国家在社会保障事务中的主导作用体现在,国家既是社会保障法的制定者和法律实施的监督者,又是社会保障法的实施者和执行者。最高苏维埃制定社会保障法,部长会议或全苏工会中央理事会制定具体实施细则,各加盟共和国下辖的社会保障部负责社会保障法律和政策的实施。

第一章 社会保险制度

与其他国家一样，我国企业职工的社会保险制度与公务员的社会保险制度是分立的，虽然保险项目相同，但是，筹资渠道和待遇有别。

第一节 企业职工劳动保险制度

中国最早的社会保险制度要追溯到1922年8月。中国劳动组合书记部利用北洋军阀吴佩孚宣言恢复国会制定宪法之机，举行了争取劳动立法运动，制定了《劳动法案大纲》，简称《劳动法大纲》。大纲共19条，其中涉及社会保险内容的只有1条，其他都是劳工劳动保护的条文。大纲第17条规定："一切保险事业规章之制定，均应有劳动者参加之，从而可保障政府、公共及私人企业或机关中劳动者所受到的损失，其保险费完全由雇主及国家分担之，不得使被保险者担负。"1927年7月9日，南京国民政府成立劳动法起草委员会，1929年春，劳动法起草委员会编纂完成《劳动法典草案》。草案第七编《劳动保险》只是对伤害保险和疾病保险作出规定，而对老废保险、失业保险等生活风险，起草委员会认为还"须经长期间之调查"，遂"不得不暂付阙如"。[①] 其中第一章对伤害保险作出规定，并且规定伤害保险费由雇主承担；第二章对疾病保险和分娩保险作出了规定，并且规定疾病保险费由雇主和

---

① 谢振民：《中华民国立法史》（下册），中国政法大学出版社2000年版，第16页。

雇员共同负担。

1930年5月,在中央苏区瑞金发布的《劳动暂行法》中规定,长期工遇疾病死伤者,其医药费、抚恤金由东家供给,标准由工会自定;女工产前产后两个月不做工,工资照发;失业工人由政府设法救济并分给田地及介绍工作,等等。1931年11月,在江西瑞金召开了第一次中华苏维埃共和国工农兵代表大会,会上通过了《中华苏维埃共和国劳动法》,其中规定,根据地实行社会保障制度,雇主每月拨出工资总额的10%—15%作为保险金,为职工生老病死伤残的补助和医疗专款。待遇包括职工及其家属的医疗补助;对因病或因事需暂时离开工作岗位的职工,雇主不得解雇并须支付职工原有的中等工资;职工因年老或残疾,可领取老年或残疾优恤金;职工和家属死亡,发给丧葬费;受雇超过6个月的工人死亡后,遗属可以享受优恤金;工会会员工作满1年以上,非会员满两年以上,失业后可以享受失业津贴,等等。1933年4月,中华苏维埃共和国中央政府对《中华苏维埃共和国劳动法》进行了修改,其中第十章规定:"社会保险对于凡受雇佣的劳动者,不论他在国营企业,或合作社企业,私人企业以及在商店家庭内服务,不问他工作的性质及工作时间的久暂与付给工资的形式如何,均保实施之。各企业、各机关、各商店及私人雇主,于付给工人职员工资之外,支付全部工资总额5—20%的数目缴纳给社会保险局,作为社会保险基金;该项百分比例表,由中央劳动部以命令规定之,保险金不得向被保险人征收。亦不得从被保险人的工资内扣除。"[①]新民主革命时期这一系列的社会保险立法,虽然只具有严格意义上社会保险法的雏形,但是,它们在保护那个时期劳动者应对生活风险,避免陷入生活困境方面曾发

---

① 中国社会保障制度总览编辑委员会:《中国社会保障制度总览》,中国民主法制出版社1995年版,第65—66页。

挥过积极作用,也为新中国社会保险制度的建立提供了经验,奠定了基础。

1935年,国民政府实业部中央检查处发布的当年全国工业灾害统计结果显示,工人死伤人数5629人,而同期出版的《工业安全月刊》显示的数字是22568人。这是国民政府决定由实业部着手制定劳工保险单行法的主要原因。1932年《强制劳工保险法草案》的起草工作完成,该草案共8章50条,适用范围为"凡适用工厂法之工厂或适用矿场法之矿场其受雇人均为强制伤害及疾病保险之被保险人",险种包括伤害保险和疾病保险,伤害保险费由被保险人每月缴纳工资1%,业主担负4%;疾病保险费由被保险人每月缴纳工资2%,业主担负3%。同时,"国库及地方金库给予各保险社得酌与补助"。该草案经修订后曾由国民政府行政院通过,并送立法院审议。但在抗日战争期间国民政府频繁迁移,立法程序未能完成。1941年4月,国民政府社会部议决《社会保险法原则草案》,包括保险宗旨、保险种类、被保险人之范围、保险给付、保险机构、保险法规等内容。是年7月,社会部组织社会法临时起草委员会,将"起草社会保险法草案"列为该委员会的首项任务。1942年底,《健康保险法草案》完成并呈行政院转立法院审查;1944年初,《伤害保险法草案》完成并呈行政院转最高国防会议审核。抗战胜利后,国民政府颁布《中央社会保险局筹备处组织章程》,1947年初,中央社会保险局筹备处成立,1947年10月31日,由社会部拟定的《社会保险法原则草案》经修改后定名为《社会保险法原则》,由国民政府国务会议通过。《社会保险法原则》规定,社会保险法体系由社会保险立法原则和各社会保险单行法构成,包括健康保险法、伤害保险法、老年遗族保险法及失业保险法。这是国民政府在大陆期间制定的比较完善的一部社会保险立法,但还没来得及实施,国民政府就败退台湾了。

1948年8月，东北行政委员会根据第六次全国劳动大会的决议，结合战时东北的经济条件，制定并于1948年12月27日颁布了《东北公营企业战时暂行劳动保险条例》，1949年2月又颁布了条例的实施细则，1949年7月开始在东北地区所有公营企业实施。条例暂定的实施范围是国营的铁路、邮政、矿山、军工、军需、电器、纺织等七大产业；劳动保险基金由公营企业管理机关按月缴纳本企业职工工资支出额3％的劳动保险金筹集；条例规定的险种有工伤保险、医疗保险、养老保险、生育保险；待遇有伤残抚恤金、伤残救济金、病假工资、养老金、为职工家属提供免费治疗和酌减药费、遗属补助金。《东北公营企业战时暂行劳动保险条例》对劳动保险险种和待遇的规定、条款的设置是那个时期最完善的，因而成为新中国劳动保险立法主要参照文本。

新中国成立初期，即1949年11月，中央人民政府劳动部成立，任命李立三为劳动部部长。政务院根据中国人民政治协商会议第一届会议通过的、起临时宪法作用的《中国人民政治协商会议共同纲领》第23条关于在企业"逐步实行劳动保险制度"的规定，责成劳动部会同中华全国总工会草拟劳动保险条例。11月26日，根据党中央指示，在李立三部长领导下，成立"劳动保险条例"起草委员会，起草委员会和中华全国总工会在总结革命根据地和解放区实行社会保险经验以及《东北公营企业战时暂行劳动保险条例》及其实施经验的基础上，拟定了《劳动保险条例（草案）》，经中国人民政治协商会议审查同意后，政务院于1950年10月27日决定予以公布，并组织全国职工讨论。劳动部和中华全国总工会在全国职工讨论和反馈意见的基础上，对《劳动保险条例（草案）》进行了20多次修改。1951年2月23日，中央人民政府政务院第73次政务会议通过的《劳动保险条例》，于2月26日颁布，自1951年3月1日起正式实施。《劳动保险条例》的颁布，标志着我国社会保险制度的建立。①

为了保证《劳动保险条例》的切实实施,劳动部于1951年3月24日发布了试行的《劳动保险条例实施细则(草案)》,劳动部还会同中华全国总工会举办全国劳动保险干部培训班,要求批准实行《劳动保险条例》的企业都成立劳动保险委员会,车间设劳动保险委员,班组设劳动保险干事,为《劳动保险条例》的切实实施提供组织保障;劳动部还于1951年2月27日发布了《关于劳动保险登记手续的规定》、1951年3月6日发布了《劳动保险登记卡片表式及说明的通知》、1951年3月7日发布了《关于工资总额组成的规定》、1951年4月20日发布了《劳动保险基金会计计划》,这些制度的发布对于《劳动保险条例》的实施发挥了重要的法律保障作用。

新中国成立后,经过三年的经济恢复,国家财政经济状况有了很大好转。1953年,国家开始进入第一个经济建设的五年计划时期,国家根据经济建设发展的需要和职工的要求,政务院决定对《劳动保险条例》进行修改。1953年1月2日,中央人民政府政务院第165次政务会议通过并发布《关于中华人民共和国劳动保险条例实施细则修正草案的决定》,1月26日劳动部公布《劳动保险条例实施细则修正草案的决定》。《劳动保险条例》和《劳动保险条例实施细则修正草案的决定》成为我国企业开展社会保险工作的主要法律依据。《劳动保险条例》共7章32条,主要规定了以下内容:

---

① 新中国成立之时,国家对为新政权服务的革命工作人员继续实行供给制办法,而对国民党政权遗留下来的600余万公职人员和企业职工则实行旧中国已建立和实行的退休制度。因此,1950年3月15日,政务院财经委员会发布的《关于退休人员处理办法的通知》,是新中国成立后发布的第一个退休法规。由于这个法规仅适用于旧中国时适用退休制度的机关、铁路、海关、邮局等机构的职工,所以,尽管它是1950年制定的,但不能被认为是新中国建立的第一部养老保险法规。参见郑功成等:《中国社会保障制度变迁与评估》,中国人民大学出版社2002年版,第78页。

一、适用范围

《劳动保险条例》的适用范围是指劳动保险条例适用于哪些企业及其职工。劳动保险条例是在建国初期国家经济没有全面恢复的情况下制定的，所以，采取了重点试行的方式对实施范围作了比较严格的限制。随着大规模经济建设的开展，国家的经济状况逐步得到好转，修订后的劳动保险条例在第2条将条例的实施范围由原来的"有工人职员100人以上的国营、公私合营、私营及合作社经营的工厂、矿场及其附属单位以及铁路、航运、邮电的各企业单位与附属单位"[1]扩大到"工厂、矿场、交通事业的基本建设单位以及国营建筑公司"。对于暂不实行《劳动保险条例》的企业，其职工的劳动保险待遇，采取由行政或资方与工会组织双方，依据劳动保险条例的原则与本企业的实际情况进行协商，通过签订集体劳动保险合同的办法解决。对此，政务院在《关于劳动保险条例若干修正的决定》中解释说："现在国家经济状况已经根本好转，大规模经济建设工作即将展开，自应适当扩大劳动保险条例实施范围并酌量提高待遇标准，但由于抗美援朝的斗争仍在继续进行，经济建设又需投入大量资金，国家势必将财力首先用之于全国人民根本利益的主要事业，同时工人阶级和全体人民的福利也只有在生产发展的基础上才能改进。因此目前劳动保险条例的实施范围还不能扩大得过大，待遇标准也不能提得过高。"[2]

之后，《劳动保险条例》的适用范围因情势的变化而不断地变化。

---

[1] 劳动保险采取重点试行的办法，是因为当时100人以上的企业虽然数量不多，但职工人数在全国职工总数中所占比例较大，且生产经营正常，行政和工会组织健全，能够保证按时足额缴纳劳动保险费，保证《劳动保险条例》的顺利实施。

[2] 严忠勤主编：《当代中国的职工工资福利和社会保险》，中国社会科学出版社1987年版，第306页。

1956年，随着国家财政经济状况的进一步发展以及国民经济发展的需要，国务院将劳动保险条例的适用范围进一步扩大到商业、外贸、粮食、供销合作、金融、民航、石油、地质、水产、国营农牧场、造林等13个产业和部门。截至1956年底，被劳动保险制度保护的职工达到1 600万人，比1953年增加了近四倍；通过签订集体劳动保险合同而获得劳动保险保护的职工有700万人，比1953年增加了十倍。参加劳动保险的职工人数占国营、公私合营、私营企业职工总数的94%。[1]

在签订了集体劳动保险合同的集体企业，由于合同中一般没有退休待遇的规定，在1966年4月，第二轻工业部、全国手工业合作总社根据《劳动保险条例》的规定并参照1958年国务院公布的《关于工人职员退休处理的暂行规定》，制定了《关于轻、手工业集体所有制职工、社员退职退休处理暂行办法》。在尚未按照国营企业退休制度执行的合作工厂、手工业合作社等企业，实行略低于国营企业的退休待遇标准及为因工死亡职工、社员供养直系亲属提供抚恤费的社会保险制度。1979年12月14日，轻工业部、财政部、国家劳动总局联合发布了《关于手工业合作工厂劳动保险福利待遇标准和劳保费用列支问题的通知》规定，手工业合作工厂职工的"劳动保险福利待遇标准，可按照国家和省、市、自治区对国营企业的有关规定执行。"

劳动保险条例将适用范围扩展到职工供养的直系亲属，他们不仅能够享受到半费医疗待遇，而且在供养者去世以后，可以享受到遗属生活补助费。这样，在劳动保险条例颁布实施后，受益人群占全国人口1/6至1/5，[2]加上集体企业能够享受社会保险的职工，社会保险制度覆盖了城镇绝大多数人口。

---

[1] 王占臣等主编：《社会保障法全书》（上册），改革出版社1995年版，第6页。
[2] 李立三：《新中国的劳动保险制度》，载《中华人民共和国劳动和社会保障重要文献》，转引自高书生：《社会保障改革何去何从》，中国人民大学出版社2006年版，第33页。

二、项目和待遇

劳动保险主要包括养老、医疗、工伤、生育、死亡及供养直系亲属几项内容。

1. 养老保险及其待遇

养老保险是指国家强制性地将符合法定条件的社会成员纳入养老保险制度,通过缴纳养老保险费筹集养老保险基金,在他们达到法定退休年龄或者因丧失劳动能力提前退出劳动领域时,从养老保险基金中获得养老金待遇的社会保险制度。

按照《劳动保险条例》的规定,获得养老保险待遇的条件是:男职工年满 60 周岁、工龄 25 年、本企业工龄 10 年;女职工年满 50 周岁、工龄 20 年、本企业工龄 10 年。修订后的《劳动保险条例》将职工在本企业 10 年工龄降低为 5 年。从事井下、高空、高温工作的职工,退休年龄提前 5 年;工作 1 年,工龄按 1 年零 3 个月计算。从事有害健康的化学、兵工业工作的,退休年龄提前 5 年;工作 1 年,工龄按 1 年零 6 个月计算。

养老保险待遇即职工退休以后领取到的养老金。由于当时大规模经济建设刚刚开始,职工工资普遍低,加之劳动保险制度刚刚建立,因此,养老金替代率仅相当于职工本人退休时工资的 35—60%。修订后的劳动保险条例将养老金替代率提高为本人退休时工资的 50—70%,具体标准为本企业工龄满 5 年不满 10 年的为 50%,满 10 年不满 15 年的为 60%,满 15 年及以上的为 70%。计算养老金的基数是职工本人的标准工资。修订后的《劳动保险条例》由于提高了养老金替代率,据统计,企业劳动保险费用支出比条例修订之前增加了 25%左右。[1] 虽

---

[1] 胡晓义主编:《走向和谐:中国社会保障发展 60 年》,中国劳动社会保障出版社 2009 年版,第 80 页。

然待遇水平低,但是由于它能够使劳动者在退出劳动领域以后基本生活得到保障,因此极大地鼓舞了劳动者大干社会主义的积极性,取得了第一个五年计划期间经济建设的快速发展。

《劳动保险条例》对职工死亡后的丧葬费和直系亲属抚恤费作出了规定:因工死亡者,丧葬费为该企业职工3个月的平均工资,死亡职工供养的直系亲属按月获得的抚恤金数额为死亡者本人工资25%—50%,直至受供养者失去受供养的条件为止;职工非因工或因病死亡,丧葬补助费为该企业职工2个月的平均工资,并且按照死亡职工供养的直系亲属人数,发给供养直系亲属救济费,数额为死亡者本人6个月到12个月的工资。

2.医疗保险及其待遇

医疗保险是指国家强制性地将符合法定条件的社会成员纳入医疗保险制度,通过缴纳医疗保险费筹集医疗保险基金,在发生疾病风险时从医疗保险基金中支付医疗费用、病假工资等待遇的社会保险制度。由于我国企业职工的医疗保险是依据劳动保险条例实施的,被人们称作劳保医疗。

劳保医疗的实施范围与养老保险基本相同,即全民所有制工厂、矿场、铁路、航运、邮电、交通、基建、地质、商业、外贸、粮食、供销合作社、金融、民航、石油、水产、国营农牧场、森林等产业及相关部门的职工。城镇集体所有制企业参照执行。所不同的是,劳保医疗惠及到企业职工的家属。

在1953年之前,劳保医疗经费全部由企业行政负担。1953年1月13日,政务院财经委员会颁布了《关于国营企业1953年计划中附加工资内容和计算办法的规定》以后,劳保医疗经费分不同行业并按照职工工资总额的一定比例提取、在企业生产成本项目中列支的劳保医疗卫生费中支付。在劳保医疗卫生费发生入不敷出的情况下,从企业自留的劳动保险金和按规定提取的福利费中支付。其中,在职职工从职工劳保医疗卫生费中支付,退休职工从劳动保险基金中支付,医疗费用的提取和使用由企业自行管理。这些做法表明,企业承担着企业职工和退休人员及其家属的所有医疗费用。

在医疗保险待遇中,诊疗费、手术费、住院费、普通药费、医疗期连续6个月以内的病假工资由企业直接支付,而本人负担贵重药费、住院膳食费以及就医路费确有困难的,由劳动保险基金酌情给予补助,医疗期连续6个月以上的由劳动保险基金提供医疗救助费。有条件的企业甚至自办医院,为本企业职工提供医疗服务,医院设立及运行的所有费用全部由企业从企业福利费中支付。没有设立医院的企业与医疗机构签订医疗合同,职工凭记账单去合同医院就诊,医疗费用由企业与合同医院定期结算,需要转院到合同医院以外医院就诊或住院的,需经企业行政机关批准方可转院。职工和退休人员供养的直系亲属患病,手术费和普通药费由企业负担50%,贵重药费、就医路费、住院费、住院时的膳食费及其他费用由本人自理,对于确有困难的家庭由企业从福利费中予以酌情补助。

1953年政务院修订并重新发布的《劳动保险条例》废除了病假救济费的发放以及连续停工医疗6个月为期限的规定,并适当提高了待遇标准。短期病假待遇(连续病休在6个月以内的待遇)的病假工资由原来的50—100%,改为60—100%;长期病假待遇(连续病休在6个月以上的待遇)的疾病救济费,由原来的30—50%改为40—60%。

1964年1月27日,财政部、劳动部、国家统计局、全国总工会联合发布了《关于国营企业提取工资附加费的补充规定》规定,由劳动保险金和企业直接支付的劳保费用开支的病、伤、产假工资、病伤救济费,可以提取各项附加费;从劳动保险金中支付的退休费,可以提取医药卫生补助金;上述提取的各项附加费,均在企业成本中开支。由医药卫生补助金和福利补助金开支的医药费,可以提取各项工资附加费,在医药卫生补助金中列支。为了进一步遏制医药卫生费用的浪费现象,1966年4月,劳动部和全国总工会发布了《关于改进企业职工劳保医疗制度几个问题的通知》,对职工看病时的挂号费、出诊费、贵重药费、营养滋补药品的费用负担作出规定,还规定,享受医疗待遇的职工供养的直系亲属患病医疗时,除手术费和药费仍实行半价外,挂号费、检查费、化验费等均由个人负担。

劳保医疗制度的建立和不断改进,免除了广大职工因生病无钱医治造成的对生命和健康的损害和恐惧,避免了因病致贫,在增强体质的同时,也焕发出对党和政府的感激及努力工作的热情。据统计,到1956年底,实行劳动保险合同的职工达1 600多万人,加上签订集体劳动合同的职工,共计2 300多万人,占到全国职工总数的94%。[1]

3. 工伤保险及其待遇

工伤和职业病保险是指国家强制企业主为职工缴纳工伤保险费、筹集工伤保险基金,在职工发生工伤事故或者职业病的风险时,从工伤保险基金中支付法定待遇的制度。

《劳动保险条例》对工伤保险适用范围的规定与养老保险和劳保医疗相同,即主要是企业职工。工伤保险待遇主要有医疗费、残疾抚恤费、残疾补助费、丧葬费和亲属抚恤费:(1)医疗费。包括遭遇工伤职工的治疗费、药费、住院期间的膳食费和往返医院的路费、安装假肢和义眼费用;(2)残疾抚恤费。因工伤完全丧失劳动能力退职且饮食起居需要扶助者,发给本人工资75%的残疾抚恤费,直至身故。饮食起居不需人扶助者,发给本人工资60%的残疾抚恤费,直至恢复劳动能力或

---

[1] 郑功成等:《中国社会保障制度变迁与评估》,中国人民大学出版社2002年版,第123页。

者身故;(3)残疾补助费。遭遇工伤但部分丧失劳动能力尚能工作者,另行安排适当的工作岗位并按残疾程度发给残疾补助费:工资减少11—20%者,残疾补助费为本人残疾前工资的5—20%,工资减少30%者,一律补助30%,但残疾补助费与新岗位工资总额不得超过本人残疾前的工资;(4)丧葬费和亲属抚恤费。职工因工伤死亡或因工伤致残后死亡,由企业发给丧葬费和死者本人3—12个月工资的丧葬补助费。由劳动保险基金按月发给供养亲属抚恤费:供养亲属为一人者为死者本人工资的25%,两人者为死者本人工资的40%,三人或三人以上者为死者本人工资的50%,供养亲属抚恤费支付至受供养者丧失供养条件时止。

1953年政务院修订并重新发布的《劳动保险条例》适当提高了工伤保险待遇:(1)将因工伤部分丧失劳动能力但尚能工作者的残疾补助费,由原来本人残疾前工资的5—20%,提高为10—30%;(2)因工伤死亡职工的丧葬费为3个月的企业平均工资,丧葬补助费由死者本人3—12个月的工资提高为6—12个月的工资。

4. 生育保险及其待遇

生育保险是指国家通过法律规定,强制企业缴纳生育保险费,筹集生育保险基金,在女职工生育并暂时离开劳动岗位期间,从生育保险基金中为其提供相关待遇的制度。生育保险的任务是:通过向生育女职工提供医疗服务、产假、生育津贴等待遇,保障母婴平安,使新生儿得到母亲的悉心照料,女职工在生育期间的基本生活需要有保障。

《劳动保险条例》有关生育保险适用范围的规定与养老保险及其他险种相同,即实行劳动保险企业的女职工和男职工的妻子。生育保险待遇主要有:正常生育女职工的产假为56天,怀孕3个月以内流产的女职工产假为15天,怀孕3个月以上7个月以下流产的女职工产假为30天;产假期间工资照发;生育补助费为五尺红布,按照当地零售价从劳动保险基金中支付。

1953年政务院修订并重新发布的《劳动保险条例》提高了生育保险待遇，扩大了生育保险的范围：孕产期检查费、接生费由企业支付；无论怀孕多长时间流产，产假一律为30天；难产和双胞胎的产假，在56天的基础上增加14天；产假期满仍不能工作的女职工，经医院证明，享受医疗保险待遇；生育补助费由实物待遇改为现金待遇，即生育一胎补助4元、双胞胎或多胞胎的每个孩子发给4元；将生育保险的适用范围扩大到临时工、季节工和试用人员，这些职工的孕产待遇与正式职工基本相同，只是产假工资是本人工资的60％，低于正式职工。

由于生育保险惠及的不仅是企业女职工，而且包括男职工的妻子，特别是受当时苏联鼓励生育政策的影响，国家对节育和人工流产采取严格的控制措施，导致人口自然增长率在1950年至1954年间从19‰上升至25‰。生育保险制度对于人口无节制增长起了助推作用，到了20世纪60年代末，人口增长带来的上学、住房、就业等压力凸显。国家在采取一系列缓解人口膨胀给经济社会发展带来巨大压力的措施中，其中一项就是控制人口增长速度，出台的有关政策规定每个家庭最多生育两个子女。在国家政策的引导下，人口自然增长率从1970年的26‰下降到12‰。[①] 与国家控制生育政策相配合，生育保险制度只适用于实行计划生育政策的职工，生育保险制度从鼓励生育转向控制生育，并且发挥了一定的抑制人口增长的作用。

20世纪60年代初，国家完成了对私营经济和公私合营经济的社会主义改造，劳动者单位所有制形式发生了改变，生育保险制度也因此发生了变化，主要是当临时工都转为正式工以后，生育保险制度的适用

[①] 胡晓义主编：《走向和谐：中国社会保障发展60年》，中国劳动社会保障出版社2009年版，第385页。

范围就从适用于多种用工制度转为只适用于在国有经济单位就业的职工。

5. 职工死亡及其遗属的保险待遇

职工死亡及其遗属的保险不是一个独立的险种,我们把它从以上各险种的规定中分离出来并汇集在一起介绍,目的是使读者加深对此待遇水平的了解和印象。

1951年2月26日,政务院公布的《劳动保险条例》在第14条规定:工人与职员因工死亡,由企业行政或资方发给数额为企业职工平均工资3个月的丧葬费,按死者供养直系亲属的人数,从劳动保险基金下每月发给死者本人工资25%—50%的供养直系亲属抚恤费;工人和职员因病或非因工负伤死亡,发给数额为企业职工平均工资2个月的丧葬补助费,按死者供养直系亲属的人数,发给数额为死者本人工资6个月至12个月的供养直系亲属救济费。

1953年1月26日,劳动部公布试行的《劳动保险条例实施细则修正草案》对死亡职工供养直系亲属待遇作出了更加详细的规定:第22条规定,因工死亡职工供养直系亲属为1人者,抚恤费为死者本人工资的25%,为2人者,为死者本人工资的40%,3人或3人以上者为死者本人工资的50%;第23条规定,非因工死亡职工供养直系亲属为1人者,救济费为死者本人工资6个月,为2人者,为死者本人工资9个月,3人或3人以上者为死者本人工资12个月。

《劳动保险条例实施细则修正草案》在第十一章对何谓供养直系亲属及其范围作出了专章规定。主要是第45条的规定,即工人职员的直系亲属,其主要生活来源,系依靠工人职员供给,并合于下列各款规定之一者,均得列为该工人职员的供养直系亲属,享受劳动保险待遇:一、祖父、父、夫年满60岁或完全丧失劳力者;二、祖母、母、妻未从事有报酬的工作者;三、子女、弟妹年未满16岁;四、孙子女年未满16岁,其父死亡或完全丧失劳动能力,母未从事有报酬工作者。在第 46、47、48 条还规定了其他情况。

1958 年 4 月 23 日,劳动部发布《国务院关于工人、职员退休处理暂行规定》第 8 条规定:"退休人员去世以后,一次发给五十元至一百元的丧葬补助费;并且根据他供养的直系亲属人数的多少,一次发给相当于本人六至九个月的退休费总额的亲属抚恤费。"第 12 条规定:"规定发给的各项费用,在实行劳动保险的企业单位,退休费、丧葬补助费和亲属抚恤费,由劳动保险基金中支付,如果本单位的劳动保险基金不敷开支,可以在本省、自治区、直辖市或者本产业系统内进行调剂,仍然不足的时候,差额部分由本单位行政支付。在没有实行劳动保险的企业单位,上述各项费用,全部由企业行政支付;在事业单位、国家机关和人民团体,全部由退休人员居住地方的县级民政部门另列预算支付。"第 2 条规定,暂行规定适用于:"国营、公私合营的企业、事业单位和国家机关、人民团体(简称企业、机关)的工人、职员",又在第 13 条规定:"本规定同样适用于学校的教员、职员、工人,供销合作社的工人、职员和在军队中工作的无军籍的工人、职员;但是,不适用于手工业生产合作社、运输合作社和未定息的公私合营企业的人员。"这些明确具体的规定有效地保护了职工及其亲属的权益,也便于职能部门操作。

6. 临时工的福利待遇

1953 年 1 月 26 日,劳动部公布试行的《中华人民共和国劳动保险条例实施细则修正草案》规定,对实行劳动保险企业的临时工、季节工及试用人员,其劳动保险待遇暂定为下列各项:因工负伤医疗期间待遇与一般工人职员同。因工负伤医疗终结,确定为残疾后完全丧失劳动能力而退职者,由劳动保险基金项下,一次付给因公残疾抚恤费,其数额为本人工资 12 个月;部分丧失劳动能力尚能工作者,由企业行政方面或资方分配适当工作。患病或非因工负伤的医疗期间以 3 个月为限,其医疗待遇与一般工人职员相同。停工医疗期间,在 3 个月以内者,由企业行政方面或资方按月发给病伤假期工资,其数额为本人工资的 50%;满 3 个月尚未痊愈者,由劳动保险基金项下一次付给本人工资 3 个月的疾病或非因工负伤救济费。因工死亡时,由企业行政方面或资方发给丧葬费,其数额为本企业的平均工资 3 个月,另由劳动保险基金项下一次付给供养直系亲属抚恤费:其供养直系亲属 1 人者,发给本人工资 6 个月;2 人者,发给本人工资 9 个月;3 人或 3 人以上者,发给本人工资 12 个月。疾病或非因工负伤死亡时,由劳动保险基金项下付给丧葬补助费,其数额为本企业的平均工资 2 个月;另由劳动保险基金项下一次付给供养直系亲属救济费,其数额为本人工资 3 个月。怀孕及生育的女工人女职员,其怀孕检查费、接生费、生育补助费及生育假期与一般女工人女职员同;产假期间由企业行政方面或资方发给产假工资,其数额为本人工资 60%。

与现行社会保险制度相比,劳动保险待遇有以下几个特征:一是规定部分劳动保险待遇依职工是否参加工会作区别对待,例如,疾病或非因工负伤的病伤假期工资和救济费、非因工残疾救济费、供养直系亲属救济费、养老补助费、丧葬补助费,对于非工会会员者只提供一半;二是规定劳动模范和转业到企业工作的战斗英雄享受优异劳动保险待遇。例如条例第 19 条规定,这些人的疾病或非因工负伤的贵重药费、就医路费、住院膳费,概由企业行政方面或资方负担;疾病或非因工负伤期间前 6 个月工资照发,疾病或非因工负伤救济费及非因工残疾救济费,一律付给本人工资 60%,因工残疾抚恤费为本人工资 100%,等等。对于残疾军人转业到企业工作者的劳动保险待遇也作了特殊规定;三是职工供养的直系亲属享受半费医疗费。《劳动保险条例》第 13 条戊款规定,工人与职员供养的直系亲属患病时,得在该企业医疗所、医院、特约医院或特约中西医处免费诊治,手术费及普通药费,由企业行政方面负担1/2,就医路费、住院费、住院膳费及其他一切费用均由个人自理。1964年4月,《全国总工会劳动保险部关于劳动保险问题解答》进一步对该条规定作出解释:凡职工供养的直系亲属,不论与职工同居或不同居,住在城市或农村,凡患病时能够到上述指定的医疗机构诊治时,即可享受《劳动保险条例》第13条戊款规定的医疗待遇。患病时未在上述指定的医疗机构诊治者,其所需诊治、医药等费用,应由本人自理,本人负担确有困难,由基层适当补助。

三、劳动保险基金筹集

《劳动保险条例》第8条规定,劳动保险金由企业缴纳,费率为企业职工工资总额的3%。并且规定,劳动保险金不得在工人与职员工资内扣除,也不得向工人与职员另行征收。第9条第1款规定,企业行政或资方须在每月1日至10日一次向全国总工会指定代收劳动保险金的国家银行,缴纳每月应缴的劳动保险金。第9条第2款规定,在开始实行劳动保险的头两个月,企业缴纳的劳动保险金全部存入中华全国总工会户内,作为劳动保险总基金;从第三个月起,企业缴纳的劳动保险金的70%留在工会基层委员会户内,作为劳动保险基金,用于支付抚恤费、补助费和救济费,30%存入中华全国总工会户内,作为劳动保险总基金,用于举办劳动保险事业。第10条规定,对于逾期未缴或欠缴劳动保险金的,须每日增交未缴部分1%滞纳金。如逾期20日尚未缴纳,对于国营、地方国营、公私合营或合作社经营的企业,由工会基层委员会通知当地国家银行从其经费中扣除;对于私营企业,由工会基层委员会报告当地人民政府劳动行政机关,对该企业资方追究责任。第21条第2款规定,劳动保险基金由工会基层委员会用以支付各项抚恤费、补助费与救济费及本企业集体劳动保险事业的补助费。每月结算一次并将没有用完的劳动保险基金转入省市工会组织或产业工会委会,作为劳动保险调剂金。第 3 款规定,劳动保险基金入不敷出的工会基层委员会,可以向上级工会组织申请调剂。省市工会组织或产业工会委员会将上缴的劳动保险调剂金用于补助其所属的、劳动保险基金入不敷出的各基层工会组织和举办劳动保险事业,每年结算一次并将余额上缴全国总工会,不足开支时向全国总工会申请调剂。这些规定表明:企业是劳动保险金的义务缴纳人,工人和职员不承担缴纳劳动保险金的义务;中华全国总工会是全国劳动保险事业的最高领导机关,各工会基层委员会是执行劳动保险业务的基层单位,充分彰显出工人阶级当家作主的时代特征。

劳动保险基金是劳动保险事业中最为核心和关键的内容,有了基金才能保证劳动者在发生生活风险时获得应有的待遇,才能使劳动保险条例达到调整社会关系、建立良好社会秩序的目的。劳动保险条例实施将近 40 年所发挥的巨大作用以及给劳动者留下的难以忘怀的印象和追忆,主要由于劳动保险条例在劳动保险基金筹集上规范性极强的规定以及由国家统一筹集、在全国范围统一调剂使用的全国统筹的筹资模式。它不仅极大地体现了社会公平,而且有效地避免了基金的流失和被挪用,所以,在 40 年间,几乎没有出现过不能领到养老金或者医药费不能报销的情况,劳动保险条例不折不扣地被执行,是那个时期社会稳定的因素之一。

1969 年 2 月,财政部发布了《关于国营企业财务工作中几项制度的改革意见(草案)》,规定"国营企业一律停止提取劳动保险基金","企业的退休职工、长期病号工资和其他劳保开支,改在营业外列支。"这些规定实际是将过去养老保险在全国范围统筹调剂的做法改为企业保险的做法,将社会承担社会保险责任的制度蜕变为企业承担本企业职工社会保险责任的制度,将国家(社会)举办社会保险事业变成企业内部事务。虽然在当时企业与国家是捆在一起的,但是,由于各个企业规模不同,尤其是退休职工数量不同,因此,不同企业在社会保险上的负担也不同,这不仅是我国社会保险制度发展进程中的一次巨大的倒退,而且为后来的社会保险社会化改革设置了严重的障碍。

四、《劳动保险条例》逐步得到完善

1. 将职工养老保险从劳动保险中独立出来

在胜利完成国民经济发展的第一个五年计划和1958年开始实施第二个五年计划的社会背景下,针对企业和国家机关退休规定不统一、待遇标准不合理的实际情况,劳动部草拟了《国务院关于工人、职员退休处理的暂行规定(草案)》,并在全国近1.2万个重点企业的310.3万名职工中征求意见。1957年11月16日,经全国人大常委会原则批准,国务院于1958年2月6日全体会议修改通过,于4月23日,经国务院批准,劳动部发布了《关于工人、职员退休处理的暂行规定实施细则(草案)》。[①] 暂行规定放宽了退休条件,适当提高了退休待遇标准,取消了《劳动保险条例》中规定的在职养老金等。暂行规定的重要调整,不仅在于将企业职工与国家机关工作人员的养老保险纳入同一个法规中,将工人、职员的退休待遇统一起来,而且将城镇职工的退休制度从劳动保险中分离出来,成为独立的职工退休养老制度安排。为了解决退休职工的生活困难问题,内务部和财政部于1964年3月6日联合发布了《关于解决企业职工退休后生活困难救济经费问题的通知》,该通知应当是企业职工退休养老制度的组成部分。

企业职工曾实行政务院财政经济委员会1952年1月12日发布的《国有企业工人、职员退职处理暂行办法(草案)》,国家机关工作人员曾

[①] 严忠勤主编:《当代中国的职工工资福利和社会保险》,中国社会科学出版社1987年版,第315页。

实行国务院1955年12月29日发布的《国家机关工作人员退职处理的暂行办法》，对于实行不同的制度职工意见很大。为此，劳动部在起草统一退休办法的同时，还草拟了《国务院关于工人、职员退职处理的暂行规定（草案）》，经全国人大常委会1958年3月7日会议原则批准，由国务院公布实施。退职暂行规定解决了企业和国家机关职工之间因退职条件和待遇不一而产生的矛盾，增强了社会团结。

2. 对集体所有制企业职工的退休养老作出制度安排

随着城镇集体所有制经济的不断发展，加之全民所有制经济单位建立社会保险制度的示范，城镇集体所有制企业的职工也产生了获得养老金待遇的愿望。为了解决集体企业职工养老保险问题，第二轻工业部、全国手工业合作总社于1966年4月20日发布了《关于轻、手工业集体所有制企业职工、社员退休统筹暂行办法》《关于轻、手工业集体所有制企业职工、社员退职暂行办法》，首次尝试着建立集体所有制企业职工退休统筹制度。这两个暂行办法规定的集体所有制企业职工的退休待遇低于国有企业退休职工的待遇，前者退休金的替代率为本人工资的40%—65%，而后者为50%—70%。

3. 对医疗保险制度的规定进行微调

1957年3月23日，国务院批转了财政部、劳动部、全国总工会联合发布《关于整顿现行附加工资提取办法的报告》，将1953年1月13日政务院财经委发布的《关于国营企业1953年计划中附加工资内容和计算办法的规定》中对不同行业按职工工资总额的一定比例提取医药卫生补助金的规定（重工业、建筑业等为7%，轻工业、贸易企业、银行等为5%）调整为：重工业5.5%，轻工业5%，贸易部门4.5%。

国家和企业对劳保医疗费用承担过多，造成了经济上的过大压力。对此，1966年4月15日，劳动部和全国总工会联合发布了《关于改进企业职工劳保医疗制度几个问题的通知》。通知提出对劳动保险中医疗保险的整顿意见,规定看病要收挂号费和出诊费,营养滋补药品除特批外,一律费用自理,职工因工负伤和因职业病住院,个人要适当负担伙食费。职工直系亲属患病除药费和手术费报销50%外,挂号费、检查费、化验费等由个人承担。这些动作不大的调整没有起到遏制过度消费医疗资源、浪费医疗费用的现象。

4. 建立女职工保护制度

1955年4月,国务院发布《中华人民共和国女工保护条例(草案)》,对女职工经期、孕期、产期、哺乳期的待遇作出规定,有力地保障了女职工在人类自身再生产期间的权益,为女职工产后身体恢复以及下一代健康成长提供了法律保护。

5. 制定了职业病保护法规并列入工伤保险范围

随着国家工业化的发展,职工患职业病的比例在逐渐增加。为了保障受到职业病伤害的职工能够得到及时的治疗、康复以及为他们提供必要的生活保障,1957年2月23日,卫生部发布《关于职业病范围和职业病患者处理办法的规定》,界定了职业病的概念,对职业病范围(将职业中毒、尘肺病等14种与职业活动有关的疾病列入职业病范畴)、职业病的确定、职业病患者的治疗、因职业病致残和死亡的按照因工致残、死亡待遇提供等作了规定,首次建立了我国职业病预防和职业病患者的待遇制度。这些规定为我国职业病的预防和补偿制度的建立和不断完善奠定了基础。1963年1月,劳动部、卫生部、中华全国总工会、冶金工业部、煤炭工业部联合召开防止矽尘危害工作会议,对防止矽尘危害和矽尘病人的安置、待遇等问题提出了具体要求,国务院在2月9日批转了这次会议的报告。报告在促进企业改善劳动条件、保护职工健康、做好职业病防治方面发挥了积极作用。

6. 建立了社会保险待遇异地支付制度

中华全国总工会于1960年7月6日制定、于1963年1月23日发布的《关于享受长期劳动保险待遇的转移支付试行办法》规定:凡领取退休费、因工残废抚恤费、非因工残废救济费和因工死亡职工供养直系亲属抚恤费的职工、家属转移居住地点时,经本人自愿申请,可以办理异地支付手续,到易居地点的工会组织领取应得的待遇。异地支付的职工死亡丧葬费、丧葬补助费和供养直系亲属抚恤费、救济费,均由易居地点的工会组织按照有关规定发给。异地领取待遇的职工患病时,可以在易居地点指定的医疗机构就医,所需费用由支付待遇的工会组织按规定给予报销。试行办法的发布和实施确立了异地支付社会保险待遇的制度,为去异地投奔子女的老年人领取养老金、就医看病和得到子女的照顾提供了方便,既免除了原单位邮寄养老金及其他社会保险待遇的麻烦和邮资负担,也能够使异地居住者像在原居住地一样享受应当享受的劳动保险待遇。

《劳动保险条例》的实施为劳动者在生活风险发生时的经济来源提供了可靠的保障,鼓舞了他们积极参加国家社会主义建设的热情,使他们在国家社会主义建设中做出了巨大的贡献。1950年3月8日,劳动部部长李立三在第一次全国劳动局长会议上讲到,《劳动保险条例》"不仅是广大工人群众所需要,而且也是目前公营企业行政方面及私营企业的进步资本家所需要的。特别是为了鼓励劳动者的劳动热忱以促进生产的发展,更需要颁布这样的法律。"[1]今天回头考察《劳动保险条例》能够产生意想不到的社会效果的原因时,我们首先发现,《劳动保险条例》把《东北条例》规定的各省市、各产业部门自行制定劳动保险暂行办法而导致的待遇标准高低不一、组织管理混乱等内容,按照新的社会环境的要求和可能性,规定为中华全国总工会是全国社会保险事业最

---

[1] 宋士云:《新中国社会保障制度结构与变迁》,中国社会科学出版社2011年版,第54页。

高领导机构,负责全国社会保险基金的筹集,是社会保险事业在社会主义建设事业中能够取得不凡成就的根本原因。其次,社会保险项目和待遇标准全国统一、待遇水平逐步提高等,也是社会保险制度在推动经济发展、促进社会和谐方面发挥出积极作用的重要原因。

第二节 国家机关工作人员的社会保险制度

1950年后,国家在原来供给制待遇的基础上,通过单项法规的形式逐步建立起国家机关工作人员的养老、医疗、生育、死亡抚恤制度。

一、退休制度

新中国成立初期,国家就对机关事业单位工作人员的退休管理做出了规定。主要是1950年3月政务院颁布的《中央人民政府政务院财政经济委员会关于退休人员处理办法的通知》,通知适用于当时的党政机关、海关、铁路、邮电等单位中实行工资制的工作人员,而且退休金实行一次性给付。1951年政务院颁布了《劳动保险条例》以后,由于国家机关、事业单位、人民团体、民主党派工作人员的工龄计算办法和工资标准与企业不同,不能适用《劳动保险条例》的规定,对于国家机关事业单位工作人员的退休问题一般适用当年制定的暂行办法。

1955年12月29日,国务院发布了《国家机关工作人员退休处理暂行办法》、《国家机关工作人员退职处理暂行办法》、《关于处理国家机关工作人员退职、退休时计算工作年限的暂行规定》等一系列法规,由此确立了国家机关、事业单位职工的退休制度,并且将国家机关工作人员的退休金一次性发放改为按月发放。它与企业职工退休制度在内容上虽然大体相同,但是由于它是独立的制度安排,所以,在具体规定上有所不同。国家机关、事业单位职工的退休制规定,退休年龄为男60

周岁、女55周岁。虽然国家机关职工的退休年龄高于企业职工,但是企业职工退休金替代率却高于国家机关工作人员,例如,在标准工资、工龄相同的情况下,如果前者为职工工资的70%,那么后者则为职工工资的60%。

由于国家机关工作人员的退休制度和企业职工的退休制度分别通过单行法规和《劳动保险条例》加以规定,当1958年国家进入第二个五年计划之际,为了适应经济发展形势的需要,经全国人大常委会批准,国务院于1958年2月9日颁布了《关于工人、职员退休处理的暂行规定》、3月7日颁布了《关于工人、职员退职处理的暂行规定(草案)》,由此统一了国家机关和企业职工的退休、退职制度,与此同时,这两个暂行规定还规定了因公和因病完全丧失劳动能力的退休办法。具体规定是:因病完全丧失劳动能力退休的,连续工龄满5年不满10年的,养老金为本人退休时标准工资的40%,满10年不满15年的为50%,满15年以上的为60%;因公致残完全丧失劳动能力退休的,饮食起居需要扶助的,养老金为本人退休时标准工资的75%,饮食起居不需要扶助的为60%;对于因体弱多病不能工作又不到退休年龄的职工,实行退职制度,退职补助标准为:连续工龄10年以下的,每满1年发给1个月本人标准工资;连续工龄10年以上的,从第11年开始每满1年发给1个半月本人标准工资,最多不超过30个月本人标准工资。虽然领取待遇的条件和待遇标准得到了统一,但是,企业职工和国家机关工作人员养老保险制度仍然存在着差别,即前者的养老保险基金来源于企业生产收益并在企业营业外列支,而后者则从国家财政拨付的行政费或事业费项下列支。

在长期的低工资年代,职工根本没有能力通过储蓄为自己老年生活做准备。为了保障退休职工的基本生活,唯一的办法是提高养老金替代率,在养老金替代率不断提高的情况下,到改革开放前后,养老金替代率普遍达到 90%,那些有荣誉称号和做出过特殊贡献的退休者,养老金替代率为 100%。①

二、公费医疗制度

公费医疗制度是国家为国家机关、事业单位工作人员提供的免费医疗制度。在民主革命时期,一些革命根据地就曾实行过公费医疗预防办法,新中国成立初期,这一制度仅在部分地区和某些范围实行。1951 年,陕北革命根据地及某些少数民族地区试行免费医疗办法,接着又扩大到第二次国内革命战争各根据地的公职人员。

1. 覆盖范围不断扩大

1952 年 6 月 27 日,政务院颁布了《中央人民政府政务院关于全国各级人民政府、党派、团体及所属单位的国家工作人员实行公费医疗预防的指示》,1952 年 8 月 24 日,政务院批准了卫生部制定的《国家工作人员公费医疗预防实施办法》,这两个行政法规将公费医疗的实施范围由原来的革命根据地公职人员扩大到全国各级人民政府、党派、工青妇等团体、各种工作队以及文化、教育、卫生、科研、体育等事业单位的国家工作人员,在乡二等乙级以上革命伤残军人。公费医疗计划覆盖 400 万人,②自此确立起我国的公费医疗制度。由于公费医疗的经费主要来源于各级财政,因此,它实际上不是一种医疗保险制度,而是国家为机关、事业单位等机构的工作人员及其退休人员和二等乙级以上革命伤残军人提供的免费医疗的福利制度。1953 年卫生部颁布《关于公费医疗的几项规定》,将公费医疗的实施范围扩大到高等学校的在校学生及乡干部。1956 年卫生部颁布的《国家机关工作人员退休后仍应享

---

① 郑功成:《中国社会保障论》,湖北人民出版社 1994 年版,第 122 页。
② 陈佳贵等:《中国城市社会保障的改革》第 11 辑(2002 年),第 67 页。转引自宋士云:《新中国社会保障制度结构与变迁》,中国社会科学出版社 2011 年版,第 61 页。

受公费医疗待遇的通知》和《关于高等学校工作人员退休后仍应享受公费医疗待遇的通知》后,使公费医疗的范围进一步扩大,全国享受公费医疗的人数由1952年的400万人增加到了1957年的740万人。①

1955年9月17日,财政部、卫生部和国务院人事局联合发布《关于国家机关工作人员子女医疗问题的规定》,规定指出,由于国家机关工作人员已全部实行工资制,其子女的医疗问题,可采取每人每月按公费医疗规定的数额缴纳医疗费,由机关统一掌握,参加统筹子女的医疗费,从统筹费内开支;实行统筹困难的单位,子女医疗费由本人自理,对确有困难的,从机关福利费内予以补助。可见,公费医疗制度只是有条件地惠及国家机关工作人员子女,与企业职工直系亲属可以享受半费劳保医疗的制度有明显的差别。

2. 公费医疗经费的筹措

公费医疗经费由各级政府财政预算并按国家机关以及全额预算管理单位人头划拨给各级卫生行政部门,实行专款专用,统筹使用,不足部分由地方财政补贴。对于差额预算管理和自收自支预算管理的单位,则从提取的医疗基金中支付。

3. 公费医疗待遇

公费医疗的待遇,除挂号费、滋补品、整容、矫形等少数项目由个人支付以外,其他医疗费用和住院费用几乎全部由公费医疗经费支付。实行公费医疗的单位与医疗机构签订合同,工作人员凭记账单在合同医院免费就医,医疗机构与单位进行结算。各级政府设立公费医疗管理委员会对医疗费用的使用进行审核和监督。1952年9月12日,政务院颁布了《关于各级人民政府工作人员在患病期间待遇暂行办法》,

---

① 郑功成等:《中国社会保障制度变迁与评估》,中国人民大学出版社2002年版,第123页。

1954年7月24日和1955年12月29日又两次对该暂行办法进行了修改。1955年12月29日国务院发布了《国家机关工作人员病假期间生活待遇试行办法》后，公费医疗待遇明显高于企业职工的劳保医疗待遇。劳保医疗和公费医疗两者之间虽然筹资渠道和待遇水平不同，但是在计划经济统收统支的经济体制下并没有本质上的区别，即它们都是最终由国家承担经济责任的医疗保障制度。

病假工资属于公费医疗的一项待遇。1952年9月12日，政务院发布了《关于各级人民政府工作人员在患病期间待遇暂行办法》后，经1954年7月24日和1955年12月29日两次修改，将国家机关工作人员患病期间的待遇确定为：连续病假在一个月之内的，不分工作年限长短，都按本人标准工资的100%发给；超过1个月但在6个月以内的，发给本人工资的70%—100%；6个月以上的，发给本人工资的50%—80%。相比之下，国家机关工作人员的病假工资水平高于企业职工的水平。

4. 对公费医疗规定的调整

公费医疗范围的不断扩大，导致医疗费用随之攀升。对此，1957年9月，周恩来总理在中共八届三中全会的报告中就指出："劳保医疗和公费医疗实行少量收费（门诊、住院和药品），取消一切陋规（转地治疗由医院开支路费、住院病人外出由医院开支车费等），节约经费开支"。虽然这个报告在全会上通过，但由于当时的各种社会运动，报告中提出的改革措施没有得到实施。此后，国家虽然颁布了一系列法规，对医疗费用的报销范围以及外地就医的报销范围都作出了新的规定，例如，1958年4月25日卫生部发布的《关于严格控制病人转地治疗的通知》、1961年卫生部修订的《关于中央机关司局长及行政十级以上干部公费医疗的报销规定》以及1964年国务院批转卫生部、财政部的几个文件，但是，都没有解决医疗费用浪费严重的问题。例如，1960年国家规定公费医疗费用每人每年18元,实际消费为24.6元;1964年国家规定每人每年为26元,实际消费为34.4元。①

为了纠正公费医疗费用浪费严重现象,1965年9月21日,中共中央在批转卫生部党委《关于把卫生工作的重点放到农村的报告》时指出:"公费医疗制度应做适当的改革",10月27日卫生部和财政部根据中央的指示,联合发布了《关于改进公费医疗管理问题的通知》,对国家机关工作人员医疗制度作出看病要收挂号费,营养滋补药品除医院领导批准使用外应由个人负担的改进。公费医疗制度是在国家对公职人员实行供给制的历史条件下实行的,当供给制改为工资制度以后,仍然实行公费医疗制度,必然给国家财政带来难以承受的经济压力,而这些不伤筋动骨的改进对于抑制医药浪费现象的作用是微乎其微的。

近乎全部免费的企业职工及其家属(免除1/2医疗费用)的劳保医疗以及国家机关和事业单位工作人员的公费医疗,与当时低下的生产力发展水平和奇缺的医疗卫生资源极不匹配。这不仅导致医疗卫生服务分配城乡不平等以及由此对农村居民医疗服务欠缺而产生的不公平,而且基本无节制的医疗卫生消费,给国家财政带来沉重负担。据统计,1978年全国享受公费医疗和劳保医疗的职工人数高达8400万人,医疗费用为27亿元。②

三、生育保险制度

1955年4月26日,国务院颁布了《关于女工作人员生育假期的通知》,规定的国家机关工作人员的生育假期、生育假期工资及怀孕检查

---

① 郑功成等:《中国社会保障制度变迁与评估》,中国人民大学出版社2002年版,第121页。

② 同上,第121页、第128页。

费、分娩费用等生育待遇都与企业女职工待遇相同,只是没有生育补贴费。

到1957年底,我国社会保险制度的奠基工作已基本完成。国家根据当时的经济发展水平基本做到了能保尽保,保险项目涉及人们生、老、病、死、残等生活风险的所有方面。社会保险制度覆盖了当时2451万全民所有制企业职工和650万集体所有制企业职工,年支付社会保险待遇为27.9亿元,占当时工资总额的17.9%。[1] 其中,医疗保险制度的实施,增强了职工的体质,解除了职工因病致贫的担忧,到20世纪70年代末,医疗保险制度覆盖了75%以上的城镇职工及离退休人员,享受劳保医疗的人员达到1.14亿人,享受公费医疗的人员达到2300万人,两类医疗费用开支达到28.3亿元。[2] 基本没有生活风险后顾之忧的日子,至今让几乎所有从那个年代过来的人无法忘怀。

到了1956年底,我国城市社会保险制度的基本框架已经形成。1957年9月26日,在中国共产党第八届中央委员会第三次扩大的全体会议上,周恩来总理作了《关于劳动工资和劳动福利问题的报告》,他在报告中指出,劳动保险制度的建立基本是正确的,它帮助广大劳动人民解除了在旧社会依靠个人能力无法解决的生、老、病、死、伤、残的困难。这都充分地体现了社会主义制度的优越性,激发了职工的劳动积极性和对社会主义的热爱。也就是在这次会上周总理透露,全国总工会建议扩大劳动保险的实施范围,取消现行的公费医疗和其他各项有关办法,以减少职工中的矛盾。然而,由于国家机关、事业单位工作人员的工龄计算、工资标准和社会保险费支付渠道等与企业不同,因而国家机关、事业单位职工的社会保险制度从建立时起就一直实行与企业

---

[1] 王占臣等主编:《社会保障法全书》(上),改革出版社1995年版,第7页。
[2] 胡晓义主编:《走向和谐:中国社会保障发展60年》,中国劳动社会保障出版社2009年版,第188页。

职工不同的另外一套制度,且待遇标准逐步高于企业职工。自1963年起,劳动部会同有关部门曾进行劳动保险条例的修订工作,并于1965年3月向国务院上报修订草案及其说明。修订草案中明确提出,把国家机关、事业单位、企业职工的全部社会保险待遇统一起来,以免不同部门、不同制度之间的相互影响。但因有的部门对修订草案有不同意见,最终未能上报国务院。① 这不仅是制度设计者始料未及的,而且成为今天养老保险和医疗保险制度改革难以逾越的障碍。

第三节 劳动保险管理制度

《劳动保险条例》规定,中华全国总工会是全国企业劳动保险事业的最高领导机关,统筹全国劳动保险事业的进行,督导所属各地方工会组织、各产业工会组织有关劳动保险事业的执行;审核并汇编劳动保险基金及总基金的收支报告表,每年编造劳动保险金的预算、决算、业务计划书及业务报告书,并送中央人民政府劳动部、财政部备查。由于各工会基层委员会是执行劳动保险业务的基层单位,因此,《劳动保险条例》对各工会基层委员会的职责作出了详细明确的规定。1954年,国家对政府机构进行精简,经政务院批准,企业的社会保险业务工作移交工会统一管理。政务院于1954年5月28日发布了《关于劳动保险业务移交工会统一管理的通知》,劳动部和中华全国总工会根据通知的精神,于6月15日发布了《关于劳动保险业务移交工会统一管理的联合通知》,联合通知对各级劳动部门和工会组织的移交工作作出了具体规定。此后,企业的劳动保险业务由各级工会组织统一管理,而政府劳动部门则成为劳动保险事务的监督机关,形成了政府制定法规、工会参与

---

① 高书生:《社会保障改革何去何从》,中国人民大学出版社2006年版,第41页。

立法、工会经办社会保险事务的管理方式。

《劳动保险条例》规定,企业成立保险委员会,车间设保险委员,在基层工会领导下,开展工作。企业吸收热心于劳动保险事业的职工参加保险委员会或任保险委员,这就使得保险委员会成为广大职工参与其中并实施监督的群众组织。1951年3月1日,中华全国总工会发布了《劳动保险委员会组织条例(试行草案)》,对保险委员会所属各组(宣传登记组、病伤职工照顾组、医务工作监督组、集体保险事业工作组、财务监督组)的具体任务作出明确的规定。1954年5月16日,中华全国总工会书记处发布了《劳动保险委员会组织通则(试行草案)》,对劳动保险委员会的工作任务作出了规定。职工参加企业劳动保险业务的管理和监督,是新中国在计划经济时期经济迅速发展、社会秩序井然的重要原因,也是党和政府的组织力、号召力、凝聚力强大的原因之一。

1954年9月,根据《中华人民共和国宪法》和《中华人民共和国国务院组织法》的规定,政务院改组国务院,国务院不再设人事部,国家机关、事业单位工作人员的社会保险业务由国务院人事局管理。1952年6月,政务院发布《关于全国各族人民政府、党派、团体及所属事业单位的国家机关工作人员实行公费医疗预防措施的指示》后,中央和地方各级人民政府相继设立了由政府负责人以及卫生、财政、工会等部门负责人组成的公费医疗管理委员会,以卫生部门为主,领导公费医疗工作,公费医疗经费由国家财政每年拨付卫生部门统筹使用。虽然国家机关、事业单位退休人员的养老保险资金和职工的医疗保险费用由国家财政拨款,但管理体制仍然是单位化。

第四节 "文化大革命"期间
社会保险制度运行状况

十年"文化大革命"期间,我国的社会保险制度同样遭受到严重破坏,处于停滞甚至倒退的状态。

一、劳动保险管理机构被撤销或停止活动

"文化大革命"开始不久,管理企业劳动保险业务的中华全国总工会被停止活动,各级工会组织随之也陷入瘫痪状态,劳动保险的管理工作由工会转给企业行政方面。1968年12月11日,最高人民检察院、最高人民法院和内务部的军事代表联合公安部领导小组向中央上报了《关于撤销高检院、内务部、内务办三个单位,公安部、高法院留下少数人的请示报告》后,1969年1月,内务部被撤销。当时全国有优抚对象4 000多万人,残疾人700多万人,五保对象300多万人,困难户和受灾人口每年都在1亿人左右。[①] 这些人的生活保障问题基本处于无人管理的状态。1972年3月,国务院召集财政部、公安部、卫生部、国家计委等部门,就原内务部所主管的业务进行研究。会议研究的结果是,救灾、救济、优抚等工作,由财政部管理;残疾人由卫生部管理;国家机关工作人员的社会保险待遇、复员转业军人的安置工作由国家计委劳动局管理。1970年6月劳动部被撤销,劳动部的业务并入国家计委下属的劳动局,由此使自上而下的各级劳动部门的劳动保险行政管理工作受到严重的削弱,劳动保险条例不再能得到有效实施,劳动保险业务处于混乱状态:大批具备退休条件的职工无法办理退休手续。据统计,

---

[①] 崔乃夫主编:《当代中国的民政》(上),当代中国出版社1994年版,第41页。

1978年,企业应退未退的职工达200多万人,行政机关应退未退的人有60多万。[①] 形成了企业职工不能更新,机关事业单位工作人员老化的局面。1975年9月,国务院将国家计委劳动局改为国家劳动总局,作为国务院直属机构,仍由国家计委代为管理。社会保险业务自此开始由劳动部门管理。

二、劳动保险金的统筹制度终止实施

"文化大革命"期间,各级工会组织作为劳动保险金统筹机构的工作被迫停止以后,劳动保险金的筹集、管理、使用、调剂等也随之停止,行之有效的劳动保险基金全国统筹的制度无法继续实施下去。在这样的情况下,1969年2月,财政部发布了《关于国营企业财务工作中几项制度的改革意见(草案)》,规定"国营企业一律停止提取劳动保险基金","企业的退休职工、长期病号工资和其他劳保开支,改在营业外列支。"1969年11月18日,财政部发布的《关于做好1969年决算编审工作的通知》规定,中央国营企业原按工资总额2.5%提取的福利费,3%提取的奖励基金,5.5%提取的医疗卫生费实行合并,统一按照工资总额11%提取职工福利基金,并直接计入成本;如果11%的福利基金不敷使用,企业可以从税后留利中提取职工福利基金进行弥补。从1951年到1969年劳动保险条例实施以来的将近20年间,已积累的约4亿元统筹基金被划归财政部管理。[②] 财政部发布的改革意见实际上将过去养老保险全国社会统筹调剂的做法改为企业保险的做法,将社会承担社会保险责任的制度蜕变为企业承担本企业职工社会保险责任的制度,将国家(社会)举办社会保险事业变成企业内部事务。虽然在当时

[①] 高书生:《社会保障改革何去何从》,中国人民大学出版社2006年版,第45页。
[②] 胡晓义主编:《走向和谐:中国社会保障发展60年》,中国劳动社会保障出版社2009年版,第12页。

国家(通过政府)与企业在社会保障制度的确立与实施过程中是结为一体的,企业由国家统负盈亏,企业不用承担劳动保险的最终责任。但是,由于各个企业规模不同,尤其是退休职工数量不同,不同企业在社会保险上的负担也不相同。但由于国家对企业统负盈亏,这个时期企业保险的最终责任主体实际上是国家,即在企业保险支付发生亏空时,国家会给予财政补贴。因此,职工的各项保险待遇基本能够维持,制度的实施也在勉强延续。然而,将行之有效的社会保险全国统筹调剂的制度改为企业自筹的做法,不仅是我国社会保险制度发展进程中的一次巨大倒退,而且为后来的社会保险社会化改革设置了严重的障碍。

第二章 社会优抚安置制度

　　社会优抚安置制度是优待、抚恤、安置、革命烈士褒扬四种制度的总称，是一种补偿和褒扬性质的特殊社会保障制度。优待制度在我国革命历史中源远流长。早在1927年大革命失败以后，中国共产党在十几个农村革命根据地建立起工农民主政权时，就开始对军烈属实行优待政策。从那时到新中国成立的二十余年间，红色政权就先后颁布了《优待红军家属礼拜六条例》(1931年1月10日)、《中国工农红军优待条例》(1931年11月)、《中国共产党中央委员会、中华苏维埃共和国人民委员会关于优待红军家属的决定》(1934年)、《晋冀豫边区优待抗日军人家属条例》(1940年5月10日)、《陕甘宁边区拥军公约》(1943年)、《陕甘宁边区优待革命军人、烈士家属条例》(1948年10月27日)等法律法规。

　　这些在不同时期颁布的优待抚恤法律法规主要有以下几个特点：一是主要提供实物和劳务优待。例如，代耕代种、免交捐税房租、义务传递家书、免费医疗等；二是优待的内容在逐步增加。例如，1931年的《优待红军家属礼拜六条例》规定，每个星期六或星期日，每个机关工作人员务必抽出时间帮助驻地附近红军家属耕田或做其他零活，1948年公布的《陕甘宁边区优待革命军人、烈士家属条例》规定，除照章抚恤外，还享受以下待遇：土地分配、子女入学、免费医疗等；三是待遇项目逐步健全。如规定了死亡抚恤及标准、老年抗日战士享受的荣誉及优待金，确定了一等、二等、三等三个评定残废等级的标准和相应的抚恤待遇。[①] 在革命战争时期制定的这些优待抚恤法律法规,不仅对于鼓舞人民战士的士气、保证和推动革命战争的胜利起到了非常重要的作用,而且为新中国建立时制定优抚法规积累了丰富的经验。

第一节 军人优待制度

我国的优抚工作继承了革命战争年代的优良传统,将许多行之有效的制度延续了下来。1949年新中国成立前夕通过的《中国人民政治协商会议共同纲领》规定,"革命烈士家属和革命军人家属,其生活困难者应当受到国家和社会的优待。参加革命战争的残废军人和退伍军人,应由人民政府给以适当安置,使能谋生立业。"根据这一规定,1950年12月,经政务院批准,内务部公布了《革命烈士家属、革命军人家属优待暂行条例》、《革命残废军人优待抚恤暂行条例》、《革命军人牺牲、病故褒恤暂行条例》、《民兵民工伤亡抚恤暂行条例》等一系列法规。这些条例统一了对革命军人家属的优待办法、统一了革命军人的评残条件和伤残等级、统一了各类优待抚恤标准及优抚证件,为我国优抚工作的规范开展提供了法律保障。

与革命战争年代的优待法规相比,建国初期制定的这些优待法规不仅更加详细地规定了优待对象应当享有的实物、劳务、现金优待,而且在许多民事权益和社会权益方面,为优待对象规定了优先权。例如,《革命烈士家属、革命军人家属优待暂行条例》规定,分配、出租、出借、出卖公有土地、房屋、场地等,烈军属有优先分得、承租、借用、购买权;企业、机关、学校等雇佣员工,应优先雇佣烈军属;政府举办社会救济、

[①] 苏廷林等主编:《中国社会保障词典》,首都师范大学出版社1994年版,第166—168页。

贷粮、贷款,烈军属有领取与借贷的优先权等。这四个条例一直适用到1988年7月18日国务院发布《军人抚恤优待条例》后才告废止。条例颁行以后的十年里,国家发给军烈属生活补助费高达四亿二千多万元,每年享受政府定期定量补助的烈属有75万人,享受临时补助的军烈属每年平均达420多万人。[1] 此外,国家还制定了其他优抚法规。例如,1963年3月,内务部在《进一步加强对烈军属和残废军人的优待补助工作》中指出,优待劳动工分符合当前农村人民公社分配形式,"一般地区都应采用这种方法"。1963年5月,总政治部《关于解决目前军属生活困难和加强优属工作给中央的报告》中提出,鉴于农村目前一切实物都按工分分配,对家在农村缺乏劳动力的军官家属,可采取"优待工分"。农村实行联产承包责任制以后,"优待工分"改为发放优待现金。从1953—1956年的四年间,各地组织农村优抚对象加入互助组和生产合作社,扶助他们发展生产的补助款高达14 700万元,为他们购置了大批生产资料。在实行农业合作化之前,全国每年组织农民群众为农村优抚对象代耕土地平均为1200万亩。优待工分取代代耕土地之后,全国优抚对象每年享受工分优待总数在40亿分以上。[2]

第二节 军人抚恤制度

1950年12月,内务部公布的《革命残废军人优待抚恤暂行条例》、《革命军人牺牲、病故褒恤暂行条例》、《民兵民工伤亡抚恤暂行条例》对伤亡军人享受抚恤待遇的条件和待遇标准作出了规定。抚恤待遇包括伤残抚恤和死亡抚恤两类。

---

[1] 聂和兴等主编:《中国军人社会保障制度研究》,解放军出版社2000年版,第154页。
[2] 董华中主编:《优抚安置》,中国社会出版社2009年版,第31页。

1.伤残抚恤。伤残抚恤待遇有伤残抚恤金和伤残保健金两种待遇。伤残抚恤金是对伤残以后再没有从事革命工作的伤残人员发给保障其基本生活的一种补偿性待遇,而伤残保健金是对伤残以后仍然从事革命工作的伤残人员发给其用于保健的一种补偿性待遇。伤残按照性质区分为因战、因公、因病三种,伤残抚恤金的标准根据伤残性质和等级,参照一般职工工资标准确定,伤残性质和等级不同,享受的伤残抚恤金或者伤残保健金的标准也不同。

2.死亡抚恤。死亡抚恤有一次性抚恤和定期抚恤两种待遇。一次性抚恤是指国家按规定一次性发给抚恤对象伤亡抚恤金的制度,定期抚恤是指国家为抚恤对象按月发给抚恤金的制度。

第三节 军人安置制度

军人安置制度主要包括对复员退伍军人、军队转业干部的安置,以及军队离退休干部的安置三个方面。

1. 复员退伍军人的安置

1950年6月、1954年10月、1955年5月,人民革命军事委员会、政务院、国务院先后发布了《关于人民解放军1950年的复员工作的决定》、《复员退役军人安置暂行办法》、《国务院关于安置复员建设军人工作的决议》、《关于处理义务兵退伍的暂行规定》、《关于现役军官退休处理的暂行规定》等法规。这些决定、决议的总原则是复员工作服从国家经济建设和国防建设的需要,并使二者结合起来。1955年7月30日,第一届人大二次会议通过我国第一部《中华人民共和国兵役法》(1984年5月31日第六届人大常委会第二次会议通过新的兵役法之后,第一部兵役法同时废止),开始实行义务兵役制。1958年,第一批入伍的义务兵开始退伍。1958年3月17日,国务院发布《关于处理义务兵退伍的暂行规定》(1987年12月12日国务院发布《退伍义务兵安置条例》之后,该规定同时废止),确立了定期征兵、定期退伍的义务兵制度,同时确立了"从哪里来,到哪里去"的安置原则。即城镇的退役士兵在城镇安置,农村的退役士兵在农村安置。在计划经济时期,军人安置和就业基本上是指令性的,由政府有关部门统管、统分,个人和用人单位双向选择的可能性很小,安置退役士兵的岗位非常充足;退役士兵进入工作岗位将终身就业,不会被单位解雇;当时安置政令畅通,单位必须毫无疑义地接纳分配来的退役士兵;计划经济时期不同单位工资标准和福利待遇相差不大,退役士兵对安置没有怨言。农村的退役士兵虽然必须回到农村,但是,当时社会流动少,退役士兵相对素质高,退役士兵在农村入党后,容易进入农村基层领导层,所以,农村青年当兵积极性很高。这是计划经济时期退役士兵安置工作表现出的突出特点。[①]

从1950年到1958年,是新中国成立后第一次大规模安置复原退役军人的阶段。8年期间,安置在各机关团体事业单位和工矿企业以及回农村参加农业生产的复员退役军人共482万余人。国家共支出复员费15亿元,医疗补助费1亿元。[②] 退役军人被安置到国家机关、工矿企业、基本建设等单位工作,这在一定程度上满足了国家对建设人才的需要。对于退役军人的住房、家属就业、子女入学等问题,采取优先安排、优惠照顾的办法,使他们能够尽快适应新环境的生活。

2. 军队转业干部的安置

根据1978年8月18日第五届人大常委会批准、1978年8月19日国务院和中央军委颁布的《中国人民解放军干部服役条例》(1988年9

---

① 董华中主编:《优抚安置》,中国社会出版社2009年版,第110页。
② 同上,第26页。

月5日第七届人大常委会第三次会议通过《中国人民解放军现役军官服役条例》之后,该条例同时废止)的规定,军队干部由于达到规定的现役最高年龄,或由于军队编制员额缩减,或调往非军事部门工作,或因伤病残疾,或因其他原因不适合服现役,都要退出现役。其中,退出现役被分配到国家机关、企业、事业等单位工作的军队干部称为军队转业干部。军队转业干部的安置制度是指规定军队转业干部的工资待遇、生活补助费、安家费、家属的随迁安置等制度。军队转业干部的工资待遇从建国(新中国成立)以来,经历过供给制、套级制、定级制、享受地方同等级别干部的工资待遇制等阶段,从1985年7月1日起,实行按照军队所任职务套改地方相应职务确定工资及福利待遇的制度。

3. 军队退休干部的安置

1954年12月,内务部、财政部、总政治部发布《关于军队供养人员移交地方安置的联合通知》,按照通知的要求,民政部门积极创办荣军教养院和革命军人教养院,接收、安置因伤致残和年老体弱的干部。1955年,内务部根据《国务院关于军队供养人员移交地方安置的联合通知》对军队供养人员采取由荣军教养院终身供养、由军队干部休养团留养、发给生产资助金复员回乡、少数红军干部回乡休养、少数干部交民政部门管理由国家供养等措施。由于当时国家尚没有建立离退休制度,因此,军队干部退役到地方安置以后,他们所需要的一切费用,按照供给制的标准由民政部门提供。

1958年国家建立了退休制度,当年7月5日,国务院颁布了《关于现役军官退休处理的暂行规定》,第一次对军队干部的退休条件、待遇、安置、住房、医疗等作了明确规定,将原供养制度纳入退休制度,由民政部门接收安置。民政部门按照总政干部部、国务院人事局、内务部发布的《关于由国家供养的军队干部执行'国务院关于现役军官退休处理的暂行规定'中几个问题的通知》,对国家供养的军队干部进行了审查和处理:符合退休条件的,办理退休手续,改为退休;不符合退休条件的,按转业干部处理,由人事部门安排适当工作,不能分配工作的,由当地军区办理复原手续,发给复原生产资助金,民政部门安排他们参加适当的劳动生产。

1959年11月6日,内务部、中国人民解放军总政治部联合发布《关于执行〈国务院关于现役军官退休处理的暂行规定〉的通知》,再次对军官退休制度加以明确规范,同时规定由民政部门和军队政治机关共同负责军官退休工作。后来经过不断的补充、修改和完善,使得1978年发布的《中国人民解放军干部服役条例》成为有关军队干部的退休制度。

第四节 烈士褒扬制度

1950年内务部公布的《革命烈士家属、革命军人家属优待暂行条例》、《革命军人牺牲、病故褒恤暂行条例》、《革命工作人员伤亡褒恤暂行条例》、《民兵民工伤亡抚恤暂行条例》四部法规确立了革命烈士的条件、审批权限和抚恤优待措施。同时,这四部法规还对革命烈士的褒扬办法作出了规定:一是烈士遗体要妥为安葬,立碑以志纪念,并按时扫墓;二是烈士遗物交烈士馆陈列;三是各地可建立烈士纪念碑、塔、亭、林、墓等,以对烈士瞻仰悼念;省以上人民政府应组织烈士事迹编纂委员会,负责收集编纂烈士英勇事迹。为了做好烈士褒扬工作,内务部还发布过几个规章,例如,1952年4月的《关于检查登记烈士坟墓的通知》、1958年3月的《关于注意保护烈士坟墓的通知》、1963年11月的《国务院批转内务部关于烈士纪念建筑物修建和管理工作的报告的通知》等。这些法规在烈士褒扬工作中发挥了积极的规范作用,据统计,从1949—1963年,全国共修建各类烈士纪念建筑物5 834处,94个烈士纪念馆陈列烈士遗物和史料58万余件,[①]为人们缅怀革命先烈、继承他们的遗志、发扬他们的革命精神提供了有益的场所和机会。

[①] 董华中主编:《优抚安置》,中国社会出版社2009年版,第35—36页。

第三章 社会福利制度

我国的社会福利由民政福利、企业职工福利和国家机关、事业单位职工福利三部分组成。民政福利由民政部门主管、企业职工福利由劳动部门主管、国家机关、事业单位工作人员的福利由政府人事部门主管。这三部分人是我国社会福利的主体,占城市居民的95%以上,占总人口的25%以上,其中企业职工福利居于核心地位。[①] 在经费方面,由民政部门主管的社会福利由国家财政拨付;企业职工福利所需经费,按照政务院财政经济委员会1953年的规定,国营企业提取职工工资总额2.5%的福利补助金用于职工福利,1969年,财政部军管会发出通知,将企业奖励基金和福利费、医药卫生费合并为"企业职工福利基金",按工资总额11%提取,这一规定适用到1979年;国家机关、事业单位职工福利费由国家财政拨款。"一五"期间全国非生产性投资占基本建设投资总额的20.3%。[②] 计划经济时期社会福利主要由官设、官管、官办,它不是一个独立的制度体系,而是服从于当时的社会大背景,并在特定的社会背景下发挥作用的制度体系,这一特征既区别于西方国家全民性的社会福利事业,也区别于经济体制改革以后我国社会化的社会福利事业。

[①] 郑功成等:《中国社会保障制度变迁与评估》,中国人民大学出版社2002年版,第333页。

[②] 劳动人事部保险福利局编:《社会保险与职工福利讲稿》,劳动人事出版社1986年版,第168页。

第一节　民政福利制度

新中国的社会福利制度最早创始于1948年12月27日公布实行的《东北公营企业战时暂行劳动保险条例》。该条例虽然主要是规定铁路、邮政、矿山等七大产业工人的医疗费、因公致残的抚恤金、退休金、女职工生育等待遇，但同时也规定了举办疗养院、养老院、残废院等集体福利事业。该条例的公布实施对于动员群众参加解放军、恢复生产、支援前线，起到了重大作用，也为新中国成立后建立社会福利制度积累了经验。

1951年5月，内务部在北京召开全国城市救济福利工作会议，会议的主要文件《关于城市救济福利工作报告》经政务院政治法律委员会批准，自8月15日起作为城市救济福利工作的原则指示发布，它对改造旧有的福利设施、发展社会福利事业、健全对私立救济福利机构的管理等作了明确规定，面向城市居民的民政福利事业由此起步。报告由政府民政部门负责组织实施，保障对象主要是无依无靠的城镇孤寡老人、孤儿或弃婴、残疾人等。民政部门通过设立福利机构为这些孤老残幼人员提供保障。

福利机构分为社会福利事业和社会福利企业两类。福利事业机构包括各种收养性的福利院、精神病院等；福利企业主要是通过为残疾人提供就业机会，解决残疾人的生活保障问题。到1952年，内务部改造了旧的慈善机构419个，调整旧救济福利团体1 600多处。[①] 到1953年，451个海外慈善组织（其中美国247个，英国、法国、意大利、西班牙

[①] 民政部编：《民政部大事记》(1949—1985)，1987年民政部内部印刷，第35、68页。转引自郑功成等：《中国社会保障制度变迁与评估》，中国人民大学出版社2002年版，第327页。

共 204 个;属于基督教的 198 个、属于天主教的 208 个)都转交中国政府。[①] 1958 年第四次全国民政工作会议号召各地民政部门建立精神病院,收容无家可归、无依无靠、无生活来源的精神病人。根据民政部门不完全统计,1959 年民政部门管理的福利院收养孤老 64 454 人、孤儿 27 964 人和属于三无对象的精神病患者 14 627 人。1961 年民政部门管理的福利院收养孤寡老人 47 348 人、孤儿 55 957 人、精神病患者 14 627 人。[②] 民政部主管的这些福利只覆盖了占总人口不到 1‰的城镇极少数特殊人群,[③]而农村居民与这些福利是无缘的。从民政福利的内容我们可以看到,当时的社会福利与社会救济是不分的。

新中国成立后,民间福利活动和组织并没有销声匿迹,而是在党和政府的领导下,逐渐发展起来。1950 年 4 月,中国人民救济总会成立;1950 年 8 月,中国红十字会改组,中国福利基金会也改名为中国福利会;1953 年 3 月,中国第一个残疾人福利组织"中国盲人福利会"成立;1956 年 2 月,中国聋哑人福利会成立。这些全国性的民间福利组织在动员社会力量进行救灾救济和扶弱济困中发挥着重要的补充作用。

第二节 企业职工福利制度

1950 年 6 月 29 日颁布的《中华人民共和国工会法》第二章规定,工会有改善工人、职员群众的物质生活,建立文化生活的各种设施的责任;各级政府应拨给中华全国总工会、产业工会与地方工会必需的房屋

[①] 孟少华等:《中国民政史稿》,黑龙江人民出版社 1987 年版,第 300 页。转引自郑功成等:《中国社会保障制度变迁与评估》,中国人民大学出版社 2002 年版,第 327 页。

[②] 民政部计划财务司编:《民政统计历史资料》,1993 年民政部内部印刷。转引自郑功成等:《中国社会保障制度变迁与评估》,中国人民大学出版社 2002 年版,第 338 页。

[③] 郑功成等:《中国社会保障制度变迁与评估》,中国人民大学出版社 2002 年版,第 331 页。

与设备作为工会办公、会议、教育、娱乐及举办集体事业等之用。1952年开始建立职工福利补贴制度,包括职工生活困难补贴、职工探亲补贴和职工冬季取暖补贴。1951年颁布、1953年修订的《中华人民共和国劳动保险条例》以及由劳动部公布的《中华人民共和国劳动保险条例实施细则修正草案》规定,凡实行劳动保险的企业工会得与企业行政或资方共同举办疗养所、业余疗养所、营养食堂、托儿所等集体劳动保险事业;中华全国总工会可举办或委托各地方或各产业工会组织举办疗养所、休养所、养老院、孤儿养育院、残废院及其他集体劳动保险事业。1953年5月,财政部、人事部发布《关于统一掌管多子女补助与家庭福利等问题的联合通知》,初步确立了面向城镇居民家庭的补贴制度。1956年,中华全国总工会书记处又通过了职工生活困难补助办法,详细规定了职工享受长期性补助和一次性补助的条件、原则、领取补助费的程序、困难补助的经费来源等。1957年1月,国务院发布《关于职工生活方面若干问题的指示》,对职工住宅、上下班交通、疾病医疗、生活必需品供应、困难补助等问题作出了明确规定。这种由政府设置、劳动部门主管、单位与基层工会具体实施、免费向职工提供的福利制度一直延续到20世纪末期。

遵循以上规定,各劳动部门举办了各种集体福利事业,如职工食堂、托儿所、浴室、理发室等;实行上下班交通补贴、房补、水电补、冬季取暖补贴等;修建工人文化宫、俱乐部、图书馆等文化设施,全国文化宫和俱乐部1950年有789个,到1954年增加到12 376个。工人图书馆从无到有,发展到9 650个,藏书达1 170万册;[1]建设职工住宅,仅"一五"期间住房建设投资相当于国家基础建设投资的9.1%,建成职工住

---

[1] 劳动人事部保险福利局编:《社会保险与职工福利讲稿》,劳动人事出版社1986年版,第170页。

宅9 454万平方米,①各单位按条件无偿分给职工,由此改善职工的居住条件;城市的学校由政府主办和单位自办,许多企业和高等院校联合举办附属中学和附属小学,一些国有企业举办子弟学校甚至办大学。到1957年底,全国建立了医院、疗养院、门诊部、专科防治所、卫生防疫站、妇幼保健站等12.3万个,拥有卫生技术人员125.4万人,卫生机构的床位有46.2万张。② 国有企业举办的中小学校1.8万所,在校生610万人,教职工60万人,每年支出的办学经费45亿元。职工的医疗费、住房费、教育费、离退休费年度达1 800亿元,占全国财政收入的36%。③

在计划经济体制下,国家对职工实行"就业与保障合一"的制度,职工的工资水平虽然比较低,但是通过无所不包的福利待遇提升了职工的生活水平,这个时期职工的粮油禽蛋、取暖交通、教育住房等各种补贴相当于职工平均工资的81.71%。④ 职工福利覆盖了所有城镇劳动者及其家属,覆盖范围占城镇居民的95%,占全国人口的25%以上。⑤职工福利成为计划经济时期我国社会福利制度的主体。各单位福利项目繁多,待遇标准偏高的状况,与当时的经济发展水平是不相适应的。对此,1957年1月和5月,国务院先后发出《关于职工生活方面若干问题的指示》和《关于国家机关工作人员福利费掌管使用的暂行规定的通知》,对职工福利项目和费用来源及掌管使用作出了明确规定,并要求

---

① 严忠勤主编:《当代中国的职工工资福利和社会保险》,中国社会科学出版社1987年版,第196页。
② 王占臣等主编:《社会保障法全书》(上),改革出版社1995年版,第9页。
③ 曾煜编著:《新编社会保障法律法规与实务操作指南》,中国建材工业出版社2003年版,第123页。
④ 赵建人编著:《各国社会保险和福利》,四川人民出版社1992年版,第645页。
⑤ 郑功成等:《中国社会保障制度变迁与评估》,中国人民大学出版社2002年版,第333页。

各级领导根据需要和可能提供福利待遇,在国家经济还很落后的情况下,不能让人民生活改善得太多太快。同年9月召开的中共八届三中会议也要求必须继续贯彻执行在生产发展的基础上逐步开展职工福利的方针。根据党中央和国务院的指示,各地缓建或取消部分福利补贴项目,降低福利费标准。1958年,举国上下掀起大跃进高潮,在重积累、轻消费、重生产、轻生活思想指导下,国家削弱非生产性投资。于是,新建企业只建厂房不建生活福利设施,企业的幼儿园、托儿所、文化体育设施被车间挤占。仅两年时间,全国省、直辖市、自治区一级的工人文化宫由1957年的1 634个减少到1960年的752个,减少了54%。①

在国民经济调整时期,职工福利也随之调整。非生产性基本建设投资占基本建设总投资的比重有所提高,由此使各项集体福利设施增加,其中住宅投资占基本建设投资总额的比重,由"二五"期间的4.1%提高到6.9%。1962年4月,国务院发布了《关于企业职工福利补助费开支办法的规定》规定:"各企业现行的按照职工工资总额2.5%提取的职工福利补助费不变,但是这项职工福利补助费主要应该用于职工的生活困难补助,其余部分可以适当用于补贴托儿所、幼儿园、浴室、理发室等其他集体福利事业的开支。"这时的社会福利兼具社会救济的功能。

第三节　国家机关、事业单位职工福利制度

1953年5月,财政部、人事部发布《关于统一掌管多子女补助与家属福利等问题的联合通知》,确立了面向城镇居民家庭的津贴制度。

---

① 冯兰瑞等:《中国社会保障制度重构》,经济科学出版社1997年版,第68页。

1954年3月,政务院发布了《关于各级人民政府工作人员福利费掌管使用办法的通知》,对机关事业单位工作人员的福利待遇及经费来源、管理与使用作出规定。1954年4月,政务院公布《关于国家机关工作人员生产产假的规定》,建立了国家机关女工作人员的产假福利制度。1955年9月,财政部、卫生部、国务院人事局联合发布《关于国家机关工作人员子女医疗问题的通知》,国家机关工作人员的家属可以享受到半费医疗待遇。1956年12月,国务院发布《关于国家机关和事业、企业单位1956年职工冬季宿舍取暖补贴的通知》以及1957年发布的职工冬季宿舍取暖补贴的补充通知,为城镇职工家庭提供了冬季取暖福利待遇。这些法规对国家机关、事业单位职工的冬季取暖、生活困难补助、职工住宅、上下班交通、职工家属医疗补助、生活必需品供应等问题作了全面的规定。

国民经济调整时期的1963年,国务院规定将中央国家机关工作人员的福利费从1958年按工资总额的1%提取提高为按2%提取,1964年确定省、直辖市、自治区以下的地方各级机关工作人员福利费按工资总额的2.5%提取。1965年8月25日,内务部发布了《关于国家机关和事业单位工作人员福利费掌管使用问题的通知》规定,福利费仍以解决工作人员及其家属生活困难为主,在有结余的情况下,可以补贴工作人员家属统筹医疗费用的超支和用于托儿所、幼儿园、浴室、理发室等集体福利开支。在这里,社会福利与社会救济界限划分仍然比较模糊。

第四节 教育福利制度

在现代社会,教育公平之所以被视为机会公平和社会公平的基础,是因为教育不仅提供福利,促进个人发展和成长,而且推动社会流动,改变社会结构,是产生社会流动和促进社会变迁的重要动力。工业化和现代化对知识和技能的要求,使得各国政府强制学龄青少年接受一定年限的公共教育,即义务教育。多数国家义务教育不包括中学后阶段教育,如大学教育。由于公共教育被认为是政府的责任,即政府有责任为所有国民提供最低标准的教育服务,而且义务教育经费全部或者大部分来自政府财政拨款,因此,受教育权被视为人类的基本权利之一,公共教育也就具有了社会福利的意义。

在半封建半殖民地的旧中国,教育事业非常落后。在全国5亿人口中,80%以上的人是文盲,学龄儿童入学率只有20%左右。根据国民党政府教育部的统计,1947年全国高等专科以上学校仅有207所,在校学生只有155 036人,1946年中等学校仅有5 890所,在校学生只有23 683 492人。幼儿教育和特殊教育更为落后,1946年幼儿园仅有13万幼儿,盲聋哑学校仅仅有学生2 322人。在各级各类学校中,受外国控制的教会学校和私立学校占很大比重。全国各级各类在校学生仅占全国人口的5.6%。国民党统治36年期间,高等学校毕业生仅有210 800人。[①] 新中国的教育是在这样极其落后的基础上逐步发展起来的。

新中国成立之初到改革开放之前,党和政府非常重视大众教育,并且制定了一系列促进大众教育的政策。20世纪50年代,国家实行一切学校"向工农开门"的方针,在这一方针的指引下,1950年12月,政务院发布了《关于举办工农速成中学和工农干部文化补习学校的指示》,1951年2月教育部颁布了《举办工农速成中学暂行实施办法》和《工农干部文化补习学校暂行实施办法》,在这两个法规的规范下,工农

[①] 中华人民共和国教育部计划财务司编:《中国教育成就·统计资料1949—1983年》,人民教育出版社2013年版。

速成中学在全国各地迅速地建立起来。1956年3月,中共中央、国务院发布《关于扫除文盲的决定》,要求各地根据当地的实际情况,在5至7年内基本扫除农村文盲,即扫盲率达到70%以上,扫盲的对象以14岁到50岁的人为主。① 于是在农村大规模地设立了各种类型的文化扫盲班。国家还在中等以上的学校设立了人民助学金制度。这些做法虽然在教育质量和具体思路上存在一定的问题,有些甚至违背教育规律,但是,这一时期大众教育所取得的巨大成就是不能否认的。1949年,中等学校的在校学生为126.8万人,1976年上升到5 905.5万人;1949年,小学在校学生为2 439.1万人,1976年上升到15 005.5万人。② 1965年,小学入学率为89%,而世界低收入国家平均为73%,中下等收入国家平均为78%;1965年,中学入学率为24%,而世界低收入国家平均为20%,中下等收入国家平均为26%。③ 20世纪70年代末80年代初,农村的文盲率为34.7%,而同为后发大国印度的农村文盲率为67.3%,巴西农村文盲率为46.3%,埃及农村文盲率为70.6%。④ 可见,中国的大众教育在后发国家尤其是后发大国中走在了前列。中国这一时期大众教育的蓬勃发展意义深远,它为以后的教育事业协调发展以及经济发展奠定了坚实的基础。

20世纪50年代,中国全面学习苏联做法,在教育领域则转向以培

---

① 中华人民共和国教育部《中国共产党教育理论与实践》编写组:《中国共产党教育理论与实践》,北京师范大学出版社2001年版,第339页。转引自吴忠民:《社会公正论》,山东人民出版社2004年版,第311页。

② 国家统计局编:《奋进的四十年1949—1989》,中国统计出版社1989年版,第435页、第436页。转引自吴忠民:《社会公正论》,山东人民出版社2004年版,第312页。

③ 国家统计局社会统计司等编:《中国社会发展资料——主观、客观、国际比较》,中国统计出版社1992年版,第374页。转引自吴忠民:《社会公正论》,山东人民出版社2004年版,第312页。

④ 国家统计局国际统计信息中心编:《世界主要国家和地区社会发展比较统计资料》,中国统计出版社1991年版,第125页。转引自吴忠民:《社会公正论》,山东人民出版社2004年版,第312页。

养国家所需专业人才为目标的精英主义发展路线,在国家资源有限的国情下,为在各类大学接受高等教育的学生通过提供人民助学金帮助他们完成大学教育。计划经济时期的从小学到大学的免费教育,不仅提高了整个民族的文化水平和素质,而且极大地体现了社会公平。教育在当时是城乡居民都能够享受到的一项权利,它为全体国民提供了从起点开始的平等竞争的机会,使许多底层社会的子弟通过小学、中学到大学的竞争,上升到上层社会,成为国家栋梁之材或者各个岗位上的领导者,为国家的建设和发展作出了巨大贡献。曾在和现在仍在我国各个行业作出巨大贡献的科技工作者和专家,许多都是新中国建立后享受人民助学金完成高等教育的寒门子弟,没有当时由国财政支持的国立教育的制度安排,他们中的绝大多数也许仍是农民。

第五节 住房福利制度

在工业化社会,人类的生产生活方式发生了巨大变化,由于人们离开土地来到城市寻求生存和发展的机会,导致城市住房短缺、环境拥挤、房价飙升、无家可归等住房问题。如果政府不对住房问题加以干预,就会出现露宿街头、社会排斥甚至社会动荡等社会问题。住房保障就是政府为解决住房问题而采取的干预措施。政府之所以干预住房问题,是因为现代社会认为,为全体国民提供最基本的居住条件,是政府保护居民居住权应当采取的手段和应当承担的责任。

新中国成立初期,国家仿照苏联模式确立了完全福利化的城镇职工住房政策。国民经济三年恢复时期(1949—1952年)和第一个五年计划时期(1953—1957年),国家对于住宅建设非常重视,期间用于住宅建设的投资分别为 8.3 亿元、53.79 亿元,住房竣工面积分别为 1 462 万平方米、9 454 万平方米,住宅建设投资占全国基本建设投资的比例分别为 10.59％、8.8％。① 在计划经济时期,将建成的住宅,按条件无偿分给职工,是企业提供给职工最重要的福利待遇。由于土地国有,国家是住房的主要投资者和建设者,住房由国家统一生产和分配。政府把建成的住房分给单位,单位再按照职工的工龄、职务、住房面积、婚姻状况等条件,分配给各项条件量化以后分数值高的那些职工。分到住房并居住其间的职工需缴纳所住房屋的租金,在20世纪50年代公房的租金标准很低,据1986年城镇居民家庭收支抽样调查资料数字表明,住房租金仅占家庭每人每月现金支出的2.3％。② 租金不足以支付房屋维修费用时,由国家给予补贴,国家每年用于补贴住房维修和管理的支出高达50亿元至60亿元。③

由于计划经济时期国家的战略目标是优先发展重工业,与此相应国家财政的性质是生产性财政,而不是公共财政,并把住房视为纯消费品,属服务于工业政策的附属品,因此,国家财政拨款主要用于生产建设投资,住房建设投资所占比例很低。虽然从1949—1957年8年间住宅建设投资占比较高,但在1950—1977年的17年间,我国的住房投资占投资总额的比例仅为6.7％。④ 国家虽然为职工的福利住房承担了巨额的负担,然而,福利分房政策不但影响到住房的简单再生产,使扩大再生产成为根本不可能的事情,而且由于企业或单位实行无偿住房

---

① 罗应光、向春玲等编著:《住有所居——中国保障性住房建设的理论与实践》,中共中央党校出版社2011年版,第118页。

② 中国社会保障制度总览编辑委员会:《中国社会保障制度总览》,中国民主法制出版社1995年版,第1078页。有学者指出,我国房租最低时每平(方)米仅为0.1元。在多数国家,住房消费占一个家庭全部消费比例10％以上,而我国仅为2％。这样的低租金使得到福利房改革时其成本远远没有收回。参见王洪春:《住房社会保障研究》,合肥工业大学出版社2009年版,第198页。

③ 曾煜编著:《新编社会保障法律法规与实务操作指南》,中国建材工业出版社2003年版,第117页。

④ 黄晨熹:《社会福利》,上海人民出版社2009年版,第334页。

实物分配制度,极大地刺激着职工住房需求的增长,出现了一方面国家不堪重负,另一方面城镇居民住房条件长期得不到改善的局面。据统计,改革开放前30年间合计建设住房14.49亿平方米,用于住房建设的投资总计549.79亿元,30年人均住房投资不足300元。1978年,城镇人均居住面积为3.6平方米,比1949年的人均4.5米下降了0.9米。[①] 由于国家在住房建设上的投资几乎全部集中于城市,在广大农村,依然延续着几千年来家庭自建住房或者乡邻互助建房的传统,基本没有政府的干预。

　　计划经济时期社会福利制度的特点明显表现为:职工福利与就业密切关联。社会福利制度主要是为城镇就业者设计的,辅之以城镇"三无对象"。由于当时国家与企业是一体的,名义上企业在举办和组织实施福利事业,实则以国家财政为依托,因为国有企业无论盈亏都由国家财政垫底。一人就业,全家蒙福,几乎所有城镇居民都能够享受到政府提供的社会福利待遇,社会福利项目之全堪与福利国家福利项目相比。社会福利制度使城市居民充分体会到了社会主义制度的优越性以及党和国家对劳动者的爱护关怀。作为低工资必然补充的福利制度在增加党和国家的亲和力、维护社会稳定方面发挥了积极作用。而占人口绝对多数的农村居民虽然享受不到城镇居民的社会福利待遇,但国家在农村实行的五保制度,使得农村无依无靠的孤老残幼这些最无助的社会成员,在集体经济的援助下生存有了保障,这是新中国建立之前任何朝代都没有解决的问题。

　　在计划经济时期,福利制度的弊端是显而易见的:1.社会福利制度扭曲了实现社会公平的功能。国家建立社会福利制度旨在通过为公民

[①] 罗应光、向春玲等编著:《住有所居——中国保障性住房建设的理论与实践》,中共中央党校出版社2011年版,第119页。

提供福利待遇,创造公平竞争和发展的平台和环境,从客观上缩小人们在竞争和发展上的差距和障碍。计划经济时期的社会福利待遇不仅单位与单位之间在福利项目和待遇水平上有差距,城乡之间就不是差距的问题,而是赋予与剥夺的问题,福利制度的实施拉大了不同单位职工生活水平的距离,更扩大了城乡之间的差距。社会福利应是全民福利,然而,计划经济时期的社会福利成为城市居民的特权,城镇居民的福利支出占全国福利支出的95%以上,[1]而在农村只有少数五保对象由集体经济集中供养,除此而外农村居民享受不到城镇居民所享有的任何福利待遇,即使在国际范围作为公共产品由政府承担全部费用的基础教育事业,在农村也由集体经济举办。这种不平等的社会福利制度加剧了城乡分离和发展的不均衡,形成了实现城乡融合难以逾越的鸿沟。

2. 社会福利在各个单位封闭运行,导致单位不堪重负。社会福利制度主要是为就业者安排和设计的,并由企业和国家机关事业单位组织实施,职工的几乎所有生活风险都系在企业或单位身上,加上住房及子女上学读书以及家属福利都由企业或单位提供,使得职工与企业或单位不想分离也不能分离。尤其是在福利待遇好的企业或单位工作的职工,更是不愿离开好的单位到有利于自己事业发展而福利待遇差的单位去工作。不仅职工,职工的家属也能够享受到一定份额的单位福利,在职工及其家庭成员生活质量改善的同时,企业和单位的负担在不断加重,企业或单位需要花费大量人力、物力、财力搞好职工福利,影响企业或单位集中精力经营生产或工作以及基础设施更新换代。职工只进不出,退休以后仍从单位领取退休金和享受其他福利待遇,使得单位的职工队伍越来越庞大,即使不进行经济体制改革,我国的社会福利终

---

[1] 郑功成等:《中国社会保障制度变迁与评估》,中国人民大学出版社2002年版,第334页。

有一天也会因为包袱太重而无法前行。

  3.社会福利制度没有可持续性发展前景。社会福利制度虽然不是与贡献大小密切相关的工资分配制度,但它也是为社会成员公平发展提供机会的二次分配制度,它即使不能像工资奖金那样起到直接的激励劳动者工作积极性的作用,但是绝对不能够消弭劳动者的上进心,使得努力劳动与懒惰的职工能够获得相同的福利待遇。然而,由于计划经济时期的社会福利制度大而全,几乎顾及职工及其家庭成员衣食住行的方方面面,有些单位的福利待遇甚至比工资待遇高,导致消极怠工、不负责任现象的产生,企业生产效率也受到一定程度的影响。这一缺陷也决定了计划经济时期社会福利制度的不可持续性。

第四章 社会救济制度

社会救济制度是在社会成员的基本生活保障遇到危机、国家通过为其提供最基本物质援助，保障其获得基本生存需要，以达到维护社会稳定、促进经济发展的社会自我保护措施。社会救济是社会自我保护措施，因此它出现的时间较早，或者说它经历了由非制度性措施到制度性措施安排的漫长过程，所以，几乎所有国家都经历了这样的过程并建立了该项制度。新中国成立后的50年中，社会救济制度一直没有形成一个比较系统的体系，而是非常分散，甚至可以说应急性规定比较多。尽管如此，我们仍能够看到，国家对于社会救济一直是非常重视的，不仅制定了大量法规政策规范社会救济事业，而且为社会救济投入了大量财力和物力，保障了那些处于生活困境群体的基本生活，维护了社会稳定。

第一节 失业救济制度

新中国成立初期，由于民族资本工业面临空前困难，工厂停工、停产、甚至倒闭、破产，导致失业人数居高不下。尤其是1950年3月统一财经后，城市出现严重的失业现象，当年7月已登记的失业工人高达166.4万人，占城市职工总数的21%，其中还不包括失业的知识分子。[①] 没有

[①] 宋士云：《新中国社会保障制度结构与变迁》，中国社会科学出版社2011年版，第46页。

工作和收入的工人及其家庭陷入生活的困境,这既关系到新生政权的稳定,也是对新生政权执政能力的考验。

1. 发布一系列失业救济政策法规

针对城市大量失业人员,1950年4月14日,中共中央发出了《关于举行全国救济失业工人运动和筹措救济失业工人基金办法的指示》,要求各地在中央统一救济失业工人办法颁布实施之前可先行采取临时救济办法。4月30日,刘少奇在首都庆祝"五一"国际劳动节干部大会上提出:"既然某些经济事业的缩小、停工和转业是不可避免的,在各大城市中,在可能范围内,救济失业工人就是完全必要的。"6月6日,毛泽东同志在中共七届三中全会上也提出,要有步骤地解决城市失业工人的问题,并把救济和安置失业人员列为当时的八项任务之一。虽然党和人民政府通过采取各种措施解决了一批人的就业问题,但是,失业现象仍然非常严重。1949年到1951年,城镇失业工人年均达到400多万人,失业率高达20%以上。[①] 为了使失业工人从生活困境中迅速解脱出来,1950年6月17日由周恩来总理签署、政务院发布了《关于救济失业工人的指示》,同日,经政务院批准、劳动部发布了《救济失业工人暂行办法》,确立了对城市工人失业救济的原则和具体措施;1950年7月25日,周恩来总理签署《政务院关于救济失业教师与处理学生失业问题的指示》,1950年11月21日,中共中央发布《关于失业救济问题的总结及指示》;1951年1月12日,周恩来总理签署《政务院关于处理失业知识分子的补充指示》;1952年7月25日政务院通过了《关于劳动就业问题的决定》;1952年8月27日,政务院批准劳动就业委员会《关于失业人员统一登记办法》;1952年10月31日,政务院发布

[①] 刘永富主编:《中国劳动和社会保障年鉴》(2001),中国劳动社会保障出版社2001年版,第488页。

《关于处理失业工人办法》;1953年8月5日,中共中央同意中央劳动就业委员会、内务部、劳动部发布《关于劳动教养工作的报告》。

2. 政策法规的适用对象

新中国成立初期,失业救济的主要对象为:原在各国营、私营工商企业与码头运输业中工作的工人和职员;从事文化、教育、艺术事业的人员;新中国成立以后失业、无工作或无其他收入的人员;丧失劳动能力,不能重新就业的人员。

3. 失业救济基金的筹集及支付

失业救济基金筹集来源于三个方面:一是通过企事业单位职工缴纳失业救济费筹集。政务院规定,凡是举办失业救济的城市,其所有国营和私营企业行政方面或资方,须按月缴纳职工工资总额1%的失业救济费,职工也须缴纳本人工资额的1%的失业救济费;[①]二是中央人民政府和各级地方政府拨付的失业救济基金;三是社会各界捐助的善款。1950年"五一"节前后,全国总工会号召每个在业工人捐献一天工资,人民解放军号召每个指战员捐献1斤米,国家机关号召每个工作人员捐献12斤米,等等。

社会救济基金主要用于四个方面:一是工赈工程所需经费,其中工赈工资支出不得少于全部工程款的80%;二是为实施生产自救者提供补助资金;三是为失业而回乡生产的工人本人及其家属提供旅路费和生产补助资金;四是为具备以下条件的人员提供失业救济金:有1年半以上工龄、没有参加以工代赈或者生产自救的失业者。失业救济金的标准为:根据失业者的具体情况,每月发放的标准为每人45—90斤主粮;失业学徒的标准为30斤;半失业的工人,工资水平低于救济标准无

[①] 宋士云:《新中国社会保障制度结构与变迁》,中国社会科学出版社2011年版,第47页。

法维持生活者,按照实际困难给予酌量救济。仅1950年6月,中央人民政府就从财政储备中拨出4亿斤粮食为失业人员提供救济。[①] 1952年9月以后,将失业救济金的实物待遇改为现金待遇。据统计,1952年全国152个城市经常得到定期救济的有120余万人,冬季期间达到150余万人,占到各个城市人口的20%—40%。从1953年到1957年国家支付城市社会救济费1亿多元,救济了1 000多万人。[②] 失业救济制度的实施,迅速稳定了社会秩序,使城市社会生活逐步恢复常态。

4. 失业救济制度的调整

1954年,劳动部发布《关于对失业人员进行清理工作的指示》以后,按照已登记失业人员的不同情况作出不同安排和提供不同待遇:对于有就业条件或培养前景的,为其介绍就业或进行技术培训;对于不适合在厂矿企业工作的,建议其自谋出路;对于因老弱病残等原因不能继续工作的,有生活来源或子女赡养的注销登记;生活确实困难的由民政部门提供社会救济。调整以后,失业的职工和知识分子由劳动部门继续提供失业救济,其他失业人员由民政部门提供社会救济,所需费用全部从失业救济基金中支付。

1956年,我国开始进入全面建设社会主义时期,就业形势有了明显好转,失业人数在不断减少。经国务院批准,劳动部和内务部于1956年5月9日联合下发《关于失业工人救济工作由民政部门接管的联合通知》,通知主要内容是:失业救济工作由劳动部移交民政部管理;失业救济基金停止征收,失业救济基金纳入社会救济基金,社会救济所需资金由政府财政提供。移交工作于1956年6月底完成,失业救济制度的实施就此终止。

---

① 胡晓义主编:《走向和谐:中国社会保障发展60年》,中国劳动社会保障出版社2009年版,第252页。

② 多吉才让:《中国最低生活保障制度研究与实践》,人民出版社2001年版,第54页。

第二节 社会救济制度

1956年以后的社会主义建设时期,国家经济形势逐渐好转,大多数失业者得到了就业,城市劳动者不但有了有保障的劳动收入,而且在城市形成的就业与保障一体化的社会保障制度,使得城市的贫困问题得到有效解决。在这个时期,城市社会救济的对象主要面向城市没有劳动能力、没有收入来源、没有法定赡养人或抚养人的孤老残幼等社会成员,家庭人口多劳动力少的困难户、年老体弱的个体劳动者及其他无业人员以及三年经济困难以后国家精简的生活困难的城市职工。为了给社会主义建设事业创造良好的社会环境,城市社会救济工作重点放在以下几个方面:

1. 救济对象和救济方式。对无依无靠、无生活来源的孤老残幼和长期无法解决生活困难的家庭给予定期定量救济;对因天灾、人祸、疾病等造成暂时生活困难的家庭给予临时性救济。为了保证把有限的资源用于真正需要的人身上,避免救济面过宽以及有些人的依赖思想的发生,各地民政部门对孤老残幼等救济对象,三个月进行一次复查;而对有劳动能力、生产生活不固定、家庭经济状况经常发生变化的救济对象,则一个半月进行一次复查。在1961年到1963年三年困难时期,国家还分别为51.7万人次、266.8万人次、322.5万人次城市生活困难人口提供社会救济。[①]

1960年国家对国民经济进行调整,期间,把精简城市职工作为减轻国家负担的一项措施。从1961—1963年全国共精简职工2 548万人,随之城市因生活困难需要救济的也在增加。为此,国务院1962

---

① 多吉才让:《中国最低生活保障制度研究与实践》,人民出版社2001年版,第57页。

年发布了《关于精简退职老职工生活困难救济问题的通知》,内务部、财政部、劳动部发布了《关于贯彻执行国务院〈关于精简退职老职工生活困难救济问题的通知〉的联合通知》,各地根据通知和联合通知的要求积极开展精减退职老职工的救济工作。据统计,到1965年底,全国有4.66万人享受到原标准工资40%的救济。[①]

2. 救济标准。针对新中国成立初期全国没有统一的社会救济标准,各地发放救济款随意性大的情况,1953年内务部制定了全国城市救济标准,并在第三次全国城市社会救济工作会议上公布。新制定的救济标准是:大城市每户每月一般不超过5—12元;中小城市每户每月一般不超过3—9元。随着国家经济建设的迅速发展,在人民生活水平普遍提高的情况下,这种全国统一的救济标准暴露出不能适应各地不同的收入和消费水平的弊端。1956年内务部发布《关于调整城市困难户救济标准的通知》,通知要求各地对城市困难户的救济应当以能够维持家庭的基本生活为原则。各地根据当地消费水平和地方财力,将救济标准调整为以下几类:对孤老残幼的救济标准高于一般困难户;对长期患病和临时遭灾的困难户,适当加以照顾;对于贫困老年知识分子和政府认为需要特殊照顾的,救济标准高于一般困难户;对国民党军政人员家属、被俘释放人员、罪犯家属等,需要救济的与一般困难户同样对待;对孤老残幼愿意参加力所能及劳动的,不降低其原来的救济标准,使他们通过获得劳动收入而提高生活水平;对其他参加生产劳动的困难户,在劳动收入多于救济款时,应逐步减发救济款。

3. 开展生产自救。1953年召开的第三次全国城市社会救济工作会议将救济原则确定为"生产自救、群众互助、并辅之以政府的必要救

[①] 宋士云:《新中国社会保障制度结构与变迁》,中国社会科学出版社2011年版,第109、第110页。

济",各大中城市随即开展了各种形式的生产自救活动。通过生产自救,城市贫民的劳动收入都高于活动前从政府领取的救济金,贫民人数也明显减少。据统计,1954年上半年全国需要救济的人数比1953年同期减少了1/3,国家救济费用的支出也减少了将近30%。[1] 生产自救活动不仅改善了城市贫民的生活水平,减轻了国家财政负担,而且取得了良好的经济效益,促进了社会主义建设事业的进展。

"文化大革命"期间的1968年底,撤销了主管救灾救济、社会福利等事务的内务部,社会救济工作不能正常进行,除按原有登记在册的名单发放救济金外,新增贫困人口的救济工作处于停滞状态。

---

[1] 崔乃夫主编:《当代中国的民政》(下),当代中国出版社1994年版,第76—78页。

第五章 农村社会保障制度

中国农村社会保障制度的建立与世界上其他国家一样,都晚于城镇社会保障制度的建立,这是由社会保障制度自身发展规律决定的。新中国建立初期,农村经过土地改革,实现了农民个体土地所有制,土地保障或者说家庭保障是这个时期农民生活风险保障的主要形式。然而,土地的农民个人所有,并没有使农民获得抵御生活风险的可靠保障,农村的贫困人口数量依然庞大,约占全国贫困人口总数的85%,[①]在国家财力不足以及优先发展重工业的战略目标下,毛泽东主席曾多次提出走农业合作化道路,依靠集体经济解决广大农民的生活风险问题。例如,1955年,毛泽东在《中国农村的社会主义高潮》一书的按语中就指出,一切合作社有帮助鳏寡孤独缺乏劳动能力的社员和虽然有劳动能力但生活十分困难社员的责任。1956年农业社会主义改造基本完成后,农村走上了依靠集体、辅之以国家必要社会救济的道路,集体经济承担起保障本集体经济组织内成员的生活风险责任。

第一节 农村养老保障制度

在中国传统社会中,注重以家庭为中心的保障策略,"积谷防饥,养儿防老"是流传几千年的传统观念,子女必须服从和赡养父母。那时,

---

[①] 李本功、姜力主编:《救灾救济》,中国社会出版社1996年版,第162页。

老年人的家庭地位是很高的,这主要是因为老年人控制着家庭赖以生存和发展的资源和生产技能。同时,农村广泛存在父系特征的家长制和以孔子"孝道"为中心的社会规范,也给予农村老年人以很高的社会地位。父母一直是家庭的户主,在家庭决策中起着主要作用,即使到了老年时期也是如此。通过对子女的人力资本投资以及保持对资源的继续控制,老年父母可以获得基本的养老保障。但是,这种养老方式不是通过社会制度安排、而是以家庭为依托的,对于家庭经济状况不佳或者没有子女的人来说,当他们进入老年阶段时,仍需要下地干活以获取生活资料,这些老人一旦丧失劳动能力,生活处境是相当悲惨的。

20世纪50年代初,我国进行的土地改革使农户获得了土地,从而使农民有了基本的土地保障,也维持了农村传统的家庭养老。20世纪50年代后期实行"人民公社化"制度,人民公社实行以生产大队集体所有制为基础的公社、生产大队、生产队三级集体所有制。人民公社制度建立之后,由于家庭不再是一个生产单位,使得公社在赡养老年人中扮演了重要的角色,即国家开始对农民养老的制度化雏形进行思考,并通过生产大队加以实施。

1961年6月15日,中共中央通过的《农村人民公社工作条例(修正草案)》第26条对如何在农村建立社会保险和生活福利制度作了原则规定,即"生产大队可以从大队可分配的总收入中,扣除3%—5%的公益金,作为社会保险和集体福利事业的费用。生产大队对于生活没有依靠的老、弱、孤、寡、残疾的社员,家庭人口多劳动力少的社员,以及遭遇不幸事故、生活发生困难的社员,实行供给或者给予补助,供给和补助部分从公益金内支付。"这些内容只是对如何在农村建立社会保险和生活福利制度的原则规定,而没有对农民的养老问题作出具体规定。而且这种以生产大队为统筹单位的筹资模式,只能够为生活没有依靠的老年农民、而不是为所有农民的养老问题提供保障。尽管如此,这个文件非同寻常的意义在于，它是中国历史上第一次以国家政策形式表达的农民同样具有享受福利待遇权利的理念，为建立农民福利制度提供了政策依据。

1978年，党的十一届三中全会通过的《农村人民公社条例（试行草案）》第47条规定，对有条件的基本核算单位，主要是经济比较发达的地区可以实行养老金制度。据不完全统计，1980年全国农村只有七八个省市20万左右的农民实行了退休养老制度。1983年实行退休养老制度的省市增加到13个，人数增加到50万左右，1984年又上升到80万左右。①

第二节　农村合作医疗制度

合作医疗是中国农村卫生工作的基本制度之一。它是在各级政府支持下，按照参加者互助共济的原则组织起来，为农村社区人群提供基本医疗卫生保健服务的医疗保健制度。中国的农村合作医疗制度可以追溯到1944年抗日战争时期在陕甘宁边区建立的医疗合作社。在群众积极参与和政府的支持下，医疗合作社迅速发展，到1946年达到43个。② 1950年前后，东北各省也曾积极提倡采用合作制和群众集资的办法兴办医疗合作社或卫生所等基层卫生组织，以解决广大农民缺医少药的问题。1952年东北地区1 290个农村卫生所中，合作社办的有85个，群众集资举办的有225个。③ 这种医药合作社形式为后来农村

---

① 赵瑞政等：《中国农民养老保障之路》，黑龙江人民出版社2002年版，第121—122页。

② 蔡仁华主编：《中国医疗保障制度改革实用全书》，中国人事出版社1998年版，第342页。

③ 陈佳贵主编：《中国社会保障发展报告(1997—2001)》，社会科学文献出版社2001年版，第278页。

合作医疗制度的建立积累了经验、奠定了基础。

1955年农村实现了合作化,一些省份(例如山西、河南、湖北等省)的农村出现了农业生产合作社举办的保健站,通过由农民出保健费,由农业社从公益金中提取适当补助的办法来筹集资金,以解决本社农民的防病治病问题。具体做法是:1.在乡政府领导下,由农业生产合作社、农民群众和医生共同集资建站;2.在自愿的原则下,每个农民每年缴纳二角钱的保健费,免费享受预防保健服务,患者治疗免收挂号、出诊费等;3.保健站坚持预防为主、巡回医疗、送医送药上门,医生分片负责所属村民的卫生预防和医疗工作;4.保健站的经费来源于:农民缴纳的保健费、农业社公益金提取的15%—20%、医疗业务收入;5.采取计工分和发现金相结合的办法,合理解决保健站医生的报酬。[①] 可以看出,这是将中华民族的合作互助、同舟共济精神应用于农民防病治病领域的一种尝试。山西省高平县米山乡在1955年5月1日就率先建立农村卫生保健站,1956年,卫生部报请周恩来总理同意,开始在全国推广。[②]

1956年6月30日,第一届全国人民代表大会第三次会议通过了《高级农业生产合作社示范章程》,规定合作社对于因公负伤或因公致病的社员应负责医治,并酌情给予劳动日作为补助。这是国家第一次通过最高立法机关公布法律文件的形式,对集体经济组织承担合作社社员医疗责任作出的明确规定。到了1958年,以高级农业生产合作社公益金为依托的农村合作医疗制度覆盖率为10%。[③] 1959年11月,

---

① 陈佳贵主编:《中国社会保障发展报告(1997—2001)》,社会科学文献出版社2001年版,第278页。
② 张自宽:《对合作医疗早期历史情况的回顾》,《中国卫生经济》1992年第6期。
③ 顾昕、方黎明:《自愿性与强制性之间:中国农村合作医疗的制度嵌入性与可持续性发展分析》,《社会学研究》2004年第5期。

卫生部在山西省稷山县召开全国农村卫生工作现场会议。会后,卫生部在提交给中央的报告及其附件《关于人民公社卫生工作几个问题的意见》中指出:"关于人民公社的医疗制度,目前主要有两种形式:一种是谁看病谁出钱;一种是实行人民公社社员集体保健医疗制度。根据目前的生产力发展水平和群众觉悟等实际情况,以实行人民公社集体保健医疗制度为宜。"1960年2月2日,中央转发卫生部《关于农村卫生工作现场会议的报告》及其附件,要求各地参照执行。从1958年农村掀起第一次合作医疗高潮时起,虽然由于"大跃进"、"人民公社化运动"及"三年自然灾害"带来的经济困难,导致集体经济难以承担合作医疗费用、农民也无钱缴纳保健费用,农村合作医疗制度由此受到了很大冲击,然而,到1962年,农村合作医疗在全国的覆盖率已接近50%。[①] 1965年6月26日,毛泽东批评卫生部只为占全国15%的城市人口服务,指示卫生部要把卫生工作的重点放到农村去。卫生部于1965年9月发布了《关于把卫生工作的重点放到农村去的报告》后,农村医疗机构所有制问题得到调整,农村合作医疗又回到了依靠集体经济组织支持的状态下。

1965年湖北省麻城县政府制定了《关于加强合作医疗管理若干问题的规定》和《麻城县合作医疗暂行管理办法》,这对发展和完善我国的合作医疗制度发挥了积极的推动作用。1968年9月3日,姚文元给毛泽东送上一份调查报告《从江镇公社'赤脚医生'的成长看医学教育革命的方向》,调查报告暴露了旧医学教育制度脱离实践的弊端,显示出赤脚医生这支新型医疗卫生队伍发展的巨大生命力。11月30日,姚文元又给毛泽东写报告,推荐湖北长阳县乐园公社合作医疗制度的报道。毛泽东批发了湖北省长阳县乐园公社办合作医疗的经验,并称赞

[①] 张元红:《农村公共卫生服务的供给与筹资》,《中国农村观察》2004年第5期。

"合作医疗好"。1968年12月5日,《人民日报》头版头条介绍推广湖北省长阳县乐园公社举办合作医疗的经验之后,农村合作医疗迅速发展和普及起来,全国绝大多数生产大队都办起了合作医疗,实现了合作医疗一片红,公社和生产大队都建立了医疗卫生机构,城市的大中医院的医务人员在定期下乡巡回医疗时,也承担了培训农村"赤脚医生"的责任。合作医疗制度中的"赤脚医生",是从农民中挑选出来,经过简单培训,不脱离农业生产劳动的农村卫生人员,采取巡回下乡、田头出诊的方式为农民提供医疗服务。在我国农村普遍缺医少药的情况下,"赤脚医生"、"合作医疗"制度的出现,在一定程度上解决了农民看病难的问题,受到了广大农民的欢迎和赞誉。1968年,卫生部、农业部、财政部联合下发了《农村合作医疗章程试行草案》,由此进一步推动了农村合作医疗的发展。到1975年,全国有"赤脚医生"130多万,卫生员、接生员360多万,70%以上的大队实行了"合作医疗"制度。① 合作医疗制度、农村三级卫生网、赤脚医生被称作农村卫生的"三大支柱"。这种用较低的投入解决农村的基本医疗卫生问题的做法,引起了国际卫生组织和第三世界国家的极大兴趣。联合国妇女儿童基金会1980—1981年年报指出,中国的"赤脚医生"制度在落后的农村地区提供了初级护理,为不发达国家提高医疗卫生水平提供了样板。

1978年3月,第五届全国人民代表大会第一次会议通过的《中华人民共和国宪法修正案》将"合作医疗"写了进去。1979年12月15日,卫生部在总结合作医疗经验的基础上,与农业部、财政部、国家医药总局、全国供销合作总社联合下发了《农村合作医疗章程(试行草案)》,对合作医疗进行了规范。在各级政府的支持和扶持下,到了20世纪

---

① 武力等:《解决'三农'问题之路——中国共产党'三农'思想政策史》,中国经济出版社2004年版,第578页。

70年代末,全国约有90%的行政村实行了合作医疗,世界卫生组织也曾向发展中国家大力推荐过中国的合作医疗模式。①《农村合作医疗章程(试行草案)》将农村合作医疗制度界定为:"人民公社社员依靠集体力量,在自愿互助的基础上建立起来的一种社会主义性质的医疗制度,是社员群众的集体福利事业";资金筹措"目前应以大队办为主,确有条件的地区也可以实行社、队联办或社办","由参加合作医疗的个人和集体(公益金)筹集,各筹多少,应根据需要和可能,经社员群众讨论决定";合作医疗经费收支"可以由大队管理,也可以由公社卫生院代为管理"。这些规定表明,计划经济时期的合作医疗制度是一种依赖集体经济组织资金支持的互助型医疗保障制度。

合作医疗(制度)与合作社的保健站(机构)以及数量巨大的赤脚医生(人员)一起,为解决农村缺医少药、提高农民的健康水平作出了巨大的贡献。从1952—1982年的30年间,在总体卫生投入不是很高(人年均卫生支出只有5美元)的情况下,人均预期寿命由35年提高到68年,婴儿死亡率由25%降低到4%,疟疾的发病率由5.5%降低到0.3%。②这一时期,由于全国医疗卫生事业是在政府干预下的低价格水平上运行,一方面国家财政和农村集体经济组织通过对农村医疗卫生机构提供补贴的方式,使得在低收费的情况下,农村基层医疗卫生机构仍能正常运转;另一方面,政府对药品生产和流通以及医疗机构采取严格管制措施,使得药品和医疗服务价格维持较低水平,医务人员的收入与业务量以及处方量无关,患者不可能在医生的诱导下过度消费药品费和检查费。国家和农村集体经济组织采取的这一系列补贴和管制措施,使广大农民间接地从中受惠,在支付很少医疗费疾病就能够得到

---

① 武力等:《解决'三农'问题之路——中国共产党'三农'思想政策史》,中国经济出版社2004年版,第667页。

② 胡鞍钢主编:《透视SARS:健康与发展》,清华大学出版社2003年版,第183页。

医治的年代,不仅农村居民健康水平有很大提高,而且城乡差距不是很大。然而,由于农村合作医疗制度筹资渠道单一和资金短缺,严重制约着农村合作医疗制度的可持续性发展。据统计,1978年,农村人民公社基本核算单位的集体提留为103亿元,其中公益金为18.12亿元,平均每个生产大队的集体提留为14 927.54元,公益金为2 626.09元,[①]而这些公益金不可能全部用于合作医疗,并由此导致农村合作医疗制度不能持续推行下去。

第三节 农村社会救济制度

我国自古就是一个灾害频仍的国家。新中国成立前后,我国农村面临着严重的自然灾害、饥荒和贫困问题,战胜灾荒、帮助贫困农民渡过难关,就成为新中国建立初期党和政府的艰巨任务之一。

1949年,由于长江、淮河、汉水、海河的特大洪水灾害,致使流域16个省区受灾人口达到4 500余万人。[②]毛泽东发出"要发动群众,生产自救,节约度荒,调剂有无,互相帮助,财政上要拿出点力量来,搞点以工代赈和必要的救济"的指示。1949年12月19日,政务院向全国发布《关于生产救灾的指示》,指示明确指出:"生产救灾是关系到几百万人的生死问题,是新民主主义政权在灾区巩固与存在的问题,是开展大生产运动、建设新中国的关键问题之一,决不可对这个问题采取漠不关心的官僚主义的态度。"此外,内务部还发布了《关于加强生产自救劝告灾民不往外逃并分配救济粮的指示》,并于1950年2月27日成立了中

[①] 卫兴华、魏杰:《中国社会保障制度研究》,中国人民大学出版社1994年版,第152页。

[②] 郑功成等:《中国社会保障制度变迁与评估》,中国人民大学出版社2002年版,第212页。

央生产救灾委员会,同时要求灾区成立各级生产救灾委员会,发动、组织和扶持灾区人民生产自救。1950年12月,中央生产救灾委员会提出了"生产自救,节约渡荒,群众互助,以工代赈,并辅之以必要的救济"的救灾救济工作方针。在中央方针的指导下,各级政府采取了有力的措施救助贫困农民:一是发放救济粮款,救济贫困农民和灾民。1950年,政府发放救济粮11亿余斤,发放救济冬衣688万套;从1950年至1954年,国家共发放救灾救济款66 789万元;1954年调粮遍及24个省、区,动用了车、马、人力以至于军舰,从1954年7月至1955年6月,国家调往灾区的粮食达53亿斤。① 中央政府强调,必须掌握好有限的救灾粮食,要求救灾与生产相结合,提出"发粮过程即组织生产的过程",使灾民"从生产中谋生活"。二是全国实行节约,捐赠粮款,救济灾民。各级人民政府工作人员和人民解放军指战员自发地开展每人每天节约一两米活动,有些干部拿出自己全部津贴救济灾民,非灾区农民发起"一碗米"活动。三是开展以工代赈,解决灾民口粮问题。据统计,1949年中央和地方用于以工代赈和救济的粮食达12亿斤,其中4亿斤用于救济,其余都用于以工代赈。1949年全年以工代赈完成的水利工程达5.8亿立方米,参加的灾民超过300万人,加上他们的家属,约有1 000万人通过以工代赈解决生活问题。② 所有这些措施,虽然按人头分摊标准很低,但是,它们迅速解决了建国初期遭遇的严重饥荒和贫困问题,对于巩固新生的人民政权和稳定社会秩序发挥了积极的作用。

1950年颁布的《土地改革法》以及随之进行的土地改革运动,实现了农民"耕者有其田"的夙愿,极大地激发了农民生产积极性,使农业生产得到了迅速发展,农民生活水平有了显著提高,抵御生活风险的能力

---

① 崔乃夫主编:《当代中国的民政》(下),当代中国出版社1994年版,第49页。
② 吴承明、董志凯主编:《中华人民共和国经济史(1949—1952)》第1卷,中国财政经济出版社2001年版,第320页。

大大增强。与之相适应,农村阶级结构发生了新的变化,1954年与土地改革结束时相比,贫雇农占农户总数的比例从57.1%下降到29%,中农占农户总数的比例从35.8%上升到62.2%,中农成为农村生产资料的主要拥有者。最困难的农户只占到农户总数的10%,他们大多是鳏寡孤独者和军烈属等,他们或者缺乏生产资料,或者缺乏劳动能力,或者疾病缠身。① 于是从1950年到1955年7月农业合作化高潮到来之前,农业生产互助组和初级农业合作社成为农民团结起来共同解决困难的主要形式。② 农业生产互助合作组织能够在一定程度上解决困难农户的生产资料缺乏、劳动力短缺的问题。但是,由于生产互助组和初期合作社规模小、作用有限,因而没有能力解决那些困难多,尤其是困难长久的农户的问题。于是在有些地区,例如江西、安徽、江苏、浙江等地,政府(民政部门)专门拿出部分社会救济款作为股金帮助贫困户入社,解决合作社排斥贫困户的问题。这些措施没有能够有力地解决农村贫困户的问题,尤其是那些鳏寡孤独、残疾人家庭的问题。贫富分化在继续进行。

1955年7月,我国农村掀起了轰轰烈烈的高级农业合作化的高潮。1956年底,高级农业生产合作社在我国农村的普遍建立,标志着我国农村集体经济制度的确立。在农村集体经济下的社会救济制度比新中国成立初期的社会救济制度有了显著的进步和发展,其特点是确

---

① 苏少之:《论我国农村土地改革后的'两极分化'问题》,《中国经济史研究》1989年第2期。转引自宋士云:《1949—1978年中国农村社会保障制度透视》,《中国经济史研究》2003年第3期。

② 新中国成立前后的土地改革,使农民获得了土地和耕畜、农具等生产资料,使得农民生活有了基本保障。然而,部分农民由于缺乏劳动力、不善经营、疾病缠身、遭受灾害等原因,仍然处于贫困状态,这些贫困户主要是孤寡老弱和烈军家属。这些家庭不得不把自己刚刚分到的土地出卖来维持生活。这一情况引起社会的关注,甚至成为后来党制定农业合作化政策和推动农村合作社迅速发展的出发点。参见宋士云:《中国农村社会保障制度结构与变迁(1949—2002)》,人民出版社2006年版,第35—40页。

立了与计划经济相适应的、服从工业化资金积累需要的、以集体经济为基础、以集体保障为主体的复合型社会保障制度框架。在这一制度框架下,有救济贫困人口的社会救济制度,有救济无依无靠的鳏寡孤独者的"五保"制度,有针对特殊群体的救济制度,还有灾害救济制度。

一、社会救济制度

农村集体经济的确立使得农村社会救济工作朝着比较规范化的方向发展。1958年实行了人民公社化以后,国家规定,对生活有困难的社员,经群众讨论同意以后,给予补助。享受补助的条件是,全年收入不能满足基本生活需要。补助的方式有工分补助、粮食补助和现金补助三种。在经济不发达地区,集体经济没有能力为贫困户提供补助的,由国家提供适当救济。据统计,从1955年至1978年20余年间,国家为农村贫困户提供的社会救济款达22亿元,这些救济款为农村贫困户的生活提供了最基本的保障。[1] 1958年在全国掀起"大跃进"高潮和人民公社化运动,农村刮起了"干活没工钱,吃饭不要钱"的共产风,认为农村公社化已经消灭了贫困,农村不再需要社会救济,社会救济一度停滞,贫困农民的利益受到损害。违背经济发展规律的"大跃进"严重地破坏了我国经济的发展,造成农业减产和歉收,农村出现大量贫困人口,以至于在紧接着的"三年困难"时期,许多农村发生饿死人的情形。为了挽救这种局面,国家在财政极其困难的情况下,仍然拨出大量款物救济农村贫困人口。1960年至1963年四年间,国家发放的农村救济款达4.8亿元。[2]

1962年9月,中共八届十中全会在总结社会救济工作经验教训的

---

[1] 崔乃夫主编:《当代中国的民政》(下),当代中国出版社1994年版,第85—86页。
[2] 宋士云:《1949—1978年中国农村社会保障制度透视》,《中国经济史研究》2003年第3期。

基础上发布了《农村人民公社工作条例（修正草案）》，简称"农业六十条"。"农业六十条"把救济农村贫困人口作为人民公社的一项责任固定了下来。它规定：社员救济款主要来自各生产队对公益金的提留，其数量不能超过可分配总收入的 2%—3%；对生活没有依靠的老、弱、孤、寡、残疾的社员实行供给；对于生活困难者给予补助；供给和补助所需资金从公益金中支付。在"农业六十条"的规范下，农村的社会救济工作走上了健康发展的道路。在集体经济条件下，国家救济的对象主要是那些集体提供供给和补助后，生活仍然困难的农民。救济的款物不是定时定量提供，而是临时救济，以解决贫困农民的衣食住基本生存需要问题。

二、"五保"制度

建立于农业合作化时期的"五保"制度，是我国农村计划经济时期的社会救济制度。1956 年 6 月 30 日，一届人大三次会议通过的《高级农业合作社示范章程》规定："农业生产合作社对于缺乏劳动能力或完全丧失劳动能力、生活没有依靠的老弱孤寡、残疾社员，在生产和生活上给予适当的安排和照顾，保证他们吃、穿和烧柴的供应，保证年幼的受到教育和年老的死后安葬，使他们的生养死葬都有指靠。"[1]由此确立了我国农村"五保"制度。1958 年，全国农村享受"五保"待遇的有 413 万户，519 万人。[2] 1960 年 4 月 10 日，第二届全国人民代表大会二次会议通过的《1956—1967 年全国农业发展纲要》第 30 条又增加了"保住"、"保医"等内容，使得"五保"制度更加完善。集体经济组织在安排"五保户"的生活和生产方面主要有以下措施：1. 对丧失劳动能力的

---

[1] 崔乃夫主编：《中国民政词典》，上海辞书出版社 1990 年版，第 283—284 页。
[2] 同上，第 105—106 页。

"五保户"采取集中供养和分散供养两种方式,集中供养是指将五保对象供养在集体提供经费举办的养老院中,分散供养是指由农户供养,由集体提供生活费用补贴。1958年"大跃进"期间,农村敬老院发展到15万所,收养了300多万老人。① 经过三年困难时期,敬老院数量大幅度下降,到1962年,敬老院仅剩3万所,收养老人只有55万人,比1958年减少了80%。② 2.对有一定劳动能力的五保对象,安排他们参加力所能及的劳动,记工分时给予适当照顾,保证他们的生活水平不低于一般社员。3.对于丧失劳动能力但生活能自理的五保对象,补助参与分配工分或者补助能满足生存需要的款物。"文化大革命"期间,"五保"工作和其他工作一样,受到了严重的干扰和破坏,大部分地区处于停办状态,到1978年底,全国养老院仅剩7 175所,收养的老人也仅有10余万人,③五保对象的生存受到严重威胁。

三、对特殊群体的救济

对特殊群体的救济主要是指对麻风病人和对散居的归侨、侨眷的救济。前者绝大多数在农村,后者散居在城乡。

1.对麻风病人的救济

新中国成立初期,全国的麻风病人有50余万,他们主要分布在长江以南和沿海地区。1954年2月,政务院发布《关于民政部门与有关部门的业务范围划分问题的通知》规定,"麻风病人生活困难的救济问题,由民政部门负责解决"。民政部门按照政务院的通知精神,积极配合卫生部门做好麻风病村的管理和麻风病人的救济工作。1975年3

---

① 民政部政策研究室编:《中国农村社会保障》,中国社会出版社1997年版,第71页。
② 宋士云:《1949—1978年中国农村社会保障制度透视》,《中国经济史研究》2003年第3期。
③ 崔乃夫主编:《当代中国的民政》(下),当代中国出版社1994年版,第107页。

月,国务院和中央军委批转的卫生、公安、财政、总后等有关部门《关于加强麻风病防治和麻风病管理工作的报告》再次规定,"民政部门负责麻风病村病人的生活救济"。经过多个部门的配合和努力,到 1989 年底,我国的麻风病人仅剩 5 万余人。[①]

2. 对散居的归侨、侨眷的救济

20 世纪 50 年代末,侨居国外的华侨和侨眷受反华、排华势力的迫害而回到祖国,他们中的一部分人生活遇到了困难。1959 年 12 月,国务院发布《关于归侨、侨眷和归国华侨学生因国外排华所引起的生活困难问题解决办法的通知》后,民政部门认真贯彻国家的侨务政策,对生活困难的归国华侨提供社会救济。1962 年 7 月,内务部针对散居城乡的归侨在获得社会救济后生活仍有困难的情况,发布了《关于适当提高散居在城市和农村的归国华侨救济标准的通知》,调整后的归侨的救济标准略高于一般困难户的标准,为他们的基本生活需要提供了保障。

四、灾害救济制度

我国自古以来是一个水、旱、风、雹、地震、滑坡、泥石流、病虫害等各种自然灾害频发的国家。每年平均约有 1/5 的农村人口遭受自然灾害,并因此生活发生严重困难。新中国成立后不久,政府就建立了应对灾害给人们的生活造成困难的灾害救济制度。农村的灾害救济制度,是指在自然灾害给人们的吃饭、穿衣、住房造成困难以及为了预防灾区疫病发生而由政府采取的为人们提供衣、食、住、医疗等应急救济措施的制度。这种临时性救济措施的救济对象是因自然灾害使得生活在某一个方面或多方面发生困难的人,救济物资根据具体救济对象的实际

[①] 宋士云:《新中国社会保障制度结构与变迁》,中国社会科学出版社 2011 年版,第 117 页。

需要有针对性地提供,提供救济的目的是保障灾民的基本生活和健康,维护社会稳定。从 1950 到 1978 年,国家共下拨救灾款 94.5 亿多元。[①]

第四节 被征地农民生活风险保障制度

新中国建立之初,工业化和城市建设迅速发展,对土地的需求凸显了出来。1950 年,政务院通过的《城市郊区土地改革条例》第 13 条规定,国家为市政建设及其他需要收回由农民耕种的国有土地时,应给耕种该项土地的农民以适当安置,并对其在该项土地上的生产投入(如凿井、植树等)及其他损失,予以公平合理的补偿。第 14 条规定,国家为市政建设及其他需要征用私人所有的农业土地时,需给予适当代价,或以相等之国有土地调换之。对耕种该项土地的农民亦应给以适当安置,并对其在该项土地上的市场投资(如凿井、植树等)及其他损失,予以公平合理的补偿。条例对具体的补偿标准和安置措施没有做出明确规定。

1953 年,政务院通过的《中央人民政府政务院关于国家建设征用土地办法》第 3 条规定,国家建设征用土地的基本原则是,既应根据国家建设的确实需要,保证国家建设所必需的土地,又应照顾当地人民的切身利益,必须对土地被征用者的生产和生活有妥善的安置。第 8 条规定,被征用土地的补偿费,一般以其最近 3 年至 5 年产量的总值为标准,如另有公地可以调剂,亦须发给被调剂土地的农民以迁移补偿费。对被征用土地上的附着物及种植的农作物,按公平合理的代价予以补偿。第 13 条规定,农民耕种的土地被征用后,当地人民政府必须负责

---

① 民政部政策研究室:《中国农村社会保障》,中国社会出版社 1997 年版,第 71 页。

协助解决其继续生产所需之土地或协助其转业,不得使其流离失所。用地单位亦应协同政府劳动部门和工会在条件许可的范围内,尽可能吸收其参加工作。由于当时被征用土地属于农民个人所有,国家在征用时没有采取强制措施,并且对被征地农民的损失给予了公平合理的补偿以及对农民的生产和生活给予了妥善的安置,所以,较好地处理了国家利益和被征地农民利益之间的关系,引导农民自觉自愿服从国家利益,取得了双赢的效果。

1956年,我国生产资料社会主义改造基本完成以后,1953年政务院制定的《中央人民政府政务院关于国家建设征用土地办法》已经不能适应国家建设的需要。国家根据农村土地已由原来的农民私有变为农业生产合作社所有,土地所有权发生变化的新情况重新作出规定。1958年,经全国人民代表大会常务委员会批准,国务院公布了修订以后的《国家建设征用土地办法》。办法第3条规定,国家建设征用土地,必须对被征用土地者的生产和生活有妥善安置。如果对被征用土地者一时无法安置,应该等待安置妥善后再行征用,或者另行择地征用。第5条规定,征用土地的补偿费,由当地人民委员会会同用地单位和被征用土地者共同评定。对于一般土地,以它最近2年到4年的产量总值为标准给予补偿。第8条规定,征用农业生产合作社的土地,土地补偿费或者补助费发给合作社;征用私有的土地,补偿费或者补助费发给所有人。土地上的附着物和农作物,属于农业生产合作社的,补偿费发给合作社,属于私有的,补偿费发给所有人。第13条规定,对因土地被征用而需要安置的农民,当地乡、镇或者县人民委员会应当负责尽量就地在农业上予以安置;对在农业上确实无法安置的,当地县级以上人民委员会劳动、民政等部门应该会同用地单位设法就地在其他方面予以安置;对就地在农业上和其他方面都无法安置的,可以组织移民。组织移民应该由迁出和迁入地区的县级以上人民委员会共同负责。移民经费由用地单位负责支付。

在农民社会保障制度还没有真正被提上议事日程的计划经济时期,由于国家将被征用土地者的生产和生活安置放在首要地位,所以,尽管当时补偿费比较低,并且主要在农业领域安置,被征用土地者的生产、生活基本还是有保障的。这种以被征用土地农民利益为重的人性化的政策,自然能够得到农民的理解和支持,国家征用土地的行为也没有引起农民的反抗和普遍发生群体事件。这也是改革开放前30年国家既为各项建设顺利地征到土地,又在征用土地过程中得到农民和集体经济支持的重要原因,在此过程中,基本没有发生农民生活没有着落的情况,尽管他们的生活条件比较艰苦。

第六章　社会保障管理制度

　　新中国成立以后,中央人民政府政务院设立了劳动部和内务部,并分别管理社会保障的不同事务。

　　按照《劳动保险条例》的规定,劳动部是企业职工社会保险事务的最高监督机关,负责《劳动保险条例》的实施,检查全国劳动保险业务的执行;各级劳动部门负责监督检查劳动保险金的缴纳和业务的执行,处理有关劳动保险的申诉。中华全国总工会是全国企业劳动保险事务的最高领导机关,统筹全国劳动保险事务的进行,督导所属各地方工会组织、各产业工会组织严格遵守执行《劳动保险条例》的各项规定;各工会基层委员会是执行劳动保险事务的基层机构。在劳动部的领导和工会的配合下,《劳动保险条例》得到了切实实施,极大地鼓舞了企业职工为国家经济建设做出贡献的积极性,有力地推动了国家社会主义建设事业的发展。在1954年中央决定撤销大行政区,1956年国家社会主义改造基本完成以后,形成了以中央集权为主体的经济管理体制。根据精简机构的精神,政务院决定把企业职工劳动保险事务的管理由中华全国总工会负责。根据政务院的决定,劳动部和全国总工会于1954年6月15日发布了《关于劳动保险业务移交工会统一管理的联合通知》,自此,全国劳动保险业务由各级工会统一管理。这期间,国家机关工作人员的社会保险、社会福利和社会救济事务由内务部管理,优抚以及复员军人安置、社会救济等也由民政部门负责。

　　"文化大革命"期间,企业职工的社会保险事业受到了严重的干扰和破坏,工会组织瘫痪,工会干部受到打击,有些地方的劳动保险资料被烧毁。为了使企业职工的劳动保险工作能够继续进行下去,1968年,国家计委劳动局通知各地劳动部门把劳动保险工作管理起来,随后,各地方劳动部门建立起管理劳动保险业务的工作机构。1969年内务部被撤销,全国的民政工作分别由财政部、卫生部、公安部和国务院政工组管理,地方民政部门及其工作也受到冲击和严重影响。唯独民政救济工作虽然受到影响,但没有停顿下来。

综上所述,我们可以将计划经济时期社会保障法治的特点归纳为以下几点:

一、计划经济时期社会保障制度的价值取向,是通过社会保障制度实实在在地体现社会主义制度的优越性,在让广大人民群众沉浸于当家作主喜悦的同时,能够切实感受到社会公平的存在,以激励人们大干社会主义的积极性。虽然新中国成立初期由于受生产力水平落后的约束,国家不能够为人们提供高水平的福利待遇,但是,国家总是以主动积极的态度来担当人们(主要是城镇居民)的生活风险责任。由于国家采取了高度集中的计划经济体制,生产资料的公有制、城市的高就业制、农村的集体核算制,都为这个时期的社会保障制度提供了生成并不断发展的条件和可能,社会保障制度无疑是适应当时特定的时代要求和社会需要的制度安排。[①] 制度建立初期的1953年,劳动福利费用总支出为14.5亿元,到了1978年就飙升为66.9亿元。[②] 人民当家作主、人人平等、生活没有后顾之忧,让刚刚翻身得到解放的中国人民深感共产党的伟大和毛泽东的英明,建设社会主义国家的积极性如火山爆发

[①] 郑功成等:《中国社会保障制度变迁与评估》,中国人民大学出版社2002年版,第18页。

[②] 陈佳贵、王延中主编:《中国社会保障发展报告》,社会科学文献出版社2010年版,第10页。

似的喷发出来,快速地推进了我国社会主义建设事业的发展。然而,由于制度的建立和实施严重脱离当时生产力发展水平,因此,制度实施被扭曲和它的不可持续性成为不可避免。

二、计划经济时期的社会保障事业基本上由国家政策或行政法规引导。新中国建立之初,在百废待兴、经济发展水平低下、并且没有社会保障立法经验的情况下,国家能够制定出一系列行之有效的社会保险法规,不能不让当代人对革命老前辈那种立法为民的精神报以敬仰和赞美。然而,从总体上看,国家基本上是用政策和国务院或者某部委颁行的行政规范性文件进行引导。这些文件原则性强规范性差,灵活性强稳定性差,所以文件虽然几乎覆盖了人们生活风险的各个方面,但是,社会政策的不稳定性和随意性在一定程度上削弱了社会保障制度的保障功能,例如1969年财政部发布的《关于国营企业财务工作中几项制度的改革意见》就轻而易举地将国家的财政责任转移到了企业身上,将社会保险蜕变为单位保险。在全国统筹劳动保险金时期,虽然资金数额有限,但是有限资金的统一调剂使用,较好地解决了人们因遭遇生活风险所带来的经济和社会问题,为稳定社会局面和巩固新生政权作出贡献。当劳动保险金由全国统筹变为单位或企业统筹后,由于国家丧失了对社会保险基金以及社会保障基金的宏观调控和统一配置权,导致不同单位或企业社会保障资金丰歉有别,保障水平有高有低。这种状况在影响社会公平的同时,也没有取得高福利所带来的劳动生产高效率的结果。

三、社会保障事业由国家和单位举办。首先,个人无须承担任何责任。社会保障制度作为社会主义制度的组成部分,在设计上极大地体现了社会主义的优越性,解除了职工的后顾之忧,即国家直接承担制定各项社会保障政策、为社会保障待遇支付提供资金、组织社会保障制度在全国实施的责任;城镇企业单位负责缴纳职工劳动保险费;农村集体经济组织则担负救济"五保户"和优待烈军属的责任。国家、企业、集体在社会保障中承担着全部责任,而个人由于不缴纳社会保险费而不承担任何责任。所以,这一时期的社会保险实际上是国家保险或者单位(国家机关、事业单位、企业、农村集体经济组织)保险;其次,社会保障封闭运行。国家和企业不仅要筹集社会保险资金,而且单位和企业负责发放职工养老金、报销职工医疗费,甚至单位和企业按照有关规定将职工的住房、食堂、价格补贴、子女入托、洗澡等福利事业全都管了起来,形成了单位和企业办社会保障的格局。在企业收益不足以支付社会保障费用时,国家予以财政补贴。因此,是名副其实的"国家型"或"单位型"社会保障制度;[①]再次,这种适用于城镇的"高就业、低工资、高福利、广覆盖"的社会保障制度,消弭了人们的进取心和竞争意识,助长了人们的依赖和懒惰心理,造成单位和企业不堪重负和负担畸轻畸重的不公平后果,阻碍着经济的快速发展。由于制度的设计完全背离了社会保险权利与义务对应的原则,所以,制度的实施不能体现社会公平和激励劳动者积极性是必然的结果。

四、社会保障在城乡之间和单位之间缺乏有效协调。国家设计的使人们的衣食住行有着、生老病死无忧、能够充分体现社会公平的宏伟蓝图,由于过于理想化而没能得到实现。城乡隔离的二元经济结构以及我国经济发展水平,使我国社会保障制度的建立和实施越来越倾向于城市居民,并由此极大地破坏了我国社会主义社会保障制度的公平

[①] 新中国成立初期,中国社会千疮百孔、民不聊生、灾民难民大量涌入大中城市,而城市失业问题相当严重,为了保障失业工人基本生活,巩固新生政权,政务院和劳动部分别发布了救济城市失业工人的法规规章。与此同时,政府采取"单位化"的办法来解决失业工人的就业问题,即政府统一负责城镇失业人员的工作和生活,将他们安排到政府拥有所有权并直接管理的各类单位。这一为保证社会稳定的应急性措施,逐渐固化为以固定工为主的国家统包统配的就业制度以及与此关联的社会保障制度。宋士云:《新中国社会保障制度结构与变迁》,中国社会科学出版社2011年版,第47页。

性。农村的社会保障费用来源于农村集体经济的统一提留，国家财政投入严重不足，农民社会保障一直处于低水平甚至空白状态。时至今日，农村社会保障的缺位给我国经济发展造成一定的阻力，成为我国推进改革难以逾越的障碍。社会保障制度不仅呈现城乡分割的状态，而且社会保障制度的实施呈现封闭状态。由于各个单位的收益存在差异，即国家对事业单位的财政拨款有多有寡、企业经营有好有坏、农村社队收成有丰有歉，在各个单位各负其责的机制下，各行业之间以及行业内部的社会保障待遇差别也是很大的，严重违背了社会保障体现社会公平的原则。虽然国家保障、城镇单位保障、农村集体保障三大相互分割的板块构成了一个严密的安全网，为国民的生活风险提供了有效保障，但是，它所导致的社会隔离和不平衡发展，是在很长时期难以消除的。

总之，社会保障制度设计理念的过于理想化、政策性强而规范性差导致实施中的随意性和不稳定性、国家承担社会保障的全部责任导致财政的不可持续性、城乡分割部门封闭的保障状态导致对社会公平的破坏，都表明计划经济时期的社会保障制度的不可持续性，即使没有经济体制改革和对外开放政策的提出和实施，计划经济时期的社会保障制度由于存在着严重的内在缺陷也必难以为继。但不能否认的是，在计划经济体制下，城市的单位保障和农村的集体保障像两张巨大的安全网，将城乡几乎所有的成员都覆盖了起来，漏网的社会成员微乎其微。这种通过城乡社会保障制度体现出的、在较低待遇水平下的社会公平，不仅使城乡居民的基本生活需要得到了保障，而且由于人们之间贫富差距很小，基本不存在由于分配不公而产生的社会矛盾，因此，许多从那个年代过来的人至今依然怀念那时的社会环境。

第二编

经济体制改革以后的社会保障法治

(1978—2008年)

我国在经济体制改革以前建立的社会保障制度是适应国有经济一统天下的计划经济体制的制度安排。因此,当20世纪80年代国家开始进行经济体制改革,尤其是1986年12月2日,全国人大常委会第十八次会议通过《中华人民共和国破产法(试行)》以后,越来越多的国有企业在市场优胜劣汰的竞争中破产倒闭,与此相关,由企业经办的社会保障制度由于失去存在的组织基础和经济基础而难以为继。当整个社会的经济结构发生巨大变化、经济领域出现多元化局面的时候,原来的社会保障制度不但不能发挥它促进经济发展、维护社会稳定的功能和作用,相反成为经济体制改革的羁绊和障碍。经济体制改革成为计划经济时期建立起的社会保障制度必须进行改革的经济社会基础。当1993年11月在党的十四届三中全会上,国家确立了经济体制改革的目标是建立社会主义市场经济,社会保障制度是维系市场经济正常运行的重要支柱之一后,改革计划经济时期的由国家和企业包办社会保障的做法已势在必行。

在经济体制改革初期,改革的指导思想是计划经济与市场调节相结合,与之相应,社会保险制度的改革是作为国有企业改革的配套措施而设计的。1986年7月12日,国务院颁布了《国营企业实行劳动合同制暂行规定》,有人把它称做是中国社会保障制度由传统型向现代型转变的标志性制度。[①] 之后又颁布了《国营企业职工待业保险暂行规定》

---

① 冯兰瑞:《中国社会保障制度重构》,经济科学出版社1997年版,第114页。郑功成教授认为,将1986年作为我国社会保障制度真正进入转型时期具有合理性:一是1986年4月12日,六届人大四次会议通过的《国民经济和社会发展第七个五年计划》首次提出社会保

(1986)、《关于企业职工养老保险制度改革的决定》(1991)、《国有企业职工待业保险规定》(1993)、《国有企业富余职工安置规定》(1993)、《农村五保供养工作条例》(1994)、《关于职工医疗制度改革的试点意见》(1994)、《关于建立统一的企业职工基本养老保险制度的决定》(1997)、《关于进一步深化城镇住房制度改革加快住房建设的通知》(1998)、《失业保险条例》(1999)、《城市居民最低生活保障条例》(1999)等一系列法规。在整个改革的过程中,养老保险和医疗保险是改革的重点,社会保障制度也从起初的改革配套措施成为社会主义市场经济中重要的社会制度加以建设。社会保障资金多渠道筹集和进行社会化管理,组建了劳动和社会保障部,统一了社会保险管理体制,成立了全国社会保障基金理事会。在这期间,国家虽然仍主导着社会保障的改革和承担着重要责任,但是社会(主要是用人单位和职工个人)已开始分担社会保障的责任。在我国建立社会主义市场经济和法治国家的目标下和过程中,与之相适应的由国家、单位或企业、个人三方共同承担责任的现代社会保障制度在逐步取代计划经济时期的由国家和企业包办的社会保障制度。

障的概念,并设专章阐述了社会保障改革与社会化问题;二是1986年7月12日,国务院发布的《国营企业实行劳动合同制暂行规定》规定,合同制工人退休养老基金由企业和职工共同缴纳养老保险费筹集;同日发布的《国营企业职工待业保险暂行规定》虽然不能算作真正意义上的失业保险制度,但它确实为企业破产和职工失去工作时的基本生活需要提供了保障;三是1986年11月10日,劳动人事部发布《关于外商投资企业用人自主权和职工工资、保险福利费用的规定》规定,外资企业必须为中方职工缴纳养老保险费和待业保险费,表明国家在承认经济结构多元化的同时,为劳动者社会保障权益的实现提供法律保障。参见郑功成等:《中国社会保障制度变迁与评估》,中国人民大学出版社2002年版,第8页。

第七章 社会保险制度的改革

社会保险制度的改革包括对计划经济时期建立并实施的养老保险制度、医疗保险制度、工伤保险制度、生育保险制度的改革,失业保险制度在经济体制改革中应运而生。

第一节 养老保险制度

企业职工的养老保险制度改革是社会保险制度改革的重点和核心。改革过程中,遇到过制度改革设计时没有预料到的困难,例如,企业职工养老保险的历史债务问题;在失业保险制度缺位的情况下,如何保障国有企业改革时下岗失业人员的基本生活需求问题;如何为进城务工人员提供社会保险待遇问题等。可以说,由经济体制改革引发的社会保险制度改革,在不断解决改革中出现的各种社会问题的同时,实现了社会保险制度的创新。

一、企业职工养老保险制度

计划经济时期的养老保险制度不仅使企业背上了沉重的经济负担,而且将职工与企业死死地捆在了一起,职工将终身在一个企业工作和在退休以后从这个企业领取退休金。结果,在企业不断吸收新职工的情况下,职工队伍越来越庞大,退休职工的队伍也越来越庞大。① 企业因此不堪重负,生产成本增加,竞争力减弱等问题,在经济体制改革开始以后日益显露出来。此外,经济体制改革打破了计划经济时期国有经济一统天下的局面,出现了多种经济成分(全民、集体、私营、个体、三资等,1978年,非公有制经济从业人员为15万人,1991年就增加到了760万人②)和多种用工制度(固定职工、合同制工人、私营企业雇员、个体工商户中的从业人员、三资企业中的中方职工及临时工)并存的状态。为了消除劳动者在不同所有制企业之间流动的障碍,建立市场经济所需要的统一劳动力市场,使得劳动者的流动不受地区、部门、户籍等限制,国家在对劳动用工制度进行改革的同时,也需要建立统一的社会养老保险制度,以便为市场经济的健康运行创造良好的社会环境。

(一) 养老保险制度改革的内容

养老保险制度改革的内容主要有以下几个方面:

1. 建立国家、企业和职工个人共同承担养老保险责任制度

1984年5月,劳动部会同国家经委、财政部、工商银行、全国总工会等部门向国务院提交了《关于统筹全民所有制单位退休基金的报告》,同时,结合劳动制度改革,以地市县为统筹单位,在广东省江门市、东莞市、四川省自贡市、江苏省泰州市,辽宁省黑山县进行退休费用社会统筹试点,随后在全国逐步推开。1986年7月12日,国务院发布了《国营企业实行劳动合同制暂行规定》,规定国家对劳动合同制工人退

---

① 例如辽宁省大连色织布总厂1994年10月破产之前,在职职工为1 258人,退休职工为1 503人,这样的企业要发展是难以想象的,破产是必然的。参见郑功成:《从企业保障到社会保障》,辽宁人民出版社1996年版,第33页。

② 国家统计局:《数字中国三十年——改革开放三十年统计资料汇编》,中国统计出版社2008年版。

休养老实行社会统筹,企业和劳动合同制工人按规定的比例缴纳养老保险费(企业缴纳合同制工人工资总额的 15%,合同制工人缴纳本人标准工资的 3%),筹集养老保险基金,在养老保险基金收不抵支时,国家给予财政补贴(1998—2001 年,中央财政对基本养老保险基金的补贴额为 861 亿元[①])。这个规定虽然是国有企业劳动制度改革的一项内容,而不是独立的社会养老保险制度的内容,但是它已表明,在经济体制改革的新形势下,国家将放弃计划经济时期的养老保险制度,转而实行国家、企业和职工个人三方共同承担责任的社会化的现代养老保险制度,并由劳动合同制工人推广到全国所有国有企业职工。这种责任分担的养老保险制度,在 2000 年 12 月国务院发布的《完善城镇社会保障体系试点方案》中予以确认,方案规定,企业缴纳职工工资总额 20%的养老保险费全部纳入社会统筹账户,并以省为单位进行调剂;职工缴纳个人工资 8%养老保险费全部计入个人账户。

2. 建立养老保险基金社会统筹制度

20 世纪 80 年代以后,老企业的退休人员不断增加,发放退休金的压力越来越大,而新建立的企业就不存在这样的问题,这不仅使企业之间不能在相同的起点上竞争,而且缺乏竞争力的老企业已无力支付众多退休工人的养老金。[②] 于是在 1991 年 6 月 26 日国务院下发了《国务院关于城镇企业职工养老保险制度改革的决定》,确立了养老保险基金

[①] 国务院新闻办公室:《中国劳动和社会保障状况白皮书》,《人民日报》2002 年 4 月 28 日。

[②] 例如 20 世纪 80 年代初,纺织、粮食、制盐、搬运等行业中的老企业,退休费相当于工资总额的 50%以上,个别企业甚至超过工资总额;而在电子、仪表、化工等新兴行业和新建企业中,退休费不到工资总额的 5%。参见宋晓梧:《中国社会保障制度改革》,清华大学出版社 2001 年版,第 29 页。

由市县起步、向省级过渡、最后实现全国统筹的筹资原则。[①] 1992年5月29日,劳动部发布的《关于全民所有制企业职工实行基本养老保险基金省级统筹的意见的通知》指出,实行以市县为单位统筹存在社会化程度不高,养老保险基金管理分散,调剂功能不强,抵御各种风险的能力较弱,因此,需要逐步由市县级统筹向省级统筹过渡。到1992年底,全国有50多万户企业、8 500多万职工和1 700多万离退休人员参加退休费用社会统筹,全年收缴养老保险基金316.8亿元,支出277.9亿元(不包括行业统筹基金)。福建、江西、四川、河北、吉林、宁夏、陕西、山西、北京、天津、上海等省市实行了国有企业职工退休费用省级统筹。集体企业统筹面达到1 759个市县。[②]

1991年6月26日,国务院下发的《国务院关于城镇企业职工养老保险制度改革的决定》规定,铁道、水电、邮电等国民经济基础产业和重要行业的11个部门经国务院批准,实行退休费用行业统筹。随着养老保险制度的不断完善,行业统筹和地方统筹之间的矛盾日益显现:各企业负担轻重不一,导致不同企业缴费比例与养老金待遇相差过大的情形,即行业统筹不能实现社会互济的功能。1998年,国务院进行政府机构改革,撤销了一批产业部门,由这些部门组织的行业统筹难以为继,需要纳入地方统筹。1998年8月6日,国务院发布《关于实行企业职工基本养老保险省级统筹和行业统筹移交地方管理有关问题的通知》,要求在1998年8月31日以前,实行基本养老保险行业统筹企业

[①] 有学者认为,1991年国务院颁布《关于企业职工养老保险制度改革的决定》是我国社会保障制度开始发生重大变革的标志,因为养老保险制度是现代社会保障制度的支柱,对它改革的成败决定着对整个社会保障制度改革的成败,国务院的决定为养老保险制度的社会化奠定了基础,并在一定程度上理顺了国有企业和非国有企业之间的关系。参见郑功成:《中国社会保障论》,湖北人民出版社1994年版,第93—95页。

[②] 劳动部、国家统计局:《关于1992年劳动事业发展的公报》。转引自宋士云等:《新中国社会保障制度结构与变迁》,中国社会科学出版社2011年版,174页。

的基本养老保险工作,按照先移交后调整的原则,全部移交省、区、市管理。① 从1998年9月1日起,铁路、水利、电力、邮电、交通、煤炭、金融、民航、石油、有色、中建11个行业的养老保险行业统筹移交地方并实行省级管理。由省、区、市社会保险经办机构负责收缴行业统筹企业基本养老保险费和发放离退休人员基本养老金。

建立养老保险省级统筹的目的,旨在确保劳动力自由流动,为建立统一的劳动力市场并实现劳动力资源优化配置服务。为此,2007年1月18日,劳动和社会保障部、财政部联合下发了《关于推进企业职工基本养老保险省级统筹有关问题的通知》要求,尚未实行省级统筹的地区"要统一缴费基数和比例,规范基本养老保险计发办法;统一养老保险数据库和业务流程,为实现省级统筹创造条件;要明确确保基本养老金发放的责任,健全省、市、县三级基金缺口分担机制;完善全省基金收支预算管理制度,增强预算编制的科学性和合理性,逐步实现在全省范围内统一调度和使用基金;推进和规范市级统筹,积极创造条件,向省级统筹过渡;有条件的地区,要积极实行社会保险经办机构垂直管理。"并以附件形式下发了《企业职工基本养老保险省级统筹标准》,标准规定:全省执行统一的制度和政策、执行统一的缴费比例和缴费基数、执行统一的计发办法和统筹项目、实施统一的养老金调整机制、养老保险基金由省级统一调度使用和核算管理以及投资运营、执行统一的经办规程和管理制度以及数据标准。按照标准的规定,各地采取适合本地的统筹模式。

---

① 养老保险基金社会统筹是一件复杂的工作。1991年,国务院发布企业养老保险改革的决定后,一些养老保险基金充足、养老金待遇水平高的中央行业不愿参加属地社会统筹,而是要求在自己系统实行统筹。在将愿意实行养老保险统筹视为支持养老保险制度改革的试点阶段,从1986年到1988年,国务院批准了铁路、邮电、水利、电力、建筑5个部门实行养老保险行业统筹。1993年10月15日,国务院发布《关于企业职工养老保险统筹问题的批复》,同意交通、煤炭、银行、民航、石油、有色金属6个部门养老保险实行行业统筹,加上之前批准实行行业统筹的5个部门,共计11个部门实行行业统筹。

实践中,比较典型的省级统筹模式有两类:一类是北京、上海、天津等地采取的统收统支模式。即省市县各级将征缴的养老保险基金直接上缴省级统一管理,再由省级向全省的离退休人员统一发放养老金;另一类是新疆等省区实行的预算管理,两级调剂模式。即省级通过预算管理的方式对全省范围内的基金实行统一核算和使用,实行省级和地级两级调剂,结余基金留存市县,由省级授权管理。这些不同模式的设计和实施,为以后实现基本养老保险基金全国统筹奠定了制度设计、组织管理、基金运营等核心问题的经验。然而,由于在养老保险制度改革过程中中央政府与地方政府职责模糊不清,基本养老保险地区缴费率差异大,一些地区统账结合模式因个人账户空账运转而名存实亡,使得省级统筹顺利进行遭遇巨大障碍。例如,2001年7月,中央决定在辽宁省启动完善城镇社会保障体系试点,在中央为此付出巨大的经济代价的情况下,仍然没有实现基本养老保险的省级统筹。[1]

3. 建立多层次养老保险制度

1991年6月26日下发的《国务院关于城镇企业职工养老保险制度改革的决定》确立了实行社会基本养老保险、企业补充养老保险、个人储蓄养老保险相结合的多层次养老保险原则。社会基本养老保险是法定的、强制实施的社会保险,由政府组织实施,是国民收入再分配的一种方式,在必要时国家必须予以财政投入,它是以国家信誉保证最终兑现的制度,因而是最安全可靠的制度,在养老保险三种形式中占有核心地位;企业补充养老保险次于社会养老保险,在保障老年风险中发挥着补充作用。1995年3月国务院发布的《关于深化企业职工养老保险制度改革的通知》和1997年7月国务院发布的《关于建立统一的企业职工基本养老保险制度的决定》,都对建立和发展企业补充养老保险提

---

[1] 郑功成等:《中国社会保障制度变迁与评估》,中国人民大学出版社2002年版,第31页、第48页。

出了明确要求。2000年国务院《关于完善城镇社会保障体系的试点方案》正式将企业补充养老保险更名为企业年金,并明确规定"企业年金实行市场化运营和管理,建立完全积累的个人账户。企业年金中企业缴费在工资总额4%的部分,可以从成本中列支。"从1991年到2000年的10年间,企业补充养老保险基金积累额已达191.9亿元,参加企业补充养老保险的职工达560万人;[1]个人储蓄养老或者个人购买商业人寿保险居于老年风险保障的第三层次,这是职工个人根据自己的经济能力为自己养老所做的准备措施,如果职工既有社会养老保险,又有企业补充养老保险,加上个人储蓄养老,就能够极大提升老年生活水平;如果前两者不充分,个人储蓄养老也能够起到补充作用。

4. 建立统账结合的养老保险制度

中国在吸取了欧洲传统的现收现付制的优点和拉丁美洲个人账户以及新加坡的中央公积金制的经验以后,经过充分讨论和酝酿,试图建立一种不同于其他混合制(或称部分积累制)养老保险模式的社会统筹与个人账户相结合的养老保险制度。1995年3月1日,国务院发布了《关于深化企业职工养老保险制度改革的通知》,确立了社会统筹与个人账户相结合的养老保险模式。[2] 社会统筹账户的功能在于实现社会

---

[1] 曾煜编著:《新编社会保障法律法规与实务操作指南》,中国建材工业出版社2003年版,第218页。

[2] 在国际上,养老保险基金筹集采取三种模式,即现收现付模式、完全积累模式、部分积累模式。实践证明,三种模式尽管有各自的优点,但是也有明显的缺点。例如现收现付制难以应对日益严重的人口老龄化挑战,完全积累制会遭遇通货膨胀冲击,而部分积累制能够吸纳两者的优点,避免两者的缺点。所谓部分积累制,是指在养老保险中按一定比例将既有共济部分的现收现付制,又有积累部分的完全积累制结合在一起的制度。有人认为,中国当前的个人账户和社会统筹相结合的城镇职工基本养老保险制度就是典型的部分积累制,参见中国社会科学院、德国阿登纳基金会:《中国城市社会保障的改革》,阿登纳基金会系列丛书第11辑,第128页;有人认为,我国的个人账户和社会统筹相结合的养老保险制度不是国际上流行的部分积累制,而是部分现收现付和部分完全积累的组合模式,参见郑功成:《论中国特色的社会保障道路》,武汉大学出版社1997年版,第186页。

互济和风险分散;个人账户的功能在于激励职工个人缴费的积极性,通过对个人账户积累资金的投资运营实现保值增值,提高个人账户养老保险基金在老龄化高峰到来时的抗风险能力。在统账结合的养老保险模式下,企业缴纳的养老保险费记入社会保险经办机构管理的社会统筹基金账户,职工个人缴纳的养老保险费记入为职工设立的个人账户。职工退休以后的养老金由社会统筹账户基础养老金和个人账户养老金两部分组成。与此同时还发布了两个实施方案,即《企业职工基本养老保险社会统筹与个人账户相结合实施办法之一》和《企业职工基本养老保险社会统筹与个人账户相结合实施办法之二》,供各地选择。各地在实施两个方案的过程中,由于价值取向不同,因而确定的社会统筹和个人账户的比例也不同,①出现了大、中、小三种个人账户比例:大个人账户为职工工资的16%、中账户为12%、小账户为3%。至1996年上半年,上海等7个省市选择了办法之一,北京等5个省市选择了办法之二,多数地区综合了两种办法之长处,制定了介于二者之间的中间标准。② 不同的账户比例,不仅成为职工在地区之间流动的障碍,③不符合市场经济建立统一劳动力市场的要求,而且造成不同地区基本养老保险金待遇差别,为未来建立统一养老保险制度带来困难。

鉴于以上问题,国务院于1997年7月16日发布了《关于建立统一的企业职工基本养老保险制度的决定》,决定的核心内容是三个"统一":(1)统一企业和个人的缴费比例。企业缴费比例一般不超过职工

---

① 第一个方案强调发挥个人账户的作用,即强调制度的激励机制,以体现制度带来的效率;第二个方案强调发挥社会统筹的作用,即强调多发挥社会保险的共济功能,以体现社会公平。

② 林嘉:《社会保障法的理念、实践与创新》,中国人民大学出版社2002年版,第163页。

③ 例如武汉市的个人账户比例为16%,而湖北省的比例为12%,这样在湖北省属企业和武汉市属企业之间职工的调动就发生了困难。参见宋晓梧:《中国社会保障制度改革》,清华大学出版社2000年版,第36页。

工资总额的20%,具体比例由各地政府根据实际情况确定。个人缴费比例1997年不低于本人工资的4%,以后每两年提高一个百分点,最终达到8%。(2)统一个人账户规模。按职工本人工资的11%建立个人账户,个人缴费全部记入个人账户,不足部分从企业缴费中划入,随着个人缴费比例的不断提高,企业划入部分最高只能是3%。(3)统一基本养老金计发办法。养老金支付额由两部分构成:一部分是基础养老金,月标准为当地职工上年度月平均工资的20%,另一部分是个人账户养老金,月标准为个人账户累计储存额除以120。决定还首次提出了中人和老人的概念,并规定了中人和老人养老金计算办法,即老人指本决定实施前已经离休退休的人员,仍按国家原来的规定发给养老金,并按照正常机制调整;中人指新制度建立前参加工作,新制度实施后退休的人员,通过实行过渡性养老金予以补偿,以保证新老制度的平稳过渡和衔接。2000年12月25日,国务院发布的《关于印发完善城镇社会保障体系试点方案的通知》将个人账户的缴费率由本人工资的11%降到8%,同时扩大社会统筹部分,个人缴费全部记入个人账户,企业缴费全部记入统筹基金,而不再划入个人账户。这一改变表明国家在社会保障上由注重效率公平逐步倾向于注重社会公平。[①] 个人缴费不满15年的,不享受基础养老金,个人账户储存额一次支付。

  2005年12月《国务院关于完善企业职工基本养老保险制度的决定》规定,《国务院关于建立统一的企业职工基本养老保险制度的决定》(1997)实施以后参加工作、缴费年限(含视同缴费年限)累计满15年的人员,退休后按月发给基本养老金。退休时的基础养老金月标准以当

[①] 由于各人工资基数不同,因此在相同的缴费标准下,个人缴费数额不同,多缴养老保险费者能够获得较高的养老保险金待遇,因此个人账户能够体现出个体差异,或者体现的是效率公平;而社会统筹在缴费高和缴费低的企业之间进行调整,由此体现为在低收入和高收入的职工之间进行调整,通过提高低收入者的养老保险待遇水平,来体现社会公平。

地上年度在岗职工月平均工资和本人指数化月平均缴费工资的平均值为基数,缴费每满一年发给1%。用公式表示:基础养老金=(全省上年度在岗职工月平均工资+本人指数化月平均缴费工资)÷2×缴费年限×1%。可见,基础养老金的多少取决于两个因素:一是个人工资标准的高低,二是缴费时间的长短。工资标准越高、缴费时间越长,退休金就越高;反之,工资标准越低、缴费时间越短,退休金就少,以此体现权利与义务相对应的原则。个人账户养老金月标准为个人账户储存额除以计发月数,计发月数根据职工退休时城镇人口平均预期寿命、本人退休年龄、利息等因素确定,例如,40岁退休,计发月数为233个月;50岁退休,计发月数为195个月;60岁退休,计发月数为139个月;70岁退休,计发月数为56个月。[①] 可见,退休越晚,个人账户储存额越多,反之,退休越早,个人账户储存额越少;与之相应,退休越晚,计发月数越少,反之,退休越早,计发月数越多。但是,从权利与义务相对应的原则来说,由于退休晚的职工缴费时间长,尽的义务多,所以,获得的养老保险待遇较之退休早的职工也要高些。

5. 建立养老保险逐步实行社会化管理制度

为了推动企业退休人员社会化管理服务工作,劳动部经过一年的试运行,在2002年正式确定了100个城市作为社会化管理服务重点联系城市,其中劳动部重点联系的大中城市32个,由省、自治区、直辖市重点联系的城市68个,并于2002年4月9日发布了《关于确定企业退休人员社会化管理服务重点联系城市的通知》。通知规定,重点联系城市劳动保障部门和社会保险经办机构要明确承担社会化管理服务工作机构的基本职责,委托银行、邮局等社会服务机构搞好基本养老金的社

---

① 《国务院关于完善企业职工基本养老保险制度的决定》,《中国劳动保障报》2005年12月15日。

会化发放,指导街道社会保障管理服务机构开展接收、管理退休人员档案,建立退休人员基本信息库,掌握和提供领取基本养老金资格情况。可见,养老保险的社会化表现在由独立于企业和单位的社会保险经办机构管理社会保险事宜,养老金不再由离退休人员的单位发放而是由银行、邮局发放。继2000年4月18日劳动和社会保障部发布《关于加快实行养老保险金社会化发放的通知》之后,2000年12月21日劳动和社会保障部又发布了《关于进一步规范基本养老金社会化发放工作的通知》,这些规章的发布和实施对于确保基本养老金按时足额发放和实现企业退休人员社会化管理提供了法律保障,到2001年底,企业职工的养老金由银行和邮局发放的已达到98%。[1]

(二) 覆盖范围扩及所有企业及其职工

1995年3月1日,《国务院关于深化企业职工养老保险制度改革的通知》提出,到20世纪末,基本建立起适应社会主义市场经济体制要求、适应城镇各类企业职工和个体劳动者的养老保险体系。为了贯彻上述通知精神,劳动部于1995年制定并下发了《基本养老保险覆盖计划》,该计划提出的目标是,将养老保险的覆盖范围扩大到城镇各类企业,包括国有企业、集体企业、外商投资企业、华侨和台港澳商投资企业、联营企业、股份制企业、私营企业。扩大到城镇各类企业的全部劳动者,包括原有的固定工、劳动合同制职工(含农民工)、订立了劳动合同的临时工,并逐步扩大到城镇个体工商户及其帮工、私营企业主,有条件的地区可扩大到自由职业者。

1. 城镇个体工商户

由于个体劳动者的收入难以准确计算,因此,个体劳动者的养老保

---

[1] 国务院新闻办公室:《中国劳动和社会保障状况白皮书》,《人民日报》2002年4月28日。

险不能适用具有雇佣关系的劳动者的养老保险制度的规定。1995年国务院发布的《关于深化企业职工养老保险制度改革的通知》附件一中规定,个体工商户本人、私营企业主等非工资收入者可以当地上一年度职工平均工资作为缴费的基数,并由个人按20%左右的费率缴费,其中4%左右进入社会统筹基金,16%左右进入个人账户。附件二规定,个体工商户、私营企业主等非工资收入者,可以当地全部职工月平均工资作为基数,缴纳基本养老保险费,缴费比例不超过当地企业缴费比例与个人缴费比例之和,具体比例由当地政府规定。个体劳动者的养老保险费全部由个人负担,国家只是给予税收优惠。

为了进一步扩大养老保险范围,国家将少数高收入人群和低收入人群以及灵活就业人员以不同于企业职工的缴费比例纳入养老保险范围。2005年12月《国务院关于完善企业职工基本养老保险制度的决定》规定,受保险人月工资高于当地上年度在岗职工平均工资300%的,以当地上年度在岗职工平均月工资的300%为缴费基数;受保险人月工资低于当地上年度在岗职工平均工资60%的,以当地上年度在岗职工平均月工资的60%为缴费基数;"决定"还对1995年规定的个体工商户应当缴纳的养老保险费费率进行了调整,新规定的费率为城镇个体工商户和灵活就业人员按当地社会平均工资的20%缴纳养老保险费,其中12%记入社会统筹账户,8%记入个人账户。

2. 私营企业职工

1989年9月21日,劳动部发布了《私营企业劳动管理暂行规定》,其中第5条规定:"本规定适用于城镇私营企业。农村私营企业可以参照执行。"规定在第四章对私营企业职工的保险福利作出了规定:国家对私营企业职工退休养老,实行社会保险制度。企业按职工工资总额的15%左右,职工按不超过本人工资的3%,按月向当地劳动行政部门所属的社会保险事业管理局缴纳养老保险费,企业所缴纳的养老保费在税前列支。职工退休以后,由社会保险机构按照其缴纳养老保险费的数额和年限,确定其退休金标准,并按月支付。私营企业职工患病或非因工负伤,企业应按其工作时间的长短给予3至6个月的医疗期,在医疗期间发给不低于本人原工资60%的病假工资。私营企业职工因工负伤或患职业病,治疗期间工资照发,所需医疗费用由企业支付。

3. 临时工、合同制工人

党的十二届三中全会通过的《中共中央关于经济体制改革的决定》提出"加快劳动制度的改革"之后,劳动合同制工人的人数迅速增加,1984、1985、1986年的劳动合同制工人的人数分别为209万人、409万人、624万人。[①] 适应形势的需要,1986年7月12日,国务院发布的《国营企业实行劳动合同制暂行规定》对国营企业劳动合同制工人的社会保险作出如下规定:(1)企业为劳动合同制工人缴纳工资总额15%左右的养老保险费,劳动合同制工人缴纳不超过本人工资额3%的养老保险费,劳动合同制工人退休以后,按月发给退休金,直至死亡。退休金标准,根据缴纳退休养老基金年限长短、金额多少和本人工作期间平均工资收入的不同比例确定。(2)劳动合同制工人患病或非因工负伤,按其在本单位工作时间的长短,给予3个月至1年的医疗期。在本单位工作20年以上的,医疗期可以适当延长。在医疗期内,其医疗待遇和病假工资与所在企业原固定工人同等对待。医疗期满后因不能从事原工作被解除劳动合同的,由企业发给相当于本人标准工资3—6个月的医疗补助费。(3)劳动合同制工人患职业病或因工负伤,以及女工孕期、产期和哺乳期间,应当与所在企业同工种的原固定工人同等对待。(4)劳动合同制工人待业期间按照国家规定领取待业救济金和医

[①] 国家统计局:《中国统计年鉴1996》。转引自陈佳贵、王延中主编:《中国社会保障发展报告(2010)》,社会科学文献出版社2010年版,第16页。

疗补助费。(5)劳动合同制工人因工或因病死亡的丧葬补助费、供养直系亲属抚恤费、救济费,应当与所在企业原固定工人同等对待。

1989年10月5日,国务院发布实施的《全民所有制企业临时工管理暂行规定》中规定,企业招用临时工从城镇招用的应当实行社会养老保险制度,保险基金的缴纳标准和支付、管理办法,可比照《国营企业实行劳动合同制暂行规定》办理。同时规定,全民所有制企业临时工患病或因工负伤,停工医疗期限按其在本企业工作的时间来确定,最长不超过3个月。在医疗期内其医疗待遇应与合同制工人同等对待。伤病假期间,由企业酌情发给生活补助。对使用期限在半年以上,医疗期满尚未痊愈被解除劳动合同的,由企业发给一次性医疗补助费。生活补助费和医疗补助费的发放标准由省、自治区、直辖市人民政府按低于国家有关合同制工人的标准确定。临时工在企业工作期间,因工负伤的,其医疗期的待遇与合同制工人相同。

1991年7月25日,国务院发布实施的《全民所有制企业招用农民合同制工人的规定》第四章规定,农民合同制工人(包括农民轮换工)患病或非因工负伤,企业应当根据劳动合同期限长短给予3—6个月的停工医疗期。停工医疗期间的医疗待遇和病假工资与城镇合同制工人相同。停工医疗期间不能从事原工作被解除劳动合同的,由企业发给相当于本人3—6个月标准工资的医疗补助费。农民工非因公死亡的(含因病死亡),由企业发给丧葬补助费和一次性供养直系亲属救济费。具体发放标准由省、自治区、直辖市人民政府规定。农民工因工负伤,由企业给与免费治疗。医疗期间,该农民工原标准工资照发。医疗终结经医院证明,并经劳动鉴定委员会确认不能从事原工作的,送回农村妥善安置。由企业按照下列办法发给因工致残抚恤费:完全丧失劳动能力的,按照城镇合同制工人的抚恤费标准,按月发给,直至死亡。大部分丧失劳动能力的,按照该农民工原标准工资的70%按月发给,直至死亡。部分丧失劳动能力的,根据其伤残程度一次性发给。其具体标准由省、自治区、直辖市人民政府规定。农民工因工死亡的,由企业按照城镇合同制工人享受的同等待遇,发给其家属丧葬补助费和供养直系亲属抚恤费。农民工患职业病的,其医疗和生活待遇,与城镇合同制工人相同。

4. "三资企业"职工

1980年7月26日,国务院发布的《中华人民共和国中外合资经营企业劳动管理规定》对中外合资企业职工的社会保险作出如下规定:中外合资企业职工的劳动保险、生活福利等,通过订立劳动合同加以规定。职工的劳动保险费,按照国营企业标准支付。合营企业必须按照国营企业标准,支付中方职工劳动保险、医疗费用以及国家对职工的各项补贴。1984年1月19日,劳动人事部颁发的《中外合资经营企业劳动管理规定实施办法》规定,职工因工伤、职业病经医院证明进行治疗、疗养期间,女职工怀孕6个月以上和休产假期间,不得辞退;对于在劳动合同期内被辞退的职工及合同期满后被解除合同的职工,合营企业须根据他们在本企业的工作年限,每满1年发给1个月的本企业平均工资的补偿金;10年以上的,从11年起,每满1年发给1个半月本企业平均工资的补偿金;支付给职工的劳动保险、福利费用以及国家在房租、基本生活价格、文化、教育、卫生保健等方面对职工的各种补贴的数额,由省、市、自治区的劳动人事部门会同财政及其他有关部门核定,并随国营企业职工劳动保险、福利费用和国家补贴的变动,进行相应的调整。

1986年11月10日,劳动人事部颁发的《关于外商投资企业用人自主权和职工工资、保险福利费用的规定》中规定,外商投资企业应当按照所在地人民政府的规定,缴纳中方职工退休养老基金和待业保险基金。职工在职期间的保险福利待遇,按照中国政府对国营企业的有关规定执行,所需费用,从企业成本费用中如实列支。外商投资企业应按照所在地人民政府的规定,支付住房补助基金,由企业中方用于补贴建造、购置职工住房费用。

1988年4月15日,第七届全国人民代表大会第一次会议通过的《中华人民共和国中外合作经营企业法》规定,合作企业职工的劳动保险、福利等事项,应当依法通过订立合同加以规定,未订合同的,要补订合同。

1994年8月11日,劳动部、对外经济贸易合作部联合发布的《外商投资企业劳动管理规定》的适用范围是,在中华人民共和国境内设立的中外合资经营企业、中外合作经营企业、外资企业、中外股份有限公司及其职工(第2条);华侨和台湾、香港、澳门投资者在中国大陆投资举办的合资经营企业、合作经营企业和拥有全部资本的企业及股份有限公司也适用本规定(第35条)。规定从第17条到第23条对外商投资企业职工的社会保险作出了比较详细具体的规定:企业必须按照国家有关规定参加社会保险,按照地方政府规定的标准,向社会保险机构按时、足额缴纳社会保险费,保险费应当按照国家规定列支,职工个人也应当按照规定缴纳养老保险费;企业应当建立职工《劳动手册》和《养老保险手册》制度,记录职工的工龄、工资及各项社会保险费的缴纳和支付情况;企业对按照第11条第1、3款,第12条的规定解除劳动合同的职工,应当一次性发给生活补助费,对按照第12条第1款的规定解除劳动合同的,除发给生活补助费外,还应发给医疗补助费。生活补助费和医疗补助费的标准,按照其在本企业的工作年限计算。生活补助费按每满1年发给相当本人1个月的实得工资,医疗补助费按照在本企业工作不满5年,发给相当本人3个月的实得工资,5年以上的相当本人6个月的实得工资,在本企业工作6个月以上不满1年的,按1年计算。生活补助费和医疗补助费的计发基数按本人解除劳动合同前半年月平均实得工资计算。企业按照有关规定宣布解散或者经双方协商同意解除劳动合同,对因工负伤或患职业病正在治疗或疗养,医疗终结后经劳动鉴定委员会鉴定确认完全或部分丧失劳动能力的职工,享受抚恤待遇的因工死亡职工遗属,在孕期、产期、哺乳期的女职工,以及未参加各项社会保险的职工,应当根据企业所在地区人民政府的有关规定,一次向社会保险机构支付所需要的生活及社会保险费;企业按照所在地人民政府的规定,提取中方职工住房基金。

5.城镇集体经济组织职工

1978年8月19日,交通部、财政部、国家劳动总局发出通知,要求县(市)成立的统一核算的运输公司和县(市)主管部门统负盈亏的集体交通企业,按照当地国营企业的规定实行社会保险。1978年9月29日,国务院批转商业部等四单位《关于合作商店实行退休办法的报告》。1979年9月1日,卫生部、财政部、国家劳动总局《关于集体卫生人员退休退职有关问题的通知》规定,合作商店的职工、社员和集体卫生人员的退休退职参照国营企业和国家机关的规定执行。这些规范性文件推动了城镇集体经济组织参加社会保险业务。

在1 000余万集体经济组织职工还不能得到社会保险保护的情况下,财政部、国家劳动总局于1980年2月联合发布的《关于城镇集体所有制企业的工资福利标准和列支问题的通知》规定:"城镇集体所有制企业职工福利基金和劳动保险费用,从1980年1月1日起,凡经省、市、自治区劳动部门和主管部门批准,征得税务部门的同意,企业的经济条件允许的,不再区分大集体或小集体,街道企业,家属五七厂,都按照下列办法办理。税务部门在征收所得税时,准予列支。……劳动保险费用。包括职工的退休金和医疗费,六个月以上的病假工资及其提取的福利基金、职工退休金,职工死亡丧葬费和抚恤费等支出。……可改按在营业外或其他费用项目列支。"这一规定成为集体所有制企业调整或者为职工建立社会保险的法律依据。

1983年4月14日,国务院发布的《关于城镇集体所有制经济若干政策问题的暂行规定》规定:"城镇集体所有制企业要根据自身的经济条件,量力而行,提取一定数额的社会保险金,逐步建立社会保险制度,解决职工年老退休、丧失劳动能力的生活保障等问题;社会保险基金在征收所得税前提取,要专项储存,专款专用。"同时规定,集体所有制企业职工的社会保险项目和标准,由各省、自治区、直辖市人民政府总结经验,拟定办法试行。区、县以上的集体所有制企业职工的社会保险福利待遇,已参照国营企业的有关规定执行的,经济条件允许,可以暂按原有规定办理。"

在这里,我们非常清楚且非常遗憾地看到:第一,1953年修订后的《劳动保险条例》第2条甲款中的"有工人职员100人以上的……合作经营的工厂、矿场及其附属单位,可以实行劳动保险"规定,显然是全国合作经营的企业实行统一的制度,而自《关于城镇集体所有制经济若干政策问题的暂行规定》颁布实施,城镇集体企业职工的社会保险由各省、市、自治区根据本地区经济条件制定有关社会保险项目和标准并且试行,全国统一的劳动保险制度开始割裂;第二,统筹单位自《关于城镇集体所有制经济若干政策问题的暂行规定》实施以后开始降低到区、县级,并为之后国有企业的社会保险制度改革提供了先例。全国统筹下形成的一盘棋式的劳动保险制度,随着国有企业改革的推进,逐步演变为区、县统筹,这就为社会保险基金的省级乃至全国统筹管理、调剂带来了许多麻烦和问题。

1984年4月,劳动部、人事部、中国人民保险公司联合下发《关于城镇集体企业建立养老保险制度的原则和管理问题的函》,决定由中国人民保险公司承办城镇集体所有制企业职工的"法定养老保险",即城镇集体所有制企业职工的养老保险纳入商业保险的范围。1991年6

月26日,国务院颁布的《关于企业职工养老保险制度改革的决定》规定,城镇集体所有制企业可以参照这个决定执行。1991年8月29日,劳动部发布《关于认真贯彻国务院决定积极搞好城镇集体企业职工养老保险工作的通知》指出,城镇集体企业的养老保险工作由劳动部和地方各级劳动部门负责管理,集体业务和养老保险基金的管理由劳动部门所属的社会保险管理机构经办。尤其指出,已由人民保险公司经办的养老保险业务,可以维持现状不作变动,但不能扩大范围。今后的发展方向是由劳动部门归口统一管理。1995年3月,国务院发布了《关于深化企业职工养老保险制度改革的通知》,要求将人民保险公司经办的集体企业养老保险业务,陆续移交劳动部门的社会保险机构管理。

1997年国务院发布的《关于建立统一的企业职工基本养老保险制度的决定》提出,基本养老保险制度要逐步扩大到城镇所有企业及其职工,城镇个体劳动者也要逐步实行基本养老保险制度。1999年1月22日,国务院发布的《社会保险征缴暂行条例》规定,基本养老保险费的征缴范围包括国有企业、城镇集体企业、外商投资企业、城镇私营企业和其他城镇企业及其职工,实行企业化管理的事业单位及其职工。《社会保险征缴暂行条例》在扩大养老保险覆盖范围方面发挥了重要的作用。有统计表明,参加基本养老保险的在职职工从1989年的4 800余万人扩大到2000年的10 400余万人,2007年进一步扩大到13 690.6万人;离退休、退职人员从1989年的890余万人扩大到2000年的3 100余万人,[1]2008年底进一步扩大到21 890万人。[2] 在以上在职职工和

---

[1] 刘永富主编:《中国劳动和社会保障年鉴》,中国劳动社会保障出版社2001年版,第696页;国家统计局:《中国统计年鉴2008》,中国统计出版社2008年版,第896页。转引自郑功成:《中国社会保障30年》,人民出版社2008年版,第77页。

[2] 郑功成:《健全的社保体系是社会经济转型之基础》,《劳动社会保障报》2009年5月15日。

离退休人员中,不仅有国有企业职工,而且还有城镇集体企业和其他企业的职工。

6. 军队全民所有制企业职工

1993年2月14日,劳动部和解放军总后勤部联合发布的《关于军队企业贯彻〈国务院关于企业职工养老保险制度改革的决定〉的通知》规定,按照国务院1991年《关于企业职工养老制度改革的决定》并结合军队企业的实际情况,对军队全民所有制企业的养老保险作出以下规定:

(1)军队的全民所有制企业,都应积极实行职工离退休费用社会统筹。军队系统不单独组建社会保险基金管理机构,由企业根据国务院的决定和所在省、自治区、直辖市人民政府的统一安排,参加当地社会保险管理机构组织的企业职工离退休费用社会统筹。

(2)军队企业参加地方离退休费用社会统筹之后,企业和职工个人缴纳基本养老保险费的标准、提取办法、比例以及职工离退休后的基本养老保险金计发办法、数额等有关具体问题,原则上按照当地人民政府的规定办理,但在确定养老保险基金提取比例时,要充分考虑到军队企业的特殊情况,因地制宜,予以适当照顾。

(3)军队的集体所有制企业、军队与外商合资企业中的中方职工,当地政府规定要求参加的,也要积极参加,并参照当地有关规定办理。

7. 关闭破产企业职工

国家在实行统一的企业职工基本养老保险制度的同时,对政策性关闭破产企业职工提前退休、养老保险关系接续、社会化管理等,制定了特殊的制度,以做好这些企业职工的安置工作,保障他们的合法权益。关闭破产企业的养老保险制度,主要有以下方面:

(1)作出了特殊的退休规定。1994年,国务院《关于在若干城市试行国有企业破产有关问题的通知》规定了提前退休的内容,并在全国

111个"优化资本结构"城市试点,随后扩大到所有经国务院批准的破产计划企业。2000年,中共中央办公厅、国务院办公厅《关于进一步做好资源枯竭矿山关闭破产工作的通知》等文件规定:凡经国务院批准的关闭破产企业职工,可以提前5年退休;资源枯竭的煤矿、有色金属矿、核工业铀矿和黄金矿关闭破产的特殊工种职工,可以提前10年退休;地处深山、职工再就业困难的中央军工企业关闭破产的特殊工种职工,也可以提前10年退休。

(2)规定了提前退休职工的养老金计发办法。2000年,劳动和社会保障部、财政部、民政部联合下发的《关于贯彻国务院8号文件有关问题的通知》和劳动和社会保障部下发的《关于提前退休人员养老金计发有关问题的复函》规定,对因企业破产提前退休和因病或非因工致残退休人员,每提前退休1年,减发2%的基本养老金(不含个人账户养老金)。2005年,国务院《关于完善企业职工基本养老保险制度的决定》颁布以后,适用国务院决定。

(3)规定预缴养老保险费。国阅[1999]33号(即国务院办公厅1999年5月1日发布的"研究辽宁部分有色金属和煤炭企业关闭破产有关问题会议纪要")和中共中央办公厅下发的11号文件规定,中央企业和中央下放地方管理的企业破产,要一次性预缴养老保险费,标准是企业职工年工资总额25%10年的数额,再折半核定;所需资金由中央财政负担并拨付当地社会保险经办机构。中央财政拨付补助后,在支付上仍有缺口的,中央财政在对地方企业职工基本养老保险专项转移支付时予以统筹解决。

(4)对养老保险关系接续作出了规定。2000年,中共中央办公厅、国务院办公厅《关于进一步做好资源枯竭矿山关闭破产工作的通知》规定:已经参加基本养老保险社会统筹的破产企业职工,在与破产企业解除劳动关系后,其基本养老保险关系予以保留。职工被其他单位招用,由用人单位和职工个人按规定继续缴纳养老保险费。自谋职业、灵活就业、从事个体工商业的,按照个体工商户参保办法参加基本养老保险;继续参加基本养老保险的破产企业职工,在其退休时,其破产安置前的养老保险缴费年限视同缴费年限,与安置后继续缴费年限,合并为计算基本养老金的缴费年限;破产企业职工失业,没有继续参加基本养老保险而中断缴费的,达到退休年龄后,按照视为缴费年限和已缴费年限合并计发基本养老金;破产企业职工在同一统筹范围异地就业的,只转移养老保险关系和个人账户档案,不转移个人账户基金。跨统筹范围就业的,在转移养老保险关系时,同时转移个人账户基金。

8. 困难企业职工

1984年建立起养老保险费用社会统筹制度之后,多数地区养老保险费实行差额拨付,退休金仍由企业发放。20世纪末,国有企业改革进入攻坚阶段,随之出现了部分困难企业挪用养老金或企业无力按时足额支付离退休人员的养老金。1998年5月,《中共中央、国务院关于做好国有企业下岗职工基本生活保障和再就业工作的通知》确立了"确保离退休人员基本生活,保证按时足额发放养老金,不得发生新的拖欠,对过去欠拖的应逐步予以补发"的方针,并且规定将养老保险基金的差额拨付改为全额拨付。[①] 同年8月6日,国务院发布的《关于实行企业职工基本养老保险省级统筹和行业统筹移交地方管理有关问题的通知》规定,从1998年9月1日起,实行基本养老保险基金差额缴拨的地区,要改变基金结算方式,对企业和职工个人全额征收基本养老保险

[①] 差额拨付是指社会保险经办机构征缴社会保险费时采取的一种结算方式。社会保险经办机构每个月算出企业应缴社会保险费和应支付养老金之间的差额,如果应缴数额大于应支付的数额,企业应将差额部分缴给社会保险经办机构;如果应当支付的养老金数额大于企业缴纳的养老保险费,差额部分由社会保险经办机构拨付给企业。全额征缴是指企业依法向社会保险经办机构全额缴纳社会保险费,再由社会保险经办机构支付给企业离退休人员。

费,对企业离退休人员全额支付基本养老金。2000年,国务院发布《关于切实做好企业离退休人员基本养老金按时足额发放和国有企业下岗职工基本生活保障工作的通知》,再次规定基本养老保险费差额缴拨的地区要改为全额证缴。基金结算方式的改变将原来的企业保险改变为社会保险,为离退休人员养老金按时足额发放提供了保障。

9. 国营企业实行承包或租赁后职工

1988年2月27日,国务院发布的《全民所有制工业企业承包经营责任制暂行条例》规定,承包经营企业必须合理核定留利中的生产发展基金,福利基金和奖励基金分配比例,并提取一定比例的福利基金和奖励基金用于住房制度改革。1988年5月18日,国务院第五次常务会议通过、1988年6月5日国务院发布的《全民所有制小型工业企业租赁经营暂行条例》规定,租赁经营企业实现的利润依法纳税以后,分为承租方的收入(含租金)、企业生产发展基金、职工集体福利基金、职工奖励基金四个部分,按照合同规定的比例进行分配。1988年3月23日,劳动人事部在转发四川省劳动人事厅等三部门《关于国营企业实行承包租赁以后保障职工保险福利待遇的意见》时指出,承包、租赁企业的承租人必须把执行国家的劳动保险、福利制度的规定,纳入承包租赁合同,保证职工的合法权益;要严格执行国家规定的职工病假、伤残、死亡待遇,特别是因工负伤和患职业病的待遇,不准随意降低标准甚至取消;要遵循"保证医疗,克服浪费"的原则,保证职工的劳动医疗待遇。以上这些有关从经营利润中提取一定比例福利基金的规定,为承包租赁企业承租人的社会保险待遇提供了资金保证,在保证承租人的基本生活,调动他们的生产积极性方面都曾发挥过重要作用。

二、国家机关、事业单位工作人员养老保险制度

国家机关、事业单位工作人员的养老保险经历了建国初期的分开、

1958年的合并、改革开放又分开的调整变化以后,基本固定了下来,即使在企业职工养老保险制度进行大刀阔斧改革时,国家机关、事业单位工作人员的养老保险制度基本没有被涉及。

十年浩劫导致社会保险制度实施基本处于瘫痪状态。"文革"结束时,面对积累了十余年而无法退休的200余万职工,[1]1978年5月24日,第五届全国人大常委会第二次会议批准了由中组部和国家劳动总局[2]会同有关部门起草的《国务院关于安置老弱病残干部的暂行办法》和《国务院关于工人退休、退职的暂行办法》,并于1978年6月2日由国务院颁布实施,这就是被人们称作国发〔1978〕104号的两个文件。这两个"办法"是对1958年颁布的退休办法的全面修改,将1958年合在一起的企业和机关、事业单位的统一退休退职制度通过两个"办法"分离开来,两个"办法"被看作是"文化大革命"结束以后,国家恢复重建退休养老制度的重要标志,[3]并且延续至今未再统一。

104号文件对职工退休退职条件、待遇标准作出详细规定,特别是规定了最低退休费标准和"子女顶替"制度(工人退休后,其一个子女可以到国营企业工作)。对国家机关、事业单位工作人员的退休年龄规定为男60岁、女55岁。退休待遇是:国家机关工作人员退休以后,其基础工资和工龄工资按本人原标准的全额计发,职务工资和级别工资两项之和按规定比例计发,即工作年限满35年的按88%计发,满30年不满35年的按82%计发,满20年不满30年的按75%计发;事业单位工作人员退休以后,按本人职务工资和津贴之和的一定比例计发,即工

---

[1] 严忠勤主编:《当代中国的职工工资福利和社会保险》,中国社会科学出版社1987年版,第324页。

[2] 劳动部撤销以后,劳动部的业务并入国家计划委员会劳动局。1975年9月国家设立劳动总局,但仍由国家计划委员会代为管理。

[3] 郑功成:《中国社会保障30年》,人民出版社2008年版,第54页。

作年限满 35 年的按 90％计发,满 30 年不满 35 年的按 85％计发,满 20 年不满 30 年的按 80％计发。104 号文件至今仍未废止,许多地方在办理退休手续、计发养老金待遇时仍参照实施。此外,104 号文件增加了因工致残和矽肺病患者可以提前退休的规定,使因工伤与职业病退休成为我国退休制度中的一项内容。

1978 年 5 月 24 日,国务院颁布的《关于安置老弱病残干部的暂行办法》首次将离职休养、工资照发作为特殊的退休制度确定下来。1980 年 10 月 7 日,国务院发布了《关于老干部离职休养的暂行规定》,这种适用于建国以前参加工作的部分老干部的、待遇特殊的退休制度,就是人们通常所说的离休制度。离休干部比退休干部待遇水平高,除了离休费为离休时工资额的 100％外,对级别高的离休者每年还加发 1—2 个月的离休费,医疗待遇也比退休者高,此外还有其他补贴。这就使得离休干部从退休干部制度中分离出来,成为独立的制度体系。1982 年 2 月 20 日,中共中央发布了《关于建立老干部退休制度的决定》,打破了老干部终身制,建立了正常的老干部退休制度。

1992 年 1 月,人事部下发的《关于机关、事业单位养老保险制度改革有关问题的通知》确定了机关、事业单位养老保险制度改革的任务和基本原则。按照通知精神,除西藏、青海、宁夏等少数省区外,全国其他 20 多个省区开始进行机关、事业单位养老保险制度改革的试点。在 1993 年国家机关、事业单位工作人员工资制度改革和 2006 年国家机关、事业单位工资制度改革时,两次对离退休费计发基数和计发比例进行了调整。公务员退休费根据工作年限按照本人退休前基本工资的 50％—90％计发,事业单位工作人员的退休费根据工作年限按照本人退休前基本工资的 70％—90％计发。自此以后,国家机关、事业单位养老保险制度改革一直处于试点和酝酿阶段。

为了促进职工在机关事业单位和企业之间合理流动,劳动和社保障部、财政部、人事部、中央机构编制委员会办公室于 2001 年 9 月 28 日联合下发了《关于职工在机关事业单位和企业之间流动时社会保险关系处理意见的通知》。通知规定：职工在机关事业单位和企业之间流动，要相应转移各项社会保险关系，并执行调入单位的社会保险制度。公务员在进入企业并按规定参加企业职工基本养老保险后，根据本人在机关工作的年限一次性补贴，由其原所在单位通过当地社会保险经办机构转入本人的基本养老保险个人账户，所需资金由同级财政安排。补贴标准为：本人离开机关上年度月平均基本工资×在机关工作年限×3‰×12；职工由企业进入机关事业单位工作，参加机关事业单位养老保险，职工在企业时个人账户积累继续由社会保险经办机构管理，退休时个人账户养老金按照规定计发，并相应抵减按机关事业单位养老保险规定发放的养老金。

2003 年，党的十六届三中全会指出，积极探索机关、事业单位社会保障制度改革。之后，党的十六届五中、六中全会，中央经济工作会议、国务院政府工作报告也都多次提出制定机关、事业单位养老保险制度改革方案。2004 年 6 月，劳动和社会保障部、财政部、人事部就机关、事业单位养老保险制度改革成立工作小组并进行调研，反复征求地方和各部门意见，在召开多次座谈会后，提出了改革方案。国务院有关领导在听取了汇报后，对一些重大问题做出了指示，并明确了改革的原则和方向。

2006 年劳动和社会保障部、财政部、人事部联合组成养老保险制度工作小组，对机关事业单位养老保险制度改革进行研究，在研究报告所提出的机关事业单位养老保险制度改革的思路中，对人员流动时养老保险关系的处理办法，基本遵循 2001 年劳动和社会保障部等部委发布的《关于职工在机关事业单位和企业之间流动时社会保险关系处理意见的通知》的规定，只是将公务员进入企事业单位工作的养老金补贴标准调整为:本人离开机关时的月基本工资×8‰×机关工作年限×12,转入本人基本养老保险个人账户。2007年,党的十七大报告再次提出促进机关、事业单位养老保险制度改革。然而,全国统一的机关、事业单位养老保险制度改革的方案仍然迟迟未能出台。因此,由国家财政出资、由单位进行管理的机关、事业单位养老保险制度一直适用至今。

对于科研事业单位养老保险制度的改革,国务院发布了专门的法规。1999年2月,国务院办公厅转发科技部等部门《关于国家经贸委管理的10个国家局所属科研机构管理体制改革意见的通知》发布以后,到2000年10月,国家经贸委管理的10个国家局所属的242个科研机构、中央所属的178家工程勘察设计单位、建设部等11个部门所属的134家科研机构,转制为企业,涉及在职职工31万人,离退休人员15万人。[①] 为做好转制工作,2000年2月,劳动和社会保障部、国家经贸委、科技部、财政部联合下发《关于国家经贸委管理的10个国家级所属科研机构转制后有关养老保险问题的通知》规定,转制单位从转制之日起参加当地企业职工养老保险。转制前已经离退休的人员,原离退休待遇标准不变,基本养老金调整按企业办法执行。转制前参加工作、转制后退休的人员,基本养老金计发按照企业的办法执行,并实行5年过渡,过渡期内按照企业办法计发的养老金如果低于按原事业单位办法计发的离退休金,差额部分采用加发补贴的办法解决。转制后参加工作的人员,执行当地企业职工基本养老保险制度。2003年12月,国务院办公厅印发的《文化体制改革试点中经营性文化事业单位转制为企业的规定(试行)》,在沿用以上文件规定的同时,提供税收优惠政策,

---

[①] 胡晓义:《走向和谐:中国社会保障发展60年》,中国劳动社会保障出版社2009年版,第111页。

即企业缴纳的养老保险费在工资总额4%以内的部分可以从成本中列支。

三、特殊社会群体养老保险制度

这里所说的特殊社会群体,是指农垦、监狱、民间组织等。

2003年,经国务院同意,劳动和社会保障部、财政部、农业部、国务院侨务办公室联合下发《关于农垦企业参加企业职工基本养老保险有关问题的通知》要求,各地从2003年7月1日起将农垦企业及其职工纳入当地基本养老保险范围。农垦企业参加基本养老保险原则上实行属地管理,按照当地确定的费率缴纳养老保险费。

2003年,国务院批转司法部《关于监狱体制改革试点工作指导意见的通知》,并决定在六个省市进行监狱体制改革试点,其中试点的工作内容包括建立和完善监狱系统工人的社会保险制度,对监狱系统的退休工人、改革后划转到监狱企业和留在监狱辅助岗位的工人,实行统一的社会保险制度。

2008年3月,劳动和社会保障部、民政部联合下发《关于社会组织专职工作人员参加养老保险有关问题的通知》规定,凡依法在各级民政部门登记的社会团体、基金会、民办非企业单位、境外非政府组织驻华代表机构及其签订聘用合同或劳动合同的专职工作人员,按照属地管理的原则,参加当地企业职工基本养老保险。

四、农民工社会保险制度

1979年以前的30年,中国的城市和农村是基本隔绝的两个领域。由于计划经济体制的影响和机会资源的稀缺,更由于以牺牲农民的部分利益来确保工业化在中国的尽快实现,政府通过严格的户籍制度,将农村和城市隔离开来。农村居民进入城市的机会只有两条,即参军转干和考上大学,才能摆脱农民身份成为城市居民。这种严格的户籍制度,限制了社会的合理流动,抑制了社会成员自身潜力的开发,也阻碍了中国城市化的进程。随着农村经济体制改革的深入和我国现代化的推进,以往被禁锢在土地上的农民有一部分作为富余劳动力被释放了出来,他们大量涌入城市,寻找工作和生活的机会,形成了所谓的"民工潮"。国家统计局的统计资料显示,1978年至2000年期间,中国农村累计向非农产业转移农业劳动力1.3亿人,平均每年转移591万人;"农村劳动力流动课题组"研究结果表明,21世纪初始,每年新增外出打工农民将不少于800万人,即使考虑到回流因素,新增外出打工农民的数量也不会少于600万人。[1]

进城的农村劳动力工作在城市的建筑业、餐饮业、环卫等行业,并且为城市的繁荣和发达作出了巨大的贡献。农民进城打工,所带来的深远的社会影响是决策者和农民工自己始料未及的。这就是:他们的行动对城乡两大身份板块产生的巨大冲击力,迫使人们思考例如社会公平、公民权利、户籍改革、进城务工人员以及农民的社会保障等一系列与建立成熟的市场经济有关的问题。进城务工人员是产业工人中重要的组成部分,整个产业工人阶层在社会阶层结构中所占的比例在2004年时为22.6%左右,其中进城务工人员占产业工人的30%左右。[2] 进城务工人员是一个过渡性群体,随着我国经济的增长和城市化的不断推进,尤其是当城镇职工社会保障制度惠及进城务工人员时,这个群体将逐渐融合到其所属的产业工人中去。因此,建立农民工养老保险制度受到党和政府的高度重视。

1991年7月25日,国务院发布的《全民所有制企业招用农民合同

---

[1] 孙立平:《关注我国的弱势群体》,《读者》2002年第18期。
[2] 中国"三农"形势跟踪调查课题组、中汉经济研究所农村发展研究部编:《小康中国痛——来自底层中国的调查报告》,中国社会科学出版社2004年版,第54页。

制工人的规定》第 2 条规定:"企业招用的农民合同制工人是指从农民中招用的使用期限在 1 年以上,实行劳动合同制的工人,包括从农民中招用的定期轮换工(以下简称农民工)",这是法律法规文件中第一次出现的"农民工"表述。该规定第四章的标题为"工资、保险福利及其他待遇",其中第 19 条第 1 款规定,农民工患病或者非因工负伤,企业应当为其提供 3—6 个月的停工医疗期,其医疗待遇和病假工资与城镇合同制工人相同。停工医疗期满不能从事原工作被解除劳动合同的,由企业发给相当于本人 2—6 个月标准工资的医疗补助费。第 2 款规定,农民工供养的直系亲属不享受半费医疗待遇。该规定还对农民工因工因病死亡、因工负伤或患职业病的待遇以及致残后的待遇都作出了明确规定,但待遇标准由各省、自治区、直辖市人民政府规定。由于各地经济发展水平不同,对农民工社会保险待遇标准也作出不同的规定,这就为农民工的流动就业和以后全国统一制度的建立设置了障碍。第 25 条规定:"企业招用农民工,实行养老保险制度。其中招用农民轮换工,实行回乡生产补助金制度……具体办法由省、自治区、直辖市人民政府规定。"对全民所有制企业招用的农民工的社会保险待遇的这些规定,为制定统一的各类企业中农民工的社会保险待遇奠定了基础。

  2004 年,中共中央 1 号文件指出,进城就业的农民工已经成为我国产业工人的重要组成部分。2006 年,中共中央、国务院《关于推进社会主义新农村建设的若干意见》指出,要逐步建立务工农民社会保障制度,探索适合务工农民特点的养老保险办法。也是在 2006 年,国务院《关于解决农民工问题的若干意见》指出,"抓紧低费率、广覆盖、可转移,并能够与现行的养老保险制度衔接的农民工养老保险办法。"虽然 1997 年 7 月国务院发布的《关于建立统一的企业职工基本养老保险制度的决定》和 2005 年 12 月《国务院关于完善企业职工基本养老保险制度的决定》都规定,城镇各类企业职工、个体工商户、灵活就业人员都要参加城镇职工基本养老保险。劳动和社会保障部《关于完善城镇职工基本养老保险政策有关问题的通知》进一步明确规定了农民合同制工人参加城镇职工基本养老保险制度的缴费标准、待遇发放等方面的内容。然而,由于多数中小企业出于用工成本的考虑,不为在本企业就业的农民工办理养老保险。到2008年底,全国参加城镇职工基本养老保险的农民工有2 416万人,只占城镇就业农民工人数的17%。[①]造成这种状况的原因有三:一是养老保险行政法规的强制性差,加上监督不力,使得许多中小企业老板钻了法律的空子;二是养老保险制度统筹层次低,只有少部分省份实现了省级统筹,大多数省份依然是县市级统筹,成为流动性比较强的农民工参加基本养老保险制度的主要障碍;三是参加基本养老保险的农民工流动以后,养老保险关系转移接续困难。

五、城镇无养老保险待遇的老年居民养老保障制度

我国现行的养老保险制度基本实现了对城镇就业人口的全覆盖。由于受社会发展阶段和社会保障制度发展滞后于经济发展的影响,我国城乡无养老保险待遇老年人的养老保障问题尚未纳入其中,即非就业的城镇居民不在我国养老保险制度规范之下。在没有建立起全国统一的制度的情况下,沿海经济发达地区和北京市、上海市等地已经开始探索这个群体的养老保障问题。例如,北京市于2007年发布《北京市城乡无社会保障老年居民养老保障办法》规定,具有北京市户籍、年满60周岁、无养老保险待遇的城乡老年居民经申请,每人每月可以获得200元老年补贴,这笔资金由市、区(县)两级财政负担。这一法规颁布

---

① 胡晓义:《走向和谐:中国社会保障发展60年》,中国劳动社会保障出版社2009年版,第117页。

以后,当年就有70万城乡老年居民受益。上海市在2006年就出台了《关于将本市城镇高龄无保障老人纳入社会保障的通知》,2008年在对2006年的规定进行了适当调整后发布了《关于完善本市城镇老年居民养老保障若干问题处理意见的通知》,通知规定:年满65周岁、在本市居住生活满30年、现为本市城镇户籍且满15年,未享受基本养老保险、医疗保险以及征地养老待遇的老年居民,可享受本通知规定的待遇,即年满70周岁的每人每月500元、年满65周岁不满70周岁的每人每月400元。① 尤其是2009年国家开展新型农村社会养老保险试点,在无需缴费的情况下,每个60周岁的农村老年人都可以获得由中央财政提供的55元基础养老金。农村老年农民的基础养老金虽然数额少,但它的意义在于它是法律赋予老年农民的一项基本权利。

2009年,全国城乡没有参加养老保险制度、因而无法获得养老保险待遇的65岁以上老年人约有1.05亿人,其中城镇约3 078万人,农村约7 448万人。建立城镇无养老保障待遇老年人养老保障制度旨在减少老年贫困,使老年人的基本生活需要有所保障。然而,由于各种原因,这个群体的养老金水平距保障他们基本生存需要尚有较大距离。有关数据显示,2010年,3 900万公职人员的养老金标准每人每月在2 000元左右,2.19亿城镇企业职工养老金标准每人每月在1 000元左右,而非就业城镇居民养老保障待遇在每人每月200元左右。② 所以,提高城镇非就业老年人养老金待遇,缩小他们与公职人员和城镇职工的养老金待遇差距,是实行社会公平、保障这个群体比较体面生活应当

---

① 郑功成主编:《中国社会保障改革与发展战略(救助与福利卷)》,人民出版社2011年版,第117页。
② 同上,第119—121页。

采取的措施。

六、养老保险历史债务和做实个人账户的措施

改革以后的养老保险制度适应社会主义市场经济下用人制度的要求,使不同所有企业之间的职工可以自由流动,促进了市场经济下统一劳动力市场的形成。但是,统账结合的养老保险模式是在现收现付、没有任何资金积累的传统养老保险制度的基础上建立起来的,它要求在职的一代人在继续承担上一代人的养老责任的同时,还要为自己积累养老金。到2001年上半年,全国参加基本养老保险社会统筹的离退休人员为3 241万人,而在养老保险制度改革前参加工作的中年职工人数逾亿。[①] 由于从养老保险制度建立以来到养老保险制度改革的40多年间,现收现付的筹资和支付模式,使得养老保险基金基本没有资金积累,改革以后的养老保险又实行"老人老办法,中人中办法,新人新办法"的制度,即已经离退休人员的养老金待遇保持不变,他们的养老金用每年收缴的社会统筹基金和有限的滚存基金支付,由于收缴的社会统筹基金少于需要支付的退休人员的养老金,于是出现了养老金支付上的资金缺口;在养老保险制度改革之前参加工作,改革之后退休的中年职工,新制度规定,改革之前的工作年限视为缴费年限,但实际上旧制度没有设立个人账户的规定,因而他们不可能有个人账户积累,在他们陆续退休并开始领取养老金时,养老保险基金只能为他们从社会统筹基金中提供基础养老金和新制度实施以后他们个人账户上的那部分个人账户养老金,而在新制度实施以前视为缴费年限的"过渡养老金"却没有着落,这又构成了一笔养老金支付上的资金缺口。这两项相加

---

① 郑功成:《中国社会保障制度变迁与评估》,中国人民大学出版社2002年版,第93页。

就形成了一笔数以万亿计的巨额"历史债务"。① 也有学者将之称为隐含债务、隐性债务或转制成本。②

1. 个人账户空账的形成和规模

养老保险制度改革时出现的、应当及时妥善解决的"历史债务"由于没有得到解决,导致人们不希望看到的情景很快就出现了:一些地方不得不动用职工个人账户积累的资金发放养老金,使得个人账户因被用来弥补社会统筹资金的不足在空账运转。1998年,全国基本养老保险基金收入1 459亿元,比上年增长9.1%;支出1 511.6亿元,比上年增长20.8%,首次出现当年基本养老保险收支赤字。1999年,全国已

---

① 由于测算的方法不同,测算出的历史欠债的数额也不一样。有人以1997年养老保险制度改革前一年的1996年为计划经济时期养老保险制度中止的年份,测算出1996年年中的债务水平,结果是:老年人债务为18 567亿元,中年人债务为24 074亿元,总债务为42 640亿元(在假设利率为3%的情况下),债务占国内生产总值的61%。参见侯文若孔泾源主编:《社会保险》,中国人民大学出版社2002年版,第133页;有人测算的结果为2万亿—3万亿元左右,参见宋晓梧主笔:《中国社会保障体制改革与发展报告》,中国人民大学出版社2001年版,第55页;世界银行的测算结果也在2万亿—3万亿元左右,参见高书生:《中国社会保障体制改革:回顾与前瞻》,载曾湘泉、郑功成主编:《收入分配与社会保障》,中国劳动社会保障出版社2002年版,第268页;国务院体改办2000年测算的结果为67 145亿元,参见何平:《中国养老保险基金测算报告》,《社会保障制度》2001年第3期。

② 不同称谓源于不同的分析视角,但所指基本是一样的。将养老保险支付上的资金缺口称为"历史债务"者认为,养老金支付上出现的危机,并非是新制度造成的,而是在新、旧养老保险制度转型中因计划经济时代中老年职工缺乏养老金积累而形成的历史欠账造成的,参见郑功成:《中国社会保障制度变迁与评估》,中国人民大学出版社2002年版,第114页;将资金缺口称为"隐含负债"者认为,如果过去就实行统账结合的制度,那么到现在应该有比较多的资金积累,参见中国社会科学院、阿登纳基金会:《中国城市社会保障的改革》,阿登纳基金会系列丛书第11辑(2000年),第134页;将资金缺口称为"隐性债务"者认为,社会统筹账户资金不足以支付退休人员的养老金,是因分配前已从工人工资中将保险费扣除,扣除的资金没有作为专项资金积累起来,而是投入国有企业和其他基本建设方面,因而构成了隐性债务,参见侯文若、孔泾源主编:《社会保险》,中国人民大学出版社2002年版,第271页;将资金缺口称为"转制成本"者认为,养老保险制度从现收现付制转为统账结合制时,国家没有选择公共债务政策来重新构建新制度,而是继续沿袭现收现付制的传统做法,用基金本身的代际转移方式支付退休人员的养老金,由此形成了转制成本,参见宋晓梧主笔:《中国社会保障体制改革与发展报告》,中国人民大学出版社2001年版,第56页。

有25个省、区、市出现收不抵支,个人账户空账已近上千亿元。① 2000年进而增加到2 000亿元,2004年飙升到了7 400亿元。② 据劳动和社会保障部、国家统计局联合统计公报,1997年年底,全国共拖欠养老金30亿元。③ 到1998年5月底,拖欠养老金总额达87亿余元,涉及356万人。在一些特别困难的地区(如东北),有些企业离退休人员被拖欠养老金十几个月。④ 在天津,不能按时足额领取退休金的老人占22.1%,拖欠3个月以内的占87.2%,拖欠4个月到一年的占8.5%,拖欠一年以上的占4.3%。⑤ 这些养老金被拖欠或标准偏低、生活水平不断下降的退休人员,虽然能够认识到他们目前的境遇是中国经济体制改革不可避免的"阵痛"并对贫困有一定程度的忍耐。但是,由于生活、心理压力加大,他们的忍耐和不满进而变为不利于社会安定的群体意识和群体行为。据统计,到1994年8月,国有大中型企业职工自发成立的各种协会、委员会27个,其中多数要求解决拖欠工资及离退休金问题。1994年上半年发生集会、游行、上访、请愿、罢工56 091次,参加人数达37.3万人。⑥ 再如,从1999年开始,在深圳发生了一起由56人代表万余名企业退休人员的集团诉讼案,经基层法院、中级法院和广东省高级法院三级审理,两次判决,历时4年没有结案,引起国内、香港和部分境外媒体的极大关注。这万余名平均年龄在65岁以上的退休老人是城市贫困人口极具代表性的部分,他们的经济贫困和权利弱化,

---

① 宋晓梧主笔:《中国社会保障体制改革与发展报告》,中国人民大学出版社2001年版,第15页。
② 董克用主编:《中国经济改革30年:社会保障卷(1978—2008)》,重庆大学出版社2008年版,第37页。
③ 《中国劳动保障报》1999年6月17日。
④ 宋晓梧:《中国社会保障制度改革》,清华大学出版社2001年版,第42页。
⑤ 陶立群:《老龄政策与老年脆弱群体》,载阎青春主编:《社会福利与弱势群体》,中国社会科学出版社2002年版,第154页。
⑥ 李培林主编:《中国新时期阶级阶层报告》,辽宁人民出版社1995年版,第424页。

反映出我们党和国家所确立的社会公正的目标在一定程度上被扭曲,他们的不满和集体诉讼行为,对社会稳定造成一定影响。① 这些情况虽然已经成为往事,但是,我们不能忘记的是,养老金是人们的养命钱,它在支付上的刚性要求说明,在以后的任何时候再也不能出现养老金不能按时足额发放的情况发生,为此,就应当设法填实个人账户,以保证养老保险制度正常、平稳、持续地运行。

2. 做实个人账户的措施及其实施

养老金被拖欠或标准偏低给人们的直接印象是养老保险基金不足,但实际情况并非如此。因为国民经济连续 20 年的高速增长,使得国家财政随之大幅增长,居民收入也有所增长,所以,养老金被拖欠或标准偏低不是养老保险基金不足所致,而是由于养老保险在旧制度下的历史责任与改革中建立的新制度的现实责任如何处理没有得到妥善解决,由此导致财政没有真正到位等原因造成的。虽然中央财政自 1998 年以来加大了对社会保障的资金投入,但并非是一种固定机制,而是具有很大的随意性,而地方政府的财政投入几乎处于缺位状态。在中央与地方分税制的情况下,这无疑是一种不正常的现象。包括养老保险在内的社会保障制度中主体各方责任的模糊性以及财政责任的非法定性甚至缺位的后果,是损害新制度的有计划性和可预见性,并且会给经济发展和市场竞争中的主体各方带来权利和义务的不确定性,由此增加劳动者代际负担的不确定性和每届政府应担责任的不确定性,最终将损害市场经济的正常秩序和弱化国家参与国际竞争的能力。②

为了解决因养老保险历史责任和现实责任模糊不清已带来和可能

---

① 易全:《转型期养老保险制度设计及其执行中的问题必须引起足够警示》,载阎青春主编:《社会福利与弱势群体》,中国社会科学出版社 2002 年版,第 127 页。

② 郑功成:《中国社会保障制度变迁与评估》,中国人民大学出版社 2002 年版,第 35 页。

带来的严重社会后果,国家有关部门在充分调研的基础上,国务院在2000年12月决定成立由劳动和社会保障部牵头的完善城镇社会保障体系试点工作小组,成员有国家发改委、民政部、财政部、国资委、国家税务总局等部门,制定了《关于完善城镇社会保障体系试点的方案》,并决定辽宁省于2001年7月率先在全国进行做实个人账户的试点工作。试点方案规定:"社会统筹基金与个人账户基金分别管理。社会统筹基金不能占用个人账户基金。"这一规定表明,做实个人账户基金是试点的一项重要任务。2005年12月,《国务院关于完善企业职工基本养老保险制度的决定》进一步明确规定,按职工法定8%缴费比例一步做实个人账户。对于做实个人账户时产生的资金缺口,由中央财政和地方财政按照75∶25的比例给予补助。这种做法明晰了国家、单位、个人的责任,明确了个人账户基金的性质。做实个人账户工作由辽宁逐步向全国推开。

2004年1月1日,国务院决定将完善城镇社会保障体系试点扩大至吉林省和黑龙江省,并且按照职工缴费额的5%做实个人账户。由于这两个省不是采取一步做实的办法,而是采取逐步做实、增加积累的办法,做实个人账户基金不量化到个人名下,各级财政的补助对象是做实个人账户所需资金。这种做法与辽宁省做法相比的缺陷在于,没有厘清财政补助的性质,导致个人账户没有做实。而且这两个省采取静态做实的办法,即没有随着缴费额的上涨自动提高做实数额,进一步导致个人账户基金减少。

2005年11月15日,劳动和社会保障部、财政部联合发布《关于扩大做实企业职工基本养老保险个人账户试点有关问题的通知》,决定从2006年1月1日起,将做实个人账户试点扩大到天津、山西、上海、山东、河南、湖北、湖南、新疆八省市自治区,并按职工缴费额3%的比例起步做实个人账户。自2007年起,八省市自治区在不增加养老保险基金缺口、不影响养老金当期发放的前提下,可以按照各自的财政承受能力自行提高做实比例。八省市自治区借鉴辽宁省的做法,采取动态做实的办法,即个人账户做实数额随缴费额上涨而上涨。中央财政采取半动态的办法,即对已做实的部分实行定额包干补助,不随缴费额的增加而增加,对新增做实的部分,以当年缴费工资总额为基数计算补助额。

2007年2月15日,劳动和社会保障部、财政部联合下发《关于进一步做好扩大做实企业职工基本养老保险个人账户试点工作有关问题的通知》指出,自2007年起,各试点省市可根据自身的承受能力,在不增加本地区基本养老保险基金缺口、不影响企业退休人员基本养老金当期发放的前提下,可以提出2007年将做实个人账户的比例提高到4%的申请。浙江、江苏、广东是不需要中央财政补助的省份,从2007年1月1日起,浙江按3%、江苏按5%的比例开始做实工作。2008年4月14日,人力资源和社会保障部、财政部联合下发《关于提高做实企业职工基本养老保险个人账户比例的通知》,决定天津市、山西省、河南省、湖北省、湖南省、新疆自治区将做实个人账户的比例由3%提高到5%,中央财政按规定给予补助。由于各级政府认识到,做实企业职工基本养老保险个人账户,当社会统筹基金入不敷出时,资金缺口由各级财政予以弥补而不再占用个人账户基金,将有助于保障统账结合的基本养老保险制度不断完善和持续发展。所以,各级政府基本能够按照各自的财政能力和保证当期养老金发放的基础上,把做实个人账户需要的资金纳入预算并提供适当的资金补助。从1998年至2008年,中央财政用于企业职工基本养老保险的补助资金达到5 600余亿元,地方财政为养老保险基金缺口提供的补助达到1 100多亿元。[1] 从走势

---

[1] 胡晓义:《走向和谐:中国社会保障发展60年》,中国劳动社会保障出版社2009年版,第484页。

来看，中央财政和地方财政对养老保险历史债务的补贴呈逐年上升的趋势，例如，2003年、2005年、2007年、2009年中央财政的补贴分别为477.89亿元、544亿元、873亿元、1 326.29亿元；地方财政的补贴分别为19.61亿元、107亿元、284亿元、319.71亿元。① 到2010年底，做实企业职工基本养老保险个人账户试点的辽宁、吉林、黑龙江、天津、山西、上海、江苏、浙江、山东、河南、湖北、湖南、新疆等13个省份，共积累基本养老保险个人账户基金2 039亿元。② 2011年，13个省份继续开展做实企业职工基本养老保险个人账户试点，到2011年底，共积累基本养老保险个人账户基金2 703亿元。③

截至2010年底，中国养老金个人账户记账额1.9万亿元，这样还有近1.7万亿元的缺口。这是因为全国的许多地方个人账户资金参与了社会统筹支付。例如，随着辽宁每年养老金支付基数增加，统筹基金缺口越来越大。根据《2011中国养老金发展报告》披露的数据，若无财政补贴，仅考虑征缴收入，2010年辽宁的基本养老保险资金缺口在146.5亿元。于是辽宁又开始"借支"个人账户资金，以填补统筹基金缺口。对此，人力资源和社会保障部副部长胡晓义在2012年两会期间表示，辽宁省借支养老保险个人账户的政策是根据辽宁省的实际情况，经国务院同意采取的一个特殊政策。这是因为辽宁省作为一个省级行政区，在计划经济时期，聚集了大量的城镇人口，现在也是老龄化程度最高的省份之一。除了辽宁省，还没有其他地区提出这样的需求，所以也不存在这种借支政策是否向其他地区扩展的问题。尽管如此，还是

---

① 郑功成主编：《中国社会保障改革与发展战略》（养老保险卷），人民出版社2011年版，第276页。

② 中华人民共和国人力资源和社会保障部：《2010年度人力资源和社会保障事业发展统计公报》。

③ 白天亮：《2011年6万人冒领社保9475万元已追回9084万元》，《人民日报》2012年6月28日。

不能认为做实个人账户的政策是解决个人账户空账运行的有效措施。①

根据世界银行此前公布的一份报告,如按照目前的制度及模式,2001年到2075年间,中国养老保险的收支缺口将高达9.15万亿元。国家在2000年设立的全国社会保障基金作为国家重要的战略储备,主要用于今后人口老龄化高峰时期的社会保障支出的补充、调剂。然而,由于中国社会保障体系建立较晚等问题,社会保障基金就目前的数额计算,仍不能弥补巨大的养老金缺口。截止2011年底,全国社会保障基金规模仅为8 688.4亿元,与养老基金收支缺口的需要相差甚远。②

根据人力资源和社会保障部副部长胡晓义2012年3月7日公布的数据,去年中国养老金收入大约为1.3万亿元,支出约为1.2万亿元,略有结余。据此,胡晓义称:"从全国层面看,不存在养老金缺口的问题。"如果仅从全部养老金收支来看,胡晓义上述表述符合事实。③但实际上由于养老基金统筹层次在省一级,对当期支付有缺口的地区,财政部不得不每年向养老金缺口各省进行转移支付。据社科院编撰的《中国养老金发展报告2011》显示,从1997年各级财政开始对养老保险转移支付算起,补贴规模迅速扩大。2000年各级财政补贴金额为338亿元,2006年为971亿元,2010年1 954亿元,2011年新增补贴高达2 272亿元,财政累计补贴金额达1.2526万亿元。虽然据人社部最新发布的数据看,到去年末基本养老保险基金累计结存19 497亿元,但这种结余并不意味着社保基金没有面临极大压力,因为近2/3的养

---

① 刘欣:《中国养老金个人账户缺口高达1.7万亿》,《东方早报》2012年3月16日。
② 李唐宁等:《我国养老金缺口超1.7万亿 养老金开源信号频出》,《经济参考报》2012年7月23日。
③ 刘欣:《中国养老金个人账户缺口高达1.7万亿》,《东方早报》2012年3月16日。

老保险累计结余来自于财政转移支付。① 虽然全国范围内养老保险有结余资金,但单个省市情况却差异明显。据郑秉文测算,2010 年若剔除 1 954 亿元的财政养老补贴,企业基本养老保险基金当期征缴收入不抵支出的省份共有 15 个,缺口高达 679 亿元。② 在通过国有股减转持的同时,尽快建立养老保险基金的全国统筹也是偿还养老保险历史债务有效办法之一。2008 年 12 月 23 日,国务院就提出了到 2009 年底在全国范围内全面实现养老保险基金省级统筹,到 2012 年实现全国统筹的目标,由此建立中央统筹基金,将原来由地方负责发放的基础养老金改为由中央负责。并且做出初步测算,中央统筹基金发放额相当于缴费工资总额的 10%,目前约为 2 800 亿元,这笔资金将通过两个途径筹集:一是工资总额 6% 的比例将单位缴费归集中央;二是相当于工资总额 4% 的缺口由中央财政补助,即用当前中央对地方养老保险专项补助外的资金冲抵,实际增加补助不到 2%。③ 实行基础养老金全国统筹,旨在明晰个人账户的个人所有的性质,将社会统筹账户与个人账户分离,为偿还养老保险历史债务和做实个人账户提供制度保障。

七、离退休人员死亡一次性抚恤金待遇

1. 工资制度改革前待遇

1991 年 4 月 28 日民政部、财政部发布的《关于军队和国家机关离退休人员死亡后计发一次性抚恤金应包括项目的通知》和 1992 年 10 月 26 日民政部、财政部发布的《关于军队和国家行政机关离退休人员

---

① 李唐宁等:《报告称 2013 年我国养老金缺口将达 18.3 万亿》,《经济参考报》2012 年 6 月 14 日。

② 耿雁冰:《我国社会保障支出占财政 12% 远低于西方国家》,《21 世纪经济报道》2012 年 6 月 15 日。

③ 胡晓义:《走向和谐:中国社会保障发展 60 年》,中国劳动社会保障出版社 2009 年版,第 134 页。

增加的离退休费计入一次性抚恤金的通知》规定:军队和国家机关离退休人员死亡后计发一次性抚恤金应包括离退休时的工资、按月发放的副食补贴、生活补贴费、工资结构调整增加的工资。1993年12月4日国务院发布的《关于机关和事业单位工作人员工资制度改革问题的通知》和国务院办公厅发布的《关于印发机关、事业单位工资制度改革三个实施办法的通知》规定:只有增加的离退休费计入一次性抚恤金,其他待遇停发。

2. 工资制度改革后待遇

1994年7月18日,民政部、人事部、财政部发布《关于工资制度改革后国家机关工作人员死亡一次性抚恤金计发问题的通知》,这是在1993年国家机关工资制度改革后,国家为适应新的分配制度制定的、工作人员死亡一次性抚恤金如何计发的规范性文件。内容主要有:(1)国家机关在职人员死亡后,对于实行职级工资制的人员,计发基数为本人职务工资、级别工资、基础工资和工龄工资之和;对于技术工人,计发基数为本人岗位工资、技术等级(职务)工资及按国家规定比例计算的奖金之和;对于普通工人,计发基数为本人岗位工资及按国家规定比例计算的奖金。(2)国家机关离休、退休人员死亡后,对于工资制度改革后,实行职级工资制的离休、退休人员,按本人离休、退休时的职务工资、级别工资、基础工资、工龄工资之和计发;对于退休技术工人,按本人退休时的岗位工资、技术等级(职务)工资及按国家规定比例计算的奖金之和计发;对于普通退休工人,按本人退休时的岗位工资及按国家规定比例计算的奖金之和计发。(3)取消1986年对国家机关工作人员病故后一次性抚恤金最高数额不得超过3 000元的规定。

3. 现行待遇

2007年5月8日,民政部、人事部、财政部发布《关于国家机关工作人员及离退休人员死亡一次性抚恤发放办法的通知》,这是在1994

年提高抚恤金以后、2006年7月1日国家机关工资制度再次改革的情况下,为了安抚和保障离退休人员的遗属生活水平而发布的、就国家机关工作人员及离退休人员死亡一次性抚恤金发放的规范性文件。其主要内容如下:(1)调整了一次性抚恤金标准。即自2004年10月1日起,国家机关工作人员及离退休人员死亡,一次性抚恤金标准:烈士为本人生前80个月基本工资或基本离退休费,因公牺牲为本人生前40个月基本工资或基本离退休费,病故为本人生前20个月基本工资或基本离退休费;(2)规定了一次性抚恤金计发办法。即自2006年7月1日起,国家机关工作人员及离退休人员死亡一次性抚恤金的计发办法为:国家机关在职工作人员死亡,一次性抚恤金按本人生前最后一个月基本工资为基数计发;国家机关离退休人员死亡,一次性抚恤金按本人生前最后一个月享受的国家规定的基本离退休费为基数计发。

从制度的改革演变过程可以看出,离退休人员死亡一次性抚恤待遇的改革是与在职职工工资的增长同步进行的,只是工资涨幅高于离退休人员离退休费的涨幅,离退休晚的人员的离退休费高于离退休早的人员,并由此影响到不同时期死亡人员的一次性抚恤金的待遇水平。

第二节 医疗保险制度

医疗保险制度在社会保险制度体系中是仅次于养老保险制度的第二大核心制度,对它进行改革的必要性和迫切性由以下数据来说明。1995年享受劳保医疗的职工为1.14亿人,占职工人数的76.5%,当年医疗费支出约446亿元。公费医疗由起初适用于机关事业单位工作人员逐步扩大到革命伤残军人和大学生,其经费来源于各级财政拨款。1952年制度刚建立时,有400万人享受公费医疗待遇,到了1995年,享受公费医疗的人数增加到了 3 400 万人,医疗费支出约 110 亿元。[①]由于保障范围的扩大和医疗费用的提高,国家在医疗保险方面的负担越来越重。在我国经济发展水平低,医疗资源匮乏的情况下,由于享受劳保医疗的人员和公费医疗的人员以及医疗提供者不承担任何经济责任,医疗费用缺乏控制机制,所以他们可以使各自的利益最大化,造成医疗费用增长迅速,浪费严重。这种建立在计划经济体制下的医疗保险制度,在经济体制改革和建立市场经济的情况下,必然丧失生存基础,需要进行改革。

一、城镇职工医疗保险制度

20 世纪 80 年代开始的经济体制改革,促生了私营经济、合资经济、三资企业、集体经济等多种所有制形式的出现,打破了国有企业一统天下的局面,国有企业职工占城镇劳动力总量的比例在不断下降。尽管如此,国有企业仍占据主体地位,国有企业医疗保险制度的改革也因此成为医疗保险制度改革的重心。20 世纪 80 年代初期,部分省市开展了离退休人员医疗费用社会统筹,即按照"以支定筹"原则,确定当年统筹基金,统筹基金由国家、企业、职工个人三方承担,企业按照统筹数额一次性交足当年企业和职工应当缴纳的医疗费统筹金额,离休人员消费的医疗费用可以实报实销;退休人员医疗费用超过规定标准的,要承担部分费用。1992 年底,参加医疗费用社会统筹的离退休人员达到 27.2 万人。[②] 还有一些地区试行职工大病医疗费用社会统筹,即根据医学上划分的大病种类,选择医疗费用开支较大的几类病种,在职工罹患规定的大病时通过提供相应的待遇,使其大病得到治疗并恢复健

[①] 陈佳贵主编:《中国社会保障发展报告(1997—2001)》,社会科学文献出版社 2001 年版,第 77 页。

[②] 劳动和社会保障部:《关于 1992 年劳动事业发展的报告》。

康。大病统筹基金按照当地上年度企业职工月平均工资总额和月均离退休费总额的一定比例筹集。参加大病统筹的企业必须在规定的时间向当地劳动保险机构缴纳大病统筹基金。到 1992 年底,参加大病医疗费用统筹的职工人数达到了 130 万人。[①] 离退休人员医疗费用社会统筹和职工大病医疗费用社会统筹在部分地区的改革试行,为中央进行医疗保险制度改革提供了有益的经验。

1990 年 11 月 28 日,劳动部召开的全国部分省市劳保医疗制度改革工作座谈会议,被认为是劳保医疗进入全面改革的肇始。这次会议确定的改革方向是:实行国家、集体和个人合理负担,逐步建立多种形式的医疗保险制度。医疗费用三方分担突破了过去完全由企业包揽医疗费的做法,它在减轻企业负担、增强职工节约医疗费用意识方面发挥积极作用。1992 年 3 月 19 日,劳动部在总结各地改革经验的基础上,拟定了《关于企业职工医疗保险制度改革的设想》和《关于试行职工大病医疗费用社会统筹的意见》两个征求意见稿,交付各地讨论修改。职工大病医疗费用社会统筹是劳保医疗改革涉及到的主要内容,它通过医疗费用由国家、企业和职工三方合理负担的方式,使得职工在患有大病时能够得到医治,同时建立控制医疗费用不合理增长的机制。到 1993 年底,全国已有 225 个市县、262 万职工参加了大病统筹。[②] 大病统筹虽然只在企业进行,没有涉及国家机关和事业单位,但是它为我国医疗保险实行社会统筹积累了经验。大病统筹是我国医疗保险制度改革迈出的第一步,因此,不可避免存在旧制度的痕迹:大病统筹仍由企业办理,医疗费用的筹措、管理、报销仍是企业自己的事情,社会化程度低,使得企业难以摆脱负担参与市场竞争;未列入大病的基本医疗仍由

[①] 劳动和社会保障部:《关于 1992 年劳动事业发展的报告》。
[②] 宋晓梧:《中国社会保障制度改革》,清华大学出版社 2000 年版,第 111 页。

企业负担,那些职工人数多、经济效益差的企业因不能及时报销职工基本医疗费用,而使职工的健康和正常生活受到严重影响。

1992年5月,国务院成立医疗制度改革领导小组,国家体改委、卫生部、财政部、劳动部、人事部、国家医药局、国家物价局、中华全国总工会等部门的负责同志参加,中国医疗保险制度总体改革由此拉开帷幕。随后,劳动部和卫生部分别提出了劳保医疗和公费医疗的改革方案,国家体改委在此基础上起草了《国务院关于职工医疗制度改革的决定》(讨论稿)。1992年5月4日,国务院办公厅又发布了《关于进一步做好职工医疗制度改革工作的通知》,医疗保险制度的改革进入新的阶段。1993年11月14日,党的十四届三中全会通过的《中共中央关于建立社会主义市场经济若干问题的决定》提出"城镇职工养老和医疗保险金由单位和个人共同承担,实行社会统筹和个人账户相结合"的改革目标,为此,国务院成立了职工医疗保险制度改革领导小组。1993年10月8日,劳动部发布《关于职工医疗保险制度改革试点的意见》,着重对医疗保险基金的筹集和使用作出明确规定。

(一) 劳保医疗制度改革进行试点

1994年4月14日,国家体改委、财政部、劳动部、卫生部联合制定了《关于职工医疗制度改革的试点意见》,试点意见对试点的主要内容作出了规定,规定职工医疗保险费用,由用人单位缴纳职工工资总额的10%和职工个人缴纳工资额1%的保险费筹集;并且规定用人单位缴纳的医疗保险费的至少50%和职工个人缴纳的医疗保险费,记入个人医疗保险账户,用于支付个人医疗费用,用人单位缴纳的其余部分记入社会统筹医疗基金,由市医疗保险机构管理,集中调剂使用。《关于职工医疗制度改革的试点意见》经国务院批准后,在大病统筹搞得比较好的江苏镇江市和江西九江市进行医疗保险制度改革试点。同时,其他地区也在进行着适合本地情况的医改尝试。具有代表性的是两江的

"三段通道"、深圳市的"混合型"、海南省的"双轨并行"模式。

所谓两江"三段型"模式,是指医疗费用先由个人账户支付,个人账户用完以后,再由个人自付年工资的5%,然后进入社会统筹账户。社会统筹账户支付时,个人要负担一定比例,负担额分段计算,医疗费用数额越大,自付比例越小。退休人员自付比例为在职职工的50%。1996年4月,国务院将医疗改革试点城市扩大到57个,在这些城市中多数采用两江模式。

所谓深圳市"混合型"模式,是指把综合医疗保险、住院医疗保险、特殊医疗保险三种医疗保险形式交叉实施:凡是具有深圳户籍的在职职工和退休人员都需参加这一保险,综合医疗保险实行个人账户和社会统筹相结合,参保人员住院医疗费用从社会统筹账户支付,门诊费用从个人账户支付;住院医疗保险参保人为具有暂住证明的在职职工和领取失业金的失业人员,住院医疗保险只有社会统筹基金,参保人员住院医疗费用从社会统筹基金中支付;特殊医疗保险是为离休人员和二等乙级以上革命伤残军人提供,他们只享受医疗保险待遇,不履行缴纳医疗保险费的义务。

所谓海南省的"双轨并行"模式,是指在社会统筹和个人账户相结合的制度下,社会统筹基金专门用于支付住院费用;个人账户基金则用于门诊费用和紧急抢救费用以及住院期间按规定应当由个人承担的费用,个人账户不能提现,结余滚存。

实践证明,三种模式各具利弊:两江模式可以使人们节约使用个人账户中的储存,以备老年时使用。但是,实践中人们恰恰急速使用完有限的个人账户资金,接着消费约束力比较小的社会统筹账户,导致个人账户空账和社会统筹账户亏空的结果,新设计的制度并不能遏制社会统筹账户超支的问题;深圳模式与两江模式虽然都实行统账结合制度,但深圳模式明确规定门诊医疗使用个人账户资金,只有在门诊医疗费用达到一定高的程度时,才可以进入统筹账户,这就有效地控制住人们过度的门诊医疗行为。但是对住院医疗费用的控制缺乏严格控制,也容易造成医疗费用的浪费;海南模式规定个人账户用于门诊医疗,不足部分自付,节约归己,这有利于强化人们的费用意识和减轻统筹基金的压力,统筹账户设有封顶,也有利于控制基金风险。但是,这种模式导致经常闹小毛病和慢性病人的个人账户资金入不敷出,而身体健康生病少的人个人账户越积越多,不能有效发挥制度本身所应有的互济功能,住院费用封顶也加重了住院花费多的患者的经济负担。①

在总结各地试点经验的基础上,1996年5月5日,国务院办公厅转发了国家体改委等四部委《关于职工医疗保障制度改革扩大试点的意见》,在38个城市进行扩大试点。将计划经济时期的由企业从职工福利保险费(税前开支,列入成本)中支付职工劳保医疗费的做法改革为"社会统筹和个人账户相结合"的筹资模式的设想是:个人账户积累主要用来支付日常性疾病和老年慢性病;社会统筹资金主要用来支付病情严重、危及患者生命、医疗费用高的疾病。在实践中,医疗费用先由职工个人从个人账户中支付,个人账户的积累使用完了之后,职工个人自付年工资的5%,如果所患疾病还需继续治疗,所花费的医疗费用由社会统筹账户基金支付,但职工个人需负担一定比例。这种将个人账户和社会统筹账户混合使用的结果是,社会统筹账户成为所有患者医疗费用兜底账户,使得社会统筹账户入不敷出,这不仅违背改革计划经济时期保医疗制度的初衷,而且将企业负担变成了政府的负担,政府将医疗保险费的收取、管理、支付、监督等医疗事务全部承担起来,结果既降低了工作效率,又增加了费用开支。医疗保险社会化改革势在

---

① 郑功成:《中国社会保障制度变迁与评估》,中国人民大学出版社2002年版,第142页。

必行。

（二）城镇职工基本医疗保险制度确立

1998年12月26日至27日，国务院召开全国医疗保险制度改革工作会议，并发布了《关于建立城镇职工基本医疗保险制度的决定》。这次改革的任务是对原来的公费、劳保医疗制度实行统一管理，在全国范围内建立城镇职工基本医疗保险制度。通过建立由用人单位和职工共同缴费的机制，并实行社会化管理，解决医疗保险基金的稳定来源和职工医疗保障苦乐不均的问题，切实保障职工基本医疗。与此同时，通过合理确定基本医疗保险的筹资水平和给付水平，充分发挥社会互助共济和个人自我保障的作用，形成医、患、保三方的制约机制。通过加强对医疗保险费用支出和基金的管理，有效控制医疗费用过快增长，遏制浪费。决定还确立了城镇职工医疗保险改革的基本原则，即"基本保障、广泛覆盖、双方负担、统账结合"。"基本保障"是从我国经济发展水平不高、经济综合实力不强、各地发展水平参差不齐的社会主义初级阶段的基本国情出发确定的，经济发展水平决定保障水平，否则，将会增加国家财政负担和影响制度的有效实施；"广泛覆盖"是从我国所有制结构和分配结构的变化出发，均衡不同所有制企业的医疗费用负担，促进不同所有制企业职工的合理流动，使非公有制企业职工的医疗保险权益也能够得到有效保障；"双方负担"是为了改变计划经济时期医疗费用完全由国家负担的制度，强化职工自我保障意识和节约医疗费用的意识；"统账结合"是为了既体现社会互助共济，又增加职工自我约束的制度设计，以达到分散风险、均衡企业负担、维护社会公平的目的。"决定"对以下内容作出了规定：

1. 覆盖范围。"决定"将职工医疗保险的覆盖范围统一为"所有城镇职工"，即城镇所有用人单位，包括企业、国家机关、事业单位、社会团体、民办非企业单位及其职工，企业包括国有企业、集体企业、外商投资企业、私营企业等。对于数量庞大的乡镇企业及其职工、城镇个体经济组织业主及其从业人员,是否参加基本医疗保险,"决定"将其权力下放给各省、直辖市、自治区人民政府,这就为城镇职工基本医疗保险覆盖范围的进一步扩大,留下了非常大的发展空间。

2. 属地化管理原则。所有用人单位及其职工按照属地管理的原则参加所在地区的基本医疗保险。同一统筹地区适用统一政策。基本医疗保险基金实行统一筹集、统一管理和使用。中央和省(自治区、直辖市)两级机关和所属企业、事业单位都要参加所在地的社会医疗保险,执行当地统一的缴费标准和改革方案。这就打破了长期以来机关与企业以及行业之间的界限,将单位保险、企业保险逐步社会化,使单位企业保险转变为社会保险。

3. 统筹层次。在我国目前经济发展水平比较低、财政和企业承受能力有限的情况下,在何种层次上实行属地化管理,是一个比较复杂的问题。于是"决定"对统筹层次作了比较灵活的规定,即原则上以地级以上行政区(地、市、州、盟)为统筹单位,也可以县(县级市)为统筹单位,北京、天津、上海3个直辖市原则上在全市范围实行统筹。实践中,90%以上都定位在县(市)级和城市的市(区)统筹上,全国有大约2 700个医疗保险统筹单位。① "决定"对于统筹层次的规定,虽然考虑到了各地经济发展水平和医疗消费水平的差异,但是,从我国目前改革医疗保险制度所面临的复杂情况看,在短期内提高职工基本医疗保险制度统筹层次,对各级政府尤其是统筹地区一级政府来说,是一个非常艰巨的任务和十分严峻的考验。

4. 社会统筹与个人账户相结合。"决定"将基本医疗保险的筹资机

---

① 郑功成主编:《中国社会保障改革与发展战略》(医疗保障卷),人民出版社2011年版,第132页。

制从过去的几乎完全由单位或财政缴费改革为由用人单位和职工个人共同缴费,国家财政只负担管理机构的行政管理费用和一些特殊人群的部分医疗补助费,国家还对企业缴纳的社会保险费在税前列支。医疗保险基金由统筹基金和个人账户基金构成,用人单位的缴费率为职工工资总额的6%,职工个人缴费率为本人工资的2%。职工个人缴纳的基本医疗保险费全部记入个人账户,用人单位缴纳的基本医疗保险费,30%记入个人账户,70%为社会统筹基金,这样个人账户资金占基本医疗保险基金总额的47.5%,统筹基金占52.5%。各地也可以根据当地个人账户支付范围和职工年龄结构对比例进行调整。要划定个人账户和社会统筹的支付范围,分别核算,不得互相挤占。社会统筹的起付标准原则上为当地职工年平均工资的10%,最高支付限额为当地职工年平均工资的4倍。[①] 2009年3月,中共中央、国务院《关于深化医疗卫生体制改革的意见》规定,将城镇职工基本医疗保险的最高支付额提高到当地职工年平均工资的6倍。住院医疗费用的报销比例在之后3年,由现在的70%提高到75%,有条件的地方提高的幅度还可以再大些。起付标准以下的医疗费用,从个人账户中支付或由个人支付,即只有个人账户用完、而且自己又花费了一定数额的医疗费后,才可以进入统筹基金。起付标准以上、最高支付额以下的医疗费用,在个人承担一定比例以后,从社会统筹基金中支付。超过最高支付额的,自行解决。统筹基金的起付标准、最高支付限额以及起付标准以上最高支付额以下个人负担的医疗费用比例,由统筹地区根据以收定支、收支平衡的原则确定。社会保险经办机构负责基本医疗保险基金的筹集、管理

[①] 社会医疗保险基金按一定比例筹集决定了基本医疗保险只能承担有限责任,敞开报销是不可能的。镇江市和九江市在试点初期没有确定封顶线,结果有些大病患者一年报销几十万甚至上百万,致使统筹账户超支。于是根据多数试点城市的经验,将最高支付限额确定为当地年平均工资的4倍。

和支付。

5.建立多层次医疗保障体系。"决定"指出,我国医疗保险基金只提供基本医疗,但是在建立具有强制性的职工基本医疗保险的同时,对于一些特定的社会群体,应当根据需要与可能,建立多层次的医疗保障体系予以满足。首先,为公务员提供医疗补助,以保证原来的医疗待遇不降低。关于事业单位应不应该建立医疗补助制度,有学者认为,由于事业单位经费不完全依靠国家财政拨款,所以事业单位应当根据自己的实际情况,决定是否建立医疗补助制度。[①] 其次,允许建立企业补充医疗保险,企业补充医疗保险费在工资总额4%以内的部分,从职工福利费中列支,福利费不足列支的部分,经同级财政部门同意后列入成本。企业补充医疗保险也可以由商业保险公司经办。国有企业下岗职工由再就业服务中心按照企业职工上年度平均工资60%为基数缴纳医疗保险费。再次,保持180多万离休人员、老红军、二等乙级以上革命伤残军人的医疗待遇不变,医疗费用按原资金渠道解决。

6.进行医药管理体制的配套改革,使医疗保险改革与医疗和医药体制的改革同步进行。在医疗保险改革的过程中,始终没有解决因药价和服务费的暴涨而导致的医疗费用不断上涨的问题,这是由"以药养医"的医药管理体制造成的。据统计,1978年,国有经济单位职工的医疗费支出28.3亿元,到了1997年医疗费竟增长到773.7亿元,增长了28倍,占保险福利费总额的30%。[②] 究其原因主要是因为医疗保险改革只针对保险覆盖范围、医疗保险费的筹措、支付方式、管理机构等问题,而没有顾及医与药的管理体制、医疗资源的配置机制、对医疗机构

---

① 陈佳贵主编:《中国社会保障发展报告(1997—2001)》,社会科学文献出版社2001年版,第99页。

② 《中国统计年鉴》(1998),中国统计出版社1998年版,第139页。

的补偿[1]等与医疗保险密切相关的问题。为此,决定确定了基本医疗服务的范围和标准;提出基本医疗保险实行定点医疗机构和定点药店管理;建立医药分开核算,分别管理制度,切断医生收入与医院售药收入之间的联系;适当提高医疗技术劳务价格等。

1999年,28个省份(北京、上海、天津三个直辖市直接制定实施方案)中的24个按要求制定了医疗保险制度改革总体规划,349个地级以上统筹地区中有315个制定了实施方案,到1999年底,全国参加基本医疗保险的人数为594万人。2001年7月23日,国务院召开青岛会议,并出台了一系列配套政策,到2001年底,全国参加基本医疗保险的职工已达到7 000余万人。[2]

为了完善职工医疗保险制度,相关政府部门多次发布规范性文件,主要有2002年8月劳动和社会保障部发布的《关于加强城镇职工基本医疗保险个人账户管理的通知》、2003年4月劳动和社会保障部发布的《关于进一步做好扩大城镇职工基本医疗保险覆盖范围工作的通知》、2003年5月劳动和社会保障部发布的《关于城镇灵活就业人员参加基本医疗保险的指导意见》、2004年5月劳动和社会保障部发布的《关于推进混合所有制企业和非公有制经济组织从业人员参加医疗保险的意见》、2006年5月劳动和社会保障部发布的《关于开展农民工参加医疗保险专项扩面行动的通知》等,这些规范性文件对于扩大医疗保险的覆盖范围、保障和提高劳动者的健康水平和身体素质都发挥了积极的促进作用。到2007年,参加城镇职工基本医疗保险人数18 020

---

[1] 中国医疗机构的成本补偿来自政府投入、服务收费和药品加成收入三块。长期以来,医疗服务价格偏低,没有体现出医务工作者的技术水平和劳动价值,造成医疗机构成本补偿不足。为此,国家允许医院零售药品,并免征流转税和所得税,销售额全部归医院,于是医生开大处方,开贵重药品,卖药创收,造成"以药养医"的体制。

[2] 郑功成:《中国社会保障制度变迁与评估》,中国人民大学出版社2002年版,第145页。

万人,[①]是 2001 年底的 2.5 倍还多。

我国医疗保险制度改革的目标是改变传统医疗保险政府或企业大包大揽的局面,实行责任分担的医疗保险制度,减轻政府和企业负担。但是,改革不是政府要甩包袱,而是要在强化职工自我保障意识的同时,通过为人们提供基本医疗需求,以维护人们的基本医疗权益和增进人们的健康水平。改革以后的制度在实施的过程中暴露出的问题主要是覆盖面窄,没有把所有国民都纳入基本医疗保障之中,统账结合的医疗保险模式并没有有效发挥医疗保险所应当具有的参加保险者的互济功能。此外,在统账结合模式下,社会统筹和个人账户各应承担哪些责任,社会统筹账户应不应当设置最高报销额度以及额度大小等都是需要继续探讨的问题。

二、公费医疗制度

为了整顿"文化大革命"期间公费医疗经费普遍超支,影响卫生事业健康发展的混乱状态,1978 年,卫生部和财政部发布了《关于整顿和加强公费医疗管理工作的通知》,要求明确公费医疗经费的渠道,加强公费医疗管理,实行定点医疗办法,强化个人自付规定。而公费医疗实质性改革是始于 1984 年 4 月 28 日卫生部、财政部联合下发的《进一步加强公费医疗管理的通知》。通知要求在全国范围采取试点改革和面上改革相结合的方式,推进公费医疗制度的改革。1988 年 3 月 25 日,国务院批准成立了由卫生部牵头,国家体改委、劳动部、卫生部、财政部、医药管理总局等八部门参加的医疗制度改革研讨小组,讨论并拟定劳保医疗和公费医疗改革方案。

---

① 人力资源和社会保障部:《2007 年劳动和社会保障事业发展统计公报》。转引自郑功成:《中国社会保障 30 年》,人民出版社 2008 年版,第 125 页。

1988年7月,医疗制度改革研讨小组制定出《职工医疗保险制度改革设想(草案)》,1989年8月9日,卫生部、财政部发布《公费医疗管理办法》。公费医疗制度改革主要涉及两方面内容:第一,将原来完全由国家财政承担医疗费用改为以国家财政为主,国家、单位和个人三方分担医疗费用。在具体操作上各地形式不一,实践表明比较好的做法是,患者负担一定比例的门诊和住院费用,年负担的比例为单位职工年平均工资的5%或者患者本人1个月的工资额,超支部分由单位负担。但是,这种做法一方面没有全面推开,许多地方仍在沿用实报实销的制度;另一方面,一些单位由于政府拨款不足而使公费医疗出现赤字时,还需自己筹措资金予以弥补。可见,这种责任分担是极其有限的,它没有从根本上改变财政预算拨款是公费医疗唯一的筹资渠道的特征,而且也影响医疗保险体现社会互助功能的基本特征,年轻健康的人将医疗补助用于生活消费,而年老多病的人以及慢性病人又要承担较重的医疗负担。所以,这样的改革是不彻底的,有待继续进行改革。第二,对公费医疗的管理制度和经费管理办法也相应进行了改革。公费医疗管理制度改革主要是对公费医疗享受范围、经费开支、机构职责、监督检查等作了明确规定。公费医疗经费管理改革主要是将原来由公费医疗管理部门统一管理经费改为多种管理形式并存,例如将医疗费用包给医院管理或者由享受单位管理,从全国来看,多数选择由医院管理的办法。

1989年8月9日,卫生部、财政部发布的《公费医疗管理办法》在第二章"享受公费医疗待遇的范围"中,对公费医疗的覆盖范围作出了明确规定:各级国家机关、党派、人民团体由国家预算内开支工资的、在编制的工作人员;各级文化、教育、科学、卫生、体育、经济建设等事业单位由国家预算内开支工资的、在编制的工作人员;在国家预算内开支工资的、属于国家编制的基层工商、税务人员;中华全国总工会、各级地方工会、产业工会在编的脱产人员;受长期抚恤的在乡二等乙级以上革命残废军人和残废军人教养院、荣军院的革命残废军人;属于享受公费医疗单位的离退休人员;国家正式核准设置的普通高等学校计划内招收的普通本专科在校生,研究生;享受公费医疗的科研单位招收的研究生等。在第三章对"公费医疗经费开支范围"作出详细的规定,并对未经批准的外购药品、挂号费、出诊费、伙食费、特别营养费、各种整容矫形、健美的手术费、就医路费、急救车费等规定由患者自理。

经过几年的改革和调整,在公费医疗制度下过度消费的现象得到了一定遏制。2000年至2007年,行政事业单位医疗经费逐年下降。行政事业单位医疗经费占全社会医疗保障经费的比重,2000年为20.6%,到了2007年下降为12%,2008年进一步下降为9.7%。[①] 然而,由于公费医疗经费仍然主要依靠财政拨款,并没有建立责任分担制度,因此,在公费医疗中的过度消费现象依然严重存在。例如,2000年公费医疗开支为211亿元,到了2008年增至471.03亿元,增幅为55.2%。2002年,公费医疗经费为251.70亿元,占全社会医疗保障经费1 123.99亿元的22.33%,比当年农村合作医疗经费的总和119.99亿元高出131.8亿元,占当年企业职工医疗保险基金总额607.8亿元的41.4%。[②] 国家机关事业单位工作人员享有的公费医疗待遇已引起社会和决策者的关注,对公费医疗制度进行比较彻底的改革,既是实现社会公平的需要,也是减轻国家财政负担、减少有限的医疗资源浪费的需要,必须进一步进行改革。

[①] 卫生部:《2008年中国卫生统计年鉴》,中国协和医科大学出版社2008年版,第82页。转引自郑功成主编:《中国社会保障改革与发展战略》(医疗保障卷),人民出版社2011年版,第121页。

[②] 卫生部卫生经济研究所:《2006年中国卫生总费用研究报告》,转引自郑功成主编:《中国社会保障改革与发展战略》(医疗保障卷),人民出版社2011年版,第122页。

三、与城镇职工并存的几种医疗保险制度

1. 革命伤残军人医疗保险制度

1998年12月,国务院发布的《关于建立城镇职工基本医疗保险制度的决定》规定,二等乙级以上革命伤残军人的医疗待遇不变,医疗费用按原资金渠道解决,由社会保险经办机构单独列账管理。医疗费支付不足部分,由当地人民政府帮助解决。由于有些企业经济效益不好,经济落后地区财力有限,使得二等乙级伤残军人医疗待遇不能得到保障。为此,民政部、财政部、劳动和社会保障部于2005年根据《军人抚恤优待条例》的规定,制定了《一至六级残疾军人医疗保障办法》。办法规定,残疾军人按照属地原则参加城镇基本医疗保险,并在此基础上享受残疾军人的医疗补助。有工作单位的残疾军人随单位参加基本医疗保险,按规定缴费;无工作单位的残疾军人参加基本医疗保险,以统筹地区上年度在岗职工平均工资作为筹费基数。所在单位无力参保和无工作单位的残疾军人由统筹地区民政部门统一办理参保手续。其单位缴费部分,经统筹地区劳动保障、民政、财政部门共同审核确认后,由残疾军人所在地财政安排资金。残疾军人参加基本医疗保险个人缴费确有困难的,由残疾军人所在单位帮助解决;单位无力解决和无工作单位的,经统筹地区劳动保障、民政、财政部门共同审核确认后,由残疾军人所在地财政安排资金。

2. 困难企业职工医疗保险制度

1998年12月,国务院发布的《关于建立城镇职工基本医疗保险制度的决定》规定,国有企业下岗职工参加基本医疗保险,单位缴费和个人缴费均由再就业服务中心以当地上年度职工平均工资的60%为基数缴纳,享受基本医疗保险待遇。对于部分缴费困难企业,各地在医疗保险制度改革中采取了适当降低医疗保险费率、先建统筹基金的办法,

解决了部分困难企业职工大病医疗保障问题。

3. 离退休人员医疗保险制度

1998年12月,国务院发布的《关于建立城镇职工基本医疗保险制度的决定》规定,离休人员医疗待遇不变,医疗费用按原资金渠道解决。支付有困难的,由同级人民政府帮助解决。2000年底,根据中央要求,各地建立起离休干部医药费保障机制和财政支持机制后,离休干部的医药费报销有了可靠保障。决定规定,对于退休人员参加基本医疗保险采取适当照顾措施。一是退休人员个人不缴纳基本医疗保险费,建立退休人员个人账户的资金全部由单位缴费部分解决;二是退休人员个人账户记入比例高于在职职工;三是在统筹基金支付范围内,退休人员的个人负担比例低于在职职工。在实践中,一些地区将门诊治疗的老年慢性病的医疗费用也纳入统筹基金的支付范围,大大减轻了退休人员的医疗费用负担。

4. 关闭破产国有企业退休人员医疗保险制度

1998年12月,国务院发布的《关于建立城镇职工基本医疗保险制度的决定》规定,退休人员随单位参加医疗保险,个人不缴纳医疗保险费。但是,一些企业在基本医疗保险制度建立时就已经关闭破产,一些企业在关闭破产时没有提取医疗保险费,这些企业的退休人员由于没有缴费主体,而无法参加城镇职工基本医疗保险。不为这个群体提供基本生活风险保障是对他们最大的不公平。为了解决这一问题,1999年以来,中共中央办公厅、国务院办公厅连续发布了《关于进一步做好资源枯竭矿山关闭破产企业工作的通知》、《关于解决国有困难企业和关闭破产企业职工基本生活问题若干意见的通知》等文件,对中央及中央下放部分行业政策性关闭破产国有企业退休人员参加医疗保险的资金来源问题作出了规定,即中央财政按照企业在职职工年工资总额的6%计算10年进行核定补助,并要求将这些企业的退休人员纳入当地城镇职工基本医疗保险。由于历史包袱太重、情况复杂多样、地方财力不足等原因,到2007年5月底,仍有600万关闭破产企业的退休职工没有被纳入城镇职工基本医疗保险体系中。为了给关闭破产国有企业退休人员提供医疗保险待遇,"十一五"期间,中央决定下拨509亿元,在2009年底将关闭破产企业退休职工全部纳入当地职工基本医疗保险中来。[①] 2009年5月,人力资源和社会保障部等4部门发布通知,要求在解决政策性关闭破产国有企业退休人员参保的基础上,彻底解决其他破产关闭企业退休人员参保问题。2009年4月,人力资源和社会保障部决定用两年时间,将全国130万"老工伤"职工全部纳入工伤保险统筹管理。[②]

5. 城镇居民医疗保险制度

2004年,江苏镇江、广东佛山等地开始探索建立城镇居民医疗保险制度,通过社会医疗保险来解决少年儿童等非从业居民的医疗问题,取得了一定的经验。2006年3月15日,温家宝总理在国务院第128次常务会议上,要求劳动和社会保障部会同有关部门就城镇居民医疗保障问题进行研究。2006年10月,中共中央《关于构建社会主义和谐社会若干重大问题的决定》将完善城镇职工基本医疗保险,建立以大病统筹为主的城镇居民医疗保险,作为完善社会保障制度、保障群众基本生活的重要内容作出部署。在2007年3月召开的十届全国人大五次会议上,温家宝总理所作的政府工作报告中提出,2007年在全国启动以大病统筹为主的城镇居民基本医疗保险试点,政府对困难群众给予必要的医疗补助。2007年4月4日,国务院召开第173次常务会议,

---

[①] 胡晓义:《走向和谐:中国社会保障发展60年》,中国劳动社会保障出版社2009年版,第206页。

[②] 周晖:《过去5年是社会保障事业发展最快的时期》,《中国劳动保障报》2010年11月26日。

原则上通过了劳动和社会保障部、国家发改委、财政部、卫生部《关于开展城镇居民基本医疗保险试点的请示》,决定启动城镇居民基本医疗保险试点工作。试点地区凡未纳入城镇职工基本医疗保险制度的中小学生、少年儿童和其他非从业城镇居民,都可以纳入城镇居民基本医疗保险保障范围,城镇居民参加基本医疗保险实行自愿而不是强制原则。2007年7月10日,国务院发布了《关于开展城镇居民基本医疗保险试点工作的指导意见》。

在2007年7月23日至24日国务院召开的全国城镇居民基本医疗保险试点工作会议上,确定了79个大中城市作为试点城市,并于9月颁布了试点实施方案。城镇居民基本医疗保险以家庭缴费为主,政府提供适当补助,有条件的用人单位可以对职工参加城镇居民基本医疗保险的家属缴纳的保险费给予补助,对此国家为企业提供相应的税收鼓励政策;政府每年按不低于人均40元给予补助,其中中央政府从2007年起,每年通过专项转移支付,对中西部地区按人均20元给予补助。在此基础上,对属于低保对象或重度残疾的学生和儿童所需的家庭缴费部分,政府每年再按不低于人均10元给予补助,其中中央政府对中西部地区按人均5元给予补助;对其他低保对象、丧失劳动能力的重度残疾人、低收入家庭60周岁以上的老年人等困难居民参保所需家庭缴费部分,政府每年再按不低于人均60元给予补助,其中,中央政府对中西部地区按人均30元给予补助。到2007年底,参加城镇居民基本医疗保险的人数为4 291万人。[1]

2008年2月26日,国务院召开城镇居民基本医疗保险扩大试点电视电话会议,在总结试点以来经验的基础上,确定了229个扩大试点

---

[1] 人力资源和社会保障部:《2007年劳动和社会保障事业发展统计公报》。转引自郑功成:《中国社会保障30年》,人民出版社2008年版,第125页。

城市,医疗保险的补助标准,从 2007 年的不低于人均 40 元,提高到不低于人均 80 元。① 为了进一步扩展城镇居民基本医疗保险的覆盖范围,2008 年 10 月 25 日,国务院办公厅发布《关于将大学生纳入城镇居民基本医疗保险试点范围的指导意见》后,到 2009 年 6 月底,18 个省已经出台了大学生参保办法,已有 271 万大学生参加了城镇居民医疗保险。全国有全日制大学生 2 000 万人,要将他们全部纳入城镇居民医疗保险仍有繁重的工作要做。② 城镇居民基本医疗保险基金重点用于参加基本医疗保险的居民的住院和门诊大病医疗支出,所以,医疗费用的起付标准、报销比例、最高报销限额,各地都是根据经济发展水平和财政承受能力确定的。

2010 年 3 月 9 日,人力资源和社会保障部下发了《关于开展城镇居民基本医疗保险门诊统筹重点联系工作的通知》要求,开展门诊统筹重点联系工作的主要任务是以重点联系城市为载体,共同探索适应门诊统筹的政策、管理和运行体系,帮助重点联系城市建立风险可控的门诊统筹办法,为其他统筹地区开展门诊统筹提供经验。2010 年 6 月 1 日,人力资源和社会保障部发布的《关于做好 2010 年城镇居民基本医疗保险工作的通知》规定,2010 年要扩大覆盖面,将参保率提高到 80%,有条件的地方力争达到 90%,将在校大学生全部纳入城镇居民医保;各级财政对城镇居民医保补贴每人每年不低于 120 元,其中中央财政对中西部地区人均每年给予 60 元补贴。要落实各级财政对公办、民办、企业办高校学生参保的财政补贴;2010 年居民医保基金最高支付限额要提高到居民可支配收入的 6 倍以上,参保人员住院医疗费用

---

① 周晖:《过去 5 年是社会保障事业发展最快的时期》,《中国劳动保障报》2010 年 11 月 26 日。

② 胡晓义:《走向和谐:中国社会保障发展 60 年》,中国劳动社会保障出版社 2009 年版,第 242 页。

支付比例应达到基金的60%,60%的统筹地区应建立城镇居民医保门诊统筹;居民医保基金只能用于参保人员住院和急诊医疗服务费用支出。加大监督检查力度,杜绝挤占、挪用、骗取基金等违法违规行为。到2010年底,参加城镇居民基本医疗保险人数为19 528万人,统筹基金累计结余306亿元。[①]

6. 农民工医疗保险制度

2004年5月28日,劳动和社会保障部办公厅发布的《关于推进混合所有制和非公有制经济组织从业人员参加医疗保险的意见》指出,混合所有制和非公有制经济组织是城镇新增劳动力、下岗失业人员、农村进城务工人员就业的主要渠道,在推进城镇职工医疗保险覆盖范围时,要以与城镇用人单位建立了劳动关系的农村进城务工人员为重点,为他们确定合理的缴费率和保障方式,重点解决他们的大病医疗费用风险,对门诊等未纳入医疗保险支付范围的医疗费用,用人单位应给予适当补助。2006年3月27日,国务院颁布《关于解决农民工问题的若干意见》,要求优先解决农民工的医疗保障问题。考虑到农民工流动性大,就业不稳定,收入偏低的特点,为了便于农民工医疗关系在不同地区的转移接续,意见将农民工的医疗保障的特点概括为"低费率、保大病、保当期、主要由用人单位缴费"。2006年5月16日,劳动和社会保障部发布《关于开展农民工参加医疗保险专项扩面行动的通知》,要求以省会城市和大城市为重点,以农民工比较集中的加工制造业、建筑业、采掘业和服务业等行业为重点,以与城镇用人单位建立劳动关系的农民工为重点,推进农民工参加医疗保险工作。到2008年底,参加医疗保险的农民工共计4 266万人,比2005年的489万人增加了大约

[①] 中华人民共和国人力资源和社会保障部:《2010年度人力资源和社会保障事业发展统计公报》。转引自宋士云:《新中国社会保障制度结构和变迁》,中国社会科学出版社2011年版,第307页。

7.72倍。其中参加城镇职工基本医疗保险的农民工为3 474万人,参加农民工医疗保险人数最多的省份依次是广东省、浙江省、上海市、江苏省、山东省等。①

由于我国医疗保险统筹层次低,农民工流动性大,医疗保险关系转移接续手续繁琐,所以,农民工参加医疗保险工作推进缓慢。在这样的情况下,许多地方尝试建立独立于企业职工医疗保险制度的农民工医疗保险制度。例如,北京市的农民工医疗保险制度规定,农民工的医疗保险费用全部由用人单位缴纳,以保大病(包括住院与特殊病种门诊)和保当期为主;再如深圳市,2005年出台了《深圳市劳务工合作医疗试点办法》规定,用人单位每月缴纳8元,个人每月缴纳4元,用人单位在发放工资时代为扣除。在这12元中,6元用于门诊、5元用于住院、1元用于调剂。该办法试行1年以后,对保障范围、待遇标准等作了适当调整后,更名为《深圳市劳务工医疗保险暂行办法》,之后,深圳市进城务工人员的医疗保险制度的实施走在了全国的前列。

与农民工人数增长迅速、规模不断扩大相比,农民工参加医疗保险的情况却不尽如人意。据国家统计局农村司关于"2009年农民工监测调查报告"数据显示,2009年全国农民工的总数为22 978万人,其中外出农民工人数为14 533万人,而参加城镇职工医疗保险的只有4 335万人,仅占外出农民工人数的31%,仍有8 000余万外出农民工没有参加城镇职工医疗保险。究其原因,主要是用人单位只为正规就业并与用人单位签订了劳动合同的劳动者办理了医疗保险,在与用人单位签订了劳动合同的42.8%的农民工中,用人单位为劳动者缴纳医疗保险

---

① 胡晓义:《走向和谐:中国社会保障发展60年》,中国劳动社会保障出版社2009年版,第204页。

费的仅占12.2%。[1] 农民工的低参保率，加之2005年启动的城市医疗救助也以户籍为由将农民工排除在外，使得绝大多数没有参加城镇医疗保险的农民工在患病以后不能得到任何制度和组织的保护。

7. 私营企业职工医疗保险制度

1989年9月21日，劳动部发布了《私营企业劳动管理暂行规定》，其中规定，私营企业职工患病或非因工负伤，企业应按其工作时间长短给予3至6个月的医疗期。在医疗期间发给不低于本人原工资60%的病假工资；私营企业职工参照《国营企业职工待业保险暂行规定》实行失业保险制度；私营企业职工因工负伤或患职业病，治疗期间工资照发，所需医疗费用由企业支付。医疗终结，经市（县）医务劳动鉴定委员会鉴定，确认为残疾的，由企业发给残疾金。职工因工死亡或者患职业病死亡，由企业发给丧葬费和供养直系亲属抚恤金。残疾金、丧葬费、供养直系亲属抚恤金的标准，按照《劳动保险条例》和有关规定执行；私营企业女职工生育，按照《女职工劳动保护规定》及有关规定执行。从这些规定中可以看出，除了养老保险外，私营企业职工的其他保险项目，完全由私营企业承担风险费用，这样，不仅私营企业经济负担过重，而且不能保证在风险发生时，私营企业职工能够获得相应待遇，因此，这些规定在某种程度上说是形同虚设的，并不能够发挥它们应当发挥的作用。

在医疗保险制度改革的过程中，由改革伊始将职工家属剔除出制度之外，亦没有将个体劳动者、小企业职工、私营企业职工、农民工纳入保障范围，逐步建立起多层次的、基本覆盖到我国城乡所有居民的医疗保险制度。到2009年底，参加城镇医疗保险的人数40 061万人，其中

---

[1] 郑功成主编：《中国社会保障改革与发展战略》（医疗保障卷），人民出版社2011年版，第119页。

参加城镇职工基本医疗保险人数为21 961万人,参加城镇居民基本医疗保险人数为18 100万人,参加城镇医疗保险的农民工4 335万人。全国2 716个县(市、区)开展了新型农村合作医疗工作,参加新农合率为94.0%,人数达到了8.33亿。至此,我国基本医疗保险制度已覆盖12.3亿人口,基本实现了医疗保险制度全覆盖。[①] 各级政府对于城乡医疗保障制度的财政支持在取得这样的成就中发挥了主要作用。然而,城镇职工基本医疗保险、城镇居民医疗保险、新型农村合作医疗的住院报销比例差别较大,在2008年底分别是70%、50%、38%,[②]患者还需承担相当比例医疗费,他们在疾病风险上的经济负担还是比较重的。此外,自医疗保险制度改革以来,医疗保险基金当年结余额和累计结余额都比较高,例如,2002年当年的结余率为30%,累计结余率为32.25%。2009年当年结余率高于23%,累计结余率为26.78%,累计结余额为4 055亿元。[③] 对患者医疗消费严格控制是保证医疗保险基金收支基本平衡必须坚持的原则,但是,控制过于严格,将导致患者负担过重、甚至能扛就扛小病拖成大病的现象发生。究其原因,新制度建立的理念并非是为了提高国民的身体素质,而是为了控制政府的财政责任和满足劳动力再生产的需要。在医疗供给不足的情况下,它所导致的后果不仅是许多家庭因病致贫或者因病返贫,社会也因此发生贫困;它不仅损害个人健康和家庭的正常生活,而且也损害整个社会协调和健康发展。我国需要由多层次医疗保障体系过渡到建立全民健康保险制度上去,使每一个社会成员在生病时,尤其是生重病时有所依靠和

[①] 郑功成主编:《中国社会保障改革与发展战略》(医疗保障卷),人民出版社2011年版,第36页。

[②] 胡晓义:《走向和谐:中国社会保障发展60年》,中国劳动社会保障出版社2009年版,第230页。

[③] 郑功成主编:《中国社会保障改革与发展战略》(医疗保障卷),人民出版社2011年版,第125—126页。

指望。在一个社会中,如果有一部分人因无钱看病而对人生和社会产生绝望,那么就证明这个社会尤其是这个社会的医疗保险制度存在缺陷,[①]继续进行改革和完善是各级政府必须作的工作。

第三节 失业保险制度

新中国成立60年来,我国的失业保险制度经历了从失业救济制度到国有企业待业保险制度,再到下岗职工基本生活保障制度,之后制定失业保险制度的发展过程。

一、失业救济制度

新中国建立初期,有400多万失业工人,失业率高达23.6%。[②] 1950年6月政务院发布了《关于救济失业工人的指示》,劳动部同时发布《救济失业工人暂行办法》,以解决旧中国遗留下来的失业问题。救济的办法主要是以工代赈,以工代赈的工程范围,首先为国家需要举办的工程,以及有益于市政建设的事业,如浚河、修堤、植树、修理码头、下水道、修建马路、公园等。工赈工资,一般采取计件制,在工资标准未确定前,每人每日发给当地主要食粮三市斤至五市斤作为临时工资,但至迟在开工半月内规定计件工资的标准。第4条规定"凡举办失业工人救济的城市,应在市人民政府下设立失业工人救济委员会,计划并指导一切救济事宜。主任委员由市长或副市长兼任。"在实行失业工人救济的地区,所有国营、私营工商企业行政方面或资方必须缴纳所付实际工

[①] 郑功成等:《中国社会保障制度变迁与评估》,中国人民大学出版社2002年版,第52页。

[②] 社会保障研究中心主编:《社会保障知识读本》,中国致公出版社2008年版,第98页。

资总额百分之一,筹集失业救济基金,救济基金由当地人民银行代收并保管之。政务院还拨出 4 亿斤粮食作为救济生活特别困难失业工人的实物基金,政府拨给的救济粮,由当地粮食公司代为保管。《救济失业工人暂行办法》在保障当时贫困失业工人的基本生活需要、维护新生政权方面发挥了积极的作用。与此同时,政府将失业人员安排到政府拥有所有权并直接管理的各类单位中去。

然而,《救济失业工人暂行办法》不是确立新中国失业保险的制度安排,而是为了保持社会稳定的应急措施。因为共和国的缔造者们坚信,社会主义中国和苏联老大哥一样,不存在失业。[①]《救济失业工人暂行办法》后来演变成为以固定工为主的国家统包统配的劳动就业制度,并在 1957 年宣布,我国消灭了失业。国家对城镇劳动者实行统一分配,由此逐渐形成"广就业、低工资、高福利"的就业状态。在之后的将近 30 年中,在社会保障体系中没有再出现过失业的字眼,失业的概念也似乎从人们的脑海中消失。这种状况是否说明在新中国成立以后消灭了失业现象呢?事实证明当时的失业问题仍然相当严重。在《救济失业工人暂行办法》发布两年以后的 1952 年 8 月,全国失业半失业人数达到 280 万人,其中工人 120 万人、知识分子 43 万人、没有职业的旧军官 20 万人、其他需要予以安置救济的人员如乞丐、娼妓等 98 万人。[②] 虽然在 20 世纪 60 年代初期通过精简职工缓解城市就业压力,但是在 70 年代末 80 年代初期出现了建国以来第二次失业高峰,主要是大批知青返城造成的大量青年失业,此外还有大批退伍复员军人,到了 1979 年全国城镇待业青年接近 1 200 万人,而当年城镇职工人数只

[①] 高书生:《社会保障改革何去何从》,中国人民大学出版社 2006 年版,第 26 页注释③。

[②] 中国社会科学院、中国档案馆编:《中华人民共和国经济档案资料选编(劳动工资和职工福利卷)》,中国社会科学出版社 1994 年版,第 157—159 页。

有9 000余万人。① 失业率之高可见一斑。即便如此,官方语言仍称之为"待业"而非"失业"。

二、国有企业职工待业保险制度

  计划经济时期国家实行统包统配的就业制度,城镇劳动者由政府劳动部门和人事部门按计划分配到各个单位,单位只能接收人员,而不能裁减人员;劳动者既不能自由选择职业,也不能自由流动。党的十一届三中全会召开之后,国家将工作的重点转移到经济建设上来,中国进入全面经济体制改革阶段,改革的中心环节由农村家庭联产承包责任制转向增强全民所有制大中型企业的活力,使其成为自主经营、自负盈亏的经济实体。在这样的背景下,计划经济体制下的就业制度也必须随着形势的变化进行相应的改革。十一届三中全会提出的"三结合"就业方针,是指在国家统筹规划和指导下,实行劳动部门介绍就业、自愿组织起来就业与自谋职业相结合。"三结合"方针迅速得到贯彻和推广,就业门路广开,城镇集体经济迅速发展,劳动服务公司广为开办,城镇个体经济重新恢复并快速发展,整个经济形势呈现出万马奔腾的局面。之前积累下来的返城待业知青、等待就业的落实政策者以及其他城镇无业人员,大多有了自己的职业或事业。从1979年至1985年6年间,全国城镇新就业人员5 451万人,城镇失业率从1979年的5.4%下降到1985年的1.8%。新的就业形势在催生新的就业制度产生。②

  20世纪80年代初,经济特区在广东省和福建省出现,劳动人事部在为特区招聘人才的时候设计了新的企业用工制度,即劳动合同制。

---

① 陈佳贵、王延中主编:《中国社会保障发展报告(2010)》,社会科学文献出版社2010年版,第11页。
② 胡晓义:《走向和谐:中国社会保障发展60年》,中国劳动社会保障出版社2009年版,第256页。

之后,劳动合同制在中央确定的 14 个对外开放沿海城市推行,1983 年,劳动合同制已在 9 个省份的部分县市推行。劳动人事部在总结试行城市经验的基础上,1983 年发布了《关于积极试行劳动合同制的通知》,要求在国营企业进行劳动合同制试点工作。到 1985 年,劳动合同制工人达到 300 余万人。[①] 为了规范企业的劳动用工制度改革,1986 年 7 月 12 日,国务院颁布了《国营企业实行劳动合同制暂行规定》《国营企业职工待业保险暂行规定》《国营企业招用工人暂行规定》《国营企业辞退违纪职工暂行规定》四个法规,并规定于 10 月 1 日起施行。

《国营企业职工待业保险暂行规定》旨在适应劳动制度改革的需要,促进劳动力的合理流动,保障国营企业职工待业期间基本生活。适用范围包括宣告破产企业职工、濒临破产企业法定整顿期间被精简的职工、企业终止或解除劳动合同的工人、企业辞退的职工四类人员。暂行规定确定了保险基金的三个来源:企业缴纳职工标准工资总额 1% 的待业保险费,税前列支,由企业开户银行按月代为扣缴,个人不缴费;基金存入银行的利息收入;基金不敷使用时,地方财政予以补贴。基金实行省级统筹。暂行规定对领取待业救济金的人员、资格条件和待遇水平的规定是:宣告破产企业职工和濒临破产企业法定整顿期间被精简的职工待业期间的救济金、医疗费、死亡丧葬费、供养直系亲属抚恤费和救济费,以及符合条件的离退休职工的离退休金;企业终止或解除劳动合同的工人和企业辞退的职工待业期间的救济金和医疗补助费;待业职工转业培训费;扶持待业职工的生产自救费;管理费。待业救济金的领取期限按工龄确定,工龄在 5 年以上的最多领取 24 个月待业救济金,工龄不足 5 年的最多领取 12 个月待业救济金;待业救济金的标

---

① 胡晓义:《走向和谐:中国社会保障发展 60 年》,中国劳动社会保障出版社 2009 年版,第 257 页。

准,以职工离开企业前两年内本人月平均标准工资为基数,按一定比例计发,领取 24 个月的,后期要适当减少;对终止、解除劳动合同的工人,需扣除已发给本人生活补助费的月份;对领取期限已满,已重新就业,无正当理由两次不接受有关部门介绍就业,以及被劳动教养或判刑的,停发待业救济金。

1986 年建立的待业保险制度仅适用于国有企业职工,从实质上讲它也并非失业保险,而是失业者不须缴纳失业保险费的失业救济制度,失业救济金的替代率为 40% 左右,仅相当于国营企业平均工资的 25%。但是,由于它适应深化改革和企业治理整顿的需要,还是得到了很好的实施。到 1989 年底,全国筹集到的待业保险基金规模已达到 18 亿元,在全国 38 万多个国营企业中,有 36 万多个参加了待业保险,为 13.6 万失业者发放了 1 220 余万元的待业救济金。[①] 虽然待遇标准之低仅够维持失业者的最低生活需要,但是它为我国经济体制改革、社会稳定、失业保险制度的出台奠定了基础。

1992 年 7 月 23 日,国务院颁布《全民所有制工业企业转换经营机制条例》,为国有企业经营和用人自主权的扩大提供法律支持。劳动部在提交给国务院的报告中称,待业保险基金除了支付待业救济金外,应当增加用于就业促进和扶持关停并转企业产业结构调整的投入,以支持国有大中型企业进行劳动制度改革。1993 年 4 月 12 日,国务院颁发《国有企业职工待业保险规定》取代 1986 年的暂行规定。与 1986 年的暂行规定相比,1993 年的规定有五个方面的进步:第一,扩大了实施范围,增加了按照国家有关规定被撤销、解散企业的职工和停产整顿企业被精简的职工,实行企业化管理的事业单位的职工,以及依照法律法

[①] 宋士云等:《新中国社会保障制度结构与变迁》,中国社会科学出版社 2011 年版,第 183 页。

规规定和省级人民政府规定的其他职工;第二,明确规定待业保险工作的指导思想,即与职业介绍、就业培训和生产自救等就业服务工作紧密结合、统筹安排;第三,扩大了省级人民政府的权限,除保障范围外,对缴费率、建立调剂金、基金支出项目、救济金发放标准、医疗费发放标准、转业培训费和生产自救费的安排、管理机构人员编制、管理费开支标准等,均授权省级人民政府规定;第四,将缴费基数由企业全体职工标准工资总额改为工资总额;第五,提高待遇标准,将待业救济金发放标准由按本人失业前2年平均标准工资的一定比例改为按当地社会救济金额的一定比例,允许事先提取一定比例的转业培训费和生产自救费,等等。1993年5月,劳动部发布了《关于实施〈国有企业职工待业保险规定〉的意见的通知》,把建立非国有企业职工待业保险制度提上了议事日程。根据通知的精神,一些省市逐步把待业保险的覆盖范围扩大到了城镇集体企业、私营企业、三资企业。但遗憾的是,规定将基金省级统筹调整为市、县统筹,因此削弱了待业保险基金的调剂功能。

从1986年到1996年,10年共筹集待业保险基金171亿元,救济待业职工900多万人次,累计支出85亿元。到1997年底,参加企业待业保险的在职职工8 333万,累计节余待失业保险基金90.4亿元。1993年以后,待业保险扩大到了国有企业所有职工,为企业自主用人和分流富余人员创造了一定条件。待业保险从建立起就把发放待业救济金与促进就业结合了起来,从1986年到1997年,待业保险机构帮助860多万人实现了再就业,其中领取待业救济金的人员再就业率在60%以上。[1] 所有这些无疑对社会稳定、企业改革和经济发展起了极大的促进作用。然而,《国营企业职工待业保险规定》是在特定的历史条件下制定实施的,因此,它难免有许多缺陷:适用范围窄、保险费率

---

[1] 宋晓梧:《中国社会保障制度改革》,清华大学出版社2001年版,第83—84页。

低、保险水平低、基金的使用缺乏有效的监督机制、对待业者保障程度弱等。有统计表明,1996年,全国领取待业救济金的人数为3 307 884人,发放的待业救济金为138 704万元,人均领取419.31元。如果按人均领取半年计算,则每人每月领取69.89元;如果按人均3个月计算,则每人每月领取139.77元,①可见这样的待遇标准是难以维持待业人员的最基本生活需要的。

三、再就业工程和下岗职工基本生活保障制度

中国的改革经历了20年的历程以后,到了1998年,国民生产总值已经是20年前的1978年的24倍。也正是在这一年中国的改革进入最为艰难的阶段。在经济体制改革过程中,国有企业改革一直是最重要的环节。国有企业在改革中总结出的改革思路和方针是"鼓励兼并、规范破产、下岗分流、减员增效、实施再就业工程"。在国有企业大量分流富余人员,企业下岗职工不断增加的情况下,不对社会保险制度进行改革,国有企业改革就无法继续下去,现代企业制度也就无法建立起来。国有企业改革中被裁减下来的人员被称作"下岗职工"。他们是在实行劳动合同制以前参加工作的国有企业的正式职工,因企业生产经营等原因在企业内没有了工作岗位,又没有在社会上找到其他工作岗位,但还与原企业保持着劳动关系,企业继续为他们缴纳社会保险费的人员。从1978年到2005年的27年间,国有企业裁员累计约3 000万人,占国有企业职工总数的6/10,②这样的裁员速度和规模在世界范围都是绝无仅有的。

事实上,自1986年以来,国家在进行经济体制改革时,就已经采取

---

① 《中国劳动统计年鉴》(1996),中国统计出版社1996年版,第686页。
② 晓风:《1998年"商品房"出现让人爱恨交织》,《中国劳动保障报》2008年12月25日。

了在企业内部消化冗员的办法,而冗员的长期积累降低了国有企业的竞争力和使国有企业严重亏损。由于社会保障制度不健全,企业难于把冗员推向社会,使得失业问题在相当大的程度上表现为下岗问题。另外,隐性就业、提前退休等都对失业保险产生消极影响。调查表明,1997年上海下岗职工的隐性就业率达65%,隐性就业者的年龄多为30岁至50岁,隐性就业者的收入在500—3 000元。这些人一手拿着失业救济或下岗津贴,一手拿着隐性就业的劳动报酬,影响失业保险制度的正常运行。据劳动和社会保障部提供的数据,仅1998年1月至8月份,行业和地方违规提前退休70多万人。有些行业40岁就可以退休。这些提前退休的人员并没有真正退出劳动力市场,他们一边享受着养老金、医疗保险等待遇,一边在别的企业工作,他们中有人具有比同龄人或年轻人更强的竞争力,这不仅影响失业保险制度的正常运行,减少了养老保险费的收入和加大了养老保险金的支出,而且扰乱了劳动力市场的正常秩序。[①] 所以,自此以后在我国,不仅有市场经济下的正常的失业现象,而且还有国有企业改革过程中出现的下岗这种特殊的失业现象。在国家建立的失业保险制度不能为大量下岗职工提供失业保障时,就有必要出台其他替代或过渡性办法,通过提供收入补偿和帮助他们再就业来保障他们的基本生活,再就业工程的建立和下岗职工基本生活保障制度的制定,即是对国有企业中由体制转型和结构调整导致的大规模结构性失业现象采取的特殊应对措施,是为转型时期特殊的失业群体提供的过渡性保障制度。

1. 再就业工程

1993年11月3日,劳动部发布《再就业工程》文件,这是一项运用政策扶持和多种就业服务手段,帮助失业职工尽快再就业,使企业能够

[①] 宋晓梧:《中国社会保障制度改革》,清华大学出版社2001年版,第87—89页。

妥善安置和分流富余职工,推动企业转换经营机制的社会工程。由于下岗职工的再就业和生活保障问题,既影响到国有企业的改革进程,也关系到如何处理经济增长与社会公平的关系和社会稳定问题,而1993年的待业保险规定没有能力为下岗职工提供失业保护,在这样的情况下,国家推出再就业工程是十分必要和及时的。1994年初,国家选定在上海、沈阳、杭州、青岛、武汉、成都、西安等30个城市进行试点。1995年1月19日,劳动部发布《关于全面实施再就业工程的通知》,1995年4月16日,国务院办公厅转发了通知并在全国推行。1996年11月,劳动部召开"全国200个城市实施再就业工程现场会",把再就业工程引向深入。

再就业工程的重点对象,是失业6个月以上有求职要求的失业人员和6个月以上基本生活无保障的企业富余职工。为了推动再就业工作,国家要求转业培训或转岗培训费用不足时,可用待业保险基金的转业培训费予以补贴;兴办劳动服务企业和生产自救基地,必要时可用待业保险基金中的生产自救费给予适当补助或作为借款,也可用于企业向银行贷款的贴息;待业人员被企事业单位招用,并签订一年以上劳动合同的,或者组织起来就业和自谋职业的,其应享有的待业救济金可作为工资性补贴一次性付给用人单位,或付给本人作为开办资金。1997年3月2日,国务院发布《关于在若干城市试行国有企业兼并破产和职工再就业有关问题的补充通知》,要求劳动就业、社会保障制度改革结合当地具体情况,建立再就业服务中心。8月20日,劳动部、国家经贸委、财政部联合发出《关于在企业'优化资本结构'试点城市建立再就业服务中心的通知》,对有关问题作出了具体规定。

1998年6月9日,中共中央、国务院发布了《关于切实做好国有企业下岗职工基本生活保障和再就业工作的通知》。通知指出,建立再就业服务中心是保障国有企业下岗职工基本生活和促进再就业的有效措施,是当前一项具有中国特色的社会保障制度;要求凡是有下岗职工的国有企业都要建立再就业服务中心或类似机构。再就业服务中心有三项任务:一是给下岗职工发基本生活费,标准应略高于待业救济金,并按一定比例逐年递减,但不能低于待业救济标准。二是为下岗职工缴纳养老、医疗、失业等社会保险费(包括个人缴费部分),费率以当地上年度职工平均工资的60%为缴费基数,按规定比例缴费,其中养老、医疗保险按规定记入个人账户;三是组织下岗职工进行职业或转业培训,进行再就业指导,帮助下岗职工找到合适的工作。

再就业服务中心于1996年在上海市创办,当时上海有20万职工下岗,主要是纺织业、轻工业等传统产业的职工。[1] 再就业服务中心要与进入中心的下岗职工签订基本生活保障和再就业协议,明确双方的责任、权利和义务,协议中的内容替代劳动合同中的相关内容。下岗职工与再就业服务中心签订协议的期限一般不超过3年。在协议期内被其他单位招聘或自谋职业,即解除协议,劳动合同相应解除,原来的社会保险缴费年限接着计算,并继续参加社会保险。3年期满仍未再就业的,应与企业解除劳动关系,按规定享受待业保险,领取待业保险的最长期限为两年,这样就将下岗职工这种中国经济转轨时期特殊的失业现象的保障逐步纳入失业保险这种市场经济的常态保障中来。领取失业保险金期满仍未就业的,停止领取失业保险金,符合条件的可申请城市居民最低生活保障待遇,领取期限没有限制。

再就业服务中心的资金来源于三个方面,一是国家财政预算安排1/3,中央企业由中央财政负担,地方企业由地方财政负担;二是企业负担1/3,企业无力负担的部分,由财政给予补足;三是社会筹集(例如从

---

[1] 曾煜编著:《新编社会保障法律法规与实务操作指南》,职工建筑工业出版社2003年版,第449页。

失业保险基金中筹集)1/3,筹集不足部分由财政补足。具体比例由各地根据实际情况确定,财政确有困难的地方,中央财政通过转移支付给予一定的补助。全国共筹集专项资金847亿元,其中中央财政补助434亿元。[①] 到1998年底,全国所有有下岗职工的国有企业都建立了再就业服务中心。1998年到2002年6月底,全国累计有国有企业下岗职工2 600多万人,90%以上进入企业再就业服务中心,95%左右的国有企业下岗职工领取到了基本生活费。[②] 2005年11月,国务院发布了《关于进一步加强就业再就业工作的通知》,重点解决国有企业下岗失业人员再就业问题,要求动员全社会力量参与就业再就业工作。2009年3月3日,财政部、国家税务总局发布了《关于延长下岗失业人员再就业有关税收政策的通知》规定,对持有"再就业优惠证"人员从事个体经营,三年内按每户每年8 000元为限额依次扣减其当年实际应缴纳的营业税、城市维护建设税、教育费附加和个人所得税;对符合条件的企业在新增加的岗位中,当年新招用持"再就业优惠证"人员,与其签订1年以上期限劳动合同并缴纳社会保险费的,3年内按实际招用人数予以定额依次扣减营业税、城市维护建设税、教育费附加和企业所得税。定额标准为每人每年4 000元,可上下浮动20%。这些政策对于鼓励企业雇用下岗失业人员,使他们在获得再就业机会的同时,企业也获得了税收优惠的好处,达到双赢的效果。

2. 下岗职工基本生活保障制度

1998年3月,国务院领导赴长春调研时,发现了两个急需解决的问题:一是下岗职工的基本生活缺乏保障;二是困难企业离退休人员基

[①] 胡晓义:《走向和谐:中国社会保障发展60年》,中国劳动社会保障出版社2009年版,第266页。

[②] 郑秉文:《社会保障能否使消费者吃上"定心丸"》,《中国社会科学院报》2008年12月18日。

本养老金被长期拖欠。于是提出了确保国有企业下岗职工基本生活,确保企业离退休人员养老金按时足额发放的要求。1998年6月9日,《中共中央、国务院关于做好国有企业下岗职工基本生活保障和再就业工作的通知》发布,确立了"两个确保"方针。

1999年6月,劳动和社会保障部在贵阳召开全国劳动力市场建设座谈会,确定了国营企业下岗职工通过三个阶段实现市场导向的就业机制:第一阶段为双轨阶段,即绝大多数下岗职工进入再就业服务中心,领取基本生活保障费,只有少部分下岗职工进入劳动力市场,领取待业保险金;第二阶段为转轨阶段,即在计划经济体制遗留的国有企业富余人员问题基本解决之后,企业新的减员就不再下岗进再就业服务中心,而是依法解除、终止劳动合同,享受失业保险待遇,直接进入劳动力市场就业。此前进入再就业服务中心的下岗职工,可以在中心领取基本生活保障费到协议期满出中心;第三阶段为并轨阶段,即在下岗职工全部出中心以后,企业再就业服务中心就完成其历史使命。企业裁员从下岗、待业两种形态变为失业一种形态,失业人员通过社会保险制度和最低生活保障制度获得经济补偿,维持生活所需。市场导向的就业机制基本形成,企业不再对失业人员的生活保障承担责任,企业可以自主地依法招聘或者裁减职工。

2000年12月25日,国务院发布《关于印发完善城镇社会保障体系试点方案》,试点方案第五部分提出"推动国有企业下岗职工基本生活保障向失业保险并轨",要求从2001年起,国有企业原则上不再建立新的再就业服务中心,企业新的减员原则上不再进入再就业服务中心,由企业与其解除劳动关系,凡所在单位参加了失业保险并依法足额缴费的,按规定享受失业保险待遇,以失业者的身份进入市场,寻求就业机会。2002年9月,中共中央、国务院发布的《关于进一步做好下岗失业人员再就业工作的通知》强调,积极稳妥地做好下岗职工出中心向失业保险并轨工作,要求用三年左右时间有步骤完成由下岗职工基本生活保障向失业保险并轨。2003年9月25日,劳动和社会保障部、财政部联合发布《关于妥善处理国有企业下岗职工出中心再就业有关问题的通知》,规定在2005年年底以前,各级财政原来安排用于下岗职工基本生活保障的资金规模不减。各地在确保稳定和促进再就业的前提下,可以将下岗职工基本生活保障资金的结余部分,调整用于对国有困难企业与下岗职工解除劳动关系所需经济补偿金的补助,逐步实现下岗职工基本生活保障向失业保险并轨。2005年12月28日,财政部、劳动和社会保障部联合发布《关于中央管理企业2005年度下岗职工基本生活保障财政补助资金清算及有关问题的通知》,规定到2005年底停止执行国有企业下岗职工基本生活保障制度。从2006年起,并轨人员和企业新裁人员通过劳动力市场实现再就业,没有实现再就业的,按规定享受失业保险及城市居民最低生活保障待遇。到2005年底,全国先后有2 300多万下岗职工顺利出中心,由此,1998年专门为国有企业下岗职工建立的基本生活保障制度在完成了它在特殊时期的历史使命之后,于2005年底退出了历史舞台,我国失业保险制度承担起解决失业人员的基本生活保障的任务。到2007年底,失业保险覆盖范围达到78%,参加失业保险的人数为11 645万人,失业保险基金收入为472亿元,领取失业保险金人数为286万人,支付失业保险待遇和一次性生活补助金(因劳动合同期满未续订或提前解除劳动合同的农民工87万人领取了一次性生活补助金)为218亿元,基金累积结存979亿元。[①]保障范围以及失业保险基金规模的逐年扩大,使得失业人员的基本生活有了更为可靠的保障。

---

① 人力资源和社会保障部:《2007年全国社会保险情况》,人力资源和社会保障部网站2008年6月12日。转引自郑功成:《中国社会保障30年》,人民出版社2008年版,第266页。

四、《失业保险条例》颁布实施

1993年11月,中共十四届三中全会通过的《中共中央关于建立社会主义市场经济体制若干问题的决定》提出了"失业"和"失业保险"的概念,指出"进一步健全失业保险制度,保险费由企业按职工工资总额一定比例统一筹缴"。1998年12月16日,朱镕基总理主持召开国务院第11次常务会议,审议并原则通过了由劳动和社会保障部报送的《失业保险条例(草案)》。1999年1月22日,国务院颁布《失业保险条例》,标志着我国失业保险制度发展到了一个新的阶段。之后几年,国有企业下岗职工基本生活保障制度和失业保险制度双轨并行。与1993年的《国有企业职工待业保险规定》相比,《失业保险条例》的进展表现在:

1. 正式用法规的形式以"失业保险"代替"待业保险",以"失业保险金"代替"待业救济金",这一改变表明,意识形态对于失业保险制度建设的干扰基本终结,人们开始正确对待社会主义市场经济下的失业现象,[①]认识到可以通过失业保险制度为失业者提供基本生活保障和通过职业培训为其提供再就业机会。

2. 把失业保险的覆盖范围从国营企业职工扩大到城镇各类企业、事业单位,包括国有企业、城镇集体企业、外商投资企业、城镇私营企业、城镇其他企业、非企业化管理的事业单位。覆盖范围的扩大,使得参加失业保险的人数大大增加,1995年为9 500万人,2000年为10 408万人,约占城镇从业人员总数的50%。[②] 到了2008年末,全国参加失

[①] 郑功成等:《中国社会保障制度变迁与评估》,中国人民大学出版社2002年版,第166页。

[②] 陈佳贵主编:《中国社会保障发展报告(1997—2001)》,社会科学文献出版社2001年版,第137页。

业保险的人数为12 400万人，其中参保农民工人数为1 549万人，覆盖率达83.1%。① 保险范围的扩大不仅使劳动者可以在不同所有制单位之间流动，而且扩大了失业保险基金的来源，增强了失业保险基金的支付能力。《失业保险条例》还规定，农民工参保不缴纳失业保险费，农民工失业后不按月领取失业保险金，而是由失业保险经办机构发给一次性生活补助。获得生活补助的条件是，参保单位招用的农民工合同制工人连续工作满一年，本单位已按规定缴纳了失业保险费，劳动合同期满未续订或者提前解除劳动合同的，由失业保险经办机构根据其工作时间长短，对其支付一次性生活补助。补助办法和标准由省、市、自治区人民政府规定。

3.提高了失业保险基金缴费比例，建立了单位和职工共同承担缴纳失业保险费的责任制度。1993年国务院颁发的待业保险规定，将企业事业单位应缴纳的失业保险费率确定为职工工资总额的1%，由于保险费率偏低，因而保险水平也必然很低。1998年6月9日，中共中央、国务院发布了《关于切实做好国有企业下岗职工基本生活保障和再就业工作的通知》指出："从1998年开始将失业保险基金的缴费比例由企业工资总额的1%提高到3%，由企业单方负担改为企业和职工个人共同负担，其中个人缴纳1%，企业缴纳2%。"1999年的条例遵循通知精神，将企业缴纳的失业保险费率由原来职工工资总额的1%提高到2%，同时规定，职工必须缴纳本人工资1%失业保险费。事业单位缴纳的失业保险费率为职工工资总额的1%，事业单位职工的费率为0.5%。缴费比例的提高，使失业保险基金不断增长，1993年征收额为

---

① 胡晓义：《走向和谐：中国社会保障发展60年》，中国劳动社会保障出版社2009年版，第310页。

16.3亿元,1999年为125.2亿元,2000年为160亿元。[①] 到了2007年失业保险基金收入已高达472亿元,比2006年增长17.5%,年末基金累积滚存额为979亿元。[②]

4. 提高失业保险基金统筹层次,规定失业保险基金在直辖市和设区的市实行全市统筹,其他地区的统筹层次由省、自治区人民政府决定。但是要按规定的比例从本行政区内各统筹地区的失业保险基金中筹集资金,建立省级失业保险调剂金,在统筹地区的失业保险基金不足以支付时,先由省、自治区人民政府用调剂金补充,仍不足的,再由地方财政补贴。失业保险调剂金按照"以支定收、略有结余"的原则,核定筹集比例和规模,不宜长期储存较大数额的结余,否则会影响净支出地区的积极性。

5. 调整了失业保险金的发放标准。1993年的待业保险规定确定的待业保险金的标准是当地社会救济金额的120%—150%,条例规定失业保险金水平低于当地最低工资,高于当地城镇居民最低生活保障线。具体给付标准,由省、自治区、直辖市人民政府根据当地实际情况确定。对于失业人员领取失业保险金的期限,条例规定,失业者在失业前单位和个人累计缴费时间满1年不足5年的,领取期限最长为12个月;满5年不足10年的,最长期限为18个月;10年以上的,最长期限为24个月。失业人员领取失业保险金期限届满未能重新就业,距法定退休年龄不足2年的,可以继续领取80%的失业保险金,但不得低于当地居民的最低生活保障标准,直到达到退休年龄,停发失业保险金,转领养老保险金。可见,条例将失业保险金与城市最低生活保障线挂上了钩。失业人员在进行了失业登记以后,就能够领到失业保险金、医

[①] 陈佳贵主编:《中国社会保障发展报告(1997—2001)》,社会科学文献出版社2001年版,第137页。

[②] 郑功成:《中国社会保障30年》,人民出版社2008年版,第266页。

疗费、计划生育费、丧葬费等费用,保证了失业人员的最基本生活需要。1993年,失业保险基金支出为9.3亿元,1999年为91.6亿元,2000年为123亿元,说明基金保障的力度在不断地加大。①

6.加强失业保险基金管理,建立劳动、财政、银行三家相互监督制约的机制。条例规定,由劳动保障行政部门设立的社会保险经办机构征收失业保险费,存入财政部门在国有银行开设的社会保障基金财政专户,实行收支两条线管理,由财政部门依法进行监督。2000年10月26日,劳动和社会保障部发布《失业保险金申领发放办法》,由社会保险经办机构为失业人员开具领取失业保险金的单证,失业人员凭单证到指定银行领取失业保险金,并对失业保险关系的转移作出规定,这个规章的制定和实施,进一步完善了失业保险制度。城镇企业、事业单位及其职工参加失业保险和履行缴费义务的行为及经办机构的管理服务程序,以有助于审定失业人员的申领失业保险金资格和确定待遇期限为原则。2002年4月12日,劳动和社会保障部发布了《关于建立失业保险个人缴费记录的通知》,要求各地在认真做好失业保险单位记录的同时,建立失业保险个人缴费记录。

2006年1月11日,劳动和社会保障部、财政部联合发布了《关于适当扩大失业保险基金支出范围试点有关问题的通知》规定,自2006年1月起,在北京、上海、江苏、浙江、福建、山东、广东七省市开展扩大失业保险基金支出范围试点,试点时间暂定3年。试点以失业保险统筹地区为单位,失业保险基金可用于2005年国务院下发《关于进一步加强就业再就业工作的通知》中规定的职业培训补贴、职业介绍补贴、社会保险补贴、岗位补贴和小额担保贷款贴息支出。在这些补贴之外

---

① 陈佳贵主编:《中国社会保障发展报告(1997—2001)》,社会科学文献出版社2001年版,第137页。

增加的支出项目,北京市和上海市须经市人民政府批准,并报国务院备案;其他 5 省须由省人民政府报国务院批准后实施。3 年试点成就明显:促进了失业人员再就业,北京市帮助 56.4 万失业人员实现了再就业,江苏省登记失业率下降了 0.4 个百分点;促进了就业政策的落实,上海市失业保险基金成为促进就业资金的主要来源,北京市失业保险促进就业资金占就业资金总额的 60%;促进了失业保险基金支出结构的改善,北京市促进就业资金从试点前每年 3 亿元左右增加到试点后的 6 亿元以上,上海市促进就业资金从 2006 年到 2008 年增加近 15 亿元。① 然而,由于长期以来将失业保险的功能定位于保障基本生活,而对其促进就业以及预防失业的功能没有予以充分认识和重视,所以,在试点过程中,除了北京和上海两市外,其他试点省份进展不大,使得失业保险基金越积越多,但促进就业的作用没有得到充分发挥。

国际经验表明,失业保险金提供时间的有限性和失业人员需要服从职业介绍机构安排工作的规定,表明失业保险与就业之间存在着密切关系,即失业保险制度在为失业者提供失业保险金的同时,也承担和促进失业者就业的任务。许多国家都经历了由单纯的失业保险制度向既为失业者提供经济保障也为失业者创造就业机会的制度不断完善的过程,即由单一消极的失业保险转化为同时积极促进就业的制度。我国的失业保险制度也逐步朝这个方向努力,因为在现代社会,最可靠的自我保障方式是就业保障,良好的失业保险制度是能够帮助失业者尽快返回劳动力市场,重新就业的制度。理念的转变促进着立法的进步,2007 年 8 月,第十届全国人民代表大会常务委员会第二十九次会议审议通过的《中华人民共和国就业促进法》第 42 条规定:"县级以上人民

---

① 胡晓义:《走向和谐:中国社会保障发展 60 年》,中国劳动社会保障出版社 2009 年版,第 271 页。

政府建立失业预警制度,对可能出现的较大规模的失业,实行预防、调节和控制。"这一规定的意义在于,首次在法律中规定了失业预警制度,为失业保险充分发挥"保障生活、促进就业、预防失业"三位一体的功能奠定了法律基础。

我国的失业保险制度在实施过程中,暴露出以下问题和不足:第一,覆盖范围小,2008年底,城镇就业人员为30 210万,而参加失业保险的人数仅为12 400万,不足就业人数的一半;第二,保障水平低,失业保险金水平为最低工资的60—80%,加上失业人员不能享受医疗保险待遇,只享受医疗补助金,因此,失业保险对失业人员的保障是很不充分的;第三,促进就业和预防失业功能没有很好发挥,促进就业只有职业培训和职业介绍两项补贴,失业保险基金用于支持就业的范围小,影响到促进就业和预防失业的效果,如果能够增加在岗培训,效果会更好一些;第四,统筹层次过低,基金过于分散,影响互济功能,建立省级统筹应当是近几年努力实现的目标;第五,失业保险基金积累过多,2008年底达1 300亿元,而需要增加的支付项目和应当提高的待遇标准又迟迟没有跟上,致使基金不能充分发挥其应有的作用。[①]

2008年11月,国务院常务会议决定,"扩大失业保险基金使用范围,帮扶困难企业稳定就业岗位"。12月,中央经济工作会议明确提出,完善失业保险制度,既要保障失业人员的基本生活,又要充分发挥失业保险基金预防失业、促进就业的作用。2009年6月,国务院常务会议决定,延长东部7个省市扩大失业保险基金支出范围试点政策,以应对国际金融危机。2009年7月,人力资源和社会保障部、财政部联合下发的《关于延长东部7省(市)扩大失业保险基金支出范围试点政

[①] 胡晓义:《走向和谐:中国社会保障发展60年》,中国劳动社会保障出版社2009年版,第314—315页。

策有关问题的通知》规定,延长试点政策一年,并适当增加支出项目。2008年12月,人力资源和社会保障部、财政部、国家税务总局联合下发《关于采取积极措施减轻企业负担稳定就业局势有关问题的通知》,规定了"五缓四减三补两协议"的措施,允许企业阶段性降低失业保险费率,期限最长不超过12个月。允许困难企业在一定期限内缓缴失业保险费。使用失业保险基金帮助困难企业稳定就业岗位,对采取在岗培训、轮班工作、协商薪酬等办法稳定员工队伍,并保证不裁员和少裁员的困难企业给予社会保险补贴和岗位补贴。缓缴、补贴执行期为2009年之内,期限最长不超过6个月。

通知下发以后,各地根据本地实际情况制定了具体实施办法,据统计,2009年1至6月份,累计有6 000多户企业享受到社会保险补贴、岗位补贴等17.9亿元;通过降低失业保险费率、缓缴失业保险费,直接减轻企业负担42亿元,涉及290万户企业的8 200万职工。[①] 2009年12月16日,人力资源和社会保障部、财政部、国家税务总局又联合下发《关于进一步做好减轻企业负担稳定就业局势有关工作的通知》规定,为了做好减轻企业负担、稳定就业局势的工作,各地要将《关于采取积极措施减轻企业负担稳定就业局势有关问题的通知》中规定的"允许困难企业在一定期限内缓缴社会保险费"、"阶段性降低四项社会保险费率"、"使用失业保险基金帮助困难企业稳定就业岗位"、"鼓励困难企业通过开展职工在岗培训等方式稳定职工队伍"四项政策执行期限延长至2010年底。一次性延长社会保险补贴期限,最长不超过1年。这一系列规章的出台和实施,对于减轻企业负担、稳定就业岗位发挥了积极作用,使企业比较从容地应对经济危机的冲击。

---

① 胡晓义:《走向和谐:中国社会保障发展60年》,中国劳动社会保障出版社2009年版,第274页。

第四节　工伤保险制度

1951年政务院颁布的《劳动保险条例》第12条对工伤保险的待遇作了规定。1957年2月,由卫生部制定和颁布的《职业病范围和职业病患者处理办法的规定》,首次将职业病列入工伤保险的保障范围,并规定,患职业病的工人、职员,按劳动保险条例的有关规定,按工伤待遇处理。国务院1958年2月颁布的《关于工人、职员退休处理暂行办法》和1978年6月颁布的《关于工人退休退职的暂行办法》,都对工人工伤保险待遇作了调整和提高。这些在计划经济时期制定的工伤保险规定难以适应市场经济社会的需要:一是这些规定不能将市场经济时期新出现的经济组织(例如乡镇企业职工、三资企业职工、个体工商户等)覆盖起来;二是不能充分保障职工合法权益,由于职业病潜伏期长,当劳动者在一个企业得了职业病后,流动到其他企业时才发现得了职业病,劳动者因难以从原来企业获得工伤保险待遇而使权益受到侵害;三是因工伤致残的保险待遇偏低,只相当于伤残职工标准工资的一定比例,遗属抚恤金标准在工伤死亡职工标准工资的一半以下。在企业工资改革以后,标准工资只占职工收入总额40%左右,数额很少的伤残补助和遗属抚恤金难以维持他们的基本生活。新时期需要一部工伤保险法规出台。

1986年7月12日,国务院发布《国营企业实行劳动合同制暂行规定》第20条规定,劳动合同制工人因职业病或因工负伤,应当与所在企业同工种的原固定工同等对待。我国的工伤保险制度改革由此进入探索阶段。1987年12月3日,国务院发布《中华人民共和国尘肺病防治条例》,这是一部专门规范有粉尘作业的企业和事业单位的经营活动,使其采取有效措施使粉尘作业场所达到国家卫生标准,保护职工健康的行政法规。1988年1月1日,卫生部、劳动人事部、财政部、中华全国总工会对1957年2月28日颁发的《职业病范围和职业病患者处理办法的规定》经修订后予以发布。新修订的规定将法定职业病列举为9大类、99种。1988年,劳动部召开劳动厅(局)长会议,要求有条件的地区进行工伤保险制度改革准备工作。会后,海南省海口市,辽宁省东沟县、铁岭市、锦州市,广东省东莞市、深圳市,福建省将乐县、霞浦县,吉林省延吉市等先后开展了工伤保险试点工作。试点工作主要在以下方面取得进展:扩大覆盖范围,几乎将所有企业纳入工伤保险范围;增加工伤职工及因工伤死亡职工家属的待遇项目和标准;实行差别费率,即依据行业的风险程度和工伤事故率,确定各行业的保险费率;按照以支定收,留有储备的原则,建立工伤保险基金;建立健全了鉴定制度,按照国家制定的统一的评残标准确定伤残程度,调整待遇结构和标准。1989年7月,劳动部发布《关于加强企业职工伤亡事故统计管理工作的通知》,同年还颁布实施新的《职业病报告办法》。1991年3月1日,国务院发布《企业职工伤亡事故报告和处理规定》,7月25日劳动部又印发了《企业职工伤亡事故报告和处理规定有关问题的解释的通知》,进一步对何谓职工在劳动过程中发生的人身伤亡、急性中毒事故作出了明确界定。1992年3月,劳动部、卫生部和中华全国总工会发布了《职工工伤与职业病致残程度鉴定标准(试行)》规定了:适用范围,即适用于在职业活动中负伤和因职业病致残的职工;确定了伤残分级原则,即依据伤者医疗终结之后器官损伤、功能障碍、对医疗和护理的依赖程度将不同程度的伤残划分为10个等级;详细列举了各个等级的标准,标准分为5个部分,54类,469个条目,并且附有正确使用标准的说明。鉴定标准为伤残等级鉴定的公平合理、待遇恰当提供了法律依据。1994年7月,《中华人民共和国劳动法》第73条对工伤者及其亲属应当享受的工伤保险待遇作了明确规定。

一、《企业职工工伤保险试行办法》出台

由于社会生产和生活的日趋复杂化,1996年8月,劳动部在总结试点经验的基础上,参照国外的工伤立法经验,于1996年8月12日颁布了《企业职工工伤保险试行办法》,于10月1日正式实施。试行办法的颁布实施,使我国的工伤保险制度和实践进入了一个新的阶段,取得了一定的成果。办法将工伤预防、工伤康复和工伤补偿作为工伤保险制度的任务,具体规定是:扩大工伤保险的覆盖范围,即扩大到各类企业及其职工;建立工伤保险差别费率,既实行行业差别费率,也实行企业浮动费率;统一了企业职工工伤保险的待遇项目和标准,提高了待遇水平;保障了工伤职工及其亲属的合法权益;均衡了企业之间工伤费用的负担,为企业创造了公平竞争的条件;丧失劳动能力的鉴定标准更加规范化。到1999年底,北京、广州等26个大中城市,近2 000个县市建立了工伤保险制度,覆盖人口4 200万,覆盖面达到42%;北京、广东等省市覆盖面达到92%。[1]

工伤保险试行多年的实践表明,能够适应市场经济需要的工伤保险制度在我国尚未确立起来。到2000年底,全国在第二、三产业就业的劳动者有35 575万人,而在试点地区参加工伤保险仅有4 350万人,[2]绝大多数劳动者没有参加工伤保险。这些没有被工伤保险覆盖的劳动者每年以数十万计的惊人数字遭遇工伤事故和职业病的伤害,并因此死亡或者伤残,致使家庭生活陷入困境。

在《企业职工工伤保险试行办法》之后,又有一些重要的工伤保险和职业安全方面的法律相继出台。主要有2002年5月1日《中华人民

---

[1] 社会保障部王东进副部长在2000年2月27日全国医疗保险工作会议上的讲话。
[2] 刘永富主编:《中国劳动和社会保障年鉴》(2001年),中国劳动和社会保障出版社2001年版,第699页。

共和国职业病防治法》、2002年11月1日《中华人民共和国安全生产法》,这是当时职业安全领域立法层次最高的两部法律。此外,2002年5月1日,卫生部还颁布了《国家职业卫生标准管理办法》和《职业危害事故调查处理办法》,完善了工伤保险制度的技术标准和实施规程。

二、《工伤保险条例》出台

2003年4月16日,国务院通过了《工伤保险条例》,2003年4月27日由国务院颁布,自2004年1月1日起实行,这是我国第一部专门规范工伤风险的法规。2003年10月29日,劳动和社会保障部发布的《关于工伤保险费率问题的通知》实施、2004年1月1日《工伤认定办法》实施、2004年9月《关于印发国家基本医疗保险和工伤保险药品目录的通知》实施、2004年12月1日《劳动保障监察条例》实施,这一系列法律、法规的颁布和实施,能够为职工在遭遇工伤事故或者职业病风险时提供更为充分的保障。

2003年4月国务院通过的《工伤保险条例》与1996年劳动部发布的《企业职工工伤保险试行办法》相比,其创新与突破表现在:

1. 扩大了工伤保险的适用范围

《工伤保险条例》取消了过去正式职工与非正式职工在工伤保险上的差别,规定用人单位的所有劳动者都有权参加工伤保险并在发生工伤事故时享受工伤保险待遇:第一,所有企业、有雇工的个体工商户都有参加工伤保险的义务,并为职工缴纳工伤保险费;第二,非财政经常性拨款的事业单位、社会团体、民办非企业单位,条例授权由国务院劳动保障行政部门会同人事行政部门、民政部门、财政部门等另行规定,报国务院批准后施行。2005年12月,经国务院批准,劳动和社会保障部、人事部、民政部、财政部下发《关于事业单位、民间非营利组织工作人员工伤有关问题通知》规定,不属于财政拨款支持范围或没有经常性财政拨款的事业单位、民间非营利组织,应当按照条例的规定参加工伤保险,职工发生工伤按照条例的规定执行。对于财政经常性拨款的事业单位、民间非营利组织是否参加工伤保险,授权省级人民政府根据当地经济社会发展和事业单位、民间非营利组织的具体情况确定;第三,国家机关、参照国家机关公务员管理的事业单位、社会团体和民间非企业单位,按照现行制度的规定,在工作人员受到工伤事故或者职业病伤害时,由其所在单位支付工伤保险待遇。条例已授权劳动和社会保障部会同人事部、财政部规定国家机关工作人员的工伤保险办法。

2. 规定了工伤保险缴费的责任主体

《工伤保险条例》规定用人单位应当按时缴纳工伤保险费,职工个人不缴纳工伤保险费。这就与国际通用的做法一致起来。工伤保险基金的筹集遵循"以收定支、收支平衡"的原则。2003年10月29日,劳动和社会保障部、财政部、卫生部、国家安全生产监督管理局发布的《关于工伤保险费率问题的通知》根据不同行业的工伤风险程度,将行业划分为三类:一类为风险较小的行业,二类为中等风险行业,三类为风险较大行业。对三类行业分别实行不同的工伤保险费率,原则上控制在职工工资总额的1%左右,在这一总水平下,各统筹地区三类行业的基准费率要分别控制在用人单位职工工资总额的0.5%、1%、2%左右,且基准费率可以定期调整。2008年12月,为了应对国际金融危机,人力资源和社会保障部、财政部、国家税务总局联合下发《关于采取积极措施减轻企业负担稳定就业局势有关问题的通知》,要求企业适时调整工伤保险费率,在基金结余较多的地区采取一次性措施降低费率,为企业减轻缴费负担,仅此项措施的实施,企业就少缴了约30亿元的工伤保险费。

3. 明确了工伤认定的对象和范围

《工伤保险条例》对工伤认定制度作出了规定,2003年9月18日,劳动和社会保障部出台的《工伤认定办法》对工伤认定的程序作出了规定。条例和办法主要内容：一是确定了工伤认定的主体，即统筹地区的劳动保障行政部门；二是规定工伤认定的对象，即与用人单位有劳动关系的职工所在单位有参加工伤保险的义务，在职工遭遇了因工作原因受到事故伤害或者患有职业病时，无论其单位是否参加了工伤保险，职工提出工伤认定申请后，劳动保障行政部门都应当受理；三是规定了工伤认定的范围，即在工作时间和工作场所内因工作原因受到事故伤害的、工作时间前后在工作场所内从事与工作有关的预防性或收尾性工作受到事故伤害的、在工作时间和工作场所内因履行工作职责受到暴力等意外伤害的、患职业病的；因公外出期间由于工作原因受到伤害或发生事故下落不明的、在上下班途中受到机动车事故伤害的、法律法规规定应当认定为工伤的其他情形。同时，还规定了可以视同为工伤的三种情形：一是在工作时间和工作岗位突发疾病死亡或者在 48 小时之内经抢救无效死亡的、在抢险救灾等维护国家利益公共利益活动中受到伤害的、职工已取得革命伤残军人证到用人单位后旧伤复发的。

4. 规定了工伤认定的程序

工伤认定按照以下程序进行：首先，在事故伤害发生之日或者职工被诊断患有职业病之日起 30 天内，由用人单位向统筹地区劳动保障行政部门提出工伤认定申请。用人单位在规定时间内没有提出申请的，工伤职工或其直系亲属、工会组织在事故伤害发生之日或者职工被诊断患有职业病之日起 1 年内，可以直接向用人单位所在地统筹地区劳动保障行政部门提出工伤认定申请；劳动保障行政部门在接到工伤认定申请之后，认为符合条例规定认定条件的应当受理；劳动保障行政部门对受理的申请审核以后，认为需要对事故伤害进行调查核实的，即进行调查核实；劳动保障行政部门依据工伤认定申请提供的事实证据和调查核实的结果，依据条例的规定作出工伤认定结论，在 20 天内送达相关当事人。

5. 规定了劳动能力鉴定机构和程序

《工伤保险条例》规定，劳动能力鉴定委员会由劳动保障行政部门、人事行政部门、卫生行政部门、工会组织、用人单位和社会保险经办机构代表组成，设立于劳动保障行政部门内，负责劳动能力鉴定的组织、协调及与劳动能力鉴定相关的工作。2006年11月2日，国家质量监督检验检疫总局、国家标准化管理委员会发布了劳动保障部报送的《劳动能力鉴定、职工工伤与职业病致残等级》后，劳动能力鉴定就依据该文件进行，后者根据医学发展和进步，对鉴定技术原则进行了调整。

6. 规定了工伤争议中用人单位的举证责任

《工伤保险条例》规定，职工或者其直系亲属认为是工伤，而用人单位不认为是工伤的，由用人单位承担不构成工伤的举证责任。这不仅明确了企业的举证责任，而且大大提高了工伤争议处理的效率。

7. 规定了更加详细的工伤保险待遇

工伤保险待遇有以下几项：一是工伤医疗和康复待遇。工伤职工在签订协议的医疗机构就医。所需费用符合工伤保险诊疗项目目录、工伤保险药品目录、工伤保险住院服务标准的，从工伤保险基金支付；二是停工留薪期待遇。遭遇工伤事故和职业病的职工暂时停止工作接受治疗的，享受停工留薪待遇，期限一般不超过12个月，经劳动能力鉴定委员会确认需要延长治疗期的，最长不能超过12个月；三是伤残待遇。被鉴定为一级到四级的伤残职工，保留劳动关系，退出劳动岗位，享受伤残待遇；四是伤残职工护理待遇，经劳动能力鉴定委员会确认生活需要护理的伤残职工，由工伤保险基金按月支付生活护理费；五是因工死亡职工遗属待遇，主要有丧葬补助金、依靠死亡职工提供生活费且没有劳动能力的供养亲属抚恤金、一次性工亡补助金；六是康复待遇，内容包括医疗康复、职业康复、社会康复三项。

《工伤保险条例》实施以来,企业职工的生活风险得到了比较可靠的保障。从条例正式实施的 2004 年 1 月到 2007 年,全国参加工伤保险人数、享受待遇的人数、基金规模、基金滚存额都在逐年增加。例如,2005 年底,全国参加工伤保险人数为 8 478 万人、享受待遇的人数为 65 万人、基金收入为 93 亿元、支出为 48 亿元、基金滚存额 164 亿元;到了 2007 年底,全国参加工伤保险人数增加到 12 173 万人、享受待遇的人数增加到 96 万人、基金收入增加到 166 亿元、支出上升为 88 亿元、基金滚存额达到 262 亿元。① 工伤保险中涉及到各个方面的增长是显而易见的,工伤保险制度所发挥的作用也是不言而喻的。2004 年 3 月,劳动和社会保障部正式成立工伤保险司,这是工伤保险实务的专门管理机构。各地劳动保障部门也相继设置了工伤保险管理机构,与此同时还建立了劳动能力鉴定机构。这些管理机构的建立为企业职工在遭遇工伤保险事故后的权益保障提供了组织保障。

三、农民工工伤保险制度

在工伤保险制度完善的过程中,国家为在工伤风险和职业病发病率程度高的煤矿、建筑业、制造业等行业就业的农民工建立了工伤保险保护制度。2004 年 6 月 1 日,劳动和社会保障部发布了《关于农民工参加工伤保险有关问题的通知》,将为农民工办理工伤保险提上议事日程。2006 年 1 月 21 日,国务院颁布《关于解决农民工问题的若干意见》,进一步明确要求将农民工纳入工伤保险范围,要求所有用人单位必须为农民工办理工伤保险手续,缴纳工伤保险费。在农民工发生工伤后,要做好工伤认定、劳动能力鉴定和工伤待遇支付工作。未参加工伤保险的农民工发生工伤时,由用人单位按照工伤保险规定的标准支

---

① 郑功成:《中国社会保障 30 年》,人民出版社 2008 年版,第 272 页。

付费用。

2006年5月17日,劳动和社会保障部发布《关于实施农民工"平安计划"加快推进农民工参加工伤保险工作的通知》,要求用3年左右的时间将矿山、建筑业等高风险企业农民工基本纳入工伤保险范围。2006年,国家以重特大工伤事故频发、社会各界高度关注的煤矿企业为重点,在河北省邯郸市、黑龙江省鸡西市、湖南省郴州市等地,采取以吨煤提取工伤保险费的缴费办法,在将农民工纳入工伤保险制度的同时,取得了解决小煤矿缴费基数难以确定问题的经验。年底,劳动和社会保障部、建设部联合下发了《关于做好建筑施工企业农民工参加工伤保险有关工作的通知》,2007年,将北京市和厦门市等地按项目参保、按工程造价提取工伤保险费的做法在全国推广,以此推动农民工流动频繁、工资基数难以计算的建筑行业农民工参加工伤保险的工作。2007年3月6日,劳动和社会保障部发布《关于新旧劳动能力鉴定标准衔接有关问题处理意见的通知》,以保证新旧鉴定标准能够顺利对接。9月7日,劳动和社会保障部、国资委联合发布《关于进一步做好中央企业工伤保险工作有关问题的通知》规定,中央企业按照属地管理原则为包括农民工在内的所有职工办理所在地工伤保险手续,对于跨地区、流动性较大的中央企业以及《工伤保险条例》实施之前就已享受工伤保险待遇的职工按照相关规定执行。2008年,在江苏省泰州市、广东省广州市、内蒙古自治区包头市、天津市等地餐饮服务业,以营业面积大小核算农民工参加社会保险的经验向全国推广,推动全国餐饮服务行业农民工参加社会保险工作。在这一系列法规的规范下,农民工参加工伤保险的人数迅速扩展,由2003年的4 575万人增加到2009年底的14 896万人,增幅为226%。仅2009年就有5 587万农民工被纳入工伤保险覆盖范围。与此相应,工伤保险待遇受惠人数也在不断增加,《工伤保险试行办法》实施期间,工伤保险待遇获得者由1997年的12.5万人上升到2003年的29.5万人。《工伤保险条例》实施以后，2009年工伤保险待遇获得者人数猛增到了130万人，较2003年同期增长了341%。① 将如此庞大数目的农民工纳入工伤保险范围，对于推动农民工参加医疗保险、养老保险都会发挥积极作用。然而，由于2004年劳动部发布的《关于农民工参加工伤保险有关问题的通知》规定，参加工伤保险的必须是"与用人单位建立劳动关系的农民工"，并且"重点推进建筑、矿山等工伤风险较大、职业危害较重行业的农民工"，因此，在2009年全国农民工总人数为22 978万人的情况下，仅有5 587万具有固定劳动关系的农民工参加了工伤保险。②

我国自1951年颁布《劳动保险条例》建立工伤保险制度以来的60年间，对工伤保险法规几经修改，但却一贯注重对安全生产事故造成的损害的补救，而忽视对因职业病造成的伤害的保障。即使是《工伤保险条例》，也是按照国际惯例确定了其保障范围既包括工伤伤害，也包括职业病伤害，但其规定仍然偏重于对工伤伤害的补救。2005年，我国有毒有害企业超过1 600万家，受到职业危害的人数超过2亿，其中绝大多数是农民工。③ 职业病已成为重大公共卫生和社会问题。值得注意的是，有两个职业病集中的重点人群：一是约1亿名在中小企业就业的农村进城务工的流动劳动者，二是1.36亿名在乡镇企业从事工业劳动的农村劳动力。④ 2006年有关统计显示，在乡镇企业中，83%的企业存在不同程度的职业危害。⑤ 国家卫生部的一位官员说，我国职业病

---

① 郑功成主编：《中国社会保障改革与发展战略》(医疗保障卷)，人民出版社2011年版，第295—296页。
② 郑功成主编：《中国社会保障改革与发展战略》(医疗保障卷)，人民出版社2011年版，第309页。
③ 来洁：《职业病：农民工面前又一难题》，《经济日报》2005年1月13日。
④ 武唯：《职业高危人群离工伤保险有多远》，《中国劳动保障报》2005年5月11日。
⑤ 蒋志臻：《每年因工致残逾70万人》，《人民政协报》2006年6月14日。

的患病程度十分严重。从查处的案件情况来看,往往发现一个案例,牵连起来的就是周边地区、行业的一系列案件,一发现就是一窝。[①] 2005年,在患职业病的农民工中,仅尘肺病患者报告有44万余人,[②]实际发生的例数不少于100万人。[③]

  据统计,近些年,我国的职业病每年以1万余例的速度在递增,其中80%为尘肺病。职业病与工伤不同之处在于它潜伏时期长,一旦发现其治疗周期长,治疗费用以及康复费用高昂。尤其是尘肺病的治疗、康复费用更居职业病之首。德国在1975—1989年的15年间,在矽(硅)肺病上的花费高达3 008.07欧元,其中医疗康复费用占7.0%,职业康复费用占0.1%,支付的养老金占34.4%,遗属抚恤金支出占58.4%。[④] 由于农民工只能在民营的鞋厂、玩具厂等职业病高发企业就业,许多人工作两三年之后身体就垮了,不到30岁就丧失了劳动能力。得了职业病的绝大多数人由于企业没有给他们办理工伤保险,他们自己又无钱医治,只能在家等死。例如在江苏昆山,有民营企业10 000多家,外资企业1 500家,而申报职业危害的只有98家。[⑤] 农民工一旦得了职业病,雇主或者用人单位就会把他们扫地出门,或给少量的补偿

---

  ① 苏志:《受伤害的不仅是工人的身体》,《经济日报》2005年1月13日。据报道,1984年以来,大量外资鞋革企业涌向福建莆田。在这上百家鞋厂中,普遍使用含有苯、甲苯、二甲苯成分的强挥发性胶水黏合剂,而在鞋厂工作的来自四面八方的7万名少女,为了低微的收入,每天淹没在高浓度的毒气中工作十几个小时。1993年一批女工在晋江鞋厂打工仅几个月便中毒住院。其中两位女工患白血病去世,临死之前全身腐烂、发肿发臭。更令人触目惊心的是,两位女工死时腹中七八个月的胎儿也一起夭折。2001年在北京,也出现过类似情况,当时北京某包装制品有限公司陆续有好多女工因鼻子出血、牙龈出血而病倒,事后有20人被确诊为再生障碍性贫血。参见钟伟:《'中国制造'中的生命补贴》,《读者》2006年第11期。

  ② 常凯:《职业病防治的深层意义》,《经济日报》2005年1月13日。

  ③ 武唯:《职业高危人群离工伤保险有多远》,《中国劳动保障报》2005年5月11日。

  ④ 郑功成主编:《中国社会保障改革与发展战略》(医疗保障卷),人民出版社2011年版,第310页。

  ⑤ 张成富:《推动雇主、雇员和政府三方协商》,《经济日报》2005年1月13日。

金。健康有活力的劳动力源源不断地从农村输入城市,城市却把因工伤和职业病致伤致残、体衰病弱者们一个个推回农村,这不仅使城乡居民生存状况的差距越来越大,而且对于农民是极不公平的。2009年8月,国务院办公厅发布了《国家职业病防治规划(2009—2015年)》,提出到2015年力争将有劳动关系的劳动者中的90%以上纳入工伤保险范围,并且使职业病患者得到及时救治。为此目标的实现,及时修订2002年5月1日《中华人民共和国职业病防治法》是首先应当进行的工作。

2008年,对于中国来说,是个不平静的一年,国家经历了罕见的地震和席卷全球金融危机的双重考验,虽然顺利地走过来了,但仍然留下需要我们思考和解决的重要问题。2008年"5.12"大地震造成大量职工伤亡,在市级统筹的筹资模式下,汶川的工伤保险基金是无法支付伤残职工的待遇的。在特殊情况下,7月,人力资源和社会保障部下发《关于开展地震灾区工伤康复援助行动的通知》,动员社会力量帮助灾区伤残人员进行康复。2009年初,财政部、人力资源和社会保障部、全国社会保险基金理事会联合下发《关于拨付地震灾区工伤保险基金缺口补助资金的通知》,为灾区拨付了6.8亿元,弥补了工伤保险基金缺口,保障了伤残职工待遇发放。① 我们从中看到,一方面,这次拨款是中央财政第一次拨补工伤保险基金缺口,是全国社会保险基金理事会成立以来首次动用资金补助社会保险支付之用,这样的举措在保障伤残职工权益、维护社会稳定方面,发挥了及时的、有力的、可靠的保障作用;另一方面,在2008年底全国工伤保险基金累积结余335亿元、各统筹地区储备金总额为50亿元的情况下,② 由于工伤保险统筹层次低,

---

① 胡晓义:《走向和谐:中国社会保障发展60年》,中国劳动社会保障出版社2009年版,第360页、第364页。

② 同上,第360页。

跨统筹地区无法进行调剂，才使得中央和全国社保基金理事会不得不拨款，以解燃眉之急。我国是一个自然灾害频发的国家，每年都发生各种灾害，如果不尽快提高社会保险统筹层次，而在灾害发生后等待中央和全国社会保障基金拨款，不仅不能解决持续不断的资金缺口问题，而且背离建立社会保险制度的目的，影响制度正常持续稳定发展。

第五节　生育保险制度

我国生育保险制度是1951年2月随着《劳动保险条例》的颁布而建立起来的，条例对企业女职工生育待遇作了规定。1952年政务院颁布的《关于各级人民政府、党派、团体及所属事业单位的国家工作人员实行公费医疗预防的指示》以及1955年4月26日国务院颁布的《关于女工作人员生育假期规定的通知》，对机关、事业单位女职工的生育保险作了规定。企业女职工与国家机关、事业单位女职工的产假都是56天，产假期间工资也都照发，即生育津贴为工资的100%；不同的是，企业女职工生育保险待遇由企业提供，而国家机关和事业单位女职工的生育保险待遇由国家财政提供。

一、《女职工劳动保护规定》中的生育保险规定

1986年5月30日，卫生部、劳动人事部、中华全国总工会、全国妇联联合发布《女职工保健工作暂行规定（试行草案）》对女职工孕期、产期、哺乳期如何开展保健工作做出了规定。7月12日，国务院发布《国营企业实行合同制暂行规定》明确规定，女职工在孕期、产期、哺乳期，企业不得解除劳动合同。1988年7月21日，国务院发布了《女职工劳动保护规定》，统一了机关、企业、事业单位的生育保险制度，将生育保险的实施范围从原来的国有企业扩大到国内一切企业，包括国有企业、

集体企业、外商投资企业、乡镇企业等,并且将女职工的产假由原来的56天增加到90天(其中产前15天),难产、多胞胎生育再增加15天产假;规定不得在女职工怀孕期、产期、哺乳期降低其基本工资,或者解除劳动合同;规定女职工产前检查时间算作劳动时间,对孕期、产期、哺乳期女职工的劳动强度、劳动环境、劳动时间作出了详细具体的规定。1988年9月4日,劳动部发布了《关于女职工生育待遇若干问题的通知》,对女职工享有的产假和产假工资作出详细解释。1989年1月20日,劳动部发布了《女职工劳动保护规定问题解答》,1990年1月18日,劳动部又发布了《女职工禁忌劳动范围的规定》,对女职工在孕期、产期、哺乳期禁止从事的高污染、高强度、高放射性的劳动范围作出明确规定。

生育保险制度自建立以来,在维护女职工合法权益、减少和解决她们在劳动中因生理特点造成的特殊困难,保障女职工的安全和健康方面发挥了重要的作用。但是,这时的生育保险支付由于是由女职工单位承担,所以不是真正意义上的社会保险,而是企业承担生育保险成本的企业保险,由此导致女职工多的企业难以平等参与市场竞争。因为有些企业女职工占到职工总数的60%—70%,而有些企业只有不到10%的女职工,生育保险负担重的企业就难以与负担轻的企业平等参与竞争;许多企业为了降低用工成本、赚取更多利润,采取减少雇佣女工,使妇女的就业权受到极大影响。为了维护妇女的就业权利和充分享受生育保险权利,中华全国总工会和全国妇联于1988年11月6日联名向中央书记处递交了《关于辽宁省一些企业对怀孕哺乳女工实行放长假的报告》。报告反映,据不完全统计,在沈阳、大连、鞍山,有30多个企业对怀孕哺乳女工实行留职放长假1至3年、同时发放70%—75%工资的做法。有些企业甚至采取撤销托儿所、不给哺乳女工喂奶时间的办法,迫使哺乳女工回家休长假。甚至到了2000年,女职工受就业歧视的状况仍然存在,据全国妇联和国家统计局联合组织的第二期中国妇女社会地位调查报告,2000年,中国城镇18至49岁女性人口中,在业率为72%,比1990年降低了16.2%,[1]表明在企业招工中,女性劳动者是被排斥的;一些效益不好的企业,没有经济能力支付生育女职工的生育保险待遇,生育期间的花费由女职工及其家庭承担。

改变这种状况的手段是,将企业生育保险变为社会生育保险,生育保险基金由社会筹集。生育保险制度改革于1988年率先在江苏省南通市展开,改革的主要办法是用人单位按照职工工资总额的一定比例缴纳生育保险费,建立生育保险基金,职工生育后由生育保险基金支付职工生育期间的各项待遇。湖南省株洲市也采取了类似的改革措施;1988年辽宁省鞍山市和江苏省苏州市规定,生育津贴由夫妻双方所在企业各承担50%,如果男方不在本地企业工作,由女方企业全部承担,这实际上仍然是企业保险的形式。由于各地做法不一,管理和监督难度较大,尤其是地方性法规强制力弱而导致生育保险费征缴比较困难,因此,需要建立全国性的生育保险制度。1989年,全国总工会在苏州市召开座谈会,研讨以上两种改革措施的利弊。1990年6月,全国政协提案委员会和全国总工会组成联合调查组,赴江苏、浙江两省的8个市和10个县对女职工生育费用社会统筹和由夫妇双方单位共同负担生育费用的办法进行了调查对比。1994年10月,劳动部、全国总工会在山东省曲阜市召开了生育保险改革座谈会,对全国19个省的生育保险制度改革工作经验进行了交流。与会代表认为,生育保险社会统筹能够充分发挥生育保险基金互助互济、共担风险、增强基金抗风险能力的功能,是可取的筹资方式。

---

[1] 胡晓义:《走向和谐:中国社会保障发展60年》,中国劳动社会保障出版社2009年版,第390页。

二、《企业职工生育保险试行办法》出台

在总结各地实施生育保险制度改革和创新经验的基础上,1994年12月10日,劳动部发布了《企业职工生育保险试行办法》,确立了生育保险费用实行社会统筹的模式。

1995年7月27日,国务院发布了《中国妇女发展纲要(1995—2000)》,将生育保险的目标确定为,到20世纪末"在全国城市基本实现女职工生育费用的社会统筹"。1995年劳动部发布了《关于贯彻实施〈中国妇女发展纲要〉(1995—2000)的通知》,1996年7月2日,劳动部又发布了《关于印发劳动部贯彻〈中国妇女发展纲要(1995—2000)〉实施方案的通知》,两个"通知"都对生育保险改革提出了具体要求。然而,到了1999年,全国应参加生育保险的职工人数为10 318万人,实际参加的职工为2930万人,覆盖率仅为28%。[1] 1999年9月,针对部分地区在医疗保险制度改革的过程中,机关、事业单位工作人员的生育保险费用没有纳入医疗保险支付范围的情况,劳动和社会保障部、国家计划生育委员会、财政部、卫生部联合下发《关于妥善解决城镇职工计划生育手术费用问题的通知》规定,在建立企业职工生育保险的地区,参保单位职工的计划生育手术费用由生育保险基金支付;没有建立生育保险的地区,在建立职工基本医疗保险制度时,可以将符合基本医疗保险有关规定的参保单位职工计划生育手术费用纳入基本医疗保险统筹基金支付;对没有参加生育保险和基本医疗保险的单位,职工计划生育手术费用仍由原渠道解决。2004年9月8日,劳动和社会保障部发布了《关于进一步加强生育保险工作的指导意见》,要求没有出台生育

---

[1] 郑功成等:《中国社会保障制度变迁与评估》,中国人民大学出版社2002年版,第282页。

保险的地区,要尽快建立生育保险制度,扩大生育保险覆盖范围,争取在2010年将90%的企业职工纳入生育保险范围。各省、自治区、直辖市根据劳动和社会保障部的规章都制定了适合本地区的生育保险实施办法,至此,我国的生育保险法规体系初步形成。到了2008年,生育保险参保人数达到9 254万人,[①]管理体制也进一步理顺,将原来由养老保险经办机构管理的生育保险工作调整为由医疗保险经办机构管理,推行与医疗机构直接结算医疗费用的办法,大大方便了职工。

《企业职工生育保险试行办法》的主要内容有:1.适用范围。生育保险适用于所有企业。试行办法没有对机关和事业单位女职工的生育保险作出规定,但是根据1988年的《女职工劳动保护规定》,国家机关、企业和事业单位的女职工实行一体保护,即机关、事业单位女职工生育保险参照试行办法实施。我国生育保险试行办法还规定,晚育的男性享受7天带薪休假,男性接受节育手术享受生育保险待遇;2.费用统筹。试行办法规定,生育保险按属地原则组织,生育保险费实行社会统筹。按属地原则组织,是指按行政区域划分的市、县为单位组织实施,在某一行政区域内所辖的各类企业一律参加所在地的生育保险,执行当地的统一缴费标准及有关规定。生育保险由企业按照不超过职工工资总额1%的比例向社会保险经办机构缴纳生育保险费,建立生育保险基金。职工个人不缴纳生育保险费。由企业按照职工工资总额的一定比例缴纳生育保险费隐含的意义是,生育保险与男女职工都有关系,应由男女职工共同承担;3.生育保险待遇。女职工按照法律、法规的规定享受产假。女职工生育的检查费、接生费、手术费、住院费和药费由生育保险支付。由于我国的生育保险是建立在计划生育政策基础上

[①] 胡晓义:《走向和谐:中国社会保障发展60年》,中国劳动社会保障出版社2009年版,第396页。

的,不符合计划生育政策的生育行为不能享受生育保险待遇;4.生育保险基金的监督和管理与其他险种相同。

2008年3月7日,财政部、国家税务总局联合发布《关于生育津贴和生育医疗费有关个人所得税政策的通知》规定,"生育津贴、生育医疗费或其他属于生育保险性质的津贴、补助免征个人所得税",这一规章有助于推动生育保险制度的实施。到2010年底,全国31个省、直辖市、自治区和新疆建设兵团都为职工办理了生育保险,参加生育保险的人数为12 336万人,当年有211万人次享受到生育保险待遇,生育保险基金收入160亿元,支出110亿元,年底累计结余基金261亿元。[①] 同时也要看到,生育保险尚未将应当覆盖的人群全部覆盖起来,城镇就业人员中的不在岗职工和灵活就业人员,这群人有0.75亿人;城镇居民和大量流动人员没有被纳入生育保险。据推算,我国每年1 600万出生人口中,约有415万人没有任何制度保障,他们占到出生人口总数的25%。[②] 这是制度建设中应当予以关注的问题。

第六节 社会保险管理制度

社会保险管理制度的改革,同样经历了由原来的用人单位管理改革为设立专门机构进行管理的过程。在改革的初期,一些地区的社会保险出现了多头管理、政出多门、互相掣肘的现象。为了使社会保险改革工作顺利进行,1986年7月12日,国务院发布的《国营企业实行劳动合同制暂行规定》第28条规定,"劳动合同制工人退休养老工作,由

[①] 中华人民共和国人力资源和社会保障部:《2010年度人力资源和社会保障事业发展统计公报》。转引自宋士云等:《新中国社会保障制度结构与变迁》,中国社会科学出版社2011年版,第316页。

[②] 胡晓义主编:《走向和谐:新中国社会保障发展60年》,中国劳动社会保障出版社2009年版,第411页。

劳动行政主管部门所属的社会保险专门机构管理,其主要职责是筹集退休养老基金,支付退休养老费用和组织管理退休工人。"1987年3月6日,中央财经领导小组会议决定,要设立各级退休费用统筹管理委员会,对退休费用统筹工作,包括人、钱、事,进行统一管理。办事机构设在劳动人事部门。1988年,国务院批准的劳动部"三定"方案中规定,"劳动部综合管理与规划全国企业的社会保险和职工福利工作。拟定企业职工的社会保险和福利制度改革方案及实施办法,并组织实施;拟定企业职工退休、工伤、生育、疾病、死亡、医疗等保险以及职工福利方面的政策、制度和办法,并负责监督执行。"1988年9月7日,李鹏总理主持召开的国家机构编制委员会第六次会议决定:"社会保险由劳动部管理。"1991年4月11日,国家体改委、民政部、劳动部联合发布的《关于城镇和农村社会养老保险分工的通知》指出:"根据1990年国务院111次总理办公会议关于城镇社会保险主要由劳动部负责,农村社会保险由民政部负责的决定,经研究,具体分工如下:凡城镇户口并由国家供应商品粮的国营、集体、'三资'和私营企业职工及其他劳动者的养老保险由劳动部负责。凡非城镇户口且不由国家供应商品粮的公民(含乡镇企业职工)的社会养老保险由民政部负责。"1991年国务院《关于企业职工养老保险制度改革的决定》规定,"劳动部和地方各级劳动部门负责管理城镇企业职工养老保险工作。劳动部门所属的社会保险管理机构,是非营利性的事业单位,经办基本养老保险和企业补充养老保险的具体业务,并受养老保险基金委员会委托,管理养老保险基金。"

1992年11月24日,劳动部发布《关于严格执行国务院的规定,不得随意改变社会保险管理体制问题的通知》指出:在社会保险改革深入发展之际,"有的地方违背1986年关于〈国营企业实行劳动合同制暂行规定〉和1991年〈国务院关于企业职工养老保险制度改革的决定〉,自行改变社会保险的管理体制,有的地区,混淆社会保险和商业保险的区别,将两种性质完全不同的保险合并经办。这种状况,给人们带来了思想混乱,干扰了社会保险改革。……为此,现将国务院关于社会保险管理体制的有关规定重申如下:……劳动部和地方各级劳动部门是社会保险工作的主管部门,其体制是明确的,职责是清楚的。因此,各地应严格贯彻执行。"1994 年 8 月 3 日,劳动部、人事部、民政部联合发布《关于保持社会保险管理体制稳定的通知》指出:"根据国务院领导同志指示,社会保险工作目前仍保持劳动部门负责城镇企业、人事部门负责机关事业单位、民政部门负责农村(含乡镇企业)的分工负责体制。"1994 年,劳动部社会保险事业管理局正式成立,从此,我国社会保险工作由"政事合一"改革为"政事分开",随后各级社会保险经办机构相继成立,主要负责养老保险费的征缴、管理,离退休人员的社会保险事务仍由企业承担。

1995 年 1 月 1 日,正式实施的《中华人民共和国劳动法》规定,"社会保险经办机构依照法律规定收支、管理和运营社会保险基金,并负有使社会保险基金保值增值的责任。"1995 年 3 月,国务院颁布的《关于深化企业职工养老保险制度改革的通知》进一步明确规定"管理社会保险基金一律由社会保险经办机构负责。"1997 年,国务院发布的《关于建立统一的企业职工基本医疗保险制度的决定》规定,"提高社会保险管理服务的社会化水平,尽快将目前由企业发放养老金改为社会化发放,积极创造条件将离退休人员的管理服务工作逐步由企业转向社会,减轻企业的社会事务负担。"之后,企业离退休人员的离退休金由银行发放,实现了社会化管理。1999 年 1 月,国务院颁布《社会保险费征缴暂行条例》规定,各地社会保险经办机构不再从社会保险基金中提取任何费用,所需经费列入预算,由同级财政拨付。2000 年,根据中央编办《关于原劳动部社会保险事业管理局等单位合并更名及编制的批复》,原劳动部社会保险事业管理局与民政部农村社会养老保险管理中心、卫生部全国公费医疗管理中心、人事部中央国家机关及其在京事业单位社会保险管理中心合并,组建成立劳动和社会保障部社会保险事业管理中心。随后,各地由多部门管理服务的社会保险事业也归由劳动保障行政部门的社会保险经办机构管理。2008年,国家人事部与劳动和社会保障部合并为人力资源和社会保障部。原劳动和社会保障部社会保险事业管理中心更名为人力资源和社会保障部社会保险事业管理中心。随之,各地也对当地的社会保险经办机构进行了合并调整。至此,社会保险管理服务完成了由"企业自我管理"向"社会化管理",由多部门"分头管理"向社会保险经办机构"统一管理"的转化。理顺管理服务的机制和体制,对于提高工作效率和服务水平,提供了组织保障。

第七节 社会保险基金管理和运营制度

1951年颁布实施的《劳动保险条例》第11条规定,"劳动保险金的保管,由中华全国总工会委托中国人民银行代理之",可见,由于计划经济时期特殊的经济社会条件,社会保险基金只存银行也不会发生社会保险基金贬值缩水的问题。经济体制改革以后,随着我国经济快速发展,社会保险制度不断完善,社会保险覆盖范围逐步扩大,社会保险基金规模也在不断扩大,社会保险基金只能存银行和买国债,导致社会保险基金贬值缩水,进而影响到它的保障功能和制度的可持续发展。社会保险基金保值增值及与之有关的基金运营问题凸现出来。

一、社会保险基金管理制度

1991年,国务院颁布《关于企业职工养老保险制度改革的决定》规定,"劳动部和地方各级劳动部门负责管理城镇企业(包括不在城镇的全民所有制企业)职工的养老保险工作。"同时规定,地方要设立基金管理委员会,由地方负责同志任领导,劳动、财政、计划、审计、银行、工会等部门负责同志参加,办事机构设在劳动部门,对养老保险基金的管理进行指导和监督。养老保险基金实行专项储存,专款专用,任何单位和个人不得擅自动用。1993年,党的十四届三中全会通过《中共中央关于建立社会主义市场经济体制若干问题的决定》提出,建立由政府有关部门和社会公众代表参加的社会保障基金监督组织,监督社会保障基金的收支和管理。1994年7月5日,第八届全国人大常委会第八次会议通过的《中华人民共和国劳动法》规定,社会保险经办机构依照法律规定收支、管理和运营社会保险基金。设立社会保险基金监督管理机构,依法对社会保险基金的收支、管理和运营实施监督。但是,这些文件对社会保险基金的监督主体以及如何进行监督都没有做出具体规定。

1997年7月,国务院发布了《关于建立统一的企业职工基本养老保险制度的决定》后,社会保险覆盖面不断扩大、社会保险费的征缴基数和征缴率也在提高,社会保险基金的筹资规模随之扩大。1998年1月,财政部、劳动部、中国人民银行、国家税务总局联合下发《企业职工基本养老保险基金实行收支两条线管理暂行规定》,明确基本养老保险基金纳入单独的社会保障财政专户,实行收支两条线,专项管理,专款专用,任何部门、单位和个人均不得挤占挪用,也不得用于平衡财政预算。1999年1月,国务院颁布《社会保险费征缴暂行条例》规定,社会保险基金实行收支两条线管理,即社会保险经办机构设立社会保险基金收入户、支出户,财政部门开设单独的社会保障基金财政专户,三个账户均在国有商业银行开设。基金征缴收入存入基金收入户,按月转入财政专户。基金支出时,财政部门将基金从财政专户转到基金支出户,由社会保险经办机构办理社会化发放和结算,结余基金存入财政专户。

为规范社会保险基金财务和会计管理,1999年6月,财政部、劳动和社会保障部联合发布了《社会保险基金财务制度》,财政部印发了《社会保险基金会计制度》,规定劳动和社会保障部门、财政部门、审计部门要定期或不定期地对收入户、支出户和财政专户内的基金收支和结余情况进行监督检查,发现问题及时检查,并向政府和基金监督组织报告。2005年,国务院《关于完善企业职工基本养老保险制度的决定》规定,要制定和完善社会保险基金监督管理的法律法规,实现依法监管。各省、自治区、直辖市人民政府要完善工作机制,保证基金监督制度的顺利实施。要继续发挥审计监督、社会监督和舆论监督的作用,共同维护基金安全。2006年9月,劳动和社会保障部发布《关于进一步加强社会保险基金管理监督工作的通知》,要求基金管理机构严格执行社会保险基金管理的政策法规,强化社会保险基金收支管理,禁止违规投资运营,主管部门要充分发挥职能作用,加大监督检查力度,经办机构要加强内控制度建设,确保基金安全。

  2006年11月23日,审计署公布的对29个省(自治区、直辖市)、5个计划单列市2005年三项保险(养老、医疗、失业)基金管理使用情况的审计结果表明,2005年三项保险基金收入3 128.46亿元、支出2 203.14亿元,分别占全国当年基金收支总额的50.7％和46.5％。到2005年底,三项基金累计结余2 918亿元。[①] 可以看出,2005年社会保险基金结余额已经超过了当年的支出总额。巨额的社会保险基金,曾引起过几个部门竞相争取管理和运营这部分基金的热情。财政部门认为,社

[①] 曲哲涵:《审计署:三项保险基金整体情况较好》,《人民日报》2006年11月24日。另外一组可以参考的数据是:2005年,社会保险基金总收入为6 968亿元,(其中养老保险5 093亿元、失业保险333亿元、医疗保险1 405亿元、工伤保险93亿元、生育保险44亿元),总支出为5 401亿元(其中养老保险支出4 040亿元、失业保险支出207亿元、医疗保险支出1 079亿元、工伤保险支出48亿元、生育保险支出27亿元),累计结余6 066亿元(其中养老保险基金结余4 041亿元、失业保险511亿元、医疗保险1 278亿元、工伤保险164亿元、生育保险结余72亿元),参见林治芬主编:《社会保障资金管理》,科学出版社2007年版,第107—108页。

会主义市场经济离不开国家宏观调控,对养老保险基金的管理和运营是其手段之一,因此,应当由国家财政部门集中管理和运营;社会保障部门认为,应当遵循谁收缴养老保险费和谁支付养老金由谁管理的原则,养老保险基金应当由社会保障部门管理和运营。在实践中,养老保险基金的管理和运作机构也不一。在这种情况下,人们不得不思考:社会保险基金应当由谁来管理和运营以及如何管理和运营的问题。

按照有关法律法规的规定,社会保险基金分别由两个机构管理。

(一) 由社会保险经办机构管理

社会保险基金是由用人单位和职工按照法定比例缴纳的社会保险费形成的、在受保险人出现法律规定的生活风险时为其提供经济补偿的、属于受保险人共同所有的公共基金。1999年6月财政部、劳动部和社会保障部发布的《社会保险基金财务制度》第1条规定:"为规范社会保险经办机构经办社会保险基金的财务行为,加强社会保险基金管理,维护保险对象的合法权益……",可见,社会保险经办机构是社会保险基金的管理机构。社会保险经办机构管理的社会保险基金是指"由缴费单位和缴费个人分别按缴费基数的一定比例缴纳以及通过其他合法方式筹集的专项资金。""基金根据国家要求实行统一管理,按险种分别建账,分别核算,专款专用,自求平衡,不得相互挤占和调剂。"经办机构根据社会保险制度的实施计划和任务,编制年度基金财务收支计划;经办机构按国家规定按时、足额筹集基金;要根据社会保险的统筹范围,按照国家规定的项目和标准支出;[①]社会保险经办机构根据财政和

[①] 基金支出包括:社会保险待遇支出、转移支出、补助下级支出、上解上级支出、其他支出。社会保险待遇支出是指按规定支付给社会保险对象的养老金、失业保险金、医疗保险费等。转移支出是指社会保险对象跨统筹地区流动而转出的基金支出。补助下级支出是指上级经办机构拨付给下级经办机构的补助支出。上解上级支出是指下级经办机构上解上级经办机构的支出。其他支出是指经财政部门核准开支的其他非社会保险待遇性质的支出。《社会保险基金财务制度》第19条。

劳动保障部门商定的、最高不超过国家规定预留的支付费用后,全部用于购买国家发行的特种定向债券和其他种类的国家债券。

可见,法律的规定是明确具体的。然而,由于管理体制不顺、规范基金管理的法律法规不完善,社会保险基金被违规动用的现象比较普遍。1998年5至8月,劳动和社会保障部、国家审计署、财政部对社会保险基金运行状况的调查表明,1986至1997年,全国有上百亿元社会保险基金被违规动用,其中,地方政府直接动用和批准动用的占31.63%,社会保险经办机构自行动用占28.81%。这些资金只收回50%。1999年,收回的养老保险基金和失业保险基金共计19.8亿元。[①] 2006年11月23日,国家审计署对2005年29个省(自治区、直辖市)和5个计划单列市养老保险、医疗保险和失业保险基金管理使用情况的审计结果表明,违规截留挪用社保基金计71.35亿元,其中1999年底以前发生的有23.47亿元,2000年以来发生的有47.88亿元,这些违规使用的基金部分无法追缴归还。基金管理存在的其他问题是:社会保险费代缴机构(税务局、人才交流服务中心、职业介绍服务中心等)没有按规定时间将征缴的16.20亿元社保基金交入财政专户;社会保险经办机构在决算时少计保险基金收入8.12亿元。[②] 尤其是2006年发生在上海的12亿美元社会保险基金被挪用的事件,引起了人们的巨大震惊。[③] 人们深切地意识到,如果社会保险基金一再被挪用和流失,就意味着人们将丧失养命钱,生存将受到威胁。由谁管理和如何管理社会保险基金的问题,一时成为政府和学界共同关注的热门话题。社会保险基金被违规动用,极大地损害了政府的形象和公民对

[①] 王延中:《中国的劳动与社会保障问题》,经济管理出版社2004年版,第201页。
[②] 曲哲涵:《审计署:三项保险基金整体情况较好》,《人民日报》2006年11月24日。
[③] 郑秉文、黄念:《上海社保案折射出哪些制度漏洞》,《中国证券》2006年10月13日;林治芬主编:《社会保障资金管理》,科学出版社2007年版,第19页。

于政府的信任,削弱了社会保险基金对于被保险人生活风险的保障能力,最终影响社会保险制度的正常持续稳定发展和社会的安定与和谐。

(二) 由全国社会保障基金理事会管理

全国社会保障基金是社会保障战略储备基金,用于应对未来突发事件或者老龄化高峰时防范社会保险基金亏空的储备基金。2001年12月13日财政部、劳动和社会保障部发布的《全国社会保障基金投资管理暂行办法》第2条规定:"全国社会保障基金是指全国社会保障基金理事会负责管理的由国有股减持划入资金及股权资产、中央财政拨入资金、经国务院批准以其他方式筹集的资金及其投资收益形成的由中央政府集中的社会保障基金。"理事会负责管理社保基金,履行以下职责:1.制定社保基金的投资经营策略并组织实施;2.选择并委托社保基金投资管理人、托管人对社保基金资产进行投资运作和托管,对投资运作和托管情况进行检查;3.负责社保基金的财务管理与会计核算,编制定期财务会计报表,起草财务会计报告;4.定期向社会公布社保基金资产、收益、现金流量等财务状况。《全国社会保障基金投资管理暂行办法》充分体现了中央政府在社会保险中的责任,全国社会保障基金是中央政府专门用于社会保险支出的调剂基金,它作为国家的战略储备发挥着最后一道防线的作用。

二、社会保险基金运营制度

(一) 由社会保险经办机构运营

1991年《国务院关于企业职工养老保险制度改革的决定》规定,"企业和职工个人缴纳的基本养老保险费转入社会保险管理机构在银行开设的'养老保险基金专户',实行专项储存、专款专用,任何单位和个人均不得擅自运用。""对存入银行的基金,按其存期比照人民银行规定的同期城乡居民储蓄存款利率计算,所得利息并入基金,积累基金的一部分可以购买国家债券。"1994年11月,财政部、劳动部联合下发的《关于加强企业职工社会保险基金投资管理的暂行规定》规定,"职工养老保险基金收支相抵后的结余额,除留足两个月支付费用外,80%左右应用于购买特种定向债券,在国务院没有做出新的规定前,不得在境内外进行其他直接投资和各种形式的委托投资。""养老保险基金购买特种定向债券后的结余额,应根据国家下达的年度国债发行计划,积极认购其他种类的国家债券。"1995年3月,《国务院关于深化企业职工养老保险制度改革的通知》规定,"养老保险基金运营所得收益,全部并入基金并免征税费。"1997年国务院颁布的《关于建立统一的企业职工基本养老保险制度的决定》进一步明确规定,基本养老保险基金实行收支两条线管理,要保证专款专用。基金节余额,除预留两个月的支付费用外,应全部购买国家债券和存入专户,严格禁止投入其他金融和经营性事业。1999年国务院颁布的《社会保险费征缴暂行条例》也规定,社会保险基金存入国有商业银行开设的社会保障基金财政专户。任何单位、个人不得挪用社会保险基金。违反规定者将追究行政及刑事责任。可见,国家对社会保险基金的运营,一直持审慎的态度。

社会保险基金投资渠道仅限于存银行和购买政府债券,有力地保障了基金的安全,然而,这种狭窄的投资渠道所造成的明显后果是基金难以保值增值。戴相龙在《中国养老金2011》中表示,截至2010年12月底,地方管理的基本养老保险基金结存1.5万亿元,这些钱90%存入银行,10年来,年均投资收益率不到2%,低于年均通货膨胀率。[①] 20世纪90年代中期以前,社会保险基金的利息率低于同期通货膨胀率,基金难以保值增值。90年代中期以后,通货膨胀率虽然降下来了,

---

① 王珏磊:《养老金10年年均收益率不到2%老百姓养命钱存贬值风险》,《时代周刊》2011年12月22日。

但同时银行的存款利率和国债利率也降低了,基金仍然不能实现保值增值的目的。尤其是在养老保险个人账户逐步做实以后,社会保险基金规模随之扩大,地方政府在社会保险基金保值增值问题上的压力也在增大,如果社会保险基金投资渠道狭窄,违规投资的事件还会继续发生。人力资源和社会保障部2012年6月27日公布了"2011年全国社会保险情况",其中披露的社保基金管理数据显示:截至2011年,我国社保基金总额已达到30 175亿元,其中25 813亿元存放于各级政府财政专户,占到85.5%。而其中投资运营的数额为1 641亿元,仅占基金总额的约5.4%。在总基金中,养老保险基金总额20 434亿元,存放在财政专户的资金为17 084亿元,比例也达到了83.6%。和大量存放银行相比,社保基金中用于投资运营的额度则只占一个零头。①

在社会保险基金运营中,对基金的安全威胁最甚的是有些社会保险机构和地方政府违反国家规定,动用、挤占、挪用社会保险基金,并投资于固定资产或委托金融机构贷款,或者投资入股和经商办企业,导致基金大量流失。造成问题的原因是多方面的,其中社会保险基金管理基本处于无法可依的状态是一个重要的原因。在现实操作中,各级政府以及不同的政府部门都有权制定社会保险基金管理运营的行政规范性文件,这些出自不同部门的规范性文件在立法原则、规范内容上缺乏统一,带来社会保险基金管理分散、成本过高、基金规模小、非法挪用挤占社会保险基金、中央财政负担重等后果。近年来,社会保险基金收入年增长率在20%以上,累计结余从1998年的791亿元增长到2008年的1.41万亿元,增长了18倍。② 随着社会保险法的出台,社会保险基

---

① 韩宇明:《社保基金超3万亿 专家呼吁投资本市场避免贬值》,《新京报》2012年6月28日。

② 胡晓义:《走向和谐:中国社会保障发展60年》,中国劳动社会保障出版社2009年版,第455页。

金规模仍会保持增长的势头。社会保险基金规模的扩大,为社会保险基金管理、监督和运营也提出了更高的要求。

(二) 由全国社会保障基金理事会运营

按照有关法律法规规定,我国社会保障基金由全国社会保障基金理事会确定的社保基金投资管理人和社保基金托管人投资运营。

1. 社保基金投资管理人

2001年12月13日,财政部、劳动和社会保障部发布了《全国社会保障基金投资管理暂行办法》,其中第8条规定,社保基金投资管理人是指依照该办法第10条的规定,取得社保基金投资管理业务资格、根据合同受托运作和管理社保基金的专业性投资管理机构。社保基金投资管理人的职责是:按照投资管理政策及社保基金委托资产管理合同,管理并运用社保基金资产进行投资;建立社保基金投资管理风险准备金;保存社保基金委托资产的会计凭证、会计账簿和年度财务会计报告15年以上;编制社保基金委托资产财务会计报告,出具社保基金委托资产投资运作报告;保存社保基金投资记录15年以上;社保基金委托资产管理合同规定的其他职责。

2000年至2003年间,全国社会保险基金由社会保障基金理事会直接投资管理。2002年10月,社会保障基金理事会选定境内投资管理人和托管人后,全国社会保险基金投资方式由直接投资逐步转为直接投资和委托投资。社会保障基金理事会通过公开招标的形式,经专家委员会评审,于2003年6月,确定南方基金管理有限公司、博时基金管理有限公司、华夏基金管理有限公司、鹏华基金管理有限公司、长盛基金管理有限公司、嘉实基金管理有限公司6家投资管理人,管理社保基金。2004年11月,全国社会保障基金理事会增选了易方达基金管理有限公司、招商基金管理有限公司、国泰基金管理有限公司3家基金管理公司和中国国际金融有限公司共4家社会保险基金投资管理人,将全国社会保险基金投资管理人由6家增至10家。这些社会保险基金投资管理人依据《全国社会保障基金投资管理暂行办法》以及与全国社会保障基金理事会签定的投资管理合同,对全国社会保障基金委托投资管理的资产进行独立的投资运营。

2. 社会保险基金投资托管人

按照《全国社会保障基金投资管理暂行办法》第17条的规定,社保基金投资托管人是指依照该办法第19条的规定,取得社保基金托管业务资格、根据合同安全保管社保基金资产的商业银行。社保基金托管人的职责是:尽职保管社保基金的托管资产;执行社保基金投资管理人的投资指令,并负责办理社保基金名下的资金结算;监督社保基金投资管理人的投资运作,发现社保基金投资管理人的投资指令违法违规的,向理事会报告;保存社保基金会计账簿、会计凭证和年度财务会计报告15年以上;社保基金托管合同规定的其他职责。

2003年6月,全国社会保障基金理事会委托交通银行和中国银行为全国社保基金托管人,对委托资产进行托管。2007年7月,又增加中国工商银行为全国社保基金托管人。2006年10月,全国社会保障基金理事会确定美国北美信托银行和美国花旗银行为境外投资托管人。

3. 社保基金的投资

《全国社会保障基金投资管理暂行办法》第25条第1款规定,社保基金投资的范围限于银行存款、买卖国债和其他具有良好流动性的金融工具,包括上市流通的证券投资基金、股票、信用等级在投资级以上的企业债、金融债等有价证券。第2款规定,理事会直接运作的社保基金的投资范围限于银行存款、在一级市场购买国债,其他投资需委托社保基金投资管理人管理和运作并委托社保基金托管人托管。

为了确保社保基金投资安全,《全国社会保障基金投资管理暂行办法》第28条对社保基金的投资作了如下限制性规定:银行存款和国债投资的比例不得低于50%。其中,银行存款的比例不得低于10%。在一家银行的存款不得高于社保基金银行存款总额的50%;企业债、金融债投资的比例不得高于10%;证券投资基金、股票投资的比例不得高于40%。第29条规定,单个投资管理人管理的社保基金资产投资于1家企业所发行的证券或单只证券投资基金,不得超过该企业所发行证券或该基金份额的5%;按成本计算,不得超过其管理的社保基金资产总额的10%。第30条规定,委托单个社保基金投资管理人进行管理的资产,不得超过年度社保基金委托资产总值的20%。2006年3月获准投资海外市场,根据2006年5月劳动和社会保障部、中国人民银行联合发布的《全国社会保障基金境外投资管理暂行规定》,全国社会保障基金境外投资限于下列投资品种:银行存款、外国政府债券、国际金融组织债券、外国机构债券和外国公司债券、中国政府或企业在境外发行的债券、银行票据、大额可转让存单、股票、基金、短期或远期等衍生金融工具、财政部会同劳动和社会保障部批准的其他投资品种或工具。

社会保障基金的投资运营收益水平在2006年创历史新高:基金实现收益196亿元,收益率为9.34%,分别是上年同期的3.7倍和2.99倍。自社会保障基金成立以来,基金累计年均已实现收益率为3.89%,累计年均经营收益率为6.88%,分别是同期累计年均通货膨胀率1.37%的2.84倍和4.98倍。扣除个人账户分享的收益,累计已实现收益占社会保险基金权益的13.19%,占财政拨入资金的15.30%。[①] 2006年12月,全国社保基金理事会受托管理中央财政补助9个试点

[①] 项怀诚:《中国经济周刊》,2007年第5期。转引自穆怀中主编:《社会保障国际比较》,中国劳动社会保障出版2007年版,第106页。

省市做实个人账户资金;而中央财政补助之外的个人账户基金由地方管理,投资运营的具体办法由人社部和有关方面制定,报国务院批准后实施。其中,按照全国社保基金理事会 2010 年公布统计数据,截至 2010 年年底,其受托管理中央补助地方做实个人账户基金 566 亿元,受托以来个人账户基金年均收益率达 18.9%。[1] 与此同时,全国社会保障基金在投资中也存在一些问题,例如,投资目标不够明确,信息披露和透明度欠缺,年报过于简略,会计方法不够科学等,[2]所有这些都会影响到社保基金的投资回报,是政府和学界应当关注和研究的问题。

有学者认为,我国需要建立完善的社会保险基金投资运营机制和程序。在我国经济发展处于高速增长、而资本市场尤其是证券市场、股票市场不成熟的时期,应当将社会保险基金投向有良好回报的国家大型基础设施建设上去,例如南水北调、三峡工程、青藏铁路以及交通、运输、电力、石油等带有资源垄断性的行业,这些实业投资不仅是安全的,也是可以保值的。这方面也有专业性的投资机构,例如国家开发银行就专门做这方面业务。[3]

也有学者认为,"目前我国在养老制度国家和市场的关系方面严重失衡,可悲的是决策者没有意识到这些失衡的恶果!"他指出,"重提市场的作用有好几个方面,第一支柱上,目前最急迫的是,市场化首先要体现在巨大规模的社保基金投资体制上,提高收益率,提高基金的长期支付能力,提高财务可持续性,并且一定要认识到,投资体制是社保制度改革的一个组成部分。"[4]2012 年 4 月 25 日,人力资源和社会保障部

---

[1] 刘欣、柯智华:《中国养老金个人账户缺口高达 1.7 万亿》,《东方早报》2012 年 3 月 16 日。
[2] 赵丽:《中国社保基金的投资问题》,《经济学消息报》2007 年 4 月 20 日。
[3] 郑功成:《社保基金应该实行集权监督》,《中国劳动保障报》2007 年 6 月 8 日;何平:《社保基金安全运营需要成熟的市场机制》,《中国劳动保障报》2007 年 6 月 12 日。
[4] 郑秉文:《养老保险制度改革更需要顶层设计》,《经济参考报》2012 年 6 月 8 日。

新闻发言人尹成基表示,人社部正在研究制定全国的基本养老基金投资运营管理办法。办法颁布实施后,要对委托投资运营的问题进行统一调整。① 养老保险基金投资运营管理办法制定颁布以后,将有力保障养老保险基金的安全和保值增值,有力增强养老保险基金的抗风险能力。

第八节 社会保险法律责任制度

社会保险法律责任是指对违反社会保险法规定的义务人,或者不当行使行政权力的人,使其承担法律规定的责任的强制措施,它在保障社会保险法实施、维护社会保险权益人的权利方面,具有惩戒、救济和预防的功能。

1994年7月5日,第八届全国人民代表大会常务委员会第八次会议通过并于当日公布的《中华人民共和国劳动法》第100条规定:"用人单位无故不缴纳社会保险费的,由劳动行政部门责令其限期缴纳,逾期不缴的,可以加收滞纳金。"1994年8月11日,劳动部和对外贸易经济合作部联合发布的《违反〈中华人民共和国劳动法〉行政处罚办法》第17条规定,用人单位无故不缴纳社会保险费的,应责令其限期缴纳;逾期不缴纳,除责令其补缴所欠款额外,可以按每日加收所欠款额千分之二的滞纳金。滞纳金收入并入社会保险基金。

1999年3月19日,劳动和社会保障部发布的《社会保险登记管理暂行办法》第5条规定:"从事生产经营的缴费单位自领取营业执照之日起30日内、非生产经营性单位自成立之日起30日内,应当向当地社

---

① 陈莹莹:《人社部:抓紧制定养老金投资运营管理办法》,《中国证券报》2012年4月26日。

会保险经办机构申请办理社会保险登记。"第 18 条规定:"社会保险登记证由缴费单位保管。缴费单位在办理招聘和辞退职工手续时应当出示社会保险登记证。"1999 年 3 月 19 日,劳动和社会保障部发布的《社会保险费征缴监督检查办法》第 6 条规定:"社会保险费征缴监督检查应当包括以下内容:……(二)缴费单位向社会保险经办机构申报缴费的情况;(三)缴费单位缴纳社会保险费的情况;(四)缴费单位代扣代缴个人缴费的情况;(五)缴费单位向职工公布本单位缴费的情况"。第 14 条规定:"对缴费单位有下列行为之一的,应当给予警告,并可以处以 5 000 元以下罚款:(一)伪造、变更社会保险登记证的;(二)未按规定从缴费个人工资中代扣代缴社会保险费的;(三)未按规定向职工公布本单位社会保险费缴纳情况的。"第 15 条同样规定了警告和更加严厉的罚款措施。

2003 年 4 月 16 日,国务院第五次常务会议通过、2003 年 4 月 27 日由国务院发布的《工伤保险条例》第 56 条规定:"经办机构有下列行为之一的,由劳动保障行政部门责令改正,对直接负责的主管人员和其他责任人员依法给予纪律处分;情节严重,构成犯罪的,依法追究刑事责任;造成当事人经济损失的,由经办机构依法承担赔偿责任:……(二)不按规定核定工伤保险待遇的"。

2003 年 3 月 27 日,劳动和社会保障部发布,自 2003 年 4 月 1 日起施行的《社会保险稽核办法》第 11 条规定:"被稽核对象少报、瞒报缴费基数和缴费人数,社会保险经办机构应当责令其改正;拒不改正的,社会保险经办机构应当报请劳动保障行政部门依法处罚。"第 12 条规定:"社会保险经办机构应当对参保个人领取社会保险待遇情况进行核查,发现社会保险待遇领取人丧失待遇领取资格后本人或他人继续领取待遇或以其他形式骗取社会保险待遇的,社会保险经办机构应当立即停止待遇的支付并责令退还;拒不退还的,由劳动保障行政部门依法处理,并可对其处以500元以上1 000元以下罚款;构成犯罪的,由司法机关依法追究刑事责任。"第13条规定:"社会保险经办机构工作人员在稽核工作中滥用职权、徇私舞弊、玩忽职守的,依法给予行政处分;构成犯罪的,依法追究刑事责任。"

从以上规定可以看出,社会保险法律责任既有个人的责任,也有机构的责任;责任形式主要有:警告、罚款、加收滞纳金、责令改过、给予纪律处分、赔偿经济损失、追究刑事责任。

然而,由于诸多原因,企业不申报社会保险、少报瞒报缴费基数和缴费人数、不向社会保险经办机构上缴征缴的社会保险费等违法行为频频发生。例如,2005年到2007年,劳动和社会保障部组织对原行业统筹企业3年专项稽核,在对有6 371万职工的32万户企业稽核后,查出少报漏报职工212万人,少报漏报养老保险缴费基数150.1亿元,少缴漏缴养老保险费30.6亿元。少报漏报医疗保险缴费基数63.9亿元,少缴漏缴医疗保险费5.4亿元。再如,清理企业欠费,是社会保险经办机构的一项重要工作,1999年底,劳动和社会保障部、财政部等发布《关于清理收回企业欠缴社会保险费有关问题的通知》和2001年劳动和社会保障部办公厅发布《关于进一步做好社会保险费征缴和清欠工作的通知》之后,到2010年全国共清理收回企业养老保险欠费1 794.5亿元。[①] 在这里,我们暂且不说社会保险经办机构以及社会保险费代征缴机构的违规行为,仅企业违规行为不但普遍持续发生,且屡禁不止。所以,立法机关需要考虑对社会保险法律责任的规定是否合理,如何使社会保险法律责任的规定基本能够遏制违法违规行为,以保证社会保险制度安全稳定运行。

[①] 胡晓义主编:《走向和谐:新中国社会保障发展60年》,中国劳动社会保障出版社2009年版,第498—499页。

第九节　社会保险争议法律救济制度

在计划经济时期,劳动者的就业与生活风险保障都由国家安排和提供,极少发生劳动者因社会保险权益被侵害而发生争议的问题,即使发生争议,劳动者就业的单位通过行政手段就可以加以解决。经济体制改革以后,劳动者就业渠道出现从单一的国家计划安排到多渠道就业的状况,于是劳动关系的主体由过去的国家代表企业、企业代表职工的状况,转变为国家、企业、职工为各自相互独立的权利主体和利益主体;对劳动关系的调节和规范,也由行政手段转变为法律手段和市场自行调节。最高人民法院司法统计表明,1995年至1999年全国各级法院共审理劳动争议案件248 425件,平均每年增长25.43%。[①] 随着国家社会保险法律法规不断完善、人们社会保险权利意识的不断增强,社会保险争议案件更是呈现不断上升的趋势。

1987年,我国恢复了中断30年的劳动争议处理制度,即在7月31日国务院发布了《国营企业劳动争议处理暂行规定》。然而,暂行规定的内容滞后于审判实践的需要,于是,1993年6月11日,国务院第五次常务会议通过的《中华人民共和国企业劳动争议处理条例》公布并于8月1日起实施。按照条例的规定,社会保险涉及的主体有劳动保障行政部门、公民、法人或者其他组织。在这些主体之间,任何两方主体都可能发生争议。其中,劳动保障行政部门与行政管理相对人之间发生的争议属于行政争议;用人单位和劳动者之间发生的争议,一般认为属于劳动争议。与此相应。社会保险争议的解决途径主要有按照劳动争议处理和通过行政复议处理以及诉诸行政诉讼解决三种途径。

---

① 祝铭山主编:《劳动保险纠纷》,中国法制出版社2003年版,第271页。

一、社会保险争议按劳动争议处理制度

1987年7月31日,由国务院发布的《国营企业劳动争议处理暂行规定》是我国制定的第一个处理劳动争议的行政法规。暂行规定在第2条规定:"本规定适用于企业行政与职工之间发生的下列的劳动争议:(一)因履行劳动合同发生的争议;(二)因开除、除名、辞退违纪职工发生的争议。"1993年7月6日,国务院第五次常务会议通过、是年8月1日起实施的《中华人民共和国企业劳动争议处理条例》颁布以后,1987年7月31日国务院发布的《国营企业劳动争议处理暂行规定》同时废止。1993年9月23日,劳动部发布的《〈中华人民共和国企业劳动争议处理条例〉若干问题解释》第二十二解释中规定:"1993年8月1日以前发生的劳动争议,属于《国营企业劳动争议处理暂行规定》(以下简称《暂行规定》)受理范围的,如果仲裁申请人在《暂行规定》规定的申诉时效内提出申诉,仲裁委员会应予受理,并按《暂行规定》的程序处理,暂行规定没有规定的,按《条例》规定的程序处理;如果仲裁申请人在超过《暂行规定》规定的申诉时效后提出申诉,仲裁委员会则不予受理。"这样的规定有利于更加充分地维护劳动者的社会保障权益。

《企业劳动争议处理条例》第2条规定:"本条例适用于中华人民共和国境内的企业与职工之间的下列劳动争议:……(二)因执行国家有关工资、保险、福利、培训、劳动保护的规定发生的争议"。这一规定更加明确地将社会保险争议归入劳动争议处理范围。2007年12月29日,由第十届全国人民代表大会常务委员会第三十一次会议通过、于2008年5月1日施行的《劳动争议调解仲裁法》第2条规定:"中华人民共和国境内的用人单位与劳动者发生的下列劳动争议,适用本法:……(四)因工作时间、休息休假、社会保险、福利、培训以及劳动保护发生的争议"。1993年9月23日,劳动部发布的《〈中华人民共和国

企业劳动争议处理条例》若干问题解释》三规定:"'保险'是指社会保险,包括工伤保险、医疗保险、生育保险、待业保险、养老保险和病假待遇、死亡丧葬抚恤等社会保险待遇。"

1993年的《企业劳动争议处理条例》第6条规定:"劳动争议发生后,当事人应当协商解决;不愿协商或者协商不成的,可以向本企业劳动争议调解委员会申请调解;调解不成的,可以向劳动争议仲裁委员会申请仲裁。当事人也可以直接向劳动争议仲裁委员会申请仲裁。对仲裁裁决不服的,可以向人民法院起诉。"1994年7月5日,第八届全国人民代表大会常务委员会第八次会议通过的《中华人民共和国劳动法》第79条的规定与以上规定在文字表述上几乎只字不差,而且第73条的规定依然将社会保险争议纳入劳动争议的范围。劳动法将社会保险争议纳入劳动争议范围的规定体现在了社会保险单行法规中,例如,1996年8月12日劳动部发布的《企业职工工伤保险试行办法》在55条规定:"工伤职工及其亲属,在申报工伤和处理工伤保险待遇时与用人单位发生争议的,按照劳动争议处理的有关规定办理。"

2007年的《劳动争议调解仲裁法》第2条第4款规定,社会保险争议按劳动争议处理,并在第4条规定:"发生劳动争议,劳动者可以与用人单位协商,也可以请工会或者第三方共同与用人单位协商,达成和解协议。"第5条规定:"发生劳动争议,当事人不愿协商、协商不成或者达成和解协议后不履行的,可以向调解组织申请调解;不愿调解、调解不成或者达成调解协议后不履行的,可以向劳动争议仲裁委员会申请仲裁;对仲裁裁决不服的,除本法另有规定的外,可以向人民法院提起诉讼。"从以上规定可以看出,发生在用人单位和劳动者之间的社会保险争议的解决方式有以下三种,即调解、仲裁、诉讼。但是,调解不是社会保险争议处理的必经程序,当事人可以选择由劳动争议调解委员会进行调解,如果当事人不愿调解,也可以直接向劳动争议仲裁委员会申请仲裁,对仲裁不服的,可以向人民法院提起诉讼。据报道,2004年,四川省发生劳动争议案件9 868件,其中,社会保险争议案件4 766件,占劳动争议案件的48.3%。[①] 2008年1月至8月,北京市海淀区发生的社会保险争议案件占劳动争议案件的49.85%。[②] 2010年,全国各级劳动争议仲裁机构共立案受理农民工劳动争议案件60余万件,[③]其中劳动争议案件也会占到相当比例。从这三组数字可以看出,社会保险争议案件呈现逐年上升的趋势。

二、社会保险争议通过行政复议解决制度

1999年11月23日,劳动和社会保障部发布的《劳动和社会保障行政复议办法》第3条规定:"公民、法人或者其他组织对劳动保障行政部门作出的下列具体行政行为不服,可以申请行政复议:……(六)申请劳动保障行政部门依法履行保护劳动者获得劳动报酬权、休息休假权、社会保险权等法定职责,劳动保障行政部门没有依法履行的。"第6条规定:"对县级以上劳动保障行政部门的具体行政行为不服的,可以向上一级劳动保障行政部门申请复议,也可以向本级人民政府申请复议。"第11条规定:"劳动者与用人单位因工伤保险待遇发生争议,向劳动争议仲裁委员会申请仲裁期间,对劳动保障行政部门作出的工伤认定结论不服,又向劳动保障复议机关申请复议的,如果符合法定条件,劳动保障复议机关应当受理。"

2001年5月27日,劳动和社会保障部发布的《社会保险行政争议处理办法》第2条规定:"本办法所称的社会保险行政争议,是指经办机

[①] 李晋蓉:《社会保险争议不属于劳动争议仲裁范围》,《四川劳动保障》2005年第3期。

[②] 张丽云:《社会保险争议持续上升的原因及对策》,《天津社会保险》2009年第4期。

[③] 任丽:《2010年农民工十件大事》,《中国劳动保障报》2011年1月7日。

构在依照法律、法规及有关规定经办社会保险事务过程中,与公民、法人或者其他组织之间发生的争议。"第6条规定:"有下列情形之一的,公民、法人或者其他组织可以申请行政复议:(一)认为经办机构未依法为其办理社会保险登记、变更或者注销手续的;(二)认为经办机构未按规定审核社会保险缴费基数的;(三)认为经办机构未按规定记录社会保险费缴费情况或者拒绝其查询缴费记录的;(四)认为经办机构违法收取费用或者违法要求履行义务的;(五)对经办机构核定其社会保险待遇标准有异议的;(六)认为经办机构不依法支付其社会保险待遇或者对经办机构停止其社会保险待遇有异议的;(七)认为经办机构未依法为其调整社会保险待遇的;(八)认为经办机构未依法为其办理社会保险关系转移或者接续手续的;(九)认为经办机构的其他具体行政行为侵犯其合法权益的。"第9条第1款规定:"申请人认为经办机构的具体行政行为侵犯其合法权益的,可以自知道该具体行政行为之日起60日内向经办机构申请复查或者向劳动保障行政部门申请行政复议。"第31条规定:"申请人对社会保险行政部门作出的行政复议决定不服的,可以依法向人民法院提起行政诉讼。"《企业职工工伤保险试行办法》第56条的规定为:"工伤职工及其亲属或者企业,对劳动行政部门作出的工伤认定和工伤保险经办机构的待遇支付决定不服的,按照行政复议和行政诉讼的有关法律、法规办理。"这些规定说明,社会保险行政争议适用行政复议前置原则。

三、社会保险争议通过诉讼途径解决制度

1. 社会保险争议通过民事诉讼解决

在社会保险争议案件逐年上升的情况下,为了使人民法院在审理社会保险争议案件中有更加明确具体的规定可以依据,最高人民法院从1996年4月着手起草《关于审理劳动争议案件适用法律若干问题的

解释》,在广泛征求意见的基础上,于 2001 年 3 月 22 日经最高人民法院审判委员会通过,于当年 4 月 16 日起施行。与之前发布实施的解决社会保险争议案件的规定相比较,解释第 1 条第 3 款增加了"劳动者退休后,与尚未参加社会保险统筹的原用人单位因追索养老金、医疗费、工伤保险待遇和其他社会保险待遇而发生的争议",属于劳动法第 2 条规定的劳动争议,当事人不服劳动争议仲裁委员会作出的裁决,依法向人民法院起诉的,人民法院应当受理。

2006 年 8 月 14 日,最高人民法院又发布了《关于审理劳动争议案件适用法律若干问题的解释》(二),解释(二)第 7 条第 1 款规定的发放社会保险金的纠纷以及第 3 款规定的劳动者对劳动能力鉴定委员会的伤残等级鉴定结论或者对职业病诊断鉴定委员会的职业病诊断鉴定结论的异议纠纷不属于劳动争议,人民法院不予受理。第 8 条规定,当事人不服劳动仲裁委员会作出的预先支付医疗费用的裁决,向人民法院起诉的,人民法院不予受理。

2010 年 9 月 13 日,最高人民法院又发布了《关于审理劳动争议案件适用法律若干问题的解释》(三),解释(三)第 1 条规定,劳动者以用人单位未为其办理社会保险手续,且社会保险经办机构不能补办导致其无法享受社会保险待遇为由,要求用人单位赔偿损失而发生争议的,人民法院应予受理。

可见,最高人民法院先后发布的三个司法解释将之前没有规范以及新发生的社会保险争议案件纳入调整范围,不仅使得人民法院处理社会保险争议案件有法可依,而且能够更充分地保护劳动者的社会保险权益。

2. 社会保险争议通过行政诉讼解决

1999 年 3 月 19 日,劳动和社会保障部发布的《社会保险费征缴监督检查办法》第 18 条规定:"缴费单位或者缴费单位直接负责的主管人员和其他直接责任人员,对劳动保障行政部门作出的行政处罚决定不服的,可以于 15 日内,向上一级劳动保障行政部门或者同级人民政府申请行政复议。对行政复议决定不服的,可以自收到行政复议决定书之日起 15 日内向人民法院提起行政诉讼。"

1999 年 4 月 29 日,第九届全国人大常委会第九次会议通过的《中华人民共和国行政复议法》规定,"申请行政机关依法发放抚恤金、社会保险金或最低生活保障费,行政机关没有依法发放的,公民、法人或其他组织,可以提起行政诉讼。"1999 年 11 月 23 日,劳动和社会保障部发布的《劳动和社会保障行政复议办法》第 12 条第 2 款规定:"上级劳动保障行政部门认为下级劳动保障行政部门不予受理行为确有正当理由,申请人仍然不服的,应当告知申请人可以依法对下级劳动保障行政部门的具体行政行为向人民法院提起行政诉讼。"

1999 年 11 月 24 日,最高人民法院审判委员会第 1088 次会议通过,自 2000 年 3 月 10 日起施行的《最高人民法院关于执行〈中华人民共和国行政诉讼法〉若干问题的解释》第 1 条规定:"公民、法人或者其他组织对具有国家行政职能的机关和组织及其工作人员的行政行为不服,依法提起诉讼的,属于人民法院行政诉讼的受案范围。"这一规定应该是 2001 年 5 月 27 日劳动和社会保障部发布的《社会保险行政争议处理办法》的依据之一。该处理办法在第 31 条规定:"申请人对社会保险行政部门作出的行政复议决定不服的,可以依法向人民法院提起行政诉讼。"这一规定表明,在社会保险争议中,社会保险费征收机构的罚款、责令补缴社会保险费、征收社会保险费、加收滞纳金、社会保险行政部门罚款、吊销执业资格、没收违法所得、社会保险经办机构不依法办理社会保险登记、核定社会保险费、支付社会保险待遇等其他侵害社会保险权益人合法权利的行为,都在人民法院行政诉讼的受案范围。

四、社会保险争议通过国家赔偿予以救济制度

国家赔偿是指国家对国家机关及其工作人员因违法行使职权而给公民、法人和其他组织的合法权益造成的损害给予赔偿的制度。1994年9月2日,第八届全国人大常委会第七次会议通过、自1995年1月1日起实施,又于2010年4月29日全国人大常委会第十四次会议修订的《中华人民共和国国家赔偿法》在第二章"行政赔偿"第4条中规定:"行政机关及其工作人员在行使职权时有下列侵犯财产权情形之一的,受害人有取得赔偿的权利。(一)违法实施罚款、吊销许可证和执照、责令停产停业、没收财物等行政处罚的……"依据国家赔偿法的规定,社会保险经办机构违法办理社会保险登记、核定社会保险缴费基数、违法支付社会保险待遇;社会保险征收机构违法罚款、责令用人单位补缴社会保险费、加收滞纳金;社会保险行政部门违法罚款、吊销执业资格、没收违法所得、责令追回社会保险待遇等其他违反社会保险法律法规的行为,由此使公民、法人以及其他社会组织的合法权益受到损害的,受害人都有权请求国家赔偿。赔偿请求人可以先向赔偿义务机关提出赔偿请求,也可以在提出行政复议或者行政诉讼时提出。如果负有赔偿义务的不止一个机关,可以向其中的任何一个机关请求赔偿。赔偿义务机关在收到请求人的赔偿请求后,应在法定期限内作出给予或不给予赔偿的决定,并说明不予赔偿的理由。赔偿义务机关在法定期限内未作出是否赔偿的决定,赔偿请求人可以向人民法院提出诉讼;赔偿请求人对赔偿义务机关作出的赔偿方式和数额的决定或者对赔偿义务机关作出的不予赔偿的决定有异议的,赔偿请求人可以向人民法院提出起诉。

五、社会保险争议时效制度

时效制度始于民事法律,它是指"一定的事实状态在法定期限内持

续存在,从而产生与该事实状态相适应的法律效力的法律制度。"[1]由于社会保险争议通过劳动争议、行政复议、行政诉讼三条途径解决,与此相应,社会保险时效制度也作了分别设定。

1. 通过劳动争议处理社会保险争议的时效制度

由第十届全国人大常委会于 2007 年 12 月 29 日通过的《劳动争议调解仲裁法》第 27 条规定:"劳动争议申请仲裁的时效期间为 1 年。仲裁时效期间从当事人知道或者应当知道其权利被侵害之日起计算。"

2. 通过行政复议解决社会保险争议的时效制度

由劳动和社会保障部于 2001 年 5 月 27 日发布的《社会保险行政争议处理办法》第 9 条规定:"申请人认为经办机构的具体行政行为侵犯其合法权益的,可以自知道该具体行政行为之日起 60 日内向经办机构申请复查或者向劳动保障行政部门申请行政复议。"第 10 条规定:"经办机构作出具体行政行为时,未告知申请人有权申请行政复议或者行政复议申请期限的;行政复议申请期限从申请人知道行政复议权或者行政复议申请期限之日起计算,但最长不得超过两年。因不可抗力或者其他正当理由耽误法定申请期限的,申请期限自障碍消除之日起继续计算。"

3. 通过行政诉讼解决社会保险争议的时效制度规定

由第七届人大二次会议于 1989 年 4 月 4 日通过的《中华人民共和国行政诉讼法》第 39 条规定:"公民、法人或者其他组织直接向人民法院提起诉讼的,应当在知道作出具体行政行为之日起 3 个月内提出。法律另有规定的除外。"

从以上规定可以看出,通过不同渠道解决社会保险争议的时效长短不仅不一致,而且与相关的规定也不一致。例如,《中华人民共和国

---

[1] 王利明:《民法总则研究》,中国人民大学出版社 2003 年版,第 699 页。

民法通则》第 135 条的规定:"向人民法院请求保护民事权利的诉讼时效期间为 2 年",而按照民事争议规则处理的劳动争议时效为 1 年;再如,《劳动争议调解仲裁法》第 27 条第 2 款规定:"因当事人一方向对方当事人主张权利,或者向有关部门请求权利救济,或者对方当事人同意履行义务而中断,从中断时起,仲裁时效期间重新计算。"第 3 款规定"因不可抗力或者有其他正当理由,当事人不能在本条第一款规定的仲裁时效期间申请仲裁的,仲裁时效中止。从中止时效的原因消除之日起,仲裁时效期间继续计算。"而《社会保险行政争议处理办法》没有关于时效期间中断和中止的规定。而《行政诉讼法》第 40 条规定:"公民、法人或者其他组织因不可抗力或者其他特殊情况耽误法定期限的,在障碍消除后的 10 日内,可以申请延长期限,由人民法院决定。"也没有诉讼时效中断和中止的规定。

由于社会保险法是既具有公法性质又具有私法性质的社会法,对于社会保险争议的时效制度应当如何规定,以体现它既不同于民事争议,也不同于行政争议的第三法域的特征,是值得思考的一个问题。有学者建议,国家应当制定社会保险争议程序法,参考民法、行政法的时效规定,考虑社会保险争议各环节需要的时间长短来确定社会保险争议的时效制度。[1]

---

[1] 林嘉、张世诚主编:《社会保险立法研究》,中国劳动社会保障出版社 2011 年版,第 356 页。

第八章 军人优抚安置制度的改革

改革开放以后,我国的优抚安置对象仍然是烈属、因公牺牲及病故军人家属、革命伤残军人、现役军人家属、带病回乡复退军人等。在新的形势下,国家对他们在政治上和经济上提供的待遇随着国家经济社会的发展而作出了相应的改革。

第一节 军人优抚制度

党的十一届三中全会以后,党中央、国务院、中央军委多次强调要搞好优抚工作。1978年第七次全国民政会议将优抚工作的方针确定为"政治挂帅、安排生产、群众优待、国家抚恤"。1983年,第八次全国民政会议又将其修改为"思想教育、扶持生产、群众优待、国家抚恤"。两次优抚工作会议确定的方针在此后制定的一系列法律法规中得到充分体现。1981年和1982年,国务院、中央军委分别颁布了《关于军队干部退休的暂行规定》和《关于军队干部离职休养的暂行规定》,对军队干部离退休条件、离退休后的生活待遇、住房、家属安置等问题作了具体详细的规定;1984年5月31日,六届人大二次会议通过了《中华人民共和国兵役法》,对军人的优抚、优待、退休养老、退役安置等问题作了原则规定;1985年7月27日,中共中央、国务院发出关于尊重、爱护军队,积极支持军队改革和建设的通知,要求切实做好优抚工作。国务院有关部门要求抓紧修订优待、抚恤和安置工作条例、法规;1987年12

月12日,国务院发布了《退伍义务兵安置条例》,对义务兵安置范围、原则、具体安置办法都作出了规定;1988年7月18日,国务院颁布了《军人抚恤优待条例》,该条例在第四章全面地对军人的抚恤优待问题作了具体规定,同时废除了1950年颁布的5个条例,各省、自治区、直辖市根据各地具体情况制定了具体优待办法;1989年民政部等部门制定并公布了《关于贯彻〈军人抚恤优待条例〉若干具体问题的解释》、《革命伤残军人评定伤残等级的条件》等法规文件。1994年2月1日,民政部、财政部颁布了《关于提高部分优抚对象抚恤补助标准的通知》,对革命伤残人员的伤残抚恤金和伤残保健金的标准,依据《军人抚恤优待条例》确定的原则以及1992年全国职工平均工资作了新的调整,这是适应我国社会主义市场经济的建立和发展,切实保障抚恤对象生活条件,提高他们生活水平的重要法规。1998年3月10日,国务院办公厅发布了《关于加强优抚工作的通知》,对建立和完善优抚保障制度,加大中央和地方财政投入,确保优抚对象的生活水平达到或略高于当地群众平均生活水平,实行优抚金社会统筹和建立拥军优属保障基金,对医疗、住房、用工制度改革时实行优先优惠等政策进行了重大调整。

《军人抚恤优待条例》实施以后,在促进国防和军队建设方面发挥了重要作用。随着我国市场经济的逐步建立和完善,国家经济高速发展以及人民生活水平的普遍提高,暴露出《军人抚恤优待条例》存在抚恤金标准低、优待内容少、优抚对象医疗困难等问题。为了进一步确立军人抚恤优待在国家政治和社会生活中的地位,有效保障广大官兵和优抚对象的利益,1996年民政部等部门启动对《军人抚恤优待条例》的修订工作,经过8年的努力,2004年10月国务院、中央军委发布实施修订后的《军人抚恤优待条例》,1988年7月18日国务院发布的《军人抚恤优待条例》同时废止。随后,民政部会同军地有关部门出台了与之配套的《军人残疾等级评定标准》、《一至六级残疾军人医疗保障办法》、

《优抚对象及其子女教育优待暂行办法》等一系列政策文件,更有力地保障了优抚对象的各项权益。2007年7月6日,民政部、财政部、卫生部、劳动和社会保障部联合发布了《优抚对象医疗保障办法》,该办法实现了优抚医疗与国家医疗保障制度的衔接,确立了"基本医疗、政府补助与优惠减免"的优抚对象医疗新模式。2008年2月,民政部、财政部、劳动和社会保障部又下发了《优抚对象医疗补助资金使用管理有关问题的通知》。在中央法规政策的基础上,30余年来各地出台了2 000余项配套规范性文件。[①] 适应新时期优抚对象实际需要的新型优抚法律法规体系基本成型。

2004年新修订发布的《军人抚恤优待条例》与1988年发布的《军人抚恤优待条例》相比,有以下明显的突破:

一、明确规定了优抚对象,扩大了条例适用范围:1.条例在第2条规定,中国人民解放军现役军人、服现役或者退出现役的残疾军人以及复员军人、退伍军人、烈士遗属、因公牺牲军人遗属、病故军人遗属、现役军人家属是本条例抚恤优待对象,依本条例享受抚恤优待。1985年底,全国优抚对象总数为4 123.4万人,[②]2004年优抚对象人数为3 900万人。其中享受国家抚恤补助的烈属、残疾军人、在乡退伍红军老战士、在乡复员军人、带病回乡退伍军人等重点优抚对象468万人。[③] 到了21世纪初期,全国的优抚对象又上升到了4 000万人。[④] 2.新修订的《军人抚恤优待条例》首次规定,现役军人在执行对敌作战、边海防执勤或者抢险救灾任务中失踪,经法定程序宣告死亡的,按照烈士对待;

[①] 董华中主编:《优抚安置》,中国社会出版社2009年版,第62页。
[②] 聂和兴、张东江主编:《中国军人社会保障制度研究》,解放军出版社2000年版,第396页。
[③] 民政部:《2004年民政事业发展统计报告》,《法制日报》2005年4月30日。
[④] 董华中主编:《优抚安置》,中国社会出版社2009年版,第38页。

在执行上述任务以外的其他任务中失踪,经法定程序宣告死亡的,按因公牺牲对待;非执行任务死亡或失踪经法定程序宣告死亡的,按病故对待。可见,这些失踪军人家属是新增优抚对象。3.将病残初级士官列入优抚对象。由于初级士官服役期间的待遇及退出现役的办法与义务兵基本一致,在服役期间的医疗待遇水平比较低,因此,通过评定病残以保障他们的基本生活。4.将患精神病的义务兵和初级士官列入优抚对象。原条例没有将患精神病的义务兵纳入评残范围,致使他们中的许多人长期滞留部队,影响部队的正常训练和工作。为此,新条例首次将患精神病的义务兵和初级士官纳入评残范围,对于解除这些人及其家属的后顾之忧,支持军队建设,稳定国防都具有重要意义。

二、提高了优抚待遇标准:1.提高了抚恤补助标准。国家对烈属家属、因公牺牲军人家属、病故军人家属、伤残军人实行定期定量抚恤。据统计,1978年到2009年,中央财政先后16次提高伤残人员的残疾抚恤金标准,一级(特等)伤残人员的年抚恤金最高标准由1978年的520元提高到了2009年的26 080元。一级因战残疾抚恤金标准达到2007年全国职工年平均工资的91%。[①] 先后18次提高了烈属、牺牲病故军人家属的定期抚恤金标准,烈属的年抚恤金最高标准由1978年的240元提高到了2009年的7 940元;对退伍老红军、西路军红军老战士、红军失散人员、在乡老复员军人和带病回乡的退伍军人实行定期定量生活补助,生活补助资金由中央财政和地方财政共同承担,中央确定全国性的基本标准,地方在全国基本标准的基础上再适当提高。据统计,在乡退伍红军老战士的生活补助标准经过19次调整后,由1978年的360元提高到了2009年的18 080元。[②] 由于国家连续提高抚恤

[①] 丛文胜:《士兵优抚与退役安置法律问题常用法规指引大全》,解放军出版社2011年版,第53页。

[②] 董华中主编:《优抚安置》,中国社会出版社2009年版,第58页。

补助标准,各地相继建立自然增长机制,优抚资金不断增加。2003 年,全国累计支出抚恤事业费 87.9 亿元,较上年增长 17.7%,其中中央财政安排抚恤事业费 37.1 亿元,比 1998 年的 12 亿元增加了两倍多。[1]
2. 提高了社会优待标准。规定义务兵服现役期间,其家庭由当地人民政府发给优待金或者给予其他待遇,优待标准不低于当地平均生活水平,优待方式一般为现金支付。目前,优待金基本实行乡统筹,乡镇按照当年征兵的名额分摊到各村,各村根据下达的筹集额按本村农业人口或者承包地亩数收缴,如果当地乡镇企业发达,一般由乡镇企业承担。乡镇政府将筹集到的优待金分发给义务兵的家属。实践中,各地优待金的标准是不统一的,例如,2008 年辽宁省辽阳市规定农村义务兵优待金每年不低于 6 000 元,城市义务兵优待金每年不低于 3 000 元。而湖南省萍乡市莲花县规定,农村义务兵家庭优待金由县人民政府按不低于当地上一年农民人均纯收入 70% 的标准发给;城镇义务兵家庭优待金由县人民政府按当地上一年在职职工平均工资 10% 的标准发给。2003 年,以乡镇统筹和财政列支两种方式共发放优待金 60 亿元,优待义务兵家属等优抚对象 400 多万户,户均年优待标准近 1 100 元。[2] 3. 医疗减免。按照规定,二等乙级以上革命伤残人员、在乡退伍老战士、西路军老战士享受公费医疗;对三等革命伤残军人、在乡老复员军人因病所需医疗费本人支付有困难的,由民政部门给予补助;对烈属、带病回乡退伍军人,因病医疗又无力支付医疗费的,由当地医疗部门酌情给予减免。中央财政对于优抚对象较多的困难地区给予适当补助,以解决优抚对象医疗费用困难问题。4. 医疗供养。国家对基本丧

---

[1] 丛文胜:《士兵优抚与退役安置法律问题常用法规指引大全》,解放军出版社 2011 年版,第 52 页。

[2] 同上、第 52 页。

失劳动能力的特等、一等革命伤残军人和其他需要养护治疗的优抚对象实行集中医疗供养。2011年,全国29所荣誉军人康复医院共收治特等、一等伤残军人2 553人。32所复员军人慢性病疗养院共为2 850名在乡复员军人提供疗养和医疗。5.孤残养护。无法定赡养人的孤老优抚对象由政府供养,供养标准在社会孤老供养标准基础上再加上抚恤补助金,供养方式采取集中供养和分散供养相结合。2011年,全国1 314所光荣院集中供养了近3万名孤老优抚对象。① 6.扶持生产。通过向优抚对象家庭实行减免负担和优先提供资金信贷、生产资料、生产技术等优惠政策,并通过开展"一帮一,手拉手"社会对口帮扶活动,扶持其发展生产。据统计,从1978年到2009年的31年间,中央财政累计投入抚恤补助专项经费927.2亿元。地方财政用于抚恤补助的专项经费也在逐年增加,由1978年的3.1亿元提高到2008年的92.4亿元。②

三、提高了退出现役的残疾军人的护理待遇。按照《军人抚恤优待条例》的规定,退出现役的一级至四级残疾军人由国家供养终身。其中,对于需要常年医疗或者独身一人不便分散安置的,经省级人民政府民政部门批准,可以集中供养。对于分散安置的一级至四级残疾军人发给护理费,护理费的标准为:1.因战、因公致一级、二级残疾军人为当地职工月平均工资的50%;2.因战、因公致三级、四级残疾军人为当地职工月平均工资的40%;3.因病致一级至四级残疾的,为当地职工月平均工资的30%。护理费由县以上人民政府民政部门发给。未退出现役残疾军人的护理费由所在部队发给。

四、改革完善死亡抚恤、伤残抚恤制度。新修订的《军人抚恤优待

---

① 丛文胜:《士兵优抚与退役安置法律问题常用法规指引大全》,解放军出版社2011年版,第51页。

② 董华中主编:《优抚安置》,中国社会出版社2009年版,第58页。

条例》规定：1.将因公牺牲及病故军人一次性抚恤金标准提高了100%，即烈士、因公牺牲军人、病故军人一次性抚恤金分别由40、20、10个月调整为80、40、20个月的工资。这就理顺了军人伤亡抚恤标准与国民经济发展的关系。2.规定残疾抚恤金标准应当参照全国职工平均工资水平确定,这些明确的规定与1988年条例模糊规定相比,更具有可操作性,更有利于保障优抚对象的经济权益。3.条例首次明确规定军人抚恤补助标准将随社会经济发展而增长,建立了抚恤补助标准自然增长机制,确定了既能基本满足优抚对象的生活需要,又使国家财力能够承受的、合理的抚恤补助增长制度。

五、增加了批准烈士的条件和程序。1988年条例没有批准烈士条件和程序的规定,据此,新条例规定,对敌作战死亡、或者对敌作战负伤在医疗终结前因伤死亡；因执行任务遭敌人或犯罪分子杀害,或者被俘、被捕后不屈遭敌人杀害或被折磨致死；为抢救和保护国家财产、人民生命财产或者参加处置突发事件死亡；因执行军事演习、战备航行飞行、空降和导弹发射训练、试航试飞任务以及参加武器装备科研实验死亡,其他死难情节特别突出,堪为后人楷模的情形之一的,批准为烈士。对在执行对敌作战、边海防执勤或者抢险救灾任务,经过法定程序宣告死亡的现役军人,也按烈士对待。

六、增加了"法律责任"一章。新条例在第五章对军人抚恤优待管理单位及其工作人员挪用、截留、私分军人抚恤优待经费等违法犯罪行为应承担的法律责任作出了明确规定。例如,第46条规定,负有优待义务的单位不履行优待义务的,由县级人民政府民政部门责令限期履行义务；逾期仍未履行义务的,处以2 000元以上1万元以下罚款。对直接负责的主管人员和其他直接责任人员依法给予行政处分、纪律处分。因不履行优待义务使抚恤优待对象受到损失的,应当依法承担赔偿责任。这些规定不仅赋予县级民政部门监督和处罚权,以保障负有义务的单位严格执行法律规定,而且对于保障优待抚恤对象的合法权益都将发挥积极作用。

我国的社会优抚制度自建立以来 50 年间,在国防和军队建设,维护社会稳定,保障优抚对象基本生活等方面发挥了巨大的作用。在改革开放的新形势下,优抚工作以维护军人和优抚对象的合法权益,促进军队和国防建设为职责和使命,通过改革,进一步在稳定军心、巩固国防、密切军民关系、稳定社会秩序方面做出了新的贡献。

但是,由于我国经济发展水平仍然较低,使得社会优抚的发展受到了较大的制约,存在一些问题,主要有:

一、由于财政投入、尤其是中央财政投入不足,抚恤金标准比较低。1981 年至 1995 年的 15 年间,虽然国家财政用于社会优抚的投入每年都有所增长,但是,增长的幅度明显低于国内生产总值的增长幅度。更为重要的是,国家用于社会优抚的支出占财政支出的比例很低,例如,1981 年的比例为 0.7%,1991 年为 0.81%,1995 年为 0.76%,可见,财政投入的比例基本没有变化,而这三年的国内生产总值的增长率分别为 7.63%、16.55%、25.06%。这些数据表明,优抚对象基本没有分享到社会发展和进步的成果。在财政投入不足的情况下,优抚对象的抚恤补助标准就很低,1996 年,各类抚恤对象 447 万人,占优抚对象的 11.4%,他们的年抚恤金标准为:烈属 794 元、在乡革命伤残人员 857 元、在乡复退军人 445 元。而 1996 年,农村人均收入 1 926 元,城镇人均收入 4 377 元。[①] 在城乡居民的生活水平不断提高的情况下,优抚对象的生活水平实际在不断下降,甚至陷入贫困。加之优抚对象大都进入老年,体弱多病,医疗费用无处报销,越发贫上加贫。

[①] 聂和兴、张东江主编:《中国军人社会保障制度研究》,解放军出版社 2000 年版,第 397—398 页。

2007年,中央财政在原有基础上增加优抚事业经费42亿元,在现行抚恤补助标准基础上,将烈士、城镇、乡村、离退休人员的抚恤标准分别提高30%、20%、15%、20%。① 解放军总政治部和总后勤部也联合发出通知,决定从2008年7月1日起,调整军队离休干部荣誉金标准,具体标准为:荣获一、二级红星功勋荣誉奖章者由每月30元调整为150元;荣获独立功勋荣誉奖章者由每月25元调整为130元;荣获胜利功勋荣誉奖章者由每月20元调整为100元。在体现党和国家对优抚对象关怀的同时,我们看到,抚恤补助的标准还是比较低,尤其是对那些为共和国立过汗马功劳、进入古稀之年、老弱多病的离休干部,增加的这点收入对于提高他们的生活质量几乎是没有帮助的。

2007年8月1日,民政部、财政部、劳动和社会保障部、卫生部联合发布了《优抚对象医疗保障办法》规定,优抚对象按照属地政策参加城乡基本医疗保险制度,中央和地方共同承担优抚对象的特殊医疗补助。办法覆盖500余万人,这些平均年龄超过60岁的优抚对象是国家优抚体制中的重点保护对象。②

为了使优抚对象的生活水平能够随着当地居民生活水平的提高而同步提高,应将现行的定额抚恤补助标准改为按本人因战或因公死亡或伤残的不同情况和当地社会平均工资标准来计算和发放,以保证优抚对象的生活水平与当地生活水平相适应。在坚持中央财政和地方财政共同承担抚恤补助责任原则的前提下,国家必须加大对于社会优抚的财政投入,改变优抚保障资金由乡镇统筹或城镇单位负担的情形。中央财政尤其要对革命老区和贫困地区实行倾斜性补贴。同时,要动

---

① 《我国完善优抚安置制度 提高抚恤补助标准》,中国政府门户网站2007年8月22日。

② 从文胜:《士兵优抚与退役安置法律问题常用法规指引大全》,解放军出版社2011年版,第49页。

员社会组织参与社会优抚工作,广泛筹集社会优抚资金,筹集对象不单是农民,还要将机关、团体、企事业单位也纳入筹资范围,为社会优抚准备比较充足的资金保障,这是提高社会优抚保障水平的根本之所在。

二、优抚事业的发展陷入困境。优抚医院、光荣院承担着对优抚对象的治疗、康复、休养、供养的任务,它们大都建于20世纪50年代初期,由于年久失修,已经破旧不堪。目前,优抚医院缺乏必要的医疗设备,影响诊断治疗;光荣院设施简陋,难以提供较好的生活保障。革命烈士纪念馆也由于缺乏维修经费而破旧漏雨,难以发挥褒扬烈士、教育后人的功能。

为了推动优抚事业单位的发展,优抚医院要更新设备,发展医疗技术,引进专业医务人员,提高优抚医院的医疗水平;光荣院应进行调整合并,集中有限的人力、物力、财力,提高办院水平,将光荣院逐步办成以主要供养孤老优抚对象的老年公寓;国家和地方财政要投入适当资金,用于修缮烈士纪念建筑物,将它们真正办成弘扬革命先烈,建设社会主义精神文明的基地。

三、优抚法规建设相对滞后。在对社会保障制度中的就业促进、住房、医疗等制度进行改革时,由于优抚法规改革明显滞后,由此带来一系列问题,例如,劳动制度的改革使得缺乏竞争力的伤残军人处于劣势地位,医疗制度的改革使得优抚对象的医疗费用负担加重,甚至有病不能得到及时医治,住房制度改革使得优抚对象根本没有能力改善住房条件。此外,优抚法规缺乏应有的强制力,缺乏具体的可操作性规定,致使许多地方执行不力。

为了切实保障优抚对象的合法权益,国家应尽快制定军人抚恤优待法,由各级民政部门制定实施细则,并负责监督法规的实施。改革优抚对象的医疗制度,将优抚对象的医疗规定与职工医疗保险制度相衔接,完善优抚对象医疗费用的减免制度。尤其是要使二等乙级以上革命伤残人员、在乡退伍老战士、西路军红军老战士能够享受到公费医疗。

第二节 军人安置制度

安置工作是连接军队与地方的桥梁，是帮助军人实现由"兵"到"民"转变的社会化过程，是一项对军人为国为民作出过牺牲和贡献予以褒扬和补偿的工作。在计划经济时期，国家对用人单位的用人计划实行统一管理，对劳动力实行统一调配，基本不存在用人单位和退役军人双向选择的问题，安置工作能够顺畅进行。改革开放以后，农村推行联产承包责任制，城市进行国有企业改革，国家统管统分的用人制度逐步被打破，在军人掌握的军事专业技能大多不能适应地方各行业需要的情况下，退役军人参与市场竞争就处于劣势。1980年，国家实施百万大裁军计划，有大量军人退出现役，转到地方等待分配工作，给地方安置工作带来一定压力。在新形势下，国家需要采取措施予以补偿，才能使他们在退役后顺利就业、入学或者从事农业生产劳动，使他们因拥有基本的生存需要而获得社会安全感。这既是国家对自身统治体制关心的需要，也是无可取代的保障军队建设的有效措施。基于此，国家对计划经济时期实施的退伍军人的安置制度进行了改革。

一、退役士兵的安置

1. 退役士兵的就业

1987年12月12日，国务院颁布《退伍义务兵安置条例》。条例第3条规定，退伍义务兵安置工作必须贯彻从哪里来回哪里去的原则。第8条规定，退伍义务兵原是农业户口的，由当地退伍军人安置机构安置；第9条规定，原是城镇户口的退伍义务兵，退伍前没有参加工作的，由国家统一分配工作,各接收单位必须妥善安排。

1987年的《退伍义务兵安置条例》对符合安排工作条件的退伍义务兵实行固定工制度,在稳定部队、促进征兵、巩固国防中发挥了积极作用。随着经济体制改革的不断深化,企业劳动用工制度由原来的固定工制度改革为全员劳动合同制。在这样的形势下,如果继续对退伍义务兵实行固定工制度,将难以适应企业改革发展的需要,退伍义务兵固定工制度改革势在必行。1993年7月21日,国务院、中央军委批转的《民政部、劳动部、总参谋部关于退伍义务兵安置工作随用工单位改革实行劳动合同制意见的通知》规定:凡分配到实行劳动合同制企事业单位的,可实行劳动合同制;依照兵役法和《退伍义务兵安置条例》的规定,保证退伍义务兵的第一次就业。对于自愿到劳动力市场竞争就业和自谋职业的应予支持和鼓励;在签订合同、培训等方面给予优待,退伍义务兵的工资、福利和其他待遇不得低于他们入伍时参加工作的同工龄、同工种职工的平均水平;妥善安置伤病残退伍义务兵。这些规定在退伍义务兵安置工作中起到了很好的保障作用。然而,企业用工制度改革不可避免地对退伍义务兵的安置工作带来了严峻的挑战,退伍军人缺乏就业竞争能力,企业拒绝接收退伍军人,甚至向退伍军人征收款项,政府行政调控能力下降,安置退伍军人遇到越来越多困难。为此,1994年,国务院、中央军委发布了《关于1994年冬季士兵退出现役工作的通知》,对退伍军人安置工作作出了适当调整。2004年《国务院办公厅转发民政部等部门关于扶持城镇退役士兵自谋职业优惠政策意见的通知》和2005年《国务院关于进一步做好城镇退役士兵安置工作的通知》都明确规定,各级民政部门要会同教育、劳动保障等部门,利用各级各类学校和培训机构,开展多种形式培训,为城镇退役士兵免费提供一次职业技能培训,对经过培训取得职业资格证书的城镇退役士兵给予一定补助。中央财政对于退役士兵自谋职业一次性经济补助资金予以适当支持。从2005年开始,中央财政每年补助各地城镇退役士兵自谋职业经费10亿元左右,地方每年支出近30亿元。2009年,全国自谋职业安置占城镇退役士兵安置总数的60%以上,部分省市达到95%以上。①

对于伤病残退伍军人的安置是按照1979年6月25日国务院、中央军委发布的《关于做好部队退伍义务兵伤病残战士安置工作的通知》执行的。但是,在新形势下,安置工作遇到了以下问题:伤残军人的建房经费没有落实,退伍的精神病人接收和入院治疗困难,退伍的慢性病人生活和治疗缺乏费用,等等。这些情况导致数千名伤病残士兵长期滞留部队,既影响到部队建设,也造成不良的社会影响。为此,1992年国务院、中央军委发布《关于进一步做好伤病残义务兵退伍和安置工作意见的通知》,2000年民政部发布《关于滞留军队伤病残士兵退役安置工作有关问题的通知》,2005年民政部发布《民政部、总参谋部关于做好患精神病义务兵和初级士官退役移交安置工作有关问题的通知》,都对伤病残退伍义务兵的安置工作提出了具体要求。

2. 退役士兵待安置期间的生活补助

城镇退伍军人待安置期间,由当地人民政府按照不低于当地最低生活水平的原则发给生活补助费。退役士兵在待安置期间,享受待安置期间生活补助费。非个人原因未能安置就业的,退伍义务兵、复员士官自报到期结束的第二个月起,转业士官自部队停止供应起,至安置部门发出《复员退伍军人分配信》的当月止。发放标准按照不低于当地最低生活水平的原则发给最低生活补助费(最低生活保障金)。复工复职、自谋职业、自找工作和按规定不予安排工作的退伍义务兵、复员、转

---

① 董华中主编:《优抚安置》,中国社会出版社2009年版,第118、113页。

业士官不享受生活补助费。①

二、军队干部的安置

军队干部是一个为我国国防和军队建设做出过重要贡献的特殊群体,政府对他们的安置管理有许多不同于其他社会群体的地方,为他们提供的社会保障待遇要高于一般社会群体。为了适应改革开放、经济体制改革的新形势,以保障军队干部能够顺利回归社会,1980年9月24日,中共中央发布了《关于妥善安排军队退出现役干部的通知》,要求各地党委、政府一定要高度重视,把妥善安置军队退出现役的干部当做全党全军全国人民的一项共同的政治任务认真办好。这期间民政部和总政干部部门多次召开安置工作会议,对安置工作和军队干部转业到地方的工资待遇等问题作出了具体规定。

1993年2月17日,国务院退伍军人和军队离休退休干部安置领导小组、民政部、公安部、财政部、劳动部、人事部、国家税务总局、国家工商行政管理局、总政治部联合下发了《关于做好军队复员干部安置工作的通知》,对自谋职业及到边远艰苦地区、经济特区、开发区和重点建设工程、新建扩建单位工作的复员干部,规定了优惠政策,对复员干部就业后的待遇、住房、随迁家属安置等,也都作出了明确规定。2005年以来,有关部门先后出台了解决复员干部基本养老保险和基本医疗保险关系转移接续、住房和生活困难救助等方面的政策文件,为他们基本生活需要提供了可靠保障。

2007年7月6日,劳动和社会保障部、民政部、财政部下发的《关于进一步落实部分军队退役人员劳动保障政策的通知》规定,尚未参保

---

① 丛文胜:《士兵优抚与退役安置法律问题常用法规指引大全》,解放军出版社2011年版,第31页。

缴费的部分军队退役人员,可到当地社会保险经办机构办理军龄登记手续,军龄视同缴费年限。达到退休年龄和缴费年限满15年的,可按月享受基本养老保险待遇;参加失业保险的人员在领取失业保险金期间,可按规定享受医疗补助。不符合失业保险金领取条件和领取失业保险金期满的军队退役人员和军队复员干部可按灵活就业人员参保的有关政策参加医疗保险,接续医疗保险关系,按规定享受待遇,其军龄视同缴费年限。

2007年12月18日,建设部、民政部、财政部下发了《关于进一步落实和完善1993年至1999年军队复员干部住房政策和做好生活救助工作的通知》规定,租住军队售房区可售住房的复原干部家庭,确无其他住房的,按现有住房出售审批程序,经批准可购买现承租住房。承租军队不可售公寓房、地方公有住房且未享受住房补贴政策的复原干部家庭,符合租金减免条件的,可向有关部门申请减免;生活困难且无力缴纳供暖费用的复原干部家庭,可向所在地政府申请,由当地政府予以适当补贴或减免。对符合当地廉租住房或经济适用住房供应对象条件的复原干部家庭,要优先予以安排;对有特殊困难的复原干部家庭,地方各级人民政府要根据实际情况,妥善解决他们的生活困难问题。

三、军队离退休干部的安置

在计划经济时期,对于达到离退休年龄的军队干部,除少部分高职级离退休干部留在部队由部队继续供养之外,其余绝大部分军队离退休干部都要移交地方政府安置管理。1980年中共中央发布的《关于妥善安排军队退出现役干部的通知》,首次规定离休退休的军队干部要逐步移交地方管理。这就为安置军队离休退休干部开辟了新的途径,减轻了军队的社会工作负担。随着1980年国家对老干部离职休养制度的建立,军队也实行了老干部离职休养制度。1981年10月,国务院、中央军委第一次明确军队退休干部除生活费外,其他一切生活待遇与安置地相当职级的国家机关干部相同。1982年,国务院、中央军委发布关于军队执行《国务院关于老干部离职休养制度几项规定的通知》要求,对已移交政府安置的退休干部,符合新的离休条件的,由所在地政府负责改办离休,由当地政府按地方离休干部管理。1983年7月9日,国务院办公厅发布《关于军队离休干部移交地方管理问题的通知》规定,离休干部移交地方后由民政部门管理。1984年11月,国务院、中央军委规定,军队离休干部生活待遇继续执行军队的项目和标准。1984年,中央下发了《国务院、中央军委批转民政部、总政治部关于做好移交地方的军队离休退休干部安置管理工作的报告的通知》,统一了军队离退休干部的待遇标准,规范了军队离退休干部的安置办法。1994年,经民政部、总政治部等军地有关部门报请党中央、国务院、中央军委批准,决定从1993年10月移交政府安置的军队离退休干部的生活待遇适用与离休干部一样的军队统一的项目和标准。

进入21世纪,国家经济社会发展迅速,军队改革也在深化,军队离退休干部安置工作也适应变化了的形势,向多元化、社会化方向发展。2004年1月3日,中共中央办公厅、国务院办公厅、中央军委办公厅发布了《关于进一步做好军队离休退休干部移交政府安置管理工作的意见》,对军队离退休干部安置管理政策作出了重大调整:放宽了军队离退休干部的安置去向;对军队离退休干部实行住房补贴和货币补差相结合的住房政策;医疗保障从过去的公费医疗改为医疗保险,等等。总的改革方向是由国家包办改革为国家保障与社会化服务相结合的保障方式。

军队离退休干部安置工作开展30余年来,在军地两方的努力下,取得了显著的成就:2000年以来,年均安置人数为过去年度安置人数的4倍到5倍,到2007年底,全国已累计接收军队离退休干部17.6万人,接收军队无军籍退休退职职工10万人。30余年来,军地有关部门累计调整军队离退休干部离退休费和各种补贴补助费200余次,军队离退休干部离退休费和各种补贴补助的平均增速是全国职工平均工资增速的2倍多,到2007年底,军队离退休干部的离退休费和各种补贴补助水平是全国其他离退休人员的3倍多。[①] 军队离退休干部的妥善安置,不仅是对这些为国做出过贡献的人的肯定和关爱,也对全社会尤其是在役军人的激励和鼓舞,这些政策实施的结果将极大地推动我军的现代化建设,提高军队的战斗力。

四、烈士褒扬工作的改革

1950年,国家先后颁布了《烈军属优待暂行条例》、《革命军人牺牲、病故褒恤暂行条例》、《革命工作人员伤亡褒恤暂行条例》、《民兵民工伤亡抚恤暂行条例》四个法规后,烈士褒扬法律体系基本形成。1980年6月4日,国务院颁布了我国第一部专门规范烈士褒扬工作的《革命烈士褒扬条例》,上述四个法规同时废止。《革命烈士褒扬条例》将适用范围由原来的革命军人、革命工作人员、参战民兵民工扩展到了全体人民;烈士褒扬工作的内容包括烈士评定、烈属遗属抚恤优待、烈士纪念设施管理保护、烈士事迹编纂和宣传等。在条例的规范下,我国的烈士褒扬工作取得了前所未有的成就。

30余年来,全国省(市、区)、县两级人民政府新批准的革命烈士有85 000多名,他们中有军人、警察、职工、学生、农民等各领域为国家和人民利益献身的优秀儿女。烈士一次性抚恤金从1979年的最高700元提高到烈士生前月工资标准的80倍;农村烈士遗属定期抚恤金由每年72元提高到4 100元,城镇烈属为6 900元;有10余万人次孤老烈

[①] 董华中主编:《优抚安置》,中国社会出版社2009年版,第101页。

士遗属由国家安置在有关机构集中供养。① 在各级政府和全社会的关心和援助下,烈士遗属的基本生活需要得到了保障。

1980年颁布的《革命烈士褒扬条例》在激励广大人民为国奉献中发挥了积极的作用。但是,条例的规定过于原则,实践中需要各级政府发布具有可操作性的规范性文件来实施,尤其是国家经济社会发展迅速,条例已经不能适应发展变化了的形势需要。例如,条例规定革命烈士遗属一次性抚恤金为烈士牺牲时80个月的基本工资,无工资收入的参照军队排职少尉军官的工资标准发给烈士遗属一次性抚恤金。这样的规定不仅使烈士遗属一次性抚恤金标准偏低,而且标准不统一使得烈士遗属抚恤待遇差距过大。在此情况下,2005年国家启动了对1980年《革命烈士褒扬条例》的修订工作。2008年,国务院法制办将修订案向全社会公布并征求意见,并进一步进行了认真仔细地修改。2011年7月20日,修订后的《革命烈士褒扬条例》经国务院第164次常务会议通过后,自2011年8月1日起正式实施。

修订后的《革命烈士褒扬条例》与1980年的条例相比,主要从以下几个方面予以完善:

1. 提高了褒扬和抚恤待遇

一是设立了统一标准的烈士褒扬金制度。新条例规定,国家建立烈士褒扬金制度;烈士褒扬金标准为烈士牺牲时上一年度全国城镇居民人均可支配收入的30倍;战时,参战牺牲的烈士褒扬金标准可以适当提高。烈士褒扬金由颁发烈士证书的县级人民政府民政部门发给烈士的父母或者抚养人、配偶、子女;没有父母或者抚养人、配偶、子女的,发给烈士未满18周岁的兄弟姐妹和已满18周岁但无生活来源且由烈士生前供养的兄弟姐妹。

---

① 董华中主编:《优抚安置》,中国社会出版社2009年版,第73页。

二是统一了烈士遗属一次性抚恤待遇标准。新条例规定,烈士遗属一次性抚恤待遇标准统一调整为上一年度全国城镇居民人均可支配收入的20倍加烈士本人40个月的工资,无工资收入的,按照解放军排职少尉军官工资标准计算。调整后的烈士遗属一次性抚恤待遇只是略有差别。

三是规范了烈士遗属定期抚恤金的标准。新条例规定,定期抚恤金标准参照全国城乡居民家庭人均收入水平确定;定期抚恤金的标准及其调整办法,由国务院民政部门会同财政部门规定;烈士遗属享受定期抚恤金后仍达不到当地居民的平均生活水平的,由县级人民政府予以补助。

2. 完善了对烈士遗属的优待规定

一是规定了烈士遗属享受相应的医疗优惠待遇,具体办法由省、自治区、直辖市人民政府规定。

二是规定了烈士的子女、兄弟姐妹本人自愿,且符合征兵条件的,在同等条件下优先批准其服现役。烈士的子女符合公务员考录条件的,在同等条件下优先录用为公务员。

三是规定了烈士子女接受学前教育和义务教育的,应当按照国家有关规定予以优待;在公办幼儿园接受学前教育的,免交保教费。烈士子女报考普通高中、中等职业学校、高等学校研究生的,在同等条件下优先录取;报考高等学校本、专科的,可以按照国家有关规定降低分数要求投档;在公办学校就读的,免交学费、杂费,并享受国家规定的各项助学政策。

四是规定了烈士遗属符合就业条件的,由当地人民政府人力资源社会保障部门优先提供就业服务。烈士遗属已经就业,用人单位经济性裁员时,应当优先留用。烈士遗属从事个体经营的,工商、税务等部门应当优先办理证照,烈士遗属在经营期间享受国家和当地人民政府规定的优惠政策。

五是规定了符合住房保障条件的烈士遗属承租廉租住房、购买经济适用住房的,县级以上地方人民政府有关部门应当给予优先、优惠照顾。家住农村的烈士遗属住房有困难的,由当地人民政府帮助解决。

六是规定了男年满60周岁、女年满55周岁的孤老烈士遗属本人自愿的,可以在光荣院、敬老院集中供养。各类社会福利机构应当优先接收烈士遗属。

七是规定了有关部门的法律责任。1980年的《革命烈士褒扬条例》没有关于法律责任的规定。1999年4月29日第九届全国人民代表大会常务委员会第九次会议通过的《行政复议法》第6条规定:"有下列情形之一的,公民、法人或者其他组织可以依照本法申请行政复议:……(十)申请行政机关依法发放抚恤金、社会保险金或者最低生活保障费,行政机关没有依法发放……"我们可以把这里规定的"申请行政机关依法发放抚恤金"理解为包括革命烈士遗属的优抚待遇,尽管如此,这样的规定显然是不够具体明确的。新修订的《革命烈士褒扬条例》在第五章专门对负有革命烈士褒扬责任的机构和部门的法律责任作出了详细具体的规定。例如规定,行政机关公务员在烈士褒扬和抚恤优待工作中有下列情形之一的,依法给予处分;构成犯罪的,依法追究刑事责任:(一)违反本条例规定评定烈士或者审批抚恤优待的;(二)未按照规定的标准、数额、对象审批或者发放烈士褒扬金或者抚恤金的;(三)利用职务便利谋取私利的。行政机关公务员、烈士纪念设施保护单位工作人员贪污、挪用烈士褒扬经费的,由上级人民政府民政部门责令退回、追回,依法给予处分;构成犯罪的,依法追究刑事责任。冒领烈士褒扬金、抚恤金,出具假证明或者伪造证件、印章骗取烈士褒扬金或者抚恤金的,由民政部门责令退回非法所得;构成犯罪的,依法追究刑事责任。法律责任的规定有利于强化执法机构工作人员的责任意识，杜绝和减少国家机关工作人员的违法犯罪行为，有力地保障和维护烈士遗属的合法权益。

第三节 见义勇为社会补偿制度

1985年3月28日，民政部发布《关于人民群众因维护社会治安同犯罪分子进行斗争而致伤亡的抚恤问题的通知》。通知规定，无工作单位的农民、学生、城镇居民等由民政部参照《民兵民工伤亡抚恤暂行条例》规定的精神办理，即同犯罪分子斗争致死不符合批准烈士条件的按照因公牺牲的有关规定办理。负伤致残符合评残条件的，按照参战残废民兵民工的有关规定办理。

在新时期，人民群众除了因维护社会治安同犯罪分子进行斗争致伤亡外，更多的则是舍身救落水者、舍身从火场救人等壮举，人们将这样的行为称为"见义勇为"。近年来，见义勇为的报道频频出现于报端。见义勇为者的行为对于维护国家和人民的生命财产安全，打击违法犯罪分子，弘扬社会正义，促进社会主义精神文明建设起到了积极的推动作用。在国家尚未出台有关因见义勇为致伤亡提供抚恤法规的情况下，为了弘扬社会正义、保障见义勇为者的权利，各地制定了地方性的褒奖和抚恤见义勇为者的规范性文件。但是，对于见义勇为者的保护总的来说是不尽如人意的。

1991年青岛市制定了《青岛市表彰见义勇为公民的规定》，成为我国第一个相关的地方规定。之后，各地也做了类似的立法尝试。青岛市的规定原则上是将因见义勇为而受伤、牺牲的纳入工伤保障范围。先是社保部门按工伤做出补偿；如果当事人无工作单位或者其工作单位确无支付能力的，再由政府从见义勇为经费中支付。从2007年开始，山东省见义勇为基金会为23户见义勇为者困难家庭每月提供

200—400元资助,但多数见义勇为者得不到资助,①这种"英雄流血又流泪"的现象在各地普遍存在。

2004年10月,重庆市开县丰乐镇的一处公路上,一辆装有制造火炮器材的货车突然燃烧。此刻一辆路过的载人中巴因火和浓烟的突然袭击迷失了方向而驶入路旁的水塘。村民金有树看见后奋不顾身跳入塘中,将被困在车中的19名乘客抢救上岸。金有树因呛水患上肺病且逐日加重,最后病重致死。按照我国《民法通则》第109条的规定:"因防止、制止国家的、集体的财产或者他人的财产、人身遭受侵害而使自己受到损害的,由侵害人承担赔偿责任,受益人也可以给予适当的补偿。"但是,这一规定仅限定为侵害行为,并且对受益人的补偿责任规定得也不够明确,补偿范围也较为模糊,因而在实践中难以操作。2003年12月,最高人民法院发布了《关于审理人身损害赔偿案件适用法律若干问题的解释》,其中第15条规定:"为维护国家、集体或者他人的合法权益而使自己受到人身损害,因没有侵权人、不能确定侵权人或者侵权人没有赔偿能力,赔偿权利人请求受益人在受益范围内予以适当补偿的,人民法院应予支持。"这一司法解释弥补了《民法通则》第109条的缺陷。但是,由于这场灾难中的受益人没有为金有树提供相应的补偿,使得金有树因治病所欠的债务在他死后一段时间都没有还完。最后在社会各界关注下,开县县委、县政府决定将金有树治病所花掉的医疗费等费用予以报销,债务予以清偿,并对金家进行了重点帮扶,也算是对死者的一点安慰。

中华见义勇为基金会调研发现,在见义勇为者权益保障方面普遍存在牺牲人员被评为烈士少、致残人员纳入优抚对象少,以及见义勇者陷入困境多的问题。据云南省见义勇为基金会统计,从2002年到

---

① 王海鹰:《勇士何以沦为乞丐》,《新华每日电讯》2008年12月8日。

2009年的7年间,云南因见义勇为牺牲的人有155个,但是申报为烈士的只有12个。这意味着,绝大多数牺牲人员的家属无法享受长期抚恤待遇。调研还发现,各地奖励标准差别很大。一个人因见义勇为牺牲,有的地方发放抚恤金50万元,而有的地方仅有区区10万元。出现这些问题的根源,在于保障见义勇为者权益的法规不完善,地方只能各行其是。① 目前,在我国31个省(区、市)出台的地方性见义勇为法规中有19个条例、8个规定、4个办法,这些规定对于见义勇为的认定范围、认定机构、奖励标准、基金筹集等,都是根据各地不同的情况制定的。比如,保安跟歹徒搏斗受伤,在广东可认定为见义勇为,因为广东的定义是"法定职责以外实施的行为";但四川不能认定,因为四川的定义是"履行特定义务以外的行为"。这种状况将影响人们见义勇为的积极性,影响社会优良风气的发扬。因此,国家亟需加快制定一部见义勇为者褒扬和保障法规,使见义勇为者权益获得应有的保障。

有报道称,鉴于我国各地对"见义勇为"的认定差别很大,造成同一种见义勇为行为在不同地方待遇不一致的情况,中华见义勇为基金会已将《见义勇为人员权益保障条例(草案)》上报公安部,公安部经过修改补充,已报请国务院审批。② 《见义勇为人员权益保障条例(草案)》将统一见义勇为行为的认定标准和奖励标准,将在保障见义勇为者的权益方面发挥积极作用。见义勇为行为是实施者为了国家、集体或他人利益而做出自我牺牲的行为,他们为社会作出了特殊贡献,社会应当为他们的损失承担责任,应当为他们提供相应的荣誉和物质待遇,才能体现社会公平、弘扬社会正气。

2012年7月24日,《广东省见义勇为人员奖励和保障条例(草

---

① 徐娟:《见义勇为奖励标准应尽量统一》,《人民公安报》2012年10月11日。
② 沈彬:《统一见义勇为标准,关键还在政府投入》,《东方早报》2012年7月24日。

案)》在省人大常委会进行审议。草案规定"因见义勇为牺牲的人员,由省人民政府一次性颁发30万元和行为发生地的地级市人民政府一次性颁发15万元以上的抚恤金"。对于这样的规定,有人认为,在制定见义勇为奖励和保障法规时,要使该项制度与国家现有规定相衔接。具体来说,就是见义勇为伤亡应与烈士褒扬制度和工伤保险制度的规定衔接起来,即牺牲符合烈士条件的,应当认定为烈士,死者及其家属享受烈士及其遗属的待遇;符合工伤条件的,应当认定为工伤,享受工伤保险制度提供的相应待遇和保障。[①] 这样的观点具有法理基础,应当为国家立法机关采纳。与此同时,国家在出台见义勇法律或法规之后,由于调整范围由现行的优抚安置制度扩大到了对见义勇为者的保障,所以,现在的优抚安置制度也因此应更名为社会补偿制度,即国家对所有为社会做出特殊贡献的人及其家庭生活风险提供经济保障的制度。

[①] 《见义勇为者待遇不应低于因公伤亡》,《信息时报》2012年7月25日。

第九章 社会福利制度的改革

在社会保障法律体系中,社会保险制度旨在为人们的例如生、老、病、死、贫困等一般生活风险提供保护;社会补偿制度旨在为人们在遭遇例如战争伤亡、暴力行为致伤亡、见义勇为行为致伤亡这些特殊的生活风险时提供保护;社会救济制度旨在为那些不能从社会保险制度或者社会补偿制度中获得待遇,或者从社会保险制度或社会补偿制度中获得的待遇不能维持其基本生活需要时,为人们提供经济援助的制度。而社会福利制度是旨在为提高和改善人们的生活质量以及人们的全面发展而提供的物质帮助和服务设施的制度,即为人们的发展权的实现提供经济援助的制度。

20 世纪 80 年代开始的经济体制改革带来了社会结构的巨大变化,传统福利制度日益暴露出一系列不适应新社会环境的弊端:首先,国有企业改革必然使企业成为自主经营的经济实体,它们要与所有企业一起参与市场竞争,在这种情况下,企业尤其是一些老企业,由于背负沉重的职工福利负担,[①]而难以与新生企业公平竞争,甚至面临破产风险。而且职工所在的企业一旦破产,职工及其家庭能够获得的福利

---

① 1992 年,全国总工会对 73 家企业进行的调查显示,1991 年职工福利基金超支的企业有 66 家,占调查企业总数的 90.4%,超支率达 102.4%。企业通过挤占企业生产发展基金、流动资金、折旧基金、大修理基金、工资奖励基金等来弥补收支亏空,这无疑对企业的发展和竞争造成不利影响。宋士云等:《新中国社会保障制度的结构和变迁》,中国社会科学出版社 2011 年版,第 249 页。

待遇将没有了着落,生活将立即陷入困境;其次,企业的福利待遇将企业与职工紧紧地拴在一起,例如,单位分配的住房、职工子弟就读的子弟学校等,形成了企业与职工之间的人身依附关系。一旦企业在市场竞争中导致经营困难甚至破产,职工的福利待遇就会受到严重影响甚至不复存在,尤其是那些福利待遇高于工资收入的单位职工,他们自己及其家庭成员的生活就会面临风险;第三,优厚的福利待遇由于是平均分配,所以不但没有发挥它激励劳动者积极性的功能,反而助长了人们的懒惰和依赖心理,影响企业的效率和发展;第四,经济体制改革带来经济结构多元化,农村人口流入城镇,进入不同所有制企业和单位就业,他们连应当享受到的社会保险待遇都享受不到,何谈享受社会福利待遇,这种从制度建立之初就对农民实行的不平等待遇,在社会主义市场经济下不能再延续下去,否则会继续扩大城乡差距,城乡隔离的二元社会经济结构也无法打破。由此可见,在市场经济下,传统福利制度不但不能适应不同社会成员的需求(我国经济体制改革初期的社会福利只能满足5%的社会需求,[①]这里的社会福利主要指为老年人、残疾人提供的养老和寄养机构),而且直接对企业的发展,最终也对整个经济的发展产生不利影响,也会酿成社会不稳定因素。改革作为二次分配制度重要内容的传统福利制度势在必行。

第一节 民政福利制度

1978年2月,民政部成立。1979年11月,全国城市社会救济福利工作会议召开,明确了城市社会福利事业单位的福利性质,启动了全国

[①] 朱勇等:《社会福利社会化春天来了》,《中国民政》2000年第1期。

社会福利事业的改革。1980年10月,民政部、国家劳动总局发布了《关于城市社会福利事业单位岗位津贴的试行办法》,1982年4月,民政部向全国民政厅局发出通知,要求各地按照民政部制定的《城市社会福利事业单位管理工作试行办法》对社会福利事业单位进行整顿。经过整顿,建立了以岗位责任制为核心的规章制度,提高了服务质量。1986年民政部制定的1986—1990民政福利事业五年规划提出,变单一的国家负担为国家、集体、个人三方共同负担,由"救济型"福利转变为"福利型"福利,由"供养型"服务方式转变为"供养与康复相结合型"服务方式,扩大城乡社会福利企业的规模,并争取非政府组织对社会福利事业发展的支持。

1993年4月,民政部发布了《国家级福利院评定标准》,同年8月,民政部又发布了《社会福利企业规划》。1994年12月,民政部发布了《中国福利彩票管理办法》。1997年4月,民政部与国家计委联合发布的《民政事业发展'九五'计划和2010年远景目标纲要》指出,残疾人可以由过去单一的在福利企业就业改变为在福利企业或分散就业并重。1999年12月,民政部颁布了《社会福利机构管理暂行办法》。从这些法规可以看出,无论是社会福利院和社会福利企业的发展,福利资金的筹集,还是残疾人就业,社会福利机构的管理等,民政部门作为我国福利事业的主管机构将把我国的社会福利事业逐步从官方举办引向社会举办,并按福利需求设立福利项目,例如将原来单一的以集中收养孤寡老人的养老院,按照老年人的不同需求设立养老院、老年公寓、老年护理服务、老年家政服务等福利项目,并面向所有有福利需求的老年人。民政福利的社会化不仅使民政福利走出封闭运行的模式,而且提高了民政福利机构的效率。与此同时,社会办的福利机构也在迅速发展。尤其是社会办的社会福利企业,其发展势头甚至超过了官办福利企业,有数字表明,到20世纪90年代末,官办福利企业占福利企业总数从

65%下降到14%,社会办的福利企业从35%上升到86%。①

各级民政部门力争财政资金的投入,并吸收社会捐助和利用福利彩票公益金,通过多方筹资来促进社会福利机构的建设和发展。据统计,2006年,中央财政共向各地转移支付民政事业费404亿元,比2005年增长30.2%;从1987年4月民政部发布《关于开展社会福利有奖募捐活动的通知》之后的20年间,共计发行福利彩票约2 220亿元,筹集到福利基金约725亿元;1999年6月28日,《中华人民共和国公益事业捐赠法》颁布以后,到2006年各级民政部门和慈善机构就募集到社会捐赠资金83.1亿元。在各级财政加大对社会福利事业的投入力度和社会各界积极参与和大力支持下,我国的社会福利事业得到健康稳步地发展,到2006年底,收养性社会福利机构4.2万个,床位187.1万张,收养了147万人;全国各类老年福利机构38 097个,床位153.5万张,收养各类人员120.3万人。无论社会福利机构还是老年福利机构都呈增长态势。②民政福利改革的最明显的走向是走出封闭、面向社会,例如,民政部门举办的社会福利机构,由专门收养无依无靠的孤寡老人,改革为接收有入住需求的自费老年人,这样的改革不仅意味着官办的封闭的福利机构开始向社会开放,使官办福利机构在提高利用率的同时,通过收取入住费用,增加福利机构的资金来源,进而使福利机构的设施得到改善和服务质量得到提高。民政福利在改革过程中越来越接近它造福于民众的内在功能。

---

① 郑功成等:《中国社会保障制度变迁与评估》,中国人民大学出版社2002年版,第351页。
② 中华人民共和国民政部:《2006年民政事业发展统计报告》,《法制日报》2007年5月23日。

第二节　企业职工福利制度

1980年2月,财政部、国家劳动总局发布的《关于城镇集体所有制企业的工资福利标准和列支问题的通知》规定,从1980年1月1日起,城镇集体所有制企业凡是经济条件允许,其职工福利基金都可改按工资总额的11%提取,提取的福利基金可在营业外或其他费用项目列支。1981年3月,国务院修订了职工探亲待遇的规定,延长了探亲假期,提高了探亲待遇,增加了已婚职工探望父母的规定。1981年6月,财政部发布的《关于中央级事业单位、行政机关从预算包干结余中提取的集体福利费开支范围的暂行规定》规定,集体福利费可用于本单位举办的哺乳室、托儿所、幼儿园、少年之家、校外辅导站、职工家属统筹医疗超支、理发室、浴室等集体福利费用补助。针对有些企业将集体福利设施承包经营,因此减少或取消职工福利的做法,劳动人事部、全国总工会、财政部于1983年8月发布《关于在经济改革中要注意保障企业职工的劳动保险、福利待遇的意见》指出:"国家规定的职工宿舍冬季取暖补贴、上下班交通费补贴、副食品价格补贴,以及女职工的产假待遇和给婴儿的哺乳时间等,均应按有关规定执行,不得自行降低或取消。""职工食堂、托儿所、幼儿园等集体福利事业,要逐步实现社会化。但在未做到这一点的情况下,各企业应继续办好现有的集体福利事业,以减轻职工的困难,方便职工的生活。"

国有企业改革开始以后,一些试点企业在按一定比例提取的企业基金或利润留成基金或税后留下的利润中,将一部分作为福利基金。那些生产效益好的企业,就能够从较多的自留资金中提取更多的福利基金,用以改善职工的福利待遇。企业福利基金提取与使用办法的改变,表明在改革中将职工福利与企业发展联系在了一起。1978年职工集体福利设施费用为4.3亿元,1983年增长到了11.26亿元,增长了将近2.5倍。①为了解决企业职工福利基金普遍超支的问题,1992年4月20日,财政部发布了《关于提高国营企业职工福利基金提取比例,调整职工福利基金和职工教育经费计划基数的通知》规定,从1992年5月1日起,将职工福利费由原来的按企业职工工资总额扣除副食品价格补贴和各种奖金后的11%提取,改按职工工资总额扣除各种奖金后的14%从成本中提取,计提福利基金的工资总额不再扣除副食品价格补贴。针对企业职工福利基金管理混乱的问题,通知要求理清福利、工资、保险、困难补助之间的关系。通知还规定,各种带工资性的福利补贴,包括物价补贴、上下班交通补贴、洗理卫生费、书报费、燃料补贴、冬季取暖补贴等,按照一般市场经济工资构成惯例纳入职工工资,直接进入成本,不再从企业职工福利基金中列支。通知的这些规定提高了职工工资收入,把通过福利给予职工的暗补变为明确的劳动报酬,更有利于激励职工的生产积极性。此外,职工定期或不定期的生活困难补助费,也是从企业福利基金中列支。企业设立劳动保险基金,按法定比例提取劳动保险金,并实行社会统筹,劳动保险金从工资成本中列支,当在职职工和离退休人员发生养老、医疗、失业、工伤、生育生活风险时为他们提供相应待遇。这就把福利费用和保险费用从财务制度上区分开来,有效地避免了二者相互挤占和挪用。②

1992年6月16日,中共中央、国务院发布的《关于加快发展第三产业的决定》指出:"以社会化为方向,积极推动有条件的机关和企事业单位在不影响保密和安全的前提下,将现在的信息、咨询机构、内部服

---

① 严忠勤主编:《当代中国的职工工资福利和社会保险》,中国社会科学出版社1987年版,第205页。
② 宋士云等:《新中国社会保障制度的结构和变迁》,中国社会科学出版社2011年版,第249—250页。

务设施和交通运输工具向社会开放,开展有偿服务,并创造条件使其与原单位脱钩,自主经营,独立核算。"在决定鼓励大力发展第三产业的社会背景下,在承包责任制的基础上,绝大多数企业和单位打破过去封闭运行的模式,成立了面向社会、有偿服务的劳动服务公司,并逐渐与原单位脱钩,成为独立的经济实体并参与市场竞争。例如,绝大多数的房修公司、托儿所、幼儿园、理发店等都是从原来的企业或单位剥离出来,并成为自负盈亏的经济实体。国家的制度建设将企业职工福利社会化的做法肯定了下来。2006年12月4日,财政部发布修订后的《企业财务通则》只是规定,企业依法为职工支付的基本医疗、基本养老、失业、工伤、生育社会保险费,直接作为成本列支,而对福利费及其计提比例没有作出规定。这就表明,企业要根据自身经济效益来安排职工的福利,即职工的福利水平与企业经营状况挂钩。

第三节　住房福利制度

计划经济时期建立的福利型住房分配制度的弊端在市场经济下日益明显:首先,随着城市化的加快,城市人口在急剧增加,这种住房建设资金只投入、不回收的制度,使得城市住房由于总量不足而导致供不应求的矛盾。1949年至1978年间,国家投资374亿元,建成住宅5.3亿平方米,但仍无法满足城镇人口的住房需要,1978年人均住房面积由新中国成立初期的4.5平方米下降到3.6平方米,缺房户有869万户,占当时城镇总户数的47.5%;[1]其次,住房租金低廉,加上单位提供维

---

[1] 国务院住房制度改革领导小组办公室、中国城镇住房制度改革研究会编著:《中国住房制度改革》,改革出版社1996年版,第608页。

修和管理，不仅造成国民经济产业结构不合理，阻碍国家住房建设、经营、管理以及相关产业的发展，而且使得有权力的人以权谋房，职工也以各种理由争取改善住房条件，由此使得本来紧张的房源更加短缺和住房分配上的不公平现象发生；第三，职工分配到的住房由职工本人及其家庭成员使用，不能进行住房商品化经营，这是一种只有供给性而完全排除了商品化因素的福利住房制度。在这种情况下，如何使我国公有住房投资积累下来的巨额资产商品化和社会化，成为国家在改革计划经济时期福利住房制度时必须考虑的重要问题。

从1949年到1978年，我国住宅的福利属性论点一统天下。当20世纪70年代末80年代初，在中央政府提出住房改革的动议后，理论界立即掀起住宅的商品属性和福利属性的争论。1979年第18期《基建调研》杂志发表了《关于住宅商品化生产的设想》一文，首次公开提出了住宅也是商品的观点。中共中央党校原副校长苏星是从20世纪50年代末就开始对中国城镇住房制度进行研究的经济学家。1957年曾在《学习》杂志上发表过《论住宅和房租问题》。1979年初，国家建设委员会主管城市住宅的负责人认为苏星先生1957年发表的论文，对急需理论指导的城市住宅改革很有启发并约苏星先生写一篇论述住宅改革的理论文章，以推动住宅制度改革工作的开展。时任《红旗》杂志社经济组组长的苏星先生爽快应允，写了发表在《红旗》1980年第2期上的、题为《怎样使住宅问题解决得快些？》的论文。这篇文章解决了一个关键性问题，就是用马克思主义的观点，论证了住宅不仅是个人消费品，而且也是商品，私人购房与社会主义公有制并不矛盾。表达了住宅是个人消费品的重要组成部分，应该走商品化道路的观点。苏星先生的这篇论文为即将进行的住房制度改革，提供了理论依据。到1980年10月，全国已有26个省、市、自治区的128个城市和部分县镇开展了私人购买、建造住宅的工作，其中由国家建造住宅向私人出售的有50

个城市;111个城市的私人建房面积达到了332万平方米。[1]

1978年,一些企业、事业单位和地方政府开始自筹资金建造公有住房。国家通过各种渠道的建房投资每年高达200亿元左右,公有住房占城镇新建住房的3/4左右,建房单位将住房分配给职工居住,只收取少量租金。[2] 1989年国务院颁布《关于在全国城镇分期分批推行住房改革的实施方案》后,城镇居民福利分房开始向住房商品化、私有化方向改革。这时,国家对住房制度的改革,主要体现在基于对住房商品化的认识,改变低租金,优惠出售公有住房,提供购房补贴,将实物分配逐步转为货币分配,并抑制不合理的住房需求等,它反映了对传统城镇住房保障制度的颠覆性纠正。[3] 国家对住房制度的改革,是在国家工业化过程中,农业人口逐渐减少,城市人口不断增长,公民的住房问题成为比较严重的社会问题而政府不得不予以干预的情况下进行的。干预的措施之一就是建立住房保障制度。所谓住房保障制度,是指由国家承担为社会中低收入的社会成员提供最基本的居住条件的责任制度。社会中低收入人群由于购买住房能力的缺失和住房状况恶化,只有通过政府的援助,才能解决最基本的住房需求。虽然各国对最基本的住房需求有各自的衡量标准,但是,一定的住房面积应当是最主要的标准,即提供给中低收入者及其家庭符合一定标准的居住条件,即使房屋的产权是属于政府或者是提供者而不是居住着的,只要居住者"有适足的房住"而不仅仅是"有房"。

一、住房福利制度改革的历程

从20世纪70年代末期开始住房制度改革以来,主要经历了两个

---

[1] 卜凡中:《我们房地产这些年》,浙江大学出版社2010年版,第21页。
[2] 余凌云:《社会保障:理论 制度 实践》,中国财政经济出版社2008年版,第360页。
[3] 郑功成:《中国社会保障30年》,人民出版社2008年版,第220页。

改革阶段：
1. 住房商品化探索阶段
住房商品化改革的目标是由计划经济时期公房福利化分配逐步向以住房市场化为主导、经济适用房和廉租房为辅助的综合住房保障政策转变。1978年9月，中央召开城市住宅建设会议，会上传达了邓小平同志的一次重要讲话，讲话的主要精神是：解决住房问题能不能路子宽些，比如允许私人建房或者私建公助，分期付款；把个人手中的钱动员出来，材料由国家解决；建筑业是可以为国家增加收入、增加积累的重要产业部门，在长期规划中必须把建筑业放在重要位置。1980年4月5日，邓小平同志发表了《关于建筑业的地位和住宅政策问题的谈话》，在"谈话"中他再次指出："关于住宅问题，要考虑城市建筑住宅、分配房屋的一系列政策。城镇居民个人可以购买房屋，也可以自己盖。不但新房子可以出售，老房子也可以出售。可以一次付款，也可以分期付款，10年、15年付清。住房出售后，房租恐怕要调整，要联系房价调整房租，使人们考虑到买房合算，因此要研究逐步提高房租，房租太低，人们就不买房了。""将来房租提高了，对低工资的职工要给与补贴。这些政策要联系起来考虑。建房还可以鼓励公私合营或民建公助，也可以私人自己想办法。"[①]邓小平同志的讲话虽然没有使用"住房商品化"的提法，但却涵盖了住房制度改革和今后我国住房政策的基本思路。从此，住房制度改革在各地逐步展开。1980年6月，中共中央、国务院批准了《全国基本建设工作会议汇报提纲》，正式允许实行住房商品化政策，自此揭开了中国城镇住房制度改革的序幕。1980年7月14日，召开住宅法起草工作研讨会。1983年，《中华人民共和国住宅法》被正式纳入全国人大法制委员会的立法部署。1985年，完成《中华人民共

---

① 转引自王洪春：《住房社会保障研究》，合肥工业大学出版社2009年版，第198页。

和国住宅法》(建议稿),并印发征求意见。但由于住房制度改革不断深入,新情况新问题不断出现,这样一部重要的法律没能出台。

在住房由福利化向社会化转变的过程中,首先采取的措施是出售公房。即国家以成本价将新旧公房出售给职工。1984年10月11日,国务院批转城乡建设环境保护部《关于扩大城市公有住宅补贴出售试点报告》指出:城市公有住宅补贴出售给个人,是逐步推行住宅商品化、全面改革我国现行住房制度的重要步骤。在职工收入低且没有多少积蓄因而买不起房的情况下,国家和单位为职工提供售房补贴,在1985年进行试点的郑州、常州、四平、沙市四个城市,国家在出售的1 797套公房上投入为1 400万元,但仅收回270万元,这无疑使国有资产大量流失。与此同时,1985年将提高公房租金作为住房制度改革的突破口,提高以后的房租实际上包含着国家给予公房租赁者的补贴,收取的租金用于住房再生产。1986年1月,为加强对房改工作的领导,国务院成立了住房制度改革领导小组。住房制度改革领导小组提出"提高工资,增加工资,变暗补为明补,变住房实物分配为货币分配,通过提高租金促进售房"的改革思路。1987年,国务院批准烟台、蚌埠、唐山等城市实施提租补贴的改革方案。

1988年1月,国务院召开了第一次全国住房制度改革工作会议,并于当年2月发布了《关于在全国城镇分期分批推行住房制度改革的实施方案》。方案明确指出,将住房制度改革正式纳入中央和地方的改革计划,分期分批推行。第一步改革旨在通过全面提高租金,做到以租养房,促进购房,从而实现住房资金的良性循环,并抑制不合理的住房需求。第二步改革则是理顺分配关系(补贴列入工资、计入企业成本),提高职工的经济负担能力,进一步实行住房的商品化、社会化和专业化。这是中国政府出台的第一个房改总体方案,一般称之为"提租补贴方案。"提租补贴方案的主要政策构架是:根据住房的折旧费、维修费、管理费、投资利息和房产税五项因素,合理调整公房租金;同时根据调租幅度,发放一定数量的住房券,用于抵交新增租金;住房券按个人工资的一定比例发放,坚持多住房多交租和少住房可得益的分配原则,改变以往等级制的分配方式;建立城镇、企事业单位和个人的三级住房基金,以形成稳定的住房资金来源;积极组织出售公有住房,同时进行财政、金融和信贷方面的配套改革。方案要求,从1988年起用三五年时间分期分批推行住房制度改革,并确定烟台、蚌埠、唐山以及深圳、成都等地作为试点城市,把向居民出售新旧公房作为推动住房商品化的措施之一。然而遗憾的是,不久后发生的严重通货膨胀,加上部分执行者对提租方案的抵制和反对,导致提租补贴方案未全面推开就夭折了。

1990年至1991年,北京、上海等城市在住房改革探索中,采取了小步提租不补贴的办法,通过优惠出售公有住房和建立住房公积金制度扩大住房建设资金规模,增加住房供给。1991年6月,国务院发布了《关于继续积极稳妥地进行城镇住房制度改革的通知》规定,将公有住房的租金有计划有步骤地提高到成本租金;出售公有住房,凡按市场价购买的公房,购买人拥有全部产权,职工在国家规定的住房面积以内以标准价购买的公房,拥有部分产权,可以继承和出售。1991年10月17日,国务院批转了国务院住房制度改革领导小组起草的《关于全面推进城镇住房制度改革的意见》,意见在重申1991年6月国务院《通知》的主要精神的同时,还提出按照社会主义有计划商品经济的要求,从改革公房低租金着手,将现行公房的实物福利分配制度逐步转变为货币工资分配制度。在分阶段目标中,"八五"计划期间以改变低租金、无偿分配为基本点,公房租金标准达到实现简单再生产的三项因素(维修费、管理费、折旧费)水平;到2000年,公房租金标准要努力达到包含五项因素(维修费、管理费、折旧费、投资利息和房地税)的成本租金水平。长期目标是住房租金达到包含八项因素(在五个因素基础上加土地使用费、保险费和利润)的商品租金水平,完善住房机制的转换,实现住房商品化、社会化。1991年11月,国务院办公厅转发了住房制度改革领导小组《关于全面推进城镇住房制度改革的决定》,要求从改革公房低租金制度着手,将现行公房的实物福利分配制度逐步转变为货币工资分配制度,由住户通过商品交换(买房或租房)取得住房的所有权或使用权,使住房这种特殊商品进入消费品市场,实现住房资金投入产出的良性循环。决定的发布标志着住房制度改革已从探索和试点阶段进入全面推进和配套改革的新阶段。然而,出售公房的价格仍低于标准价而导致国有资产流失,使得国务院在1993年12月31日不得不作出停止出售公房的决定。

2. 住房市场化阶段

1993年11月,中共十四届三中全会通过了《中共中央关于建立社会主义市场经济体制若干问题的决定》,决定为中国住房制度改革确定了方向,即要充分发挥市场机制在住房资源配置中的基础性作用,由住房的供求关系决定住房资源配置的基本方向。1994年7月18日,国务院发布的《关于深化城镇住房制度改革的决定》,对进行城镇住房制度改革的根本目的、基本内容以及近期的改革重点等作了原则规定。这次住房制度改革,一是全面推行住房公积金制度;二是积极推进租金改革,要在职工家庭合理支出范围内加大租金改革,实行新房新租。到2000年,住房租金原则上应达到占双职工家庭平均工资的15%;三是稳步出售公有住房,对不同收入家庭按不同价格售房,向中低收入职工家庭出售公有住房实行成本价,对于确有困难的市(县),可以实行标准价作为过渡;四是加快建立经济适用住房的开发建设,大力发展房地产交易市场和社会化的房屋维修、管理市场。国务院希望通过一系列的改革,争取到20世纪末初步建立起新的城镇住房制度,使城镇居民住房达到小康水平。决定出台后,各地根据决定的精神,纷纷制定公布本地区的房改实施方案,在建立住房公积金、提高公房租金、出售公房等方面都取得较大的进展。到1998年6月底,全国住房公积金总额已达980亿元。1997年底,35个大中城市的公房租金平均为每平方米1.29元,在原有基础上有了较大的提高,深圳等城市已率先达到成本租金水平。公房出售在1996年以后也有了相当迅速的进展,到1998年,全国城镇自有住房占全部住房的比例已超过50%,部分省市已超过60%。[1]

1998年6月15日,国务院召开了全国深化住房制度改革和加快住房建设工作会议,决定实行住房分配货币化。7月3日,国务院发布《关于进一步深化城镇住房制度改革加快住房建设的通知》,这个后来被看作房改纲领的"国发23号文件",正式开启了以"取消福利分房,实现居民住宅货币化、私有化"为核心的住房制度改革,在新中国延续了半个世纪的福利分房制度寿终正寝。"通知"规定,职工住房由福利分配制转向货币化的住房分配制,停止企事业单位的福利分房,职工按标准价购买住房,同时确立了由单位和职工各缴费50%的住房公积金制度和发放住房补贴等多种货币分配制度。住房公积金缴纳率1999年底不低于5%,住房补贴有按月补贴、按月补贴和一次性补贴相结合、一次性补贴三种方式,住房补贴计入工资。1998年的"通知"是我国住房制度发生质的变化的规范性文件。

从1998年7月开始停止福利分房,实行货币补贴,国家逐步建立和完善以经济适用住房为主的多层次城镇住房供应体系。2000年5月,建设部、财政部、国家经贸委、全国总工会发布了《关于进一步深化国有企业住房制度改革,加快解决职工住房问题的通知》,福利住房实物分配全面叫停,逐步实行住房分配货币化。在2004年至2007年间,

---

[1] 《1979—1998年的住房制度改革》,东北新闻网2007年3月19日。

商品房销售价格飞快飙升,国家在保证普通商品住房和经济适用住房价格相对稳定的同时,强化政府住房保障职能,加快城镇廉租住房制度建设,以更好地解决低收入家庭住房困难问题。2007年8月,国务院发布《关于解决城市低收入家庭住房困难的若干意见》后,解决低收入家庭住房困难成为各级政府住房制度改革的重要内容和政府为群众提供公共服务的重要职责。

二、保障性住房制度形成

经过将近30年的住房制度改革,我国保障性住房制度框架基本形成。

(一)经济适用住房制度

20世纪90年代,随着市场经济改革的不断深入,住房的商品属性和投资属性日益凸显,适应于市场经济体制的住房制度逐渐形成并不断完善,而福利分房制度已走到尽头。1994年7月18日,国务院发布《关于深化城镇住房制度改革的决定》,掀开了深化城镇住房制度改革,促进住房商品化和社会化的序幕。"决定"明确城镇住房制度改革的目的是,建立与市场经济体制相适应的城镇住房制度,实现住房商品化、社会化;阐明了城镇住房制度改革的内容是,住房建设投资由国家、单位、个人三者合理负担;首次提出把住房实物福利分配改为工资货币分配方式,建立以中低收入家庭为对象、具有社会保障性质的经济适用住房供应体系和以高收入家庭为对象的商品房供应体系;并决定建立住房公积金制度,所有行政和企事业单位及其职工均应按照"个人存储、单位资助、统一管理、专项使用"的原则缴纳住房公积金。1994年12月,建设部、财政部等部门根据决定的指导精神出台了《城镇经济适用住房建设管理办法》,将经济适用住房定义为"由相关部门向中低收入家庭的住房困难户提供按照国家住房建设标准而建设的价格低于市场价的普通住房。"由此确立了经济适用房制度,它的初衷和立足点是社会保障性的,即经济适用房制度是社会保障制度而不是经济制度。

1995年2月6日,国务院办公厅发布《转发国务院住房制度改革领导小组国家安居工程实施方案的通知》。安居工程主要是为了解决国有大中型企业职工和大中城市居民的住房困难,在总结各地经济适用房建设经验的基础上提出的。安居工程计划在原有住房建设规模的基础上,新增建筑面积1.5亿平方米,用5年左右时间完成。建成的住房直接以成本价向中低收入家庭出售,并优先出售给无房户、危房户和住房困难户,不售给高收入户。到1997年底,安居工程已完成7 159万平方米,为65万户城镇居民解决了住房问题。1998年,国家下达的安居工程建设面积为4 873.23万平方米,投资规模为419.04亿元。[①] 1998年,国务院提出重点发展经济适用住房,加快解决城镇住房困难居民的住房问题后,自2005年起,许多城市把安居房并入经济适用房中;有些城市把安居房提供给特定的社会救济对象。例如,新疆和田地区就采取后一种做法。2006年9月8日,胡锦涛总书记到和田视察时,决定给和田地区增补3亿元抗震安居工程建设资金,每年1亿元,3年全部到位。[②]

在住房制度改革的过程中,地方政府通过出售土地增加本地资产和提高本地GDP值,以彰显在任期间的政绩。在经济利益驱动下,用于建造商品房的土地挤占了经济适用房的用地,加剧了住房供求矛盾。2002年11月,国家计委、建设部出台了《经济适用房价格管理办法》,明确规定经济适用住房的价格应以保本微利为原则,其租金标准在综合考虑建设、管理成本和不高于3‰利润的基础上进行确定。2003年

[①] 住房和城乡建设部:《关于继续做好1998年国家安居工程(经济适用房)实施工作的通知》,转引自郑功成:《中国社会保障30年》,人民出版社2008年版,第227页。

[②] 王洪春:《住房社会保障研究》,合肥工业大学出版社2009年版,第198页。

9月,国务院发布了《关于促进房地产市场持续健康发展的通知》,这个文件将"国发23号文件"确立的住房供应体系,即城市80%以上的家庭由政府提供经济适用房,开发商建造的商品房为10%高收入家庭提供,逆转为"调整住房供应结构,逐步实现多数家庭购买或承租普通商品住房",使得商品房成为住房供应主体。到2005年底,经济适用房开发投资只占到住房开发投资的5%,2004年比2003年每平米房价上涨352元。[1] 房价猛涨不仅使得大多数中低收入家庭住房不能得到改善,而且引起人们的普遍不满。

2004年5月13日,建设部、国家发改委等部门颁布《经济适用房管理办法》。"办法"在总则中规定,发展经济适用房应当坚持"在国家宏观政策指导下,各地区因地制宜、分别决策"的原则,由市县人民政府根据当地经济社会发展水平、居民住房状况和收入水平等因素,合理确定经济适用房的政策目标、建设标准、供应范围和供应对象等,并负责组织实施;经济适用房建设用地,要按照土地利用总体规划和城市总体规划要求,合理布局,实行行政划拨方式供应;确定经济适用房价格应当以保本微利为原则,其销售基准价格和浮动幅度应当按照2002年12月国家计委和建设部发布的《经济适用房价格管理办法》的规定确定。2005年3月26日,国务院办公厅发布了《关于切实稳定住房价格的通知》,首次以行政问责的形式将稳定房价提高到政治的高度,对于抑制房价过快过高增长发挥了一定的作用。2006年5月17日,国务院办公厅转发建设部等9部门《关于调整住房供应结构稳定住房价格的意见》规定,凡新审批、新开工的商品住房,套型建筑面积90平米以下住房(含经济适用房)面积所占比重,必须达到开发建筑总面积的

---

[1] 宋士云等:《新中国社会保障制度的结构和变迁》,中国社会科学出版社2011年版,第466页。

70%以上;二手房转手征营业税时间延长到5年;个人住房贷款首付提至30%。这些规定对于稳定普通商品住房和经济适用住房价格产生了一定的保障作用。

2007年8月7日,国务院发布的《关于解决城市低收入家庭住房困难的若干意见》把建设保障性住房提高到了前所未有的高度。2007年11月30日,建设部、国家发改委、财政部、国土资源部等七部委联合发布了新修订的《经济适用房管理办法》,同时废止2004年发布的《经济适用房管理办法》。新修订的《经济适用房管理办法》对经济适用房的功能定位、开发建设、销售管理等作出了更加合理的规定,强调了经济适用房的保障"居者有其屋"功能,为城镇中低收入群体住房权的实现提供了法律保障。2008年11月12日,国务院宣布,未来三年内要新增200万套廉租房、400万套经济适用房,完成200万户林业、农垦、矿区的棚户区改造工程。为此,中央财政总投入9 000亿元。① 由此可见政府解决百姓住房困难的决心。

自1994年经济适用房政策实施以来,国家不断加大经济适用房建设的财政投入,经济适用房的建筑面积在不断扩大。1998—2003年,全国经济适用房已竣工的建筑面积达4.77亿平方米,解决了6万户的住房问题。到2006年底,全国经济适用房已竣工的建筑面积达13亿平方米,解决了1 650万户的住房问题。② 住房和城乡建设部2008年要求各地落实2009年住房建设计划,上海计划新建经济适用房约2 000万平方米30万套,约占同期住房建筑面积的20%;山东计划建设

---

① 王炜:《保障性住房,9000亿元怎么花》,《人民日报》2008年11月13日。
② 《中国的社会保障状况和政策白皮书》,中国劳动社会保障出版社2004年版;王炜:《经济适用住房如何"经济"适用》,《人民日报》2007年8月24日。转引自郑功成:《中国社会保障30年》,人民出版社2008年版,第240页。

15万套经济适用房。①

经济适用住房是政府通过转移支付的方式,为中低收入家庭提供住房保障的福利政策。但是,由于政策规定的中低收入家庭概念比较模糊,导致实际受益人群不能与政策初衷相吻合,以及由此带来的经济适用房供不应求。相当数量的经济适用房被分配给了有房住或者能够买得起商品房的中高收入家庭,他们中的有些人将经济适用房出租或者出售,将政府应当用于没有购房能力的中低收入家庭的补贴转化为自己的现金收入,而按政策应当得到经济适用房的中低收入家庭却不能得到。据中国房地产市场工作室的调查报告《经济适用房政策评价》显示,2007年,北京经济适用房的自住率仅为50%,②这种状况严重违背经济适用房政策解决中低收入家庭住房困难的目的。

(二) 住房公积金制度

1991年,上海市借鉴新加坡的经验,率先建立住房公积金制度。1992年2月,国务院正式批复了上海市住房制度改革方案,5月1日,《上海市住房制度改革实施方案》正式出台实施。制度实施初期,职工个人和单位缴纳比例为职工工资的5%,2008年将缴费比例规定为5—12%。1995年12月,全国房改经验交流会在上海召开,标志着我国住房改革进入了全面推进阶段。1996年7月,上海市颁布《上海市住房公积金条例》,这是我国首个由国家、单位、个人三方共同分担住房建设经费的、具有市场化机制的地方新法规。1996年8月,国务院办公厅转发了《关于加强住房公积金管理意见》,明确住房公积金是职工个人基金。1999年3月17日,国务院第十五次常务会议通过、自1999年4月3日起实施的《住房公积金管理条例》(2002年3月重

---

① 黄晨熹:《社会福利》,上海人民出版社2009年版,第344页。
② 王旭辉、李倩:《北京经适房自住率仅50% 详解经适房新管理办法》,《市场报》2007年7月16日。

新修订)是我国政府构筑住房保障体系的又一项制度。条例的第 2 条第 2 款规定:"住房公积金,是指国家机关、国有企业、城镇集体企业、外商投资企业、城镇私营企业及其他城镇企业、事业单位、民办非企业单位、社会团体及其在职职工缴存的长期住房存储金。"第 5 条规定:"住房公积金应当用于职工购买、建造、翻建、大修自住住房,任何单位和个人不得挪作他用。"条例颁布以来,住房公积金比较充分地发挥了它所具有的互助性和保障性的特征,在职职工及其所在单位通过缴纳住房公积金、筹集资金,职工在出现条例第 24 条规定的情形时,通过提取个人住房公积金账户内的存储额,达到改善住房环境和满足住房需求的目的。

但是,由于《住房公积金管理条例》约束性差,致使各地在住房公积金的交纳比例、利率以及管理和使用方面存在较大差异,住房公积金管理机构独立性差,受其他行政部门干扰较多,无法独立负责住房公积金的筹集、管理、使用、返还等日常事务,到 2007 年底,住房公积金用来发放贷款的比例仅为 40%,只有 42.3% 的公积金缴存者获得公积金贷款,[①]而且公积金由就业者及其单位缴纳,非正规就业者和失业者没有资格参加公积金制度,导致住房公积金制度受益者是占城镇就业人口一部分的正规就业者,直接影响到制度的公平性。

2002 年 3 月 24 日,国务院对《住房公积金管理条例》进行了修改,进一步完善了住房公积金管理办法,并印发了《关于进一步加强住房公积金管理的通知》。2005 年 1 月 7 日,建设部、财政部和中国人民银行联合发布了《关于住房公积金管理若干具体问题的指导意见》。在这一系列法规的规范下,住房公积金制度的适用范围逐步扩大、交纳的公积金规模也在不断扩大、资金的使用率随之提高。数额巨大的住房公积

---

① 黄晨熹:《社会福利》,上海人民出版社 2009 年版,第 344 页。

金不但解决了众多中低收入家庭的住房困难,而且,政府借用住房公积金进行廉租房建设,为更多低收入人群解决了住房问题。到 2007 年底,全国住房公积金交纳总额为 16 230.30 亿元,其中 2007 年当年交纳 3 542.92 亿元;到 2007 年,交纳公积金的职工人数已经达到 7 187.91 万人,比 2006 年增加了 271.05 万人,增幅为 3.77％;公积金累计提取额为 6 625.19 亿元,占公积金交纳总额的 40.82％;累计为 830.04 万户职工家庭发放住房贷款 8 565.90 亿元,2007 年发放住房贷款 2 201.57 亿元,占当年缴纳额的 62.14％,比上年增加 436.33 亿元,增幅为 24.72％。[①] 住房公积金在改善职工家庭住房条件中发挥着越来越大的作用。

(三) 廉租房制度

自住房制度改革以后,尤其是 2006 年下半年,房价迅速飙升,广大中低收入阶层,尤其是低收入阶层根本无法依靠自己的经济收入解决住房困难,房价问题第一次成为公众共同关注的问题。解决这些人由于买房难而带来的住房困难成为政府必须面对的问题。在此背景下,国务院在要求各级政府尽快建设经济适用住房的同时,要求地方政府将土地出让净收入的部分按一定比例用于廉租房建设。并为参与廉租房建设的开发商提供银行信贷服务。

1998 年国务院在《关于进一步深化城镇住房制度改革,加快住房建设的通知》中明确提出建设廉租房的思路,即对不同收入家庭实行不同的住房供应政策,其中最低收入家庭可以租赁由政府或单位提供的廉租房。1999 年 4 月,建设部发布《城镇廉租房管理办法》,明确规定,城镇廉租房是政府和单位向具有城镇常住居民户口的最低收入家庭提

[①] 住房和城乡建设部:《2007 年全国住房公积金缴存使用情况》。转引自郑功成:《中国社会保障 30 年》,人民出版社 2008 年版,第 243 页。

供的租金相对低廉的普通住房,是政府在住房领域采取的社会保障措施,并且基本确定了廉租房供应体系的政策框架。2001年的《国民经济和社会发展"十五"规划纲要》提出"建立廉租房供应保障体系"的要求,指出建立适合中国国情的最低收入家庭住房保障体系,解决他们的住房困难问题,是保障最低收入家庭成员基本居住权、维护社会安定团结必须采取的措施。2003年,国务院发布《关于促进房地产市场持续健康发展的通知》,再次提出建立和完善廉租房制度,以切实保障城镇最低收入家庭基本住房需求。"通知"要求加强政府在住房保障上的职能,以财政预算资金为主,多渠道筹集资金,保障有稳定规范的廉租房建设资金来源。

2003年12月31日,建设部、财政部、民政部、国土资源部、国家税务总局五部委联合发布《城镇最低收入家庭廉租住房管理办法》,并自2004年3月1日起实施,1999年发布的《城镇廉租住房管理办法》同时废止。2005年3月14日,国家发改委和建设部联合下发了《廉租住房租金管理办法》、2005年7月7日建设部和民政部联合下发了《城镇最低收入家庭廉租住房申请、审核及退出管理办法》、2005年7月28日建设部发布《关于开展城镇最低收入家庭住房情况调查的通知》,这一系列法规的颁布和实施有效地改善了城镇最低收入家庭住房条件,提升了他们的生活质量。根据建设部2007年的统计,到2006年底,全国512个城市建立了廉租住房制度,占城市总数的77.9%;1998年至2005年,全国累计用于廉租住房建设的资金为70.8亿元,[①]其中2006年当年投入廉租房建设的资金为23.4亿元(2007年增至94亿元);全国累计有54.7万户低收入家庭受惠于廉租房制度,其中有16.7万户

[①] 王炜:《988万低收入家庭通过廉租房制度解决住房难》,《人民日报》2007年5月10日。

家庭领取了租赁住房补贴、7.7万户居住进廉租房、27.9万户家庭租金得到核减。北京、上海、河北等省市基本做到了应保尽保。在充分估计廉租房政策取得实质性成就的同时,还必须看到,由于我国低收入家庭数量大、住房需求量也大,因此,依然存在着廉租房供不应求的严峻局面。造成这种局面的主要原因是廉租房建设资金严重短缺,按照国家住房建设计划,在"十一五"期间拟建廉租房144.7万套,每年需投入建设资金285亿元,每年还需为低收入家庭提供212亿元的租赁补贴资金,这样,解决1 000万户低收入家庭住房问题每年所需资金至少为497亿元。这么大一笔资金,让各级政府承担有一定困难,即使加上公积金增值收益和10%的土地出让金收益,能够用于廉租房建设的资金依然有限。[①] 资金缺口之大,说明基本解决城镇低收入家庭住房困难任重而道远。

  为了把符合市、县人民政府规定的住房困难标准的城镇低收入家庭,逐步纳入廉租房保障范围,需要一方面依据统计部门公布的收入线标准,一方面结合各地市场的租金水平适当调整。为此,2007年8月13日国务院发布的《关于解决城市低收入家庭住房困难的若干意见》指出:2007年底前,所有设区的城市要对符合规定住房困难条件,申请廉租住房租赁补贴的城市低保家庭基本做到应保尽保;2008年底前,所有县城要基本做到应保尽保。"十一五"期末,要将廉租住房制度保障范围逐步扩大到低收入住房困难家庭。规定地方财政要将土地出让净收益至少10%作为廉租住房保障资金。2007年11月15日,财政部、建设部等九部委联合发布了《廉租住房保障办法》和《关于印发〈廉租房保障资金管理办法〉的通知》,规定各级财政部门是廉租房保障资金的主管部门,负责廉租房保障资金的筹集、管理、预算分配、拨付和监

[①] 黄晨熹:《社会福利》,上海人民出版社2009年版,第342—343页。

督检查。到2007年6月底,全国656个城市中,已有586个建立了廉租住房制度,占89.3%,2007年计划安排廉租住房资金79.4亿元,超过2006年之前廉租住房资金总额。①

2007年发布的几个规范性文件,对于规范廉租房保障资金的管理、提高廉租房保障资金使用效益,保障廉租房资金专款专用发挥了积极的作用。但是,截止2008年底,虽然已经解决了488万户住房困难户的住房问题,②但全国还有747万户城市低收入住房困难家庭急需解决基本住房问题。基于此,2009年6月1日,住房和城乡建设部出台了《2009—2011年廉租住房保障规划》,确定的目标是,从2009年到2011年的三年时间内,基本解决747万户城市低收入住房困难家庭的住房问题。到2010年初,虽然已有90%的城市建立了廉租房制度,但廉租房建设速度缓慢,住房困难问题迟迟不能得到解决。造成这种状况的原因是多方面的,但主要问题仍然是建房资金不足。在每年需要建设资金500亿元的情况下,如果政府投入330亿元,仍有170亿元的资金缺口。资金缺口主要是由于土地出让金不能按规定的比例到位,不用说10%,即使5%,对于一些地方政府都是比较困难的。③资金问题得不到有效解决,城市低收入住房困难家庭的居住问题就不能在预定的时间得到解决。

(四) 公共租赁房制度

公共租赁房是政府或政府委托的机构用低于市场价或承租者能够承受的价格向新就业或从外地到城市工作的中低收入群体提供属于政

---

① 罗应光、向春玲等编著:《住有所居——中国保障性住房建设的理论与实践》,中共中央党校出版社2011年版,第148页。

② 倪鹏飞主编:《中国住房发展报告(2011—2012)》,社会科学文献出版社2011年版,第313页。

③ 李小彤:《"廉租房"是社会保障性质的住房》,《中国劳动保障报》2010年1月29日。

府或公共机构所有住房,政府为承租人按月支付相应租金补贴的住房分配形式。我国住房供应体系的目标是"低端有保障、中端有支持、高端有市场",在这一体系中,处于中端的中等收入和中低收入家庭是住房需求最庞大的群体。解决这一群体的住房需求,是实现我国住房供应体系目标的关键任务,通过为这个群体提供公共租赁房,是保障每个家庭住有所居的有效措施。

公共租赁房的建设和提供首先在地方开始试行。2006年12月1日,厦门市人民政府发布的《厦门市社会保障性租赁房管理办法(试行)》规定,申请人及其家庭成员在本市工作和生活,其中至少有1人取得本市户籍时间满3年,家庭收入符合中低家庭收入标准,家庭资产为中低收入家庭年收入标准上限的4倍以下,无房产或住房困难户。2008年厦门市政府发布的《2008—2012年住房建设计划》中进一步明确了提供公共租赁房的对象,即既不属于最低生活保障线以下又无能力购买保障性商品住房的低中收入家庭以及刚参加工作的公务员和引进人才,政府为他们提供过渡性公共租赁房。2008年,天津市在滨海新区启动政府公屋工程,这些公屋政府只租不售,具有公共租赁房的性质。2009年11月,北京市已有11个公共租赁房项目开工建设,可提供房源7400多套。[①] 各地不同的做法为中央统一决策提供了可参考的经验。

(五)限价房制度

2006年5月17日,国务院办公厅转发了建设部、发展改革委、监察部、财政部、国土资源部、人民银行、税务总局、统计局、银监会联合制定的《关于调整住房供应结构稳定住房价格的意见》,意见指出,要优先

---

① 罗应光、向春玲等编著:《住有所居——中国保障性住房建设的理论与实践》,中共中央党校出版社2011年版,第171页。

保证中低价位、中小套型普通商品住房(含经济适用住房)和廉租住房的土地供应,其年度供应量不得低于居住用地供应总量的70%。这里所说的限房价、限套型的普通商品房即限价房。限价房的销售对象是符合一定条件的城镇中低收入家庭,由于限价房在土地挂牌出让时,政府与开发商就已经约定了房屋价格、建设标准和销售对象,因此,它属于保障性住房。对于限价房的购买资格各地规定不尽相同,例如,北京市的规定是,年收入在8.8万元以下、人均住房面积在15平米以下、家庭总资产净值57万元以下的3人以下家庭。广州市的规定是,有广州市户籍、申请人在广州市没有套型住宅产权登记、男性年满25岁女性年满23岁、个人申购者税前年收入在10万元以下、夫妻联名申购者家庭税前收入在20万元以下。[①] 限价房对于稳定房价、促进住房市场供需平衡、满足部分中等收入或者中等收入偏下群体的住房需求都发挥出积极作用。

(六) 农民工住房制度

进城的农民工由于数量庞大、经济能力有限,所以,一般都聚居在城乡接合部简陋、便宜、卫生条件差的住房中,这样的居住环境容易使本来不洁的环境更加脏乱,容易发生各种纠纷甚至滋生犯罪。农民工因居住问题引发的社会问题,不仅给周围的本地居民,也给本地区机关单位正常的生活和工作带来不好的影响,而这些负面影响不能依靠农民工群体和私人机构来消除和解决,只能由政府出面进行干预。政府应当采取的一项干预措施就是制定政策,影响住房供给,以减少农民工因恶劣居住条件造成的负面影响。住房是农民工在流入地生活所必不可少的基本物质保证,在他们没有能力通过购买商品房、解决自家住房问题,企业也不能为他们提供住房,他们没有被纳入城镇住房保障体系

---

① 王洪春:《住房社会保障研究》,合肥工业大学出版社2009年版,第283页。

的情况下,为农民工提供保障性住房就成为政府义不容辞的责任。

  2007年12月5日,建设部、发改委等部委联合发布了《关于印发〈关于改善农民工居住条件的指导意见〉的通知》,通知的主要内容如下:用人单位可以采取无偿提供、廉价租赁等方式向农民工提供居住场所,具体方式可以在劳动合同中予以约定;农民工自行安排居住场所的,用人单位应当给予一定的住房租金补贴;集中建设的农民工集体宿舍,由用人单位承租后向农民工提供,或由农民工直接承租,不得按商品住房出售或出租;积极引导和鼓励城乡接合部居民利用自有住房向农民工出租;各地要将长期在城市就业与生活的农民工居住问题,纳入城市住房建设规划。

  2012年5月14日,中国人民银行金融研究所与西南财经大学联合发布《中国家庭金融调查报告》,此报告历时两年,在走访全国25个省(自治区、直辖市)8 400多个家庭的基础上形成。报告称,中国家庭自有住房拥有率89.68%,居世界前列,远高于世界平均的60%。有学者认为,这个数据是按照户籍人口统计,而不是按照常住人口统计的。目前中国有2亿多流动人口,而且规模还在不断扩大,而其中的一大批人尤其是年轻人,不会再回到农村。流动人口的大部分是农民工和刚毕业的大学生,他们租住在城郊、城中村、地下室或者工棚等条件很差的房子,农村老家的自有住房对他们来说没有意义。所以,这个报告的危害性在于,它掩盖了二元结构下城市新移民的住宅危机。据2000年与2005年的两次人口调查,城市人口比重从36.6%提高到44.7%,其中,被算为城市人口中仍持农业户口者的比重却从40.3%提高到了46.8%。这说明城市人口的增量中,71.8%是农业户口。因此,我国城市化率近年的迅速攀升是由于将流动人口统计为城市人口形成的。在目前的户籍制度下,流动人口无权利享受流入城市政府为其提供经济适用房和廉租房待遇,他们中绝大多数因收入低,因而没有购买商品房的经济能力。他们不得不居住在条件差的出租房中。① 为了真正推动城市化进程,使流动人口不仅有工作、有各种社会保险待遇,而且要解决他们的住房问题,使他们成为名副其实的城市人,而不仅仅是统计学意义上的城市人。

自 2004 年以来,国家颁布了一系列规范保障性住房建设、分配的法规,加大了保障性住房建设的财政投入,有力地推进了保障性住房建设进程,解决了相当部分城镇居民的住房困难,促进了经济发展,维护了社会稳定。但是,在保障性住房建设方面还存在着以下问题:一是覆盖面小、保障不充分。我国城镇中低收入家庭占全国城镇家庭总数的70%—80%,而保障性住房覆盖范围不到 10%,与发达国家覆盖 25%—30%,新加坡覆盖 85%相比,还有较大距离;二是政府对保障性住房建设资金投入不足。保障性住房建设资金以政府投入为主,其中各级地方政府承担 90%以上的投资份额。由于各种原因,截止 2009 年 8 月底地方保障性住房建设仅完成投资预算的 23.6%;三是保障性住房准入和退出机制不完善,导致保障性住房不能有效发挥其保障中低收入家庭入住保障房的功能。② 解决这些问题依然任重而道远。

第四节 教育福利制度

我国的教育分为义务教育、高中阶段教育和高等教育三个阶段。20 世纪 80 年代以来,国家在对教育制度不断进行改革的过程中,法律在教育领域改革中也发挥着越来越明显的作用。1995 年 3 月 18 日,第八届全国人大第三次会议审议通过的《中华人民共和国教育法》是一

---

① 徐伟:《九成住房自有 两亿农民工住哪里》,《时代周报》2012 年 5 月 17 日。
② 罗应光、向春玲等编著:《住有所居——中国保障性住房建设的理论与实践》,中共中央党校出版社 2011 年版,第 242 页、第 189—200 页。

部规范教育改革和发展的基本法。它第一次在法律上确立了教育优先发展的地位,强调了各级政府在优先发展教育方面的责任;它明确规定,我国公民"不分民族、种族、性别、职业、财产状况、宗教信仰等,依法享有平等的受教育机会。""对符合入学条件,家庭经济困难的儿童、少年、青年,提供各种形式的资助。"教育法规定,教育是国家举办的公益性事业,任何组织和个人不得把学校变成赚钱牟利的工具。教育法规定,中等及中等以下教育由地方人民政府管理,高等教育由国务院和省、自治区、直辖市人民政府管理。各级人民政府的教育经费支出,按照事权和财权相统一的原则,在财政预算中单独立项。① 教育法的颁布和实施在我国教育事业的发展和人力资源的培养中起到了重要作用。

一、义务教育制度

义务教育是根据国家法律规定,针对适龄儿童和青少年实施规定年限的、国家、社会、家庭必须予以保证的国民教育,它是教育福利的主体构成部分。义务教育具有强制性、免费性、普及性、公益性的特点,它是每个适龄儿童和青少年的基本权利,也是政府、社会和家庭必须共同履行的义务。义务教育通过国家投资设立中小学,政府承担全部经费开支的方式实现,学生家长不承担教育费用。我国义务教育主要以小学 6 年、中学 3 年共 9 年为义务教育年限。

---

① 1988 年,我国义务教育阶段预算内经费中,中央财政预算内义务教育经费占 9.15%,地方财政预算内义务教育经费占 90%左右。在教育法的规范下,在中央财政教育投入和地方财政教育投入中,地方财政投入占比为 85%以上,且从 2003 年到 2005 年地方财政预算中教育经费预算逐年增长,增长率分别为 9.37%、16.82%、17.95%。与此相应,农村小学生人均教育经费拨款从 1993 年的 147 元增长到 2006 年的 1 531 元;农村初中生人均教育经费拨款从 1993 年的 275 元增长到 2006 年的 1 764 元。政府财政教育经费拨款不断增加,是"人民教育政府办"的真实体现。顾明远主编:《改革开放 30 年中国教育纪实》,人民出版社 2008 年版,第 253 页、第 247 页、第 249 页。

1985年《中共中央关于教育体制改革的决定》第一次明确提出在全国有计划、有步骤地普及九年义务教育目标。同时规定,我国义务教育实行"地方负责,分级管理"的财政体制,这就意味着各级地方政府成为筹措义务教育经费的责任主体。1986年4月12日,第六届全国人民代表大会第四次会议审议通过了《中华人民共和国义务教育法》,第一次以国家立法的形式确立我国实行九年制义务教育。与此同时,也将义务教育实行"地方负责,分级管理"以法律的形式确定了下来。1992年3月14日,国务院又颁布了《义务教育法实施细则》,进一步明确了我国多渠道筹资、地方负责的义务教育的财政体制框架。1994年,我国开始实行分税制的财政体制,县级以上三级财政收入所占比例高达80%,即财权上移;而义务教育则主要由县级财政负担,即事权下移。在这样的教育财政体制下,县级财政不堪重负,家长的经济负担随之加重。

到2000年底,我国九年义务教育的总规模达到19 269.5万人,实现了基本普及九年义务教育的目标。[①] 到2005年底,全国实现"两基"的地区人口覆盖率达到95%以上。实现"两基"验收的县(市、区)达到2 890个。[②] 然而,由于我国长期奉行向城市倾斜的财政制度,因此,国家义务教育的范围实际上是城乡有别的。据中国社会科学院"当代中国社会阶层结构课题组"2004年正式发布的《当代中国社会流动》报告统计数字显示,2002年全社会的各项教育投资是5 800多亿元,其中用在城市的占77%(城市人口占总人口不到40%),而占人口60%以上的农村人口仅获得23%的教育投资。[③] 这种向城市倾斜的财政与教育

[①] 顾明远主编:《改革开放30年中国教育纪实》,人民出版社2008年版,第311页。
[②] 杨东平主编:《2006年:中国教育的转型与发展》,社会科学文献出版社2007年版,第352页。
[③] 杨瑞勇、刘洪翔:《义务教育与教育公平新论》,《新华文摘》2005年第5期。

政策在相当大的程度上导致了农民负担的加重和收入的减少,加上教育费用昂贵,使得许多青少年,尤其是女孩辍学回家,不能完成义务教育。在农民工流动就业人群中,初中以下文化程度所占的比例高达83%。[①] 教育作为由国家提供的公共产品,理应每一个符合接受义务教育的公民都有权利享用,然而我国二元的教育制度将有权利接受义务教育的人分为城乡两个部分,并提出不同的要求和提供不同的待遇,这种使农民从小学阶段开始就处于劣势地位的教育制度不仅对农民是不公平的,而且影响我国长远发展。

1. 农村义务教育制度

针对教育投入重城市轻农村的现状,在1995到2000年间,中央财政将农村义务教育作为投入重点,为实施"国家贫困地区义务教育工程"投入了39亿元,使568个国家级贫困县、284个省级贫困县约2.5亿人受益。在"十五"期间继续开展的"国家贫困地区义务教育工程"中,中央财政又投入50亿元资助那些未通过省级普及九年义务教育验收的贫困地区实现普及九年义务教育的目标。[②]

为了解决农村教育经费的保障问题,2001年国务院颁布了《关于基础教育改革与发展的决定》,明确规定县级政府是农村义务教育的主要管理者和资金提供者。2001年,国家出台了"两免一补"政策,政策规定,国家每年拿出1亿元,为农村家庭困难、正在接受义务教育的学生,由中央财政免费提供教科书,地方财政负责免收杂费、和补助住宿生的生活费。中央财政每年另外拿出资金,用于为未完成九年义务教育任务的国家扶贫开发工作重点县和中西部农村地区贫困中小学免费

---

① 刘军等:《当前农民工流动就业数量、结构与特点》,《中国劳动保障报》2005年7月28日。

② 顾明远主编:《改革开放30年中国教育纪实》,人民出版社2008年版,第245—246页。

提供教科书,这部分资金,2001年为1亿元、2002年为2亿元、2003年为4亿元。2001年至2005年,中央财政共投入46.5亿元,为贫困地区农村义务教育阶段家庭经济困难学生免费提供教科书。2002年《国务院办公厅关于完善农村义务教育管理体制的通知》进一步强调把农村义务教育的责任从主要由农民承担转变为主要由政府承担,把政府对农村义务教育的责任从以乡镇为主转变为以县为主,中央政府给予必要的支持。2003年《国务院关于进一步加强农村教育工作的决定》提出的目标是,争取到2007年全国农村义务教育阶段经济困难家庭的学生都能享受到"两免一补"政策,努力做到不让学生因家庭经济困难而失学。

2005年12月24日,国务院发布了《关于深化农村义务教育经费保障机制改革的通知》,决定按照"明确各级责任、中央地方共担、加大财政投入、提高保障水平、分步组织实施"的原则,建立中央和地方分项目、按比例分担的农村义务教育经费保障机制。农村义务教育经费保障机制的建立,切实减轻农民在子女义务教育阶段的经济负担,使得原本没有经济能力读完九年义务教育的学生回到校园,完成学业,并提高了公用经费标准及中西部地区农村校舍维修改造的补助标准。农村义务教育逐步纳入公共财政领域成为各级政府的责任,为九年义务教育普及提供了可靠的资金保障。通知还规定,从2006年开始,全部免除西部地区农村义务教育阶段学生学杂费。2005年,中央和地方财政对中西部地区共安排"两免一补"资金72亿元,其中免费教科书资金30.4亿元,免杂费资金30.6亿元,寄宿生生活补助资金近11亿元。全国享受免费教科书学生人数达到3 400万人,占中西部农村义务教育阶段学生总数的32%;享受免杂费资助人数达3 100多万人,占中西部农村义务教育阶段学生总数的30%;享受寄宿生生活补助人数近600万人,占中西部农村义务教育阶段寄宿生总数的19%。在592个国家级贫困县,共有 1 700 多万名贫困生享受了"两免一补"。① 2006 年在西部农村和部分中部农村地区实施,2007 年免除学杂费的政策扩展到中部和东部,免除教科书的范围也扩大到全部农村学生并补助住宿生的生活费。

从 2004 年到 2007 年,中央财政共投入 100 亿元实施"农村寄宿制学校建设工程",主要是为西部农村地区初中建立寄宿学校。该工程覆盖 953 个县,改扩建学校 7 727 所,新建校舍面积超过 1 380 万平方米,新增寄宿生 200 余万人。② 2007 年 11 月 26 日,财政部、教育部发布的《关于调整完善农村义务教育经费保障机制改革有关政策的通知》,对农村义务教育阶段家庭经济困难寄宿生的生活补助政策、向学生免费提供教科书、提高中小学生人均公用经费基本标准、提高中西部地区中小学校舍维修改造测算单位标准等问题作出了规定。这些政策法规通过加大各级财政在义务教育中的经费投入,逐步使农村义务教育恢复其公益的性质。2008 年,国家计划进一步提高公用经费标准,农村小学生年人均公用经费标准为 300 元,初中生年人均公用经费标准为 500 元,贫困寄宿生补助费用由中央和地方各承担 50%。另外,每年投入 75 亿元用于农村校舍改造,这笔费用由中央和地方分担。"十一五"期间,各级财政投入累计达到了 2 600 多亿元。到 2008 年,农村义务教育经费保障机制的实施惠及全国 40 多万所农村义务教育学校,近 1.5 亿名农村中小学生免交了学杂费,3 800 万名家庭经济困难学生得到了免费教科书,780 万名家庭经济困难的寄宿生得到了生活费补助。③ 基本实现了"人民教育政府办"的目标。以上数据表明,农村义务教育兴衰的关键在于教育经费的承担和投入。农村义务教育由政府

---

① 新华社:《2005 年"两免一补"政策直接减轻农民负担 70 多亿元》,中央政府门户网站 2006 年 4 月 25 日。
② 顾明远主编:《改革开放 30 年中国教育纪实》,人民出版社 2008 年版,第 247 页。
③ 同上,第 257 页。

承担财政责任的制度确立起来之后,人们首先发现的是城乡义务教育经费差距在迅速下降,各级政府在农村义务教育中责任的强化以及经费投入的增加,进一步促进了教育资源公平分配局面的形成。

2. 流动儿童义务教育制度

1998年3月2日,国家教委、公安部发布的《流动儿童少年就学暂行办法》第2条规定:"本办法所称流动儿童少年是指6至14周岁(或7至15周岁),随父母或其他监护人在流入地暂时居住半年以上有学习能力的儿童少年。"第7条规定:"流动儿童少年就学,以在流入地全日制公办中小学借读为主,也可在民办学校、全日制公办中小学附属教学班(组)以及专门招收流动儿童少年的简易学校接受义务教育。"第11条规定:"招收流动儿童少年就学的全日制公办中小学,可依国家有关规定按学期收取借读费。"2003年1月15日,国务院发布的《国务院办公厅关于做好农民进城务工就业管理和服务工作的通知》第6条规定,流入地政府应采取多种形式,接收农民工子女在当地的全日制公办中小学入学,在入学条件等方面与当地学生一视同仁。2003年9月30日,国务院办公厅转发教育部、中央编办、公安部、发改委、财政部、劳动和社会保障部的《关于进一步做好进城务工就业农民子女义务教育工作的意见》规定,进城务工就业农民流入地政府负责进城务工就业农民子女接受义务教育工作,以全日制公办中小学为主。地方各级政府特别是教育行政部门和全日制公办中小学要建立完善的保障进城务工就业农民子女接受义务教育的工作制度和机制,使进城务工就业农民子女受教育环境得到明显改善,九年义务教育普及程度达到当地水平。意见的核心内容是确定了"两个为主,即以流入地政府为主和以公办学校为主"的方针。据浙江省教育厅2006年统计,全省农民工子女有65万人,入学率已达到96.6%。[1]

---

[1] 顾明远主编:《改革开放30年中国教育纪实》,人民出版社2008年版,第338页。

然而,农民工子女主要是在农民工弟学校就读,进入当地公办中小学读书,对他们来说,仍然是一件比较困难的事情。例如,北京有关部门在2002年就曾下文,允许农民工子女进入公办学校读书,2004年下文,免除进入公办学校农民工子女的借读费。但是,几年过来,农民工子女进入公办学校的状况并不能令人高兴。据北京市社会科学院流动人口教育与培训中心2007年调查,北京有66 392名6—15岁适龄儿童,他们绝大多数在不符合国家义务教育服务水平的农民工子弟学校上学。[①] 2011年的6月,北京市大兴、朝阳、海淀、昌平等近30所打工子弟学校相继收到关停通知,最终共计24所打工子弟学校关停,涉及学生近1.4万名。其中近1/3孩子选择回老家读书。关停潮一度引发社会广泛关注。北京市教委提供的数据显示,2008年时,北京打工子弟学校有302所,2011年剩下158所,其中获审批599所,未经审批的99所。据中科院农业研究中心农村教育行动计划项目组的调查研究,打工子弟学校能为孩子提供的教育,质量甚至低于农村公办学校。[②]

2005年由国务院妇女儿童工作委员会办公室和中国儿童中心共同立项,财政部和联合国儿童基金会提供资助,在全国范围内针对流动儿童生活状况进行了规模最大的一次调查。这项调查历时一年,在北京、深圳、武汉、成都等9个大城市,访问了12 000多名流动儿童的监护人和7 800多名儿童。调查结果表明,3—6周岁流动儿童入托比例为60.7%,低于城市户籍儿童入托率;6周岁儿童中有46.19%没有接受入学教育;有近20%的9周岁的孩子还只上小学一、二年级,13周岁和14周岁还在小学就读的占相应年龄流动少年的31%和10%。另

[①] 刘辉:《农民工子女义务教育困境》,《中国社会科学报》2010年3月11日。
[②] 卢美慧、张永生:《北京打工子弟学校被关停后五成学生回原籍读书》,《新京报》2012年8月27日。

外,在学儿童的童工问题也比较突出,在失学的 12—14 周岁的流动儿童中,有 60% 的人已经开始工作。① 2009 年底,我国有义务教育阶段流动儿童 1 200 万。② 到 2012 年将达到 2 700 万,此外还有 5 800 万留守儿童。③ 教育部统计数据表明,2001 年全国小学总数为 491 273 所,而在 2010 年,这一数字变为 257 410 所,近十年锐减 47.6%。④ 这就使得打工子弟不但在流入地公办学校就学困难,而且全国农村近些年掀起"撤点并校"的风潮后,他们回家上学也遇到了新的困难。保障进城务工就业农民子女能够得到与当地居民子女平等的教育机会,为他们的子女在没有歧视的环境下健康成长提供政策和物质保障,是各级政府必须认真面对并切实解决的问题。

3. 新《义务教育法》对流动儿童接受义务教育的规定

2006 年 6 月 29 日,十届全国人大常委会第 22 次会议对 20 年前制定的《义务教育法》进行了修订并审议通过,新《义务教育法》从 2006 年 9 月 1 日起实施。新旧义务教育法相比,条文由 18 条扩充为 8 章 63 条,新法内容呈现 5 大亮点:第一,第 2 条、第 42 条的规定为义务教育经费投入提供了保障;第二,第 9 条第 2 款的规定引入问责制,强化政府在义务教育中的责任;第三,第 22 条的规定为义务教育均衡发展提供保障;第四,第 5 章的规定改变了义务教育的单一性质,第一次提出"素质教育"的要求,为教育质量的不断提高提供保障;第五,将保障校园安全写进法中。新《义务教育法》对我国义务教育的改革和发展会起到积极的推动作用。在新《义务教育法》的规范下,国家逐年加大对义

---

① 段成荣、梁宏:《关于流动儿童义务教育问题的调查研究》,《人口与经济》2005 年第 1 期。
② 《1 200 万流动儿童义务教育谁负责》eNet 论坛 2009 年 12 月 14 日。
③ 《建立流动儿童登记管理制度》,《齐鲁晚报》2012 年 11 月 29 日。
④ 卢美慧、张永生:《北京打工子弟学校被关停后三成学生回原籍读书》,《新京报》2012 年 8 月 27 日。

务教育的财政投入。2007年,全国财政投入义务教育经费达2 235亿元,比2006年增加395亿元,实现了农村义务教育阶段免收学杂费的目标。①

然而,新修订的《义务教育法》仍然不能为农民工子弟在流入地接受义务教育提供保障。原因在于:第一,资金没有保障。修改后的《义务教育法》第44条规定,义务教育经费投入实行国务院和地方各级人民政府根据职责共同负担,省、自治区、直辖市人民政府负责统筹落实的体制。农村义务教育所需经费,由各级人民政府根据国务院的规定分项目、按比例分担。这就是说,我国儿童义务教育经费投入仍然是中央与地方共同负担,而且对二者的比例并没有具体规定,实际上现行的义务教育投资体制,从总体上看,基本上是一种分散管理为主的投资配置模式,即"分级管理、分级办学"的义务教育体制,义务教育主要由地方政府负担。它主要有以下三个特点:一是中央政府在义务教育的资金筹集与分配中一般仅占有较低的比重和份额;二是地方政府,在资金筹集方面占的比重比较大。城市中、小学义务教育经费主要由市财政负担,农村中、小学教育经费由县、乡两级财政负担,省政府只对中小学教育提供有限的专项补助;三是筹集一部分社会资金,并由学生家庭负担一部分。实践中,教育经费实行以户籍人口的学龄儿童数为拨款依据。因此,流入地财政教育拨款不包括流动儿童的教育费用,流动儿童要在流入地接受义务教育肯定要占用流入地的教育资源,加重流入地的财政负担,流入地政府基于本地教育质量的考虑或者财力的限制,在为流动儿童提供义务教育上缺乏积极性,使得流动儿童接受义务教育遇到障碍。这就导致了流动儿童在流入地入学要以交纳高额借读费、

---

① 《2007年中央财政安排教育支出858.54亿元》,新华网2007年3月6日。转引自郑功成:《中国社会保障30年》,人民出版社2008年版,第285—287页。

赞助费为条件的现象普遍产生,而国家对于借读费采用的是默许的态度,并没有明令禁止,几乎各省都有收取借读费的相关规定和标准。在2011年,上海有66.15%的学龄城市非户籍人口随迁子女在公办学校就读,北京67%的外来务工人员子女在公办学校就读。两地比例与2009年《中国的人力资源状况》白皮书显示的,到2009年底近80%农民工子女在城镇公办中小学免费接受义务教育的数据上有一定距离。① 究其原因,主要是农民工随迁子女教育的财政保障存在缺陷。2004年北京市《关于贯彻国务院办公厅进一步做好进城务工就业农民工子女义务教育工作文件的意见》表示,来京务工就业农民工子女在京接受义务教育的收费与北京市户籍学生一视同仁。自2004年9月新学年开始,全市实施义务教育的公办小学和初中,对符合来京务工就业农民工子女条件的借读生免收借读费,各区县政府负责保证公办中小学办学所需正常经费,区县财政要按学校实际在校学生人数和定额标准划拨生均经费。如前所述,北京市的流动儿童能够在公立中小学校接受义务教育的状况并不乐观。第二,程序规定欠缺。我国的宪法、教育基本法和义务教育法等实体法都对适龄儿童有接受义务教育的权利作出了规定,但是,流动儿童在流入地接受义务教育应当向谁提出申请,遭受学校拒绝后怎么办,等等,关涉他们接受义务教育的具体问题,在修订后的《义务教育法》中找不到相关规定,导致流动儿童没有学校可上时,也找不到相应的救济部门。第三,责任规定不明确。修订后的《义务教育法》第12条2款规定,"父母或者其他法定监护人在非户籍所在地工作或者居住的适龄儿童、少年,在其父母或者其他法定监护人工作或者居住地接受义务教育的,当地人民政府应当为其提供平等接

---

① 杨东平主编:《中国教育发展报告(2011)》,社会科学文献出版社2011年版,第138页、第141页、第144页。

受义务教育的条件。具体办法由省、自治区、直辖市规定。"第9条和第七章相关条款中还规定了上、下级人民政府之间的问责以及外部机构或公民个人对责任人的问责。但是,对于外部机构或公民个人在受教育权不能得到保障和实现时应当向谁问责、责任人应当对自己的失职行为承担什么样的法律责任,修订后的《义务教育法》都没有规定。①致使流动儿童接受义务教育的权利得不到实现。

1919年德国《魏玛宪法》首创社会权利入宪法之先河,使受教育具有权利义务的双重性质。在《教育与学校》一章中规定:"国家有义务通过免费和强制入学来保障受教育权","受国民小学教育为国民普遍义务"。20世纪以来,这种权利义务一体化的立法模式,使得受教育成为社会与个人的共同要求,并在法律上表现为权利与义务的统一。② 二战以后,一系列国际人权法案对义务教育的性质予以新的定位,将接受义务教育视为儿童不可剥夺的权利,而提供、实施和保障儿童接受义务教育成为国家、学校和家庭的义务。③ 我国作为《经济、社会和文化权利国际公约》和《儿童权利公约》的签约国,在2006年新修订的《义务教育法》第2条对义务教育作出如下规定:"国家实行九年义务教育制度。义务教育是国家统一实施的所有适龄儿童、少年必须接受的教育,是国家必须予以保障的公益性事业。实施义务教育,不收学费、杂费。国家建立义务教育经费保障机制,保证义务教育制度实施。"基于这样的规定,学术界认为义务教育具有三大特征:一是强制性,二是免费性,三是基础性。义务教育为儿童少年健康成长、素质提高、基础知识获得、行为规范形成和世界观确立等提供了机会和可能。是任何一个适龄儿童

---

① 韩世强:《流动儿童受义务教育权的实现及司法救济》,法律教育网2009年8月24日。
② 劳凯声:《教育法论》,江苏教育出版社1993年版,第101页。
③ 《经济、社会和文化权利国际公约》第13条,《儿童权利公约》28条均有规定。

都不能错失的。① 因此,国家作为保障儿童少年接受义务教育的责任主体,应当在立法和法律实施过程中充分考虑诸如我国流动儿童这类弱势群体获得平等的受教育机会的问题。各级政府教育部门不得借口财政困难、教育资源有限等理由拒绝适龄儿童入学,更不能将政府的责任推向市场或社会。为了保障农民工随迁子女能够公平接受义务教育,需要建立中央、省、县三级政府共同承担农民工随迁子女义务教育的财政责任,使办学单位能够持续获得中央的财政补助,才能将农民工随迁子女义务教育办好。

二、高中阶段教育制度

高中阶段教育包括普通高中、职业高中、普通中等专业学校、技工学校、成人高中、成人中等专业学校教育几种类型。30年来,高中阶段教育取得明显进展。例如,2005年,各类高中阶段学校达到31 532所,比2004年增加了125所;招生1 533.39万人,比2004年增加145.68万人;在校生4 030.95万人,比2004年增加381.97万人。高中阶段毛入学率为52.7%。② 高中阶段教育的不断普及以及分流,不但提高了全民的受教育水平,而且使大部分不能接受高等教育的青年在中等专科学校学到一技之长,满足社会对不同知识层次人才的需要。

1.国家对普通高中特困生提供经济资助

按照我国义务教育法的规定,高中教育不在义务教育范围,高中教育福利主要通过奖学金和助学金制度来实现,学生所需费用实际上基本由家长承担。近些年,高中教育的费用也在不断上涨,2006年的调查数据表明,收入最低的5%和10%的城镇家庭,供养一个高中阶段的

---

① 陈德珍:《中华人民共和国义务教育法讲话》,法律出版社1993年版,第16页。
② 杨东平主编:《2006年:中国教育的转型与发展》,社会科学文献出版社2007年版,第353页。

学生所需学杂费占其人均可支配收入的 40—70% 和 31—56%。对于收入最低的 20% 和次低的 20% 的农村家庭而言，供养一个高中阶段的学生需要花费的学杂费占其人均纯收入的 95—170% 和 50—90%。①这就使得一部分中低收入家庭为了子女日后的教育把日常生活消费降到最低水平，许多城镇和农村贫困家庭甚至让子女辍学就业帮助家庭，结果影响到高中教育的正常发展和国家对人才的培养。中央和地方政府已经意识到提供高中阶段学生资助的重要性，并已采取了相应的资助措施。例如，2007 年底，中央财政安排 3 亿元彩票公益金，用于资助中西部地区 22 个省份、新疆生产建设兵团县镇和农村普通高中家庭贫困学生，资助人数为 30 万人，资助额度为每生每学年 1 000 元。②

教育具有社会分层的功能，人们通过不断读书深造，获取知识和技能资本，促进社会成员的地位流动和阶层分化，从而改变自己的先赋性地位。在国际上，许多国家把高中教育纳入义务教育的范围的原因在于，他们认识到了教育是社会的减压阀，青少年通过国家为他们提供的在教育平台上的公平竞争，被一次次筛选到更高层次的学校学习。不同层次学校毕业的学生被安排在他们自己能够接受的工作岗位，由此形成社会秩序良好有序运行的状态。近些年收费教育的沉重压力造成的结果是，教育在社会分层中的功能从高中阶段就开始弱化了。从高中阶段开始的收费教育在不断地挫伤着农民让子女接受更高层次教育的积极性，农民子弟读大学的比例不是在上升而是在下降，例如，清华大学 2000 年农村学生的比例为 17.6%，比 1990 年减少了 4.1%；北京

---

① 郑功成主编：《中国社会保障改革与发展战略（救助与福利卷）》，人民出版社 2011 年版，第 211 页。
② 杨圤：《高中阶段学生资助政策分析》，《教育发展研究》2009 年第 11 期。转引自郑功成主编：《中国社会保障改革与发展战略（救助与福利卷）》，人民出版社 2011 年版，第 212 页。

大学1999年农村学生比例为16.3%,比1991年减少2.5%。① 这与新农村建设对农村劳动力素质的要求是不匹配的。改变这种现状的措施很多,其中最为关键的是加大对农村教育资源的投入,减轻农民在子女教育上的经济负担。为此,2004年,民政部、教育部发布了《关于进一步做好城乡特殊困难未成年人教育援助工作的通知》,教育资助政策的制定和实施,在保障家庭贫困学生完成高中阶段学业中发挥了积极的作用。但更为有效的措施应是将高中阶段教育纳入义务教育的范围,在这方面许多发达国家以及发展中国家的经验值得借鉴。

2. 职业学校教育制度

新中国成立初期的职业教育办学模式主要是中专和技校。1963年10月,周恩来召集有关部门的负责人讨论职业教育问题时强调"必须努力办好职业教育",之后中国的职业教育出现了较快发展的局面。到了1965年,全国中专、技校、职业中学在校生占到当时中学在校生总数的34.8%。"文化大革命"期间,职业教育受到了毁灭性摧残,据1971年的调查,有45%的中专学校停办,400所技校仅剩39所,这就意味着全国90%—95%的中学生得不到职业(专业)训练就要走上工作岗位,造成了教育与社会需求和个人发展之间的严重矛盾。1978年4月,邓小平在全国教育工作会议上指出:"应该考虑各级各类学校发展的比例,特别是扩大农业中学、各种中等专业学校、技工学校的比例。"②邓小平的讲话为职业教育改革指明了方向。1980年10月7日,国务院批转教育部、国家劳动总局《关于中等教育结构改革的报告》进一步指出,我国教育结构单一,与国民经济发展严重脱节,需要进行改革。根据报告精神以及国家对技能型人才需求的增加,中央政府把职

---

① 周全德等:《多重因素导致农村教育萎缩》,《中国社会科学报》2010年6月1日。
② 《邓小平文选》第2卷,人民出版社1983年版,第105页。

业教育作为经济社会发展的重要基础和教育工作的战略重点,提出了一系列对职业教育进行改革的措施。主要措施是将部分普通高中改建为职业高中,同时根据条件新建一批职业学校,在此过程中,中央和地方加大了对职业教育发展的财政支持,是职业教育得以迅速发展的重要条件。到了1985年,职业学校已发展到8 070所,在校生229.6万人(其中职业高中有184.3万人),相当于当年中专、技校在校生人数总和的1.3倍。1985年普通高中在校生为741.1万人,比1978年的1 553.1万人减少了52.3%。[1] 中等教育结构失调的状况得到了有效调整。

1985年5月27日,《中共中央关于教育体制改革的决定》发布,决定首次提出了建立"从初级到高级、行业配套、结构合理、又能与普通教育相互沟通"的职业教育体系,要求"五年以后,使中等职业学校的招生数相当于普通高中招生数"。到了1991年,中职学校的招生数首次超过普通高中;1993年,中职学校的招生数与普通高中招生数的比例为1.38:1,中职学校的招生数占整个高中阶段招生总数的58.1%。1993年2月,中共中央、国务院印发了《中国教育改革和发展纲要》,要求到2000年各类中等职业学校年招生数和在校生数占高中阶段学生总数的比例在60%左右。在中共中央、国务院发布的政策的引导下,我国的职业教育规模稳步扩展,中职学校的招生数与普通高中招生数的比例从1985年的76%上升到1997年的129%。[2] 1996年5月15日,第八届人大常委会第十九次会议通过了《中华人民共和国职业教育法》,对我国的职业教育体系、职业教育的实施、职业教育保障条件等作出了规定。我国以"基础教育、职业教育、高等教育"为内容的"三足鼎

---

[1] 顾明远主编:《改革开放30年中国教育纪实》,人民出版社2008年版,第629页。
[2] 同上,第641页。

立"的教育体系基本形成。

2002年8月24日,全国职业教育工作会议在北京召开,会议通过了《国务院关于大力推进职业教育改革与发展的决定》,明确了"十五"期间职业教育改革和发展的目标。然而,由于国家对职业教育财政投入不足,在总教育经费支出中的占比在逐年减少,例如,从1999年至2003年间,这一占比从11.47%下降到了7.4%,导致中等职业教育学校的数量急剧下降,到了2004年仅剩14 454所,比最高年份的1997年减少了7 775所。[①] 2005年10月28日,国务院再次主持召开全国职业教育工作会议,通过了《国务院关于大力发展职业教育的决定》,决定提出"落实科学发展观,把发展职业教育作为经济社会发展的重要基础和教育工作的战略重点",提升了职业教育在教育体系中的地位和作用。根据决定精神,从2003年到2008年,中央财政累计投入了53亿元,重点支持了1 080个职业教育实训基地、1 235个县级职教中心和示范性中等职业学校、70所示范性高等职业技术学院的建设。2007年,高等职业教育和中等职业教育共招生约1 100万人,在校生接近3 000万人。2007年,国务院发布了《关于建立健全普通本科高校、高等职业学校和中等职业学校家庭经济困难学生资助政策体系的意见》后,是年5月,职业院校贫困学生资助计划开始实施:对于中等职业学校在校一二年级所有农村学生和城市家庭经济困难学生,每人连续两年能够得到年资助额为1 500元的国家财政支付的助学金,受助面占在校生的90%,国家助学金支付额为90多亿元;对于高等职业学校的家庭经济困难学生可以享受普通高等学校的资助,包括奖学金、助学金和助学贷

[①] 郑功成主编:《中国社会保障改革与发展战略(救助与福利卷)》,人民出版社2011年版,第213页。

款,受助面占高职学生人数的20%以上。[1]

2010年7月30日,国务院印发《国家中长期教育改革和发展规划纲要(2010—2020)》在第六章"职业教育"中指出,发展职业教育是推动经济发展、促进就业、改善民生、解决"三农"问题的重要途径,是缓解劳动力供求结构矛盾的关键环节,必须摆在更加突出的位置。加快发展面向农村的职业教育。把加强职业教育作为服务社会主义新农村建设的重要内容。强化省、市(地)级政府发展农村职业教育的责任。完善职业教育支持政策。逐步实行中等职业教育免费制度,完善家庭经济困难学生资助政策。教育发展纲要为我国职业教育的发展描绘了一幅美好的蓝图,它的实施将会有力地推进我国职业教育事业的发展。

三、高等教育制度

改革开放之前福利性的高等教育虽然学生和家长没有任何经济负担,但是,由于国家财力有限,不可能拿出更多的资金办学,以满足人们不断增长的接受高等教育的需求。为了解决在高等教育方面突出的供需矛盾,国家必须对福利性的高等教育制度进行改革。1985年,《中共中央关于教育体制改革的决定》提出:"高校在执行国家政策前提下,有权招收计划外委托培养生和自费生,实行国家计划招生、用人单位委托招生、招收少数自费生三种招生办法。""决定"拉开了高等教育经费由国家全部承担的制度向由国家和个人共同分担的制度转变的序幕。1986年,《高等教育管理职责暂行规定》发布以后,确立了中央、省和中心城市三级办学、中央和省两级管理的新体制,各高校按照各自归属从不同层级财政获得办学经费,由此改变了由中央财政下发教育支出指

---

[1] 顾明远主编:《改革开放30年中国教育纪实》,人民出版社2008年版,第297—298页。

标,由地方财政负责执行的体制。新体制扩大了地方在高等教育事业上的财政自主权,有利于调动地方政府办高等教育的积极性,地方政府可以根据本地经济社会发展的需要调整地方高等教育结构,由此为本地提供更多适合发展需要的高素质人才,进而促进本地经济社会更快发展。

1987年7月31日,国家教委、财政部发布了《普通高等学校本、专科实行奖学金制度的办法》和《普通高等学校本、专科实行贷款制度的办法》,将计划经济时期实行的助学金制改为奖学金制、助学金制和贷学金制。1989年,国家教委等三部委联合发布《关于普通高等学校收取学杂费和住宿费的规定》,由此确立了高等教育实行成本分担和成本收回制度。按规定,高等学校计划内新生学杂费每年100元,住宿费每年20元,自此高等学校收费制度普遍实行。1993年,中共中央、国务院发布《中国教育改革和发展纲要》明确指出"改革上大学由国家包下来的做法,逐步实行收费制度。"从1992年到1997年,全国普通高校的学费收入从5亿元增加到了120.8亿元,占高等教育事业费的比例由4.6%增加到17.2%,成为高校第二大稳定的收入来源。高等教育制度由福利制转向责任分担制以后,极大地拓宽了教育经费的来源渠道,弥补了高校办学经费的不足,促进了高等教育事业的发展。与此同时,高等教育经费的责任分担制将一部分经济负担转移到了学生家长身上,给多数家庭带来沉重的经济压力。据国家教委对19所高校的调查显示,1993年,25%的城市学生、30%的县镇学生、60%的农村学生存在支付学费困难的问题,有25%的贫困学生申请到的有限额度的贷款只能解决吃饭问题。[①] 为了减轻经济困难家庭的经济负担,保证进入大学之门的学子能够顺利完成学业,维护教育公平,1993年7月26日

---

① 顾明远主编:《改革开放30年中国教育纪实》,人民出版社2008年版,第259页。

国家教委、财政部发布了《关于对高等学校生活特别困难学生进行资助的通知》,1994年5月10日,国家教委、财政部发布了《关于在普通高等学校设立勤工助学基金的通知》,1995年4月10日国家教委发布了《关于对普通高等学校经济困难学生减免学杂费有关事项的通知》,这三个通知发布以后,就形成了我国现阶段高等学校"奖学金、学生贷款、勤工助学、学费减免"相结合的高等教育资助制度。

1998年8月29日,第九届全国人民代表大会常务委员会第四次会议审议通过、自1999年1月1日起施行的《中华人民共和国高等教育法》,标志着我国高等教育事业进入新的发展时期。该法第9条规定:"公民依法享有接受高等教育的权利。国家采取措施,帮助少数民族学生和经济困难的学生接受高等教育。高等学校必须招收符合国家规定录取标准的残疾学生入学,不得因其残疾拒绝招收。"第54条规定:"高等学校的学生应当按照国家规定缴纳学费。家庭经济困难的学生,可以申请补助或者减免学费。"第55条规定:"国家设立奖学金,并鼓励高等学校、企业事业组织、社会团体以及其他社会组织和个人按照国家有关规定设立各种形式的奖学金,对品学兼优的学生、国家规定的专业的学生以及到国家规定的地区工作的学生给予奖励。国家设立高等学校学生勤工助学基金和贷学金,并鼓励高等学校、企业事业组织、社会团体以及其他社会组织和个人设立各种形式的助学金,对家庭经济困难的学生提供帮助。获得贷学金和助学金的学生,应当履行相应的义务。"紧接着1999年高等院校开始扩招,高校数量和在校学生人数逐年上升。1998年,全国高等学校共有1 984所,到了2007年,全国共有高等学校2 321所;1998年,普通高校本专科招生人数为108.36万人,到了2007年,达到了565.92万人,是1998年的5.2倍。[①] 实现高

---

① 顾明远主编:《改革开放30年中国教育纪实》,人民出版社2008年版,第503页。

等教育大众化,是我国教育发展史上的又一次历史性跨越,高等教育的迅速发展为我国培养了大批适应时代要求的高素质人才,极大地推动了我国现代化进程。

然而,农民的贫穷和昂贵的教育费用,使得许多贫困家庭在子女"金榜题名"时一筹莫展,无法高兴起来。上大学需要多少钱?一般学费为3 000—5 000元之间;杂费、住宿费在2 500元左右;按每月吃饭200元,零花50元计算,生活费一年要3 000元,这样下来,每年的全部费用为8 000—10 000元之间。[1] 据媒体报道,没有能力缴纳学费的贫困学生占大学生的20%,绝对贫困生占8%。[2] 贫困学生的总数由1999年的100.5万人,增至2000年的142万人。[3] 新华社调查发现,从1995—2005年十年间,我国大学学费涨了十倍,而同期国民收入增长不到4倍。另有调查数据显示,培养一个本科生所花费用相当于西部贫困县(例如,甘肃会宁县)一个农民35年的纯收入。过高的学费造成的直接后果是,许多农民家庭因教致贫、因教返贫。中国银监会甘肃监管局局长王晓光调查结果表明,甘肃会宁县80%的农户供过或正在供子女上大学,其中八成家庭负债达5至8万元。这些家庭即使不吃不喝还债,也需要还十几年。有子女读大学的家庭,父母把生活费压到最低限度,仍然入不敷出,长期劳累、心情焦虑,影响到了这些父母的健康,没钱治病的后果是因病致残或死亡。除了贫穷以外,在高等教育的前段,即义务教育和高中教育阶段,政府对城乡教育投入的不公平也是导致城乡考生获取高等教育的资源和机会不公平的重要原因。[4] 高昂的高等教育费用导致的一个后果是,近年来我国高考人数在持续减少,

---

[1] 戴泽明:《大学高额学费为哪般》,《读者》2004年第1期。
[2] 央视二台2004年9月1日《第1时间》栏目播报。
[3] 乐章编著:《社会救助学》,北京大学出版社2008年版,第141页。
[4] 《重点高校农村学生越来越少——城乡教育差距由显性转为隐性》,《报刊文摘》2009年1月21日。

2008年、2009年、2010年全国高考报名人数分别为1 050万人、1 022万人、957万人,对我国高等教育的发展和改革造成不利影响。① 30年来,重点大学的农村学生下降一半,在不同阶段辍学或高考落榜的农村青年以及聚集在大城市周边的"蚁族"们,成为新的贫困群体和社会不安定因素。②

  进入21世纪,虽然国家采取各种措施逐步提高城乡居民的收入,然而,收入增长的速度远远跟不上学费增长的速度,昂贵的学费和生活费成了家长和学生沉重的经济负担和思想压力。为了使那些家庭贫困的学生能够顺利完成高等教育,体现教育的公平性,国家及时建立了一系列资助贫困大学生的制度:一是建立高校助学贷款制度。2004年6月12日,国务院办公厅转发《教育部、财政部、人民银行、银监会关于进一步完善国家助学贷款工作的若干意见》,对国家助学贷款的运行机制进行了改革。理顺了政府、银行、高校和学生之间的经济关系,形成了风险共担的助学贷款运行机制。需要贷款的学生依照程序申请,原则上每人每年最高不超过6 000元。国家助学贷款利率按照中国人民银行公布的法定贷款利率和国家有关利率政策执行,学生在校期间的贷款利息由财政补贴,毕业后的贷款利息由贷款人在1至2年内开始偿还本金,6年内还清贷款本息。违约者将承担相应的责任。截至2005年10月底,全国应开办国家助学贷款的高校共1 595所,已开办1 239所,占应开办的77.7%。到2005年底,全国审批贷款学生206.8万人,审批合同金额172.7亿元。2007年,进一步完善助学贷款制度的做法使生源地信用助学贷款开始推行。

  二是设立国家助学奖学金制。2004年,中央财政根据国务院会议

---

 ① 杨东平主编:《中国教育发展报告(2011)》,社会科学文献出版社2011年版,第51页。

 ② 叶伟民等:《从"读书改变命运"到"求学负债累累"》,《南方周末》2010年1月28日。

精神,安排2亿元设立"国家助学奖学金",对普通高等学校本专科贫困生进行资助。2005年,国务院制定并颁布了《国家助学奖学金管理办法》,助学奖学金总额每年为10亿元,其中:国家奖学金为每人每年4000元,每年资助5万人;国家助学金每人每月150元,资助10个月,每年资助53.3万人。2007年6月26日,财政部、教育部发布的《关于印发〈普通本科高校、高等职业学校国家奖学金管理暂行办法〉的通知》,将国家奖学金的资助数额提高到每人每年8000元,每年仍然奖励5万人。2007年6月26日,财政部、教育部发布的《关于印发〈普通本科高校、高等职业学校国家助学金管理暂行办法〉的通知》,将国家助学金提高到每人每年2000元,增加了500元,每年资助340万人,高校20%的贫困生几乎都能够获得助学金。

三是设立师范生免费教育制度。2007年5月9日,国务院办公厅转发《教育部等部门关于教育部直属师范大学师范生免费教育实施办法(试行)的通知》,同年5月13日,国务院发布《关于建立健全普通本科高校高等职业学校和中等职业学校家庭经济困难学生资助政策体系的意见》规定,从2007年秋季入学的新生起,国家在北京师范大学、华东师范大学、东北师范大学、华中师范大学、陕西师范大学、西南师范大学6所部属师范大学实行师范生免费教育。

四是开设绿色通道。"绿色通道"是指被高校录取,但家庭经济困难的学生,学校允许其先办理入学手续,然后对其家庭经济情况进行核实,再根据不同情况给予不同资助。2006年,通过"绿色通道"入学的家庭经济困难的学生有39万人,国家为家庭经济困难的学生提供资助174亿元,受资助学生达1000万人次。[①]

新中国成立以来的60年间,国家通过助学金制度、奖学金制度、困

[①] 顾明远主编:《改革开放30年中国教育纪实》,人民出版社2008年版,第261—262页。

难家庭学生补助制度、九年义务教育制度、对老少边穷地区教育支持制度等一系列教育福利制度的实施,极大地推进了我国教育事业的发展,为国家社会主义建设提供了大批有文化、有技能的高素质人才。据统计,从 1949 年到 2009 年的 60 年里,我国的文盲率从 80% 下降到 3.55% 以下;初中毛入学率从 6% 提高到了 98.5%;到 2010 年,高中阶段毛入学率达到 80%,高等教育毛入学率达到 25%;全国 15 岁以上人口平均受教育年限超过 8.5 年;新增劳动力平均受教育年限超过 12 年;受过高等教育的人数达到 8 900 万。[1] 我国以政府为责任主体的教育福利在普遍提高国民文化水平、促进社会公平、为国家经济社会发展培养高素质的劳动力后备军方面做出了巨大的贡献。

虽然在经济体制改革时期全国财政性教育经费总量不断增加,已从 1980 年的 114 亿元增长到 2006 年的 6 348.36 亿元,增幅为 50 余倍。[2] 然而,我国的财政性教育支出的不足,依然是制约教育事业发展的主要原因。1993 年,中共中央、国务院颁布的《中国教育改革和发展纲要》已经明确提出"财政性教育经费支出占国民生产总值(GDP)的比重,在本世纪末达到 4%"的战略发展目标。1998 年教育部制定的《面向二十一世纪教育振兴计划》提出:"中央本级财政支出中教育经费所占比例连续三年每年比上年提高一个百分点",此后又延长了两年,即从 1998 年至 2002 年连续五年中央财政教育拨款占中央财政本级支出的比例每年增长 1%。2006 年,新修订的《义务教育法》规定,义务教育经费占国民生产总值 4% 的财政拨款。2007 年,《国家教育事业发展'十一五'规划纲要》也明确表示,财政性教育经费支出占 GDP 的比例为 4%。但是,由于各种原因我国的教育投入与经济发展水平严重失

---

[1] 郑功成主编:《中国社会保障改革与发展战略(救助与福利卷)》,人民出版社 2011 年版,第 199 页。

[2] 顾明远主编:《改革开放 30 年中国教育纪实》,人民出版社 2008 年版,第 243 页。

衡。自20世纪90年代以来,财政性教育经费占GDP的比重一直停滞不前,维持在2.4%—3.3%的水平。2005年,这些财政性教育经费投入小学教育、中学教育、高等教育的比重分别为32.4%、31.9%、21.9%,[①]其中,义务教育的投入明显低于其他国家。1994年,财政性教育经费占GDP的比重,世界平均水平达5.2%,发展中国家平均水平也达到了4.2%,而在十年以后的2006年,我国财政性教育经费占GDP的比重仅为3.01%,同年,韩国、以色列、美国、德国的教育投入对GDP的占比分别为7.5%、8.5%、7.5%、5.3%,[②]我国的人均教育公共支出在世界153个国家和地区中名列第145位。[③] 从2006年开始,中央和地方财政的教育投资连续三年在逐年增长,尤其是中央财政,三年分别比上一年增长39.4%、100.8%、45.1%。[④] 国家教育事业财政性经费支出亟需增加,才能为实现科教兴国、产业转型的战略方针输送和储备更多高技术、高素质人才。

第五节 流浪未成年人救助制度

流浪未成年人是指无论因为什么原因导致的以街头为生活空间的未成年人。

在福利国家,由于建立了完善的未成年人福利制度,所有不愿待在家里的未成年人都可以到青少年援助服务中心并获得悉心照顾,因此基本能够避免未成年人流落街头的现象发生。尽管如此,近些年来,竞

[①] 黄晨熹:《社会福利》,上海人民出版社2009年版,第365页。
[②] 顾明远主编:《改革开放30年中国教育纪实》,人民出版社2008年版,第269页、第283页。
[③] 江静等:《公共职能缺失致中国经济逆服务化》,《中国社会科学报》2011年2月17日。
[④] 黄晨熹:《社会福利》,上海人民出版社2009年版,第366页。

争激烈导致工作压力增大、失业等来自事业方面的原因以及父母酗酒、吸毒、夫妻关系紧张等来自家庭方面的原因,造成父母对子女的忽视和父母子女之间冲突加剧,出现了流浪儿童少年现象,并且有逐年增加的趋势。这些现象近些年来也在我国各地出现。

在计划经济时期,虽然经济发展水平不能与福利国家相比,但是,优越的社会主义制度为包括儿童少年在内的全体国民提供了水平不高但可靠性强的生活风险保障,很好地预防了儿童少年流浪现象的发生。城市的孤儿、弃婴、残疾儿童等由民政部门举办的儿童福利机构抚养;农村的孤残等生活无依无靠的儿童少年通过"五保"制度由农村集体予以抚养。改革开放以后,随着人口流动、社会福利制度改革、城乡贫困人口增加、家庭不和谐、儿童少年厌学等原因,流浪儿童少年较之改革开放之前大幅增加。据《民政部2000年流浪儿童救助教育工作进展》报告称,2000年全国流浪儿童达15万人次。2003年,保护流浪儿童研究中心课题组对流浪儿童现状的调查报告称,全国民政部门每年救助的流浪儿童总数在51万人次以上。假设实际存在的流浪儿童人数为被救助流浪儿童人数的2倍到3倍,全国流浪儿童的实际人数每年为100万到150万人之间。[①] 流浪儿童少年离开家庭监护和学校教育,过早流落社会,给他们身心健康成长和社会安全造成不利影响,不及时予以救助将会成为社会不安定因素和贫困群体。所以,各级政府对此非常重视,近些年相继出台了一系列法律法规予以规范。

1990年,我国签署了《联合国儿童权利公约》,成为该公约缔约国;1991年,第七届全国人大常委会第21次会议通过了我国第一部《中华

[①] 中央综治委预防青少年违法犯罪工作领导小组办公室、职工青少年研究中心:《中国流浪儿童研究报告》,人民出版社2008年版,第3页。

人民共和国未成年人保护法》;1991年12月,第七届全国人大常委会第23次会议通过了《中华人民共和国收养法》,1998年11月,第九届全国人大常委会第5次会议对收养法进行了修订;1999年,第九届全国人大常委会第10次会议通过了《中华人民共和国预防未成年人犯罪法》;2003年6月,国务院颁布了《城市生活无着的流浪乞讨人员救助管理办法》,当年7月民政部发布了《城市生活无着的流浪乞讨人员救助管理办法实施细则》;2003年10月,民政部发布了《家庭寄养管理暂行办法》;2006年,全国人大常委会对未成年人保护法进行了修订。作为《联合国儿童权利公约》缔约国,各级政府遵循以上法律法规,对流浪儿童权利保护予以高度重视,并采取了一系列有效措施。到2003年底,各级政府共投入1亿2千多万元,在流浪儿童较多的城市建成了130多家流浪儿童保护中心,[1]这些中心在救助流浪儿童过程中发挥了积极作用。

第六节 被遗弃残疾儿童福利制度

我国早在1956年一届人大三次会议通过的《高级农业生产合作社示范章程》中规定,对无依无靠的孤老病残社员实行"五保"供养。"五保"制度为农村孤残儿童的健康成长提供了比较好的物质保障。在城市,孤儿、弃儿、残疾儿童由民政部门举办的儿童福利院抚养。总之,国家为孤残儿童编织了一个保障其生存的"安全网"。然而,由于农村集体经济在改革以后陷入困境,那些被遗弃的残疾儿童,处于没有饭吃、

---

[1] 中央综治委预防青少年违法犯罪工作领导小组办公室、职工青少年研究中心:《中国流浪儿童研究报告》,人民出版社2008年版,第85页。

没有衣穿、无家可归、没有学上的困境。为了帮助这些可怜的孩子,社会上一些好心人自掏腰包或者自筹资金办学校,一些民间慈善机构也通过收容孤残儿童,解决他们的生活和学习问题,承担起社会或者政府应当承担的责任。他们在从事这些善举的过程中遇到许多困难,甚至不得不放弃所从事有益的社会工作。

例如,位于河北省宁晋县边村的非政府儿童福利院——黎明之家,是20世纪80年代中期由当地天主教会建立的儿童福利院。从建立之时起就开始收养被遗弃的残疾儿童。仅1994年,收养和照顾的遗弃儿童达80多人,到2008年共收养了120多名被遗弃的儿童,他们绝大多数是有残疾的孩子,由30名修女进行义务照料。黎明之家作为非政府组织的儿童福利机构在经营的过程中遇到许多困难:首先,是法律地位的困境。按照我国目前的法律规定,非政府组织无权举办儿童福利机构,因此,黎明之家负责人70多次向有关主管部门申请注册登记都未获批准,黎明之家的非法地位,使得他们至今享受不到户口所在地的社会保障待遇,即既享受不到城市的低保待遇,又享受不到农村的五保待遇。黎明之家也无权向当地政府申请为残疾儿童治病的医疗救助资金。黎明之家的儿童要在当地读书,需要支付学杂费用,而不能享受义务教育待遇。甚至不能享受与当地居民同样价格的电费。于是,在黎明之家义务工作的修女们就担当起母亲、教师、医生的职责;其次,黎明之家经费紧缺、不堪重负。残疾儿童被家长遗弃的数量较多,黎明之家经费有限,使得许多被送上门的遗弃残疾儿童被拒之门外。黎明之家自成立之日起十几年来,共得到政府分别为1万元、2000元、800元的资助,可谓杯水车薪。它的非法地位,使它不能组织任何形式的资金筹集活动,而只能依靠当地教会和教友的资助。十几年来,黎明之家没有为孩子们买过衣物,全靠教友捐助。孩子们需要的教育费用和医疗费用也靠捐助,需要手术的在凑足了手术费以后才能进行。[①] 本应得到政府和社会更多关注和支持的被遗弃的残疾儿童少年,在这里被排除在国家法律保护之外,不能不说是一件令人遗憾的事情。黎明之家虽然是个个案,但它折射出我国在保护遗弃儿方面的漏洞和缺陷,其中政策法律的缺位是最关键的原因。

再如,安徽省"颍上县王家玉孤弱聋盲教育学校",是由农民企业家王家玉于1999年自己出资建立的。2005年一年就收养了214名残疾儿童和被遗弃的儿童,这些被遗弃的孤残儿童来自全国各地。王家玉创办学校的目的是要解决收养儿童的受教育问题,由于受经费的限制,他聘用了16名退休老教师。到2005年,学校已拥有4个聋哑班、6个弱智班,6个听力正常班,有20名儿童读初中。与"黎明之家"不同,安徽省民政厅于2004年8月批准成立"颍上县三十铺王家玉儿童福利院",定性为民办公助机构,并于2005年12月在县民政局登记注册。但是,在办学过程中,相关政府部门并没有给予应有支持,例如,王家玉儿童福利院没有得到教育主管部门的批准而成为合法的特殊教育学校。虽然从2003年9月起,地方政府按照城镇居民最低生活保障标准,为福利院每个儿童提供每月91元的基本生活费用,因而成为福利院最稳定的经济收入,但是,中华慈善总会在考察了福利院以后,没有提供任何支持,安徽慈善总会只是捐了一些衣服和物品。在媒体的推动下,到2005年,福利院共接受来自内地和港澳台以及国外捐款122万元,[②] 才帮助福利院解决了部分经费问题。"颍上县三十铺王家玉儿童福利院"在办学过程中得到来自政府的关照比"黎明之家"要多一些,要幸运一些。尽管如此,政府对于儿童福利院的支持,尤其是经费的支

[①] 尚晓媛:《中国弱势儿童群体保护制度》,社会科学文献出版社2008年版,第212—216页。

[②] 同上,第217—224页。

持,仍然是不够的,福利院的困境仍然是资金短缺的问题:首先,任教老师的工资支付没有保障;其次,福利院上中学的儿童的费用没有着落;再次,孩子们没有宿舍,男孩住餐厅,女孩住厂房,既影响生产又影响孩子们的健康;第四,缺乏康复费用以及护理费用;第五,不能上学的儿童少年,缺乏职业康复的场所和设备,学校也没有办职业培训班的费用。总之,无论什么地方的孤残儿童福利院都在艰难中运行。

为了保障农村和城市生活没有着落的未成年人的生活和上学问题,为他们的健康成长和日后的公平竞争提供条件和环境,国家应当制定未成年人社会促进制度,为这一问题的解决提供法律保障。2006年3月,民政部等15部委下发的《关于加强孤儿救助工作的意见》提出,各地要贯彻把机构集中收养的孤儿、弃婴与社会上散居孤儿和事实上无人抚养的未成年人相结合的原则。"意见"的出台,无疑将推动我国城乡无人抚养未成年人的福利事业,然而,由于"意见"属于政策性规定,规范性不强,不能有力保护城乡无人抚养未成年人的利益,所以,必须将"意见"上升为国家法律,才能有效发挥其保护城乡无人抚养未成年人的生存权和教育权等合法权利。

社会福利制度的改革大大减轻了国家和企业的负担,也逐步改变着人们在"社会福利"问题上的观念和行为方式。人们已逐渐摈弃以往无所不包的大福利概念,树立了在合理的工资制度下,应当由人们购买的社会服务像购买食品、衣服和其他生活用品那样由自己去购买,而只是将有限的几个项目保留在社会福利中的观念。实践已经证明,改革以后的福利制度在逐步完善的过程中,给人们带来真正意义上的福利,它越来越接近它所固有的改善和提高社会成员生活质量、为社会成员发展权的实现提供经济保障的功能。

第十章 社会救济制度的改革

计划经济时期的社会救济制度的适用对象主要包括以下三类：一是"三无"（无法定赡养人或抚养人、无劳动能力、无可靠生活来源）孤老残幼。他们是长期的救济对象，政府要为他们解决衣食住医教等各个方面的生活问题。在城镇，为他们建立了福利院、托老所、精神病院等福利机构，在农村，主要是建立了敬老院；二是灾民。城镇或农村居民因遭受自然灾害而使财产和收成受到巨大损失的人们，灾情主要发生在农村，因而灾民主要集中在农村，国家将70%左右的救灾款用于解决灾民的吃饭问题，10%左右用于衣被救济，25%左右用于修建房补贴，5%左右用于防疫治病；三是社会上的生活困难者。他们因各种原因（因家庭成员生病、家庭人口多劳动力少、失去工作机会等）陷入贫困，他们中的一部分是暂时困难者，另一部分则是长年困难者，因此对前者实行临时救济，对后者则实行定期定量救济。

以市场经济为取向的经济体制改革，给中国城乡带来了许多新的经济和社会问题，最为明显的一个问题是，经济体制改革和经济结构调整在城镇产生了一大批新的、不同于以往的贫困人口。新的贫困人口的产生源于：

首先，下岗和失业人员增加。在国有企业改革的过程中，大量职工被裁减下来，他们由于失去了工作岗位，而沦为城镇贫困人口。据经济学家胡鞍钢估算，1998年，城镇实际失业人口（指登记失业人口、下岗失业人员、农民工失业人员三部分）1 540万人至1 600万人之间，实际失业率为8％；①1999年,10％的下岗职工不能或不能足额领到基本生活费；②由于失业保险金储备不足,不能如数支付失业者和从再就业服务中心转入失业保险人员的失业保险金,因此基本生活需要失去了保障。

其次,退休人员不能足额按时领到养老金,医疗费也不能报销。由于企业效益不佳,拖欠和减发离退休人员的离退休金比较普遍。到1998年5月,拖欠养老金总计87亿元,涉及356万人。国有企业人均退休金低于400元的有18个省区,涉及1 088余万人。全国约有五分之二的退休人员处于低收入水平,有500万退休职工生活非常困难。③由于企业经济效益差,职工看病医疗费不能报销,1999年仅上海市职工手中的医疗单据就数以亿计,其他地区的情况就可想而知了。

第三,多数非国有制企业职工没有参加社会保险,在遭遇失业、生病、工伤事故、老年等生活风险时,就会陷入困境。据统计,到1997年底,全国城镇各种从业人员有20 207万,参加失业保险的只有41％,几乎都是国有企业职工,而非国有企业职工、农民合同制职工以及个体劳动者大多没有参加。④

第四,贫富差距拉大,突显出贫困问题。新时期贫富差距越来越大是由于不同行业之间的收入差距、不同性质企业之间的收入差距以及人们工资以外的灰色收入差距而造成的一部分人的收入在提高,而大部分人的收入在下降的状况。调查数据表明,到1999年6月底,拥有

---

① 莫荣:《中国就业形势依然严峻》,科学文献出版社1999年版,第186页。
② 杨宜勇:《解决就业须走"第三条路"》,《中国经济时报》1999年11月26日。转引自郑功成:《中国社会保障制度变迁与评估》,中国人民大学出版社2002年版,第215页。
③ 赵忆宁、郭远发:《中国应对"白发浪潮"》,《瞭望》2000年第45期。转引自多吉才让:《中国最低生活保障制度研究与实践》,人民出版社2001年版,第70页。
④ 顾卫临:《谁来为高额医疗费用"买单"》,《瞭望》1999年第46期。转引自多吉才让:《中国最低生活保障制度研究与实践》,人民出版社2001年版,第73页。

金融资产量最多的20%城市家庭,占城市居民金融资产量的55.4%,而20%低收入家庭仅拥有1.5%,前者为后者的34倍。[①] 基尼系数是国际范围用来衡量一个国家居民内部收入分配差异状况的重要分析指标。数值越低,表明财富在社会成员之间的分配越均匀,而通常把0.4作为收入分配差距的警戒线。2007年,我国基尼系数为0.458,说明我国目前贫富差距之大是应当引起足够重视、不能等闲视之的问题。

以上新产生的贫困人口使贫困人口的数量急剧上升,同时又由于国家经济实力等原因,只能为那些特困户而不能为所有贫困人口提供有效的救济。统计表明,1993年,全国贫困救济对象(不含灾民)为8 480万人,实际只救济3 101万人,占36.6%;1994年全国贫困救济对象为8 785万人,实际只救济3 122万人,占35.5%。这些数据表明,全国60%以上的贫困人口得不到社会救济。[②] 这时,不仅社会救济面窄,而且救济资金少、救济标准偏低,1992年,全国社会救济费用1.2亿元,仅占当年国民生产总值的0.005%,不到国家财政收入的0.03%。得到国家定期定量救济的城镇困难户人数只有19万人,占城镇人口的0.06%。救济对象人均月救济金额为38元,仅为当年城市居民人均收入的25%。[③] 1994年财政支付社会救济金42 432万元,人均13.6元。如此庞大的贫困人口,必然对中国的经济发展和社会稳定产生重大影响。社会救济工作面临新的问题,必须尽快改革计划经济时期建立的社会救济制度,并建立新的适应新形势的社会救济制度。

---

① 《中国新闻报》2000年8月5日。转引自多吉才让:《中国最低生活保障制度研究与实践》,人民出版社2001年版,第74页。

② 多吉才让:《中国最低生活保障制度研究与实践》,人民出版社2001年版,第80—81页。

③ 郑功成:《中国社会保障30年》,人民出版社2008年版,第153页。

第一节　城市居民最低生活保障制度

改革开放初期,国家对社会救济工作的改革主要是多次调整了城市社会救济对象的救济标准。但是,计划经济时期建立的社会救济制度覆盖范围窄、救济标准低、救济资金严重不足等缺陷和弊端,不能充当建立社会主义市场经济社会最后安全网的角色。1993 年 6 月 1 日,在国家还没有统一政策的情况下,上海市率先建立城市居民最低生活保障线制度,取得了较好的社会效果,并由此拉开了建立城市最低生活保障制度的序幕。随后,其他地方也开始按照本地实际情况设计自己的制度。

一、城市居民最低生活保障制度地方先行

在地方政府创新制度的过程中,最有影响力和特色的是上海市、武汉市、重庆市的制度。

1. 上海市城市低保制度模式

上海市于 1993 年 6 月 1 日率先在全国推出最低生活保障制度,于 1994 年 1 月 1 日起实施《上海市社会救助办法》和《上海市社会救助实施细则》,最低生活保障制度逐步走上法治化轨道。救助办法的内容主要有:

(1)保障对象及待遇标准。凡低于上海市政府确定的最低生活保障线的城市居民,经本人申请和有关机构按程序审查以后,对符合制度规定条件的居民提供最低生活保障待遇。待遇随物价指数变动每年都进行调整,例如 1993 年制度建立时的标准为 120 元,经过逐步调整,到了 1999 年达到 280 元。对于人均收入高于最低生活保障线、但生活困难的下岗失业人员,政府又规定了一个最低收入线,对于家庭人均收入

低于最低收入线的家庭,通过提供粮油等实物待遇保障其基本生活需要。1999年国务院颁布了《城市居民最低生活保障条例》以后,上海市按照条例的规定,对凡家庭人均收入低于最低生活保障线的居民提供低保待遇。

(2)资金来源。低保制度建立的头7年,资金来源采取"谁家的孩子谁抱走"的办法,即没有工作单位的居民由民政部门负责,有单位的职工由单位负责,单位没有负担能力的由民政部门负责。1999年国务院颁布了《城市居民最低生活保障条例》以后,最低生活保障制度统一由民政部门实施。

2. 武汉市城市低保制度模式

1996年3月1日,武汉市正式实施《关于城市居民最低生活保障制度实施(试行)办法》,这个办法的主要内容有:

(1)保障对象及待遇标准。凡家庭人均收入在最低生活保障标准以下的非农业户口的居民,都有资格申请最低生活保障待遇。待遇的提供实行差额补足的办法,即家庭的工资性收入(工资、养老金、失业保险金等)人均达不到政府规定的最低生活保障线标准的,补足差额部分。武汉市采取低标准起步的做法,在制度实施初期,标准为月人均120元,1999年10月提高到了195元。

(2)资金来源。武汉市从实施最低生活保障制度的一开始,政府财政就承担起支付责任,市、区两级财政各承担50%,由武汉市民政局统一管理。

3. 重庆市城市低保制度模式

1996年7月1日,重庆市正式实施1996年制定的《重庆市城市居民最低生活保障暂行办法》和《重庆市城市居民最低生活保障线下家庭扶困补贴办法》。其主要内容有:

(1)保障对象及待遇标准。在家计调查的基础上,对家庭人均月收入不到最低生活保障标准的城市居民提供救助。1996年标准为120元,1999年提高到了163元。

(2)资金来源。最低生活保障资金全部由政府财政承担,并在市、区两级民政部门成立城市最低生活保障管理处专事该项工作的管理。

比较以上三个具有典型特征的最低生活保障模式,可以看出:上海市在制度建立的初期采取了审慎的态度,甚至不免带有单位保障的痕迹,但是经过不断创新改造,逐步使制度具有了它本应具有的功能;武汉市的制度没有做到应保尽保,把一部分人漏在了保障网外;重庆市制度建立的较晚,有经验可借鉴,制度比较规范,所以,把所有应保的贫困人口都保了起来。这些地区在最低生活保障制度建设上走在了全国的前面,为中央立法奠定了基础,提供了经验。[1]

二、城市居民最低生活保障制度

在1994年5月召开的第十次全国民政工作会议上,民政部肯定了上海的经验,提出了"对城市社会救济对象逐步实行按当地最低生活保障线标准进行救济"的改革目标。之后,沿海开放城市逐步建立了这一制度。1995年5月,民政部在厦门、青岛分别召开了全国城市最低生活保障线工作座谈会,号召将低保制度推向全国。1996年民政厅局长会议进一步推动了低保制度在全国范围的建立,到了1997年8月,全国就有206个城市建立了这项制度。[2] 1996年3月17日,第八届全国人民代表大会第四次会议批准的《国民经济和社会发展"九五"计划和2010年远景目标纲要》将"建立城市居民最低生活保障制度"写入其中。至此,最低生活保障制度的内涵就比较清楚了,它是指当一个公民

---

[1] 郑功成等:《中国社会保障制度变迁与评估》,中国人民大学出版社2002年版,第223—228页。

[2] 乔东平、邹文开编著:《社会救助理论与实务》,天津大学出版社2011年版,第57页。

的收入水平低于国家制定的最低生活保障线的标准而生活发生困难时,有权利向国家提出获得最低生活保障的申请,国家有关机构依据法定程序和标准为符合条件者提供相应待遇的制度。

1997年,中国城市贫困人口规模大约在1 500万人至3 100万人之间,占城市人口总数的4—8%之间。① 面对规模如此庞大的贫困人口,1997年9月2日,国务院颁布了《国务院关于在各地建立城市居民最低生活保障制度的通知》,要求到1999年底,全国所有城市和县政府所在的镇都要建立这项制度。到1998年底,全国已有581个城市(包括4个直辖市)、204个地级市、373个县级市、1 121个县都建立了城市居民最低生活保障制度,分别占直辖市、地级市、县级市、县城总数的100%、90%、85%、90%。② 到了1999年10月底,最低生活保障对象为282万人,其中传统民政对象("三无"人员)占21%,新增对象(在职、下岗、失业、离退休人员)占79%。1999年1月至10月,全国共支出最低生活保障金15亿元,比1992年支出的社会救济金增加了十多倍。③ 在总结各地经验的基础上,1999年9月28日,国务院颁布了《城市居民最低生活保障条例》,并规定从10月1日起正式实施。条例的颁布使城市居民最低生活保障工作的法制化管理向前迈进了一大步。条例的主要内容包括:

1.保障范围。条例规定,持有非农业户口的城市居民,凡共同生活的家庭成员人均收入低于当地城市居民最低生活保障标准的,均有从当地人民政府获得基本生活物质帮助的权利;对无生活来源、无劳动能

---

① 郑功成等:《中国社会保障制度变迁与评估》,中国人民大学出版社2002年版,第219页。
② 乔东平、邹文开编著:《社会救助理论与实务》,天津大学出版社2011年版,第57页。
③ 这些数据是民政部副部长范宝俊1999年11月26日,在福建省泉州市召开的全国城市居民最低生活　保障工作会议上讲话时提到的。转引自郑功成等:《中国社会保障制度变迁与评估》,中国人民大学出版社2002年版,第222页。

力又无法定赡养人、抚养人或扶养人的城市居民批准其按照当地城市居民最低生活保障标准全额享受;对尚有一定收入的城市居民,批准其按照家庭人均收入低于当地城市居民最低生活保障标准的差额享受。条例实施一年之后,全国享受最低生活保障待遇的人数达到382万,其中传统民政救济对象占15%,在职、下岗、失业、离退休等人员中困难家庭占85%。①

2.待遇标准。条例规定,城市居民最低生活保障标准,按照当地维持城市居民基本生活所必需的衣、食、住费用,并适当考虑水电燃煤费用以及未成年人的义务教育费用确定。各地根据当地经济发展水平,确定最低生活保障金标准,2000年,全国最低生活保障金最高的为319元,最低的为78元,基本能够维持居民的最低生活需求。②

3.保障资金的来源。条例规定,城市居民最低生活保障制度所需资金,由地方人民政府列入财政预算,纳入社会救济专项资金支出项目,专项管理,专款专用。还规定,国家鼓励社会组织和个人为城市居民最低生活保障制度提供捐款、资助;所提供的捐赠资助,全部纳入当地城市居民最低生活保障资金。这些规定虽然表明最低生活保障资金来源于财政和社会捐赠两个渠道,但是地方政府依然是资金的主要责任者。2000年各级财政投入最低生活保障资金达29.6亿元,其中中央财政投入8亿元,地方财政投入21.6亿元,而社会捐赠数额微不足道,③尽管如此,也体现出社会力量在援助贫困人口方面的责任感和积极性。

4.救济途径。条例规定:"城市居民对县级人民政府民政部门作出的不批准享受城市居民最低生活保障待遇或者减发、停发城市居民最

---

① 时正新主编:《中国社会福利与社会进步报告(2001)》,社会科学文献出版社2001年版,第77页。

② 同上。

③ 多吉才让:《中国最低生活保障制度研究与实践》,人民出版社2001年版,第154页。

低生活保障款物的决定或者给予的行政处罚不服的,可以依法申请行政复议;对复议决定仍不服的,可以依法提起行政诉讼。"国家为最低生活保障权利的实现设置了权利救济途径,表明最低生活保障制度对于保障社会最困难群体生存权利的重要意义以及政府对社会最困难群体的关怀。

城市居民最低生活保障制度为城市贫困人口提供了最基本的生活保障,自条例实施以来,在促进经济发展、维护社会稳定方面,发挥了积极的作用。尤其是在我国社会保险制度不健全的情况下,最低生活保障制度极好地发挥了它作为"兜底工程"的功能,将绝大多数由于各种原因,特别是由于经济结构调整、产业结构调整而下岗失业人员保护了起来,为国家营造了安定的国内建设环境,保障社会转型顺利进行。

为了摸清全国最低生活保障制度实施情况,民政部于2000年7月至9月进行了一次全面的调查,调查结果表明,我国的最低生活保障制度还存在以下问题:

一是覆盖范围有限。没有按条例规定将符合条件的贫困人口纳入保障范围是最低生活保障制度实施过程中最大的问题。2001年的统计表明,我国城市的贫困人口在1 500万—1 800万之间,能够享受最低生活保障待遇的只有450余万人,覆盖面只有25—30%。[①]

二是保障标准偏低。由于地方财政吃紧,所以不可能按照当地最低生活标准确定和发放最低生活保障费,而是根据可能提供的资金额确定发放标准,结果标准普遍偏低,难以维持低保对象的基本生活需求。据调查,1998年,上海市贫困家庭人均月收入仅为当地社会人均月收入的31%;就是在1999年最低生活保障标准上调30%以后,武汉和天津的贫困家庭人均月收入才是当地社会人均月收入的21%,如此

[①] 多吉才让:《中国最低生活保障制度研究与实践》,人民出版社2001年版,第204页。

低的收入只够维持最低的生活需求。①

三是资金缺口较大。各地虽然按照条例的规定将最低生活保障资金纳入了财政预算,但实际上最低生活保障资金十分有限。筹集不到足额低保资金的原因主要是:大部分地区由于受传统社会救济观念的影响,将低保对象限定在特困人口上,对最低生活保障重视不够、支持不力;地方政府不愿意承担中央和省属企业低保对象的保障金;由于多数地方财政困难,有的仅是吃饭财政,有的甚至拖欠机关工作人员的工资,无力筹集低保资金。尽管从1999年下半年起,中央加大了对部分省份低保资金的补贴,但是实际需要的资金仍然是已落实资金的6倍,缺口还是非常大的。②

四是相关制度实施不力造成贫困问题,使得低保也无能为力。按照条例的规定,只有在人们领取了失业保险金、离退休金、工资和下岗职工的基本生活费后,家庭人均收入仍低于最低生活保障线的,才给予差额补贴。但是,在部分地区由于人们不能或不能足额及时领到以上各项费用,地方财力又十分有限,决不可能把他们纳入最低生活保障范围,使得他们成为生活没有保障的最困难的群体。

最低生活保障制度是为社会安全设置的最后一道"安全网",应当将所有不能或不能足够从其他保障中获得待遇的人保护起来。这道防线对于经济发展、社会稳定的重要意义得到党和国家的高度重视。2001年8月,中共中央、国务院要求尽快把符合条件的所有城市贫困居民全部纳入最低生活保障范围,实现"应保尽保"。中央财政在年初投入8亿元的基础上又追加了15亿元的资金,用于城市居民最低生活

---

① 郑功成等:《中国社会保障制度变迁与评估》,中国人民大学出版社2002年版,第232页。
② 时正新主编:《中国社会福利与社会进步报告(2001)》,社会科学文献出版社2001年版,第83页;多吉才让:《中国最低生活保障制度研究与实践》,人民出版社2001年版,第208页。

保障。各级地方财政,尤其是省级财政也加大了对低保资金的投入。2002年2月5日,中共中央办公厅、国务院办公厅联合发布《关于进一步安排好困难群众生产和生活的通知》,提出落实城市居民最低生活保障的具体措施,主要是低保资金全部纳入包括中央财政在内的各级财政预算。之后,中央财政投入的低保经费连续翻番,从2001年的23亿元,到2002年的46亿元,再到2003年的92亿元,2004年达到105亿元;加上地方财政支出,低保经费2001年为42亿元,2002年为10亿元,2003年为151亿元,2004年为173亿元;与此同时,享受低保待遇的人数也随之增加,2001年为1 171万人,2002年为2 065万人,2003年为2 247万人,2004年为2 201万人。[①] 2004年2月,民政部设立了最低生活保障司,主管城市居民最低生活保障和医疗救助工作。2007年8月7日,民政部、财政部联合发布的《关于妥善安排城市居民最低生活保障有关问题的通知》要求,各地应高度重视近期食品类价格上涨对城市低保家庭生活带来的影响,采取适当提高低保标准、低保补助水平或发放临时补贴等措施,确保低保家庭生活水平不降低;各地应确保城市低保对象的实际补助每人每月增加不低于15元,有条件的地方可在此基础上适当提高补助金额。中央财政对中西部地区、老工业基地给予补助;各地应通过临时补助的方式,对因物价上涨的原因造成生活困难的低保边缘家庭给予救助。2008年2月3日,民政部、财政部发布的《关于进一步提高城乡低保补助水平妥善安排当前困难群众基本生活的通知》要求,在执行原有政策的基础上,从2008年1月1日起,按每人每月15元的标准提高城市低保对象补助水平,做好低保政策与促进就业再就业政策的合理衔接,各级财政部门要确保低保金足额、按

[①] 宋士云等:《新中国社会保障制度结构与变迁》,中国社会科学出版社2001年版,第239页。

时发放到低保对象手中。

  2008年10月22日,民政部会同有关部委联合发布了《城市低收入家庭认定办法》,办法对于保证各地民政部门在深入调查研究的基础上,按照办法规定的程序认定低收入家庭,把有限的资金真正用于保障应当保障的对象身上,具有制度保障作用。2009年6月19日,民政部发布了《关于积极开展城市低收入家庭认定工作的若干意见》,更加详细地对低收入家庭的认定程序、方法、职能部门的责任等作出了规定。若干意见确定的目标是,通过对社会救助申请人家庭收入和家庭财产状况的核对,逐步建立起城市居民家庭经济状况审核信息系统,以规范城市低收入家庭认定工作,确保廉租住房等专项社会救助制度能够覆盖所有城市低收入家庭;以办法为基础,制定具体的实施办法,作为城市低收入家庭认定的法规政策依据。合理确定低收入家庭的收入标准和财产状况标准;规范申请受理、收入申报、核定收入、异议申诉的程序。2010年6月13日,民政部发布的《关于进一步加强城市低保对象认定工作的通知》规定,各地进一步完善最低生活保障对象实施细则,做到制度完善、规定明确、有章可循;规范最低生活保障认定条件,即户籍所在地为城镇行政区域且居住超过一定期限、不拥有承包土地、不参加农村集体经济收益分配的人,是具有申请户籍资格的人;改进最低生活保障对象认定方法,受理、调查、评议、公示工作应进一步规范。

  到2008年9月,全国城市享受低保待遇的人数为2 273万人,惠及1 100万户,支付低保资金2 706 377.7万元,月人均标准提高到206.2元,实际补差额达人均132元。[①]

---

 ① 郑秉文:《社会保障能否使消费者吃上"定心丸"》,《中国社会科学院报》2008年12月18日。

第二节 城市医疗救助制度

疾病与贫困相伴而生,医疗保障制度在解决疾病的医疗问题时,也是在解决因疾病及其医疗可能带来的贫困问题。将城市医疗救助制度纳入社会救济范畴,是因为相对于由企业、职工以及政府三方共同分担医疗保险责任的社会医疗保险制度来说,医疗救助制度是由国家出资为那些城镇经济困难、无力缴纳医疗保险费的群体提供医疗保障的制度。城市医疗救助制度是我国历史上前所未有的医疗保障制度,也是社会救济制度的配套措施。

北京、上海、广州等城市首先对经济体制改革中出现的下岗职工等城市贫困人口的医疗保障问题予以关注。上海市1990年出台了《贫困市民疾病医疗困难补助办法》,大连市在1996年出台了《城乡特困家庭医疗费用减免办法》。这些地方性立法经验为中央制定城市医疗救助制度提供了经验。2001年11月,国务院办公厅发布的《关于进一步加强城市居民最低社会保障工作的通知》指出,对低保对象的医疗救助要给予关注。2003年,国务院转发国家经贸委等部门《关于解决国有困难企业关闭破产企业职工基本生活若干意见的通知》明确要求,各地尽快通过建立社会医疗救助制度,对暂时无力缴费、没有参加医疗保险的困难企业职工,提供必要的医疗救助。2004年9月,温家宝总理在国务院第69次常务会议上提出加快制定城市医疗救助试点方案的要求。

2005年2月26日,民政部、卫生部、劳动和社会保障部、财政部发布了《关于建立城市医疗救助试点工作的意见》,提出从2005年至2007年两年中,要在各省、自治区、直辖市部分县(市、区)进行试点,然后再用2至3年时间在全国建立起医疗救助制度。2005年6月15日,民政部、财政部发布了《关于加强城市医疗救助基金管理的意见》。

《关于建立城市医疗救助试点工作的意见》对医疗救助涉及的内容作了如下规定：

1. 政府财政投入是医疗救助资金的主要来源。通过财政预算拨款、专项彩票公益金、社会捐助等渠道筹集资金。地方财政每年安排城市医疗救助资金并列入同级财政预算，中央和省级财政对困难地区给予适当补助。2006年，地方各级政府共投入13.49亿元，其中县（市、区）财政投入5.56亿元，占41.22%；地级投入3.38亿元，仅占25.06%；省财政投入4.56亿元，占33.8%。形成了以县财政为主，省财政为补助，地级财政为补充的资金筹集体系。

2. 以低保户为主要救助对象，兼顾低保边缘群体。"意见"确立了"低水平、广覆盖"的原则，以城镇居民最低生活保障对象中未参加城镇职工基本医疗保险的人员、已参加城镇职工基本医疗保险但个人医疗负担仍很重的低保人群和其他特殊困难群体。将因病致贫的低收入人群和其他家庭纳入救助范围，给予比低保人群相对低的救助比例。2006年，211.08万人次享受了各种医疗救助。

3. 大病救助为主，门诊救助为辅。大病容易导致贫困，因此，救助的重点放在大病上。救助对象在扣除各项医疗保险可支付部分、单位应报销部分及社会人士捐助外，个人负担超过一定金额的医疗费用或特殊病种医疗费用给予一定比例或一定数额的补助。2006年，全国1 865个试点地区有1 228个试点县（市、区）选择小病门诊模式，33.9%的试点地区选择大病住院救助模式。在获得救助的211.08万人次中，45.83万人次获得住院救助，人均1 704元，165.25万人次获得门诊救助，人均129.85元。

4. 医前救助和医中救助取代医后救助。医前救助是指救助对象在看病之前或之初，救助机构根据救助对象的疾病资金需求给予一定比例或数额的资金资助，这一规定消除了救助对象因住院押金或其他费用无法就医的情况。

城市医疗救助制度的建立在一定程度上消除了城市贫困群体对疾病的恐惧和不安,减轻了他们在医疗上的负担,增强了他们的体质。到 2007 年底,全国 2 862 个县(市、区)中已有 1 865 个县(市、区)建立了该制度,1 440 万城市贫困人口从中受惠,覆盖率达 65.16%。[①] 2005 年 8 月,财政部和民政部联合发布《关于加强城市医疗救助基金管理的意见》,对资金筹集渠道、救助标准、救助程序、救助资金管理等都作了详细的规定。2007 年 10 月,民政部、财政部、劳动和社会保障部联合发布《关于做好城镇困难居民参加城镇居民基本医疗保险有关工作的通知》要求,开展城镇居民基本医疗保险试点的地区,要结合城镇居民基本医疗保险制度的建立,完善医疗救助实施方案,对困难居民在城镇居民基本医疗保险支付之外个人难以负担的医疗费用,按照有关规定给予适当补助。未参加城镇居民基本医疗保险的困难居民,符合条件的要按照规定及时给予救助。

2009 年 6 月 15 日,民政部、财政部、卫生部、人力资源和社会保障部发布《关于进一步完善城乡医疗救助制度的意见》规定,逐步将城乡其他经济困难家庭人员(主要包括低收入家庭重病患者以及当地政府规定的其他特殊困难人员)纳入医疗救助范围。城市医疗救助制度的不断健全和完善,为城镇困难居民看病就医带来更多保障。到 2010 年底,享受城市医疗救助的人数为 1 921.3 万人次,全年共支付医疗救助费用 49.5 亿元。[②] 但是,在目前的经济发展水平下,政府提供的医疗救助范围有限,还不能解决城乡贫困人口全部的医疗费用问题,只能缓解疾病和医疗给贫困人口造成的沉重经济和心理压力。随着国家经济

---

① 以上数据来源于 2007 年《中国医疗卫生发展报告》,中国网 2007 年 12 月 17 日。
② 中华人民共和国民政部:《2010 年生活服务发展统计报告》。转引自宋士云等:《新中国社会保障制度结构和变迁》,中国社会科学出版社 2011 年版,第 335 页。

的不断发展,国力的不断增强,医疗救助的范围也会随之扩大。

社会救济制度改革的成效显而易见,它逐步由随意性强、偶然性大的传统社会救济制度向现代的、由国家通过立法按照法定程序确定待遇对象,并从政府财政予以支付的社会救济制度迈进。将人们从社会救济项目中获得待遇逐渐看作是人们的社会权利,是社会保障观念上质的飞跃。在早期实施社会保障制度的国家,获得社会救济待遇需要经过收入调查并且被确定为贫困者,才能享受此项待遇,这往往使人们的尊严受到伤害。将英国推向了福利国家的贝弗里奇报告被人们称作是具有革命性的报告,是因为:它把社会福利作为一项社会责任确定下来;它把救济贫困的概念由原来的救济贫民改变为保障国民的最低生活标准;它规定,凡是由于各种原因达不到国民最低生活标准的公民都有权从社会获得救济,使自己生活水平达到这个标准。英国的社会主义者蒂特穆斯师承贝弗里奇等人的社会改革实践和理论,极力主张通过国家干预实行社会保障,从而消除和减少社会不平等。实践表明,现代社会保障制度的特征和明显进步在于:政府保证所有公民享有最低标准的收入、营养、健康、住房、教育和就业机会。这些保障表现为公民的政治权利而不是以慈善的形式出现。"这时,社会保障制度已经从单纯的社会救济发展成公民的一种社会权利,从而过渡到主动地针对社会弊端制定防范措施的新阶段。"[1]"这个宽泛的社会保障网是联邦共和国所有公民的巨大协作成果。对于每一个公民来说,他有权利得到社会保障制度的待遇,反过来说,这也意味着,公民不是国家施舍的领取者,而是制度的积极合伙人。"[2]在建立了健全完善的社会保障制度的国家,在运用保险原则的同时,国家也没有放弃救济原则,然而,这时

---

[1] 李琮主编:《西欧社会保障制度》,中国社会科学出版社1989年版,第209页。

[2] Soziale Sicherheit fur die Landwirtschaft, vom Bundesministerium fur Ernahrung, Landwirtschaft und Forsten, S. 2.

人的尊严和价值要求被放在首要位置,认为只有在充分社会保障的基础上,人的尊严和人的价值才能得到保障,人的人格才能得到公平发展,这些都已成为全社会共识并为此承担起了责任。

第十一章 农村社会保障制度的改革

1951年颁布《劳动保险条例》标志着中华人民共和国社会保障制度的确立。但是当时占人口总数90％以上的农民没有被纳入保障之列,这是因为一方面国家出于迅速建立工业化国家的考虑,有意对城市居民的社会保障实行倾斜政策,即对有工资收入的国家机关工作人员,国营企业的职工,大中小学的教师等实行国家保障,对没有工资收入的城市贫民实行定期或者不定期的社会救济;另一方面当时国家没有充足的国力为占人口绝大多数的农民提供保障。这种现实主义的政策选择与现实的经济承受能力、社会组织能力和传统文化习惯是相适应的。半个世纪以来,由二元经济结构所决定,我国社会保障也一直呈现二元结构态势,到20世纪90年代末,约占人口80％的农村居民,仅享受社会保障份额的11％,[1]而这11％主要是农村的优抚安置人员,九亿农民实际上不在我国的社会保障体系之内。究其原因一方面是对社会保障制度目标定位不明确,国家没有把社会保障制度作为一项独立的、具有自身发展规律的制度,而是把它作为实现某个时期政治目标或者经济目标的配套制度。社会保障制度是现代社会国家的一项重要和基本的制度,国家通过不断扩大社会保障覆盖范围,才能达到维护社会稳定、促进经济发展、体现社会公平的目标。另一方面是农村社会保障政策处于随意变动的不稳定状态,20世纪90年代,为了减轻农民负担,

---

[1] 邓大松主编:《社会保险》,中国劳动社会保障出版社2002年版,第362页。

国务院、农业部出台了一系列政策措施,例如,农业部等五部委联合下发的《减轻农民负担条例》就把合作医疗中农民缴费视为农民不合理的负担,不允许征收,这样的规定就与国家发展与完善合作医疗的政策相冲突,在国家没有相应合作医疗财政投入的情况下,一些正在恢复合作医疗制度的地区由于没有新的筹资渠道而不得不放弃刚刚开始恢复的合作医疗工作。再如农村社会养老保险试点工作,由于地方政府的重视和农民积极参与,到了 20 世纪 90 年代中后期已经发展到了一定规模,在已经承诺的 8—12% 的年投保利率,在银行利率连续下降和缺乏投资渠道而无法兑现、主管部门变动、某个领导人作出决定时,就使得已初具规模的农村社会养老保险事业无法继续向前发展。没有明确的建制理念和稳定的政策支持、缺乏政府财政投入,是经济体制改革以后 20 年农村社会保障制度建设严重滞后的主要原因。

在中国确立市场经济体制的过程中,工业化和城市化进程打破了自给自足的传统农村经济体系和家庭保障模式,农民面临的生活风险随着现代化的进程不断增加。在缺乏国家社会保障制度规范的情况下,部分富裕乡村对村民福利采取全面包办的做法,而贫困地区对"五保户"的救济都无能为力,农村社会保障由于缺乏制度规范和财政支持而处于失控状态。在农村贫困问题依然严重、大批青壮年农民流入城市打工、农村老龄化急速推进、农民工面临工伤和职业病风险的情况下,农村社会保障制度建设迫在眉睫。如何抵御市场经济对农村人口造成的经济风险,成为改革农村社会保障制度和建立新型的农村社会保障制度的内在动力。国家开始探索建立农民养老保险制度,恢复和重建农村农村合作医疗制度,建立农村最低生活保障制度和医疗救助制度,完善农村"五保"制度。这些制度的建立和完善,增强了农民抵御基本生活风险的预期,减少了贫困,维护了社会稳定,促进了农村经济发展。

第一节　农民养老保险制度

　　1983年中国农村率先实行经济体制改革,把过去由农民共同经营的土地承包给农民个人耕种,这种适合农村生产力发展水平的生产方式,极大地解放了农村生产力,促进了农村经济的极大发展。尤其是在沿海地区和内地自然条件比较好的地方,由于兴办乡镇企业和实行科学种田,农村和农民很快富裕起来。据1990年的统计,年人均收入在千元以上的县有184个,在800元以上的有431个,[①]而人均年收入700－800元的农民就具备了投保条件。而且在农民的生活水平大大提高以后,他们的收入除了满足基本生活需要之外还有剩余,于是就产生了强烈的养老保障愿望。同时,由于生活水平和医疗条件的改善,人口的平均寿命在延长,这又加快了人口老龄化。据1990年的人口普查,我国农村60岁以上老人7 285万,占农村人口总数的8.2%,并且每年以3%的速度递增。[②] 人口学家预计,到2020年我国农村65岁以上老人的比例是14－17.7%。在中国农村,老人与子女住在一起的比例虽然高达88.7%,但是收入来源和生活料理依靠老人自己的比例分别是50.7%和82.2%。[③] 可见在农村,家庭养老已不占绝对主导地位,很大一部分农村老人的生活缺少必要的保障。特别是实行计划生育政策以后,农村核心小家庭迅速增加,家庭规模的缩小,进一步弱化了家庭的养老功能。随着经济的发展,农村人口跨地区或者城乡迁移

[①] "农村社会养老保险文件汇编"(1991－1992),民政部农村社会养老保险办公室编,第1页。
[②] 同上,第99页。
[③] 同上,第207页。

的速度和规模在不断上涨,据《中国统计年鉴》的统计数据,农村从事非农产业的劳动力,1984年为4 282.6万人,1994年增加到11 963.8万人,到1998年增加到13 805.8万人,[①]而迁移者大多数是青壮年人口,这在一定程度上又加速了农村的人口老化。所有这些情况都使得农村老年人口的生活保障成为一个突出问题。

一、出台农民养老保险"基本方案"

1986年,国家"七五"计划提出"探索研究建立农村社会保险制度,并根据各地经济发展情况,进行试点,逐步推行。"10月,民政部和国务院有关部委在江苏沙洲县召开了"全国农村基层生活保障工作座谈会",这次会议确定:在贫困地区,基层社会保障的主要任务是搞好社会救济和扶贫;在经济发展中等地区,多数人的温饱问题已经解决,基层社会保障的主要任务是,兴办福利工厂,完善五保制度,建立敬老院;在经济发达和比较发达的地区,发展以社区(即乡镇、村)为单位的农村养老保险。12月,民政部向国务院提交的《关于探索建立农村社会保障制度的报告》指出,农村经济体制改革使农村产生了新的社会保障要求,现阶段农村社会保障制度只能以国家、集体、个人可以承受的能力为基础,以范围由小到大,内容因地制宜由少到多,标准由低到高为原则;在资金来源上,采用多种渠道筹集资金的办法。1987年3月,国务院批准了民政部的报告,决定以民政部为主先行进行探索和试点。

根据这些文件精神,农村基层社会保障制度的探索在全国逐步推开。据统计,到1989年,全国已有19个省、直辖市、自治区的190多个县(市、区、旗)开展了养老保险工作,800多个乡镇建立了以乡为单位

---

① 多吉才让:《中国最低生活保障制度研究与实践》,人民出版社2001年版,第76页。

或以村为单位的养老保险制度。① 各地在探索建立农村社会养老保险过程中主要形成了四种类型:一是按项目多寡分为综合型和单项型。综合性是指把养老保险纳入乡村社会保障之中,统一筹资,统一管理,分项兑现。单项型是指单独开展养老保险试点,单独筹资,单独管理,单独兑现。全国范围试点采取综合型的占到70%以上;二是按参保者工作性质分为务工、务农、工农一体化三类。务工者养老保险主要是为乡镇企业职工办理的养老保险,务农者参加农民养老保险,工农一体化采取以工补农的办法,务工务农者一并参加养老保险,这种类型在试点地区占到90%;三是按筹资方式分为现收现付、预先积累、现收现付与预先积累相结合三种。采取现收现付方式须按年收费,以支定收。采取预先积累方式是参加农业劳动时逐年缴纳养老保险费,退休时按月领取。两者结合式是把所收养老保险费按计划预先积累一部分,其余部分现收现付,这种类型在试点地区也占到90%;四是按统筹层次分为村级管理型、乡级管理型、县级管理型,村级管理型在试点地区占到90%。

1991年1月,根据国家"七五"计划和《国务院关于企业职工养老保险制度改革的决定》,国务院决定由民政部负责开展农村社会养老保险工作。民政部在深入调查研究和总结经验的基础上,制定了《县级农村社会养老保险基本方案(试行)》并从1991年6月开始在山东省组织了较大规模的试点,取得了很大成效。当时的实践证明,"方案"比较符合农村实际,是可行的。1991年10月,民政部在山东省牟平县召开了"全国农村社会养老保险试点工作会议",会议进一步明确,农村社会养

---

① 劳动部课题组:《中国社会保障体系的建立与完善》,中国经济出版社1994年版,第139页。

老保险是政府行为而不是金融保险的商业行为。① 1992年1月3日民政部正式颁发"方案",使农村养老保险在"方案"的引导下逐步在全国农村有条件的地区推开。

《县级农村社会养老保险基本方案(试行)》只有7条,是中国政府从中国实际国情出发制定的、引导广大农民自愿参加农村社会养老保险的一个规范性文件,它虽然由于不具有强制性,因而不是完全意义上的法律规范,但是它的颁布和实施在中国社会生活中具有非常重要的意义:第一、中国是一个农业国家,农民占人口的绝大多数,因此中国的问题仍然是农民问题,农民问题解决好了,就有利于中国社会的发展和稳定。农民的老年保障问题历来是农民最关心的问题之一,"养儿防老"就是农民对自己老年生活依靠的一个真实写照。因此,农村社会养老保险制度的建立,对于解除农民的后顾之忧,对于推行计划生育的基本国策都将起到积极的作用;第二、在国际上尚无大范围解决无固定收入社会成员的社会保险问题的成熟经验以及中国整体发展水平仍然比较落后的情况下,建立农村社会养老保险制度,体现了中国政府对农民的责任和关心,这对于调动广大农民的生产积极性,进一步深化农村改革,促进农村经济发展,都将起到积极的推动作用;第三、"方案"颁布之前,中国农民依靠或者希望依靠家庭养老,根本没有社会保险的意识。方案的颁布和实施不仅使农民产生了最基本的社会保障意识,而且进一步强化了社会全体成员的社会保障意识,这对于促进中国社会保障事业的发展将起到巨大的促进作用;第四、"方案"虽然只具有引导功能,但是它的制定和颁布实现了农民养老保障制度在中国从"0"到"1"的突破,标志着中国在不断健全和完善现代社会保障制度上迈出了重

---

① 劳动部课题组:《中国社会保障体系的建立与完善》,中国经济出版社1994年版,第261页。

要的一步。

"方案"具有以下几个明显特点:第一,农民养老保险不是商业保险,而是农民、集体组织(村或乡镇)与国家共同参与其中的、以保障农民老年基本生活为目的的政府行为;第二,对于农民个人来说,是否参加养老保险,选择何种交费标准,由农民自己决定,不强制,不搞"一刀切"。对于一个村,一个乡镇,一个县来说,也是根据当地经济发展情况决定统筹范围,能搞多大规模就搞多大规模,也不搞强制。这种发展策略非常适合社会主义初级阶段中国农村经济发展水平,能被广大农民接受,有发展前途和成功希望;第三,"集体给予补助,国家给予政策扶持",体现了集体和国家的责任,又不至于使集体和国家背上沉重的包袱,这将更有利于农民社会养老保险事业的长远发展。由于方案从中国农村人口多,底子薄,各地发展不平衡的国情出发,因而是一个适合中国农村经济发展水平,能够促进农村经济发展和社会稳定,极具中国特色的社会主义初级阶段的农村社会养老保险制度。1995年10月19日,国务院办公厅转发了民政部《关于进一步做好农村社会养老保险工作的意见》后,农村社会养老保险工作走上了规范化发展的道路。

二、"方案"的主要内容

"方案"主要包括以下内容:

1. 规定了覆盖范围。参加农村养老保险的人员为非城镇户籍、不由国家供应商品粮的20—60周岁农村人口。一般以村为单位组织农民参加。乡镇企业职工、民办教师、乡镇招聘干部和职工等,可以以乡镇或以企业为单位组织参加。外来务工人员原则上在户籍所在地参加农民养老保险。

2. 规定了资金筹资模式和责任主体。资金筹措以个人缴费为主,集体可根据经济状况予以适当补助,国家通过为乡镇企业支付集体补助予以税前列支给予政策扶持;个人缴费和集体补助分别计入个人名下,同一统筹单位集体给予等额补助。月缴费标准设定2元、4元、6元、8元、10元、12元、14元、16元、18元、20元十个档次,由统筹单位、企业和参保农民根据经济状况选择。养老保险费可以补缴,也可以预缴,补缴年限不得超过40年,预缴年限不得超过3年。遇到自然灾害或因其他原因,农民个人和集体无力缴纳养老保险费的,经农村养老保险管理机构批准,可以暂缓缴费,待情况好转后,参保人可以补缴。

3. 规定了养老金领取条件。参保人年满60周岁开始领取养老金。保障期为10年,个人名下积累的金额除以120为每月领取额。在领取养老金的10年期间身故者,养老金余额可以继承。领取养老金超过10年的,可以继续领取直到身故。

4. 规定了养老保险基金的管理。养老保险基金以县为单位统一管理。基金通过存银行和购买财政发行的高利率债券实现保值增值,不直接用于投资。县(市)农村社会养老保险机构,在指定的专业银行设立农村社会养老保险基金专户,专账专管,专款专用。养老保险基金除需现付部分外,原则上应及时转为国家债券,国家以偿还债务的形式返还养老保险基金。养老保险基金用于地方建设,原则上不由地方直接用于投资,而是存入银行,地方通过向银行贷款用于建设。农村社会养老保险基金和按规定提取的管理费,以及个人领取的养老金一律不计征税费。

5. 规定了保险关系转移。参保人在缴纳保险费期间死亡的,个人缴纳费用的本息,全部由法定继承人或指定受益人继承或领取。参保人迁往外地,迁入地建立农村社会养老保险的,参保人可将养老保险关系和所缴纳资金一并转入迁入地农村社会养老保险机构,否则,将其缴纳养老保险费本息退还本人。参保人被招工、提干或者考入高等院校而农转非的,可将其保险关系和资金转入其工作或者学习所在地养老保险机构,或者本息全部退还本人。

三、"方案"实施情况

由于农村养老保险制度符合广大农民的愿望以及地方政府对农村养老保险工作的重视,方案颁布以后农村养老保险工作呈现出良好的发展势头,保险覆盖面不断扩大,基金积累初具规模。到 2000 年底全国 31 个省、直辖市、自治区的 294 个地区,2 052 个县(市、区),32 610 个乡镇,428 889 个村,101 691 个乡镇企业开展了农村养老保险工作。全国参保人数为 6 172.34 万人,参保人数最多时期参保率达到适龄农民的 11% 左右,[1]农村养老保险基金积累总额为 195.5 亿元,2000 年当年领取养老金的人数为 97.81 万人。[2] 1995 年 10 月 19 日,国务院办公厅转发了《民政部关于进一步做好农村社会养老保险工作意见的通知》指出,"逐步建立农村社会养老保险制度,是建立健全农村社会保险体系的重要措施","各级政府要切实加强领导,高度重视对农村社会养老保险基金的管理和监督,积极稳妥地推进这项工作",提出具备条件的地区要积极发展农村社会养老保险事业的要求。

1998 年,亚洲金融危机爆发,东南亚各国成为重灾区。当时我国金融界经营不规范,存在大量不良资产,我国的金融安全受到威胁。国家不得不采取整顿金融秩序的措施。1999 年 7 月,《国务院批转整顿保险业工作小组〈保险业整顿与改革方案〉的通知》指出:"目前我国农村尚不具备普遍实行社会保险的条件。对民政系统原来开展的'农村社会养老保险'要进行清理整顿,停止接受新业务,区别情况,妥善处

---

[1] 胡晓义主编:《走向和谐:新中国社会保障发展 60 年》,中国劳动社会保障出版社 2009 年版,第 151 页。

[2] 劳动和社会保障部农村社会保险司:《2000 年度农村养老保险统计分析报告》,第 1 页。

理,有条件的可以逐步将其过渡为商业保险"。[①] 同时还将由民政部主管的农村社会养老保险工作移交劳动和社会保障部管理。国务院的"通知"给农村养老保险带来较大震动,造成消极影响,除上海和山东省烟台市农村社会养老保险工作仍在稳定运行外,其他地区的农村养老保险业务处于停滞不前的状态,部分地区出现了大规模退保。具体表现在:1. 由于一些基层单位退保,使得已开展农保工作的基层单位比上年减少,县级单位有所减少,但主要是乡镇单位从 1999 年的 33 806 个减少到 2000 年的 32 610 个;2. 由于机构改革、人员精简,地方各级专门机构和工作人员的数量有所减少,其中乡镇机构减少 4 569 个,人员减少 2 338 个;3. 由于一些农民怕政策变化而不再续保,有些农民干脆退保,使得参保人数逐年下降,1998 年是参加养老保险人数最多的一年,达到 8 025 万人,此后,逐年下降:2000 年为 6 172.34 万人、2003 年为 5 427.7 万人、2005 年为 5 441.9 万人、2007 年为 5 171.5 万人;[②]4. 由于退保人数增加,尤其是由于根据国务院对农村社会保险整顿规范指示精神,不再接受新的业务,造成参保人数下降,因而保险费收缴额下降,到 2000 年底,全国农村养老保险基金积累总额为 195.5 亿元,虽比上年增加 12 亿元,但增幅比上年下降了 4%;5. 2000 年提取的管理费为 4 173.3 万元,而各地实际支出为 6 958.33 万元,缺口为 2 785 万元。管理费严重不足,使得动用调剂金成为普遍现象,部分省市甚至动用责任金发工资;6. 由于农民养老保险基金主要存入银行和买国债,而当时银行存款的不安全性有明显的表现,由财政部门管理的基金也有违规

[①] 张卫:《可持续发展的农村社会保障体系建设》,《中国农村观察》2000 年第 2 期。

[②] 民政部:《中国民政统计年鉴》(1994—1996 年、1998 年);劳动和社会保障部、国家统计局:《中国劳动统计年鉴》(1999—2007 年)。转引自郑功成:《中国社会保障 30 年》,人民出版社 2008 年版,第 82 页。

经营的情况,这就使得农民养老保险基金潜在很大风险。① 可以看出,我国农民社会养老保险在经历了几年的蓬勃发展之后,进入到后来的立法没有进展、实践在倒退的局面。

2002年11月,在党的十六大提出"在有条件的地方探索建立农村社会养老保险制度"以后,我国农村社会养老保险工作进入了一个新的发展阶段。2003年11月,国务院副总理回良玉批示:"建立全国农村社会保障体系是十分必要的德政之举。"温家宝总理批示:"可在有条件的地方积极探索,注意总结经验。"2006年,中央一号文件再次强调"探索建立与农村经济发展水平相适应、与其他保障措施相配套的农村社会养老保险制度。"在中央文件的指导下,各地在原来举办养老保险事业的基础上,从以下几个方面恢复和开展农村养老保险工作:

1.加强对农村养老保险工作的管理。2000年,劳动和社会保障部下发了《关于做好当前农村养老保险工作的紧急通知》,要求在机构改革的过程中,重点解决农村社会养老保险管理机构的设置,保持机构和队伍的稳定,合理解决基层机构经费来源问题,确保基金安全。2001年,在全国范围进行农保基金财务全面检查,摸清了基金底数,规范了基金管理。2002年在2001年农保基金调查摸底的基础上,对基金管理方式、运营渠道、资产状况、风险程度进行了分析,并举办较大规模的基金管理和财务会计培训班,指导地方加强基金管理。2003年,劳动和社会保障部下发了《2003年劳动和社会保障工作要点》、《关于当前做好农村社会养老保险工作的通知》、《关于认真做好当前农村社会养老保险的通知》,指导和规范农村养老保险工作。

2.各地积极健全和完善农村养老保险制度,将农村养老保险逐步纳入法治轨道。苏州市政府2003年5月出台《农村社会养老保险暂行

---

① 劳动和社会保障部农村社会保险司:《2000年度农村养老保险统计分析报告》。

办法》,规定各级政府要将农村养老保险列入国民经济和社会发展计划;农村养老保险经办机构为全额拨款事业单位,所需经费由同级财政预算安排;建立个人缴费(50%左右)、财政补助和集体补助三结合的筹措办法,筹集养老保险基金;建立社会养老补贴制度,所需资金由各级财政、村集体经济筹集解决。浙江省劳动和社会保障厅、国土资源厅等五部门于 2003 年 5 月联合下发了《关于建立被征地农民基本生活保障制度的指导意见》,要求于 2003 年底在全省所有市、县必须建立起被征地农民社会保障制度。山西、云南两省也在积极探索农村计划生育户的养老补贴形式。

3.农村社会保障实行全程规范化管理。北京市 14 个郊区县全部实现个人账户计算机管理,并出台一系列管理规程和考核办法,建立了基金运营的"三方托管机制"。福建省建立和健全了参保对象的个人账户,实现了全省统一、规范的业务财务管理。在此基础上开发了个人账户单机版和网络版的电脑管理软件,并在全省逐步推行。[1]

各地恢复和开展农村养老保险事业的实践表明,农村社会养老保险工作经过一段时间的整顿规范以后,进入了一个新的发展阶段。

第二节 农村合作医疗制度重建和新型农村合作医疗制度

农村医疗制度改革经历了合作医疗重建和新型农村合作医疗制度建立两个阶段。

---

[1] 福建省农村社保模式及其方案研究课题组:《农村社会养老保险制度创新》,经济管理出版社 2004 年版,第 8—10 页。

一、农村合作医疗制度重建

1982年农村实行经济体制改革以后,推行家庭联产承包责任制,集体经济的形式发生了变化,公益金积累明显减少,由此也使以公益金为一部分资金来源的合作医疗制度受到严重影响,加之政府没有及时给予引导和支持,到了1985年全国实行合作医疗的行政村由过去的90%下降到5%。① 1989年继续下滑,仅剩4.8%。② 对于农村合作医疗制度解体的原因有多种说法:主流观点认为,集体经济解体是合作医疗制度衰落的主要原因;也有学者认为,合作医疗是"文化大革命"的产物,是受当时"搞不搞合作医疗,不仅是重视不重视农民医疗保健的问题,而且是执行不执行毛主席革命路线的问题",是受政治气氛的影响而一哄而起的,"文化大革命"结束后,合作医疗自然随之逐渐萎缩消失;③还有学者认为,合作医疗制度的衰落是它自身缺少制度可持续性的结果。④ 有学者赞同这一观点并深刻地表达了自己的分析。他认为,合作医疗缺乏制度的可持续性表现在资金筹集普遍不足,而支出难以控制;制度运行中机会主义倾向的逆向选择和败德行为没有得到严格约束;医务人员减少和流失也是重要原因之一,农村经济体制改革以后,许多赤脚医生放弃本职工作而另谋收入多的职业,尤其是1981年国务院批转《关于合理解决赤脚医生补助问题的报告》以后,卫生行政部门对125万名赤脚医生进行了考核,其中64万人通过了考核并获得

---

① 蔡仁华主编:《中国医疗保障制度改革实用全书》,中国人事出版社1998年版,第346页。
② 顾涛等:《农村医疗保险制度相关问题分析及政策建议》,《中国卫生经济》1998年第4期。
③ 蔡仁华主编:《中国医疗保障制度改革实用全书》,中国人事出版社1998年版,第347页。
④ 朱玲:《政府与农村基本医疗保障制度选择》,《中国社会科学》2000年第4期。

了"乡村医生"证书,赤脚医生的大量减少对合作医疗造成严重影响。[1]归根结底,国家经济体制改革是计划经济体制下建立起来的城乡社会保障制度难以为继并必须进行改革的根本原因。

为解决农村合作医疗解体带来的农村医疗问题,政府一直在关注农村合作医疗的状况。1991年1月17日,国务院批转卫生部等部门《关于改革和加强农村医疗卫生工作的请示》,提出"稳步推行合作医疗保健制度,为实现'人人享有卫生保健'提供社会保障"。1993年11月,中共中央在《关于建立社会主义市场经济体制若干问题的决定》中提出,要"发展和完善农村合作医疗制度"。1994年,国务院研究室、卫生部、农业部与世界卫生组织合作,在全国7个省14个县开展了农村合作医疗制度改革的试点,探讨合作医疗立法的理论依据。1996年7月,卫生部在河南省林州市召开了全国农村合作医疗经验交流会,决定在全国进行恢复、重建合作医疗的试点。之后,虽然有些地方政府对合作医疗给予重视并采取了相应措施,但是总的情况仍不尽如人意,1996年实行合作医疗的村占全国行政村总数的17.7%,农村人口覆盖面仅为10.1%,[2]这些仅存的合作医疗主要分布在上海和苏南地区,上海1998年有72%的村民参加了合作医疗,到了1999年又下降为64%。[3]由于合作医疗的解体,加之医疗费用的大幅度上涨,农民看病难且因病致贫人数在增加,有的甚至因病倾家荡产,成为当时严重的社会问题。

1997年1月15日,中共中央、国务院在《关于卫生改革与发展的决定》中提出,举办合作医疗,要在政府的组织领导下,坚持民办公助和

---

[1] 宋士云:《新中国社会保障制度结构与变迁》,中国社会科学出版社2011年版,第141页。

[2] 郑秉文、和春雷主编:《社会保障分析导论》,法律出版社2001年版,第266页。

[3] 郑功成等:《中国社会保障制度变迁与评估》,中国人民大学出版社2002年版,第252页。

自愿参加的原则。筹资以个人投入为主,集体扶持,政府适当支持。要因地制宜地确定合作方式、筹资标准、报销比例,逐步提高保障水平。力争到2000年在农村多数地区建立起各种形式的合作医疗制度,并逐步提高社会化程度,有条件的地方可以逐步向社会医疗保险过渡。1997年3月,卫生部等部门向国务院提交了《关于发展和完善农村合作医疗若干意见》,5月份国务院批转了这个意见。旨在通过"意见"的推动,使农村合作医疗得到逐渐恢复和发展。1998年,卫生部进行"第二次国家卫生服务调查"的结果显示,全国农村居民中得到某种程度医疗保障的人口只有12.56%,其中合作医疗的比重仅为6.5%,人口数为5 587万人。①

中国政府虽然在1994年和1997年两次启动恢复和重建合作医疗工程,但是收效甚微。问题在于政府在农村合作医疗中没有承担起应当承担的责任或者说只是承担了微不足道的责任,加上地方财力有限,集体经济组织支持乏力,导致在新的历史时期农民看病问题得不到妥善解决。1991年—2000年十年间,中央财政每年拨付合作医疗的经费为500万元,各级地方政府配套资金每年500万元,这1 000万元分摊在8亿农民身上,平均每人每年仅1分钱。② 这就从根本上违背了农村医疗保障公共产品的性质及其发展规律。2001年世界卫生组织公布的《2000年世界卫生报告》称,在全世界191个国家和地区中,中国的卫生费用公正性指数为0.638,居188位,列倒数第4位,仅比巴西、缅甸、塞拉利昂稍强,属于世界上最不公平的国家。连我们看作"贫富悬殊极大"的印度也排名第43位,远远超过我国。我国的卫生总体绩效居第144位,比埃及(63)、印度尼西亚(92)、伊拉克(103)、印度

---

① 郝书辰等:《新时期农村社会保障制度研究》,经济科学出版社2008年版,第55页。
② 李宁:《中国农村医疗卫生保障制度研究》,知识产权出版社2008年版,第60页。

(112)、巴基斯坦(122)等国还要低,而这些国家的人均 GDP 都没有中国高。① 在这样严峻的形势下,被世界银行和世界卫生组织誉为"发展中国家解决卫生经费唯一范例"的中国农村合作医疗制度,需要再次进行重建。

二、新型农村合作医疗制度

2001年5月24日,国务院办公厅转发了由卫生部等部门联合提出的《关于农村卫生改革和发展的指导意见》,要求地方各级人民政府加强对合作医疗的组织领导。2002年卫生部、农业部、财政部等七部委联合下发《中国农村初级卫生保健发展纲要(2001—2010年)》提出,要"完善和发展农村合作医疗,探索实行区域性大病统筹,逐步建立贫困家庭医疗救助制度,积极实行多种形式的农民医疗保障制度"。2002年10月29日,中共中央、国务院发布《关于进一步加强农村卫生工作的决定》,"决定"指出,到2010年要使中国农民人人都能享受初级卫生保健,从2002年到2010年的8年间,在全国农村基本建立起适应社会主义市场经济体制要求和农村经济社会发展水平的农村卫生服务体系和农村合作医疗制度。"决定"要求"从2003年起,中央财政对中西部地区除市区以外的参加新型合作医疗的农民每年按人均10元安排合作医疗补助资金,地方财政对参加新型合作医疗的农民补助每年不低于人均10元,具体补助标准由省级人民政府确定。"这是中共中央和国务院首次在联合发布的文件中要求各级政府对农村合作医疗和医疗救助提供经济支持。

2003年1月16日,国务院办公厅转发了卫生部、财政部、农业部《关于建立新型农村合作医疗制度的意见》,要求按照"财政支持、农民

---

① 王绍光:《人民的健康也是硬道理》,《读书》2003年第7期。

自愿、政府组织"的原则,从 2003 年下半年起开展新型农村合作医疗试点工作。在试点地区,中央财政对中西部地区除市区以外的参加新型合作医疗的农民每年按人均 10 元安排合作医疗补助金,地方财政对参加新型合作医疗的农民提供每年人均不低于 10 元的配套补助,农民个人每年缴纳不低于 10 元的合作医疗费用,由此形成新型农村合作医疗基金。2003 年 8 月 28 日,由卫生部、财政部等 11 个部委组成的"国务院新型农村合作医疗部际联席会议"成立,并建立了专门的会议制度,每半年召开一次会议,负责建立完善新型农村合作医疗制度,研究制定相关政策,督促检查资金筹措等政策的落实。2003 年 10 月 19 日,《中共中央、国务院关于进一步加强农村卫生工作的决定》将新型农村合作医疗制度定位为:"由政府组织、引导、支持,农民自愿参加,个人、集体和政府多方筹资,以大病统筹为主的农民医疗互助供给制度。""政府主导"是新型农村合作医疗制度与由农民自发创造,依托集体经济和农民筹资的传统合作医疗制度的根本区别。2004 年 1 月 13 日,国务院办公厅转发了卫生部等部门《关于进一步做好新型农村合作医疗试点工作的指导意见》,明确了试点的目标任务,对重点环节提出了指导性意见。2004 年 8 月,国务院办公厅发布《关于做好 2004 年下半年新型农村合作医疗试点工作的通知》,要求各试点地区对试点方案进行评估,总结经验,为以后制定在全国适用的制度做好准备。2005 年 12 月 31 日,中共中央、国务院发布了《关于推进社会主义新农村建设的若干意见》,要求"积极推进新型农村合作医疗制度试点工作,从 2006 年起,中央和地方财政较大幅度提高补助标准,到 2008 年在全国农村基本普及新型农村合作医疗制度。"

2006 年 1 月 10 日,卫生部、国家发改委、民政部、财政部、农业部、国家食品药品监督管理局、国家中医药局联合下发《关于加快推进新型农村合作医疗试点工作的通知》,要求各省、市、自治区要在认真总结试点经验的基础上,加大工作力度,完善相关政策,扩大试点。2006年使全国试点县数量达到全国县总数的40%左右,2007年扩大到60%左右,2008年在全国基本推行,2010年实现全覆盖的目标。同时从2006年起,中央财政对中西部地区参加农村新型合作医疗的农民由每人每年补助10元提高到20元,地方财政也要相应增加10元。地方财政增加的合作医疗补助经费,应主要由省级财政承担,原则上不由省、市、县按比例平均分摊,不能增加困难县的财政负担。新增中央和地方财政补助资金应主要用于大病统筹基金,也可适当用于小额医疗费用补助,提高合作医疗的补助水平,重点解决农民因患大病而出现的因病致贫、因病返贫问题。

2007年1月22日,全国新农合第三次工作会议召开,会议总结了4年来新农合建设的经验,认为已经具备全面推进新农合的条件。2007年3月,卫生部和财政部联合发出《关于做好2007年新型农村合作医疗工作的通知》,要求2007年新型农村合作医疗覆盖全国80%以上县(市、区)。2007年9月,卫生部、财政部、国家中医药管理局联合发出《关于完善新型农村合作医疗统筹补偿方案的指导意见》,方案对进一步规范新型合作医疗基金管理、提高基金使用效率、完善新型合作医疗统筹作出了明确规定。2008年3月,卫生部、财政部联合发出《关于做好2008年新型农村合作医疗工作的通知》,提出新型农村合作医疗覆盖所有农村居民的任务,并且规定,从2008年开始,各级财政对参加新型农村合作医疗的农民的补助标准提高到每人每年80元,其中,中央财政对中西部地区参加新型合作医疗的每个农民按每年40元给予补助,对东部省份按一定比例补助,计划单列市和农业人口低于50%的市辖区全部纳入中央财政补助范围;地方增加的资金,省级财政承担主要部分,以减轻困难县(市、区)的财政负担。农民个人缴费标准由10元增加到20元,困难地区可以分两年到位。

三、农村合作医疗管理体制

在农村合作医疗制度建立初期,集体经济既是合作医疗的经济支撑,也是合作医疗的组织者和管理者,村集体为合作医疗提供简易的诊疗所和药房,配备赤脚医生,农民个人缴纳少量合作医疗费用,也需负担少量药品费用。为了加强对合作医疗的管理,人民公社和生产大队还建立了由贫下中农代表、村干部、赤脚医生组成的合作医疗领导小组,对合作医疗进行全面管理和监督。

2003年,新型农村合作医疗制度开始试点,为此,卫生部增设了农村卫生管理司,下设合作医疗处,负责新型农村合作医疗综合管理,组织制定新型农村合作医疗政策,并协调、组织、指导实施,承担着国务院新型农村合作医疗部际联席会议办公室日常工作。全国新型农村合作医疗实行县级统筹,省卫生厅(局)相关处室直接管理和指导县(市、区)的工作,有的成立了独立的省级新农合经办机构,有的设立了合作医疗处,少数省份成立了独立的市级新农合管理机构,大多数省份是由卫生厅(局)相关处室负责新型农村合作医疗管理工作。大多数地方建立了隶属于县级卫生行政部门,由同级财政拨款的县(区)、乡(镇)新农合经办机构。审计部门对新型农村合作医疗基金财政专户、收入户和支出户的基金收支和结余实行监督管理。新型农村合作医疗管理逐步走上规范化道路。

从2003年开始的"新型农村合作医疗制度"建设,在6年的时间里取得了巨大进展和成就,受到广大农民的支持和欢迎,到2008年底,全国已有2 729个县(市、区)的农民纳入了新型农村合作医疗制度的保障范围。基本覆盖了8.15亿农民,占农民总人数的91.5%以上。[①] 受

[①] 胡晓义主编:《走向和谐:新中国社会保障发展60年》,中国劳动社会保障出版社2009年版,第210页。

益农民总数超过 1.3 亿人,其中仅 2008 年前三季度住院农民就有 1 400万人。农民住院费用报销比例从 24% 上升到 30% 左右。[1] 从 2003 年到 2008 年,新型农村合作医疗基金规模从 40 亿元增加到 700 多亿元,极大地增强了基金的抗风险能力,在一定程度上解决了农民"看病难"的问题,减轻了农民对于大病可能导致贫困的担心和恐惧,为农民提供了最基本的疾病风险保障,使农民能够比较安心地从事农业生产。然而,与城镇企业职工基本医疗保险制度相比,新农合的筹资比例明显偏低。以 2007 年为例,城镇职工年平均工资为 24 932 元,企业和职工缴纳的医疗保险费合计为 1 995 元,而新农合 2007 年的筹资额为每人每年 100 元,其中农民个人每人每年缴纳 20 元,中央政府和地方政府财政每人每年分别补贴 40 元,城镇职工医疗保险筹资额是新农合筹资额的 18.95 倍;与此相关,2007 年,参加新农合的农民在县级住院的报销比例为 33.2%,在县级以上医院住院的报销比例为 23.55%,而当年城镇职工住院的报销比例已超过 80%,是农村居民报销比例的 3 倍。[2] 二者的差距可见一斑。

四、对城乡居民医疗保险制度进行整合的探索[3]

在城乡医疗保险制度实行属地化管理的政策框架下,各地探索将城镇居民和农村居民的医疗保险制度进行整合,以缩小城乡医疗待遇差别、体现社会公平,使辖区内每个公民都能够得到基本相同的医疗服务,以提高人们的健康水平。在此过程中,东莞、太仓、成都、西安设计

---

[1] 王鹏权:《"新农合":农民得到更多实惠》,《中国社会科学院报》2008 年 12 月 23 日。
[2] 郑功成主编:《中国社会保障改革与发展战略》(医疗保障卷),人民出版社 2011 年版,第 124 页。
[3] 本部分所介绍的四种模式的资料均来自郑功成主编:《中国社会保障改革与发展战略》(医疗保险卷),人民出版社 2011 年版,第 54—59 页。

的模式具有一定的参考意义。

1. 东莞模式

在整合之前,东莞市的医疗体系由社会基本医疗保险、医疗救助、补充医疗保险三项适用于不同人群的制度构成。在首先打破户籍界限,将外来务工人员纳入本地企业职工基本医疗保险制度中后,接着打破城乡居民界限,对城乡居民适用同一医疗保险制度,最后打破就业与非就业界限,建立起城乡一体化医疗保险制度;医疗保险实行市级统筹,由市劳动社会保障部门管理全市医疗保险事务;在承认城乡居民以及固定工与灵活就业人员收入差距的前提下,对单位、个人、村委会或居委会参保并缴费的,规定了不同的缴费标准,但是规定所有居民在同等情况下享有同样的医疗待遇。

2. 太仓模式

在制度整合之前,太仓市的医疗保障体系由城镇职工(包括机关事业单位职工、企业职工、个体工商户、灵活就业人员,被征地农民也可以进入)基本医疗保险、住院医疗保险、城镇居民医疗保险、医疗救助、农村合作医疗五项适用于不同群体的制度组成,2007年,将城镇居民医疗保险与农村合作医疗合并为居民医疗保险;市劳动社会保障部门统一管理全市医疗保险事务,医疗保险基金实行全市统筹;与东莞市不同,太仓市按照不同群体所参加的不同制度,规定了不同的医疗保险缴费额和不同的待遇标准,例如,参加基本医疗保险的职工单位缴纳工资总额的8%、个人缴纳工资额的2%,政府不补贴,门诊的报销比例为65%(在职),封顶线为2 500元,住院不封顶。而参加居民医疗保险的个人每年缴纳80元,政府补贴224元,门诊报销40%—50%,住院封顶线是20万元。

3. 成都模式

成都市的医疗保险体系经过2008年整合后,将农民工和失地农民的医疗保障纳入城镇职工基本医疗保险,将城镇居民医疗保险制度、新型农村合作医疗制度、大学生基本医疗保险制度合并为城乡居民基本医疗保险,保留了原有的非城镇户籍人员综合社会保险和社会医疗救助,即将原来的七项制度整合为四项适用于不同群体人员的制度;2007年成都市建立了医疗保险管理局,统一管理全市医疗保险事务,医疗保险基金实行市级统筹,对四项制度参保人员的缴费标准、待遇水平作出了不同规定,例如,在城镇职工基本医疗保险中,用人单位缴纳职工工资总额的7.5%,职工个人缴纳工资额的2%,报销比例三级医院为85%,社区医院为95%。在城乡居民基本医疗保险中,个人每年缴纳20元或者更多,各级财政补助80元或80元以上,报销比例三级医院为50%左右,社区医院80%左右。

4. 西安模式

西安市将现行制度整合为职工基本医疗保险、居民医疗保险、新型农村合作医疗三项制度,并计划实行医疗保险基金全市统筹和统一经办机构。三项制度中参保人的缴费及医疗待遇标准有所不同,例如,在职工基本医疗保险中,用人单位缴纳职工工资总额的7%,个人缴纳工资额的2%,报销比例为68%—70%,封顶线为5万元;在新农合中,农民个人每年缴纳20元,财政补贴80元,报销40%—80%,封顶线为1.5万元。

可以看出,以上四种模式的共同之处是:第一,医疗保险基金实行全市统筹,增强了基金的互济功能和抗风险能力;第二,对医疗保险事务实行统一管理,降低了管理成本,提高了工作效率;第三,前三种模式中,都将城镇居民医疗保险与新型农村合作医疗整合在一起,消除了在医疗保险制度中的城乡壁垒,推进了社会公平。四种模式的不同之处是:第一,与不同地区经济发展水平相关,制度整合的结果明显不同,东莞对本市所有的人不但全覆盖,而且提供相同的医疗保险待遇,而在西安市,整合以后的制度仍然按照在职、非就业、农村居民三个群体设计,并提供不同的医疗待遇;第二,当地政府对于医疗保险财政支持的力度是不同的,参保人个人和单位缴费标准也是不同的,使得在同一地区、不同制度下的参保人所获得的医疗待遇不一样。这虽然与不同地区经济发展水平不同有关,但是与决策者的决策理念也有密切关系。

与计划经济时期建立起来的传统合作医疗制度相比,在市场经济体制下建立起来的"新型农村合作医疗制度"的创新之处在于:首先,政府承担起合作医疗所需资金的绝大部分。2008年度筹集到的新型农村合作医疗资金为710亿元,其中各级政府补贴占70%以上,这是中国历史上绝无仅有的。[①] 这不仅减轻了农民个人和农村集体在农民看病上的经济负担,更为重要的是政府在财政上的支持使得农村合作医疗具有了社会医疗保险的性质,有利于保证农村合作医疗制度的持续稳定向前发展。正如2003年3月7日,时任卫生部农村卫生管理司司长的李长明所言:"这个新型合作医疗新在哪里?我觉得这其中最值得关注的是原来的集体经济缺位由中央和地方政府给补上了,起到了政府在公共卫生当中应尽的责任。这是一个表态,尽管钱不多,但是在中国这是划时代的。"[②]其次,农村合作医疗以县为单位进行统筹,就比以乡为单位能够筹集到更多医疗资金,从而极大地增强了资金的抗风险能力和在一个县范围农民在看病医疗方面的互助互济;第三,政府成立专门机构由专业人才负责管理农村合作医疗事务,将合作医疗基金筹集、报销、协调通过信息化方式进行管理,并且强调公开透明,接受农民群众监督,保证合作医疗事务有序运作;第四,从农村经济发展水平实际出发,将保障范围限定在大病上,即农民因患大病发生的医疗费用或

[①] 王鹏权:《"新农合":农民得到更多实惠》,《中国社会科学院报》2008年12月23日。
[②] 孙淑云等:《新型农村合作医疗制度的规范化与立法研究》,法律出版社2009年版,第85页。

者住院费用可以按照当地政府规定的比例予以报销,使农民不仅能够避免因病致贫、因病返贫的情况发生,而且使农民的疾病能够得到及时诊治,对于提高农民的健康水平,增强体质将发挥积极作用。随着各地经济的不断发展,大病医疗费用和住院费用的报销比例会逐渐提高,在经济发展达到一定水平时,农村合作医疗制度也会将农民的小病覆盖起来。2009年中央财政的补贴已达到253亿元,参加新型农村合作医疗制度的人数已达8.15亿,基本实现了对农业人口全覆盖的目标。[1]

新型农村合作医疗制度在建设过程中也存在一系列比较棘手的问题,首要问题是各级财政资金不能及时到位。虽然中央和省内各级财政资金拨付时间和程序都有明确的规定,即各级财政筹资采取强制性的自下而上的财政转移支付方式,顺序是:农民筹资到位—县财政筹资到位—市财政筹资到位—省财政筹资到位—中央财政筹资到位。但县级以上各级财政资金补助不按时到位的问题,使得县级政府毫无办法。例如,在新型农村合作医疗试点过程中,中央财政2005年的补助资金直到2006年底还有25%没有到位。在地方也存在同样的问题,例如,2004年在江苏省,市、县、乡三级财政共有1 881.15万元的新型农村合作医疗补助资金没有到位。[2] 这种状况导致县级政府合作医疗基金预算无法正常进行,医疗费用支付会随时出现支付危机,农民对政策的权威性和公正性产生怀疑。其次,"决定"、"意见"、"通知"等用以规范新型农村合作医疗的各项政策的软约束力是政策本身不能得到切实执行的主要原因。国家需要在及时总结各项规范新型农村合作医疗政策实施经验的基础上,将基本行之有效的政策转化为具有强制执行力的法

---

[1] 2009年8月18日温家宝在全国新型农村社会养老保险试点工作会议上的讲话。
[2] 成峻:《新型农村合作医疗:调查与思考》,《社会保障制度》2005年第6期;2004年度江苏省新型农村合作医疗基金审计和审计调查结果。转引自孙淑云等:《新型农村合作医疗制度的规范化与立法研究》,法律出版社2009年版,第215页。

律,例如,将各级政府在新型农村合作医疗上的财政责任法律化,就能够有效保证新农合资金及时到位;将参加新农合的条件、缴费标准、保障范围、医疗费用的支付等农民最为关切的问题,以法律的形式予以明确规定,就能够消除农民参加新农合的顾虑,增强农民参加新农合的信心。

第三节 农村生育保障制度

农村生育保障制度的建立依附于农村新型合作医疗制度的建立。2002年,中共中央、国务院颁布《关于进一步加强农村卫生工作的决定》规定,要保证乡镇卫生院具备处理孕产妇顺产的能力;县级医疗机构及中心乡镇卫生院具备处理孕产妇难产的能力。到2010年,全国孕产妇死亡率、婴儿死亡率要比2000年下降25%和20%。采取重点干预措施,有效降低出生缺陷发生率,提高出生人口素质。2003年1月,国务院办公厅转发财政部、卫生部、农业部《关于建立新型农村合作医疗制度的意见》,进一步明确农村妇女住院分娩的医疗费用由新型农村合作医疗制度解决。随着中央财政对中西部地区新型合作医疗补贴力度的加大,农村妇女住院分娩有了更加可靠的保障。

2009年1月20日,卫生部、财政部发布《关于进一步加强农村孕产妇住院分娩工作的指导意见》提出,到2015年,东、中、西部地区各省(市、区)农村孕产妇住院分娩率达到95%、85%、80%以上的目标。指导意见规定,各地在核定成本、明确限价标准的基础上,对农村孕产妇住院分娩所需费用予以财政补助。补助标准由各省(市、区)财政部门会同卫生部门制定。参加新型农村合作医疗的农村孕产妇在财政补助之外的住院分娩费用,可按当地新型农村合作医疗制度的规定给予补偿。对个人负担较重的贫困孕产妇,可由农村医疗救助制度按规定给予救助。

第四节　乡镇企业职工社会保险制度

农村经济体制改革过程中,农村乡镇企业如雨后春笋迅速发展起来,成为农村经济的重要组成部分。在2004年,在乡镇企业从事第二、第三产业的职工达到1.3亿人。[①]

1992年12月10日,农业部发布了《乡镇企业劳动管理规定》,其中第2条对适用范围规定为:"乡(含镇)办企业、村(含村民小组)办企业、联户(含农民合作)办企业,上述企业与外商合资合作经营的企业以及与其他企事业单位联营的企业(以下简称企业),乡镇企业行政主管部门直属的集体企业、户(含个体、私营)办企业可以参照本规定执行。"第五章中的第32条简单地对职工的社会保险作出了规定,"企业应积极创造条件,按照国家有关规定对职工实行工伤保险、养老保险以及医疗保险等社会保险。"

由于乡镇企业职工亦工亦农的身份特征,1992年12月14日,农业部发布了不同于城镇职工养老保险制度的《乡镇企业职工养老保险办法》。办法是依据《中华人民共和国乡村集体所有制企业条例》制定的部门规章,旨在解决乡镇企业职工老有所养,稳定职工队伍,调动职工积极性,促进乡镇企业持续健康发展。条例适用于乡镇办企业、村办企业职工;对参加者实行自愿原则;企业和职工都需要缴纳养老保险费,企业缴纳职工工资总额一定比例的养老保险费,职工个人缴纳的养老保险费额由企业和承保的人民保险公司事先约定的缴纳标准缴纳;

[①] 苏大鹏:《十年形成劳保法律体系,十大劳保制度保障民生》,《经济日报》2004年7月31日。

职工养老金由企业从保险机构领取,并负责发放给职工。

第五节 农村社会救济制度

20世纪80年代初,农村实行联产承包责任制的经济体制改革以后,农村社会保障制度(对五保户和困难人口提供救济,对广大农民提供合作医疗)赖以存在的集体经济被瓦解,使得过去依赖集体经济提供社会救济的贫困人口的生活失去了依托。据安徽省民政厅调查,由于经济方面的原因,1999年全省农村应保未保的对象有18 008户、19 997人;[①]由于农村生产经营规模化程度低,使得农民经营风险增大,而且难以靠自身能力加以解决,一旦经营出现风险,农民将得不到收益甚至亏本,并由此陷入贫困;国家虽然加大了扶贫力度,但扶助对象主要是贫困地区,而分散的贫困户遍及全国各地,市场竞争和疾病等风险使得新的贫困户不断出现。例如,安徽六合地区正常年景返贫率在20%左右,1999年至2000年返贫人口有45万余人。陕西安康地区7年解决了69万人的温饱问题,但返贫人口达33万余人,常年贫困户一般占农村人口的8%。据《中国民政统计年鉴》统计数据,1996年全国农村贫困人口7 000万人,其中无依无靠的孤老病残只有300万人;[②]农村的贫富差距由于各种原因在逐步扩大,20%的高收入群体与20%的低收入群体的收入差,从1978年的2.88倍扩大到1993年的5.44倍,[③]两极化使贫困人口愈益贫困。所有这些导致农民贫困的新情况,是农村

[①] 民政部社会福利和社会事务司:《一个值得密切关注的问题——从安徽看税费改革对农村五保、优抚工作的影响》,《中国民政》2000年第10期。

[②] 《关注返贫现象》,《半月谈》2000年第22期。转引自多吉才让:《中国最低生活保障制度研究与实践》,人民出版社2001年版,第77页。

[③] 多吉才让:《中国最低生活保障制度研究与实践》,人民出版社2001年版,第78页。

社会救济必须面对和予以解决的新问题。

针对新情况下出现的新问题,各地对农村社会救济制度改革进行了探索。1983年全国第八次民政会议明确提出,要改变过去单纯的救济办法,把救济与扶持、解决农民生活与扶持灾民和困难户发展生产结合起来,将单纯的"输血"式救济功能转化为"造血"式扶持生产的功能。1985年3月,民政部会同有关部门联合发布《关于扶持农村贫困户发展生产的治穷致富的请示》重申,要针对不同贫困人口和不同贫困情况采取不同的救济和扶持措施。1985年5月,邓小平提出共同富裕的方向以后,农村扶贫工作进入新的发展阶段,各地民政部门对有劳动能力的和生产条件的贫困户,从资金、物资、技术方面予以扶持,使他们尽快脱贫致富;对于老弱病残和不具备扶持条件的贫困户,民政部门继续为其提供救济,并将之前的临时救济改为定期定量救济;经济欠发达地区则采取由乡镇统筹困难补助费的办法,这就减轻了贫困村无力筹集困难补助的压力,并且保障了贫困村中贫困户的生活问题。农村经济体制改革初期的这一系列社会救济工作新举措,在解决农村贫困人口的生活需要,保障农村改革顺利进行中发挥了积极作用。

一、农村"五保"制度

肇始于农业生产合作社时期的我国农村"五保"供养工作,经过几十年的不断发展和完善,逐渐成为一项独具中国特色的保障"三无"鳏寡孤独残疾人基本生活的制度。这个时期的"五保"是依靠集体公益金提供资金支撑的"五保"对象的基本生活保障制度。农村在实行了联产承包责任制以后,彻底改变了农村的经济格局,农村集体经济被大大地削弱以至于瓦解,以集体经济为依托的"五保"供养工作遇到了困难,"五保"对象的生活由于缺乏资金来源而得不到保障。为此,国家加大了对农村"五保"的财政投入,1978年国家用于"五保"户的救济金

2 309万元，占国家拨付的农村社会救济费10%，1994年为7 554万元，占国家拨付农村社会救济费的27%。① 然而，在实行联产承包责任制以后的一段时间，五保户的生活负担经历了由农户分摊转为由乡村组织统一筹集，再分配给五保户的做法。为了摸清"五保"对象供养的基本情况，民政部于1982年底到1984年初组织开展了全国第一次"五保"普查工作，就是在这次发布的《关于开展农村五保户普查工作的通知》中，民政部首次将五保对象明确界定为"农村基本上没有劳动能力、无依无靠、无生活来源的老人、残疾人和孤儿。"普查获得的信息是：到1983年底，全国农村有"五保户"252.65余万户，295.05万人，其中老人261.2万人、残疾人22.35万人、孤儿11.46万人，分别占五保对象总数的88.54%、7.58%、3.88%。②

为了切实保障"五保"对象的生活，国家对"五保"救助办法进行了改革。1985年10月，中共中央、国务院《关于制止向农民乱摊派、乱收费的通知》指出，"乡和村……供养五保户等事业的费用，……实行收取公共事业统筹费的办法"，各地按照通知的要求，在探索改革办法的基础上，从1985年起在全国逐步推行乡镇统筹解决经费的办法。1991年12月，国务院颁布的《农民承担费用和劳务管理条例》规定："村提留包括公积金、公益金和管理费"，其中"公益金用于五保供养、特别困难户补助、合作医疗保健以及其他集体福利事业"，"乡统筹费可以用于五保户供养。五保户供养从乡统筹费中列支的，不得在村提留中重复列支。"到1994年，全国3.1万多个乡镇实行了乡镇统筹，占乡镇总数的65%。③ 为了了解全国"五保"对象的生活情况，更好地为他们提供保

---

① 史探径主编：《社会保障法研究》，法律出版社2000年版，第59页。
② 崔乃夫主编：《当代中国的民政》（下），当代中国出版社1994年版，第109页。
③ 郑功成等：《中国社会保障制度变迁与评估》，中国人民大学出版社2002年版，第243页。

障,民政部从1992年冬到1993年春进行了全国范围的"五保"对象普查工作。在普查的基础上,1994年1月23日,国务院颁布《农村五保供养工作条例》,首次将农村五保供养用行政法规的形式规定了下来。条例对"五保"对象的评定登记、供养标准、"五保"内容、供养形式、经费来源、"五保"对象财产或遗产的处理办法等作了规定,五保工作走上了规范化、法制化轨道。1998年全国有222.6万人享受五保待遇,其中62万人由乡镇敬老院集中供养。全年地方财政拨款1.27亿元,集体统筹资金18亿元。①

1999年在全国推行旨在从根本上减轻农民负担、推进农村经济持续发展和农村社会全面发展的农业税费改革,之后又取消了农业税及其附加,这时五保户的供养经费调整为从上级财政转移支付和地方各级财政预算中安排。经过调整将过去五保供养经费依靠村和乡镇经济转变为依靠政府财政,使五保供养有了更加可靠的经济保障。然而,实际情况是五保供养状况依然不尽人意。据民政部救灾救济司统计,到2002年底,全国农村分散供养"五保"对象2 120 837人,占全部供养人数的78.3%,集中供养只占21.7%,可见当时分散供养是"五保"供养的主体。而分散供养也存在一些问题,主要是:第一,生活费标准低。例如某县,2002年分散供养年人均标准由原来的930元减少到400元,与税改前的2001年相比降幅达57%,是2001年全县人均纯收入的16.1%,大大低于国务院《农村五保供养工作条例》规定的标准,与国定贫困线年人均625元也有一定的距离。② 这说明农村税费改革对"五保"供养影响较大。第二,所需经费严重不足。税费改革以后,绝大多数村级组织的"五保"经费来源仅限于上级财政转移支付和农业税附

---

① 赵瑞政等:《中国农民养老保障之路》,黑龙江人民出版社2002年版,第82页。
② 景天魁等:《社会公正理论与政策》,社会科学文献出版社2004年版,第199—203页。

加两项资金，由于这些资金存在较大缺口，村级集体经济几乎是空白等原因，导致"五保"经费不能足额到位。所以，村级分散供养经费大多仅限于保吃，一旦有其他需要，尤其是生病需要治疗，村级组织无力解决，使得"五保"对象的生活十分清苦，特别是那些生活不能自理的老年人。

导致出现这种状况的根本原因是，"五保"供养制度没有根据已经变化了的形势对相关规定进行调整。1994年国务院颁布的《农村五保供养工作条例》虽然把乡镇人民政府规定为负责组织五保供养的实施主体，与之前将集体作为五保供养的责任主体相比，确实是向前跨了一大步，但是，条例并没有突破计划经济的思路，继续把集体经济作为五保供养的责任主体，即以村提留和乡统筹作为五保供养的经费来源。农村税费体制改革以后，尤其是农业税取消以后，各级财政应当是农村五保户生活保障的责任主体，集体组织的责任是负责管理供养事宜，将集中供养或分散供养的"五保"对象的衣食住等生活问题安排妥当。"五保"对象是祖国大家庭中的成员，在他们的生活遇到自身难以克服的困难时，全社会的成员有责任承担他们的基本生活所需，让他们像其他社会成员一样能够分享经济社会发展成果和比较体面地生活，其所需费用自然应从公共财政中支付。也就是说，"五保"供养制度是我国社会保障制度的组成部分，而不是农村集体经济举办的福利事业。

针对"五保"供养工作中存在的问题，2005年9月8日，国务院发布《关于2005年深化农村税费改革试点工作的通知》，要求将农村"五保户"供养补助纳入各级财政预算，确保"五保户"供养补助资金及时足额落实到人，使他们的基本生活需求得到保障。从2006年起，全国各地已将"五保户"供养资金纳入财政预算，实现了由农民摊派供养或者乡镇统筹到国家财政供养的转变。2006年1月11日，国务院发布了新修订的、自当年3月1日起实施的《农村五保供养工作条例》，将2005年发布的通知中的要求进一步作了明确规定，即"五保户"供养是政府的责任,由政府出资保障他们的基本生活需要。自此,我国五保供养工作走上了法治化、规范化道路。五保供养由民办转变为公办,五保对象的基本生活需要有了更加可靠的保障。2007年,全国集中供养的五保对象为138万人,2008年为155.6万人,2009年为171.8万人;这三年每人每年的平均集中供养标准分别是1 953元、2 176.1元、2 587.49元。① 到了2010年底,全国农村享受"五保"供养的人数为556.3万人,全年各级财政共支付供养资金98.1亿元。其中,集中供养177.4万人,每人年均供养标准为2 951.3元;分散供养378.9万人,每人年均供养标准为2 102.1元。② 可见,集中供养的人数及供养标准在逐年增加。

二、农村最低生活保障制度

最低生活保障制度是新时期面向贫困人口的社会救济制度。1995年以前,在我国农村只对五保户和困难人口提供救济,这种覆盖面窄、保障水平低的社会救济制度,在新的历史时期已无法起到作为社会保障制度"兜底"项目应起的作用。1992年,山西省左权县开始最低生活保障制度的试点工作,紧接着又有阳泉市3个区县试点。1995年12月11日,广西壮族自治区武鸣县发布了《武鸣县农村最低生活保障线救济暂行办法》,这是我国第一个县级农村最低生活保障制度。这个办法对保障对象、保障标准、资金来源和管理等都做出了规定,它的出台和实施为我国农村最低生活保障制度的建立提供了有益的借鉴。1996年1月,全国民政厅局长会议提出了改革农村社会救济制度,探索建立

---

① 民政部:《2010民政事业发展统计提要》。转引自乔东平、邹文开编著:《社会救助理论与实践》,天津大学出版社2011年版,第160页。

② 中华人民共和国民政部:《2010年社会服务发展统计报告》。转引自宋士云等:《新中国社会保障制度结构与变迁》,中国社会科学出版社2011年版,第336页。

农村最低生活保障制度的目标和任务,并分别在山东烟台市、河北平泉市、四川彭州市、甘肃永昌县等发达、中等发达、欠发达三类地区开展农村最低生活保障制度建设试点。1996年年底,全国民政厅局长会议在总结各地试点经验的基础上,发布了《关于加快农村社会保障体系建设的意见》,提出"各地要积极试点,稳步推进。凡开展农村社会保障体系建设的地方,都应该把建立最低生活保障制度作为重点,即使标准低一点,也要把这项制度建立起来。"同时还发布了《农村社会保障体系建设指导方案》,方案指出:"农村最低生活保障制度是对家庭人均收入低于最低生活保障标准的农村贫困人口按最低生活保障标准进行差额补助的制度","保障标准要根据当地农村居民最基本的生活需求、经济发展水平和财政承受能力来确定和调整","保障资金由地方各级财政和村集体分担,分担比例根据各地实际确定"。"意见"和"办法"有力地推动了农村最低生活保障制度的试点范围,到1997年上半年,试点县已扩大到了256个。[1] 有学者认为,最低生活保障资金完全由地方政府负责,而不应由中央财政和村集体分担,理由是:救济贫困者是政府责无旁贷的义务;地方政府享有独立的财权,一般都具备为当地贫困家庭提供最低生活保障的能力;地方政府最了解本地贫困程度及贫困人口的需求情况;由中央政府或者上级政府承担救济贫困人口的责任,就会使地方政府形成依赖思想,解脱自己的责任而加重中央政府的负担。因此,应当明确规定地方政府在救济贫困人口上的完全责任,即使中央或上级通过财政转移支付对贫困地区进行援助,这些钱也不能用在支付最低生活保障待遇上。[2] 建立农村最低生活保障制度是农村社会保障体系建设的重点,是树立政府良好形象的民生工程,地方政府必须做

---

[1] 乔东平、邹文开编著:《社会救助理论与实践》,天津大学出版社2011年版,第59页。
[2] 郑功成等:《中国社会保障制度变迁与评估》,中国人民大学出版社2002年版,第60页。

好,但是,用于最低生活保障的资金来源,还是一个需要继续探讨的问题。

在"意见"和"方案"的规范和指导下,在各级政府的大力推动下,到1999年底,全国农村实行最低生活保障的县区市有1 935个,占全国2 126个县的91%。当年政府划定的农村贫困线是625元。低保资金由国家和集体筹集,例如1999年农村最低生活保障资金支出,北京为295万元,其中国家支出229万元,占78%,集体支出66万元,占22%;上海为1 031万元,其中国家支出434万元,占42%,集体支出597万元,占58%;广东为10 218万元,其中国家支出8 628万元,占84%,集体支出1590万元,占16%;陕西为11 024万元,其中国家支出1 852万元,占17%,集体支出9 172万元,占83%;新疆为17万元,全部由国家支出。1999年全国共投入资金62 240.6万元,其中国家支出32 483.8万元。对于保障对象的确定,各地根据当地的具体情况作了具体规定,到1999年底,全国农村得到最低生活保障的人数为316.17万人,占农业人口的0.34%。农村五保户政策得到较好贯彻,集体为195.4万人提供资金17.9万元,国家提供了1.55亿元。[1] 到了2006年底,全国已有23个省份建立了最低生活保障制度,2 133个县(市)开展了农村最低生活保障工作,有1 593.1万人获得了农村最低生活保障待遇,比2005年上涨了93.1%。在没有开展农村最低生活保障工作的地方,对特困户实施救助制度,2006年有775.8万人获得了特困救助。[2]

2007年3月5日,温家宝总理在向第十届全国人大第五次会议做政府工作报告时提出了在全国农村建立最低生活保障制度的目标任

---

[1] 张太英、刘小姚:《中国农村的社会保障制度建设》,《中国农村研究》2000年第19期。

[2] 中华人民共和国民政部:《2006年民政事业发展统计报告》。

务。2007年7月11日,国务院发布《关于在全国建立农村最低生活保障制度的通知》,对农村最低生活保障制度的建设提出了明确要求和具体标准。各地随之制定了本地区农村最低生活保障制度,推进当地农村低保工作的开展。在建立适合本地经济发展水平的低保制度时,一般将保障对象的标准分为四类:一是家庭成员均无劳动能力或基本丧失劳动能力的无劳动能力户;二是家庭劳动力严重残疾生活确有困难者;三是家庭劳动力因常年疾病确有困难者;四是家庭主要成员因病、灾死亡而子女均不到劳动年龄生活特别困难者。在中央政府和地方各级政府的共同努力下,农村最低生活保障制度在全国农村全面推进。

2008年2月3日,民政部、财政部发布的《关于进一步提高城乡低保补助水平妥善安排当前困难群众基本生活的通知》规定,各地在执行原有政策的基础上,从2008年1月1日起,中央财政将农村低保月人均补助标准由30元提高到50元,将对中西部地区以及东部的一部分地区补助比例由2007年的1/3提高到了2008年的70%。2008年,全国农村享受最低生活保障待遇的人数为3 858万人,受助家庭1 800万户,各级财政支出低保资金1 444 332.6万元,月人均标准达81.5元,实际补差额月人均为43元。① 在北京,从2009年1月1日起将城市低保标准由家庭月人均收入390元调整到410元,农村低保标准从年人均1 780元调整为2 040元,远远高于全国月人均标准。② 2009年上半年全国有4 472余万农村人口纳入了低保,平均每人每月实际领取60元。③

---

① 郑秉文:《社会保障能否使消费者吃上"定心丸"》,《中国社会科学院报》2008年12月18日。
② 国家规定的农村贫困线标准逐年提高:1978年为100元/年·人,1984年为200元/年·人,1990年为268元/年·人,1995年为530元/年·人,1997年为640元/年·人。参见时正新主编:《中国社会福利与社会进步报告》,社会科学文献出版社1999年版,第83页。
③ 2009年8月18日温家宝在全国新型农村社会养老保险试点工作会议上的讲话。

在肯定农村最低生活保障制度在保障农村贫困人口基本生活需要,稳定社会秩序方面所发挥的重要作用的同时,必须看到,在全国范围除了浙江省等少数地区在实施最低生活保障制度方面突破了城乡界限,实现了最低生活保障城乡一体化外,绝大多数地区的最低生活保障制度仍然呈现城乡分割的状态。对此,郑功成教授认为,这样的做法既不合理也损害了制度的完整性和有效性。因为在社会保障法律体系中,最低生活保障制度是处于最底层的、保障最基本生存需要的制度,它的资金来源于政府财政,即所有纳税人的钱。保障面临生存危机的人的生存需要是自国家产生以来政府的责任,尽管不同历史发展阶段保障的水平有别。现代政府更是以保障人权为最基本的执政理念之一并为之提供物质的、法律的、组织上的保障。如果说社会保险制度中的有些项目,例如养老保险制度,在体现社会公平的同时,还需要通过制度的实施体现制度所产生的激励劳动者劳动热情的而带来的经济效率的话,那么,最低生活保障制度不应、实际上也不具备体现效率的功能,它的实施体现的是人人都有分享经济社会发展成果的权利,即单一体现出的是社会公平。在同一地区,无论城镇贫困人口还是农村贫困人口,他们的贫困状态基本接近,即生存出现了危机;对于同一地区的贫困人口来说,他们的消费水平也基本相同,即解决温饱。所以,对城乡贫困人口实现标准不一的低保制度是没有道理的,因而是不合理的。郑功成教授建议,打破最低生活保障制度制定和实施中的城乡分割的状态,各地根据当地经济承受能力和维持生存的消费水平,制定和实施城乡一体化的最低生活保障制度。[①] 此外,农村最低生活保障制度的实施还存在保障资金不足、家庭收入核查困难等问题。据中国社会科

---

① 郑功成等:《中国社会保障制度变迁与评估》,中国人民大学出版社2002年版,第60页。

学院发布的社会保障绿皮书提供的信息,2010年至2011年,有关课题组在安徽、福建、江西、河南和陕西5个省进行了抽样问卷调查,共涉及15个县级行政区域,90个乡镇,324个行政村。调查数据显示,受访的696户低保户中,有近80%的贫困户没有享受低保救助。[1] 所以,需要加大中央财政转移支付的平衡作用,使农村贫困家庭获得救助的资格和救助水平,不因地方财力的制约而受到影响。此外,实践中划一条贫困线很难,在农村计算家庭收入,一直是困扰政策实施的一个主要问题,这也为政策实施过程中的滥用职权、弄虚作假留了余地。[2] 这些问题的解决对于确保真正贫困人口的基本生存需要,维护社会公平都是非常重要的。

三、农村医疗救助制度

农村医疗救助制度是由对农村"五保户"的"保医"以及因灾因病致贫的临时救助演变而来的,即将临时性救助制度化为具备受助条件的贫困农民应当获得医疗待遇的一种权利。2002年10月29日,中共中央、国务院发布《关于进一步加强农村卫生工作的决定》,"决定"对农村医疗救助的对象、救助办法、资金来源、提供救助程序等作出了明确规定。农村医疗救助的对象为农村五保户和贫困农民家庭;提供救助的办法主要是向患大病的救助对象提供一定数额的医疗费用补助,或者代其缴纳参加当地合作医疗的费用;医疗救助资金出自政府财政投入和社会捐助,并建立独立于合作医疗基金的农村医疗救助基金;农民个人提出申请以后,经村民代表会议评议、民政部门审核批准,申请人才可以享受医疗救助待遇。

---

[1] 郭少峰:《报告称6成非贫困家庭享低保 政策实施滥用职权》,《新京报》2013年2月24日。

[2] 同上。

在各级政府尝试建立医疗救助制度的同时,一些国际合作项目也参与到医疗救助制度的建立中。例如,1997年,世界银行与卫生部合作开展的卫生Ⅵ项目在9个省(直辖市)建立了贫困人群医疗救助基金;1999年,世界银行与卫生部又合作开展了卫生Ⅸ项目,该项目在5个省(自治区)开展;2000年,世界银行与卫生部在7个省(直辖市)合作开展的卫生Ⅷ项目,使项目县农业总人口5%的特困人口能够享受到减免费用的医疗服务。① 从1997年项目启动到2000年底,对特困人口实施的医疗救助覆盖了71个项目县543个乡镇的3 177.8万农业人口,对184 130户家庭中的656 625人实施了医疗救助。② 这些国际合作项目的实施减轻了特困家庭的医疗负担,帮助他们较快地恢复了健康,并且为国家建立医疗救助制度积累了经验。

2003年,卫生部组织的第三次国家卫生服务调查数据显示,有79.1%的农村人口没有任何医疗保障。2004年,农村特困人口年人均医疗费用支出不足100元,在2 542万农村特困人口中,因病致贫、因病返贫率高达32.2%。③ 2003年11月,民政部、卫生部、财政部联合下发《关于实施农村医疗救助的意见》,"意见"的核心内容有:第一,救助对象。农村医疗救助是财政拨款和社会捐助筹集资金、为患大病的农村"五保户"和贫困农民家庭成员以及各地政府规定的其他符合享受待遇条件的贫困农民实行医疗救助的一项制度;第二,救助方式。在开展新型农村合作医疗的地区,为医疗救助对象缴纳个人应缴纳的全部或部分费用,参加合作医疗,享受合作医疗待遇。因患大病合作医疗报

---

① 方鹏骞:《中国农村贫困人口社会医疗救助研究》,科学出版社2008年版,第35页。
② 张振忠:《在中国农村建立贫困人口医疗救助制度研究》,《中国卫生经济》2002年第11期。
③ 郑功成主编:《中国社会保障改革与发展战略》(医疗保障卷),人民出版社2011年版,第235页。

销应予报销的部分以后,个人负担的费用仍然很高以至于影响到家庭基本生活的,再提供适当的医疗救助。在尚未开展新型农村合作医疗的地区,个人无力承担因患大病所花费用并且影响到家庭基本生活的,提供适当医疗救助。对于国家规定的特种传染病救治费用,按有关规定给予救助;第三,资金筹集。建立医疗救助基金,基金通过各级财政拨款和社会捐助等渠道筹集。各地财政要将医疗救助资金纳入当年财政预算,中央财政通过专项转移支付对中西部贫困地区贫困农民家庭提供医疗救助补助。

2004年1月5日,财政部和民政部联合发布的《农村医疗救助基金管理试行办法》要求,各级人民政府要建立独立的农村医疗救助基金,基金必须专款专用,不得提取管理费或列支其他任何费用;县级财政部门在社会保障基金财政专户中建立农村医疗救助基金专账,用于办理资金的筹集、核拨、支付等业务。县级民政部门设立农村医疗救助基金专账,用于办理资金的核拨、支付和发放业务;农村医疗救助基金的筹集、管理和使用情况,以及救助对象、救助金额等情况应通过张榜公布和新闻媒体等方式定期向社会公布,接受社会监督;任何单位、个人不得截留、挤占、挪用农村医疗救助基金。发现虚报冒领、挤占挪用、贪污浪费等违纪违法行为,按照有关法律法规严肃处理。

2005年8月15日,民政部、卫生部和财政部联合发布了《关于加快推进农村医疗救助工作的通知》,"通知"明确规定,在2005年底以前,各省、自治区、直辖市所辖有农业人口的县(市、区)的农村医疗救助工作方案务必全部出台;要结合本地实际,借鉴一些地方采取的预先垫付医药费、医疗服务机构减免医药费、降低或取消农村医疗救助起付线等办法,使特困群众得到实惠。

到2006年第一季度,全国所有有农业人口的县(市、区)都基本建立了农村医疗救助制度。2008年,中央财政补助城乡医疗救助资金

50.4亿元,地方财政提供了42.5亿元。[1] 农村医疗救助逐步制度化,为农村特困群体疾病治疗提供资金保障和法律保障,在防止和减少农民因病致贫、因病返贫方面发挥了重要作用。但是,医疗救助在东、中、西部各地区之间存在差异,而且西部地区城市医疗救助和农村医疗救助人均支出都低于中、东部地区。总体城乡之间医疗救助的差异巨大,城市人均可以获得的救助额为1 593.5元,农村人均获得的救助额仅为96.9元,前者是后者的16倍。东、中、西部地区城市医疗救助人均支出分别为农村地区人均支出的3倍、4倍、2倍。[2] 此外,能否获得医疗救助以家庭收入,而不是以患有重大疾病造成医疗费用支出过高,造成患者家庭生活陷入困境或者负债累累为依据进行确定,结果使得救助对象处于固定状态,而那些真正需要救助的人得不到救助,制度的实施不能实现制度建立时体现社会公平和不使患者及其家庭因病致贫的目的。

四、农村救灾救济制度和扶贫工作

农村经济体制改革以来,国家对救灾救济制度进行了重大改革。

(一) 农村救灾救济制度

1. 改革救灾款管理使用办法

根据第八次全国民政工作会议确立的救灾工作改革原则,各地在保障灾民基本生活的前提下,实行有偿和无偿相结合的救灾办法。对于紧急抢救灾民所需要的费用无偿援助。在灾情稳定以后,对发放的救灾款区别对待,有些可以采取"无息有偿"的方式定期收回,对于没有

---

[1] 胡晓义主编:《走向和谐:新中国社会保障发展60年》,中国劳动社会保障出版社2009年版,第213页、第215页。

[2] 郑功成主编:《中国社会保障改革与发展战略》(医疗保障卷),人民出版社2011年版,第232页。

偿还能力的灾民按一定的手续可以减免。收回的救灾经费不再上缴中央,留给地方作为救灾扶贫周转基金。从1993年起建立救灾工作分级管理、救灾款分级负担的新的救灾管理新体制。特大自然灾害由中央负责提供救灾款,大、中、小灾分别由省市县区财政列支217科目分担。到1996年底,全国30个省市区和76.4%的县市建立了救灾217科目。① 这种管理办法加强了地方政府在救灾中的责任与作用,建立了职责分明的按灾情大小与灾害性质由各级政府分级负责的新型灾害救助责任制。1999年2月23日,民政部、财政部联合发布《关于进一步加强救灾款使用管理工作的通知》要求,"救灾款必须严格遵循专款专用、重点使用的原则",用于解决灾民无力克服的衣、食、住、医等生活困难;紧急抢救、转移和安置灾民;灾民倒房恢复重建。1998年8月23日,国务院办公厅发布《关于加强救灾捐赠管理工作的通知》要求,救灾捐赠工作由民政部统一组织,除中国红十字会外,未经民政部同意,任何个人和单位不得开展救灾募捐活动。要管好用好救灾捐赠款物,加强对救灾捐赠工作监督、检查。

2. 建立救灾物资储备制度

1998年7月31日,民政部、财政部联合发布《关于建立中央级救灾物资储备制度的通知》要求,按照中国区域灾害特征和救灾工作的需要,在沈阳、天津、郑州、武汉、长沙、广州、成都、西安设立8个中央级救灾物资储备仓库。救灾物资储备仓库都要储备一定的救灾物资,以应对突发自然灾害。救灾仓库的建立以及救灾物资的储备,为了自然灾害突发后,抢险救灾、安置灾民并为他们提供生活所需做好了物质准备。

---

① 王延中:《中国的劳动与社会保障问题》,经济管理出版社2004年版,第316页。这里的217是国家财政部编排的救灾救济资金科目代码,代码有时会被调整,例如,2006年的自然灾害生活救济科目的代码改为1708,或称1708科目。——笔者注

(二) 农村扶贫工作

农村经济体制改革以后,国家将救灾和扶贫紧密结合起来,用多种方法扶持贫困户和优抚对象发展生产,改变过去单纯的生活救济方式,变输血为造血。单纯的救灾救济只能缓解灾民的困难状况,单纯的救济也没有使农村大量的贫困人口摆脱贫困问题,扶贫与救济不同,它可以起到减贫和缓贫的积极效果。1984年9月30日,中共中央、国务院发布《关于帮助贫困地区尽快改变面貌的通知》,将扶贫工作作为减少农村贫困人口、改变农村贫困面貌的一项举措。1985年4月26日,国务院批转民政部、劳动人事部等部门《关于扶持农村贫困户发展生产治穷致富的请示》,对如何开展农村扶贫工作作出了详细规划。1986年5月16日,国务院成立贫困地区经济开发领导小组,为农村扶贫工作的开展提供了组织保障。在这一系列举措下,扶贫工作取得了显著成果:"六五"期间,全国累计扶持1 700多万户,其中800多万户脱贫,脱贫率为47%;"七五"期间,民政部门继续扶持了2 500万户,其中1 500多万户脱贫,脱贫率为60%。到1992年底,农村贫困人口由1978年的2.5亿人减少到8 000万人。[①] 1994年4月5日,国务院发布《关于印发"国家八七扶贫攻坚计划"(1994—2000)的通知》,同时发布《国家八七扶贫攻坚计划(1994—2000)》,要求各地集中人力、物力、财力,用7年左右的时间,基本解决8 000万农村贫困人口的温饱问题。1996年9月,中共中央、国务院联合发布《关于尽快解决农村贫困人口温饱问题的决定》,1999年6月,中共中央、国务院再次发布《关于进一步加强扶贫开发工作的决定》,两个"决定"都要求通过实施扶贫攻坚计划,到20世纪末实现基本解决农村贫困人口温饱问题的战略目标。在"八

[①] 郑功成等:《中国社会保障制度变迁与评估》,中国人民大学出版社2002年版,第244页。

七"的五年期间,国家财政扶贫资金和以工代赈资金达480亿元,通过贴息方式安排扶贫贷款770亿元。[①] 扶贫资金比以前有了明显增加的同时,扶贫效果也明显呈现,贫困地区的面貌改变了,贫困人口的数量也减少了,到2000年全国农村贫困人口总量下降到3 000万人,[②]国家救助贫困人口的负担也随之减轻了。

五、农村临时救助制度

如前所述,临时救助制度是自新中国成立以来就建立起来的一项救助贫困人口的制度,几十年来,这项制度在解决贫困人口生活困难,维护社会稳定方面发挥了不可忽视的作用。在新的历史时期,在国家不断建立健全社会保障制度的社会背景下,不可避免还会出现一些在日常生活中由于各种特殊原因造成基本生活出现暂时困难的家庭,在这样的情况下,就需要政府通过提供非定期、非定量的生活救助,以帮助他们渡过难关。2006年11月,国务院副总理回良玉在第十二次全国民政会议上讲话时指出:"完善临时救助制度,帮助低保边缘群体、低收入群体解决特殊困难。"2007年6月27日,民政部发布了《关于进一步建立健全临时救助制度的通知》,正是为了解决城乡贫困居民的突发性、临时性生活困难而建立的制度。

"通知"将获得临时救助待遇的对象规定为以下三类:一是在最低生活保障和其他专项社会救助制度覆盖范围之外,由于特殊原因造成基本生活出现暂时困难的低收入家庭,重点是低保边缘家庭;二是虽然已经纳入最低生活保障和其他专项社会救助制度覆盖范围,但由于特

---

① 中国"三农"形势跟踪调查课题组、中汉经济研究所农村发展研究部编:《小康中国痛——来自底层中国的调查报告》,中国社会科学出版社2004年版,第405页。
② 郑功成等:《中国社会保障制度变迁与评估》,中国人民大学出版社2002年版,第243—244页。

殊原因仍导致基本生活暂时出现较大困难的家庭;三是当地政府认定的其他特殊困难人员。"通知"规定,临时救助的申请,原则上以家庭为单位提出。街道办事处、乡镇人民政府及基层群众性自治组织负责临时救助的受理、审核及家庭生活状况调查。各地民政部门要明确规定一定时期内享受临时救助的次数或时期,避免临时救助长期化。"通知"特别强调地方人民政府在提供临时救助中的责任。要求地方财政部门在预算中合理安排临时救助资金,并且要不断加大资金投入。要吸纳社会各界捐助,充实临时救助资金。要将政府财政投入、社会捐助资金纳入社会救济专项资金支出项目,专项管理,专款专用。"通知"规定,临时救助应当将现金救助、实物救助以及提供服务有机结合起来,并且组织邻里互帮互助,形成临时救助与慈善事业及其他社会救助措施各有侧重、相互衔接、良性互动的运行机制,避免临时救助的随意性和偶然性,确保城乡贫困居民最基本的生活需要能够得到满足。在"通知"发布的当年,全国有 646 万人次获得农村临时救助。2008 年,全国有 831 万人次获得了农村临时救助。2009 年,全国有 546.4 万人次获得了农村临时救助。另有 62.2 万人次获得了农村传统救济。[①]

为了贯彻执行民政部发布的"通知"精神,各地制定了地方性的"临时救助"法规。例如,2008 年 12 月 27 日,北京市民政局、财政局等 10 部门联合下发的、从 2009 年 1 月 1 日起实施的《关于规范和统筹临时救助制度的通知》,将临时救助的对象确定为"城乡低收入家庭",而"城乡低收入家庭"的认定标准为"低保标准的 170%",临时救助主要为城乡低收入家庭的医疗、住房、教育等基本生活需求提供适当经济援助。除了城乡低保对象和生活困难补助对象外,家庭月人均收入高于本市

[①] 民政部 2007 年、2008 年、2009 年"民政事业发展统计报告"。转引自乔东平、邹文开:《社会救助理论与实务》,天津大学出版社 2011 年版,第 130 页。

当年城乡低保标准,低于本市当年城乡低收入家庭认定标准的居民(即城乡低保边缘对象);因遭受自然灾害或其他突发事件及家庭成员患重病等原因造成经济支出过大、生活暂时困难的特殊对象等,都可以申请享受医疗、住房、教育等专项和临时救助待遇。2009年,实行"临时救助制度"以后,有37万城乡低保边缘对象受益。[1]

临时救助制度的建立健全为社会设置了最后一张"安全网",它将没有被上述各项制度保障或者上述各项制度提供的待遇不能保障其最基本的生活需要的社会成员保护了起来,这正是这项制度建立健全的意义所在。在已经建立起健全完善的社会保障制度的发达国家,考虑到要对从制度中漏网的社会成员给予保障,因而没有放弃社会救济的制度,何况我们正在建立和完善社会保障制度的过程中,建立健全临时救助制度就具有了更加非同寻常的意义。到2010年底,全国有613.7万人次农村人口享受到了临时救济的救助。[2]

第六节 失地农民社会保障制度

失地农民也称作被征地农民,是指土地被依法征收以后,失去全部或大部分土地,拥有农业户口的人均耕地不足以维持家庭成员基本生活需要的农民。[3] 失地农民在失去作为生存和发展资源的土地后,农民的身份应当是不复存在了,因此,无法被纳入农村社会保障体系中;由于知识和技能的限制,使他们在城市就业有很大障碍,即难以被城市

---

[1] 丁刚:《惠及37万城乡低保边缘对象》,《北京社会报》2008年12月31日。
[2] 中华人民共和国民政部:《2010年社会服务发展统计报告》。转引自宋士云等:《新中国社会保障制度结构和变迁》,中国社会科学出版社2011年版,第337页。
[3] 具体数量可以根据各地的实际情况确定,一般为0.3亩。参见陈绍军:《失地农民和社会保障水平分析与模式重构》,社会科学文献出版社2010年版,第28页。

所接纳,也不能获得城镇社会保障制度的保护,于是成为不城不乡、不工不农的边缘群体。因此,当农民的土地被征用以后,各级政府不得不对失地农民的以下两个问题予以关注和解决:一是设法安排失地农民就业。因为土地是农民拥有的最基本的生产资料,在丧失了最基本的生产资料时,为失地农民在劳动力市场上寻找适当的就业机会,就可以使他们通过其他的谋生途径获得最基本的生存需要;二是通过为失地农民提供最基本的生活保障,使他们在处于老年、生病、失业、伤残、贫困等状态时能够获得相应的基本保障,即为失地农民建立社会保障制度就是建立能够替代土地对于农民基本生活需要的保障功能的社会安全制度。

我国的经济体制改革带来的是国家在各个领域急速发展,与此相适应,国家建设用地需求量猛增。为了适应新形势对土地需求的增加,经全国人大常委会通过,国务院于 1982 年 5 月 14 日颁布实施《国家建设征用土地条例》,条例第 9 条规定,征用土地应当由用地单位支付补偿费,征用耕地的补偿标准为该耕地年产值的 3—6 倍,年产值按被征用前 3 年的平均年产量和国家规定的价格计算。青苗补偿费和被征用土地上附着物补偿费的标准,由省、自治区、直辖市人民政府决定。条例在第 10 条规定了为被征地农民提供安置补偿费,其标准为每一个农业人口支付耕地年产量的 2—3 倍,但每亩耕地的安置补偿费最高不得超过该耕地年产值的 10 倍。以上土地补偿费和安置补偿费,仍不能维持被征地农民原来的生产和生活水平的,经审查批准,可以适当增加安置补偿费,但土地补偿费和安置补偿费的总和不得超过被征土地年产值的 20 倍。条例还首次规定,因征地造成的农业剩余劳动力由县、市土地管理机关组织被征地单位、用地单位和有关单位分别负责安置。20 世纪 80 年代,被征土地较之计划经济时期有较大幅度增加,但是,和 20 世纪 90 年代相比明显少得多,加之对被征地农民采取多种安置办法,使他们的工作和生活能够得到基本保障,所以,征地没有引起较大的社会反响和造成严重的社会问题。

1986年,全国人大常委会第16次会议通过了《中华人民共和国土地管理法》,土地管理法在吸纳《国家建设征用土地条例》立法和实施经验的基础上,增加了对被征地农民安置途径,即因国家建设征用土地造成的多余劳动力,要通过发展农副业生产和举办乡(镇)村企业等途径加以安置;安置不完的,可以安排符合条件的人员到用地单位或者其他集体所有制单位、全民所有制单位就业,并将相应的安置补偿费转拨给吸收劳动力的单位。被征地单位的土地被全部征用的,经审查批准可以转为非农户口。在这个阶段,土地征用以及被征地农民的安置基本在有序的状态下进行。

随着经济体制改革的深入进行,工业化和城市化的飞速发展,城市建设用地骤然增加。为了保护有限的耕地,1998年国家对1986年制定、1988年修改的《土地管理法》再次进行了大幅度的修改。然而,修改的只是土地管理和耕地保护的内容,对被征地农民的补偿安置没有做大的修改。修订后的土地管理法在第47条规定,征用土地的,按照被征用土地的原用途给予补偿。征用耕地的补偿费用包括土地补偿费、安置补助费以及地上附着物和青苗的补偿费。征用耕地的土地补偿费,为该耕地被征用前3年平均年产值的6—10倍。征用耕地的安置补偿费,按照需要安置的农业人口数计算。需要安置的农业人口数,按照被征用的耕地数量除以征地前被征用单位平均每人占有数量计算。每一个需要安置的农业人口的安置补助费标准,为该耕地被征用前3年平均年产值的4—6倍。但是,每公顷被征用耕地的安置补助费,最高不得超过被征用前3年平均年产值的15倍。如果不能使被征地农民保持原有生活水平的,可以适当增加安置补助费。但补偿费和安置补助费总和不得超过土地被征用前3年平均年产值的30倍。修订后的土地管理法没有对被征地农民的安置规定具体措施,只是模糊地规定由农村集体经济安置、其他单位安置或自己安置,这样的规定是无法解决被征地农民的就业问题和生活风险保障问题的。

2004年,第十届全国人民代表大会常务委员会第11次会议对1998年修订过的《土地管理法》再次进行了修订,然而,这次修订也没有对被征地农民的安置问题做出突破性规定。同年10月21日,国务院《关于深化改革严格土地管理的决定》指出,确保被征地农民的生活水平不因征地而降低,确保被征地农民长远生计有保障,这两个确保成为以后修订有关被征地农民生活风险保障法律法规的基本原则。决定要求劳动和社会保障部会同有关部门,尽快提出被征地农民就业培训和社会保障工作指导意见,并对被征地农民社会保障资金来源作了原则规定。

2006年4月10日,国务院办公厅转发劳动和社会保障部《关于做好被征地农民就业培训和社会保障工作的指导意见》,指导意见要求各地政府从批准提高的安置补助费和用于被征地农户的土地补偿费中统一安排农民社会保障所需资金,两项费用尚不足以支付的,由当地政府从国有土地有偿使用收入中解决。指导意见确立的就业和社会保障安置并举的安置方式,为国务院《关于深化改革严格土地管理的决定》确立的两个确保原则的贯彻提供了长效机制。同年8月,国务院发布《关于加强土地调控有关问题的通知》指出,被征地农民社会保障费用不落实的,不得批准征地。12月,国务院办公厅发布《关于规范国有土地使用权出让收支管理的通知》,对被征地农民的社会保障费用做出了规定。

2007年4月28日,劳动和社会保障部与国土资源部联合下发了《关于切实做好被征地农民社会保障工作的通知》,要求各地加快被征地农民社会保障制度建设,对没有制定被征地农民社会保障实施办法、被征地农民社会保障费用不落实、没有按规定履行征地报批前有关程序的项目,一律不予报批征地。同年8月17日,劳动和社会保障部、民政部、审计署联合下发了《关于做好当前农村社会养老保险和被征地农民社会保障工作有关问题的通知》指出,各级劳动保障部门作为被征地农民社会保障工作的主管部门,负责被征地农民社会保障政策的制定和实施。劳动保障行政部门负责拟定被征地农民社会保障对象、项目、标准以及费用筹集等政策办法,具体经办工作由负责被征地农民社会保障工作的社会保险经办机构办理。还对被征地农民社会保障审核工作作出了明确规定。2007年10月1日正式实施的《中华人民共和国物权法》在第42条明确规定,征用集体所有的土地,应当依法足额支付土地补偿费、安置补助费、地上附着物和青苗的补偿费等费用,安排被征地农民的社会保障费用。

2008年5月,人力资源和社会保障部与监察部、国土资源部等部门联合下发了《违反土地管理规定行为处分办法》,规定了对未按规定落实社会保障费用而批准征地的行政机关有关责任人的处罚措施。2008年10月12日,中共中央十七届三中全会通过了《关于推进农村改革发展若干重大问题的决定》指出,要依法征收农村集体土地,按照同地同价原则及时足额给农村集体组织和农民合理补偿,解决好被征地农民的就业、住房、社会保障,做到先保后征,使被征地农民基本生活长期有保障。

以上规定较之2004年之前的规定,在保障被征地农民生活风险方面力度更大,保障也较前较充分。首先,被征地农民社会保障工作的对象明确了。是指因政府统一征收农村集体土地而导致失去全部或大部分土地,不足以维持基本生活,且在征地时享有农村集体土地承包权的农业人口;其次,筹资方式明确了。即被征地农民社会保障资金由农民个人、农村集体、当地政府共同承担。农民个人从获得的土地补偿费和安置补助费中支付养老保险费,地方人民政府从土地出让收入中安排一部分资金用于补助被征地农民社会保障费用;再次,对纳入城镇职工社会保险的被征地农民和仍然在农村社会保障体系的被征地农民的参保问题分别作出明确规定;第四,2008年中央《关于推进农村改革发展若干重大问题的决定》明确要求必须做到先保后征,否则不能征地,是被征地农民生活风险有可靠保障的尚方宝剑。到2008年底,全国有28个省级政府或政府部门、208个地市级政府出台有关做好被征地农民社会保障工作的文件;有1 201个县(市、区)开始探索建立被征地农民社会保障制度;1 324万被征地农民被纳入社会保障制度。随着立法的不断完善,被征地农民的社会保障水平也会越来越高。

  与此同时,我们必须看到,由于我国现代化速度迅猛,对土地的需求在不断增加,征地工作还将继续,在我国城镇社会保障制度尚不健全、农村社会保障制度刚刚起步的艰难时期,安置被征地农民并为他们提供比较充分的社会保障保护的任务复杂而艰巨。首先,被征地农民数量巨大。从1978年到2008年的30年间,被征地农民有8 300多万,其中有4 926余万人仍没有被纳入社会保障体系。[1] 随着城市化的推进,还会有大量土地被征用,1987年至2011年十四年间,全国非农建设用地3 394.6万亩中的70%是通过行政手段征用的,大量土地被征用导致大批被征地农民产生,2011年,我国的失地农民约5 000万,预计10年以后将达到1亿人。[2];其次,为被征地农民实际提供的补偿与政策规定还有一定距离,即补偿额不能保障被征地农民基本生活水平不下降,也不能保证被征地农民足额缴纳社会保险所需各项费用,如

---

[1] 胡晓义主编:《走向和谐:新中国社会保障发展60年》,中国劳动保障出版社2009年版,第176—178页。

[2] 张怀雷等:《为失地农民建立社会保障体系的紧迫性》,《中国社会科学报》2010年12月16日。

何落实政府在保障被征地农民的社会保障权益方面的责任,是值得理论界和政府部门探讨的重要问题;再次,由于土地能够为农民提供就业保障和基本生活保障以及土地的经济收益对于农民生活风险的保障,所以,土地能够为农民提供基本的心理安全。2008年之前的政策对被征地农民补偿及安置规定不明确,造成许多被征地农民多年来没有稳定的就业和收入,甚至沦为城乡特困群体,失去安全感的农民成为社会不安全因素。在提高近十年来被征地农民的补偿标准的同时,对于2004年之前被征地农民的社会保障问题尤应给予充分的关注。

在解决失地农民社会保障制度的问题上,各地采取的措施有以下几类:1.纳入城镇社会保障体系。实践中有两种做法:北京市、苏州市采取将失地农民纳入城镇职工社会保险制度或城镇居民最低生活保障制度;成都市采取按不同年龄段设置不同缴费标准,将失地农民纳入城镇职工社会保险制度中。2.纳入农村社会养老保险制度。青岛市的做法是按照城镇职工养老保险制度模式将失地农民纳入农村社会养老保险体系。3.建立失地农民社会保险制度。天津市和西安市等地针对失地农民既不同于城镇职工又不同于拥有土地的真正意义上的农民的特点,制定了专门的失地农民社会保险制度。4.建立失地农民基本生活保障制度。浙江、江苏、山东等省采取的是制定既不同于城镇居民最低生活保障制度,也不同于城乡社会保险制度的做法。例如,浙江省是在全国率先建立失地农民社会保障制度的地区,自1999年新土地管理办法颁布实施以来,到2003年底,浙江省非农建设征用耕地达159.88万亩,被征地农民达200万人,全省各级政府筹集保障资金37亿元。浙江省被征地农民通过参加基本生活保障、养老保险等方式,目前全省已有52万被征地农民纳入社会保障范围,其中符合条件的15万被征地农民已在按月领取基本生活保障费或者养老金。浙江省失地农民社会保障制度的基本做法可归纳为三类:第一类是生活保障型。把解决失地农民社会保障的着眼点放在建立基本生活保障上,保障水平定位在最低生活保障与基本养老保险之间。实际操作中分档确定缴费标准和待遇标准,如金华市个人缴费标准分别为3.6万元、3.3万元、3万元、1.6万元四档,相应的月均待遇标准分别为220元、180元、140元、105元,保障资金由个人、所在村和政府共同出资;第二类是社会保险型,把征地后需要安置的人员统一纳入城镇职工基本养老保险。嘉兴市将被征地农民所需社会保障安置费用一次性划转劳动和社会保障部门,统一纳入城镇职工养老保险;第三类是社会保险与生活保障结合型,即退休年龄段实行基本社会保障,劳动年龄段参加城镇职工基本养老保险,未到劳动年龄段一次性发给征地安置补助费。① 5.纳入小城镇社会保险制度。上海市规定,失地农民、郊区新设立的单位及其从业人员参加上海市小城镇社会保险。6.建立失地农民社会保障制度。部分地区根据国务院2006年发布的《国务院办公厅转发人力资源和社会保障部关于做好被征地农民就业培训和社会保障工作指导意见的通知》,按照不低于当地城镇或农村最低生活保障标准,建立当地被征地农民的养老保障、大病医疗保障和基本生活保障制度。②

各地政府为失地农民建立的不同模式的社会保障制度,为他们应对生活风险发挥了一定的保障作用。到2009年9月底,全国已有29个省、自治区、直辖市出台了失地农民社会保障制度,有1 300多万失地农民被纳入养老保障或基本生活保障制度中。③ 但是,存在的问题还是比较突出的:1.覆盖范围窄,没有把所有失地农民都纳入社会保障

---

① 韩俊:《失地农民的就业和社会保障》,《经济参考报》2005年6月28日。
② 赵曼主编:《被征地农民就业与社会保障政策问答》,中国人事出版社、中国劳动社会保障出版社2010年版,第29页。
③ 陈绍军:《失地农民和社会保障水平分析与模式重构》,社会科学文献出版社2010年版,第52页。

体系中。例如,2005年,在全国大约4 000万失地农民中有2 000万以上是"务农无地、上班无岗、低保无份"的"三无"农民。如此数额庞大的失去土地、没有就业机会、没有生活保障的失地农民对于国家经济发展、社会稳定都具有一定的障碍和潜在的威胁性;2.没有建立起使失地农民的生活水平以及安全感不低于被征地之前的社会保障制度。多数地区只是为失地农民建立了养老保险和基本生活保障制度(相当于最低生活保障制度),而医疗保险和失业保险等都没有建立;3.保障水平低。养老金和基本生活保障相当于当地城市(或者农村)居民最低生活保障水平。[①]在物价不断攀升的现实下,失地农民的基本生活需要难以满足;4.统筹层次低。目前以市为统筹单位的地方比较多,例如,成都市、青岛市、西安市、北京市、上海市等。有些地方以区为统筹单位,例如,郑州市还没有出台全市统一的失地农民社会保障政策,已经对失地农民实行社会保障政策的只有郑东新区和高新技术开发区,而高新技术开发区的政策是参照郑东新区的政策制定的,[②]虽然内容基本相同,但实行的不是同一个政策,统筹层次显然是区统筹;5.保障资金的来源存在问题。为失地农民提供最基本的生活保障关键是保障资金的来源问题。然而,由于土地的成本价与出让价之间有巨大增值收益被中间商或地方政府获取,失地农民只得到很少的一部分,因此,这种不合理的分配是对农民的一种赤裸裸的掠夺。在筹集失地农民社会保障资金问题上,在已经开始探索失地农民社会保障模式的北京市、浙江省、山东省等地,资金主要来源于四个方面:即被征地农民征地补偿费,即政府为了公益事业征地,为失地农民提供的生活保障资金,这应是建

[①] 赵曼主编:《被征地农民就业与社会保障政策问答》,中国人事出版社、中国劳动社会保障出版社2010年版,第83页。
[②] 陈绍军:《失地农民和社会保障水平分析与模式重构》,社会科学文献出版社2010年版,第64页。

立失地农民社会保障制度的主要资金来源；土地出让金，即开发商因商业目的征地，政府要将土地出让金的一定比例用于失地农民生活保障方面；集体将土地出让金和其他土地收益用于失地农民的生活保障；失地农民应得的土地补偿费中的相当部分由当地政府投入失地农民社会保障账户。

针对失地农民所处的尴尬境地，如果把他们直接纳入城镇职工社会保障制度体系，在全国目前的经济社会发展阶段对于绝大多数地区是不现实的，比较可行的办法是建立适合失地农民特点的失地农民社会保障制度，这样的制度与城镇职工社会保障制度的不同之处在于，它是资金来源由土地补偿费、安置补偿费以及政府财政补贴构成的补偿性社会保障制度。失地农民社会保障制度是一种过渡性社会保障制度，在运行过程中逐渐与城镇职工社会保障制度衔接。

第十二章　军人社会保障制度的改革

军队是执行特殊任务的武装集团,军人时刻准备应对战争和各种突发事件,军人职业的高风险性、高流动性、高付出性,决定了军人遭遇生活风险的机会远远高于其他社会成员。因此,各个国家都为军人制定了一套不同于其他社会成员的军人社会保障制度。军人社会保障制度的保障对象、保障水平、筹资机制、管理、实施等都有别于地方的社会保障制度,它是一个国家社会保障法律体系的有机组成部分。

军人社会保障制度是国家通过立法,对军人及其家庭成员在出现生、老、病、死、残、贫困等生活风险时,通过为其提供经济援助,使军人及其家庭成员顺利化解生活风险,解除军人后顾之忧,稳定军心,保证国家安全和社会稳定的法律制度。虽然军人工作的性质决定了军人的生活风险高于一般社会成员,高于只是说明遭遇生活风险的机会大于一般社会成员,但是,生活风险的内容与一般社会成员基本是相同的。因此,应当为军人建立应对一般生活风险的养老保险、医疗保险、伤亡保险等社会保险制度;建立优抚安置制度,为伤残亡故军人及其家属通过提供优抚待遇和做好转业复员军人安置工作,保障他们的基本生活需要;建立军人福利制度,使现役军人和退役军人的基本住房需求得到满足,子女能够顺利进入各类学校;建立军人社会救济制度,为生活水平低于当地最低生活保障标准的军人家庭提供保障。但是,由于历史的原因和经济体制的原因,长期以来,实务界和理论界把军人的优抚安置制度等同于军人的社会保障制度,[1]而对军人的其他社会保障制度的建立却没有予以足够重视。

第一节 军人社会保障制度建立

1949年3月,中央军委发布的《中国人民解放军供给标准草案》规定,从1949年4月1日起,对人民解放军干部和战士实行实物供给制。供给制是革命战争年代的产物,开始于土地革命时期,为红军提供。所谓供给制是指对革命工作人员免费提供工作和生活必需品的一种分配制度。1950年2月,总后勤部发布《中国人民解放军1950年度供给标准》,强调对军队干部、战士的供应,基本沿用战争年代实行的供给制办法。1952年7月,中央军委总后勤部发布《1952年中国人民解放军陆军供给标准》规定,军队按等级实行工资分津贴,即将供给的实物待遇,折算成现金发放。1952年11月,全国军事系统党的高级干部会议讨论通过了《中国人民解放军薪金、津贴暂行办法》,经毛泽东主席和中央政治局审议批准,1954年11月19日由国防部长彭德怀发布命令,从1955年1月起施行。暂行办法既规定了工资待遇,也规定了福利待遇,福利待遇有军官的差旅费以及因公调动随行家属的旅费,军官的治疗费、军官随军直系家属享受免费医疗,军官病假、休假、或事假回家期间,薪金照发等。所有这些军人生活方面的工作都由独立于地方的军队后勤系统完成,即后勤部将军人的生、老、病、死、残等全部包揽下来。军队社会保障体系与地方社会保障体系是两个完全独立分离的系统,只有军人的优抚安置工作由国家民政部门负责。

在计划经济时期,国家是军人社会保障的唯一主体,所需经费全部

---

[1] 聂和兴等主编:《中国军人社会保障制度研究》,解放军出版社2000年版,第295页。

由国家提供,并通过行政强制手段加以实施。例如,政府运用行政手段保障转业退伍军人优先进入全民所有制单位工作,军人退役不存在失业的顾虑,而且有了工作不但工资收入有保障,而且和国有企业职工一样,能够享受到各种福利待遇,住房也由工作单位分配;在农村,集体分配使复员退伍军人能够享受到各种福利待遇,对于家庭生活困难的退伍军人生产队会给予全力帮助。1985年6月中央军委发布《军队干部工资改革方案》,方案的规定不仅使全军干部的工资水平有所提高,而且规定军队干部的工资比地方干部高20%。与此同时,中央军委还发布了《志愿兵和义务兵津贴改革方案》、《发给军队离休干部生活补贴费的规定》、《发给军队退休干部生活补贴费的规定》,使这些人员的福利水平也相应得到了改善。在计划经济体制下,这样的保障体制是可以得到切实实施的。

第二节 军人社会保障制度改革

军人社会保障制度改革基于以下几方面的原因:
1. 建设一支现代化军队的需要

我国在建立适应社会主义市场经济体制需要的社会保障制度的过程中,军人社会保障制度的改革和完善相对滞后,造成军人社会地位低、军队凝聚力减弱、退役安置难、伤亡抚恤少,公民服兵役的积极性不高、军队难以留住人才的现象发生。中央军委确定的新时期军事战略方针把军事斗争准备的基点放在打赢现代技术特别是高技术条件下局部战争上,要求我军建设实现两个根本性转变,即由数量规模型向质量效能型转变,由人力密集型向科技密集型转变。实现这两个转变,加强军队质量建设,需要做很多工作,其中最为重要的是营造吸引人才和留住人才的环境,让大量高素质人才流向军队,服务于军队,使军人职业成为社会上令人羡慕的职业,激励军人安心服役,才能建设一支能够体现军人的价值,提高军人的地位,应对现代战争的高质量军队。比较健全的军人社会保障制度是实现中央军委确定的新时期军事战略方针必须采取的措施。

2. 军人优抚安置制度实施遇到困难

农村联产承包责任制的推行拉开中国经济体制改革序幕后,城市紧接着开始国有企业改革。这一切弱化了行政手段的权威性和强制性,打破了由国家统管统包的军人就业安置模式,使军人优抚和退役安置面临严峻挑战。1991年,在全国4 000多万优抚对象中,只有400多万人得到了国家的优抚或补助,其他89%优抚对象没有获得应得的待遇。尤其是那些年纪大、身体弱、收入少的复员退伍军人治病难、住房条件差、生活困难的问题非常突出。此外,到2000年,有12 000多名需要退出现役的伤、残、病军人,由于养老、医疗问题不能得到妥善解决,长期滞留部队,给部队造成极大负担,影响军队现代化建设。[①]

3. 地方社会保障制度改革给复转军人的生活带来不利影响

我国现行军人离休、退休制度是20世纪80年代初恢复和发展起来的,保障对象是军队干部和其他军人。对于离休干部,国家为他们提供优厚的离休费、安置补助费、住房、医疗等待遇;对于退休军人,国家为他们提供退休费、安家补助费、医疗费、住房等待遇。但是,现行军人养老保险事业是由1981年10月国务院、中央军委颁布的《关于军队干部退休的暂行规定》和1982年1月国务院、中央军委颁布的《关于军队干部离职休养的暂行规定》两个法规进行规范并一直沿用至今的,所以,当地方养老保险制度和医疗保险制度改革为"社会统筹和个人账户

[①] 聂和兴等主编:《中国军人社会保障制度研究》,解放军出版社2000年版,第296—297页。

相结合"的模式以后,每年几十万复转军人由于没有个人账户积累,不但对转业复员军人的医疗和将来养老待遇带来影响,而且造成军人转业安置困难、随军家属就业难、子女入学难等一系列不利后果,影响军人情绪和军队稳定。

4. 转业干部占用部队营房加重了军队负担

1995年9月,中央军委出台了深化军队住房改革方案,确立了现役干部住房主要由军队保障,转业退休干部住房纳入地方社会保障的双规保障体系。但是,地方实行住房制度改革以后,单位不再分配住房,而军队工资不含住房补贴,使得许多服役多年的军人在退出现役以后,长时间没有安身之地。2000年全国有18万转业干部住房问题没有得到解决。驻大中城市部队营区的住房,有30%—50%被转业干部占用。2000年时,全军被占营房面积达千万平方米。[1] 这些应由地方社会保障机构负责的人员仍由军队为他们的住房等生活需要提供保障,加重了军队的经费和管理负担。

5. 国家对优抚安置投入不足

计划经济体制下,军人所需社会保障费用主要由国家提供,但是,自改革开放以来,国家对军人社会保障投入明显不足,例如,对优抚安置(包括军人离退休费)拨款占国民收入的比重多年来一直在0.1%左右。在大规模裁军和实行离退休制度后,社会优抚对象数量急剧增加(2000年各类优抚对象就有4 000多万人,是个非常庞大的群体[2])的情况下,国家财政投入不足,致使军人优抚对象待遇减少,生活水平下降。

6. 缺乏军地社会保险关系对接的法律制度

我国现行军人社会保障的对象既有军人,也有军人家属,具体来说

---

[1] 聂和兴等主编:《中国军人社会保障制度研究》,解放军出版社2000年版,第311页、第305页。

[2] 同上,第353页。

包括:现役军人和武警官兵;革命伤残军人;复员退伍军人;现役军人、武警官兵、复员退伍军人、革命烈士、因公牺牲军人、病故军人的家属;离休、退休军官、文职干部。从保障对象可以看出,军人社会保障制度与地方社会保障制度不同之处在于:现役军人和现役武警官兵的社会保障由军队后勤部门主管;少数军队离休干部的社会保障待遇由军队政治部门负责;而革命伤残军人、复员退伍军人,以及现役军人、武警官兵、复员退伍军人、革命烈士、因公牺牲军人、病故军人的家属和大部分离退休军官及文职干部由地方民政部门主管;转业复员军人的社会保障待遇按其所在单位性质纳入地方社会保障系列。在市场经济条件下,军人社会保障面临的问题是,在军队没有建立与地方相衔接的养老保险制度的情况下,当军人复员退伍回到农村,参加农村新农保和新农合时,缺乏合理处理他们的服役年限以及没有新农保和新农合的缴费的法律依据;如何让转业复员到企业、国家机关事业单位的军人参加地方社会保险,也存在处理的法律依据。这些问题解决不好,将影响退伍复员军人和转业复员军人的社会保险待遇,进而影响他们本人及其家庭成员的生活水平。由此可见,军人社会保障制度的核心和关键在于,尽快制定出让军人在退出现役以后,他们在军队的社会保险关系能够顺利地与地方社会保险制度对接。这对于加强国防和军队建设,维护国家安全与社会稳定,是至关重要的。

　　1988年9月5日实施的《中华人民共和国现役军官法》第18条规定,军官按照国家和军队的有关规定享受军人保险待遇。中央军委在《"九五"期间军队建设计划纲要》中指出,要适应国家社会保障制度改革,建立军人保险制度。1997年1月,军委常务会议专门讨论了军人保险问题,决定成立专门工作班子,研究制定军人保险法。1997年9月,八届人大五次会议通过的《中华人民共和国国防法》规定:"国家实行军人保险制度",经国务院、中央军委1998年7月批准、自1998年8

月1日起实施的《军人保险制度实施方案》指出:"军人保险制度是国家社会保障制度的重要组成部分,军人保险与军人抚恤优待、退役安置等共同组成具有中国特色的军人社会保障体系。"实施方案规定了以下内容:1.确立了军人保险的基本原则,即保险项目设置体现军队和军人职业特点,保险待遇有利于激励军人安心服役,保险基金由国家和军队共同负担,个人缴费与军人承受能力相适应,管理体制实行统一领导、政事分开,保险基金集中统管,依法运营。2.设定了军人保险的目标,即在2010年前,逐步建立与国家社会保险制度相衔接,与军人抚恤、退役安置等政策相配套,资金来源稳定可靠,管理体制相对独立。3.规定了军人保险项目,即伤亡保险、军人退役医疗保险和军人退役养老保险。[1] 1998年7月,四总部印发的《中国人民解放军军人伤亡保险暂行规定》,是对因战、因公死亡或者致残的军人以及因病致残的义务兵提供经济补偿的法规,伤亡保险基金由国家、军队、军人三方筹集。1999年12月,中央军委办公厅发布的《中国人民解放军军人退役医疗保险暂行办法》规定,军人退役可以享受与地方人员同等的医疗保险待遇。2000年5月,总后勤部、劳动和社会保障部发布了《关于军地医疗保险个人账户转移办法的通知》。2002年2月22日,劳动和社会保障部办公厅、人事部办公厅、解放军总后勤部司令部发布的《关于对军队机关事业单位职工参加失业保险有关问题的复函》规定,军队机关事业单位职工,从2000年7月1日起,按国家规定参加当地失业保险,缴纳失业保险费,享受失业保险待遇。其中"军队机关事业单位职工"是指军队机关事业单位中无军籍的所有职工。

军人社会保障制度改革的尝试,标志着我军的军人社会保障工作开始起步。但是,由于种种原因,比较成体系的包括军人社会保险法、

---

[1] 聂和兴等主编:《中国军人社会保障制度研究》,解放军出版社2000年版,第168页。

军人退役安置法、军人住房法规、随军家属就业和子女入学安置法规等在内的军人社会保障制度至今还没有真正建立起来。

第三节 军人社会保险立法提上议事日程

我国现行兵役制度决定了绝大多数现役军人要退出现役,回到地方,参与地方建设和工作,因此,军地社会保险制度的衔接成为国家必须解决的问题。2011年12月26日,全国人大常委会对《中华人民共和国军人保险法(草案)》进行了审议。军人社会保险法是通过强制军人在服役期间参加军人社会保险,缴纳军人社会保险费,以及国家为其缴纳配套的社会保险费,筹集社会保险基金,在退役以后通过社会保险关系的转移,顺利地与地方社会保险接轨,并在生活风险发生时获得相应的待遇,保证其生活正常进行而不致因此陷入贫困的制度。军人社会保险法可以达到减轻和消除军人在退役以后对于发生生活风险的后顾之忧,稳定军心,增强军队的凝聚力和战斗力的目的。

1. 军人养老保险制度

要建立能够与地方对接的军人养老保险制度,有必要采用地方养老保险制度"责任分担"和"统账结合"模式。军人养老保险的对象是所有的现役军人,而在现役军人中,只有军官、文职干部、士官因为有工资收入而具有缴纳养老保险费的能力。而对没有工资收入的义务兵,他们的服役年限应视为缴费年限,在他们退伍复员以后,无论在城市就业还是在农村就业,国家应当按照他们退役后就业地当年社会平均工资的一定比例和他们的服役年限的乘积,算作他们个人账户和社会统筹账户的积累,划拨到他们就业地社会保险经办机构为他们建立的养老保险账户。对于政府应当承担的义务兵养老保险社会统筹账户和个人账户的款项,地方政府和中央政府各承担相应比例并保证拨付,以保证义务兵退役就业之后养老保险关系能够顺利转移到新建立的养老保险账户上。军官转业复员由于既有军队通过缴费建立的社会统筹基金,又有军官个人通过缴费形成的个人账户基金,按规定将两个账户的基金转入其就业地社会保险经办机构为其建立的养老保险账户即可。由于军人在退休之前,一部分时间在军队服役,一部分时间在地方就业,因此当其退休时,按照法律法规的规定计算出其退休金的标准,并由地方社会保险经办机构为其发放。

2. 军人医疗保险制度

1961年6月,总政治部在《关于干部福利问题的几项补充规定》中要求,每年对干部进行一次体格检查,有病者安排治疗或疗养。1979年12月,三总部发布《全军保障工作座谈会情况报告》和《关于干部医疗保健工作的规定》,再次强调对干部每年进行一次体格检查。1989年发布的《军官法》第38条规定,干部享受公费医疗待遇。现行军人医疗保险制度仍然为军人及其家属提供公费医疗,这样的制度虽然在保证军人健康、增强军人体质方面发挥了积极作用,但是,也造成医疗资源浪费的现象。建立与地方衔接的军人医疗保险制度,就需要参照地方医疗保险制度模式,对现行军人医疗保险制度进行改革。[1]

3. 军人伤亡保险制度

我国军人伤亡保险制度于1998年8月1日起正式实施。军人伤亡保险是对因战、因公死亡或者致残的军人以及因病致残的义务兵提供经济补偿的制度,它的适用对象是现役军官、文职干部、士兵和供给制学员。由于军人职业的高风险性、高牺牲率决定了军人伤亡保险不同于地方企业职工的工伤保险制度。工伤事故可以通过加强企业生产

---

[1] 尹兴水主编:《后勤机关业务技能读本》,蓝天出版社2009年版,第244—245页。

安全管理减少事故发生,但是,战争和抢险救灾伤亡的预防难度远远高于工伤预防。所以,国家设立军人伤亡保险制度的目的,一方面是在发生军人伤亡时通过提供经济补偿,使其本人和家属的基本生活不会受到太大影响,另一方面能够为军人提供在遭遇伤亡风险时获得经济补偿的预期,可以起到安定军心、鼓舞士气的作用。军人参战或者抢险救灾是为国家安全和社会利益作出的贡献和牺牲,因此,军人伤亡保险基金应当由中央财政支付,军人本人不应缴纳军人伤亡保险费。

4. 军人配偶随军未就业期间社会保险

与地方社会保险制度不同的是,军人社会保险法同时强制军人配偶参加军人保险并缴纳社会保险费。将军人家属列入军人社会保障范围,是因为我军80%以上的军官和文职干部家住边疆、海岛、高原、沙漠、戈壁等艰苦程度难以想象的地方,这就给军人家属的就业安置、生活风险保障、子女入学入托等带来与地方同类问题不同的难度,[①]军人职业的高流动性和工作岗位的不可选择性的特征,使得军人不能很好地履行赡养父母、扶助配偶、抚养子女的义务,过重的生活压力导致军人配偶在激烈的市场竞争中处于劣势地位;军人职业的高流动性决定了军人经常变换工作岗位和工作地点,在不能强制地方政府为军人配偶安排工作的新形势下,军人配偶工作问题遇到非常大的麻烦。据统计,全军干部配偶随军失业率约为20%,而且失业时间普遍较长。目前军队只能为随军配偶发放标准很低的生活困难补助。[②] 因此,需要将现役军人的家属纳入军人社会保障范围,国家通过强制军人家属参加军人保险,为军人配偶提供社会保险补贴,补偿军人家庭的利益损失,以体现国家对于军人及其家庭生活风险的保障责任。

[①] 聂和兴等主编:《中国军人社会保障制度研究》,解放军出版社2000年版,第25页。
[②] 朱建新等:《军官制度比较与改革》,军事科学出版社2010年版,第238页。

2003年12月25日,国务院办公厅和中央军委办公厅联合发布的《中国人民解放军军人配偶随军未就业期间社会保险暂行办法》对军人配偶随军未就业期间享受的社会保险待遇规定有:(1)基本生活补助制度。基本生活补助由军人所在单位后勤机关每月按办法确定的地区标准发放。(2)养老保险制度。已参加地方养老保险并建立个人账户的,将其养老保险关系和个人账户资金转入军人所在单位后勤机关;已参加地方养老保险但未建立个人账户的,军人所在单位后勤机关应当为其接续养老保险关系,并按照上年度全国城镇职工月平均工资60%的11%建立个人账户,其中个人承担6%,国家补助5%。(3)医疗保险制度。军人所在单位后勤机关按照随军配偶生活补助费的2%为其建立医疗保险个人账户,其中随军配偶负担1%,国家提供同额补贴。

2005年,劳动和社会保障部、财政部、人事部、解放军总政治部、解放军总后勤部联合下发的《关于军人配偶随军未就业期间社会保险军地衔接有关问题的通知》,规定了未就业随军配偶养老保险关系衔接处理办法:未就业随军配偶到地方企业就业后,按规定转移养老保险关系和个人账户;到地方机关、事业单位就业的,如当地没有进行养老保险改革试点,暂不转移养老保险关系和个人账户;未就业随军配偶达到国家规定的退休年龄时,可将基本养老保险关系和个人账户资金转移到户籍所在地社会保险经办机构办理退休手续和核发基本养老金。2006年,劳动和社会保障部、财政部、人事部、解放军总后勤部联合下发的《关于军队文职人员社会保险有关问题的通知》规定,文职人员养老保险参照事业单位退休保障政策执行;文职人员在聘用前已参加社会保险的,由社会保险经办机构按规定办理社会保险关系和个人账户资金转移关系;文职人员被解聘流动到企业或者灵活就业的,执行企业职工社会保险制度,由社会保险经办机构参照《关于职工在机关事业单位与企业之间流动时社会保险关系处理意见的通知》的规定,接续或者转移相关社会保险关系。2006年,劳动和社会保障部办公厅和解放军总后勤部司令部联合下发《关于做好已参加当地养老保险军队无军籍退休退职职工移交地方安置养老保险关系处理工作的通知》规定,对已经参加地方养老保险的无军籍退休退职职工,劳动保障部门和社会保险经办机构,将其个人缴费部分余额退给本人,并移交民政部门接收安置。

第四节 军人住房保障制度

新中国建立初期,国家根据正规化军队建设的需要,在部队驻地建造了制式营房,其中包括军官家属住房。改革开放以后,供给制的军人住房制度使得国家财政的负担越来越重。为了适应军队建设的需要,自1986年开始试点之后,几乎与地方住房制度改革同步,军人住房制度开始改革。

军人住房与国家机关、企事业单位职工住房的不同特点在于,现役军人需要集中居住,退役军人需要二次安家。根据这一特点,国家为军人住房制度改革确定了"军队保障与社会保障、公寓住房与自有住房、实物供应与货币分配"的三结合模式,对不同职级、不同类别的人员,实行相应的住房保障。军人住房制度改革主要通过以下制度进行。

一、军人住房制度改革方案颁布实施

1989年1月发布的《军官法》第39条规定,军官住房实行公寓住房与自有住房相结合的保障制度,并享受相应的住房补贴和优惠待遇。[①] 1999年9月20日,中央军委根据《国务院关于进一步深化城镇住房制度改革,加快住房建设的通知》精神,参照《在京中央和国家机关

---

① 朱建新等:《军官制度比较与改革》,军事科学出版社2010年版,第233页。

进一步深化住房制度改革实施方案》的有关政策,结合军队实际,制定并颁布了《关于进一步深化军队住房制度改革方案》,方案对军队住房制度的改革有以下几个方面:

1. 按军人不同职级、不同类别,实行相应的住房保障制度。为在职军官、文职干部提供居住在营区,不得出售,离职迁出的公寓住房。[①] 有条件的,经批准可以购买产权归己的自有住房;对于离休干部,已安置住房的,可以购买符合出售条件的现有住房或租住现有住房。现有住房不符合出售条件的,可以购买经济适用住房;对于退休干部,移交政府安置的退(离)休干部和军职以上退休干部的住房保障,逐步与国家和军队的住房新制度接轨;对于转业、复员干部,住房纳入国家社会保障系统,主要采取由地方提供经济适用住房或廉租房的方式解决;对于士官,现役五、六级士官分别比照营、团职军官住房保障规定执行,四级以下士官住用集体宿舍;对于军队机关、事业单位职工,可以购买符合出售条件的军队现有住房或经济适用住房。对这六类人员的住房保障办法,从根本上理顺了军人住房保障内外关系。

2. 提供住房补贴。新的住房补贴制度规定,未按房改政策购买住房的军官、文职干部和士官,在按经济适用住房价格或市场价购买住房并退出公寓房时,可申请得到住房补贴。住房补贴由基本补贴和地区补贴两部分构成,基本补贴标准全军统一,直接与工资挂钩,采取记账管理,购房时兑现,补贴到退休为止。1999 年的基本补贴确定为军人基本工资的 40.94%。在高房价城市购买住房的,另给予相应的地区补贴。这样的规定使得在军队工作一定年限后的绝大多数军官、文职干部和士官几乎都能够买到一套相应职级的住房。

3. 扩大现有住房出售的范围。将部队家属生活区划分为公寓区和

[①] 尹兴水主编:《后勤机关业务技能读本》,蓝天出版社 2009 年版,第 362 页。

售房区。公寓区的住房首先应当保证住用单位编制人员居住。公寓房住用人员离退休、转业、复员、调动工作后已安排住房或购买住房的,应当限期腾出。公寓区以外的家属生活区为售房区,按照国家关于进一步推进现有公有住房改革的精神,规划出售。符合购房条件的军队人员,可自愿选择购买售房区的住房。

4. 发展经济适用住房。按照社会化保障要求,逐步改变单位自建自管住房的建设方式,由房地产公司组织建设,也可购买地方经济适用住房。对于退休干部,原则上统一规划建设经济适用住房。购买经济适用住房的,在付清购房款后拥有全部产权。经济适用住房在军队住房保障中占有主体地位之后,形成了以个人投资为主的住房建设新格局。①

《关于进一步深化军队住房制度改革方案》理顺了军队住房保障关系,初步解决了长期以来军队住房供需矛盾大、保障包袱重、管理控制难的问题。方案把属于个人消费的住房,从传统的营房保障中剥离出来,构建了军队住房保障新体系。方案以住房补贴形式直接发给个人,将住房消费资金由暗补变为明补,等于增加了军人的基本工资,由此提高了军人的住房消费水平。方案拓宽了退役人员的住房安置渠道,满足了不同类型军人的不同需求,化解了住房供求矛盾和转业干部人走家不搬等历史遗留问题。

二、军人住房公积金制度

1994年3月17日,解放军总后勤部发布了《军队住房公积金管理暂行规定》,在暂行规定运行10年之后,总后勤部根据暂行规定实施过程出现的问题和国家形势发展,对暂行规定进行了修订并于2003年

---

① 尹兴水主编:《后勤机关业务技能读本》,蓝天出版社2009年版,第377页。

12月27日发布了《军队住房公积金管理规定》。管理规定明确，军队住房公积金专项用于军队人员购买、建造、翻建、大修自有住房；军队住房公积金统一在年度军费总预算中安排，按月拨入住房公积金专用账户；军队人员住房公积金标准为：大军区职以上每月71元、军职每月63元、师职55元、团职46元、营职38元、连排职30元。

三、军人住房租金制度

1992年7月1日，正式实施的解放军总后勤部发布的《军队住房租金计算办法》规定，凡租住军产房的住户，适用本办法；租金以标准条件的基本月租金为基数，实行多住多交。2004年4月，总后勤部发布的《关于调整军队住房租金标准的通知》规定，从2004年5月1日起，军队住房月租金标准从每平米使用面积0.6元调整为每平米1.2元。2008年8月1日，正式实施的总后勤部发布的《关于调整军队住房租金标准的通知》，又将军队住房月租标准由每月每平米1.2元，调整为每平米2.6元，同时增发军队人员房租补贴。

由于福利型、供给制的住房保障模式在军队中已经实施了50多年，人们无意识地形成了一种心理依赖，由此，当住房改革推进时，在实施中遇到了一些问题：一是资金紧张制约房改的进展。目前，住房补贴经费主要依靠国家专项安排，并且首先用于保证转业和离退休等退役人员的住房安置，真正能够用在在职人员建房、购房的经费非常有限；二是房源不足易引发矛盾。如《关于进一步深化军队住房制度改革方案》规定，离休、退休干部住房建设要与新体制全面接轨，但由于房源不足使得部分老干部需要等待入住。这些问题处理不当就会引发矛盾。所以，需要增加军队住房建设资金，使得军队人员能够"居者有其屋"，以稳定军心，增强军队的战斗力。

第十三章　残疾人社会保障制度

残疾和人类与生俱来。虽然因工伤、交通事故、环境污染等外界因素致残是近代工业化的结果,但是先天性残疾以及因疾病致残却是自有人类社会以来就产生和存在的。残疾人是人类中一个不幸的特殊困难的群体,由于残疾的存在和影响,使他们不能正常地、平等地参与社会生活,并由此处于社会的不利地位。不仅在生产力不发达的古代和中世纪,就是在现代,生产力已经有了很大发展但还不发达的有些发展中国家,"残疾盛行是他们处于经济和社会发展最低层和逃不脱贫困厄运的主要原因之一。"[①]因此,残疾人的生存问题以及与健全人同享的权利和残疾人特有的权利问题,就成为不同时期各个国家政府和社会关注的问题。尤其是近三十年来,国际组织对于残疾人事业的发展付出了极大的努力。在国际社会和各国政府的共同推动下,在世界范围形成了不同程度的扶残助残、尊重残疾人的良好氛围。

为了在国际范围推动残疾人事业,维护残疾人权利,联合国和其他国际组织发布了一系列有关残疾人权利的文件。这些文件主要有:1969年联合国大会通过的《禁止一切无视残疾人的社会条件的决议》、1970年联合国大会通过的《弱智人权利宣言》、1975年12月9日联合国大会通过的《残疾人权利宣言》。1982年12月3日第37届联合国

[①] [英]约翰·威尔逊爵士主编:《残疾预防——全球性的挑战》,朱成译,华夏出版社1992年版,第8页。

大会通过了《关于残疾人的世界行动纲领》,其主题是:让残疾人与健全人都有一个平等的机会,享有"充分参与"社会的权利。1983年6月20日,第69届国际劳工大会通过了《残疾人职业康复和就业公约》。2006年12月13日,第61届联合国大会通过了《残疾人权利公约》。在联合国法律文件的约束以及国际范围保障残疾人权利理念不断强化的氛围下,我国作为21项国际人权公约的参约国,在保障残疾人权利方面采取积极措施,并及时向联合国提交履行公约情况的报告,接受联合国有关机构的审议和监督。

我国早在1953年就成立了盲人福利会、1956年成立了聋哑人福利会、1960年将这两个福利会合并为中国盲人聋哑人协会,此后,各省、市、自治区也建立了盲人聋哑人协会。在各级民政部门和盲人聋哑人协会的领导和推动下,各地通过举办福利工厂、盲人按摩诊所解决残疾人的就业问题,通过举办盲聋哑学校,为残疾儿童少年提供读书学习机会。1984年3月,中国残疾人福利基金会成立,邓朴方同志任理事长。1987年4月1日,经国务院批准,由民政部、国家统计局、国家计委、卫生部、公安部、财政部、残疾人福利基金会、盲人聋哑人协会和地方政府组织4万余名调查员,在我国进行了首次大规模的全国残疾人抽样调查。1988年3月中国残疾人联合会及其地方组织成立,同年9月,由国家计委、国家教委、民政部、财政部、劳动部、卫生部、中国残疾人联合会制定了《中国残疾人事业五年工作纲要(1988—1992年)》,由国务院批准颁布实施。1989年5月,经国务院批准,国家教委、国家计委、民政部、财政部、人事部、劳动部、卫生部、中国残疾人联合会发布了《关于发展特殊教育的意见》。可见,新中国成立40年来,我国的残疾人事业是在各级残疾人组织的领导下,依靠国家有关残疾人政策推动残疾人事业的发展。

第一节　残疾人社会保障制度建立

1990年12月28日,第七届全国人大常委会第十七次会议通过《中华人民共和国残疾人保障法》,这是我国第一部有关残疾人权利保障的专门法律。残疾人保障法的颁布奠定了残疾人事业的法律基础,为残疾人康复、教育、劳动就业等社会保障权利的实现提供了法律保障。

1. 对残疾人康复权的规定

残疾人保障法在第二章从第13—17条对康复作了专章规定,根据这些规定,卫生部、民政部、国家发展和改革委员会等部门曾发布了一系列关于残疾人康复的文件,为残疾人康复提供具体的法律保障。全国还设立了康复医院、矫形医院、精神病院、残疾人康复中心等医疗康复机构,在街道、乡镇等基层社区设立康复站,为残疾人的康复提供物质保障。到2005年底,全国有残疾人康复服务机构和场所19 000多个,得到不同程度康复的残疾人达到642万,[①]我国残疾人康复事业有了很大进展。

2. 对残疾人接受特殊教育权的规定

残疾人保障法在第三章从第18—26条对残疾人教育作了专章规定,根据这些规定,国家兴办了为残疾人服务的特殊学校,如盲校、聋校、弱智学校等;还在普通学校设置特教班;国家还责成教育部门为残疾人编写专门的教学计划和教材,按照不同的残疾特点去施教;文化部门出版了多种适合残疾人阅读的书籍;国家教育部门还规定各类学校

[①]《中国残疾人事业"十一五"发展纲要与配套实施方案》,华夏出版社2006年版,第3页。

招收残疾学生的办法,不能让有资格就读的残疾学生流在校外。对残疾学生的学费、住宿费也作出了合理规定,使他们不致因交不起学费和住宿费而辍学。

1994年8月23日,国务院发布实施《残疾人教育条例》,条例第1条规定:"为了保障残疾人受教育的权利,发展残疾人教育事业,根据〈中华人民共和国残疾人保障法〉和国家有关教育的法律,制定本条例。"这就为残疾人受教育权的实现提供了更为具体的法律保障。条例对残疾幼儿的学前教育、残疾儿童的义务教育、残疾人职业教育、残疾人进入普通高级中学以上教育及成人教育作了详细规定,为不同年龄段残疾人接受相应教育提供了法律依据。在残疾人保障法、残疾人教育条例、义务教育法等一系列法律法规规范下,我国残疾人教育成就喜人。1987年我国有初中以下特殊教育学校504所,在普通学校附设特教班578个,在校生5.2万人。① 到2005年底,残疾人特殊教育学校达到1 662所、特殊教育班2 700多个,盲、聋、智障儿童的义务教育入学率已从二十年前不足6%达到80%的水平。② 长春大学特殊教育学院、天津理工大学聋人工学院、山东滨州医学院医疗二系等院系的建立,为残疾人接受特殊高等教育提供了机会。自1985年以来,已有3万余名残疾人走进大学读书。③

3. 对残疾人劳动就业权的规定

残疾人保障法在第四章从第27—35条对残疾人劳动就业作了专

---

① 中国残联信息中心:《2005中国残疾人事业统计年鉴》。转引自程凯:《试析我国残疾人的社会保障问题》,《新华文摘》2006年第12期。

② 《中国残疾人事业"十一五"发展纲要与配套实施方案》,华夏出版社2006年版,第3页;中国残联信息中心:《2005中国残疾人事业统计年鉴》。转引自程凯:《试析我国残疾人的社会保障问题》,《新华文摘》2006年第12期。

③ 中国残联信息中心:《2005中国残疾人事业统计年鉴》。转引自程凯:《试析我国残疾人的社会保障问题》,《新华文摘》2006年第12期。

章规定,根据这些规定,国家要求各级政府对残疾人劳动就业统筹规划,一方面举办福利企业集中安排残疾人就业,另一方面,规定国家机关、企事业单位、社会团体按职工人数的一定比例安排残疾人就业。同时扶持残疾人个体开业。为了推动残疾人就业工作,财政部于1984年10月发布了《关于对民政部门举办的社会福利生产单位免征税问题的通知》,极大地激励了社会福利事业的发展。1986年2月,民政部等单位发布了《关于进一步保护和扶持社会福利生产的通知》。1992年1月,民政部发布了《关于加强社会福利生产管理工作的决定》,5月,国家计划委员会、劳动部、民政部、中国残疾人联合会联合发布了《关于在部分城市开展残疾人劳动就业服务和按比例就业试点工作的通知》,并在上海、广州、沈阳等8个城市开展了残疾人按比例就业试点工作。1999年9月,国务院办公厅转发了劳动和社会保障部等部门《关于进一步做好残疾人流动就业工作若干意见的通知》。按照这些法规的规定,社会福利企业残疾人占企业生产人员35%以上的免征所得税,占50%以上的再免征产品税或增值税。在国家减免税政策的扶持下,仅2000年一年,新安排就业的残疾人就达到26万余人。[1] 城镇残疾人就业率已由二十年前不足50%达到2004年底的84%。[2] 到2005年底,残疾人职业培训机构3 250个,残疾人就业服务机构3 048个,有近60万残疾人接受职业教育。[3]

2007年2月14日,国务院第169次常务会议通过《残疾人就业条例》,条例在第2条规定:"国家对残疾人就业实行集中就业与分散就业

---

[1] 中国残疾人联合会:《中国残疾人事业统计》(1996—2000),中国残疾人联合会内部资料。

[2] 中国残联信息中心:《2005中国残疾人事业统计年鉴》。转引自程凯:《试析我国残疾人的社会保障问题》,《新华文摘》2006年第12期。

[3] 《中国残疾人事业"十一五"发展纲要与配套实施方案》,华夏出版社2006年版,第3页。

相结合的方针,促进残疾人就业。"尤其是条例的第 8 条第 2 款规定:"用人单位安排残疾人就业的比例不得低于本单位在职职工总数的 1.5%。"第 9 条规定:"用人单位安排残疾人就业达不到其所在地省、自治区、直辖市人民政府规定比例的,应当缴纳残疾人就业保障金。"第 12 条规定:"用人单位招用残疾人职工,应当依法与其签订劳动合同或者服务协议。"这些规定为保障残疾人就业提供了可靠的法律保障。2007 年 6 月 15 日,财政部、国家税务总局发布的《关于促进残疾人就业税收优惠政策的通知》规定,对安置残疾人的单位,实行由税务机关按单位实际安置残疾人的人数,限额即征即退增值税或减征营业税;单位支付给残疾人的实际工资可在企业所得税前据实扣除,并可按支付给残疾人实际工资的 100% 加计扣除;残疾人个人为社会提供的劳务免征营业税,残疾人个人提供的加工、修理修配劳务免征增值税;对残疾人个人取得的劳动报酬,按照省人民政府规定的减征幅度和期限减征个人所得税;通知还规定了享受税收优惠政策的单位的条件。通知的这些规定,对于更好地发挥税收政策在促进残疾人就业方面的作用具有积极作用。2007 年 6 月 29 日,民政部发布了《福利企业资格认定办法》,办法对福利企业的界定是,依法在工商行政管理机关登记注册,安置残疾人职工占职工总人数 25% 以上,残疾人职工人数不少于 10 人的企业。办法规定,申请福利企业资格认定的企业,在提出资格认定申请前一个月,为安置的每一位残疾人职工按月足额缴纳所在区县人民政府规定缴纳的各项社会保险费,企业需具有适合每位残疾职工的工种、岗位,企业内部的道路和建筑物符合国家无障碍设计规范。

到 2007 年,就业的残疾人达到 2 266 万人,其中城镇 463 万人,农村 1 803 万人。[1] 劳动就业不仅使残疾人成为自食其力的劳动者和社

---

[1] 中国残疾人联合会教育就业部等:《残疾人就业条例释义》,华夏出版社 2007 年版,第 187 页。

会财富的创造者,而且提高了残疾人的经济地位和社会地位,增强了他们参与社会生活的勇气和信心。

4. 采取多种措施消除残疾人贫困

残疾是导致贫困的直接原因,与健全人相比,残疾人普遍贫困,为了消除残疾人面临的贫困,中央和地方政府采取了多种措施。自 20 世纪 80 年代以来,国家已陆续制定和实施了五个发展残疾人事业的五年计划,残疾人事业已纳入国民经济和社会发展的计划之中。2004 年 10 月,国务院办公厅批转了教育部、劳动部、民政部、卫生部、国务院扶贫办等十多个部门制定的《关于进一步加强扶助贫困残疾人工作的意见》,意见明确了各级政府在扶助贫困残疾人,保障残疾人在教育、康复、就业和基本生活等方面的责任,提出了加强和完善残疾人社会保障的任务和目标。近几年,各级政府陆续出台有关优先减免各种税费、优先获得扶助和救济等一系列扶助残疾人的办法。完善了"五保"供养、低保制度等各项救济和保障措施。通过以上各种措施和办法,已有 700 万农村贫困残疾人摆脱了贫困,516 万城乡特困残疾人基本生活得到保障。[①]

第二节 残疾人保障法的修订和实施

1990 年颁布的残疾人保障法和其他两个法规以及一系列保障残疾人权利的政策,在促进残疾人事业发展,保障残疾人合法权益,改善残疾人生存状况等方面发挥了重要的作用。然而,随着我国经济社会的发展,残疾人事业发展和残疾人权益保障出现了新情况和新问题,需

[①]《中国残疾人事业"十一五"发展纲要与配套实施方案》,华夏出版社 2006 年版,第 3 页。

要对残疾人保障法进行相应修改和完善:第一,残疾人数量增长较多。1987年我国进行第一次残疾人抽样调查时,残疾人人数为5164万人,占全国人口总数的5%。2006年我国进行第二次残疾人抽样调查时,残疾人总数为8296万人,占全国人口总数的6.34%。第二,残疾人的贫困问题仍然严重,生活状况大大低于社会平均水平,近年来这种差距还有拉大的趋势,2008年残疾人全面小康实现程度仅为50.5%,[①]远远低于全国水平;第三,残疾人康复缺乏制度性保障,康复经费主要依靠家庭,国家对康复机构的建设和运营投入不足。残疾人康复总体进展缓慢,2008年比2007年接受康复的残疾人,在城镇提高了7.1%,在农村仅提高了3.5%;[②]第四,残疾人教育、就业形势严峻,6—14岁246万学龄残疾儿童,只有63.19%在普通学校或特殊学校接受义务教育,远低于全国96.30%的平均水平。在就业年龄段残疾人口中,城镇和农村就业比例分别为38.7%和59.0%,与全国70.6%和88.2%的平均水平差距悬殊。[③]

为了保障残疾人能够共享经济社会发展的成果、提升残疾人的生活质量和水平,贯彻落实《中共中央关于构建社会主义和谐社会若干重大问题的决定》提出的"发扬人道主义精神,发展残疾人事业,保障残疾人合法权益"的要求,国家民政部、中国残疾人联合会在认真总结残疾人保障法实施将近20年经验的基础上,经过调查研究,对残疾人保障法进行修订。2008年4月24日,十一届全国人大常委会第二次会议通过了新修订的《中华人民共和国残疾人保障法》,自7月1日起施行。尤其是2007年3月30日,当2006年12月13日第61届联合国大会

[①] 张煜柠:《超越增长共识 关注社会"短板"》,《中国社会科学院报》2008年12月30日。

[②] 同上。

[③] 《中华人民共和国残疾人保障法注释本》,法律出版社2008年版,第2页。

通过的《残疾人权利公约》开放供各国签署时,我国常驻联合国代表王光亚大使在当天就代表中国政府签署了该公约;2008年6月26日全国人大常委会批准了已签署的《残疾人权利公约》,并决定于2008年8月31日起在我国生效。我国积极主动参与和及时批准公约的行为,不仅说明我国在人权事业上的进步,也说明我国在人权事务上越来越注重与国际社会合作,并积极为国际人权事业的发展进步作出有益的努力和贡献。"新修订的残疾人保障法落实以人为本的科学发展观,进一步强化了对残疾人各项权益的保障,对于发展残疾人事业,保障残疾人平等地充分参与社会生活,共享社会物质文化成果,具有重要意义。"[1]新修订的残疾人保障法与1990年的残疾人保障法相比,有以下进步:

第一,立法的宗旨进一步明确,即通过保障残疾人平等充分地参与社会生活,使残疾人共享社会发展进步文明成果。近20年经济社会的迅速发展,为提升残疾人权益保障水平提出了要求和提供了经济社会条件。在这样的时候,国家民政部和残联适时地对1990年的残疾人保障法进行修改,将使修订后的残疾人保障法能够更好地发挥它保障残疾人权益的作用。

第二,修法针对性强。即针对残疾人保障在社会主义市场经济条件下出现的新问题。例如,残疾人康复体系需要进一步完善,残疾儿童青少年、尤其是贫困残疾人子女就学问题需要进一步解决,残疾人劳动就业制度需要进一步健全,残疾人的生活风险需要比较健全的制度予以保障,等等,修订草案都作出了与时俱进的规定。

第三,法律的内容更加全面具体。新修订的残疾人保障法在1990年文本的基础上,在充实了康复、教育、劳动就业等章节内容的同时,将第六章"福利"改为"社会保障",这一改变就将残疾人被动接受救助提

---

[1] 《中华人民共和国残疾人保障法注释本》,法律出版社2008年版,第1页。

升为残疾人必须享有的权利,是残疾人保障法的一大进步。因为在我国目前所处的发展阶段,不用说残疾人,就是绝大多数健全人,最让他们担心和焦虑的是生老病死等生活风险问题,第六章的规定为残疾人抵御生活风险提供了法律保障,为残疾人带来了福音。

第四,强化了对残疾人权利受到侵害提供法律救济的规定。"没有救济就没有权利",为了切实保障法律规定的残疾人各项权利在现实生活中得到切实实施,新修订的残疾人保障法在第八章"法律责任"中规定,残疾人权利在受到侵害时,有权要求有关部门依法处理,或者依法向仲裁机构申请仲裁,或者依法向人民法院提起诉讼。对经济有困难的或其他原因需要提供法律援助或司法救助的残疾人,当地法律援助机构或人民法院应当提供帮助,此外还对国家工作人员的法律责任、通过大众传媒损害残疾人人格的法律责任、教育机构的法律责任、歧视残疾劳动者的法律责任、供养托养机构及其工作人员的法律责任等都作了具体规定。这些规定对于约束相关机构及其工作人员依法办事、保障残疾人权利,对于残疾人在权利遭遇侵害时寻求救助都将提供有力的依据和保障。

在残疾人保障法及其他残疾人权利保障法规的规范下,在各级党委、政府的重视和社会各界的支持下,《中国残疾人事业"十一五"发展纲要(2006年—2010年)》各项任务指标全面完成,残疾人状况得到明显改善,政府和社会为残疾人服务的能力进一步提升,我国残疾人权益保障有了长足发展:首先,残疾人参加社会保险制度的比例在逐渐增加。2010年,城镇残疾人参加社会保险的比例比2009年增加了11.8%,其中,参加基本医疗保险制度的残疾人比2009年增加了12.3%,参加基本养老保险制度的残疾人比2009年增加了5.3%。在农村,参加新型农村养老保险的残疾人由2009年的4%提高到2010年的12.8%。参加新型农村合作医疗的残疾人由2007年的84.4%上升到 2010 年的 96.0%,这与近 85%的新型农村合作医疗试点地区为本地区重度残疾人代缴最低标准保险费有密切关系。有 91.5%的参保残疾人看过病,人年均支付医药费 1 631.1 元,人均报销 996.5 元,比 2009 年人均报销 743.8 元增加了 252.7 元;其次,残疾人教育体系逐步形成。全国绝大多数地区建立了特殊学校,到 2010 年,我国接受义务教育的儿童比例为 71.4%,其中城镇残疾儿童接受义务教育的比例为 75.7%,农村接受义务教育的残疾儿童比例为 70.5%。自 2008 年启动"中西部地区特殊教育学校建设工程"后,规划投资达 54.5 亿元,计划新建、改扩建特殊教育学校 1 160 所,2011 年已完成 300 所;再次,残疾人康复权的实现有了明显进展。其中,城镇残疾人接受康复服务的比例由 2007 年的 29.5%上升到 2009 年的 38.5%,农村残疾人接受康复拂去的比例由 2007 年的 15.7%上升到 2009 年的 30.8%;第四,残疾人的住房状况在逐步改善。2010 年,城镇残疾人人均住房面积为 17.7 平方米,农村残疾人人均住房面积为 21.6 平方米;第五,自 2007 年以来,全国扶持 551.6 万农村贫困残疾人脱贫;第六,至 2009 年底,有 172.6 万城镇残疾人和 445.8 万农村残疾人享受到了最低生活保障待遇。2010 年度全国残疾人状况监测结果显示,残疾人小康实现程度达到了 57.4%,[①]这一进步应归功于国家对残疾人权益保障的重视和为保障残疾人权益的实现而逐步增加的财政投入。广大残疾人积极投身改革开放和社会主义现代化建设伟大实践,自强不息,顽强拼搏,在经济社会发展中发挥了重要作用。

与此同时,我们必须看到,由于残疾人权益保障的法律制度不够完善以及对现行残疾人法律法规实施不到位,导致残疾人权利保障方面

---

① 郑功成主编:《中国社会保障改革与发展战略(救助与福利卷)》,人民出版社 2011 年版,第 288—290 页。

仍然存在不少问题。例如,残疾人参加社会保险制度的比例仍然偏低;享受低保的人数在2006年时,占农村和城镇残疾人总数的比例分别为5.12%和13.28%,有相当比例的残疾人家庭生活在贫困之中;残疾人接受义务教育的比例也比较低,2006年时,15岁以上残疾人的文盲率高达43.29%;绝大多数生活不能自理的老年残疾人得不到基本生活护理。[①] 要使我国8296万残疾人的基本权益得到比较充分的保障,依然任重而道远。

[①] 郑功成主编:《中国社会保障改革与发展战略(救助与福利卷)》,人民出版社2011年版,第291—292页。

第十四章　社会保障管理制度的改革

"文化大革命"结束以后,国家在各个领域的拨乱反正取得了巨大成就。

1978年2月,五届人大通过的新宪法决定设立民政部。民政部负责军队离退休干部的安置与管理;指导农村"五保户"的供养,举办敬老院和农村贫困户的救济工作;管理城镇贫困户以及20世纪60年代精简职工的救济工作,管理社会福利工作。

1978年10月,全国第九次劳动代表大会决定恢复劳动保险工作,各级工会组织也陆续建立。1979年7月,国家劳动总局设立了保险福利局,各地劳动部门也相继建立了保险福利处(科)。1980年3月,国家劳动总局与中华全国总工会联合发布了《关于整顿和加强劳动保险工作的通知》,要求各级劳动部门和各级工会在党委的领导下,互相配合,密切合作,加强对基层劳动保险工作的领导,使劳动保险的政策、法令能够得到贯彻执行。1982年5月,在经过撤销重叠机构、合并业务相近机构的改革之后,国家劳动总局、国家人事局、国家编制委员会、国务院科学技术局四部门合并为劳动人事部。劳动人事部下设的保险福利局负责管理社会保险和职工福利事宜。

1988年4月,全国人大七届一次会议批准国务院机构改革方案,决定撤销劳动人事部,重建劳动部和人事部。自此,企业职工的社会保险和国家机关工作人员的社会保险由劳动部和人事部分别制定政策法规进行规范和领导。

1988年,国务院批准的劳动部"三定方案"规定:"劳动部综合管理与规划全国企业、事业单位职工的社会保险和职工福利工作;拟定企业、事业单位职工的社会保险和福利制度的改革方案及实施办法,并组织实施;组织指导职工退休费用社会统筹工作和职工待业保险;协调企业、事业单位和国家机关的社会保险和职工福利政策。"为了做好退休费用社会统筹工作,1989年7月,劳险字13号文件决定,将省、市、县各级劳动部门所属的社会保险机构名称统一为"社会保险事业管理局",属事业性质。其主要职责是负责企业职工(包括劳动合同制工人)社会保险基金的筹集、管理、支付及职工社会保险档案的记载和管理工作。

1991年6月,《国务院关于企业职工养老保险制度的决定》发布以后,我国社会保障管理体制形成了劳动部门管理企业职工的社会保障事业、人事部门管理国家机关和事业单位工作人员的社会保障事业、民政部门管理农村农民和乡镇企业职工的社会保障事业的新格局。

1993年12月4日,国务院办公厅发布的《关于机关和事业单位工作人员工资制度改革问题的通知》规定,从1993年10月1日起,机关事业单位工作人员不再执行[1978]104号文件规定的退休金计发办法。1995年3月1日,国务院发布了《关于深化企业职工养老保险制度改革的通知》,确立了社会统筹与个人账户相结合的养老保险模式。在以上变革下,社会保障管理体制形成以下格局:1.各级劳动行政部门负责城镇企业职工的社会保险事务(其中养老保险分为地方统筹和行业统筹);2.人事部门负责机关事业单位的社会保险事务;3.劳动行政部门管理企业职工的医疗保险事务;4.各级卫生部门和财政部门负责管理机关事业单位职工的公费医疗;5.各级民政部门负责农村居民的养老保险、优抚安置、社会救济、社会福利事务;6.教育部负责各类教育事务。

1998年九届人大一次会议批准国务院机构改革方案和《国务院关于机构设置的通知》后,新组建了劳动和社会保障部,自此,劳动和社会保障部、民政部、人事部共同管理我国的社会保障事务:1.劳动和社会保障部管理企业职工和农村的社会保险事务;2.人事部管理机关事业单位的社会保险事务;3.卫生部负责管理公费医疗事务;4.民政部负责管理优抚安置、社会福利、社会救济事务;5.教育部负责各类教育事务。

我国计划经济时期的社会保障制度自1986年改革以来的二十余年,已经基本实现了社会化的成功转型。这在国际上是没有先例的。[①]发达国家将社会保障制度比做"单行道",意即只能进不能退,所以,他们在对现行社会保障制度进行改革时都小心翼翼,只是对社会保障制度中的一个小项目,比如将养老金待遇稍作降低调整,或者将失业保险待遇期限稍作缩短,往往会引起受保险人的强烈反对甚至游行示威。将国家保障或者单位保障改革为责任共担的社会化保障,会使在传统社会保障制度下受益者的利益受到损害,例如,在国有企业改革的过程中,数以千万计的职工由于下岗失业而失去铁饭碗,许多离退休人员因单位破产或者效益不佳而不能或者不能按时足额领取到离退休费,因此,市场经济改革会受到一部分人的反对或者消极对待。为了不对经济体制改革和市场经济建立造成过大的负面影响,国家采取在推进社会化社会保障制度建设的同时,并没有立即废止传统社会保障制度,而是采取新旧制度并行的渐进式改革,在运行过程中逐渐废弃旧制度并建立新制度。经历了艰难的改革历程后,在没有引起大的社会波动的情况下,与我国社会主义市场经济相适应的、具有现代社会保障制度特征的社会保障制度基本建立了起来。新建立的社会化的国家主导、责

[①] 郑功成等:《中国社会保障制度变迁与评估》,中国人民大学出版社2002年版,第25页。

任共担、多层次的社会保障制度,与国家负责、单位包办、板块分割、封闭运行的计划经济时期的社会保障制度相比,具有以下特点:

第一,社会保障制度已由改革初期的国有企业改革的配套措施,成为独立于企业之外并为整个经济社会协调稳定发展服务的基本社会制度。它克服了计划经济时期社会保障制度内在缺陷,而成为具有可持续性发展的制度。社会保障制度是市场经济正常运行的维系机制,是利用具有二次分配功能的经济手段,解决市场经济下社会问题的制度,已逐渐成为社会共识。

第二,国家在社会保障事业中仍起主导作用,但是这种主导作用首先表现为制定社会保障法律规范和监督社会保障法律规范的实施,其次是充当只有国家才能充当的为社会保障承担财政兜底责任的角色,即当养老保险和医疗保险等社会保险基金入不敷出时,国家为其提供财政援助,以及为城乡的贫困人口从国家财政中提供最低生活保障,这些都充分地体现了社会保障制度作为社会公共物品的内在要求。国家财政在社会保障事业上的投入额从 2000 年的 1 918 亿元增加到了 2006 年的 4 650.7 亿元。[①] 国家在社会保障制度中的主导作用是国民生活安全的重要保证,而责任分担、资金统筹、管理服务社会化的改革,使社会保障制度因国家、社会、公民个人的密切合作而稳定持续发展。

第三,建立责任分担的社会保险制度。企业和个人通过缴纳社会保险费,积累社会保险资金的方式,参与社会保险,分担社会保险责任,而且缴纳社会保险费是人们获得社会保险待遇的先决条件。这种通过法律将国家、企业和个人三者的权、责、利关系确定下来的符合现代社会保险特征的制度,在减轻国家财政负担的同时,为人们提供了有效的

---

① 陈佳贵、王延中主编:《中国社会保障发展报告(2010)》,社会科学文献出版社 2010 年版,第 273 页。

生活风险保障。

第四,突破了在计划经济时期社会保障制度下的个人与单位之间的人身依附关系,建立了独立于企事业单位之外的社会保障体系,社会保障事务逐步社会化,将企业从繁杂的职工社会保障事务管理中解脱出来,轻松参与市场竞争,社会保险事务由从政府序列中独立出来的事业单位——社会保险经办机构管理,通过邮局、银行为退休职工发放养老金、为享受低保待遇者发放低保金等,社会保障逐步走上社会化道路。

第五,国家根据经济社会的发展状况,不断修订完善已颁布的法律法规和制定新的法律法规。例如,1986年国务院发布了待业保险暂行规定、1993年发布了待业保险规定,到了1999年制定并公布实施失业保险规定,失业保险制度建设基本完成;城乡贫困人口的生活保障也从临时救济发展到建立城乡最低生活保障制度,并且将公民获得最基本生活保障待遇上升为公民的必须予以保障的社会权利。制度的完善使得社会保障覆盖范围不断扩大。社会保障的新项目有所增加,社会保障待遇标准不断提高,政府部门的法律责任在不断强化。这些努力的效果是,贫困人口明显减少、人们的心态更加从容、生活水平得到提升、购买力增强,由此逐步实现社会保障制度内在维护社会稳定、推动经济社会发展的功能。

2009年5月22日,胡锦涛总书记在中央政治局的"世界主要国家社会保障体系和我国社会保障体系建设"专题研讨会上指出,社会保障与人民安康幸福息息相关,社会保障工作事关改革开放和社会主义现代化事业全局;建立覆盖城乡居民的社会保障体系是坚持立党为公、执政为民的具体体现,是推动科学发展、促进社会和谐的重要工作,是保增长、保民生、保稳定的重要任务,也是保持国家长治久安的重要条件。胡总书记的重要论断,精辟地体现出党和国家领导核心对社会保障在经济社会发展中重要性的深刻认识以及尽快健全和完善我国社会保障法律体系的意愿和决心。可以肯定,在党中央高度重视和领导下,一个符合我国经济发展水平、到2020年覆盖城乡所有居民的社会保障法律体系一定能够建立起来。

第 三 编

社会保障法治逐步走向完善

(2009—2011年)

我国的社会保障制度经过30年不断改革,已从当初的作为国有企业改革的配套制度回归到是市场经济社会必不可少的、无可替代的、必须建立和健全的法律制度的地位。社会保障制度改革的过程,不仅是制度本身不断完善的过程,也是社会各阶层对社会保障制度在社会生活中的重要性的认识不断深化的过程。

2004年3月,第十届全国人大第二次会议通过的《中华人民共和国宪法修正案》规定,"国家建立健全同经济发展水平相适应的社会保障制度"。2007年党的十七大明确提出"加快以改善民生为重点的社会建设",让全体人民"学有所教、劳有所得、病有所医、老有所养、住有所居"。国家通过将社会保障制度作为国家保障民生与改善民生的核心制度安排,将发展战略从单纯注重经济增长转向经济和社会同步增长发展的方向上来,并通过社会保障法律制度的制定、对社会保障法律制度在社会生活中实施的监督、为社会保障制度的实施提供必要的财政支持等措施,承担起国家应当承担的责任。社会保障制度的建立完善极大地增强了党和政府的亲和力和凝聚力,增强了党和政府的动员力和号召力,并且引领全国人民朝国家既定目标前进。

企业在社会保障制度改革过程中,逐步从过去企业管社会的藩篱中解脱出来,企业通过缴纳社会保险费,履行参加社会保险义务,在社会保险逐步社会化的过程中,企业不仅能够集中精力搞生产增效益,而且有了更多平等参与市场竞争的可能。

职工个人通过社会保障制度改革承担起他们应当承担的义务,树立了先履行缴纳社会保险费义务、后享受社会保险待遇的意识以及多工作、多获得劳动报酬、多缴纳社会保险费、多享受社会保险待遇的积极性。

  国家对计划经济时期的几乎由国家(企业)承担全部责任的住房福利、教育福利制度进行改革的同时,并没有放弃政府为低收入的和贫困的社会成员提供物质帮助的责任,经济适用房制度、廉租房制度、住房公积金制度的建立,是国家为一部分社会成员提供与其他社会成员平等发展机会的实际措施。教育制度的不断完善,使处于不同社会地位的社会成员在起步阶段能够在同一起跑线上。市场经济社会竞争是激烈的,甚至是残酷的,为了保障那些在竞争中处于社会不利地位的社会成员的基本生活需要,国家对于那些没有被社会保险制度覆盖或者从社会保险制度中获得的待遇不能够维持家庭成员的基本生活需要的社会成员,通过提供最低生活保障待遇、医疗救助待遇、临时救助待遇等现金或实物待遇,使他们能够比较有尊严地生活。

  总之,30 年来我国社会保障制度改革的社会效果是,减少了城乡贫困人口数量,促进了经济发展,维护了社会稳定。更为重要的是 30 年的实践证明,没有健全完善的社会保障制度,就不可能解除国民的后顾之忧,无法让人们获得可靠的安全预期,由此无法实现内驱型经济发展战略;没有健全完善的社会保障制度,就无法协调各种复杂的社会关系,无法让全体人民平等共享经济发展成果,无法减少和消除人们的焦虑和不满情绪,由此无法构建和谐社会;没有健全完善的社会保障制度,就无法提升和维系国家的核心竞争力,无法适应全球化背景下的普适价值要求。健全完善社会保障法律体系,是国家重要的政治投资、经济投资、社会投资,也是国家走上健康、文明、持续的现代化强国之路的必不可少的制度安排。

  然而,由于我国处于社会转型时期,新情况、新问题不断出现和发生,我国长期形成的城乡二元经济社会结构,国家幅员广阔、人口众多、城乡以及地域之间发展不平衡等,都决定了我国社会保障制度的改革和健全不仅是艰巨复杂的,而且是任重道远的。一方面要随着经济社会的不断发展,需要对社会保障制度进行与时俱进的改革和健全,另一方面目前的社会保障制度还有不少缺陷,例如,我国目前的社会保障法律体系还不能满足制度本身政府主导、城乡覆盖、公平普惠的内在要求,城乡分割与地区发展不平衡的现实国情,使得已经形成的社会保障制度碎片化、待遇差距大的现状难以在短时期内消除;在我国已经进入老龄化社会的情况下,占总人口大多数的农民养老保险制度刚刚建立起来,待遇标准还很低,离农民养老有一定距离,等等。据分析,2004年至 2010 年发生的 100 多起较大规模的群体事件,主要是因干群冲突(涉及征地、拆迁、国企改制、就业等)、劳资冲突(涉及工资、社会保险、劳动保护等)、企事业单位与服务对象的冲突(涉及医患、教育、环境等)引起。[①] 究其原因,社会保障制度的不完善,成为群体事件多发、导致社会不安定的一个主要因素。

我国社会保障制度不完善是阻碍经济发展的一个重要因素。社会保障制度的内在功能是实现社会公平,在我国经济体制改革的过程中,居民的收入差距呈逐渐扩大趋势:在城市居民中,20%高收入者拥有金融资产的 66.4%,而 20%的低收入者仅拥有金融资产的 1.3%;从城乡居民的消费来看,2007 年县和县以下的 10 亿多居民消费品零售额仅占 GDP 总量的 11.7%,而县以上城市 3 亿居民的消费品零售额占 GDP 总量的 25.5%,按人均计算相差 10 倍左右,收入差距过大导致的直接后果是内需不足,[②]内需不足的结果是抑制经济发展。在这种情况下,国家通过提高社会保障对收入分配的调节力度,扩大国家财政对

---

① 李培林:《加强群体事件的研究和治理》,《中国社会科学报》2010 年 10 月 19 日。
② 卢现祥:《政府资源过多制约经济持续繁荣》,《中国社会科学报》2011 年 2 月 17 日。

社会保障的投入,[1]才能缩小贫富差距,促进消费,推动经济发展。

在经济全球化新格局下的金融危机面前,社会保障制度促进经济发展的功能得到进一步突显。例如,在俄罗斯宪法第7条将国家性质作了"俄罗斯联邦是社会国家"定性后,虽然在20世纪90年代初经济体制向市场经济转型,但社会政策仍然基本保持苏联时期的特征。政府为公民的基本医疗、中小学12年义务教育、大学教育承担全部财政责任,为低收入居民提供购房补贴。随着国家经济实力的不断增强,国家在社会保障领域的投入随之增加,为扩大居民的消费需求提供经济基础。尤其是2009年席卷全球的金融危机发生以后,社会保障政府投入不是减少了,而是增加了。在医疗方面,由2008年每人4 500卢布提高到2009年每人7 600卢布(折合280美元),增幅约70%;此外,还通过提高养老金、失业救济金、教育投入、居民可以无时间限制地使用多子女鼓励基金来支付房贷或者用于其他消费。[2]经济领域市场化,而社会领域不随之市场化的结果是,居民不需要为自己掏腰包支付医疗费和教育费用而拼命储蓄,这就对鼓励和稳定居民消费热情和信心,推动经济发展起到了重要的保障作用。再如,在美国,到2010年仍有4 500万人被排斥在医疗保险之外,在金融危机中,这个数字上升到了8 700万人。[3] 2010年3月21日,经过参众两院长达11个小时的激辩

---

[1] 据国际劳工组织统计,1990年所有国家社会保障总支出占GDP之比的平均数为14.5%,其中欧洲国家为24.8%,北美为16.6%,大洋洲为16.1%,拉丁美洲和加勒比地区为8.8%,亚洲为6.4%,非洲为4.3%,中国同期为5.2%。这一低于亚洲略高于非洲的指标,仅相当于全球平均水平的35.86%。国际劳工局编:《2000年世界劳动报告》,中国劳动社会保障出版社2001年版,第222页。转引自郑功成等:《中国社会保障制度变迁与评估》,中国人民大学出版社2002年版,第43页。

[2] 阎洪菊:《俄罗斯:以消费政策应对金融危机》,《中国社会科学院报》2009年6月18日。

[3] 郑秉文:《止"瘦"增"肥"国际社会保障发展新取向》,《中国劳动保障报》2009年7月24日。

之后,终以 220 票赞成,211 票反对,通过了奥巴马提出的全民医保的医改方案。医改法案规定,雇佣超过 50 名员工的企业必须为员工提供医保,否则处以罚金;参加了医疗保险的员工 26 岁以下子女可以享受医疗保险。医改方案将美国医疗保险的覆盖范围从 85% 提高到了 95%。① 此外,为了应对金融危机对经济发展的影响,美国政府还实施了数额为 7 870 亿美元的一揽子经济刺激计划,其中一项是为弱势群体提供现金补贴。从 2009 年 5 月 1 日起至 5 月 31 日止,为 5 200 万弱势群体一次性发放每人 250 美元、共计 130 亿美元的现金补贴。在这 5 200 万人中,有退休金领取者 3 400 万人、遗属 600 万人、残疾人 900 万人、低保领取者 300 万人。② 可以看出,美国 1935 年颁布《社会保障法》并对在经济危机后恢复瘫痪的经济发挥过积极的作用,而在 80 年以后的今天,美国仍然不得不把社会保障制度作为它反危机计划之一加以实施。在不可避免受经济危机影响的我国,应当借鉴其他国家的做法,即进一步完善社会保障制度,使它在提升内需、促进经济发展中能够发挥更积极的作用,这正在成为党和国家以及全社会的共识。

党的十六届六中全会提出"到 2020 年,基本建立覆盖城乡居民的社会保障体系。"为了按时实现全覆盖的目标,在北京召开的"中国十二五时期社会保障和医药卫生体制改革研讨会"上,与会专家建议将 2009 至 2012 年作为第一阶段,将 2013 至 2020 年作为第二阶段。并且指出,在第一阶段,应当为没有被养老保障制度覆盖的群体建立制度,使城乡无养老保障的老年人能够获得应有的保障;应当将城镇 90% 的就业人口纳入城镇企业职工基本养老保险,将 90% 的城镇居民纳入城镇居民基本医疗保险,将 90% 的农民纳入农村新农合;要基本

---

① 王丰丰等:《美国医改劫"富"济"贫"》,《国际先驱导报》2010 年 3 月 26 日。
② 郑秉文:《止"瘦"增"肥"国际社会保障发展新取向》,《中国劳动保障报》2009 年 7 月 24 日。

解决跨统筹地区流动农民工参加社会保险的问题;第一阶段最低生活保障制度的任务是做到"应保尽保",并适当提高待遇标准,力争到2012年底,城镇受益人口达到2 700万人,农村受益人口达到3 550万人。[①] 为此,自2008年底以来,国家出台一系列旨在健全完善社会保障制度的政策和法律法规,并采取有力措施保证其得以实施。

[①] 周悦:《中国社会保障体系"全覆盖"仍任重道远》,《中国社会科学报》2010年5月6日。

第十五章 社会保险制度

改革开放 30 年来,我国社会保险领域的社会关系一直由国务院制定的行政法规进行调整。社会保险行政法规的制定和不断完善,不仅在规范社会保险关系、为人们提供最基本的生活风险保障、减少人们的后顾之忧、减少社会贫困、构建和谐的劳动关系、促进经济发展和社会稳定中发挥了其他任何法律法规无法替代的作用,而且为人们期盼已久的社会保险法的制定积累了经验、奠定了基础。

第一节 《中华人民共和国社会保险法》出台

《中华人民共和国社会保险法(草案)》经第十届全国人大常委会第三十一次会议、第十一届全国人大常委会第六次会议审议之后,委员长会议决定,于 2008 年 12 月 28 日将《中华人民共和国社会保险法(草案)》交付全民讨论,2009 年 2 月 15 日公开征求意见结束。各界群众共提出 70 501 条意见。[①] 在广泛征求意见的基础上,对草案进行认真修改后,2010 年 10 月 28 日第十一届全国人大常委会第十七次会议通过了《中华人民共和国社会保险法》(以下简称《社会保险法》),该法自 2011 年 7 月 1 日起实施。

---

① 新华网 2009 年 4 月 19 日。

党的十四届三中全会以来,中央对社会保障制度改革和发展作出了一系列重大决策,特别是关于广覆盖、保基本、多层次、可持续性等根本性、长远性方针,以人为本、公平正义、统筹城乡、基本服务均等化等理念,社会保险要独立于用人单位之外,资金来源多渠道,管理服务社会化,加强基金管理监督等都充分地体现在《社会保险法》中。① 具体来说,《社会保险法》在以下方面完善了我国的社会保险法律制度:

1.规定养老保险关系可以转移接续。养老保险关系转移接续是《社会保险法(草案)》征求意见中公众最为关注的问题。随着劳动力流动速度的加快,农民工在离开就业地时,由于社会保险关系无法转移接续,退保就成为各地社会保险经办机构必须面对和解决的问题。2006年,"十一五"规划只是提出"探索解决人员流动时社会保险关系接续问题的有效办法"的方向,并没有确定如何接续、流出地和流入地的利益如何平衡等具体操作措施。2009年12月22日,《城镇企业职工基本养老保险关系转移接续暂行办法》出台,将原先计划单列实施的农民工参加养老保险以及养老保险关系转移接续的办法,纳入城镇企业职工养老保险和转移接续的制度之中,解决了农民工在不同的统筹范围流动时养老保险关系的转移接续问题。据人力资源和社会保障部统计,截止2010年6月底,各地共开具参加养老保险缴费凭据51.1万份,办理跨省转移接续7.4万人次。② 在总结实践检验的基础上,《社会保险法》顺应民心,在第19条规定,"个人跨统筹地区就业的,其基本养老保险关系随本人转移,缴费年限累计计算。个人达到退休年龄时,基本养老金分段计算,统一支付。"这一规定清除了劳动力自由流动的主要障

---

① 林晓洁:《覆盖城乡全体居民 着力保障改善民生——胡晓义就〈社会保险法〉出台答记者问》,《中国劳动保障报》2010年11月26日。

② 周晖:《过去5年是社会保障事业发展最快的时期》,《中国劳动社会保障部》2010年11月26日。

碍,有利于社会融合和团结。

2.规定了缴费不满15年的退休职工的缴费和待遇问题。1997年7月16日发布的《国务院关于建立统一的企业职工基本养老保险制度的规定》"五"明确规定:"个人缴费年限累计不满15年的,退休后不享受基础养老金待遇,其个人账户储存额一次支付给本人。"这样的规定不利于保护职工的养老保险权益和激励职工参加养老保险的积极性,为此,《社会保险法》规定:"参加基本养老保险的个人,达到法定退休年龄时累计缴费不足十五年的,可以缴费至满十五年,按月领取基本养老金;也可以转入新型农村社会养老保险或者城镇居民社会养老保险,按照国务院规定享受相应的养老保险待遇。"这一规定保护了已经参加企业职工养老保险、但缴费不满15年的退休职工的养老保险权益,增强了职工参加养老保险的积极性。

3.规定基本养老保险基金逐步实行全国统筹,其他社会保险基金逐步实行省级统筹。对此,国务院已提出明确目标,即2009年底全国范围内全面实现养老保险基金省级统筹,2012年实现全国统筹。由于统筹层次关系到社会公平、应对突发事件、化解养老保险历史债务、劳动力异地转移流动等问题,同样备受关注。

4.规定对社会保险基金实行预算管理。我国社会保险基金在国家财政尚未建立社会保险预算制度之前,是按照预算外资金管理制度进行管理的。1993年11月,中共十四届三中全会通过的决议要求建立社会保障预算制度。社会保障预算是把政府财政用于社会保障的资金收支从一般性的经常收支中分离出来,实现公共财政社会保障支出管理规范化,以提高资金使用效率,杜绝社会保障基金与财政性资金相互挤占和挪用,维护社会保障基金的独立性和安全性的制度安排。2010年1月2日,国务院发布了《关于试行社会保险基金预算的意见》,标志着我国社会保险基金预算制度的建立,中央与地方在社会保险基金各环节的关系被纳入预算管理的范畴。《社会保险法》规定:"职工基本养老保险应当实现全国统筹,同时对社会保险基金进行预算管理。"企业职工养老保险制度改革以后,职工基本养老保险的滚存结余主要集中在省级政府,而职工基本养老保险资金方面的当期缺口则由中央政府和地方政府按照一定的比例分担。依据统筹层次与责任主体一致的原则,在养老保险实现全国统筹以后,中央政府就成为职工基本养老保险的责任主体,将以往对养老保险缺口的暗补变为明补。社会保险基金预算管理制度将在其中发挥重要作用。

5.规定扩大医疗保险覆盖范围。《社会保险法》在第三章将基本医疗保险的覆盖范围规定为企业职工、无雇工的个体工商户、未在用人单位参加职工基本医疗保险的非全日制从业人员以及其他灵活就业人员、城镇居民、农村居民。这一规定的意义在于,虽然企业职工、城镇居民、农民三者适用不同的医疗保险制度、承担不同的医疗保险责任、获得不同的医疗保险待遇,但相同的是国家(政府)承担起全民的医疗保险责任,减轻了老百姓在看病上的后顾之忧。第29条第1款规定:"参保人员医疗费用中应当由基本医疗保险基金支付的部分,由社会保险经办机构与医疗机构、药品经营单位直接结算。"第2款规定:"社会保险行政部门和卫生行政部门应当建立异地就医医疗费用结算制度,方便参保人员享受基本医疗保险待遇。"医疗费用直接结算和异地就医费用的结算,都是之前医疗保险行政法规没有规定过的内容,它们的实施更有利于保障参保人的医疗保险权益,增强国民的健康水平。

6.将医疗保险的"社会统筹与个人账户"相结合的筹资模式改为现收现付的筹资模式。1951年的《劳动保险条例》规定医疗保险实行现收现付的支付形式,1998年发布《关于建立城镇职工基本医疗保险制度的决定》规定,医疗保险实行"社会统筹与个人账户相结合"的筹资模式。2005年,国务院发展研究中心发布报告,作出"医疗改革不成功"

的判断,引起了中国社会的强烈反响。[①] 不成功的主要问题在于:在个人账户和社会统筹相结合的集资和支付模式下,个人账户的积累如果本人由于健康而不用于支付医疗费的话,就可以长期存在账户中,以至于越积累越多而得不到使用;而生病多的人,个人账户的钱不够用,甚至总是空账,但又不能从统筹资金中支付。由于从统筹资金中支付也是有限的,所以,不论各地怎么确定个人账户和社会统筹的缴费比例,这种设计都不能发挥医疗保险互济和共同抵御疾病风险的功能。医疗保险与养老保险的功能不同。老年是人们必经的一个生命历程,是一种预期风险,人们通过缴纳养老保险费,将老年风险分摊到整个在职阶段。而疾病是一个不可预测的即时风险,国家设立医疗保险制度旨在通过这种带有强制性的共同承担责任的联盟,使所有参加医疗保险的人参与风险调整,而且这种强制和调整是公平的,因为谁也不能知道自己会不会生病、会在什么时候生病和生什么样的病,一旦生了重病,负担将落在公众身上。医疗保险之所以是能够从经济上承担风险的联盟,是因为在有人生病的时候,大多数人是健康的和缴纳医疗保险费的。[②] 所以,《社会保险法》将"统账结合"的医疗保险制度再改回到"现收现付制",将能够充分发挥医疗保险所固有的基于大数法则的互济功能,更好地为老百姓分担疾病风险。

7. 规定更加人性化,更充分地体现出以人为本的治国理念。突出表现在《社会保险法》第四章工伤保险的规定中。例如,第 41 条的规定:"职工所在用人单位未依法缴纳工伤保险费,发生工伤事故的,由用人单位支付工伤保险待遇。用人单位不支付的,从工伤保险基金中先行支付。"第 42 条规定:"由于第三人的原因造成工伤,第三人不支付工

---

① 雷顺莉等:《"高级幕僚"朱幼棣的医改梦》,《南都周刊》2011 年第 4 期。
② [德]霍尔斯特·杰格尔:《社会保险入门》,刘翠霄译,中国法制出版社 2000 年版,第 7 页、第 23 页。

伤医疗费用或者无法确定第三人的,由工伤保险基金先行支付。"这些也是以往的行政法规所没有规定过的,它们将为劳动者的健康权和生命权提供有力的法律保障。

8.规定社会保险费统一征缴。1999年1月14日颁布的《社会保险费征缴暂行条例》在第6条规定,社会保险费"可以由税务机关征收,也可以由劳动保障行政部门按照国务院规定设立的社会保险经办机构征收。"据国家税务总局统计,到2005年,全国已有19个省、市、自治区和计划单列市地税局征收各项或单项社会保险费,[①]其他省份则由社会保险经办机构征收。社会保险费由不同机构征收,导致两个机构之间难以协调、征收和管理成本高等问题的产生。为了提高社会保险费的征缴率,《社会保险法》规定:"社会保险费实行统一征收,实施步骤和具体办法由国务院规定。"《社会保险法》关于社会保险费实行统一征收的规定,为国务院制定相应的法规提供了法律依据。

9.明确了政府在社会保险中的财政责任。《社会保险法》规定:"国有企业、事业单位职工参加基本养老保险前视同缴费年限期间应当缴纳的基本养老保险费由政府承担。"这一规定表明政府承担起"养老保险历史债务"的责任,这不仅对做实个人账户提供了保障,而且对于我国养老保险制度稳定持续发展提供了保障。该法第65条第2款还规定:"县级以上人民政府在社会保险基金出现支付不足时,给予补助。"这就为社会保险制度的切实实施提供了财政保障。

10.为参加社会保险的劳动者设立了社会保险号码。《社会保险法》规定:"国家建立全国统一的个人社会保障号码。个人社会保障号码为公民身份号码。"这一规定为第19条规定的社会保险关系转移接续的实施提供了方便,劳动者在哪里就业,就业地社会保险经办机构就

---

① 李涛:《2005年税务部门征收社保费增25%》,《中国税务报》2006年4月14日。

为其参加社会保险进行记录,当劳动者流动到异地就业时,流出地社会保险经办机构会在劳动者的社会保险卡中储存该劳动者缴纳各项社会保险费的信息,新就业地社会保险经办机构继续为劳动者储存新的缴纳社会保险费的信息。这样的连续记录就使劳动者获得的社会保险待遇与他履行的缴纳社会保险费的义务相一致,使劳动者的社会保险权益不会受到损害。

11. 社会保险法律责任的规定更加完善。《社会保险法》对法律责任的规定是在汲取社会保险行政法规立法和实施经验的基础上得以完善的。例如,社会保险行政法规对没有依法履行按时足额缴纳社会保险费义务而应承担法律责任的规定就是逐步得以完善的。1999 年 1 月 22 日国务院发布的《社会保险费征缴暂行条例》第 13 条规定:"缴费单位未按规定缴纳和代扣社会保险费的,由劳动保障行政部门或者税务机关责令限期缴纳;逾期仍不缴纳的,除补缴应缴数额外,从欠缴之日起,按日加收千分之二的滞纳金。"1999 年 3 月 19 日劳动和社会保障部发布的《社会保险费申报缴纳管理暂行办法》第 18 条规定:"缴费单位办理申报后,未及时足额缴纳社会保险费的,社会保险经办机构应当向其发出〈社会保险费催缴通知书〉,对拒不执行的,由劳动保障行政部门下达〈劳动保障限期改正指令书〉;预期仍不缴纳的,除补缴欠缴数额外,从欠缴之日起,按日加收千分之二的滞纳金。"2004 年 11 月 1 日国务院发布的《劳动保障监察条例》第 27 条第 1 款规定:"用人单位向社会保险经办机构申报应缴纳的社会保险费数额时,瞒报工资总额或者职工人数的,由劳动保障行政部门责令改正,并处瞒报工资数额 1 倍以上 3 倍以下的罚款。"《社会保险法》第 86 条规定:"用人单位未按时足额缴纳社会保险费的,由社会保险费征收机构责令限期缴纳或者补足,并自欠缴之日起,按日加收万分之五的滞纳金;逾期不缴纳的,由有关行政部门处欠缴数额一倍以上三倍以下的罚款。"从不同年份制定的有关不按时足额缴纳社会保险费应当承担的法律责任的规定可以看出：由只处千分之二滞纳金，到发出催缴书，并处千分之二滞纳金，再到处以瞒报工资数额一倍到三倍的罚款，最后由《社会保险法》规定处以万分之五的滞纳金和在逾期不缴纳时，处以欠缴数额一倍至三倍的罚款。逐步严厉的处罚，能够更加有效地发挥法律责任对于违法者的惩戒和警示作用。

再如，社会保险法律法规对骗取社会保险基金和社会保险待遇应当承担法律责任的规定也是逐步得以完善的。2001年5月18日劳动和社会保障部发布的《社会保险基金行政监督办法》第5条规定："社会保险基金监督包括以下内容：……（三）社会保险基金征收、支出及结余情况"，这里的社会保险基金支出应该是指社会保险待遇的支出。2003年2月27日劳动和社会保障部发布的《社会保险稽核办法》第12条规定："社会保险经办机构应当对参保个人领取社会保险待遇情况进行核查，发现社会保险待遇领取人丧失待遇领取资格后本人或他人继续领取待遇或以其他形式骗取社会保险待遇的，社会保险经办机构应当立即停止待遇的支付并责令退还；拒不退还的，由劳动保障行政部门依法处理，并可对其处以500元以上1 000元以下罚款；构成犯罪的，由司法机关依法追究刑事责任。"这里的规定明显是指骗取社会保险待遇者应当承担的法律责任。但是，在2004年11月1日国务院发布的《劳动保障监察条例》第27条第2款中规定："骗取社会保险待遇或者骗取社会保险基金支出的，由劳动保障行政部门责令退还，并处骗取金额1倍以上3倍以下的罚款；构成犯罪的，依法追究刑事责任。"2005年1月21日劳动和社会保障部发布的《关于进一步加强社会保险稽查工作的通知》"五"中规定："坚持定期核查企业离退休人员领取养老金情况的制度，在上一年稽查的基础上，做到全面核查，及时杜绝各种冒领行为。……社会保险经办机构在核查中发现骗取社会保险待遇或者社会保险基金支出的,社会保险经办机构要立即停止待遇支付并责令退还;拒不退还的……"这里的规定同样模糊,从上下文看,是指骗取社会保险待遇应当承担的法律责任,而且"骗取社会保险待遇或者社会保险基金支出"的文字表述容易使人理解为是完全相同的违法行为。将骗取社会保险待遇的法律责任与骗取社会保险基金支出的法律责任并列规定,造成的后果是,在实践中将骗取社会保险待遇作为骗取社会保险基金支出处理,或者将骗取社会保险基金支出作为骗取社会保险待遇处理的情况时有发生。例如,2010年2月1日起实施的《重庆市骗取社会保险基金处理办法》,名义上是追究骗取社会保险基金者法律责任的法规,实际却是追究骗取社会保险待遇者法律责任的法规。

《社会保险法》在87条规定:"社会保险经办机构以及医疗机构、药品经营单位等社会保险服务机构以欺诈、伪造证明材料或者其他手段骗取社会保险基金支出的,由社会保险行政部门责令退回骗取的社会保险金,处骗取金额二倍以上五倍以下的罚款;属于社会保险服务机构的,解除服务协议;直接负责的主管人员和其他责任人员有执业资格的,依法吊销其执业资格。"第88条规定:"以欺诈、伪造证明材料或者其他手段骗取社会保险待遇的,由社会保险行政部门责令退回骗取的社会保险金,处骗取金额二倍以上五倍以下的罚款。"《社会保险法》用两个条文将骗取社会保险基金支出和骗取社会保险待遇的主体以及处罚措施分别作出规定,就可以避免两者互相颠倒混淆的现象发生,更加有利于严格依法办事。

《社会保险法》对社会保险法律责任主体以及社会保险法律责任形式的规定,是对社会保险行政法规零散规定的整合。《社会保险法》规定的法律责任形式一是行政责任,例如,第86条规定:"用人单位未按时足额缴纳社会保险费的,由社会保险征收机构责令限期缴纳或者补足,并自欠缴之日起,按日加收万分之五的滞纳金";第87条规定:"社会保险经办机构以及医疗机构、药品经营单位等社会保险服务机构以欺诈、伪造证明材料或者其他手段骗取社会保险基金支出的,由社会保险行政部门……直接负责的主管人员和其他直接责任人员有执业资格的,依法吊销其执业资格"。此外,第 84 条、第 88 条、第 89 条也对行政责任做出了规定;二是民事责任,在社会保险法颁布之前的 2010 年 9 月 14 日最高人民法院公布的《关于审理劳动争议案件适用法律若干问题的解释(三)》的第 1 条中就已作出了如下规定:"劳动者以用人单位未为其办理社会保险手续,且社会保险经办机构不能补办导致其无法享受社会保险待遇为由,要求用人单位赔偿损失而发生争议的,人民法院应予受理。"这个规定表明,用人单位没有为劳动者办理社会保险、没有缴纳社会保险费、又不能在社会保险经办机构补办、而使劳动者遭受损失的,用人单位应当承担赔偿责任。《社会保险法》将这一行之有效的规定在第 92 条肯定下来:"社会保险行政部门和其他有关部门、社会保险经办机构、社会保险费征收机构及其工作人员泄露用人单位和个人信息的,对直接负责的主管人员和其他责任人员依法给予处分;给用人单位或者个人造成损失的,应当承担赔偿责任";三是刑事责任,例如,第 94 条规定:"违反本法规定,构成犯罪的,依法追究刑事责任。"

2011 年 6 月 29 日人力资源和社会保障部发布的《实施〈中华人民共和国社会保险法〉若干规定》,在总结以往社会保险行政法规实施过程中暴露出的立法不完善问题的同时,还在以下规定中完善了社会保险法律责任的规定:一是规定用人单位交纳的滞纳金不得要求职工承担。例如,第 20 条规定:"职工应当缴纳的社会保险费由用人单位代扣代缴。用人单位未依法代扣代缴的,由社会保险费征缴机构责令用人单位限期代缴,并自欠缴之日起向用人单位按日加收万分之五的滞纳金。用人单位不得要求职工承担滞纳金。"二是规定用人单位缓缴社保险费期间,职工的社会保险待遇不受影响。例如,针对第 21 条的规定:"用人单位因不可抗力造成生产经营出现严重困难的,经省级人民政府社会保障行政部门批准后,可以暂缓缴纳一定期限的社会保险费,期限一般不超过一年。"在第 23 条作出这样的规定:"用人单位按照本规定第二十一条、第二十二条缓缴社会保险费期间,不影响其职工依法享受社会保险待遇。"三是对社会保险服务机构(医疗机构、药品经营单位等)违法行为的法律责任作出具体规定。例如,第 25 条规定,社会保险服务机构以欺诈、伪造证明材料或者其他手段骗取社会保险基金支出的,由社会保险行政部门责令退回并处骗取金额二倍以上五倍以下的罚款。对与社会保险经办机构签订服务协议的医疗机构、药品经营单位,由社会保险经办机构按照协议追究责任,情节严重的,可以解除与其签订的服务协议。对有执业资格的直接负责的主管人员和其他直接责任人员,由社会保险行政部门建议授予其执业资格的有关主管部门依法吊销其执业资格。第 26 条对社会保险经办机构、社会保险费征收机构、社会保险基金投资运营机构、开设社会保险基金专户的机构和专户管理银行及其工作人员的违法行为作出详细列举,对其应当承担的法律责任,规定按照《社会保险法》第 91 条规定查处。

《社会保险法》有关社会保险法律责任的规定,对于强化社会保险行政部门、社会保险经办机构、社会保险费征收机构以及其他相关行政部门及其工作人员的责任心,强制有参加社会保险义务的用人单位为职工办理社会保险、按时足额缴纳社会保险费,规范社会保险服务机构的服务行为,保障社会保险事业的持续稳定运行,维护受保险人的社会保险权益提供了法律保障。

12. 规定了社会保险法律救济途径。随着人们社会保险意识的不断增强和规范社会保险争议法规的不断完善,社会保险争议案件呈现出上升趋势。例如,2008 年 1 月至 8 月,北京市海淀区处理的劳动争议案件中,有49.85%是社会保险争议案件。①《社会保险法》在吸收社会保险行政法规立法和法规适用经验的基础上,结合新形势下社会保险争议的特点,将解决社会保险争议三种法律救济的方式沿用下来。例如,第83条第3款规定,个人与所在用人单位发生社会保险争议的,可以依法申请调解、仲裁,即可以通过劳动争议处理程序处理社会保险争议;第83条第1款规定,用人单位或者个人认为社会保险费征收机构的行为侵犯自己合法权益的,可以依法申请行政复议,即可以通过行政救济途径解决社会保险争议;第83条第2款规定,用人单位或者个人对社会保险经办机构不依法办理社会保险登记、核定社会保险费、支付社会保险待遇、办理社会保险转移接续手续或者侵害其他社会保险权益的行为,可以依法申请行政复议或者提起行政诉讼,即可以通过司法救济的途径解决社会保险争议。

2011年6月29日,人力资源和社会保障部发布的《实施〈中华人民共和国社会保险法〉若干规定》进一步完善了社会保险争议法律救济的规定。例如,第27条规定,职工与所在用人单位发生社会保险争议的,可以依照《中华人民共和国劳动争议调解仲裁法》的规定,申请调解、仲裁、提起诉讼。职工认为用人单位有未按时足额为其缴纳社会保险费等侵害其社会保险权益行为的,也可以要求社会保险行政部门或者社会保险费征收机构依法处理。社会保险行政部门或者社会保险费征收机构应当按照《社会保险法》和《劳动保障监察条例》等相关规定处理。这些对投诉部门和投诉渠道明确具体的规定,使得企业职工在社会保险权益遭受侵害时,能够及时获得法律救济。

---

① 张丽云:《社会保险争议持续上升的原因及对策》,《天津社会保险》2009年第4期。

第二节 健全养老保险制度的配套措施

我国目前处于社会转型时期,各种社会关系错综复杂,新情况新问题不断出现,所以,仅靠一部《社会保险法》难以调整不同群体的社会保险关系中出现的特殊问题,需要国家制定几项配套措施,以使养老保险制度更加健全和完善,更加有效地保障公民的"老有所养"权利的实现。为此,人力资源和社会保障部拟定了《农民工参加基本养老保险办法》和《城镇企业职工基本养老保险关系转移接续暂行办法》,并于2009年2月5日公开征求意见,2009年2月20日征求意见结束,历时15天。

一、《农民工参加基本养老保险办法》

在20世纪90年代后期和21世纪初,我国国有经济结构调整和国有企业改革进入攻坚阶段,城市国有企业大量下岗失业人员再就业压力很大,同时农民进入城市务工的环境也较宽松。在这样的形势下,国家将城镇下岗失业人员的再就业放在优先地位,在不同群体之间进行就业资源分配予以轻重缓急和有差别性的对待是必要的,也是有利于国家改革发展稳定大局的理性选择。在城市下岗失业人员就业问题逐步得到解决之后,促进农村劳动力转移问题提上各级政府的议事日程。在各级政府的统筹规划下,农村劳动力转移以及农民工的就业环境有了极大的改善,尤其是在城镇职工基本养老保险制度逐步完善的同时,一些地方也出台了农民工参加养老保险的地方性法规或政策。但是,由于历史和现实的原因,国家层面的有关农民工参加养老保险的法规或政策很长时期没有出台。虽然《中华人民共和国劳动法》在实施15年的过程中,城镇职工基本养老保险制度对于农民工也是敞开的,即他们可以参加城镇职工基本养老保险障制度,甚至可以说城镇职工的养老保险和医疗保险制度没有把农民工排斥在制度之外。然而,由于雇用农民工的用人单位绝大多数为劳动密集型中小企业,而过高的养老保险费率(仅企业需缴纳职工工资总额的 20%)会增加企业用人成本,如果他们为农民工办理养老保险,就会使得利润空间本来不高的企业获利更少甚至无利可获,这是长期以来农民工参保率不足 20% 的主要原因。这种没有考虑到农民工的具体情况、参保门槛过高、农民工实际上不能参加养老保险的制度,就制度规定本身来看似乎是公平的,但实际上对农民工是不公平的。[①]

在 2009 年发生并波及全球的金融危机中,中国是受影响最大的发展中国家。在这场经济危机中,以往高速增长的 GDP 和出口增长带动的就业增长的掩盖下,农民工的低工资收入以及城镇社会保障不能对农民工提供生活风险保障导致的"民工荒"和内需不足的问题显露了出来,并严重制约我国经济发展。政府和社会各界认识到,重视和解决好农民工就业和社会保障问题,不仅关系到农民工群体的利益和社会稳定,而且关系到我国内需的有效扩大和经济环境的根本改善,进而关系到我国经济的持续发展。解决农民工的就业和社会保障问题,需要处理好中央和地方、政府和市场、输入地和输出地的关系,尤其是中央要加大在农民工社会保障上的投入力度。实际上,国家已从 2005 年开始着手制定农民工养老保险办法,2006 年,国务院发布《关于解决农民工问题的若干意见》,确立了"低费率、广覆盖、可转移和能衔接"的原则,人力资源和社会保障部根据国务院的文件精神,拟定了《农民工参加基本养老保险办法》,并于 2009 年 2 月 5 日向社会发布,征求意见。办法

[①] 郭烁:《农民工参加基本养老保险是历史性突破》,《中国社会科学报》2009 年 2 月 12 日。

从农民工在城乡之间、不同城市之间流动就业,新老农民工代际交替就业,且流动频繁的特点出发,从以下几个方面对农民工参加基本养老保险作出了不同于城镇职工的规定:

1.适用范围为在城镇就业并与用人单位建立劳动关系的农民工,用人单位与农民工签订劳动合同时,必须明确农民工参加养老保险相关事宜,并为农民工办理参加养老保险手续。

2.缴费比例为用人单位缴纳12%,农民工个人缴纳4%至8%,这种低于城镇企业职工缴费比例的规定,可以降低农民工及其用人单位的经济负担,将更多的农民工纳入养老保险制度覆盖范围。农民工应当缴纳的养老保险费由用人单位从农民工工资中代扣代缴,并全部计入其基本养老保险个人账户。

3.规定养老保险关系可以转移接续。农民工离开就业地时,原则上不退保,由当地社会保险经办机构为其开具参保缴费凭证。农民工跨统筹地区就业并继续参保的,向新就业地社保机构出示参保缴费凭证,由两地社保机构负责为其办理基本养老保险关系转移接续手续,其养老保险权益累计计算。未能继续参保的,由原就业地社会保险经办机构保留基本养老保险关系,暂时封存其权益记录和个人账户,封存期间其个人账户继续按国家规定计息。

4.规定了养老保险待遇领取条件和程序。农民工参加基本养老保险缴费年限累计满15年以上,就获得领取养老金的资格,由本人向基本养老保险关系所在地社会保险经办机构提出领取申请,社保机构核定后,对符合领取条件的发放基本养老金。农民工达到退休年龄而缴费年限累计不满15年,参加了新型农村社会养老保险的,由社会保险经办机构将其基本养老保险权益记录和资金转入户籍地新型农村社会养老保险,享受新农保养老待遇;没有参加新农保的,比照类似情况的城镇退休职工,一次性领取个人账户积累的存储额。

5. 提供信息查询服务。国家建立全国统一的基本养老保险参保缴费信息查询服务系统,农民工个人身份证号码是其终身不变的社会保障号码,农民工可在各地社会保险经办机构查询本人参保缴费等信息。

《农民工参加基本养老保险办法》与《城镇企业职工基本养老保险》一起,将在城镇企业就业的所有劳动者都覆盖了起来。它的意义在于:逐步消除城乡二元经济社会结构、消除对农民工的歧视和排斥以及承认农民工是产业工人的组成部分、减少农民数量、推进城市化进程。

二、《城镇企业职工基本养老保险关系转移接续暂行办法》

截至 2008 年底,全国参加城镇企业职工基本养老保险的农民工有 2 416 万人,只占在城镇就业农民工的 17%。[①] 主要原因是农民工参加城镇企业职工养老保险有两难:一是缴费难。农民工工资收入普遍较低,雇用农民工集中的企业经济承受能力也普遍较低,导致许多雇用农民工的企业以及农民工本人不愿意缴纳养老保险费,参加养老保险;二是养老保险关系转移接续难。农民工就业的特点是流动性强、转移目标地不明确。而现行城镇企业职工养老保险制度规定,养老保险关系转移时只转个人账户资金,不转移用人单位缴纳的社会统筹基金,许多参加了城镇企业职工养老保险的农民工由于没有达到法定的退休年龄,也没有积累够至少 15 年的缴纳养老保险费的时间,所以,在离开一个就业城市时只能选择退保,一次性把个人账户储存积累中个人缴费

---

① 郭烁:《农民工参加基本养老保险是历史性突破》,《中国社会科学报》2009 年 2 月 12 日。

部分领出来。① 这就造成农民工在不同城市工作,累积缴纳养老保险费的时间满 15 年甚至超过 15 年而不能获得领取养老金资格的情形,这不但极大地损害了农民工的养老保险权益,而且成为农民工在不同地区之间流动就业的障碍。到 2009 年,流动就业人口已达到 2.3 亿人,是 1980 年 200 万的 110 多倍。② 解决如此庞大规模流动就业人口养老保险关系转移,确保已经参加过就业地养老保险并缴纳了养老保险费、需要去统筹地区内别的城镇或者跨统筹地区就业的农民工的养老保险权益是亟需政府考虑的问题。

经过长达 10 年的酝酿讨论后,国务院于 2009 年 12 月 29 日转发了国家人力资源和社会保障部与国家财政部制定的《城镇企业职工基本养老保险关系转移接续暂行办法》,并于 2010 年 1 月 1 日起实施。暂行办法在以下几个方面完善了现行农民工养老保险法规规定:

1. 取消退保规定。退保规定的取消,减少了农民工因流动就业造成的养老保险费损失,使缴纳了养老保险费的农民工在达到退休年龄、退出劳动领域时,领取到的养老金与他所履行的缴纳养老保险费义务相适应,减少了对农民工合法权益的侵害,维护了农民工养老保险权益,体现了国家对农民工养老权益的重视和保护。

2. 养老保险关系可以转移接续。这一规定消除了农民工参加养老

---

① 农民工养老保险个人账户中,1/3 是个人缴费,2/3 是企业缴费。农民工领取了 1/3 的个人缴费以后,2/3 的企业缴费就留在企业所在地的社保经办机构。据统计,2002 年至 2006 年,广东省共办理农民工退保 785 万人次,2006 年有 1/3 的农民工退保。2002 年—2007 年 6 年间,仅广东省农民工退保没有转移的企业缴费高达 700 亿元,占广东省养老保险基金累积额的 1/3。由此造成的农民工参加养老保险在年限以及积累额上的损失是由农民工养老保险法规不合理的规定造成的,国家需要通过完善农民工养老保险关系转移接续的规定来维护农民工的合法权益。参见郑秉文:《养老保险关系转续的深远意义与深层思考》,《中国劳动保障报》2010 年 1 月 19 日。

② 郑秉文:《养老保险关系转续的深远意义与深层思考》,《中国劳动保障报》2010 年 1 月 19 日。

保险的顾虑,这将激励农民工更加积极地参加养老保险,扩大养老保险的覆盖面。据统计,2006年和2007年,参加养老保险的农民工人数分别为1 417万人和1 846万人,仅占农民工总数的13%。[①] 农民工流动就业可以转移接续养老保险关系的制度,不但拆除了农民工流动就业的障碍,而且对于农民工积极参加养老保险具有极大的促进作用。

3. 国家不再需要制定专门的农民工养老保险制度。因为2009年9月1日国务院下发了《关于开展新型农村社会养老保险试点的指导意见》,农村建立起农民养老保险制度以后,如果进城务工的农民工回乡务农,他在城镇就业时给当地社保经办机构缴纳的养老保险费就可以转移到他家乡或其他务农地区的农村社会养老保险经办机构,之前缴纳的养老保险费就可以与之后参加新型农村社会养老保险缴纳的养老保险费的年限和数额连续累积计算,使他们的养老保险权益不受任何损失。

4. 规定了养老金领取条件和办法。农民工缴费满15年以上的,按月领取基本养老金,基本养老金包括基础养老金和个人账户养老金;缴费不满15年的,而参加了新型农村社会养老保险的,由社会保险经办机构将其养老保险关系及资金转入其家乡的新型农村社会养老保险制度,按规定享受新型农村社会养老保险待遇;没有参加新型农村社会养老保险的,比照城镇同类人员,一次性支付其个人账户养老金。为了规避年龄比较大的劳动者去社保待遇高的地区和大城市就业,且就业参保地与户籍所在地不一致而造成的养老保险基金压力,"暂行办法"规定,年满50岁的男性和年满40岁的女性在跨地区就业时,应当将养老保险关系留在原就业地,而不能把养老保险关系转移到新就业地。这样规定的原因是,他们在新就业地参加养老保险不能满10年,也不可

[①] 郑秉文:《养老保险关系转续的深远意义与深层思考》,《中国劳动保障报》2010年1月19日。

能在那里领取养老金了,只能在那里建立一个临时的养老保险缴费账户,等他们退休时再将临时养老保险缴费转回他们的户籍所在地。这样的规定不仅有利于规避社保移民,而且有利于控制像北京、上海等大城市养老压力。

5. 规定养老保险关系转移接续程序。参保人员就业地社会保险经办机构负责参保登记、缴费核定、权益记录和保存等工作,在参保人员离开就业地时,社会保险经办机构开具参保缴费凭证。参保人员在其他地区就业并继续参保,只要提出接续申请并出示参保缴费凭证或信息,就能够由转出和转入地社会保险经办机构办理养老保险关系转移接续手续。将养老保险关系转移到非统筹地区,只能转移用人单位缴费的 12%,而不是全部,旨在减轻中西部地区的资金压力。对于仍然有支付压力的,中央给予补助,例如,2009 年,在将近 1 万亿元养老金支出中,中央财政补助了 1 300 多亿元,其中绝大部分资金是补给中西部地区的。① 在参保人员达到法定退休年龄时,退休所在地的养老保险经办机构按照"分段计算、待遇累计"的方法,计算出退休人员应当获得的养老金数额,这就保证了往返于城乡的流动就业者的养老保险权益不会受到损害。农民工由于各种原因未能继续参保的,其权益记录和个人账户一直封存,个人账户继续按国家规定计息,直到其继续参保或到达领取待遇年龄,已经参保缴费的权益不受损失。由于在城镇就业的农民工中有一部分是从事个体经营的,考虑到他们没有用人单位缴费,如果参保将由个人负担全部缴费,经济上难以承受,因此,"暂行办法"规定这部分农民工以及在乡镇就业的农民工可参加家乡的新型农村社会养老保险。

---

① 郑秉文:《养老保险关系转续的深远意义与深层思考》,《中国劳动保障报》2010 年 1 月 19 日。

《城镇企业职工基本养老保险关系转移接续暂行办法》的实施,不仅解决了农民工异地转移养老保险关系的接续问题。即农民工只要履行了缴纳养老保险费的义务,就获得享有养老保险待遇的权益。在达到法定领取养老保险待遇年龄时,按照与城镇参加养老保险企业职工一视同仁的原则获得相应待遇。"暂行办法"的实施对于促进城市化进程、消除对于农民工的歧视和排斥,强化社会融合和凝聚力、拉动和提高内需、维护社会稳定方面会发挥积极作用。

到了2011年底,全国跨省转移养老保险关系79万人次,转移基金105亿元。跨地区转移基本医疗保障关系50万人次,转移个人账户基金2.2亿元。[①] 但是,养老保险关系转移接续是一个应对退保潮的权宜之计,存在许多弊端,例如,只转移用人单位缴费的12%,8%留在转出地,而在计算养老金标准时,却按照用人单位缴费20%来计算,造成流入地养老保险基金在支付上的资金缺口。

如前所述,中华全国总工会1960年7月6日制定、1963年1月23日发布的《关于享受长期劳动保险待遇的转移支付试行办法》得到了很好的实施,原因在于当时的劳动保险基金实行的是全国统筹模式,所以,不会出现目前社会保险关系转移接续中的困难和问题。因此,解决养老保险关系转移并无缝接续的根本办法是尽快提高养老保险统筹层次,先尽快实现省级统筹,紧接着尽快实现全国统筹,养老保险关系转移接续问题就迎刃而解了。

第三节 事业单位养老保险制度改革

党的十六届三中全会提出,要进行机关事业单位养老保险制度改

[①] 韩宇明:《社保基金超3万亿 专家呼吁投资本市场避免贬值》,《新京报》2012年6月28日。

革。2007年的政府工作报告和国务院工作要点专门对机关事业单位养老保险制度改革进行了部署。2009年2月29日,国务院总理温家宝主持召开国务院常务会议,研究部署事业单位工作人员养老保险制度改革试点工作。会议讨论并原则通过了劳动和社会保障部、财政部、人事部制定的《事业单位工作人员养老保险制度改革试点方案》,确定在山西、上海、浙江、广东、重庆5省市先期开展试点,与事业单位分类改革配套推进。2011年3月22日,中央下发《分类推进事业单位改革实施指导意见》,这一改革方案是新中国成立以来第一次对事业单位改革进行的顶层设计和系统谋划。指导意见明确将改革的时间表定在2011年至2015年间,并且指出,在清理规范的基础上,完成事业单位分类。事业单位按其功能被分为三类:"参照公务员类",即承担政府职能的事业单位被划入政府系列;"自收自支类",即从事生产经营活动的事业单位被推向市场;"政府补贴类",即公益性事业单位。预计到2020年,将形成新的事业单位管理体制和运营机制。资料显示,我国有126万个事业单位,共计3 000多万正式职工,其中教育、卫生和农技服务从业人员三项相加,占总人数的3/4,教育系统人员即达到一半左右。[①] 2012年4月16日,指导意见一出台立即引发社会关注。

自1992年原人事部下发《人事部关于机关、事业单位养老保险制度改革有关问题的通知》至今20年间,无论改革成败与否,实际只触及到事业单位,而没有对公务员的养老保险制度进行改革。其原因主要有二:一是据2006年世界银行调查,在对158个国家养老保险制度的调查中,有84个国家对公务员实行单独的制度,国际社会保障协会提供的数据是,在全球172个建立了养老保险制度的国家中,有78个国

[①] 蒋彦鑫:《事业单位分类改革设5年过渡期 事业编只减不增》,《新京报》2012年4月17日。

家为公务员建立了独立的制度。这些国家不要求公务员缴纳养老保险费,养老保险基金由政府财政拨付。[1] 即政府对退休公务员实行供养。中国的公务员是否继续实行供养,国家没有明确的态度,因此,20年来只对事业单位的养老保险制度进行了改革;二是事业单位仅存在于中国,其他国家没有设置事业单位这样的机构。例如,我国列入事业单位的公立医院医生、公立学校的教师、科研机构工作人员等,在美国、法国、加拿大等国家都纳入国家公职人员系列。2006年,世界银行两位专家也将公务员和其他公共部门雇员的养老保险制度作为一个整体进行讨论。这些国家的公职人员虽然按照中央和地方等标准分为几类,并分别加入不同的养老保险计划,但养老金待遇差别不大。[2] 所以,我国在对事业单位进行改革时,首先需对其进行分类,然后按照类别适用不同的养老保险制度。

一、为什么要对事业单位养老保险制度进行改革

在新中国成立初期,国家在照搬苏联经济管理模式的同时,也基本上照搬了苏联的事业管理模式,即先后采取了一系列公有化措施,迅速建立起高度集中统一的经济管理体制,并逐步形成了一整套与之相适应的事业管理体制,中央政府在控制了一切人权、物权和财权的同时,也承担起相应的事权和职责。在计划经济体制下,国家不仅包办一切事业,也包办了一切企业及其他活动,逐步形成国家所有、国家经营、国家管理,政府、企业、事业一体化的格局。因此,事业单位是我国计划经济管理体制下形成的一种特有的社会组织。长期以来,我国的各项事

---

[1] 郑功成主编:《中国社会保障改革与发展战略》(养老保险卷),人民出版社2011年版,第158—159页。
[2] 陈佳贵、王延中主编:《中国社会保障发展报告(2010)》,社会科学文献出版社2010年版,第338—339页。

业均被视为"社会"活动,而不是经济活动。这种对于事业活动性质与功能的片面认识,导致事业发展严重地脱离于经济发展,并造成事业功能的政治化与事业单位的行政化。在现代市场经济条件下,市场主体的多元化,有利于明确区分私益活动、互益活动与公益活动,从而为市场经济国家发展社会公共事业创造必要的条件。在这种情况下,政府不应该也不可能完全包办所有具有社会共同需要性质的事务,而是必须根据公平与效率兼顾的原则来配置公共资源,从根本上对事业单位进行分类改革,其中包括将"分类改革后从事公益服务的事业单位及其工作人员"的养老保险制度改革为与企业职工基本一致的制度。

我国事业单位养老保险制度从 20 世纪 50 年代建立一直延续至今。这次对事业单位养老保险制度的改革并非第一次启动。早在 1992 年 1 月 27 日,人事部就曾下发《人事部关于机关、事业单位养老保险制度改革有关问题的通知》,并在云南、江苏、福建、[①]山东、辽宁、山西等省开始局部试点。1993 年 12 月 21 日,人事部部长宋德福在全国人事厅局长会议上的讲话中指出,由于机关和事业单位与企业的资

[①] 1994 年 1 月 22 日,福建省人民政府发布的《福建省机关事业单位工作人员退休养老保险暂行规定》对机关事业单位养老保险制度改革作出了以下规定:(1)调整对象。一为纳入各级政府人事部门工资基金管理的工作人员;二为具有国家干部身份的人员,例如人事、工资关系挂靠在机关、事业单位的人员。(2)筹资模式。一为社会统筹模式,由单位和个人按比例缴纳养老保险费筹集;二为基金模式,由单位和聘用制干部、合同制工人按规定的比例缴纳养老保险费,筹集养老保险基金;三为储存积累模式,由单位和临时工按规定的比例缴纳养老保险费并形成积累。(3)养老保险费比例。实行社会统筹模式的缴费比例为单位缴纳工资总额的 25%,个人缴纳本人工资的 2%;其他人员的缴费比例按不低于机关和事业单位及其工作人员的缴费比例以及实际测算情况确定。(4)待遇支付。机关和事业单位退休人员的待遇包括退休费、退休补助费、食品价格补贴、死亡丧葬费;聘用制、合同工人的养老保险待遇包括退休费、补助费、医疗补助费、丧葬费;临时工的待遇按其缴费积累及滋生利息予以支付。可以看出,福建省改革的亮点表现在,将原来对机关和事业单位工作人员的供养制改为单位缴纳 25%的养老保险费和工作人员个人缴纳 2%的养老保险费。而机关和事业单位为工作人员缴纳的养老保险费的资金渠道,在规定中没有作出明确规定。我们认为,这种不伤筋动骨的改革是不符合改革的精神的。

金来源不同,就使得机关、事业单位保险制度改革难度更大。我们……先建立机关事业单位合同制工人的养老基金统筹制度。事业单位养老保险制度先从自收自支的事业单位搞起,在国家继续负担离退休费的基础上,探索个人缴纳部分养老费的办法,形成部分基金积累。到2006年,除西藏、青海、宁夏外,全国28个省、直辖市、自治区的230个地区和1844个县区开展了机关事业单位养老保险制度改革,参保人数1796万,37%的在职职工参加。[1] 但这次改革最终由于各地试点步调不一,一直没有形成全国统一的事业单位养老保险的全面改革方案,改革最后以失败告终。

1995年全国事业单位机构和人事制度改革会议在河南郑州举行,这次"郑州会议"正式开启全国事业单位人事制度改革的试点工作。到2001年8月,国家陆续下发了关于调整学校管理体制、地质勘查队伍管理体制、中央国家机关和省区市厅局报刊结构、清理整顿经济鉴证类社会中介机构等若干决定,事业单位改革分领域推进。在2003年开始的乡镇机构改革中,乡镇事业单位改革作为其中的重要内容,与乡镇行政机构改革一并进行。2008年10月,国办印发《关于文化体制改革中经营性文化事业单位转制为企业和支持文化企业发展两个规定的通知》,至2008年底有117个地级市已开展相关改革。2009年,出版社、杂志社转企改制大刀阔斧。2010年,公立医院改革试点展开。[2]

近些年,经合组织成员国对其公职人员的养老保险制度进行了改革,改革的内容有延长缴费期、降低退休待遇、提高退休年龄、限制提前退休等,改革的主要目的是应对人口老龄化的冲击以及养老保险制度

---

[1] 郑功成主编:《中国社会保障改革与发展战略》(养老保险卷),人民出版社2011年版,第170页。
[2] 蒋彦鑫:《事业单位分类改革 设5年过渡期 事业编只减不增》,《新京报》2012年4月17日。

的财政压力,而不是为了缩短公职人员和私营部门雇员养老保险待遇上的差异。[①] 与经合组织成员国不同,我国这次所进行的事业单位养老保险制度改革的首要原因,是改革开放 30 年来,国家对行政管理体制、经济体制、社会管理体制都先后进行了改革,面对新形势新要求,我国社会事业发展相对滞后,一些事业单位功能定位不清,政事不分、事企不分,机制不活;公益服务供给总量不足,供给方式单一,资源配置不合理,质量和效率不高;支持公益服务的政策措施还不够完善,监督管理薄弱。这些问题影响了公益事业的健康发展,迫切需要通过分类推进事业单位改革加以解决。所以,事业单位养老保险制度改革是推进政府职能转变、建设服务型政府的重要举措,是提高事业单位公益服务水平、加快各项社会事业发展的客观需要。

需要对事业单位工作人员养老保险制度进行改革的第二个原因,是企事业单位职工养老保险待遇差距偏大。[②] 造成企事业单位职工养老金差距的主要原因是,目前机关、事业单位和企业退休职工实行不同的退休制度,除此之外,企事业单位的人员结构不一样,导致养老金计算口径不一样,计发办法不一样,调整的办法和机制不一样,资金渠道不一样,也是造成企事业单位职工养老金差距偏大的原因。目前平均差距达到一倍,[③] 一些具有可比性的人群差距更大,在企业退休的具有高级职称的科技人员、由机关调到企业的管理人员、转业复员到企业的军人,与事业单位相同职称、仍在机关工作的相同级别的同事、转业复员到事业单位的战友相比,差别之大一目了然。企业和事业单位退休

[①] 陈佳贵、王延中主编:《中国社会保障发展报告(2010)》,社会科学文献出版社 2010 年版,第 350 页。
[②] 同上,第 356 页。
[③] 胡晓义:《走向和谐:中国社会保障发展 60 年》,劳动社会保障出版社 2009 年版,第 130 页。

人员待遇差别大导致的直接后果是,待遇水平低的企业退休人员有不满情绪,并由此影响到社会的稳定和和谐。据统计,劳动保障部门受理的因退休待遇不公平的信访案件在逐年增加,由1999年的4 100多件增加到2003年的7 100多件,近些年群众上访案件中的1/3是有关退休待遇问题的。① 不仅如此,机关事业单位和企业退休职工收入差距还呈扩大趋势,虽然国家连续三年(2005年至2007年)上调企业退休人员基本养老金,接着在2008年至2010年继续上调,②但是,由于企业职工养老金调整的幅度小,1999年至2005年的平均增幅为7.3%,而国家机关、事业单位退休职工养老金的增幅分别为13.8%、11.8%,因此,企业退休职工的养老金在调整以后仍然远远低于机关事业单位的水平。③ 所以,国家需要通过制度设计来提高企业退休职工的养老金水平,缩小不同群体之间养老金待遇差距,促进不同群体养老金待遇水平的提高,才有利于社会和谐和稳定。

需要对事业单位工作人员养老保险制度进行改革的第三个原因,是国家财政负担过重。④ 国家公职人员养老保险财政负担过重,是所有为公职人员建立了养老保障制度国家都面临的问题,例如,经合组织成员国公职人员养老保险费用占GDP的比重平均值为2%,奥地利、法国等甚至超过3.5%;发展中国家的平均值为1.33%,巴西则高达4%。所以,对公职人员养老保险制度进行适当的调整和改革,是各个

---

① 郑功成主编:《中国社会保障改革与发展战略》(养老保险卷),人民出版社2011年版,第157页。
② 戚铁军:《2007年中国劳动保障报十大新闻》,《中国劳动保障报》2008年1月4日。
③ 郑功成主编:《中国社会保障改革与发展战略》(养老保险卷),人民出版社2011年版,第156页。
④ 陈佳贵、王延中主编:《中国社会保障发展报告(2010)》,社会科学文献出版社2010年版,第355页。

国家正在做或者准备做的工作。① 由于我国事业单位退休人员的退休金由国家财政拨款,因此,大部分事业单位退休人员的退休金与机关公务员挂钩,仍处于一个比较高的水平。此外,近年来事业单位职工工资上涨速度快于企业职工,而事业单位人员数量庞大,使得各级财政不堪重负。截至2005年底,全国事业单位总计125万个,涉及教科文卫、农林水利、广播电视、新闻出版等多个领域,工作人员超过3 035万人,是国家公务员的4.3倍,占全国财政供养人数的近80%。据有关资料显示,1990年全国机关事业单位退休费总额仅为59.5亿元,目前已经远远超过千亿元,增加了20多倍。② 为了减轻国家财政负担,需要将事业单位职工养老金待遇标准调整到与企业职工养老金基本一致的水平。

在事业单位养老保险制度改革问题上,学界有人认为,从表面上看改革可以省出一部分财政支出,这只是算了经济账,而没有考虑社会账。为事业单位工作人员提供养老金待遇是一个国家正常的公共管理与服务所需要支出的费用,它对于维护社会稳定和国家机器正常运转产生着较大的社会效益。改革事业单位工作人员养老保险制度会带来更大的制度成本,产生更多负面影响,不能作为改革的目的。③ 由于事业单位工作人员属于政治强势群体,对其养老保险制度进行改革,必然触及其既得利益,会遭遇来自他们的阻力。因此,在对事业单位工作人员的养老保险制度改革进行设计时,力争使其既因减轻了国家财政负担而符合国家利益,又要使其不至于因较大的待遇差别而产生较大的

---

① 陈佳贵、王延中主编:《中国社会保障发展报告(2010)》,社会科学文献出版社2010年版,第348页。

② 郑功成主编:《中国社会保障改革与发展战略》(养老保险卷),人民出版社2011年版,第24页。

③ 陈佳贵、王延中主编:《中国社会保障发展报告(2010)》,社会科学文献出版社2010年版,第355页。

心理落差;既要考虑到新旧制度之间的衔接,又要考虑到不同群体之间适度合理的待遇差别。只有这样才能够推进改革顺利进行。政府职能部门官员则与学界持完全不同的解释。国家人力资源和社会保障部副部长胡晓义指出,改革事业单位养老保险制度一是要解决由单位保障变为社会保障的问题,在全社会范围内统筹互济;二是解决权利与义务对等的问题,鼓励大家更多地做贡献,多缴纳养老保险费。有些人认为的财政甩包袱和大幅降低事业单位退休人员退休水平,都是误解。[1]

需要对事业单位工作人员养老保险制度进行改革的第四个原因是,机关事业单位退休人员的退休金与在职工人员同步增长,而制度没有为企业退休职工建立正常的退休金增长机制,使得机关事业单位退休人员与企业退休职工退休金的差距越来越大。2005年底,机关单位人均离退休费为18 410元,事业单位人均离退休费为16 425元,企业人均离退休费为8 803元。[2] 如此巨大的退休金差距,不仅显失社会公平,而且引起企业退休职工的不满,迫切要求改革现行机关事业单位的养老保险制度。2010年,在中国养老金总支出中,企业部门基本养老保险基金支出9 410亿元,占89.15%,事业单位和机关单位基本养老保险基金支出为1 145亿元,占10.85%。而根据人社部数据,2010年,全国事业单位参保离退休人数为411万人,大约占参保离退休人数的6.52%,机关单位参保离退休人数为77万,大约占参保离退休总人数的1.22%。全国事业单位和机关单位的参保退休人数占所有参保离退休人员总数量的7.74%。7.74%人数占比与10.85%的养老金支出占比,反映出全国事业单位和机关单位离退休人员收入更高的现实。

---

[1] 张晓松等:《中国任何时候都能够养活自己的老年人——胡晓义副部长回应养老保险相关热点问题》,《中国劳动保障报》2009年6月13日。

[2] 郑功成主编:《中国社会保障改革与发展战略》(养老保险卷),人民出版社2011年版,第24页。

如此大的差距足以让企业职工感觉受到了不公平的对待。①

解决以上问题,必须从改革与完善制度入手,理顺收入分配关系,缓解收入分配矛盾。在改革事业单位工作人员养老保险制度时,统筹考虑事业与企业退休人员的养老金差距问题,在完善企业基本养老保险制度、提高企业退休人员养老金标准的同时,对机关事业单位的养老保险制度进行改革,使企业与事业单位退休人员的养老保险在制度上、管理上相互衔接,化解因为制度不同以及资金来源不同造成的矛盾,最大限度地体现社会公平,为构建和谐社会提供制度保障。

二、事业单位养老保险制度改革的内容

《事业单位工作人员养老保险制度改革试点方案》确定的改革内容主要包括:

1. 方案的适用范围

方案确定的适用范围为"分类改革后从事公益服务的事业单位及其工作人员"。然而,怎样进行分类改革以及何为"分类改革后从事公益服务的事业单位及其工作人员"?目前还没有一个权威的界定。

其实,对于"事业单位"的定义从来就没有过确定的概念,其中的主要原因是事业单位在组织形式、服务功能及作用等方面的情况比较复杂,在一定程度上,难以准确把握和全面概括。因此,在不同时期人们对"事业单位"有不同的概括和表述,通常是围绕事业单位的基本特性加以确定,即服务性和不以为社会积累资本和盈利为目的。例如,1963年7月《国务院关于编制管理的暂行办法(草案)》中将"事业单位"表述为:"凡是为国家创造或改善生产条件,促进社会福利,满足人民文化、教育、卫生等需要,其经费由国家开支的单位为事业单位。"这是国家出

---

① 刘欣:《中国养老金个人账户缺口高达1.7万亿》,《东方早报》2012年3月16日。

台的法规中最早出现的对"事业单位"的定义;而《辞海》对事业单位是这样定义的:事业单位"受国家机关领导,不实行经济核算的部门或单位,所需经费由国库支出,如学校、医院、研究所等。"[1]这两种定义是根据当时我国事业单位的基本特性和条件所作出的表述,按照这些定义,我国的事业单位涉及 25 个行业种类,几乎遍布社会各个领域。20 世纪 80 年代后期以来,事业单位逐步形成全额拨款事业单位、差额拨款事业单位、自收自支事业单位三种财政支持形式,并且对其养老保险制度产生很大影响。例如,绝对多数自收自支的事业单位已经参加了城镇职工养老保险制度。

2004 年 7 月 6 日,国务院发布的《事业单位登记管理暂行条例》第 2 条第 1 款对事业单位定义为"本条例所称事业单位,是指国家为了社会公益目的,由国家机关举办或者其他组织利用国有资产举办的,从事教育、科技、文化、卫生等活动的社会服务组织。"这一定义表明事业单位具有四个基本特征:第一,事业单位运行的目的是为了社会公益事业发展;第二,事业单位的设立由国家机关举办或者其他组织利用国有资产举办;第三,事业单位的行业范围涉及教育、科技、文化、卫生等领域;第四,事业单位是提供社会服务的组织。随着社会主义市场经济的不断深入,经济体制和政治体制改革的进一步深化,事业单位在举办主体、作用和服务功能等方面出现了许多新的变化。国家对事业单位改革将使事业单位的管理体制向多元化、市场化的方向发展,在继续发挥原有作用的同时,面向社会自主从事准公共产品生产经营活动,以追求社会效益最大化。我们认为,对"分类改革后从事公益服务的事业单位及其工作人员"的定义应当具有这四个基本特征。

由于对事业单位缺乏比较清晰的界定,因此,各地在实施方案时,

---

[1] 《辞海》,上海辞书出版社 1980 年版,第 57 页。

根据当地的实际情况出现了四种不同的适用范围:一是将差额拨款和自收自支的事业单位全体工作人员以及机关、全额拨款事业单位的合同制工人及其离退休人员,纳入企业职工养老保险制度。例如,在江苏省开展改革试点的 106 个县中,有 55 个县实施了这种办法;二是将自收自支事业单位全体工作人员和机关、全额拨款事业单位、差额拨款事业单位的合同制工人及其离退休人员,纳入企业职工养老保险制度。例如,重庆市就实施这种改革办法;三是将所有事业单位工作人员和机关合同制工人及其离退休人员,纳入企业职工养老保险制度。例如,山东省青岛市就采取了这种做法;四是将本地区所有机关、事业单位的工作人员和离退休人员都纳入企业职工养老保险制度,即这个地区的就业人口实行统一的养老保险制度。例如,湖北省枣阳,山西省临汾、忻州,山东省济南市、烟台市等 14 个市,江苏 26.7% 地区,都实施了这种办法。[①]

2. 方案对筹资模式、养老金计发办法、统筹层次、转移接续的规定

方案规定,事业单位养老保险改革实行社会统筹与个人账户相结合的基本养老保险筹资模式。方案不仅将政府财政完全责任制改革为与企业职工养老保险完全相同的单位和职工共同缴纳养老保险费的责任分担制的筹资模式,而且,单位与职工的缴费比例也完全与企业职工缴费比例相同。方案规定,单位的具体缴费比例由试点省(市)人民政府确定,因退休人员较多、养老保险负担过重,确需超过工资总额 20% 的,应报劳动保障部、财政部审批。

方案规定,事业单位养老保险制度改革以后,基本养老金的计发办法与企业职工基本养老金的计发办法相同,即"老人老办法、中人中办

[①] 郑功成主编:《中国社会保障改革与发展战略》(养老保险卷),人民出版社 2011 年版,第 169 页。

法、新人新办法"。

方案规定,具备条件的试点省(市)可从改革开始即实行省级统筹;暂不具备条件的,可实行与企业职工基本养老保险相同的统筹层次。

方案规定,事业单位工作人员在同一统筹范围内流动时,只转移养老保险关系,不转移基金。跨统筹范围流动时,在转移养老保险关系的同时,个人账户基金随同转移。事业单位工作人员流动到机关或企业时,其养老保险关系转移办法按照劳动保障部、财政部、人事部、中央编办 2001 年发布的《关于职工在机关事业单位与企业之间流动时社会保险关系处理意见的通知》规定执行。

三、事业单位养老保险制度改革在五省市试行

2009 年 2 月 29 日,《事业单位工作人员养老保险制度改革试点方案》正式下发后,人力资源和社会保障部要求山西、上海、浙江、广东、重庆五个试点省市进行事业单位养老保险制度改革试点。

在山西省,为了给事业单位养老保险制度改革做前期准备,山西省同步推进了事业单位人事制度、财政投入等相关配套改革。2008 年 6 月公布了一个《山西省事业单位岗位设置管理实施办法》,目的就是转换事业单位用人机制,实现由身份管理向岗位管理转变。

在广东省,2008 年底起草了《广东省事业单位分类改革实施意见(征求意见稿)》以后,部分地市开始对事业单位先期进行了分类改革试验,然而,试验的结果发生了大批事业单位工作人员申请提前退休或买断工龄,有人上书抵制,有些已经转制的公职人员要求返回公务员系统等现象。[1] 广东省政府又于 2009 年 1 月份出台《广东省基本公共服务

---

[1] 郑功成主编:《中国社会保障改革与发展战略》(养老保险卷),人民出版社 2011 年版,第 173 页。

均等化规划纲要(2009—2020)》,提出在3年左右时间里,实现全省养老保险单位缴费比例基本统一。但事业单位养老保险制度试点改革方案推出的时间尚未出台。改革阻力之大可见一斑。

在上海市,事业单位养老保险制度改革仍在论证和调研中,在有关部门正在制定的事业单位养老保险制度改革方案中,对于因改革可能使事业单位员工损失的那部分养老金,计划通过年金来弥补。

在浙江省和重庆市,工作重点是研究制定基本养老保险关系转移接续实施细则。浙江省事业单位养老保险制度改革试点方案仍在研究与论证之中。重庆市在抓紧出台养老保险转移办法具体细则。

概括起来,五省市改革存在的主要问题是,各地政策五花八门。不仅改革范围有宽有窄,缴费基数依据不一,缴费率有高有低,而且在改革中对事业单位在管理、养老保险费征收及支付、基金统筹层次等方面做法不一,导致部门之间互相牵制,改革难以推进。事业单位养老保险制度试点改革推进之艰难,阻力之大是大多数人未曾想到的。根据专家测算,事业单位养老保险改革将使得事业单位人员的养老金替代率从80%—90%下降到58.5%,这意味着养老金水平的绝对下降。虽然改革方案提到要建立职业年金制度,但许多事业单位如学校是公益性质,创收能力无法与企业相比,建立年金制度也是力不从心。养老保险待遇预期大幅下降,引起事业单位工作人员的广泛抵触,在改革受到阻力的同时,社会各界也对养老保险待遇的公平性问题展开了讨论。由于工资制度改革是养老保险制度改革的基础,相互之间有很强的联动性,因此,一些专家和职能部门人士认为,养老保险改革放在工资制度改革之后更为妥当。也有人认为,中国的事业单位是计划经济时期身份制度的产物,当时国人有三种身份:农民、工人、干部,事业单位工作人员属于干部系列。然而,在国际上难觅事业单位之踪,例如,中国有近2 000万教师,占到事业单位人数的一半,而在美国公立学校的老师就是公务员,即政府雇员,县市一级的地方政府将一半多的财政预算用于学校建设和教师身上;再如医疗,在英国和加拿大,医院由政府举办,免费为老百姓提供医疗服务,公立医院的医生也是公务员。而在美国,医疗由市场提供,医生是市场的参与者,在职者通过医疗保险、无职者通过医疗救助解决看病问题,加上美国不同于西北欧的低税收制度,使老百姓有较多的钱用于解决自己的生活风险问题。[①] 这些国家不存在事业单位这样的机构,医生和教师也就不会是什么事业单位工作人员了。所以,主张取消事业单位,整个社会的格局应当是:市场的归市场,社会的归社会,政府的归政府,才是彻底的改革。[②]

事业单位工作人员的养老金待遇高于企业职工是个不争的事实,借鉴国际经验,根据我国实际情况,解决的办法是在对事业单位进行分类改革的同时,通过为企业退休人员建立正常的养老金调整机制,使企业职工养老金待遇像国家机关退休人员养老金待遇一样稳定增长,才能取得双赢效果。近年来,社会对提高企业职工养老金待遇呼声较高,理由是:第一,如前所述,企业职工养老金待遇确实比较低,他们是社会财富的创造者,但是,他们没有分享到应当分享的经济社会发展的成果。尤其是那些退休比较早的企业职工,他们是奉献的一代,而退休金水平很低,相当一部分退休职工沦为社会底层。国家应当通过对一定年龄以上的老退休职工实行特殊的补偿政策,以最大限度地体现社会公平;第二,近 20 年来,我国经济每年都以两位数百分比在增长,无论国家的存量资产,还是增量资产的数量,都证明国家有足够的实力用来

[①] 西北欧的税负水平普遍为 40%—50%,政府通过多收税,建立完善的社会保险制度,解决老百姓的生活风险问题;而美国的税负水平低于 30%,把更多的钱留给老百姓个人,让他们自己设法解决自己的生活风险问题。参见陈斌:《别让老有所养成为南柯一梦》,《南方周末》2011 年 3 月 24 日。

[②] 陈斌:《事业单位最终还是取消为上》,《南方周末》2011 年 4 月 14 日。

提高企业职工的养老金待遇水平。所以,通过提高企业退休职工养老金水平达到缩小其与事业单位退休职工养老金水平的差距的目的,是积极有效的办法。针对改革以来出现的问题,需要在深化事业单位分类改革的基础上,制定改革范围比较明晰、养老保险费缴费比例统一、保险费征缴机构和管理机构明确的、全国统一适用的法律法规,才能真正推进事业单位养老保险制度改革。

四、事业单位养老保险制度改革步履维艰

山西、上海、浙江、广东、重庆五省市自 2008 年就开始事业单位养老保险制度改革试点,按计划应于 2010 年底结束并向全国推广经验,但实际上改革步履维艰,截至 2012 年 6 月试点工作仍未结束。改革中,党中央、国务院以及中央编委、中央编办以及相关 11 个部门都非常积极,相继发布了中央 5 号文件,同时印发了 11 个配套文件,旨在积极推进事业单位改革。广大民众也期望尽快进行事业单位改革,使得全国人民能够获得更多更好的公共产品和公益服务。但是相关部门、事业单位主管部门,事业单位自身不积极。这是因为事业单位主管部门和地方领导一方面不希望因事业单位改革而引发不稳定,另一方面事业单位主管部门和地方领导也不希望打破原有的利益格局。所以,事业单位改革举步维艰。

事业单位改革首先面临分类,即按照行使行政职能、从事公益服务或生产经营性活动进行划分。在这里,分类改革以后事业单位工作人员前景不明确,是他们对改革没有的积极性的主要原因。事业单位养老保险制度改革的目的,一方面是实现社会公平和减轻财政负担,但改革的核心是创新机制和体制。然而,改革中绝大多数地方和主管单位都把精简事业单位的机构和人员、减轻财政负担作为改革的目标。例如,许多乡镇的农村中小学被大量撤减后,很多农村的孩子都要走数公

里去上学。再如,许多地方把医院等单位变卖或解散,造成了农村居民的看病难。这些做法都是有悖于事业单位改革的目标的。事业单位分类改革是一个系统工程,已经印发的 11 个配套文件涉及 11 个领域,是为了保证改革有序进行。然而,有些地区和部门完全按照地区和部门的利益来设计改革,这也是背离改革目的的做法。①

《试点方案》规定,为建立多层次的养老保险体系,提高事业单位工作人员退休后的生活水平,在参加基本养老保险的基础上,事业单位建立工作人员职业年金制度,具体办法由劳动保障部会同财政部、人事部制定。这种对于职业年金、过渡性养老金缺乏可操作性的规定,也成为事业单位养老保险制度改革难以推进的障碍。虽然 2011 年人力资源和社会保障部出台了《事业单位职业年金试行办法》。但试行办法只是明确了职业年金协商方式、个人缴费比例、领取条件、基金管理等内容,而对最为重要的资金来源问题却没有做出明确规定。要在 5 年内完成事业单位养老保险制度改革,如果不明确资金来源,就将使得本就存在压力的企业职工养老基金支付雪上加霜。因为事业单位和政府机关过去实行现收现付制,养老金由当期财政负担。当事业单位养老保险制度逐步和企业基本养老制度并轨,实现统一的社会统筹与个人账户相结合的模式时,养老保险基金支付压力增大,随之基金窟窿也越来越大。从现收现付制过渡到统账结合制最大的困难是,已经退休的这部分职工和并轨时在职的职工个人账户上没有积累。所以,借鉴企业职工养老保险制度改革的经验,事业单位改革成败,首先需要解决的是转制成本问题。解决养老金转制成本问题,需要调整国家财政开支结构。目前我国社会保障支出占财政支出 12%,远低于西方国家 30%—50%

---

① 《事业单位改革试点较难推进　各省呈支离破碎局面》,人民网 2012 年 6 月 15 日。

的比例,也低于一些中等收入国家20%以上的比例。① 所以,由各级财政承担事业单位养老保险制度向企业职工养老保险制度转换的成本,是事业单位养老保险制度改革并且不会对企业职工养老保险基金造成压力的根本之策。

五、深圳市启动事业单位养老制度改革

机关事业单位与企业在养老制度上的双轨制,不仅由于二者之间待遇差距大引发公平问题,而且由于制度之间缺乏合理的转移接续安排,使得机关事业单位人员中途离职只能"净身出户",阻碍了人才合理流动。为此,2012年8月16日,深圳市人力资源和社会保障局与深圳市财政委员会联合颁发的《深圳市事业单位工作人员养老保障实行办法》规定,办法实施后新进入深圳事业单位并受聘在常设岗位的工作人员试行社会养老保险加职业年金的养老保障制度,即纳入改革范围的人员,其养老金由基本养老保险金和职业年金构成。②

针对我国养老保险碎片化和待遇差距大的现状,郑功成教授在2002年就提出,我国应建立普惠式国民养老保险和差别式职业养老保险相结合的养老保险模式。普惠式养老保险采取社会统筹、现收现付方式由政府负责提供,它是最能体现社会公平、所有国民待遇统一的制度安排;差别式职业养老保险采取个人账户方式,由用人单位和职工个人分担责任,以职工工资收入为责任基础并在以后领取养老金时体现出差别,由此对职工产生激励作用,体现养老保险制度的效率功能。郑功成认为,我国应当采取这种制度模式的理由:一是社会发展需要建立

---

① 耿雁冰:《我国社会保障支出占财政12%远低于西方国家》,《21世纪经济报道》2012年6月15日。
② 王俊、李沐涵:《深圳市启动事业单位养老制度改革》,《羊城晚报》2012年8月23日。转引自《深圳市启动事业单位养老制度改革将与企业一致》,《京华时报》2012年8月24日。

普惠式国民养老保险制度。老有所养是我国国民的一项宪法权利,这项权利不应长期被一部分国民所垄断,应当为全民所享有。而且国际经验证明,普惠式养老保险是社会发展进步的必然内容和重要标志,中国发展的目标是建立小康社会、追求共同富裕,普惠式养老保险应是其不可或缺的内容;二是现行养老保险制度的完善宜采用这种制度。一方面有利于消除城乡分割,另一方面采取低水平的普惠式养老保险代替现行的社会统筹制度,不仅可以减轻企业缴费负担,使企业适当承担缴纳职工养老保险费的责任,而且能够激励职工多干活、多赚钱、多缴纳养老保险费、多得养老金的积极性,使养老保险制度成为长期稳定持续发展的制度;三是现行制度模式可以顺利转化为普惠式加差别式养老保险制度。现行的社会统筹部分可以作为建立普惠式养老保险制度的平台,逐步将所有工薪阶层劳动者纳入这一制度,而官方雇主和企业雇主以及劳动者个人缴纳的养老保险费计入个人账户。目前的制度结构向所设想的制度过渡在政策和技术上,不存在较大障碍。[①] 郑功成教授的观点值得决策者和学界讨论和参考。

第四节　新医疗保险改革实施方案出台

新医改发轫于 2005 年以来兴起的新一轮医疗体制改革方向的争论。尽管争论中反映出的意见和观点很多,但是,参加新医改讨论的专家还是达成了一项共识,即新医改的突破口在于医疗保障体制的健全,实现人人享有基本医疗保障,并体现在《中共中央国务院关于深化医药卫生体制改革的意见》和《国务院关于印发医药卫生体制改革近期重点

[①] 郑功成等:《中国社会保障制度变迁与评估》,中国人民大学出版社 2002 年版,第 47—48 页。

实施方案(2009—2011年)的通知》中。2009年4月7日发布的《国务院关于印发医药卫生体制改革近期重点实施方案(2009—2011年)的通知》指出,三年内主攻五项改革,其中一项是:加快推进基本医疗保障制度建设,扩大基本医疗保障覆盖面,提高基本医疗保障水平,规范基本医疗保障基金管理,完善城乡医疗救助制度,提高基本医疗保障管理服务水平。[①] 由于意见和通知涉及到13亿人中的每个人的切身利益,所以,立即引起老百姓的极大关注。

一、为什么制定新医疗保险改革实施方案

医疗保险改革是社会保险改革中最为复杂的一种,这是因为,医疗保险不仅涉及到医疗供需双方、医疗保险机构,而且涉及到医药产品生产和销售等各个方面的关系。所以,医疗保险改革虽然取得了巨大成就,但是由于医疗保险中存在如此多错综复杂的关系,以至于使老百姓在遭遇疾病风险时仍然遇到许多问题。

1. 医疗保险覆盖范围窄待遇水平低

按照1998年12月国务院颁布的《关于建立城镇职工基本医疗保险制度的决定》的规定,医疗保险制度覆盖范围包括统筹地区的企业职工、非企业单位雇工、机关事业单位和社会团体工作人员、灵活就业人员和其他在城镇就业的人员等。而人力资源和社会保障事业发展统计公报的数据却让人有些失望。到2009年底,全国就业人口为77 995万人,城镇就业人员达到了31 120万人,参加医疗保险的人数为21 937万,占全国就业人口的28.2%,占全国城镇就业人员的70.6%。在全国2.252亿农民工中,进城务工的有1.4亿人,占农民工总数的

---

① 《医药卫生体制改革近期重点实施方案》,《中国劳动保障报》2009年4月8日。

62.3%,他们中的70%没有被纳入城镇职工医疗保险范围。[1] 造成这种状况的原因,是在医疗改革的过程中,在把公立医疗机构推向市场的同时,也把大多数居民医疗需求推向市场,他们主要是非公有制企业职工、乡镇企业职工、城镇个体户、自由职业者以及这些人的家属。

在城市居民中,享受最低生活保障待遇的居民是其中的一个特殊群体,他们中大多数是下岗失业人员及其家庭成员。物质生活的贫困以及由此带来的精神压力,使他们的患病率高于一般居民。在全国省会城市中,贫困人口的患病比例在50%以上,其他经济条件相对较弱的非省会城市情况更为严重。有限的医疗保险待遇,使50—70%的低保对象生病时不去医院看病,低保户陷入贫困—疾病—更贫困—病情加重的恶性循环中不能自拔。[2] 解决低保户贫困问题的途径除了帮助他们再就业以外,为他们提供基本的医疗保险待遇是更为有效的措施。

2. 医疗保险改革使得"看病贵"困扰着大多数城乡居民

医疗保险制度在改革之前实行现收现付的筹资和支付形式,改革以后的医疗保险实行"个人账户与社会统筹相结合"的筹资模式,而城镇居民基本医疗保险和农村新型合作医疗则实行大病统筹制度。这一改革带来的后果是老百姓看不起病,以至于出现了"小病扛、大病等死"的现象。据第二次和第三次全国卫生服务调查结果显示,我国城乡居民因经济困难而放弃或未采取任何治疗措施的人数占应住院而未住院人数的近40%,其中绝大多数是经济落后地区的农民。"看病贵"仍然是一个重要的民生问题。[3] 所以,需要对已经改革了的医疗保险制度

---

[1] 郑功成主编:《中国社会保障改革与发展战略》(医疗保障卷),人民出版社2011年版,第115、148页。

[2] 蒋积伟:《当前城市低保家庭的医疗困境》,《哈尔滨工业大学学报》2007年第2期。

[3] 郑功成主编:《中国社会保障改革与发展战略》(医疗保障卷),人民出版社2011年版,第4页。

进行再改革,即或者提高医疗保险报销比例,或者将医疗保险的筹资模式原改为社会统筹模式,并采取现收现付的支付方式,以解决困扰老百姓的"看病贵"问题。

3. 政府财政投入不足导致老百姓"看病难"

据卫生部统计,2003年患病人数比10年以前的1993年增加了7.1亿,而就诊人数却减少了5.4亿。病床使用率城市由81%下降到61%,农村由44%下降到33%。城市居民有48%有病不去看病,有29.6%的人应住院未去住院。形成这种情形的原因一方面是医疗费用迅猛上升,从1998年到2003年,每年的上升幅度都在30%以上,大大超过人均收入年增长率为7%的速度;[①]另一方面的原因是城乡卫生费用筹资不足,2008年卫生总费用占GDP4.06%,从1978年到2008年的30年间,卫生总费用在GDP中的占比仅增加了1.04%。[②] 卫生支出在政府预算中呈下降趋势,从1990年的25%,下降到了2002年的15.21%,与此相应,居民个人卫生支出从1990年的38%上升至2000年的60.60%。[③] 政府财政投入不足与当地经济发展水平密切相关,由于西部地区经济欠发达,政府财政短缺,导致对合作医疗的投入明显低于东部发达地区。例如2007年合作医疗参保费上海每人450元,山东120元,大部分西部地区每人只有50元。[④] 这就需要中央财政在农村合作医疗财政投入上,加大对西部地区的倾斜力度。由于我国的优势医疗资源、高技术医疗设备以及高素质的医疗服务人员主要集中在发

[①] 代英姿:《论我国医疗体制改革的路径》,《沈阳师范大学学报》2006年第6期。
[②] 郑功成主编:《中国社会保障改革与发展战略》(医疗保障卷),人民出版社2011年版,第37页。
[③] 陈之楚、吴静瀛:《提升中国医疗保障水平与公平性研究》,《现代财经》(天津财经大学学报)2007年第1期。
[④] 郑功成主编:《中国社会保障改革与发展战略》(医疗保障卷),人民出版社2011年版,第221页。

达地区的城市，使得落后地区和农村地区仍然处于缺医少药的状态。据统计，农村居民因病死亡率是城市居民的 2 倍。第五次人口普查资料显示，城镇居民预期寿命为 75.21 岁，农村居民的预期寿命为 69.55 岁。① 这些都与城乡居民得到医疗服务的机会和服务质量有关。

医疗产品应是每一个社会成员都能够享受到的公共产品，因此，在绝大多数市场经济国家，都建立了由职工、雇主和政府共同承担筹资责任的医疗保险制度，即使在福利化程度低、市场化程度高的美国，职工的医疗问题通过雇佣双方缴纳的保险费购买商业保险提供保障，然而对于非就业的居民，由政府提供医疗保障，政府每年用于医疗方面的公共支出占卫生总支出的比重近 46%。② 2006 年，我国卫生总费用支出占 GDP 的比重仅为 4.67%。③ 这些数据表明，应当由政府承担的医疗卫生责任被政府推向市场，加剧了公民个人的疾病风险和由此带来的心理负担。所以，解决老百姓"看病难"问题的出路在于加大政府卫生预算投入，减轻老百姓医疗费用负担。

4. 医疗保障制度多元独立运行阻碍劳动力流动和社会融合

我国的医疗保障体制由机关事业单位公费医疗、城镇职工基本医疗保险、城镇非就业者的城镇居民基本医疗保险、农村居民的农村新型合作医疗四大类型组成，四种制度分隔独立运行。四种制度筹资模式不同、待遇水平不同，加之目前绝大多数地区医疗保险制度实行县（市）级统筹，这不仅为劳动力在不同地区流动设置了障碍，而且过低的统筹层次使医疗保险固有的互济功能大打折扣，最终影响到制度运行的

---

① 郑功成主编：《中国社会保障改革与发展战略》（医疗保障卷），人民出版社 2011 年版，第 38 页。
② 代英姿：《论我国医疗体制改革的路径》，《沈阳师范大学学报》2006 年第 6 期。
③ 卫生部编：《2008 年中国卫生统计年鉴》，中国协和医科大学出版社 2008 年版。转引自郑功成：《中国社会保障 30 年》，人民出版社 2008 年版，第 133 页。

效率。

5.医疗保险经办机构政事不分影响医疗保险基金的管理和使用

我国的社会保险经办机构负责医疗保险基金的筹集、管理和支付,机构的事业费由各级财政解决。在西方国家,机构内部管理体制建立预决算制度、财务会计制度和内部审计制度;机构外部设立三种监督制度,即各级劳动和社会保障部门以及财政部门的行政监督,审计部门的审计监督,由政府有关部门代表、用人单位代表、医疗机构代表、工会代表和有关专家组成的外部监督机构,对医疗保险基金的管理和使用进行监督。由于我国的社会保险经办机构隶属于各级劳动和社会保障部门,社会保险的管理和营运不分,国际上普遍采用的以上第三种行之有效的监督方式,在我国无法适用。所以,建立独立于政府、具有相对独立的经营决策权的、是独立的事业法人的社会保险经办机构,强化外部监督,才能确保社会保险基金的安全性。

二、新医疗保险改革实施方案对医疗保险制度的完善

新医改实施方案在医疗保险覆盖范围、待遇标准、政府财政投入等关乎医疗保险保障水平的几个最重要问题上,进行了卓有成效的改革。

1.扩大医疗保险覆盖范围

城镇职工基本医疗保险、城镇居民基本医疗保险和新型农村合作医疗是三项具有社会保险性质的基本医疗保障制度。目前已分别覆盖2亿多城镇职工、1亿多城镇居民和8亿多农村居民。实施方案明确,三年内,基本医疗保障制度将覆盖城乡全体居民,参保率均提高到90%。为此,实施方案致力于消除医疗保险网的"漏网社会成员"。具体措施是用两年左右时间,将关闭破产企业退休人员和困难企业职工纳入城镇职工医疗保险,确有困难的,经省级人民政府批准后,参加城镇居民医疗保险。积极推进城镇非公有制经济组织从业人员、灵活就

业人员和农民工参加城镇职工医疗保险。实施方案还指出,2009年全面推开城镇居民医疗保险制度,将在校大学生全部纳入城镇居民医疗保险范围。灵活就业人员自愿选择参加城镇职工医疗保险或城镇居民医疗保险。参加城镇职工医疗保险有困难的农民工,可以自愿选择参加城镇居民医疗保险或户籍所在地的新型农村合作医疗。与此同时,国家还将进一步完善城乡医疗救助制度。有效使用救助资金,资助城乡低保家庭成员、五保户参加城镇居民医疗保险或新型农村合作医疗,逐步提高对经济困难家庭成员自负医疗费用的补助标准。

2. 加大政府财政投入力度

政府财政投入的增加表现在两个方面:一方面是2009年7月12日,卫生部、民政部、财政部等5部门下发《关于巩固和发展新农合制度的意见》提出,从2010年开始,全国新农合筹资水平提高到每人每年150元,其中中央政府为中西部地区每个参合农民补助60元,对东部地区按照中西部地区一定比例给予补助;地方财政的补助额相应提高到每人每年60元。农民个人每年的缴费额也随之提高为每人每年30元。2010年4月6日,国务院办公厅发布的《医疗卫生体制五项重点改革2011年度主要工作安排》指出,政府对新农合和城镇居民医保补助标准由上一年每人每年120元提高到200元;城镇居民医保、新农合政策范围内住院费用支付比例争取达到70%左右。这就极大地增强了农村新型合作医疗基金对于农民疾病风险的抵御能力;另一方面是各级政府共拨8 500亿元,其中中央政府投入3 318亿元。这8 500亿元的投入将主要用于:一是支持基本医疗保障制度建设;二是支持健全基层医疗卫生服务体系,3年内中央重点支持建设2 000所左右县级医院(含中医院),支持改扩建5 000所中心乡镇卫生院;三是支持基本公共卫生服务均等化。2009年人均基本公共卫生服务经费标准不低于15元,2011年不低于20元。此外,各级政府还将为初步建立国家基本药物制度、推进公立医院改革试点,提供必要的资金支持。

3. 提高医疗保险待遇标准

在扩大基本医疗保障覆盖面的同时,提高医疗保险支付比例是减轻城乡居民医疗费用负担的重要途径。城镇职工医疗保险、城镇居民医疗保险最高支付限额分别提高到当地职工一年平均工资和居民可支配收入的6倍左右,新型农村合作医疗最高支付限额提高到当地农民人均纯收入的6倍以上。这将提高老百姓的就医支付能力,减轻老百姓个人医药费用负担。今后随着筹资水平的提高将逐步提高新型农村合作医疗的住院报销比例,同时逐步增加门诊统筹,尽量减轻农民看病负担。

4. 规范基本医疗保障基金管理

各类医疗保障均坚持以收定支、收支平衡、略有结余的原则。基金结余过多的地方要逐步提高待遇水平,以使医疗保障基金的结余额保持在一个合理的水平。新农合统筹基金当年结余率原则上控制在15%以内,累计结余不得超过当年统筹基金的25%。建立基本医疗保险基金风险调剂金制度,提高统筹层次,2011年城镇职工医疗保险和城镇居民医疗保险基本实现市(地)级统筹。

5. 将疾病预防提上议事日程

由于投入不足,导致一些公共卫生服务机构偏向开展有偿服务项目,影响了疾病预防的功能。而由于重治疗而轻预防,老百姓都是拖成大病才去就医,加重了老百姓的医疗负担。而且随着社会发展,人类的疾病模式也在不断发生变化,过去的急性传染病和感染性疾病被慢性病和不良生活习惯导致的疾病所代替,慢性病病期长,耗费医疗费用多,因此改变当前医疗保障制度对健康干预的重点,为老百姓提供符合新疾病谱的医疗卫生服务,将医疗保障重点放在疾病预防上,而不是疾病治疗上,是改革现行医疗保障制度的关键。2009年政府开始投入的基本公共卫生服务经费主要用于逐步在全国统一建立居民健康档案，并实施规范管理。定期为65岁以上老年人做健康检查、为3岁以下婴幼儿做生长发育检查、为孕产妇做产前检查和产后访视、为高血压、糖尿病等人群提供防治指导服务。这种"以防为主、防治结合"的公共卫生理念，是一项利国利民的大好政策。

6. 加强基层医疗服务设施建设

近年来，我国不断加大对医疗卫生事业的投入，但基层医疗机构薄弱、投入少，与群众需求有较大差距。一些地方由于缺少农村卫生室，农民看病往往要赶往县医院甚至省城医院，费尽周折，又贻误病情；而在城市，一些社区卫生机构也因为财政投入少、缺少骨干医务工作者等原因，呈现条件差、患者少的状况。为此，实施方案提出，三年内中央重点支持202 900所左右县级医院（含中医院）建设。2009年，完成中央规划支持的万所乡镇卫生院建设任务。实现每个行政村都有卫生室。三年内新建、改造3 700所城市社区卫生服务中心和1.1万个社区卫生服务站。加快建设基层医疗服务机构，将实现基层医疗卫生服务网络的全面覆盖，使农村居民小病不出乡、大病不出县、城市居民不出社区就可以得到安全、有效、便捷、经济的医疗服务。县医院建设好了，农村地区的常见病多发病就可以就近得到很好的诊疗，部分重症患者也能够得到及时诊治。由于县医院收费比城市大医院收费相对较低，因此，可以有效降低医疗费用，缓解长期困扰老百姓的"看病贵"问题。

7. 培训基层医疗人才　　缓解群众"看病难"

尽管我国现在已建近3万个社区卫生服务机构，但是老百姓看病还是往大医院跑。这主要是因为社区卫生机构的全科医生队伍太年轻了，老百姓对他们的医疗技术水平不认可，对他们的服务质量不放心。老百姓宁愿花更多的钱去大医院看病，也不愿意去基层医疗卫生服务机构。对此，实施方案提出，近三年分别为乡镇卫生院培训医疗卫生人员36万人次,为城市社区卫生服务机构培训医疗卫生人员16万人次,为村卫生室培训医疗卫生人员137万人次。基层医疗卫生机构医生的水平高了,老百姓就不用去挤大医院了,这不但可以减少患者和家属的奔波之苦,减少医疗和交通费用,而且能够及时挽救更多农民的生命,城市大医院也不会人满为患。

8. 建立异地就医结算机制

随着人口流动的加剧,如退休后投奔子女、进城务工等,越来越多的人在就医中遇到难题——报销手续繁琐。大多数地区规定,参保人员在统筹地区之外就医费用,先由个人垫付,回到统筹地区报销。异地就医结算机制不合理,不但延长了参保人员报销医疗费用的时间,增加了个人负担,而且制约市场经济下的人才流动。社会各界希望出台医疗保障转移、衔接、异地看病的切实可行方案,建立跨地区、跨省份的基本医疗转移结算办法,形成全国统一的医疗信息网。实施方案指出,建立异地就医结算机制,探索异地安置的退休人员就地就医、就地结算办法。制定基本医疗保险关系转移接续办法,解决农民工等流动就业人员基本医疗保障关系跨制度、跨地区转移接续问题。做好城镇职工医疗保险、城镇居民医疗保险、新型农村合作医疗、城乡医疗救助制度之间的衔接。

为了贯彻落实《中共中央国务院关于深化医药卫生体制改革的意见》,切实加强和改进以异地安置退休人员为重点的基本医疗保险异地就医,进一步做好医疗保险关系转移接续工作,人力资源和社会保障部和财政部于2009年12月31日发布的《关于基本医疗保险异地就医结算服务工作的意见》规定,大力推进区域统筹和建立异地协作机制,方便必须异地就医参保人员的医疗费用结算,减少个人垫付医疗费,并逐步实现参保人员就地就医、持卡结算。异地长期居住的退休人员在居住地就医,常驻异地工作的人员在工作地就医,原则上执行参保地政策。参保地经办机构可采用邮寄报销、在参保人员较集中的地区设立代办点、委托就医地基本医疗保险经办机构代管报销等方式,改进服务,方便参保人员。①

9. 基本医疗保险关系可以转移接续

根据《中共中央国务院关于深化医药卫生体制改革的意见》,人力资源和社会保障部制定并于2009年12月31日发布了《流动就业人员基本医疗保障关系转移接续暂行办法》和《关于基本医疗保险异地就医结算服务工作的意见》。《流动就业人员基本医疗保障关系转移接续暂行办法》旨在保证参加城镇职工基本医疗保险、城镇居民基本医疗保险和新型农村合作医疗的人员,在流动就业时能够连续参保,基本医疗保障关系能够顺畅接续,使参保人员的合法权益能够得到充分保障。"暂行办法"和"意见"的颁布,为《中共中央国务院关于深化医药卫生体制改革的意见》的切实实施提供了保障,为逐步消除劳动人口的流动障碍,打破城乡壁垒和城乡分割,减轻大中城市养老压力,保证患病的流动人员及时就医、恢复健康,实现三项基本医疗保险制度统筹协调发展,都能够发挥积极的作用。

10. 建立城乡一体化的医疗保险管理体制

针对目前城镇职工和城镇居民的医疗保险由人力资源和社会保障部管理、新型农村合作医疗由卫生部管理、城乡医疗救助由民政部管理的多头管理的现状,《关于深化医疗卫生体制改革的意见》要求,"探索建立城乡一体化的基本医疗保障管理制度","有效整合基本医疗保险经办资源,逐步实现城乡基本医疗保险行政管理的统一"。根据意见精神,一些地方开展了整合医疗保险管理资源的工作,并形成了三种管理

---

① 采菊:《改进异地就医结算服务做好医保关系转移接续工作》,《中国劳动保障报》2010年1月16日。

模式,即实行统一的基本医疗保险制度、统一管理、统一运行的长珠模式;制定出不同的缴费标准和待遇标准,由参加医疗保险的人自己选择的成渝模式;在保留城乡三种制度的同时,整合经办管理资源,提高了管理效率的杭厦模式。其他地区也正在探索城乡一体化管理的途径和办法。

11. 提升农村妇女生育保障水平

《关于深化医疗卫生体制改革的意见》提出人人享有基本医疗卫生服务的目标后,卫生部、财政部随之发布了《关于进一步加强农村孕产妇住院分娩工作的指导意见》,提出了国家对中西部困难地区住院分娩的妇女实施补助,此计划取代"降消"项目。[①] 指导意见规定,各地在核定成本、明确限价标准的基础上,对农村孕产妇住院分娩所需费用予以财政补贴,补助标准由各省(市、区)财政部门会同卫生部门制定。参加新型农村合作医疗的农村孕产妇在财政补贴之外的住院分娩费用,可按当地新型农村合作医疗制度的规定给予补偿。对于个人负担较重的贫困孕产妇,可由农村医疗救助制度按规定给予救助。有条件的地区,应当探索如何将农村孕产妇住院分娩补助与新型农村合作医疗和农村医疗救助补助统筹管理使用。到2009年6月,所有农村孕产妇都能够享受到生育保险待遇,产妇住院报销比例在50%—70%之间。[②] 农村孕产妇住院分娩的负担在逐步减轻,农村妇女生育保障水平在不断提高。

---

① "降消"项目是指降低孕产妇死亡率、消除新生儿破伤风的公共卫生项目。主要是国家对中西部困难地区进行救助,以补助医疗服务供方为主,包括农村卫生院增添设备,开展人员培训等。对产妇补助标准为人均300元左右,剖腹产住院报销比例为50%。自2000年农村实施"降消"项目以来,住院分娩率由58.1%提高到88.8%,孕产妇死亡率由79.7/10万下降到41.3/10万,新生儿死亡率由25.1‰下降到12.8‰。参见胡晓义主编:《走向和谐:新中国社会保障发展60年》,中国劳动社会保障出版社2009年版,第410页。

② 胡晓义主编:《走向和谐:新中国社会保障发展60年》,中国劳动社会保障出版社2009年版,第409页。

三、新医改方案实施的效果

从 2009 年 4 月 7 日发布《国务院关于印发医药卫生体制改革近期重点实施方案(2009—2011 年)的通知》,到 2010 年 4 月,新医改方案提前实现了基本医疗保障制度覆盖 90%城乡居民的目标:全国 628 万关闭破产国有企业的退休人员纳入了城镇职工医疗保险范围,解决了近 200 万其他关闭破产国有企业退休人员和困难企业职工的医疗保险问题;集中解决了 2 亿多城镇非就业人群的基本医保问题,参加城镇职工和城镇居民基本医疗保险的人数为 4.3 亿人;新型农村合作医疗的参保人数 2009 年底已达到 8.33 亿人,参保率达 94%。总覆盖人数超过 12.6 亿人,基本实现全覆盖。[①]

国务院医改办公室起草的《深化医药卫生体制改革三年总结报告》指出,医改三年来,中央财政加大了对医疗卫生的投入。2009 至 2011 年,全国财政医疗卫生累计支出 15 166 亿元,其中中央财政 4 506 亿元,与 2008 年同口径支出基数相比,三年新增投入 12 409 亿元,比既定的 8 500 亿元增加了 3 909 亿元,其中中央财政新增投入比既定 3 318 亿元增加了 361 亿元。[②]

自 2009 年 8 月国家基本药物制度正式实施到 2010 年 2 月底,全国 31 个省份共有 1 030 个县(市、区)的近 20 000 个乡镇卫生院和 8 000 多个政府办社区卫生机构实施基本药物制度,分别占全国机构总数的 33.1%和 45.72%,在这些实施基本药物制度的地区,药价比制度实施前下降了 30%。为了进一步健全基层医疗卫生服务体系,2009 年,中

---

① 刘铮、汪国成:《全民医保制度框架基本建成 享受医保达 12.6 亿人》,《南方日报》2011 年 12 月 17 日。
② 曾亮亮、孙铁翔:《三年医改惠及 13 亿人 医保覆盖率达到 95%以上》,《经济参考报》2012 年 6 月 26 日。

央财政投资了200亿元,用于5 689个县级医院、中心乡镇卫生院和社区卫生服区中心用房建设,到2010年4月已有45%的建设项目竣工并投入使用。各地政府也筹集到201亿元,用于10 000余个医疗机构和70 000个村卫生室的建设。实施方案颁布以后,各地乡镇卫生院招聘职业医师1.4万余人,培训基层卫生人员98万人次,全国有1 091家三级医院对2 184家县医院进行对口支援。2009年,全国有21万贫困白内障患者接受了白内障摘除手术,200多万农村妇女接受了宫颈癌和乳腺癌检查,320多万农村待孕和孕早期妇女免费服用了叶酸。[①]预防为主方案的实施,使早发现早治疗以及"预防为主、防治结合"的理念更加深入人心。

在看到医改方案实施取得成就的同时,也要看到医改方案实施中存在的问题。例如,国务院批转人社部、发改委、民政部、财政部、卫生部、社保基金会联合制定的《社会保障"十二五"规划纲要》要求,"十二五"期间我国将落实医疗保险关系转移接续办法,实现医疗保险缴费年限在各地互认,累计合并计算。2011年7月正式实施的社会保险法,也明确提出"个人跨统筹地区就业的,其基本医疗保险关系随本人转移,缴费年限累计计算"。然而,医疗保险关系转移接续并不那么容易。人力资源和社会保障部2012年6月27日公布的数据显示,2011年,我国跨地区转移医保关系仅50万人次,转移个人账户基金仅为2.2亿元。而当时我国参加城镇医保的人数已达到47 343万人,农民工参加城镇医保人数也达到4 641万人。有学者认为,要解决医保关系转移接续问题,需要整合现有的医保制度,打破城乡界限,统一缴费标准和待遇标准。[②] 再如,2011年2月16日,审计署发布了2011年第七号公

---

① 央视《焦点访谈》栏目:《新医改一年间》,《中国电视报》2010年6月3日。
② 韩宇明:《内地医保缴费年限将各地互认并累计》,《新京报》2012年6月28日。

告,公布了"45个县市区新型农村合作医疗基金审计调查结果"。调查情况表明,建立基本覆盖农村居民的新农合制度的目标已基本实现,新农合基金管理比较规范,没有发现大的违纪违规问题。但少数县和基层卫生院在具体执行政策、基金管理使用中还存在一些问题:5个县发现挪用2 738.18万元用于发放企业职工养老保险;6个县虚报参合人数4 925人,套取财政补助资金37.30万元;14个县审核把关不严,多支付补偿资金487.80万元;47个乡镇卫生院为门诊患者办理虚假住院手续并报销2 447例。① 审计署社会保障审计司有关负责人对此表示,这些问题之所以会出现,一是个别地方政府相关部门和经办机构执行财经纪律意识不强;二是少数经办机构日常工作管理薄弱,职责履行不到位,对补偿报销审核把关不严;三是乡镇卫生院同时履行医疗机构和经办机构双重职能,未实现管办分离,医疗服务行为缺乏有效监督和责任追究,医患之间缺少必要的制约机制。

有人认为,仅让公立医院回归公益性,而没有全面配套的制度保证,医改是难以取得实质性效果的。2009年,中央财政卫生投入1 277亿元,占中央财政总支出的2.9%,中央和地方政府卫生总投入为3 900余亿元,仅占GDP的1.16%。根据政府工作报告,2010年政府预算卫生投入为4 439亿元,仅比2009年政府财政支出增加0.1个百分点。只有将卫生投入比例增加到政府财政预算的5%—8%,医改方案设定的目标才有可能实现。也有人认为,新医改的阻力表面看是政府财政投入不足,但深层次的原因在于长期以来将所有医疗服务不加区分地称为公共产品,都要体现公益性,使得公众对医疗服务形成依赖,增加政府财政负担。纠正这种偏差的措施是,建立有公平竞争的医

---

① 《社保金被挪用》,《人民日报》2011年2月17日版。

疗市场,公共财政负担基本医疗,市场负责高端医疗需求。[①] 这样就形成公立医院与非公立医院的竞争,将既减轻政府财政负担,又能满足不同层次的医疗需求。

四、陕西省神木县首推全民免费医疗引起的关注和争论

神木县地处陕西北部,煤、油、气资源得天独厚,是陕西省第一经济强县。2011年中国经济百强县评比中,神木排在第36位。从2005年开始,神木就是榆林市的第一个新农合试点县,那时,干部职工有医保,只有城镇居民的医疗还没有保障,县上做了调查后,准备实现医疗保险全覆盖。

2009年3月1日,神木县开始执行《神木县全民免费医疗实施办法》,具体做法是彻底打破了城镇居民、农民的身份界限——农民、城镇居民,干部、职工,只要有神木县户口,都能够享受同一标准的免费医疗。筹资标准为每人每年400元,其中个人缴10元,各级财政补助390元,在入不敷出时由县财政兜底。具体制度安排是,住院报销有"起付线"和"封顶线"。在县内医院看病,起付线为县级医院每人每次400元、乡镇卫生院每人每次200元,起付线以上报销100%;到县外定点医院看病,起付线每人每次3 000元,补助比例70%。每人每年报销最高封顶线为30万元。同时,还有30个单病种定额付费,高血压等23种慢性病门诊全年限额报销。另外,患者每天治疗费用人均不超过400元,一些非医保范围内的特殊医疗和服务仍需自费,这在一定程度上防止了过度医疗现象的发生。

2009年3月刚实施全民医保时,县里预算当年10个月县财政需补贴1.2亿元。刚开始的一两个月,县医院住院人数激增,但很快转入

[①] 李梵:《谁在阻碍新医改》,《21世纪经济报道》2010年6月24日。

正常运行阶段。2010年县里预算补贴1.8亿元,由于医疗管理制度逐步到位,许多不合理的检查、用药情况减少了,实际支付了1.7亿元。[①]

在上述有关新医改的争论中,我国全民医保主干性制度安排,是走向全民医疗保险还是走向全民免费医疗,专家并没有就此达成共识。虽然国家新医改方案最终选择了实现全民医疗保险的战略方向,似乎说明争论就此尘埃落定,其实不然。所以,当神木全民免费医疗的改革政策实施以后,在全社会引起强烈反响。神木模式引发的关注和讨论的问题是,全民免费医疗究竟能否成为中国全民医保的方向和模式?中国医疗保障制度究竟应当如何接续改革?学者们发表了不同的见解。

1. 认为在中国可以实行全民免费医疗

在政策实施第一个月,记者调查发现,这项政策最大的受惠者还是农民。县内7家定点医院接收的患者90%来自农村,2 036名患者中有1 832人是农村户口,县外定点医院接收的243名患者中有180人来自农村。神木县委书记郭宝成在接受媒体采访时说,"全民免费医疗"实施一年多来,无论是从经济效益上还是社会效益上,政府都大赚了一笔。他认为民生建设如果搞得好,按照市场经济规律去运行和推进,也是一个高回报的投资。在40万人口的神木全面实施"免费医疗",完全是出于老百姓的急切需求。郭宝成说,实行医疗改革之后,神木县干部的医疗保障几乎保持了原来的水平,而职工和农民的保障水平都基本和干部在同一个水平上了。老百姓看病的问题解决了,由此爆发出来生产积极性和消费热情,产生出巨大的社会合力并推动了神木的发展,如果要换算成经济账的话,应该说政府赚了一大笔钱。[②] 民政部社会

[①] 陈海华:《神木免费医疗:走得还好吗?》,《人民日报海外版》2011年9月17日。
[②] 刘涛:《陕西神木免费医疗已实行一年 县委书记称政府大赚》,中国广播网2010年6月5日。

福利和慈善事业促进司司长王振耀在 2009 年"中国社会政策十大创新"评选结果揭晓新闻发布会上说,神木一年下来,每人免费的公费医疗花销是 330 元,全国都按照神木的标准实行免费医疗的话,4 300 亿就可以实现了。而在每年 7 万亿的财政收入下,这只能说明"有了钱不会花"。王振耀说,实际上我们也没少花钱,问题在于钱没花到地方。有钱不会花,那会让世界觉得我们真的很奇怪。①

2. 认为在中国不具备实行全民免费医疗的条件

我国推出新医改方案后,到 2010 年人均医疗补贴标准达到 120 元,而据神木县测算,他们推行全民免费医疗,财政一年需要补贴至少 1.5 亿元,人均补贴 400 元左右,远远高于新医改方案的设计标准。对此,质疑者认为神木的政策是"乌托邦"式的梦想,是"拍脑袋"的"大跃进"。神木模式之所以引起广泛关注和争议,是因为民众普遍对政府增加民生领域的投入持有殷切期望,与此相应自然对公共财政在公共服务领域的投入不足怀有强烈不满。正是在期望与不满的情绪中,神木模式的突然出现才能够吸引人们的视线和普遍赞誉。

全民免费医疗和全民医疗保险的区别在于医药费用的筹资方式上,前者来自政府的一般税收,后者来自用人单位、职工个人和政府三方的缴费和补贴。免费医疗在我国并不是新鲜事,国家机关公务员和事业单位工作人员长期以来享受公费医疗即免费医疗待遇,他们人数少,但占用了大量的医疗资源,导致严重浪费,遭到社会批评。要求改革公费医疗的呼声越来越强烈,但由于既得利益者的抵制,使得改革步履维艰。如果现在将公费医疗的范围由少数人扩及全民,就有一个政府财政能否长久支持的问题。有学者按照 2009 年的基数测算了一下,认为实行全民免费医疗政府需新增 6 575.7 亿元财政支出,其中包括

---

① 何忠洲:《有钱不会花》,《南方周末》2010 年 1 月 28 日。

农村居民的医疗支出,比目前医疗服务投入增加1倍多,而且这个数额是低水平的估算。在现行公共财政体制没有大的改变的前提下,全民免费医疗的设想是不现实、不可行的。神木县自2009年3月实行全民免费医疗制度以来,住院率(县内住院费用报销比例已达85%以上)、县外住院率、剖腹产率、高额医药费用等比之前明显飙升的迹象表明,全民免费医疗实施以后已经出现了过度医疗的现象,并成为神木县全民免费医疗能否持续发展下去的挑战。①

3. 认为实现全民医疗保险要分"三步走"

我国的医疗保险制度呈多元化态势,主要分为公务员和事业单位工作人员的公费医疗制度、城镇企业职工的社会医疗保险制度、城镇居民医疗保险制度、农村新型合作医疗制度四类。制度的割裂和碎片化阻碍社会融合和社会流动,需要逐步予以改革优化,建立公平、普惠、高效、统一的医疗保险制度。为了实现这个目标,全民医疗保险需要三步走:第一步(2008—2012年)建立覆盖城乡居民的多元的医疗保障体系,把没有纳入制度保障的人纳入保障范围,实现每个公民都能够享受到不同程度的疾病医疗保障待遇;第二步(2013—2020年)提高统筹层次,建立区域性医疗保险制度,即对多元的医疗保障制度进行整合,不仅将城镇居民医疗保险与新农合并轨为居民医疗保险,而且要将居民医疗保险与城镇职工基本医疗保险并轨,建立区域内统一的医疗保险制度,并建立统一的医疗保险经办机构和医疗费用支付机构;第三步(2021—2049年)建立公平程度更高的全国统一的国民健康保险制度,按照就业标准区别劳动者和居民并规定缴纳不同标准的医疗保险费,但都能够享受到基本相同的医疗保险待遇,最大限度地满足国民的医

---

① 顾昕、朱恒鹏等:《"全民免费医疗"不能成为中国实现全民医保的路径》,《中国劳动保障报》2011年1月14日。

疗需求,提高国民的健康水平。[1] 该学者还认为,应当让退休者继续缴纳医疗保险费,因为人在老年期间的患病率高,医疗费用随之也花费得多,随着老龄化社会的推进,医疗保险基金的压力会越来越大。退休者继续缴纳医疗保险费不但可以减轻基金压力,而且老年人随子女在异地就医时,转移接续医疗保险关系会更加方便。[2] 同时应当实行雇主和员工各缴纳50%医疗保险费的医疗保险责任分担制度,并且将门诊纳入医疗保险范围。在规范地市级政府与县级政府财政和管理权责的基础上,逐步实现医疗保险基金省级统筹。[3]

第五节 《工伤保险条例》修订

2003年4月27日,国务院颁布了《工伤保险条例》,从2004年1月1日实施了7年以后,国务院根据经济社会发展的新形势,决定对条例进行修订。具体而言,主要基于以下三方面原因:一是因相关法律修改,条例需做相应调整。2003年颁布的《工伤保险条例》规定,违反治安管理造成伤亡的不得认定为工伤。《治安处罚法》颁布以后,原来《治安管理处罚条例》规定的酒后驾车、无证驾驶等违反治安管理的行为,从《治安处罚法》中删去,这就使得不能将酒后驾车、无证驾驶等造成的伤亡认定为工伤失去了法律依据,因此,需要对2003年的条例进行修改;二是为了更好地保护工伤职工的权益。2003年的条例,覆盖范围窄、待遇标准低、工伤认定时间长、认定程序复杂、对用人单位参加保险强制力不够,针对这些实际问题,需要对2003年的条例进行修改;三是

---

[1] 郑功成:《走向"全民医改"的改革优化之路》,《中国劳动保障报》2010年11月23日。
[2] 同上
[3] 郑功成主编:《中国社会保障改革与发展战略》(医疗保障卷),人民出版社2011年版,第19—21页。

2003年条例主要对工伤补偿作出了规定,而工伤预防和工伤康复基本没有作出规定,需要对2003年的条例进行修改。①

国务院法制办于2006年启动条例修订工作,向地方政府、有关部门多次征求意见,召开专家论证会,并于2009年7月向全社会征求意见。在广泛听取各方意见的基础上,国务院法制办对条例修改稿认真进行了修改。2010年12月8日,国务院常务会议审议并原则同意修改稿,12月20日国务院正式发布《国务院关于修改〈工伤保险条例〉的决定》和新修订的《工伤保险条例》。修订后的《工伤保险条例》主要在以下几个方面完善了2003年颁布的《工伤保险条例》:

1. 扩大了工伤保险的适用范围,将所有具有雇佣关系的劳动者都纳入工伤保险范围,例如,不参照公务员管理的各类事业单位、社会团体、民办非企业单位、基金会、律师事务所、会计师事务所等纳入工伤保险范围,既为在这些用人单位工作的劳动者提供了工伤风险的保护,也为用人单位分散了工伤风险,减轻了用人单位的经济负担。

2. 工伤保险费率的确定逐步与国际范围规定接轨。即不仅依据行业风险程度确定不同行业的工伤保险费率,而且依据用人单位上年度工伤风险发生率确定保险费率。这将有利于加强用人单位的安全设施建设和对劳动者的劳动安全的保护,减少工伤事故的发生率。

3. 提高工伤保险的统筹层次。规定工伤保险逐步实行省级统筹。

4. 扩大了风险范围,将2003年《工伤保险条例》中规定的上下班途中遭遇机动车事故伤害,修改为劳动者在上下班途中,受到非本人主要责任的交通事故或者城市轨道交通、客运轮渡、火车事故伤害的按照工伤保险予以保护。而对于上下班途中本人承担主要责任的交通事故,如无证驾驶、酒后驾驶等行为造成本人伤亡的,不纳入工伤保险的范

---

① 武唯:《贯彻新〈工伤保险条例〉推动新发展》,《中国劳动保障报》2010年12月29日。

围。这样的规定有利于增强职工上下班途中的安全意识。

5.待遇水平进一步提高,规定职工住院治疗工伤的伙食补助费,以及经医疗机构出具证明,报经办机构同意,工伤职工到统筹地区以外就医所需的交通、食宿费用,将原来规定的由用人单位支付修改为从工伤保险基金支付。工伤职工到签约的康复服务机构的康复费用,从工伤保险基金支付。提高了一次性工亡补助金的补助标准,将原来规定的48—60个月的统筹地区上年度职工月平均工资,修改为按上年度全国城镇居民人均可支配收入的20倍发放,同时将一次性伤残补助金的标准上调。为了保障工伤职工及时获得法律救济,规定对于寻求行政复议和行政诉讼救济期间的工伤职工的工伤医疗费用,不得停止支付。

6.简化了工伤认定程序。将原条例中工伤认定争议行政复议前置的规定,设置了工伤认定简易程序。对于事实清楚,双方无争议的工伤认定时效,由原来规定的60天缩短为15天。

7.强化了行政责任的规定。用人单位、工伤职工或者其近亲属骗取工伤保险待遇,医疗机构、辅助器具配置机构骗取工伤保险基金支出的,由社会保险行政部门责令退还,处骗取金额2倍以上5倍以下的罚款,构成犯罪的依法追究刑事责任。

8.将工伤预防费用增列为工伤保险基金支出项目。虽然2009年8月27日颁布的《中华人民共和国安全生产法》和2001年10月27日颁布的《中华人民共和国职业病防治法》明确规定企业应定期对存在噪声、有毒有害、粉尘超标、环境污染等场所进行检测,并履行对劳动者的告知义务。但实际操作中,许多企业从自身利益考虑,不可能主动提醒劳动者,而劳动者也缺乏劳动保护的意识和常识。2003年的《工伤保险条例》只在总则中规定"用人单位和职工应当执行安全卫生规程和标准,预防工伤事故发生,避免和减少职业病危害",但没有作出具体规定。新修订的条例规定,从基金中增列工伤预防宣传和培训的费用。

2009年9月,人力资源和社会保障部又发布了《关于开展工伤预防试点工作有关问题的通知》。在条例和通知的规范下,企业和职工预防工伤事故和职业病的意识大大提高,工伤事故和职业病的发生减少,由此人员伤亡随之减少,工伤保险基金支出有所降低,和谐的劳资关系得到构建。

9. 将参加工伤保险和生育保险规定为企业必须履行的义务

1999年劳动部发布的《社会保险费申报缴纳管理暂行办法》以及同年国务院颁布的《社会保险费征缴暂行条例》,规定企业必须参加养老保险、医疗保险和失业保险,而没有强制规定必须参加工伤保险和生育保险。2004年1月1日起正式实施的《工伤保险条例》以及2004年6月劳动部提出的"平安计划"要求三年内高风险企业必须为农民工办理工伤保险,并缴纳工伤保险费。1994年劳动部发布的《企业职工生育保险试行办法》仅适用于城镇企业及其职工。由于这些行政法规和部门规章强制性有限,据人力资源和社会保障部统计数据显示,我国工伤保险参保人数为1.62亿,离"十二五"末的约束性目标还有6 000万缺口;而生育保险的参保人数为1.5余万人,距离应保人群也有较大距离。[①] 另据全国工商联2010年调查显示,在新生代农民工中,参加养老保险、医疗保险、失业保险的人数比例分别为21.3%、34.8%、8.5%。这些新生代农民工与第一代、第二代农民工的不同之处在于,他们大多数生在城镇、长在城镇,对于他祖祖辈辈生活的农村没有认识和感情,他们几乎没有可能回到故乡。另外,国家卫生部调查数据显示,尘肺病仍然是我国最严重的职业病,而2002年5月1日实施的《中华人民共和国职业病防治法》远远滞后于当前职业病防治的需要,核心问题是防治体系与防治现状脱节,造成无法防治的后果。

[①] 韩宇明:《强征五险背后的企业负重账》,《新京报》2011年12月9日。

为了促进经济发展和社会稳定,推进城市化进程,保障职工应当享有的社会保险权益,人力资源和社会保障部于2011年11月15日发布了《社会保险费申报缴纳管理规定(草案)》,明确规定社会保险费强制征收范围由三险扩大到五险,即要求企业必须参加工伤保险和生育保险,主要是必须为本企业的农民工按规定缴纳工伤保险费和生育保险费。可以说,《社会保险费申报缴纳管理规定(草案)》是实施《中华人民共和国社会保险法》的具体部门规章,是完善社会保险制度的有力措施。

第六节 社会保障行政复议制度进一步完善

2010年2月25日,人力资源和社会保障部第41次部务会议审议通过了《人力资源社会保障行政复议办法》,并于2010年3月16日公布之日起施行。社会保障行政复议办法是根据《中华人民共和国行政复议法》和《中华人民共和国行政复议法实施条例》制定的,其主要内容有:

1. 各级人力资源社会保障行政部门是人力资源社会保障行政复议机关。

2. 规定了行政复议范围。公民、法人或者其他组织对人力资源社会保障部门作出的行政处理决定不服的,认为人力资源社会保障部门不履行法定职责的等,可以依法申请行政复议。

3. 规定了行政复议申请期限。公民、法人或者其他组织认为人力资源社会保障部门作出的具体行政行为侵犯其合法权益的,可以自知道该具体行政行为之日起60日内提出行政复议申请。

4. 行政复议机构收到行政复议申请后,应当在5日内进行审查,按照有关规定分别作出处理。行政复议机构应当自行政复议申请受理之日起7日内,将行政复议申请书副本或者行政复议申请笔录复印件发送被申请人。被申请人应当自收到申请书副本或者申请笔录复印件之日起10日内,提交行政复议答复书,并提交当初作出具体行政行为的证据、依据和其他有关材料。

5.行政复议机关依照行政复议法第二十八条的规定责令被申请人重新作出具体行政行为的,被申请人应当在法律、法规、规章规定的期限内重新作出具体行政行为;法律、法规、规章未规定期限的,重新作出具体行政行为的期限为60日。公民、法人或者其他组织对被申请人重新作出的具体行政行为不服,可以依法申请行政复议或者提起行政诉讼。

社会保障行政复议办法对于规范社会保障行政部门依法行政,维护受保险人的合法权益,将发挥积极作用。

第七节 社会保险基金预算制度建立

由于社会保险基金是老百姓抵御生、老、病、伤、残等风险的养命钱,其安全和风险等级是最高的,其本身又是通过政府组织和管理的基金。在纳入政府预算管理后,严格的规范更能确保基金的安全性。并且,在现代社会中,政府预算已经不仅仅是政府的一个简单的收支汇总表,而更具有控制和问责等功能。

社会保险基金列入政府预算对于社会保险制度的完善具有积极作用。它可以使社会保险基金收支更加透明化。比如在2013年收入预算表中,企业职工基本养老保险的保险费收入预算数为15 501.33亿元,支出预算数为15 884.48亿元。[①] 预算表明,养老保险基金支付存

---

① 《中国全国社保基金》,中国养老金网2013年4月19日。

在资金缺口,即养老保险费收入不足以支付养老金支出。但这并不意味着养老金发放会出现困难,因为资金缺口由财政予以补贴。在执行的过程中,有可能收入会超过预算。但是,社会保险基金预算能够给我们一个提示,即职工养老保险的缴费体系存在风险。

更值得注意的是,有统计资料表明,到2015年,我国将出现劳动人口下降,到2035年,老龄人口总数达到最高峰。到那时,我国养老金待遇标准是多少以及国家需要支付多少养老金,目前还没有任何数据。参加中欧社保合作项目的英国财务专家格雷森·克拉克认为,中国社会保险体系面临的最大问题是"由于缺乏中长期财务预测,各地无从考虑缴费人口基数增加造成的债务增加,以及提高养老金和其他福利的长远影响,同时也还很少意识到人口老龄化的影响等。"[1]针对现实问题以及专家建议,我国运用国际通行的标准,在今年推行社会保险基金预算化管理改革,以使各地方政府能够重视并实行社会保险基金的预算。

我国养老保险制度"碎片化"是养老保险基金预算困难的主要原因之一。现行养老保险制度分为城镇企业职工、城镇居民、农村居民、行政和事业工作人员几大块,加上养老保险统筹层次低,导致不同地区的不同群体在缴费基数、缴费办法、支付待遇、支付方法存在很大差别,所以,只有在养老保险制度统一和规范的情况下,社会保险预算编制和执行才能更加规范。[2] 2013年,全国社会保险基金滚存结余额为40 943亿元,[3]但是,这些钱在各统筹单位的财政专户中,不在中央财政手中,

---

[1] 胡偾:《拆解社保新改革》,《中国社会科学报》2010年1月21日。
[2] 杨良初:《社保基金入政府预算更具有控制和问责等功能》,《财经国家周刊》2013年4月1日。
[3] 财政部:《2013年全国社会保险基金预算情况》,中国政府门户网站2013年5月8日。

并且社会保险的不同险种由不同部委管理,借鉴国际经验,只有将人社部、民政部、卫生部管理的社会保险基金归入一个部门,预算的编制才会更加精确和行之有效。养老保险基金预算困难还有另外一个原因,格雷森·克拉克最近几年在各地调研的结果表明,我国基层社会保险机构工作人员不具备财务和精算能力,很难完成精算的预测。所以,建立社会保险基金预算化管理制度,首先需要培养大批能够胜任预算化管理工作的人员。①

---

① 胡倩:《拆解社保新改革》,《中国社会科学报》2010年1月21日。

第十六章 优抚安置(社会补偿)制度

军人社会优抚制度是一种补偿和褒扬性质的社会保障制度,因此,它的保障对象具有专属性,即为国家安全、社会稳定、人民生命财产安全作出牺牲和奉献的特殊社会群体。由于军人优抚制度不适用于非军人群体,因此,近些年,各地区、各部门在鼓励见义勇为行为、保护和表彰见义勇为人员方面虽然做了大量工作,31个省(自治区、直辖市)也陆续出台了相应法规,同时参照优待抚恤政策和社会救助体系对符合条件的见义勇为人员及其家庭给予了一定程度的保障,但在实践中,见义勇为权益保护工作仍存在政策措施不统一、补偿标准不明晰、保护措施操作性不强等亟待解决的突出问题,造成英雄流血又流泪的悲惨情形。据新华网北京2011年7月19日电,中华见义勇为基金会秘书长郭玉英日前透露,该基金会对见义勇为先进人物生活困难情况进行了调研,发现存在的主要问题有:1.因见义勇为牺牲的人员,被评为烈士的较少,得不到应有的抚恤,造成遗属生活困难;2.因见义勇为致残的人员,被纳入优抚对象的较少,造成本人及家庭生活困难;3.见义勇为先进人物中农民、打工者等生活在社会基层的人居多,占70%以上。调研报告分析认为,法规制度不够完善和经费没有保障,是存在以上问题的主要原因。

2012年7月19日,国务院办公厅转发了民政部、教育部、公安部、财政部、人力资源社会保障部、住房城乡建设部、卫生部联合制定的《关于加强见义勇为人员权益保护的意见》,这是我国首次从国家层面规范见义勇为人员权益保护的行政法规。意见将"见义勇为"行为界定为"公民在法定职责、法定义务之外,为保护国家利益、社会公共利益和他人的人身、财产安全挺身而出的行为",并且明确规定国家对见义勇为行为"依法予以保护,对见义勇为人员的合法权益,依法予以保障,对见义勇为人员及其家庭的生活困难给予必要帮扶。"意见对见义勇为牺牲、致残人员的抚恤补助和生活保障作出了比较细致的规定,"英雄流血又流泪"的悲剧从此或将退出历史舞台。

意见的重大突破和创新在于统一明确了见义勇为伤亡人员抚恤和补助标准。对于见义勇为死亡人员,凡符合烈士评定条件的,依法评定为烈士,家属按照《烈士褒扬条例》享受相关待遇;不符合烈士评定条件,属于因公牺牲情况的,按照《军人抚恤优待条例》有关规定予以抚恤;属于视同工伤情形的,享受一次性工亡补助金,以及相当于本人40个月工资的遗属特别补助金。不属于以上几种情况的,按照上年度全国城镇居民人均可支配收入的20倍,再加上40个月的中国人民解放军少尉正排职工资标准,发放一次性补助金。有工作单位的由所在单位落实待遇,没有工作单位的由民政部门会同见义勇为基金会负责发放。所需经费通过见义勇为专项基金统筹解决,尚未建立见义勇为专项基金的,由当地财政部门安排、民政部门发放。

意见规定,对见义勇为负伤人员,医疗机构要建立绿色通道,坚持"先救治、后收费"的原则,采取积极措施进行救治。因紧急救治发生的医疗费用,在无加害人或责任人以及加害人或责任人逃逸或者无力承担的情况下,按规定通过基本医疗保障制度解决;因负伤造成长期医疗费用个人负担较重的人员,可通过适当医疗费用减免、城乡医疗救助等方式帮助其解决实际困难。

意见规定,对于符合廉租住房、公共租赁住房和经济适用房保障条件的城市见义勇为人员家庭,优先纳入住房保障体系,优先配租、配售保障性住房或发放住房租赁补贴。对符合农村危房改造条件的见义勇为人员家庭要给予优先安排。

意见规定,见义勇为死亡或致残人员子女入公办幼儿园,在同等条件下优先接收。义务教育阶段,要将见义勇为死亡或致残人员适龄子女按照就近入学的原则安排在公办学校就读。对见义勇为人员以及因见义勇为死亡或致残人员子女中考、高考给予一定优待。

《关于加强见义勇为人员权益保护的意见》将在弘扬中华民族的传统美德,发展社会主义先进文化、构建和谐社会方面发挥积极促进作用。

第十七章 社会福利制度

在社会福利制度完善过程中,不仅保障性住房制度和教育制度得到进一步完善,而且孤儿和流浪儿的福利制度得到了前所未有的完善。

第一节 强化保障性住房建设

衣食住行是人类生存的基本需求,不断飙升的房价和房租成为影响社会和谐稳定一个主要因素。根据2009年中央工作会议精神,不再把住宅产业当做国民经济支柱产业,把普通住宅看做民生产品的理念确立以后,国家保障性住房建设进入快速发展阶段,并且把工作重点放在解决城市低收入家庭住房困难方面。2009年5月,住房和城市建设部、国家发改委、财政部联合发布了《2009—2011年廉租住房保障规划》,提出要加大廉租住房建设力度,着力增加房源供应,完善租赁补贴制度,加快建立健全以廉租住房制度为重点的住房保障体系。并确定2009—2011年分别解决260万户、245万户、204万户城市低收入住房困难家庭的住房问题。国务院规定,从2010年起,各地在确保完成当年廉租住房保障任务的前提下,可将从现行土地出让净收益中安排不低于10%的廉租住房保障资金,统筹用于发展公共租赁住房,包括购买、新建、改建、租赁公共租赁住房,向承租公共租赁住房的廉租住房保障家庭发放租赁补贴。土地出让收益提取资金成为保障性住房建设资金的重要来源之一。

2010年,国务院先后四次召开了全国保障性安居工程建设工作会议。6月11日,住建部召开了全国公共租赁住房工作会议,确定2010年建设37万套公共租赁住房。7月,财政部、国家发改委、住建部联合发布了《中央补助公共租赁住房专项资金管理办法》,规定中央安排公共租赁住房补助资金,专项用于投资补贴、贷款贴息、政府直接投资项目的支出。2010年11月16日,财政部、国家发改委、住建部联合发布的《关于保障性安居工程资金使用管理有关问题的通知》再次规定,允许地方政府土地出让净收益用于发展公共租赁住房,允许住房公积金增值收益中计提的廉租住房保障资金用于发展公共租赁住房。2011年9月28日,国务院办公厅发布了《关于保障性安居工程建设和管理的指导意见》,在指导意见的规范下,我国的保障性住房建设快速推进。

一、保障性安居工程建设纳入法治轨道

1. 增加保障性住房建设的用地和贷款

2011年,保障性安居工程用地和中小套型商品房用地计划是17.13万公顷,占住房用地供应计划的78.6%,比2010年增加了2%,其中保障性安居工程用地计划是7.74万公顷,占住房用地供应计划的35.5%,分别比2010年增加了17.6%和138.9%;土地出让收益用于保障性住房建设和棚户区改造的比例不低于10%,中央代发的地方政府债券资金要有限用于公共租赁住房等保障性安居工程建设;2011年公积金贷款已成为28个试点城市保障性住房建设的主要资金来源之一。指导意见还规定,银行业金融机构可以向实行公司化运作并符合信贷条件的公共租赁住房项目直接发放贷款。[1] 用地面积增加、政府

---

[1] 倪鹏飞主编:《中国住房发展报告(2011—2012)》,社会科学文献出版社2011年版,第315页。

投资加大、信贷支持提高,都极大地推进了保障性住房建设的进度。2011年,国家计划开工建设的各类保障性住房1 000万套,据住房和城乡建设部8月12日公布的数据,截止7月底,全国已开工的保障性住房721.8万套,开工率为72%。各地在加大保障性住房建设推进力度,力争在2011年底完成实物工作量的50%。发改委表示,国家计划在整个"十二五"期间还将建成3 600万套保障房,使保障房在所有住房存量中占到20%的比例。①

2. 规范准入审核

指导意见规定,市县人民政府要完善住房保障申请、审核、公示、轮候、复核制度。保障性住房申请人应当如实申报家庭住房、收入和财产状况,声明同意审核机关调查核实其家庭住房和资产等情况。严禁以任何形式向不符合住房困难标准的家庭供应保障性住房。切实防范并严厉查处骗租骗购保障性住房、变相福利分房和以权谋私行为。对以虚假资料骗购、骗租保障性住房的,一经查实应立即纠正,并取消其在5年内再次申请购买或租赁保障性住房的资格。

3. 健全退出机制

指导意见规定,廉租住房、公共租赁住房承租人经济状况改善,或通过购置、继承、受赠等方式取得其他住房,不再符合相应的住房保障条件的,应当在规定期限内腾退;逾期不腾退的,应当按市场价格交纳租金。经济适用住房购房人通过购置、继承、受赠等方式取得其他住房,不再符合经济适用住房保障条件的,应当退出经济适用住房,或者通过补交土地收益等价款取得完全产权。对拒不服从退出管理的,可以依照规定或合同约定申请人民法院强制执行。

---

① 刘振杰:《保障性住房建设进入快车道》,《中国社会科学报》2011年12月1日。

4. 公租房面向三类人员，扩大保障范围

指导意见规定，公共租赁住房面向城镇中等偏下收入住房困难家庭、新就业无房职工和在城镇稳定就业的外来务工人员供应，单套建筑面积以 40 平方米左右的小户型为主，满足基本居住需要。① 租金标准由市县人民政府结合当地实际，按照略低于市场租金的原则合理确定。这一规定对于缓解群众住房困难，实现人才和劳动力有序流动、促进城镇化健康发展具有十分重要的意义。

二、保障性安居工程建设具体举措

保障性安居工程建设举措具体分为以下几项：

1. 棚户区改造

2005 年 10 月 7 日，建设部发布《关于推进东北地区棚户区改造工作的指导意见》，确定了东北地区棚户区改造应把握的原则：一是统筹规划，分步实施；二是政府组织，市场运作。棚户区改造必须发挥政府的组织领导作用，在政策与资金上给予必要的支持，确保棚户区改造的顺利推进；三是个人出资，政府帮助。棚户区改造要坚持居民个人出资与政府帮助相结合，充分发挥国家、地方、企业、个人等方面的积极性，多渠道筹措改造资金。棚户区居民要承担合理的建设成本；同时根据当地住房保障的有关规定，对符合条件的家庭实施住房保障，确保基本住房需求；四是实行统一规划、统一拆迁、统一配套、分期实施。

2009 年 12 月 24 日，住建部等五部委联合发布的《关于推进城市和国有工矿棚户区改造工作的指导意见》规定，争取用 5 年左右时间基

---

① 例如,《北京市人民政府关于加强本市公共租赁住房建设和管理的通知》规定，外省份来京人员申请公租房的准入条件是：在京连续稳定工作一定年限，具有完全民事行为能力，有稳定收入，能提供同期暂住证、住房公积金证明或社保证明，本人及家庭成员在京均无住房的人员。

本完成集中成片城市和国有工矿棚区改造,中央采取适当方式给予资金支持。完善安置补偿政策,城市和国有工矿棚户区改造实行实物安置和货币补偿相结合,由被拆迁人自愿选择。符合当地政府规定的住房保障条件的被拆迁人,通过相应保障方式优先安排。各地在保护被拆迁人利益的前提下,按国家有关规定制定具体安置补偿办法。2010年4月13日,住建部、国家发改委联合发布了《关于中央投资支持国有工矿棚户区改造有关问题的通知》规定,中央投资补助在城市规划区外,不能通过商业开发解决的国有工矿棚户区改造工程。

2010年10月26日,经国家林业局、住建部、国家发改委、国土资源部修订后的《国有林区棚户区改造工程项目管理办法》确定的国有林区棚户区改造的原则是:以满足基本居住需要为目标,统规统建与统规自建相结合。其中第5条规定,棚户区改造所需投资实行政府扶持(包括中央补助和省级人民政府配套)、企业自筹、职工合理负担相结合。棚户区改造政府补助额度以每户50平方米为标准核定,户型面积中超出50平方米以上的部分不享受政府补助。中央补助每户15 000元,省级人民政府配套不低于每户10 000元,企业自有(筹)资金和职工个人出资由国有森工林业局依据各地实际情况合理确定标准,并可结合投工投料解决。中央提供补助、省政府提供配套资金、企业和个人出资的棚户区改造资金合理分担的原则,有利于推进棚户区改造工作的顺利快速推进。

2. 农村危房改造

2009年5月8日,住建部、国家发改委、财政部联合发布《关于2009年扩大农村危房改造试点的指导意见》规定,农村危房改造资金以农民自筹为主,中央和地方政府补助为辅,并通过银行信贷和社会捐赠等多渠道筹集。2009年中央安排40亿元补助资金,并根据试点地区农村农户数、农村危房数、地区财力差别等因素进行分配。中央补助标准为每户平均5 000元,在此基础上,对东北、西北和华北等三北地区试点范围内农村危房改造建筑节能示范户每户再增加2 000元补助。各地自行确定不同地区、不同类型的分类补助标准。扩大农村危房改造试点补助对象,重点是居住在危房中的分散供养五保户、低保户和其他农村贫困农户。2010年4月22日,住建部、国家发改委、财政部联合发布《关于2009年扩大农村危房改造试点的指导意见》规定,2010年中央扩大农村危房改造试点的实施范围,包括全国陆地边境县、西部地区县、国家扶贫开发工作重点县、国务院确定享受西部大开发政策的县和新疆生产建设兵团团场。任务是支持完成120万农村(含新疆生产建设兵团团场连队)贫困户危房改造。2010年中央补助标准为每户平均6 000元,在此基础上对陆地边境县(团场)一线贫困农户、建筑节能示范户每户再增加2 000元补助。2010年中央安排扩大农村危房改造试点补助资金(含中央预算内投资)75亿元,并根据试点地区农户数、危房数、地区财力差别、上年地方补助资金落实情况以及试点工作绩效等因素进行分配。

三、推进公共租赁房建设

各地的实践经验证明,公共租赁房是保障性住房体系中的重要组成部分,它在调动社会各方面参与开发建设,增加房源,更多满足新就业职工和城市中"夹心层"的住房困难,缓解城市住房供求矛盾等方面,是一种制度上的创新。2009年12月14日,公共租赁住房问题提上了国家议事日程,在当日召开的国务院常务会议上,研究完善房地产市场健康发展的政策措施时,提出了适当增加中低价位、中小套型普通商品住房和公共租赁房用地供应的意见。紧接着住房和城乡建设部拟定了一个意见稿,并向各地相关部门征求意见。2010年6月12日,住房和城乡建设部、国家发改委、财政部等部门联合发布了《关于加快发展公共租赁住房的指导意见》指出,在外来务工人员集中的开发区和工业园区县、市人民政府应当引导各类投资主体建设公共租赁住房,面向用工单位和园区就业人员出租。公共租赁房建设的资金来源于财政预算安排的专项资金、住房公积金贷款、在满足廉租房建设需要后还有结余的资金、银行贷款以及企事业单位自有资金等。公共租赁房的租金标准高于廉租房的租金而低于市场租金。与经济适用房、廉租房可以长期居住不同,公共租赁房是过渡性、临时性住房,当承租者收入增加以后,就可以搬离公共租赁房,把公共租赁房转让给那些更需要的人居住。在《关于加快发展公共租赁住房的指导意见》的引导下,公共租赁房的建设在许多省市已经展开,例如,北京市政府在2010年8月18日召开会议,专门讨论了《关于贯彻〈关于加快发展公共租赁住房的指导意见〉的若干意见》,若干意见自2011年2月1日起实施,规定将工作稳定的大学生以及技术人才、引进人才等非京籍人士都纳入公共租赁房的覆盖范围。根据各地区与住房和城乡建设部签订的目标责任书统计,2010年全国将建设37万套(间)公共租赁房。[1]

各级财政对于城乡保障性住房资金投入力度的加大,推动了城乡保障性住房建设的快速发展。据住房和城乡建设部公布的数据显示,2010年,全国各类保障性住房和棚户区改造住房实际开工590万套,基本建成370万套,分别相当于同期商品住房开工套数和竣工套数的82%和67%;农村危房改造开工136万户,基本竣工108万户。与此相应,我国城乡居民住房条件得到了很大改善。1978年,城镇居民人均住房面积为6.7平方米,2008年增加到了28.3平方米,增长了4倍。农村居民的住房面积由1978年的人均8.1平方米,增加到了

---

[1] 王炜:《住房和城乡建设部:公租房运行,鼓励企业当主体》,《人民日报》2010年7月20日。

2008年的32.4平方米,也增长了4倍。[1] 我国在逐步拉近与发达国家城乡居民人均住房面积的距离。目前,我国已基本形成以经济适用住房制度、住房公积金制度、廉租住房制度、公共租赁住房制度为内容的保障性住房制度体系。

针对目前保障性住房以低于商品房50%的价格出售给申请者的现状,有学者认为这样做与制度建立的目标是不一致的:一是会导致反向补贴和分配不公。由于许多买得起经济适用房的家庭并不是低收入家庭或者住房困难家庭,使得真正的低收入家庭和住房困难家庭反而得不到经济适用房,住房问题仍然没有得到解决。买到经济适用房的人,在购买了商品房并搬离经济适用房以后,将经济适用房出租或者以市场价出售,由此造成逆向补贴和更大的分配不公;二是保障性住房一旦出售给申请人,申请人就获得了房屋的产权,政府就不能收回进行循环分配。为了解决之后的低收入家庭和住房困难家庭的住房问题,政府需要再投入大量资金建设经济适用住房,这就给政府财政造成很大压力和浪费;三是经济适用房如果只租不卖,就可以为真正的低收入家庭和住房困难家庭解决住房问题,也可以减轻政府在建设经济适用房方面的财政负担。[2] 因此,需要完善保障性住房制度的进入和退出良性循环机制,而解决问题的根本办法在于建立《经济适用住房退出办法》,对核查制度、退出条件、退出程序等作出规定,将允许上市出售修改为必须由政府回购;将购房人可以无限期的居住修改为定期(每5年或6年)对其家庭收入、资产、对经济适用房的使用情况等进行动态核查的制度。依据核查结果,对于已经不符合居住经济适用房的家庭,让其在规定的期限内搬离,在补偿其合理的回购款项之后由政府收回退

---

[1] 罗应光、向春玲等编著:《住有所居——中国保障性住房建设的理论与实践》,中共中央党校出版社2011年版,第141页。

[2] 郭熙保等:《让保障性住房公平惠及民生》,《中国社会科学报》2010年11月30日。

出的经济适用房,并进行重新分配。① 完善经济适用住房制度,不仅能够为住房困难家庭解决住房之需,使经济适用住房真正发挥它的保障功能,而且可以使有限的政府财政用在刀刃上,并能够在住房问题上更好地体现社会公平。

第二节 加大教育投入的措施

1993年的《中国教育改革发展纲要》提出,在本世纪末财政性教育经费要占到GDP的4%,可这个比例却在"八五"期间严重下滑,1995年滑到谷底,只有2.41%。之后,这个比例缓慢爬坡,到2000年年底爬到2.87%,每年增长不到0.1个百分点。2001年达到3.14%,突破3%的大关。2002年达到3.32%。在人们预测2007年4%就会实现时,2003年降为3.28%,2004年下降到2.79%。2008年、2009年、2010年这个比例分别为3.22%、3.48%、3.66%。虽然比例在逐年增长,但是,远低于联合国要求的6%的水平。② 2010年,我国的教育经费只占世界的1%左右,人均教育支出在世界153个国家和地区中名列第145位。③

2010年7月30日,国家教育部发布了《国家中长期教育改革和发展规划纲要》(2010—2020)。纲要(五十六)指出,教育投入是支撑国家长远发展的基础性、战略性投资,是教育事业的物质基础,是公共财政的重要职能。纲要要求,各级政府要优化财政支出结构,统筹各项收

---

① 赵秀池:《完善退出机制:经适房循环利用的关键》,《中国社会科学报》2011年3月3日。
② 原春琳、张国:《一个4%牵动中国19年》,《中国青年报》2012年3月6日。
③ 江静等:《公共职能缺失致中国经济逆服务化》,《中国社会科学报》2011年2月17日。

入,把教育作为财政支出重点领域予以优先保障。严格按照教育法律法规规定,年初预算和预算执行中的收入分配都要体现法定增长要求,保证教育财政拨款增长明显高于财政经常性收入增长,并保证按在校学生人数平均的教育费用逐步增长,保证教师工资和学生人均公用经费逐步增长。按增值税、营业税、消费税的3%足额征收教育费附加,专项用于教育事业。提高国家财政性教育经费支出占国内生产总值比例在2012年达到4%。2012年3月6日,国务院总理温家宝在十一届全国人大五次会议上所做的政府工作报告中说,中央财政已按全国财政性教育经费支出占国内生产总值的4%编制预算,地方财政也要相应安排,确保实现这一目标。

2011年7月30日国务院发布的《中国儿童发展纲要(2011—2020年)》指出,九年义务教育巩固率达到95%。确保流动儿童平等接受义务教育,保障残疾儿童接受义务教育。纲要还对完善特殊教育体系作出规定,即到2020年,基本实现市(地)和30万人口以上、残疾儿童少年较多的县(市)都有一所特殊教育学校。各级各类学校要积极创造条件接收残疾人入学,不断扩大随班就读和普通学校特教班规模。全面提高残疾儿童少年义务教育普及水平,加快发展残疾人高中阶段教育,大力推进残疾人职业教育,重视发展残疾人高等教育。因地制宜发展残疾儿童学前教育。坚持以流入地政府管理为主、以全日制公办中小学为主解决流动儿童就学问题。

早在2000多年前,中国教育鼻祖孔子就提出"有教无类"观点,今天,人们更是明白教育公平是社会公平的底线。虽然近些年国家在实现教育公平方面作出了许多努力,然而,教育公平仍然是全社会和学术界最为关注的问题之一。教育公平主要体现在教育资源能否得到公平配置,而教育资源除了政府教育经费分配以外,还有师资和教学设施的配置等。有学者将我国目前教育资源配置不公归纳为"大大小小"和

"多多少少"两点:"大大小小"是指我国的大学多而小学少,越是需要的基础教育配置越少;"多多少少"是指少数学校获得更多资源,而多数学校在争夺少数资源,即使在资源最少的小学,各地的资源配置也是不均衡的。例如,小学财政预算内生均经费最多的是上海,其次是北京和天津,生均经费最少的是河南、贵州、江西、四川、云南等。学者们认为,改变教育资源分配不公的办法是,在目前义务教育资源省级统筹的基础上实现中央统筹,而要实现教育资源公平配置最关键的措施是完善相关法制,尤其需要建立法律监督体系,才能保证教育资源公平配置的实现。[1]

第三节 孤儿和流浪未成年人福利制度

孤儿和流浪儿童是人类最不幸、最无辜、最无助、且最需要帮助的群体。建立孤儿和流浪儿童救助制度,解决他们的生活、教育问题,是各级政府义不容辞的责任。

一、孤儿福利制度

1956年,农村建立了"五保"制度之后,将孤儿纳入制度之中,由村或乡镇集体经济为其提供基本的生存保障。农村经济体制改革以后集体经济崩溃,使得农村孤儿基本生活需要的经济来源成为难以解决的问题。2005年,由民政部牵头,北京师范大学社会发展与公共政策研究所和英国救助儿童会共同参与,第一次对我国孤儿整体生存状况进行了调查。调查在全国31个省、市、自治区进行,调查结果显示,全国

---

[1] 梦薇:《教育资源配置:一笔亟需算清的"公平账"》,《中国社会科学报》2010年7月29日。

18周岁以下父母双亡及事实上无人抚养的未成年人共计57.3万人，占全国总人口的比例为0.0433%，其中55%需要救助。而占孤儿总数86.3%的农村孤儿处境更加困难，能够享受到"五保"待遇的孤儿仅占农村孤儿总数的25.17%，每人每年的补助标准为1191.1元，标准最低的青海省每人每年110元，月均不足10元。① 这种状况表明，我国的社会保障制度在改革和发展的过程中，没有对孤儿的福利和救助予以应有的关注，没有把他们纳入社会保障体系中保护起来。事实上，自新中国成立以来，国家一直都没有将孤儿作为一个群体并作出相应的福利或者救助的制度安排。

2005年民政部的孤儿调查报告引起中央领导的高度重视。2006年4月13日，民政部、国家发改委、财政部等14部委联合下发文件，要求建立政府领导，民政牵头、社会参与的孤儿救助工作机制，采取寄养、收养、集中安置等形式，做好孤儿救助工作。2006年"六一国际儿童节"前夕，胡锦涛总书记视察北京市儿童福利院时特别指出："各级党委和政府都要把孤残儿童放在心上，健全救助制度，完善福利设施，推进特殊教育，动员社会力量为孤残儿童奉献爱心，使他们和其他小朋友一样，在祖国的同一片蓝天下健康幸福成长。"为贯彻落实胡锦涛总书记重要指示精神，民政部启动实施了"儿童福利机构建设蓝天计划"，建立了"残疾孤儿手术康复明天计划"，以进一步加强儿童福利机构建设，改善残疾孤儿健康状况，提高福利机构儿童的生活质量。2006年，国务院15个部委联合发布了《关于加强孤儿救助工作的意见》，该意见最主要的一个举措就是实施了"儿童福利机构建设蓝天计划"。2007年1月22日，民政部社会福利和社会事务司发布的《关于印发〈儿童福利机

---

① 周颖：《民政部对我国孤儿的现状与面临的困境调查报告》，《新京报》2005年10月19日。

构建设蓝天计划实施方案〉的通知》决定,从2006年起每年从部本级福利彩票公益金中安排2亿元予以资助,加上地方财政的投入,准备用5年时间,从中央到地方投入资金60亿元,在全国大中城市建设和完善集养护、救治、教育、康复、特教于一体的儿童福利机构。从此,孤儿救助的责任主体由村或乡镇转移到了国家身上,来源于中央财政转移支付的救助资金使得孤儿基本生活有了比较可靠的经济保障。

2009年2月19日,民政部办公厅发布的《关于制定孤儿最低养育标准的通知》,将全国社会散居孤儿最低养育标准统一规定为每人每月600元。2009年年6月9日,民政部发布了《关于制定福利机构儿童最低养育标准的指导意见》,建议各地福利机构将儿童最低养育标准定为每人每月1000元。这一标准包含伙食费、服装被褥费、日常用品费、教育费、医疗费和康复费,不包含儿童大病医疗救助费、寄养家庭劳务费等。民政部《关于制定福利机构儿童最低养育标准的指导意见》为各地制定科学、合理的福利机构儿童养育标准工作发挥了积极的推动作用。

2009年10月12日,国务院常务会议通过了《关于加强孤儿保障工作的意见》,7项基本制度和首期的25亿中央财政资金拨付标志着中国儿童福利制度从最弱势的孤儿群体开始,逐步达到全面覆盖的目标。而且这25亿资金,并不是一次性的,而是在以后每个年度,根据孤儿人数及基本养育需求,都将继续安排补助资金。在国务院的常务会议上,讨论孤儿养育的事务,这在中国的历史上还是第一次。这项政策最大的进步就是政府的资金不光是给福利院里的儿童,而是给更多生活在家庭的孤儿,让他们在自己的社区里能够生活得更好。用25亿的资金保障70多万孤儿的基本生活需求,其保障水平显然是不高的,然而,重要和有意义的是中国儿童福利制度开始确立。

1. 地方经验先行

2009年9月1日,广西自治区防城港市开始实施的《关于加强我市孤儿救助工作的意见》,首开全国先河在地级市实施孤儿最低养育救助标准。广西自治区防城港市共有各类孤儿1 500多人,占全市人口的0.176%,是全国平均水平的3倍多,且大部分散居在农村,孤儿供养标准低、生活条件差、就学就医困难引起市委、市政府的关注。《关于加强我市孤儿救助工作的意见》从孤儿的监护和基本生活制度、医疗救护及康复制度、教育保障制度、解决住房问题以及就业政策五个方面,阐述了孤儿救助体系的构成及具体养育标准。《关于加强我市孤儿救助工作的意见》规定,可享受孤儿救助和优惠政策的条件为:一是父母双亡无依无靠,二是父母服刑或法院宣告父母死亡,三是父母双方为痴、呆、傻、哑、残、智力低下,家庭生活特困无能力抚养子女等。具体审查及发放工作由民政部门办理,并由民政部门建立孤儿档案。凡是符合条件的孤儿及事实上扶养的孤儿,均给予发放《儿童福利证》。孤儿的具体情况由民政部门跟踪登记形成孤儿档案和成长记录。孤儿档案详细记录持证人的基本情况及其成长期间享受国家和当地在生活、教育、医疗、就业、住房等方面救助和优惠政策的情况。

《关于加强我市孤儿救助工作的意见》规定,全市实行统一的"两个最低"养育标准,即:将集中在社会福利机构供养的孤儿养育标准从原来的200元提高到1 000元,分散供养的孤儿从原来的83元提高到600元,最低养育标准包含孤儿已享受的低保或农村五保供养补助。在此基础上,坚持与当地经济社会发展水平相适应,同步建立城乡孤儿生活费标准自然增长机制,确保孤儿的基本生活不低于当地平均生活水平。所需资金由财政安排解决,区、县(市)的孤儿救助金由市和区、县(市)两级财政按3:7比例承担,市本级孤儿救助金由市财政全额负担。

防城港市按照政府主导、社会参与的原则,多方筹措孤儿福利保障资金。各级政府把孤儿福利服务事业纳入国民经济和社会发展规划,不断加大政府资金投入力度,用于儿童福利设施、流浪儿童救助保护设施建设以及孤儿教育、医疗、住房救助和生活定向补助。福利彩票公益金以儿童福利服务为重要投向,制定计划,逐年分步实施。同时,在市慈善总会设立爱心救助基金,鼓励和引导全市各界捐赠,并将捐赠活动常年化、经常化,为解决孤儿突发性的疾病、就学、生活等困难募集资金。

"防城港模式"为广西孤儿福利保障体系建设提供了经验,其他地区也开始积极探索孤儿救助工作的机制。自治区在总结防城港市以及其他地区成功经验的基础上,着手研究制定《关于加强广西孤儿福利保障工作的意见》。在此期间,全国各地陆续制定有关孤儿救助的规范性文件,地方实践为中央立法提供了经验。

2. 中央立法出台

2009年11月7日,国家民政部主办的全国孤儿救助工作讨论会暨现场经验交流会在东兴召开。会上,民政部社会福利和慈善事业促进司王振耀司长对防城港市孤儿救助工作的做法给予了充分肯定和高度评价。他说,防城港市经济发展水平在全国、全广西都不是最发达的,但在市委、政府的高度重视和积极推动下,防城港市成为孤儿救助工作"中国第一市",防城港市的积极探索和有益实践,给予我们最大的启示是,建立儿童福利制度并不取决于现有经济水平,关键在于地方党政领导的观念、理念、感情和重视程度。王振耀的观点阐明了社会福利制度建设的核心所在,对这项制度在全国的推广起到了巨大的推动作用。

2010年11月16日,国务院办公厅发布《关于加强孤儿保障工作的意见》,将孤儿定义为"孤儿是指失去父母、查找不到生父母的未满18周岁的未成年人",并要求县级以上民政部门采取多种方式,妥善安置孤儿。"意见"规定的安置方式有四种:一是由亲属抚养。依照《中华人民共和国民法通则》等法律法规确定,孤儿的祖父母、外祖父母、兄、姐要依法承担抚养义务、履行监护职责。孤儿的其他亲属、朋友也可以担任监护人。没有前述监护人的,未成年人的父、母所在单位或者未成年人住所地的居民委员会、村民委员会或者民政部门可以担任监护人;二是由福利机构养育。对没有亲属和其他监护人抚养的孤儿,由民政部门设立的儿童福利机构收留抚养;三是家庭寄养。由孤儿父母生前所在单位或者孤儿住所地的村(居)民委员会或者民政部门担任监护人的,可由监护人委托有抚养意愿和抚养能力的家庭监护或者寄养,并给予养育费用补贴和劳务补贴;四是依法收养。按照《中华人民共和国收养法》的规定,中国公民可以依法收养孤儿,对有收养意愿的寄养家庭,应优先为其办理收养手续。同时稳妥开展涉外收养,完善涉外收养办法。

"意见"确定的孤儿保障体系包括:一是建立基本生活保障制度。各地政府按照不低于当地平均生活水平的原则,合理确定孤儿基本生活最低养育标准,机构抚养孤儿养育标准应高于散居孤儿养育标准,并建立孤儿基本生活最低养育标准自然增长机制。地方各级财政要安排专项资金,确保孤儿基本生活费及时足额到位。中央财政安排专项资金,对地方支出孤儿基本生活费按照一定标准给予补助。民政、财政部门要建立严格的孤儿基本生活费管理制度,确保专款专用、按时发放;二是提高孤儿医疗康复水平。将孤儿纳入城镇居民基本医疗保险、新型农村合作医疗、城乡医疗救助等制度覆盖范围,费用可通过城乡医疗救助制度解决。将符合规定的残疾孤儿医疗康复项目纳入基本医疗保障范围,继续实施"残疾孤儿手术康复明天计划";三是落实孤儿教育政策。义务教育阶段的孤儿寄宿生需全面纳入生活补助范围。在普通高中、中等职业学校、高等职业学校和普通本科高校就读的孤儿,纳入国家资助政策体系优先予以资助。孤儿成年后仍在校就读的,继续享有相应政策;四是扶持孤儿成年后就业。按照《中华人民共和国就业促进法》和《国务院关于做好促进就业工作的通知》的规定,鼓励和帮扶有劳动能力的孤儿成年后实现就业,按规定落实好职业培训补贴、职业技能鉴定补贴、免费职业介绍、职业介绍补贴和社会保险补贴等政策;五是加强孤儿住房保障和服务。居住在农村的无住房孤儿成年后,按规定纳入农村危房改造计划优先予以资助,乡镇政府和村民委员会要组织动员社会力量和当地村民帮助其建房。居住在城市的孤儿成年后,符合城市廉租住房保障条件或其他保障性住房供应条件的,当地政府要优先安排、应保尽保。对有房产的孤儿,监护人要帮助其做好房屋的维修和保护工作。

  2010年11月26日,民政部、财政部根据国务院"意见"精神联合发布了《关于发放孤儿基本生活费的通知》,决定从2010年1月起为全国孤儿发放基本生活费。"通知"要求各地根据城乡生活水平、儿童成长需要和财力状况,按照保障孤儿的基本生活不低于当地平均生活水平的原则,合理确定孤儿基本生活最低养育标准,具体标准参照民政部关于孤儿最低养育标准的指导意见确定。地方各级财政要将孤儿基本生活费列入预算,省级财政要进一步加大投入,保障孤儿基本生活费所需资金。中央财政2010年安排25亿元专项补助资金,对东、中、西部地区孤儿分别按照月人均180元、270元、360元的标准予以补助。以后年度按民政部审核的上年孤儿人数及孤儿基本养育需求,逐年测算安排中央财政补助金额。孤儿基本生活费保障资金实行专项管理,专账核算,专款专用,严禁挤占挪用。

  社会散居孤儿申请孤儿基本生活费,由孤儿监护人向孤儿户籍所在地的街道办事处或乡(镇)人民政府提出申请,街道办事处或乡(镇)人民政府对申请人和孤儿情况进行核实并提出初步意见,上报县级人民政府民政部门审批。县级财政部门根据同级民政部门提出的支付申请,将孤儿基本生活费直接拨付到孤儿或其监护人个人账户或福利机构集体账户。财政直接支付确有困难的,可通过县级民政部门按规定程序以现金形式发放。县级人民政府民政部门要与社会散居孤儿的监护人签订协议。协议应对监护人领取、使用孤儿基本生活费以及孤儿养育状况提出相应要求,明确监护人应依法履行的监护职责和抚养义务。

在中央和地方一系列有关孤儿救助法规的规范下,孤儿救助工作逐步走上法治化道路,孤儿的生活、医疗、教育、住房、就业等基本生活需要能够得到比较可靠的保障。2011年5月31日,由民政部社会福利和慈善事业促进司、联合国儿童基金会、北师大壹基金公益研究院共同发布的《中国儿童福利政策报告2011》称,截至2008年底,中国0至18岁儿童总数是2.78亿人,其中孤儿人数从2005年的57.4万上升至2010年的71.2万,五年间增长约24%。报告建议政府2011年需要优先从儿童大病、残疾、学前教育三大方面展开制度建设,并测算出600亿元即可启动上述三项儿童福利制度。[①] 在各级政府和各非政府组织的共同努力下,孤儿的福利状况会有一个比较大的改善。

二、流浪未成年人福利制度

2007年9月,民政部与国家发展改革委员会共同制定的《"十一五"流浪未成年人救助保护体系建设规划》提出,到2010年,要实现90%以上的地级城市和重点县级市拥有流浪未成年人救助保护设施。新增救助保护床位3.5万张,每年能够为50多万名流浪未成年人提供救助服务,减少街头流浪者数量。"十一五"期间,流浪未成年人救助保护体系建设的主要任务是:新建和改扩建280个左右的地级以上城市

---

① 底东娜:《全国孤儿人数超过71万 5年增长约24%》,《新京报》2011年6月1日。

流浪未成年人救助保护设施;新建和改扩建70个左右的重点县级市流浪未成年人救助保护设施;为流浪未成年人数量较多,救助任务繁重,承担跨省接送或区域转送任务的城市救助机构配备350辆统一标识的流动救助车。"十一五"期间,政府为流浪未成年人救助保护体系建设总投资约11.2亿元,其中,中央预算内专项资金5亿元,民政部福利彩票公益金2亿元,其余约4.2亿元配套资金由地方财政解决。①

---

① 《2010年多数城市要拥有流浪未成年人救助设施》,转引自宋士云等《新中国社会保障制度结构与变迁》,中国社会科学出版社2011年版,第339页。

第十八章　社会救济制度

2005年2月26日,民政部、卫生部、劳动和社会保障部、财政部发布了《关于建立城市医疗救助试点工作的意见》,提出从2005—2007两三年中,要在各省、自治区、直辖市部分县(市、区)进行试点,然后再用2至3年时间在全国建立起医疗救助制度。2005年8月15日,民政部、卫生部和财政部联合发布了《关于加快推进农村医疗救助工作的通知》,"通知"明确规定,在2005年底以前,各省、自治区、直辖市所辖有农业人口的县(市、区)的农村医疗救助工作方案务必全部出台;要结合本地实际,借鉴一些地方采取的预先垫付医药费、医疗服务机构减免医药费、降低或取消农村医疗救助起付线等办法,使特困群众得到实惠。

为了进一步完善城乡医疗救助制度,保障困难群众能够享受到基本医疗卫生服务,更大程度减轻城乡特困群体的医疗负担,提高他们的健康水平,2009年6月15日,民政部、财政部、卫生部等发布了《关于进一步完善城乡医疗救助制度的意见》。"意见"确立的基本原则是,从我国经济和社会发展实际出发,探索建立城乡一体化的医疗救助制度,发挥医疗救助的救急救难作用;"意见"确立的目标任务是,用3年左右时间,在全国基本建立起资金来源稳定,管理运行规范,能够为困难群众提供基本医疗需求的医疗救助制度。

较之前有关医疗救助法规的规定,"意见"进一步完善了医疗救助的内容:一是将医疗救助范围由原来的城乡低保家庭成员和五保户扩大到其他经济困难家庭人员,其他经济困难家庭人员主要是指低收入家庭重病患者以及当地政府规定的其他特殊困难人员。

二是规定了救助方式,即对城乡低保家庭成员、五保户和其他经济困难家庭人员,按照有关规定资助其参加城镇居民基本医疗保险或新型农村合作医疗,对其难以负担的基本医疗自付费用给予补助。

三是规定了救助服务内容,即以住院救助为主,同时兼顾门诊救助。住院救助主要解决救助对象个人负担的医疗费用。门诊救助主要解决救助对象患有常见病、慢性病、需要长期药物维持治疗以及急诊等需要个人负担的医疗费用。将慢性病列入门诊救助服务,既可以提高患者的健康水平,也可以减轻住院救助的负担。

四是规定了医疗救助操作程序,即民政部门可提供必要的预付资金,城乡低保家庭成员、五保户等凭相关证件或证明材料,到开展即时结算的定点医疗机构就医所发生的医疗费用,应由医疗救助支付的,由定点医疗机构即时结算,救助对象只需支付自付部分。定点医疗机构再与民政部门定期结算。对于申请医疗救助的其他经济困难人员,或到尚未开展即时结算的定点医疗机构就医的医疗救助对象,当地民政部门要及时受理,并按规定办理审批手续,使困难群众能够及时享受到医疗服务。

五是规定中央财政安排专项资金,对困难地区城乡医疗救助提供补助,包括对东部困难地区提供补助。

六是规定救助基金结余过多将减拨停拨补助。县级财政部门要在社会保障基金财政专户中设立城市和农村医疗救助基金专账,县级民政部门负责医疗救助资金的发放工作,在确保基金安全的前提下,做到基金收支基本平衡,略有结余。针对之前救治基金有限,困难家庭需求量大,各地民政部门本着宁紧勿缺的原则,对申请救助人员和申请金额审查过严,造成部分地方救助基金结余较多的实际情况,"意见"规定,对于医疗救助基金结余过多的,上级财政、民政部门应根据情况减拨或者停拨救助资金。到 2011 年,各地累积结余的基金一般应不超过当年筹集基金总额的 15%,且要按规定及时结转下年使用,不得挪作他用。[①]

《关于进一步完善城乡医疗救助制度的意见》的发布和实施,对于保障特困群体获得基本医疗服务,探索建立城乡一体化的医疗救助制度,将发挥重要的规范和推动作用。

[①] 卫敏丽等:《医疗救助起付线将降低》,《北京青年报》2009 年 6 月 23 日。

第十九章 农村社会保障制度

第一节 重建农民养老保险制度

一、为什么要重建农民养老保险制度

(一) 1992 年发布的基本方案不是真正意义上的养老保险制度

由于在中国农村建立农民养老保险是一项全新的工作,在国内和国际都没有成功的经验和模式可资借鉴,因此在 1992 年公布的《县级农村社会养老基本方案》实施过程中,出现了不少问题。主要问题有:第一,因不具有社会互济的性质而不是社会养老保险。"方案"规定,农民养老保险基金以农民个人缴纳为主、集体补助为辅。这一规定对于提高农民的保险意识,减轻国家财政负担有一定的作用,但是,在农村经济体制改革以后,多数集体经济负债或濒临破产,没有能力为农民养老保险提供补助,所以,养老保险基金基本由农民个人缴纳形成,实际上是一种农民个人储蓄性养老保障,而不是社会养老保险。

第二,因缴费少待遇标准过低而不具有保障功能。按照民政部 1992 年 5 月 18 日发布的《农村社会养老保险缴费、领取计算表的通知》计算,每月缴纳 2 元养老保险费的农民,按照 8.8% 的利率,10 年以后他们每月能够领取到养老金为 4.7 元,即使每月缴纳最高额 20 元的保险费,10 年以后每月也只能领到 40 元的养老金,这么低的养老金是

不能保障老年农民基本生活需要的。2008年8月27日,国家审计署审计长刘家义在十一届全国人大常委会第四次会议上作审计报告时指出,2006年,全国1 947个县中,有1 484个县的参保农民人均领取的"养老金"低于当地"农村最低生活保障标准";领取农保养老金的331万农民中,领取额低于当地农村最低生活保障标准的占88%,有120万人月领取额在10元以下,占36%。①

第三,政策的不稳定性使得农村养老保险半途而废。1992年公布实施的《县级农村社会养老基本方案》是一个没有强制性、而是引导农民自愿参加养老保障的政策性文件,因而有着比较大的随意性。1999年,在中央政府主要领导决定暂缓发展农村养老保险的意见下,已经搞得有点规模的农村养老保险事业,除上海和山东烟台市还在继续开展以外,其他地区的农村养老保险事业几乎陷入停顿状态。

第四,覆盖范围小,绝大多数农村居民没有被养老保险制度覆盖。除了享受"五保"供养的老人、部分计划生育户、双女户中年满60岁的老人享有一定程度的养老保险待遇之外,绝大多数农村老年居民没有养老保险待遇。2009年,享受"五保"待遇的老人有500万人,领取农村养老金者200万人,新农保试点县领取每月55元基础养老金者为1 500万人。② 这与农村60岁以上老人的总数相差甚远。北京大学国家发展研究院发布的"中国健康与养老追踪调查"显示,农村老年人大部分在65至69岁时依旧在务农,而到80岁时农村老年人仍有20%以上需靠务农维持生计,而且农村老年人的劳动时间和劳动强度都明显大于城市老年人。③

---

① 张艳玲:《中国新农保有望年底启动》,《财经》2008年9月11日。
② 郑功成主编:《中国社会保障改革与发展战略》(养老保险卷),人民出版社2011年版,第4页。
③ 王卫国:《农村八旬老人仍有20%在务农》,《南方都市报》2013年6月4日。

第五,基金管理存在着比较棘手的问题。基金投资渠道单一,收益有限。基金只能存银行、买国债,难以使基金的增值同国民经济增长水平、国民收入增长水平同步,难以回避通货膨胀的风险。基金由县级管理,使得基金分散、运营层次低和难以形成规模效益。县级财政普遍吃紧,有些地方用养老保险基金发工资或弥补财政赤字,极大地威胁到基金安全,为农村养老保险事业的发展埋下隐患。

第六,政府财政投入缺位,是农民养老保险不能持续发展的根本原因所在。政府没有财政投入使《县级农村社会养老保险基本方案》变成了"农民个人养老保险",因为社会养老与个人养老或者家庭养老的根本区别在于,当农民养老保险基金入不敷出时政府承担弥补资金亏空的财政责任,而我国政府在建立农村社会养老保险制度的过程中,只是制定了相关的政策法规和组织农民参加保险,而没有任何财政投入,这无疑影响到制度的可持续性。

(二) 重建是维护农村社会稳定的需要

农民养老保险制度的缺位,影响到国家经济发展和社会稳定。据有关部门的调查,由于农民考虑到生病和将来的养老问题,不愿也不敢将手中的积蓄用于消费。在这种情况下,尽管国家在 21 世纪初几次下调利率,但仍然没有将农民的消费热情调动起来。由于农民占人口的绝大多数,农民消费不足,就对国家拉动内需的战略决策造成影响。此外,近几年由于化肥、农药、地膜等工业品价格上涨,农产品价格下降,农民收入减少,农村贫富差距在加大,一部分农村干部作风腐败等原因,在农村潜伏着不安定的因素和矛盾。尤其是城乡居民在生活水平上的巨大差距,城市居民比较充分的社会福利,更使得一部分农民产生不平衡心理,并因此来到城市做案,造成城市的不安宁。消除农村不安定因素,除了采取增加农村基础设施投资、减少工农业产品剪刀差、纠正农村干部的不良工作作风等措施外,建立和健全农民养老保险和医疗保险制度,应该是减少农村社会矛盾,维持社会稳定的最有力措施。

(三) 我国初步具备建立农村养老保险制度的条件

要不要为农民建立养老保险制度是一个争论已久的问题,争论的焦点主要集中在我国目前具备不具备建立农村养老保险的条件上。多数意见认为,我国目前初步具备建立农村包括养老保险在内的社会保障的条件和能力。例如,有人列举了以下理由:1.时间适宜。世界上城乡社会养老保险制度的建立几乎都不同步,一般乡村滞后于城市30年至50年。我国在1951年建立起城镇职工的养老保险制度,至今已经60年了,现在应该为农民建立养老保险制度了;2.经济条件初步具备。以13个欧盟国家为例,其农村社会养老保险制度建立时,农业GDP的比重在3.1—41%之间,平均16.2%;农业劳动力的比例一般在5.1—55.3%之间,平均为29.5%;以国际美元计价的人均GDP在1 445—9 580之间,平均5 226国际美元。在我国,1987年,我国人均GDP已达到13个欧盟国家建立农村社会养老保险制度时的最低水平,1994年达到了其平均水平,2000年达到了其最高水平。[①] 由此得出的结论是:在中国建立农村社会养老保险制度的经济条件基本具备。

二、重建农民养老保险制度的地方尝试

党的十六大、十七大都对探索建立农村养老保险制度作出部署。2008年10月12日,中共十七届三中全会更加明确提出"贯彻广覆盖、保基本、多层次、可持续原则,加快建设农村社会保障制度。按照个人缴费、集体补助、政府补贴相结合的要求,建立新型农村社会养老保险制度。"按照党中央的部署,各地根据当地实际情况和经济发展水平,从

[①] 林永生:《我国农村社会养老保险制度:过去、现在和未来》,中国社会保险学会网站2007年11月20日。

2008年开始重建农民养老保险制度。

新农保试点始于2003年,截至2008年9月,全国已有25个省、305个县开展新农保试点,资金主要来源于地方政府投入,中央财政并未安排专门的资金。北京、上海、西安、浙江、江苏等省、市已率先制定了"农民社会养老保险"的地方性法规。这些法规在汲取1992年"方案"实施经验的基础上,在法规的规范性、社会保险法律关系各方的权利义务、政府财政投入、制度的保障性等方面作出了比方案更加明确的规定,使法规成为真正具有社会保险性质的规范性文件。据人力资源和社会保障部农村社会保险司有关官员介绍,试点地区主要有以下三种模式。

第一种模式是"个人账户"模式,个人缴费、集体补助、政府补贴全部计入个人账户,最后按个人账户积累总额和平均余命来计算养老金。由于政府提供补贴,所以,这种模式能够提高农民的参保积极性,但互济功能较弱。

第二种模式是仿照城镇职工"个人账户和社会统筹"相结合的模式,将个人缴费和集体补助计入个人账户,政府补贴则计入社会统筹账户,农民的养老金由个人账户养老金和从统筹基金中支付的基础养老金两部分组成。这种模式提高了互济功能,但要在全省或全国推广,由于各地发展水平不一,有些地方政府难以承担养老补贴。

第三种模式是实行"个人账户"和"政府直接提供基础养老金"相结合的模式。个人缴费、集体补贴、基层政府补贴全部计入个人账户。在老年农民领取养老金时,"基础养老金"由政府直接提供。

由于第三种模式既能体现社会公平,又能够激励农民参加养老保险的积极性,因此成为主管部门认可并推荐的农保方案。以2007年12月29日北京市政府审议通过的、从2008年1月1日起实施的《北京市新型农村社会养老保险试行办法》为例,重建后的农村养老保险制

度具有以下特点:

1. 选择了"责任分担型"社会养老保险模式

北京市新型农村社会养老保险制度选择了"个人账户养老金和基础养老金"相结合的制度模式。即参加新型农村养老保险并缴纳养老保险费至少满15年的人员,就取得了领取养老金的资格;在获得个人账户养老金的同时,还能够获得由市区两级财政补贴的基础养老金。2008年,市区两级财政补贴的基础养老金标准全市统一为每人每月280元,市区两级财政补贴分别列入市区两级财政预算。北京市区两级政府为那些在制度建立时年龄已经达到和超过60岁、没有法定缴纳养老保险费义务的老年农民每人每月发放280元的基础养老金,缩小了制度建立前后达到退休年龄的老年农民的收入差距,也表明了政府对于老年农民以往给国家作出贡献给予了适当补偿。

2. 实行"老人老办法、中人中办法、新人新办法"的分段计发办法

分段计发适用于对个人账户养老金待遇标准的计算,即2004年7月1日前参加农村社会养老保险的人员,在2008年1月1日前缴纳的保险费按8.8%的计发系数确定个人账户养老金标准;2004年7月1日之后参加农村社会养老保险的人员,在2008年1月1日前缴纳的保险费按5%的计发系数确定个人账户养老金标准;自试行办法施行之日起,参加农村社会养老保险的人员缴纳的新型农村社会养老保险费,按照国家规定的基本养老保险个人账户养老金计发月数确定个人账户养老金标准。

3. 规定了明确的缴费时间和费率

北京市新型农村社会养老保险费实行按年缴纳,每年的缴费时间为1月1日至12月20日;最低缴费标准为上一年度本区县农村居民人均纯收入的10%,参保人员可根据经济承受能力提高缴费标准;参保人员每年个人缴费和集体补助的总额,不得低于本区县的最低缴费标准;市劳动保障行政部门根据市统计部门公布的上一年度区县农村居民人均纯收入,在每年3月31日前发布各区县的最低缴费标准。

达到领取养老金年龄时(男年满60周岁、女年满55周岁的次月)、而累计缴费年限不满15年的,继续按年缴纳保险费,最长延长缴费时间5年,缴费年限仍不满15年的,按照相应年度本区(县)农村居民人均纯收入的10%,一次性补足差额年限保险费。

4. 规定了养老保险关系城乡可以转移接续

参加新型农村社会养老保险后转居又参加城镇职工基本养老保险的,其参加农村养老保险所缴纳的养老保险费,按照基本养老保险相应年度最低缴费基数和缴费比例折算为基本养老保险的缴费和年限,折算的农村社会养老保险费转入基本养老保险基金,并按规定建立基本养老保险个人账户;参加本市基本养老保险的本市农民工,达到退休年龄时不符合按月领取条件的,可将其按照基本养老保险规定享受的一次性养老待遇划转到其户口所在区(县)农保经办机构,建立新型农村社会养老保险个人账户,按照新型农村社会养老保险的规定计发养老待遇。

从目前各地农村养老保险实践来看,正在循着"低水平、广覆盖"的路径前行,也符合国际社会对中国的养老保险制度如何建构的建议,例如,伦敦政治经济学院尼古拉斯·巴教授就主张中国发展国民养老保险,定位于消除老年贫困,采取非缴费性制度,规定领取年龄和待遇水平,由中央财政提供资金支持。[①] 各地已经普遍实施的新型农村养老保险和城镇居民养老保险,接近巴教授所建议的国民养老保险制度模式,虽然达到法定退休年龄的农村老人和城镇老年居民只能领取较低数额的养老金,但是他们个人不缴纳或者只缴纳小额的养老保险费,待

---

① 封进:《强制高保障不现实》,《中国社会科学报》2011年12月22日。

遇的资金来源主要由中央财政和各级地方财政承担。这样的制度设计,有利于首先将城乡居民、非正规就业者和低收入者的养老保险统一为非缴费型国民养老保险制度,形成区别于城镇就业者的需要缴纳养老保险费、养老金待遇较高的城镇职工的养老保险制度,减少我国养老保险制度碎片化的现状。

三、启动农民养老保险制度重建工作

党的十七大提出,2020年基本建立覆盖城乡居民的社会保障体系,探索建立农村养老保险制度。党的十七届三中全会第一次提出了新农保的概念,并明确了个人缴费、集体补助、政府补贴相结合的原则。2008年底召开的中央经济工作会议和2009年3月温家宝总理的《政府工作报告》都明确要求,积极开展新型农村社会养老保险试点。2009年6月24日,国务院第70次常务会议讨论并原则通过了《关于开展新型农村社会养老保险试点的指导意见》,8月18日至19日,全国新型农村社会养老保险试点工作会议在北京召开,温家宝总理和张德江副总理对新农保试点工作进行了部署,温家宝在会议上讲话时指出,2009年开展的农村养老保险试点工作,是由国家财政全额支付农民最低标准基础养老金的制度,它的重大现实意义和深远的历史意义在于:第一,国家为亿万农民建立由财政全额支付最低标准基础养老金,使他们老有所养,对于开拓农村市场、扩大国内消费需求,具有强大持久的推动力。第二,随着经济发展、国力增强,农民养老保险待遇水平的逐步提高,有利于逐步缩小城乡居民的收入差距,更充分地体现社会公平和共享。第三,有利于化解农村社会中的各种矛盾。农村老年人经济自立能力的逐步提高,由此生活质量的逐步提高,有利于增强社会的和谐因素,养老金的领取一定程度地减轻子女的经济负担,由此减少因赡养问题引发的家庭矛盾。第四,有利于化解一些农村集体组织与村民的

紧张关系,维护社会稳定。① 2009年9月4日,国务院发布了《关于开展新型农村社会养老保险试点的指导意见》,它的主要亮点有:

1. 确立了农村社会养老保险工作的基本原则

新农保试点的基本原则是"保基本、广覆盖、有弹性、可持续"。一是从农村实际出发,低水平起步,筹资标准和待遇标准要与经济发展及各方面承受能力相适应;二是个人(家庭)、集体、政府合理分担责任,权利与义务相对应;三是政府主导和农民自愿相结合,引导农村居民普遍参保;四是中央确定基本原则和主要政策,地方制订具体办法,对参保居民实行属地管理。

2. 明确了农村社会养老保险的任务目标

探索建立个人缴费、集体补助、政府补贴相结合的新农保制度,实行社会统筹与个人账户相结合,与家庭养老、土地保障、社会救助等其他社会保障政策措施相配套,保障农村居民老年基本生活。2009年试点覆盖面为全国10%的县(市、区、旗),以后逐步扩大试点,在全国普遍实施,2020年之前基本实现对农村适龄居民的全覆盖。

3. 扩大了参保范围

规定年满16周岁(不含在校学生)、未参加城镇职工基本养老保险的农村居民,可以在户籍地自愿参加新农保。

4. 建立了个人缴费、集体补助、财政补贴的三方筹资机制

新农保基金由个人缴费、集体补助、政府补贴构成:(1)个人缴费。标准目前为每年100元、200元、300元、400元、500元5个档次,由参保人自主选择缴费档次。地方政府应当对参保人缴费给予补贴,补贴标准不低于每人每年30元,对农村重度残疾人等缴费困难群体,地方政府为其代缴部分或全部最低标准的养老保险费。个人缴费,集体补

---

① 2009年8月18日温家宝在全国新型农村社会养老保险试点工作会议上的讲话。

助,地方政府对参保人的缴费补贴,全部记入个人账户。国家依据农村居民人均纯收入增长等情况适时调整缴费档次;(2)集体补助。有条件的村集体应当对参保人缴费给予补助,补助标准由村民委员会召开村民会议民主确定;(3)政府补贴。政府对符合领取条件的参保人全额支付新农保基础养老金,其中中央财政对中西部地区按中央确定的基础养老金标准给予全额补助,对东部地区给予50%的补助。农民养老金由基础养老金和个人账户养老金构成,其中最低标准基础养老金为每人每月55元,以确保同一地区农民领取到的养老金水平基本相同。2011年,农民养老保险试点扩大到了40%,试点范围的逐步拓展,2020年实现全覆盖目标。

5. 规定为参保人建立个人账户

国家为每个新农保参保人建立终身记录的养老保险个人账户。个人缴费,集体补助及其他经济组织、社会公益组织、个人对参保人缴费的资助,地方政府对参保人的缴费补贴,全部记入个人账户。个人账户储存额目前每年参考中国人民银行公布的金融机构人民币一年期存款利率计息。

6. 规定了养老金待遇及其领取

养老金待遇由基础养老金和个人账户养老金组成,支付终身。中央确定的基础养老金标准为每人每月55元。地方政府可以根据实际情况提高基础养老金标准,对于长期缴费的农村居民,可适当加发基础养老金,提高和加发部分的资金由地方政府支出。个人账户养老金的月计发标准为个人账户全部储存额除以139(与现行城镇职工基本养老保险个人账户养老金计发系数相同)。参保人死亡,个人账户中的资金余额,除政府补贴外,可以依法继承,政府补贴余额用于继续支付其他参保人的养老金。

年满60周岁、未享受城镇职工基本养老保险待遇的农村有户籍的老年人,可以按月领取养老金。新农保制度实施时,已年满60周岁、未享受城镇职工基本养老保险待遇的,不用缴费,可以按月领取基础养老金,但其符合参保条件的子女应当参保缴费;距领取年龄不足15年的,应按年缴费,也允许补缴,累计缴费不超过15年;距领取年龄超过15年的,应按年缴费,累计缴费不少于15年。

7. 对养老保险基金管理和监督作出规定

新农保基金纳入社会保障基金财政专户,实行收支两条线管理,单独记账、核算,按有关规定实现保值增值。试点阶段,新农保基金暂实行县级管理,随着试点扩大和推开,逐步提高管理层次,有条件的地方也可直接实行省级管理。

8. 对经办管理服务的规定

开展新农保试点的地区,要认真记录农村居民参保缴费和领取待遇情况,建立参保档案,长期妥善保存。建立全国统一的新农保信息管理系统,纳入社会保障信息管理系统建设,并与其他公民信息管理系统实现信息资源共享。要大力推行社会保障卡,方便参保人持卡缴费、领取待遇和查询本人参保信息。新农保工作经费纳入同级财政预算,不得从新农保基金中开支。

9. 对相关制度衔接的规定

原来已开展以个人缴费为主、完全个人账户农村社会养老保险(以下称老农保)的地区,要在妥善处理老农保基金债权问题的基础上,做好与新农保制度衔接。在新农保试点地区,凡已参加了老农保、年满60周岁且已领取老农保养老金的参保人,可直接享受新农保基础养老金。对已参加老农保、未满60周岁且没有领取养老金的参保人,应将老农保个人账户资金并入新农保个人账户,按新农保的缴费标准继续缴费,待符合规定条件时享受相应待遇。

将新农保与1992年开展的老农保相比,前者具有明显的现代社会养老保险制度的特征:一是新型农村养老保险制度是以政府为责任主体、体现社会公平的制度。国家财政支付最低标准基础养老金,既是实现"保基本"目标的基础,也体现国家对制度实施时已经达到退休年龄的老年农民的补偿以及对为国家现代化建设付出代价的中西部地区的补偿,比较充分地体现了代际之间和地区之间的连带和互济;二是新型农村养老保险制度体现出现代养老保险制度的普惠性特征。地方财政对农民缴费实行补贴,成为实现"广覆盖"目标的支撑。在一些农村集体经济组织不能为参保农民提供补助以及部分农民个人缴费有困难的情况下,由地方财政对所有参保农民给予缴费补贴,对农村重度残疾人等困难群众代缴部分或全部最低标准保险费,有利于增加个人账户积累和实现全覆盖的目标;三是新型农村养老保险制度体现出权利与义务相结合的原则。农民的个人缴费、集体经济组织的补助以及地方政府对参保人缴费的补贴,全部进入参保人的个人账户。个人账户养老金依据本人缴费多少和缴费年限的长短,计算待遇水平,充分体现了权利与义务相对应的原则。

到 2010 年 6 月底,全国 320 个试点县和 4 个直辖市已经开展了新型农村社会养老保险工作,参保人数达到 5 965 万人,[1]占试点地区适龄农业人口的 63.82%,其中已有 1 697 万人领取了养老金待遇。[2] 到了 2010 年底参加农村养老保险的人数猛增到了 10 277 万人,当年有 2 863 万人领取养老金,共支付养老金 200 亿元,年底结存养老基金 423 亿元。[3] 2010 年 10 月,国家又启动了第二批试点工作,各地政府积极

---

[1] 周晖:《过去 5 年是社会保障事业发展最快的时期》,《中国劳动保障报》2010 年 11 月 26 日。

[2] 郑功成主编:《中国社会保障改革与发展战略》(养老保险卷),人民出版社 2011 年版,第 196 页。

[3] 中华人民共和国人力资源和社会保障部:《2010 年度人力资源和社会保障事业发展统计公报》。

推进和实施"新农保"的试点工作,并且在具体实施方案中明确了地方政府的财政补贴责任。随着制度的不断实施,农民将会越来越认识到新农保制度对于保障自己老年生活的重要性和必要性,参保的积极性也会不断提高。

新农保在试点过程中也暴露出一些问题:一是财政责任规定不明确。无论是中央政府和地方政府对农民基础养老金支付的规定,还是中央政府和地方政府对农民个人账户缴费补贴的规定,都不清晰。国际范围的普遍做法,是将政府作为农民的雇主而为农民承担部分养老保险的缴费义务。在建立和完善我国农民养老保险制度的过程中,对于农民的基础养老金,全国范围应当实行统一制度,即都由中央政府承担支付责任,各地方政府可以根据当地经济发展水平,通过增发基础养老金,来提高本地区农民的基础养老金水平。对于农民个人账户缴费,同样需要对农民个人缴费、中央政府以及地方政府的补助比例作出比较明确的规定;二是规定新农保试点时已满60岁的农民不用缴费就可以享受中央财政提供的55元基础养老金,但条件是其子女应当参保。[①] 各地在执行这一规定时,制定了更加苛刻的条件,例如将应当参保的人员扩及到辖区内的家庭成员,包括配偶、儿子、儿媳、上门女婿、女儿,而年满60周岁的老人一般都是多子女,缴费压力大,他们就放弃了领取基础养老金的权利。中央政府为60周岁的农村老人提供55元养老金,是政府对从进入劳动年龄就一直为国家的工业化积累、社会主义建设事业、农村经济体制改革作出巨大贡献的老年农民的一种经济补偿,是新农保实施时有关法规赋予老年农民的一项权利,而这项权利的实施是不能附加任何条件和义务的。所以,目前附条件的规定是对

---

① 参见2009年《国务院关于开展新型农村社会养老保险试点的指导意见》,"七、养老金待遇领取条件"。

老年农民养老权利的一种限制,应当尽快修改;三是农民养老金替代率低,不能保障老年农民的基本生活需要。中央政府提供的基础养老金每月只有 55 元,全年为 660 元,占 2009 年我国农村居民人均纯收入 5 153.17 元的 12.8%。农民多选择 100 元、200 元的缴费标准,加上地方政府每年 30 元的补贴,参保农民到 60 岁领取养老金时,个人账户的微薄积累也不会提供比较高的个人账户养老金。2012 年 7 月 10 日,全国老龄工作委员会发布了《2010—2012 年中国城乡老年人口状况追踪调查主要数据报告》,这是继 2000 年和 2006 年之后第三次对老年生活状况进行的追踪调查,也是国家统计局批准的由主管老龄工作的唯一部门进行的老年人状况科学调查。报告显示,社会养老保障的覆盖率,城镇达到 84.7%,月均退休金 1 527 元;农村为 34.6%,月均养老金 74 元。仅为城市老年人平均月退休金的近 5%。在老年人平均年收入结构中,城市老年人的养老保障占到 86.8%,而农村目前主要还是靠家庭和土地养老,养老保障只占到 18.7%。[①] 因此,即使在中央政府和地方政府能够持续提供补贴的情况下,低额的农民养老金不能维持老年农民最基本的生活需要;四是在实际操作中,中央财政要求地方政府财政补贴到位,才予拨付中央政府提供的基础养老金。在地方财政吃紧,没有能力为农民提供养老保险费补贴时,为了获得中央财政的拨款,于是就出现了地方财政弄虚作假的现象。政府提供财政补贴是新农保制度和旧农保制度的根本区别之一。各级财政补贴按时足额到位是新农保持续健康发展的基础。对于每年提供不低于 30 元新农保补贴有困难的西部地区,中央财政应当采取倾斜政策,才能在减轻地方政府财政压力的同时,保证新农保制度顺利推进;五是新农保试点方案

[①] 蒋彦鑫等:《农村老人月均养老金仅 74 元 不足城市老人 5%》,《新京报》2012 年 7 月 11 日。

规定实行县级管理,并且规定各试点县可以制定具体的实施方案,导致全国进行试点县的新农保实施方案五花八门。新农保管理层次低为以后提高农民养老保险统筹层次、建立统一的农民养老保险制度设置了障碍。

第二节 失地农民的社会保障制度

为失地农民建立和完善社会保障制度的重要性日益凸显,2010年国土资源部调查数字表明,在信访案件中,征地纠纷、违法占地等占受理案件总量的73%,其中40%是征地纠纷案件,其中的87%是征地补偿安置案件。① 另据财政部呈交全国人大的《2009年预算执行情况及今年预算草案报告》显示,2009年全国公共安全财政支出增加了16%,2010年继续增加8.9%,增幅超过国防军费开支,实际金额与国防开支相差无几,总金额高达5 140亿元。② 其中大部分用于解决失地农民、进城务工农民、城市下岗职工、拆迁户等利益受到侵犯的弱势群体与强势群体发生矛盾和冲突上。为了更好地保障失地农民的社会保障权益,2010年颁布的《社会保险法》在第十二章"附则"第95条规定:"征收农村集体所有的土地,应当足额安排被征地农民的社会保险费,按照国务院规定将被征地农民纳入相应的社会保险制度。"国家立法部门应在适当的时候就第95条中规定的"足额"占土地转让金的百分比、"被征地农民的社会保险费"同于城镇职工还是城镇居民或者新型农村养老保险和新型农村合作医疗、"纳入相应的社会保险制度"是指哪些社会保险制度等问题作出明确规定。

---

① 张怀雷等:《为失地农民建立社会保障体系的紧迫性》,《中国社会科学报》2010年12月16日。
② 李海艳:《维稳的花样与花费》,《新世纪周刊》2010年第26期。

第二十章 残疾人社会保障制度

2008年党中央、国务院印发的《关于促进残疾人事业发展的意见》,提出加快推进残疾人社会保障体系和服务体系建设、努力使残疾人和全国人民一道向着更高水平小康社会迈进的目标,为未来一个时期残疾人事业的发展指明了方向。国家修订《中华人民共和国残疾人保障法》,批准加入联合国《残疾人权利公约》,制定实施《残疾人就业条例》和残疾人社会保障、特殊教育、医疗康复等领域的一系列政策法规,为发展残疾人事业、保障残疾人权益奠定了法制基础。为了加快推进残疾人社会保障体系和服务体系建设,进一步改善残疾人状况,促进残疾人平等参与社会生活、共享改革发展成果,国家制定《中国残疾人事业"十二五"发展纲要》,国际人权组织和国内非政府组织也积极参与到推进残疾人事业中来。

第一节 《残疾人事业"十二五"发展纲要》发布

《残疾人事业"十二五"发展纲要》设定"十二五"期间中国残疾人事业的总目标是,使残疾人生活总体达到小康,参与和发展状况显著改善;建立起残疾人社会保障体系和服务体系基本框架,保障水平和服务能力明显提高;完善残疾人事业法律法规政策体系,依法保障残疾人政治、经济、社会、文化教育权利;系统开展残疾预防,有效控制残疾的发生和发展;弘扬人道主义思想,为残疾人平等参与社会生活、共享经济社会发展成果创造更加有利的环境。

纲要设定"十二五"期间中国残疾人事业的主要工作目标包括:

1. 社会保障

将符合条件的残疾人全部纳入城乡最低生活保障制度,实现应保尽保;提高低收入残疾人生活救助水平;城乡残疾人普遍加入基本养老保险和基本医疗保险。逐步提高基本医疗和康复保障水平;有条件的地方探索建立贫困残疾人生活补助和重度残疾人护理补贴制度。扩大残疾人社会福利范围,适当提高社会福利水平;实施"集善工程"、"长江新里程计划"等一批助残慈善项目,推进残疾人慈善事业加快发展。

2. 公共服务

完善康复服务网络,通过实施重点康复工程帮助1 300万残疾人得到不同程度的康复,普遍开展社区康复服务,初步实现残疾人"人人享有康复服务"目标;完善残疾人教育体系,健全残疾人教育保障机制。适龄残疾儿童少年普遍接受义务教育,积极发展残疾儿童学前康复教育,大力发展残疾人职业教育,加快发展残疾人高中阶段教育和高等教育。加大职业技能培训和岗位开发力度,稳定和扩大残疾人就业,城镇新就业残疾人100万,规范残疾人就业服务体系,保障有就业需求的残疾人普遍得到就业服务和职业培训。加强农村残疾人扶贫开发,扶持1 000万农村贫困残疾人改善生活状况、增加收入、提高发展能力。为100万农村残疾人提供实用技术培训。改善农村贫困残疾人家庭居住条件,建立残疾人托养服务体系,为智力、精神和重度残疾人托养服务提供200万人次补助。建立残疾人法律救助工作协调机制,加快残疾人法律救助工作站建设,为符合规定的残疾人法律援助案件提供补助。加快推进城乡无障碍环境建设,有条件的地方为贫困残疾人家庭无障碍改造提供补助。制定实施国家残疾预防行动计划,开展残疾预防体系建设试点项目。

3.支撑条件

加强残疾人社会保障和服务法规政策建设,制定无障碍建设条例、残疾人康复条例,修订《残疾人教育条例》;加强残疾人组织建设,加快残疾人康复、教育、就业、维权、托养等专门人才培养;建立稳定增长的残疾人事业经费投入保障机制。

纲要要求各地区要制定当地残疾人事业"十二五"发展纲要,各部门要制定配套实施方案,将国家纲要的主要任务指标纳入当地国民经济和社会发展总体规划、民生工程及部门规划,统一部署、统筹安排、同步实施。要综合运用各种财税支持手段,积极引导社会力量投入,形成多渠道、全方位的资金投入格局,建立投入稳定增长的残疾人事业发展经费保障长效机制。纲要的明确要求将有力确保纲要规定的各项任务落到实处。

第二节 国际人权组织以及国内非政府组织的参与

在保障残疾人权益中,政府部门和国际人权组织以及国内非政府组织的合作,对于推动残疾人权益保障制度的完善以及残疾人事业的发展,具有积极的意义。2011年5月31日,由民政部社会福利和慈善事业促进司、联合国儿童基金会、北师大壹基金公益研究院共同发布了《中国儿童福利政策报告2011》,报告建议政府2011年需要优先从儿童大病、残疾、学前教育三大方面展开制度建设,并测算出启动上述三项儿童福利制度大约需要600亿元。报告中的数字显示,截至2008年底,中国0至18岁儿童总数是2.78亿人,其中0至7岁的各类残疾儿童共 504.3 万人。[①] 基于残疾儿童在基本生活保障和康复救治方面需求巨大,报告建议国家优先设立由中央和地方财政共同负担的残疾儿童福利津贴制度,如果每年平均为每人提供 2 000 元津贴,政府每年只需投入约 100 亿元就能够为有需求的残疾儿童提供康复服务。国际人权组织以及国内非政府组织的参与在推动我国残疾人事业发展中将发挥积极作用。

[①] 底东娜:《全国孤儿人数超过 71 万 5 年增长约 24%》,《新京报》2011 年 6 月 1 日。

第二十一章 社会保障审计制度建立

我国的社会保障审计始于1983年国家审计署成立，开始只是对民政事业费等专项资金进行审计，随着社会保障制度的逐步健全，社会保障审计范围和内容也随之拓宽。近些年来，审计署先后组织实施了对失业保险基金、城市居民最低生活保障资金、救灾资金、新农保基金、新农合基金、养老保险基金等专项审计或审计调查，但这些审计，都是针对某一项社保资金进行的，而不是对全部的社会保障资金进行的审计。为了全面摸清社会保障资金的收支、结余及管理的情况，2012年3月至5月，审计署对全国社会保障资金进行了审计。此次审计的范围包括：社会保险基金、社会救助资金和社会福利资金三部分，其中社会保险基金包括：基本养老保险（企业职工基本养老保险、新型农村社会养老保险、城镇居民社会养老保险）、基本医疗保险（城镇职工基本医疗保险、新型农村合作医疗、城镇居民基本医疗保险）、失业保险、工伤保险、生育保险等9项社会保险基金；社会救济资金包括：城市居民最低生活保障、农村最低生活保障、城市医疗救助、农村医疗救助、自然灾害生活救助、农村五保供养6项社会救助资金；社会福利资金包括：儿童福利资金、老年人福利资金和残疾人福利资金等三项社会福利资金。审计的对象是全国省、市、县三级人民政府所属的人力资源社会保障部门、民政部门、卫生部门、财政部门等管理部门以及社会保险经办机构等单位。审计署成立了全国社会保障资金审计工作领导小组，明确要求各级审计机关认真贯彻落实国务院审计工作方案，严格执行国家审计准则,以确保审计质量。

审计结果表明,到 2011 年底,18 项社会保障资金累计结余 3.11 万亿元,基本医疗保险参保人数合计超过 13 亿人,基本养老保险参保人数合计 6.22 亿人,失业、工伤和生育保险参保人数分别达到 1.42 亿人、1.70 亿人和 1.22 亿人;全国城市居民最低生活保障对象 2 256.27 万人,农村最低生活保障对象 5 298.28 万人,农村五保供养对象 578.62 万人;全国福利机构 4.25 万个,收养老年人、残疾人和儿童等 237.92 万人,社会福利企业吸纳 62.80 万残疾人员就业等。①

审计期间,财政部、人力资源社会保障部、卫生部、民政部等部门出台了《关于加强和规范社会保障基金财政专户管理有关问题的通知》等制度文件,各省已出台或完善社会保障相关制度 941 项。截至 2012 年 7 月 25 日,已整改金额合计 315.79 亿元,其中:归还扩大范围支出资金、清理违规投资运营资金以及追回被骗取和多支付资金等 26.62 亿元;清退不符合条件和重复领取社会保险待遇 107.78 万人;财政补助资金拨付到位 78.66 亿元,补计社会保险基金利息收入 26.75 亿元,补缴社会保险费 85.83 亿元;规范社会保险基金账户 254 个,涉及资金 65.83 亿元;规范管理养老保险基金个人账户 967.78 万个,涉及金额 29.63 亿元;将符合参保条件的 105.15 万人纳入社会保障,向 100.37 万人补发社会保障待遇 2.47 亿元等。② 社会保障资金审计对于促进社会保障制度完善,确保社会保障资金安全,强化各管理机构及其工作人员的职责,具有其他制度无法替代的功能。

2011 年 3 月 10 日,全国人大常委会委员长吴邦国在向第十一届全国人大代表大会第四次会议作全国人大常委会工作报告时宣布,一

---

① 《审计署官员就全国社保资金审计结果答记者问》,中国新闻网 2012 年 8 月 2 日。
② 同上。

个立足中国国情和实际、适应改革开放和社会主义现代化建设需要、集中体现党和人民意志,以宪法为统帅,以宪法相关法、民法商法等多个法律部门的法律为主干,由法律、行政法规、地方性法规等多个层次的法律规范构成的中国特色社会主义法律体系已经形成。[1] 社会关系的各个方面基本都有法律法规覆盖,它标志着中国法制建设迎来了新起点,也表明进一步完善社会主义法律体系是今后的主要任务。尤其是在民生问题成为党和国家在"十二五"期间工作重心的战略背景下,完善社会保障法律体系应是完善社会主义法律体系的重中之重。

---

[1] 《到2010年底我国已制定现行有效福利法规236件,行政法规690多件》,新华网/中国政府网2011年3月10日;《中国社会科学报》2011年12月27日。

尾章　完善《社会保险法》的理论探讨

人类历史是一部不断与贫困作斗争,争取美好生活的历史。经过几千年的发展,尤其是近代工业化以来的发展,人类逐渐认识到,物质需要的匮乏是造成贫困的主要原因,但不是唯一的原因,文明社会人类的贫困之苦源于人类的行为与制度之恶。在消除和减少贫困的过程中,经济发展、社会财富增加无疑是起决定作用的因素,然而,事实证明法律制度,尤其是社会保障法律制度在减少和消除贫困中,具有其他任何制度无法替代的功能和作用。例如,我国经济体制改革以后,随着经济发展,社会保障制度以及其他经济制度的不断完善,贫困呈逐年下降的趋势:从1995年到2001年,我国的贫困率分别为14.74％、9.79％、8.30％、8.10％、7.63％、8.49％、7.97％。在这里,由于政治国家与公民社会的连带,[①]出现了在传统农业社会所看不到的景象,而这种景象的出现正是国家通过制定和实施法律,其中包括社会保障法律法规来实现的。然而,由于我国特殊的国情所致,所以,到2005年,按照国际贫困补助标准,我国仍有2.54亿贫困人口。[②] 我国减少和消除贫困的任务仍然非常非常艰巨。

本书的命题是《中华人民共和国社会保障法治史》,何谓"法治"?

[①] 汪习根:《免于贫困的权利及其法律保障机制》,《法学研究》2012年第1期。

[②] 许多奇:《中国"缩差型"社会保障再分配模式的选择》,《中国社会科学报》2010年1月12日。

学界引用最多的是古希腊哲人亚里士多德早在两千多年前作出的精辟解释:"法治应包含两重含义:已成立的法律获得普遍的服从,而大家所服从的法律又应该本身是制定良好的法律。"[1]可见,法治的首要含义应是良法的存在。美国哲学家罗尔斯认为,"正义是社会制度的首要价值,正像真理是思想体系的首要价值一样。"[2]按照罗尔斯的观点,要有效实现对"社会最不利者"利益的关怀,主要靠对制度的合理设计,以及对已经发布实施的制度的遵守。因此,社会保障法治至少体现在两个方面:一方面是国家制定的社会保障法律法规,人们认为它是良好的;另一方面,法律法规能够被执行机构不折不扣的执行和老百姓认真的遵守。

2010年10月28日,国家出台了新中国成立以来第一部《中华人民共和国社会保险法》,自2011年7月1日起施行,这是全社会期盼已久的一部法律。这是因为:一是社会保险法是国家在人们遭遇生、老、病、死、残等生活风险、暂时或永久离开工作岗位而收入中断时通过提供收入补偿、不至于使人们陷入贫困的制度,它不仅是关系到每一个社会成员,而且是关系到每一个社会成员一生经济安全的法律制度,所以,是人们期望尽早出台的法律制度;二是60年来,我国的社会保险事务一直由国务院制定的行政法规和国家政策进行调整,这些行政法规和政策在规范社会保险事务中发挥着积极的作用,但是由于行政法规立法层次低,规范性较差,且具有不稳定性,所以,人们期待出台一部由最高国家立法机关制定的社会保险法。基于这两个重要的原因,社会保险法的颁布和实施,确实是我国人民社会生活中的一件值得关注的大事。然而,《中华人民共和国社会保险法》的出台并没有给人们带来

---

[1] 亚里士多德:《政治学》,商务印书馆1965年版,第199页。
[2] [美]约翰·罗尔斯:《正义论》,何怀宏等译:中国社会科学出版社2003年版,第3页。

预期的兴奋和喜悦,因为它明显地存在着许多不完善之处。甚至有学者认为,它是继 1986 年出台《中华人民共和国破产法》、2008 年出台《中华人民共和国劳动合同法》之后的第三部"蹩脚法"。[①]《社会保险法》存在不完善,必然影响它减少社会贫困、促进经济发展、维护社会稳定功能的发挥。虽然它颁布实施不久,但是,从理论上对如何完善《社会保险法》进行探讨,对于立法机关几年以后的修法工作,无疑具有一定的参考价值。

笔者将学界以及本人认为的《社会保险法》的不完善之处及如何加以完善的见解分述如下。

第一节 社会保险法覆盖范围

社会保险法的覆盖范围,是指社会保险法适用于我国领域内哪些群体。或者说,哪些人是社会保险法上规定的有参加社会保险的义务人。

一、现行法律法规的规定及其实施

1. 社会保险法的规定

《社会保险法》在第二章第 10 条第 1 款规定:"职工应当参加基本养老保险,由用人单位和职工共同缴纳基本养老保险费。"这条规定表明,用人单位及其职工是法定义务保险人,即他们必须参加养老保险。

第 2 款规定:"无雇主的个体工商户、未在用人单位参加基本养老保险的非全日制从业人员以及其他灵活就业人员可以参加基本养老保

[①] 王鹏权:《〈社会保险法〉正式立法:不是今年或明年的事——郑秉文专访》,《中国社会科学报》2009 年 2 月 10 日。

险,由个人缴纳基本养老保险费。"这条规定说明,所列三类人员没有必须参加养老保险的义务,他们可以参加基本养老保险,也可以不参加基本养老保险,属于自愿参加养老保险的人群。

第20条规定:"国家建立和完善新型农村社会养老保险制度";第22条规定:"国家建立和完善城镇居民社会养老保险制度。"这些规定不具有规范性,只是表明国家选择了通过社会养老保险制度将城乡居民的老年风险都保护起来的政策取向。

2. 现行社会保险行政法规的规定

1991年6月26日,颁布实施《国务院关于企业职工养老保险制度改革的决定》时,我国的经济成分已经呈现出多元化态势,除了国有企业、私营企业、外资企业、中外合资企业等之外,还有乡镇企业。然而决定在适用范围的规定上是粗线条的,即法规文本从前到后的法律用语都是"企业和职工个人",没有对企业及其规模作出详细具体的规定。1997年7月16日,《国务院关于建立统一的企业职工基本养老保险制度的决定》对养老保险的覆盖范围仍然使用企业和企业职工的用语,至于哪些企业有参加养老保险的义务,没有作出明确规定。1998年8月6日,《国务院关于企业职工基本养老保险省级统筹和行业统筹移交地方管理有关问题的通知》第一项(二)中规定:"省级统筹的范围包括,省、区、市(含计划单列市、副省级省会城市、经济特区、开发区等)内的国有企业、集体企业、外商投资企业、私营企业等城镇各类企业及其职工。城镇个体经济组织及其从业人员也应参加基本养老保险并纳入省级统筹。"即统筹地区所有的企业和职工都必须参加养老保险制度。

3. 社会保险法律法规的实施情况及原因分析

虽然1997年的《关于建立统一的企业职工基本养老保险制度的决定》和2005年的《国务院关于完善企业职工基本养老保险制度的决定》都规定,城镇各类企业职工、个体工商户、灵活就业人员都要参加城镇职工基本养老保险。劳动和社会保障部《关于完善城镇职工基本养老保险政策有关问题的通知》进一步明确规定了农民合同制工人参加城镇职工基本养老保险制度的缴费标准、待遇发放等方面的内容。然而,由于多数中小企业出于用工成本的考虑,不为在本企业就业的农民工办理养老保险。到2008年底,全国参加城镇职工基本养老保险的农民工有2 416万人,只占城镇就业农民工人数的17%。[1] 造成这种状况的原因有三:一是养老保险行政法规的强制性差,加上监督不力,使得许多中小企业老板钻了法律的空子;二是养老保险制度统筹层次低,只有少部分省份实现了省级统筹,大多数省份依然是县市级统筹,成为流动性比较强的农民工参加基本养老保险制度的主要障碍;三是参加基本养老保险的农民工流动以后,养老保险关系转移接续困难。2008年,人力资源和社会保障部起草了《农民工参加基本养老保险办法》,并于2009年2月5日起向社会各界公开征求意见。但养老保险关系转移接续由于操作上繁琐,真正实施起来有待时日。

在农民工人数增长迅速、规模不断扩大的情形下,农民工参加医疗保险的情况同样不尽如人意。据国家统计局农村司关于"2009年农民工监测调查报告"数据显示,2009年全国农民工的总数为22 978万人,其中外出农民工人数为14 533万人,而参加城镇职工医疗保险的只有4 335万人,仅占外出农民工人数的31%,仍有8 000余万外出农民工没有参加城镇职工医疗保险。究其原因,主要是用人单位只为正规就业并与用人单位签订了劳动合同的部分劳动者办理医疗保险,在与用人单位签订了劳动合同的42.8%的农民工中,用人单位为劳动者缴纳

---

[1] 胡晓义:《走向和谐:中国社会保障发展60年》,中国劳动社会保障出版社2009年版,第117页。

医疗保险费的仅占 12.2%。① 农民工的低参保率,加之 2005 年启动的城市医疗救助也以户籍为由将农民工排除在外,使得身处城镇的农民工在患病以后不能得到任何制度和组织的保护。

二、对完善《社会保险法》覆盖范围规定的建议

1. 遵循社会保险法发展规律 逐步扩大覆盖范围

在被称作福利国家的西欧各国,社会保险已经实现了全覆盖的目标。但这个目标不是一步完成,而是逐步完成的。由于这些国家的户籍制度和社会保障制度都是开放的体系,因此,在农村居民进入城市并从事非农产业的工作之后,就可以参加具有雇佣关系劳动者的社会保险。而且,这些国家的户籍制度只具有有关机构实施管理的职能,而没有区别身份的功能。这是西方工业化国家能够比较快完成城市化的一个重要原因。

我国经济体制改革以后,在对社会保障制度进行改革的过程中,本应有条件地逐步将进城农民工纳入社会保险法保护的范围,然而,各地为正规就业的职工与农民工设计了缴费标准、待遇标准等不相同的两套制度,使得许多进城经商务工数十年的非农劳动者,始终无法脱去农民身份,不能被城镇社会保险制度所覆盖,这是社会保险覆盖范围难以扩大的根本原因。所以,合理公平的城镇职工社会保险制度应当将符合法定条件的农民工纳入社会保险法规范围,才能真正实现扩大城镇职工社会保险法规范围的目标,才能够有效推进城市化进程。

2. 参照 1951 年《劳动保险条例》的规定逐步扩大覆盖范围

1951 年 2 月 26 日,由政务院颁布的《劳动保险条例》将实施范围

---

① 郑功成主编:《中国社会保障改革与发展战略》(医疗保障卷),人民出版社 2011 年版,第 119 页。

暂定为有工人职员 100 人以上的国营、公私合营、私营及合作社经营的工厂、矿场及其附属单位；铁路、航运、邮电的各企业单位与附属单位。1953 年 1 月 26 日，《劳动保险条例实施细则修正草案》将《劳动保险条例》的适用范围又扩大到"工、矿、交通事业的基本建设单位和国营建筑公司"。对于暂不实行《劳动保险条例》的企业，其职工的劳动保险待遇，依据《劳动保险条例》的原则，通过签订集体劳动保险合同的办法解决。这种逐步扩大城镇职工社会保险法规范围的做法，由于符合制度建立之初的经济社会结构和当时的经济发展水平，所以，得到了切实实施。

基于以上分析，建议参照 1951 年《劳动保险条例》的规定，对《社会保险法》第 11 条中规定的"企业、民办非企业单位、有雇工的个体工商户及其职工，机关、团体、事业单位及其不适用公务员法管理的人员"，作出按企业性质及其规模，作出具有强制性规定，即凡是在法律规定范围的企业、用人单位都是义务保险人，必须参加社会保险，缴纳社会保险费；而对于那些在法律规定之外的中小企业、个体工商户，由于规模小、雇佣人数少，利润空间少，规定他们可以自愿参加社会保险，待法律规定他们也必须参加社会保险时，再将他们纳入社会保险之中。这样就会杜绝法律虚无主义在社会保险领域的蔓延和盛行，维护法律的权威性和严肃性。

社会保险制度覆盖范围的大小，主要取决于该国经济发展水平，因为社会保险制度是对国民收入进行二次分配的经济制度，立法的宗旨是避免人们因遭遇生活风险、离开工作岗位、收入中断而陷入困境。如果一个国家经济发展水平不到一定程度，没有足够的经济实力，就难以建立覆盖全民的社会保险制度，如果出于良好的愿望建立起来了，也会因为经济上后继乏力而无法继续。那么，经济发展水平是不是社会保险制度建立与覆盖范围宽窄的唯一因素呢？我们的回答是否定的。在此,以美国的社会保险覆盖范围为例来说明这一观点。美国是世界上第一经济大国,然而它的社会保险制度却不是世界一流的。在美国,社会保障与就业具有极为密切的关联,没有就业机会的人及其家庭由于缺乏应有的社会保障的保护,而生活在贫困甚至饥饿状态。美国的社会保障制度只覆盖了大约一半的美国人。① 与多数西欧国家相比,美国存在严重的贫困问题和不平等现象,贫困率达 17%,是西方发达国家中最高的。② 据美国"为世界提供面包"组织 2002 年公布的材料,美国有 3 300 万人生活在遭受饥饿或饥饿威胁的家庭。美国住房和城市发展部对无家可归者估计为每晚 35 万人,全国联盟估计为 250 万人。还有统计显示无家可归者达到 300 万左右。③ 美国的养老金给付水平是世界上最低的国家之一,养老金的工资替代率为 44%,甚至低于许多发展中国家。在奥巴马政府之前,美国没有针对在职劳动者的医疗保险,大部分公民的医疗保险以商业保险为主,④政府只是向 65 岁以上的老人提供有限的医疗服务,在职职工的医疗问题主要通过企业为其购买的商业医疗保险解决。到了 21 世纪美国仍然有 4 600 万人没有医疗保险。⑤ 不充分的医疗保障,使得美国人民的健康受到一定程度的损害。1983—1999 年期间,美国 50 个县的男性和 900 个县的女

---

① 顾俊礼主编:《福利国家论析——以欧洲为背景的比较研究》,经济管理出版社 2002 年版,第 253 页。
② 顾俊礼主编:《福利国家论析——以欧洲为背景的比较研究》,经济管理出版社 2002 年版,第 274 页。
③ [美]威廉姆·怀特科等:《当今世界的社会福利》,解俊杰译,法律出版社 2003 年版,第 29 页、第 46 页、第 57—58 页;郝铁川:《构建和谐本位的法治社会》,《新华文摘》2005 年第 10 期,第 9 页。
④ 奥巴马政府通过增加中产阶级的个税和强制中产者参加医疗保险,将医疗保险的覆盖范围扩大到低收入家庭、弱势群体、小企业的雇员。参见王虎峰:《奥巴马医改的真谛》,《中国财富》2010 年第 5 期。
⑤ 王薇等:《美国医改,钱从何处来?》,《经济参考报》2009 年 11 月 19 日。

性的寿命在缩短。在人口寿命不断延长的现代社会,这些占美国4%的男性和19%的女性所代表的人口寿命缩短的事实,证明美国社会不是在进步,而是在倒退。在美国,贫困人口的寿命肯定比富裕人口要短,然而,与西欧福利国家富裕人口的寿命相比,美国富裕人口的寿命也短,这足以说明在一个贫富分化严重的社会中,受到了不良影响的不仅仅是穷人,而且也有富人。[①] 所以,一个国家社会保险法覆盖范围的大小,不完全取决于该国经济发展水平,决策者的立法理念在其中也发挥着重要作用。

第二节 养老保险统筹层次

养老保险统筹层次是指在哪一级行政管理层面上征缴养老保险费、发放养老保险待遇和管理养老保险基金的制度安排。养老保险统筹层次越高,社会公平的程度就越高,也越有利于劳动力的流动和统一劳动力市场的形成。

一、我国养老保险统筹层次概况

1991年6月26日《国务院关于企业职工养老保险制度改革的决定》第八项中规定:"为有利于提高基本养老保险基金的统筹层次和加强宏观调控,要逐步由县级统筹向省级或省授权的地区统筹过渡。"之后又在1998年8月6日发布的《国务院关于企业职工基本养老保险省级统筹和行业统筹移交地方管理有关问题的通知》第一项中规定:"1998年底以前,各省、自治区、直辖市要实行企业职工基本养老保险省级统筹,建立基本养老保险基金省级调剂机制,调剂金的比例以保证

[①] 薛涌:《中国必须对贫富分化说"不"》,《中国新闻周刊》2009年第40期。

省、区、市范围内企业离退休人员基本养老金的按时足额发放为原则。"可见,1998年底以前,基本养老保险主要实行的是县级统筹。然而,到2001年底,除了几个直辖市和个别省区以外,绝大多数地区依然停留在县市级统筹层次。为此,2007年1月18日,劳动和社会保障部、财政部联合下发了《关于推进企业职工基本养老保险省级统筹有关问题的通知》要求,尚未实行省级统筹的地区"要统一缴费基数和比例,规范基本养老保险计发办法;统一养老保险数据库和业务流程,为实现省级统筹创造条件。"

《社会保险法》第64条第3款规定:"基本养老保险基金逐步实行全国统筹,其他社会保险基金逐步实行省级统筹,具体时间、步骤由国务院规定。"这是一项授权性规定,但对国务院作出养老保险全国统筹的具体时间和步骤没有明确要求。

二、养老保险统筹层次低的原因

到2007年底,我国共有13个省市自治区名义上实行了养老保险省级统筹,10个左右的省区以地市级为统筹单位,其余省区仍停留县级统筹状态。[①] 究其原因:

1. 养老保险管理体制不完善

我国实行的是"统分混合"的养老保险管理体制,而且对中央与地方政府基本养老保险责任没有作出规范化的确定,名义上是地方政府分散决策,各自对本地区的养老保险计划负全责,但事实上,自1998年以来,地方养老保险在资金出现缺口时就要求上级政府予以补助,1998年中央财政为全国养老保险提供补贴24亿元,1999年175亿元,2000

[①] 黎建飞主编:《中华人民共和国社会保险法释义》,中国法制出版社2010年版,第315页。

年327亿元,①2006年774亿元,②2011年进一步增加到2 272亿,从占GDP的0.03%到0.42%。一直以来,中央财政对不同地区养老保险基金补助额度是不一样的,例如,2008年上海市各级财政承担的养老保险补助为91.50亿元,中央没有提供1分钱的补助;而给陕西省提供了42.4278亿元的补助,陕西省各级财政仅承担了0.3192亿元的补助。③ 养老保险基金出现亏空由中央财政提供补助,是构成统筹层次不能提高的主要原因之一。在中央财政提供补助的同时,2011年底,全国累计有30 175亿元的社会保险基金放在银行里,其中养老保险基金有2 043亿元。④ 就具体省市来说,2008年广东省养老保险基金结余338亿元,而上海市有88.63亿元的收支缺口,在统筹层次低、结余的养老保险基金不能进行调剂的情况下,只能由上海市各级财政予以补助。⑤ "统分混合"的养老保险管理体制,将地方负责制演变成为中央财政兜底制,不但削弱了养老保险基金的调剂功能,而且阻碍着养老保险全国统筹的实现。

2. 地方保护主义给提高养老保险统筹层次设置了障碍

自20世纪80年代基本养老保险在国内进行试点以来,国家采取的是中央制定基本方案,地方分散决策和实践的改革策略。这不但逐步形成了目前养老保险"分灶吃饭"、"条块分割"的局面,而且由于各地均按照本地社会赡养率和"以收定支"的原则确定本地养老保险缴费

---

① 胡晓义:《从"统分混合"走向"统分结合"》,载《中国社会保障》2002年增刊,第51页。
② 贾康等:《关于中国养老金隐性债务的研究》,《财贸经济》2007年9月15日。
③ 郑功成主编:《中国社会保障改革与发展战略》(养老保险卷),人民出版社2011年版,第297页。
④ 韩宇明:《社保基金总额超过3万亿 逾八成存银行》,《新京报》2012年6月28日。
⑤ 郑功成主编:《中国社会保障改革与发展战略》(养老保险卷),人民出版社2011年版,第297页。

率,使得费率高低出现了巨大差异,为以后统筹层次的提高带来了阻力。① 省级统筹虽然能够减轻那些历史负担重(哈尔滨、上海等老工业基地的企业基本养老保险缴费率高达 22%)而导致缴费率居高不下的老工业基地的负担,却会增加另一些历史负担轻(东莞市企业缴费率仅为 8%)的地区的缴费负担,造成新工业城市不愿意进入省级统筹的状况。在新老城市养老负担不同的情况下,养老保险基金的结余产生了较大差异,例如,在 2011 年广东的基金累计结余已逾 3 600 亿元,而黑龙江、辽宁的年度养老金收支缺口却分别达到了 183 亿元、156 亿元,在青海、甘肃、西藏等经济欠发达地区,养老金收支缺口更是逐年增大。② 养老保险基金省级统筹或者市县级统筹,使得结余的养老保险基金异化为地方政府的利益而成为提高统筹层次的阻碍。以至于在 2000 年国务院在制定《关于完善城镇社会保障体系试点的方案》以及 2009 年在审议《中华人民共和国社会保险法》的过程中,都有养老保险基金结余比较多的省份反对实现养老保险全国统筹,地方利益成为阻碍国家利益——养老保险全国统筹的最大阻力。③ 改革的障碍除了来自富裕城市(上海和深圳等城市坚持自主管理养老基金)外,国企也在阻碍统筹层次的提高。他们拒绝将部分股份和利润划入养老保险基金,声称股息和利润归股东所有,也成为养老保险统筹层次提高的障碍。④ 在没有强制性规定的情况下,出于经济利益的考虑,地方政府和

---

① 郑功成主编:《中国社会保障改革与发展战略》(养老保险卷),人民出版社 2011 年版,第 294—297 页。
② 降蕴彰:《养老金全国统筹方案年内完成 2015 年底将实现》,《经济观察报》2013 年 8 月 16 日。
③ 郑功成主编:《中国社会保障改革与发展战略》(养老保险卷),人民出版社 2011 年版,第 326 页。
④ [美]马克·W. 弗雷泽:《中国人或老无所依 列养老金改革障碍》,丁雨晴译,《环球时报》2013 年 2 月 21 日。

国企在提高统筹层次上持消极态度,由此加重了中央政府补助老工业基地养老保险基金亏空的负担。

3. 养老保险历史债务没有得到彻底解决

统账结合的养老保险模式是在现收现付、没有任何资金积累的传统养老保险制度的基础上建立起来的,它要求在职的一代人在继续承担上一代人的养老责任的同时,还要为自己积累养老金。到2001年上半年,全国参加基本养老保险社会统筹的离退休人员为3 241万人,而在养老保险制度改革前参加工作的中年职工人数逾亿。[①] 由于从养老保险制度建立以来的40多年间没有任何资金积累,改革以后的养老保险又实行"老人老办法,中人中办法,新人新办法"的制度,在社会统筹账户的收入不足以支付离退休人员的养老金时,一些地方不得不动用职工个人账户积累的资金发放养老金,使得个人账户因被用来弥补社会统筹资金的不足在空账运转。1998年,全国基本养老保险基金收入1 459亿元,支出1 511.6亿元,首次出现当年基本养老保险收支赤字。从2004年至2010年,我国养老保险基金空账平均每年以1 000亿元的速度在扩大,2010年空账规模已达到1.3万亿元。[②] 在养老保险历史债务的中央和地方财政责任没有明确划分清楚的情况下,养老保险全国统筹难以实现。

三、统筹层次低对经济社会发展产生的负面影响

养老保险统筹层次低对经济社会发展的影响是多方面的。

---

① 郑功成:《中国社会保障制度变迁与评估》,中国人民大学出版社2002年版,第93页。
② 郑秉文教授2010年在"中国和拉美养老金制度国际研讨会"上演讲时提到。参见郑功成主编:《中国社会保障改革与发展战略》(养老保险卷),人民出版社2011年版,第352页。

1. 损害养老保险制度实现社会公平的主旨

我们用以下事例来说明：在 1998 年《国务院关于企业职工基本养老保险省级统筹和行业统筹移交地方管理有关问题的通知》发布之前，在湖北省内，武汉市企业职工基本养老保险缴费率达 26%，但筹集到的养老基金仍然不够支付，而湖北省的其他一些城市缴费率仅为 16%，还是用不完，还有大量养老基金结余，使得在同一省份由于统筹层次低而无法在不同城市间进行调剂。① 养老保险基金的结余和短缺差别巨大同样发生在省际之间，例如，2011 年，广东省企业实际缴费率仅为 5.9%，而甘肃省的实际缴费率竟然高达 24.5%，如此巨大差异严重违背了法定养老保险制度公平筹资的原则。② 社会保险统筹层次低，损害的是社会保险制度实现社会公平的主旨，由此对经济社会发展的负面影响是显而易见的。2008 年 1 月至 10 月，人力资源和社会保障部收到或接待的社会保障方面的群众来信来访占总量的 23% 还多，仅次于劳动关系方面的信访量。③ 人们强烈呼吁改变养老保险"地方粮票现象"，这也表明社会保险统筹层次过低是导致社会不和谐的重要因素。

2. 影响社会保险基金的管理

2007 年底，我国统筹单位和管理主体有 2 000 多个。④ 在这样的体制下，由于中央政府的监管部门离基金实际统筹单位过远，不仅难以将所有的社会保险费筹集在一个统一的管理者手中和进行适时的调剂

---

① 宋晓梧：《中国社会保障制度改革》，清华大学出版社 2000 年版，第 42 页。
② 降蕴彰：《养老金全国统筹方案年内完成 2015 年底将实现》，《经济观察报》2013 年 8 月 16 日。
③ 张煜柠：《超越增长共识 关注社会"短板"》，《中国社会科学院报》2008 年 12 月 30 日。
④ 黎建飞主编：《中华人民共和国社会保险法释义》，中国法制出版社 2010 年版，第 315 页。

(我国的社会保险基金存量余额仅为美国的十六分之一,原因尽管很多,但统筹层次低是其中的一个重要原因),而且社会保险基金风险比实行全国统筹的国家高(从概率上讲,是美国的 2000 多倍)。2006 年 11 月 23 日,国家审计署发布对 2005 年 29 个省(自治区、直辖市)和 5 个计划单列市养老保险、医疗保险和失业保险基金管理使用情况的审计结果表明,违规截留挪用社保基金计 71.35 亿元,其中 1999 年底以前发生的有 23.47 亿元,2000 年以来发生的有 47.88 亿元,这些违规使用的基金部分无法追缴归还。基金管理存在的其他问题是:社会保险费代征机构(税务局、人才交流服务中心、职业介绍服务中心等)没有按规定时间将征缴的 16.20 亿元社保基金交入财政专户;社会保险经办机构在决算时少计保险基金收入 8.12 亿元。[①] 尤其是 2006 年发生在上海的 12 亿美元社会保险基金被挪用的事件,引起了人们的巨大震惊。[②] 社会保险统筹层次低导致的社会保险基金被违规动用,极大地损害了政府的形象和公民对于政府的信任,削弱了社会保险基金对于被保险人生活风险的保障能力,最终影响社会保险制度的正常持续稳定发展和社会的安定与和谐。

3.影响养老保险基金的调剂功能

在我国城乡差别、地区差别较大的国情下,统筹层次低影响养老保险基金的调剂功能。2009 年,国家出台新型农村养老保障制度,由中央财政为每位 60 岁以上的老年农民提供每人每月 55 元的基础养老金,地方政府依据财力再作补贴。但是其数额太少,根本不能保障农村老年人的基本生活需要。2011 年,中国社科院在河南、福建、陕西、内蒙古、重庆五省市的 2 000 份调查问卷显示,78.9%参加新农保的人认

[①] 冯蕾:《审计署:三项保险基金整体情况较好》,《人民日报》2006 年 11 月 24 日。
[②] 郑秉文、黄念:《上海社保案折射出哪些制度漏洞》,《中国证券》2006 年 10 月 13 日;林治芬主编:《社会保障资金管理》,科学出版社 2007 年版,第 19 页。

为养老金不能满足需要。福建厦门城乡被访者在 2011 年 8 月领取的养老金最低为 200 元,最高为10 000元,后者是前者的 50 倍。① 农村老人老无所养甚至有可能演化为比当前官员腐败和渎职更严重的动荡根源。② 提高养老保险统筹层次,实现城市反哺农村,缩小城乡老年人养老金待遇差距,维护社会稳定的目标。

4. 影响代际社会赡养公平

为了应对 2030 年的老龄化高峰,国家开始实施国有资产划转,由于养老保险还没有实现全国统筹,因此,国有资产只能划转给全国社会保障基金理事会,这样的做法有违代际公平原则。因为将国有资产变现并划转全国社保基金理事会,用于 30 年以后的养老保险支付缺口,将导致由第二代人在没有国有资产变现作为一部分养老保险基金的情况下,承担起第一代人的社会赡养责任;而第三代人将在变现国有资产作为一部分养老保险基金的情况下,承担起第二代人的社会赡养责任的结果。这种代际之间的不公平分配,在加重第二代劳动者社会赡养负担的同时,也无法提高第一代人的养老金水平,这对于第一代人和第二代人都是不公平的。③ 提高养老保险统筹层次,将国有资产变现划转全国养老保险基金,用于弥补养老保险基金的资金缺口,不但能够减轻企业和劳动者的缴费压力,而且能够提高已经退出劳动领域的城乡老年人的收入水平,缩小他们与劳动年龄人员之间的收入差距,更充分地体现社会公平,实现社会和谐。

---

① 姜葳:《社科院:养老金待遇差 50 倍四成人认为不公》,《北京晨报》2013 年 2 月 23 日。
② [美]马克·W. 弗雷泽:《中国人或老无所依 列养老金改革障碍》,丁雨晴译,《环球时报》2013 年 2 月 21 日。
③ 郑功成主编:《中国社会保障改革与发展战略》(养老保险卷),人民出版社 2011 年版,第 280 页。

四、如何提高我国养老保险统筹层次

学界认为提高养老保险统筹层次应当采取以下措施:

1.《社会保险法》修订时应当明确规定养老保险实行全国统筹

1998年"规定"要求"到1998年底全国企业职工养老保险实现省级统筹",2007年"通知"规定"为实现省级统筹创造条件",2008年12月23日,国务院常务会议提出到2009年底在全国范围内全面实现养老保险基金省级统筹,到2012年实现全国统筹的目标。[①] 然而,2011年出台的《社会保险法》不仅没有把国务院设定的养老保险实现全国统筹的时间确认下来,反而授权国务院对养老保险全国统筹作出规定。这些变来变去的规定和承诺,不仅使得执行部门无所适从,而且由于立法和承诺不能兑现将失信于民。所以,在对《社会保险法》进行修订时必须作出明确规定,才能在法律规定的时间实现全国统筹。

2.明确规定中央和地方政府在养老保险历史债务中的财政责任

自养老保险制度改革以来,中央财政和地方财政对养老保险历史责任分担是随意的,没有建立合理财政责任比例分担机制。2000年国务院制定了《关于完善城镇社会保障体系试点的方案》,并决定辽宁省于2001年7月率先在全国进行做实个人账户的试点工作,中央财政与地方财政按照75∶25的比例对个人账户的资金缺口进行补贴;2003年开始在吉林和黑龙江进行试点,央地财政责任分担比例下降为50∶50;在2005年开始试点的其他省份中,央地财政责任分担比例进一步下降。在2004年时,国务院办公厅下发了《关于在吉林和黑龙江进行完善城镇社会保险体系试点工作的通知》,在涉及做实个人账户和完善

---

① 杨华云:《国务院列出时间表:养老保险2012年全国统筹》,《新京报》2008年12月23日。

企业职工基本养老保险制度问题上,第一次提及"要逐步理清中央和地方所承担的责任",但是对怎样理清央地责任并没有作出具体规定。十年过去了,希望解决的问题仍然没有有效解决。

2009年中央财政决算收入占国家决算收入的比重为52.4%,中央财政决算支出占国家决算支出的比重为20%,这一统计数据表明,中央财政掌管着绝对多的财权,而承担着较小份额的事权。[①] 实现养老保险全国统筹是养老保险制度的内在属性,它要求由中央政府承担主要责任,而地方政府则在为老年人提供养老服务中承担主要责任,理顺中央政府与地方政府在养老保险制度实施过程中的财权与事权关系,不仅能够消除目前养老保险制度的无序多元分割的局面,而且是养老保险制度持续稳定运行的前提和保障。而理顺中央政府与地方政府在养老保险中财政责任的最佳办法即是实现养老保险全国统筹。

3. 只对社会统筹账户实行全国统筹

在如何实施养老保险全国统筹问题上,郑功成教授认为,职工基本养老保险全国统筹,是指社会统筹部分的全国统筹,个人账户部分仍由省级养老保险经办机构负责管理。[②] 社会统筹部分实行全国统筹,便于在全国范围进行调剂和弥补由于各种原因造成的养老保险基金入不敷出,保证现收现付和实现社会公平;由于个人账户资金属于个人所有,基本不存在相互调剂的问题,由省级社会保险经办机构管理更能够保证个人账户基金的安全和保值增值。到20世纪末,全世界已有172

---

① 郑功成主编:《中国社会保障改革与发展战略》(养老保险卷),人民出版社2011年版,第324—327页。

② 同上,第295页。

个国家和地区建立了养老保险制度,占全球 183 个国家和地区的 94％。① 而且这些国家和地区几乎都实行养老保险全国统筹的筹资模式。② 另外,美国在新政之前养老保险实行州统筹,各州规定各不相同,几乎没有针对跨州工作或跨州领取养老金的规定。③ 1935 年《社会保障法》颁布实施以后,实现了全国统筹。美国由地方统筹提高到全国统筹的经验,也值得我国借鉴。

2013 年 11 月 12 日,中共十八届三中全会全体会议通过的《中共中央关于全面深化改革若干重大问题的决定》第(45)项提出,坚持社会统筹和个人账户相结合的基本养老保险制度,实现基础养老金全国统筹,为养老保险社会统筹账户实行全国统筹提供了政策保障,决定的宣示将极大推进养老保险社会统筹账户全国统筹的进程。更令人们振奋的是,按照国务院安排,由人社部研究制定的基础养老金全国统筹方案已经取得较大进展,养老金全国统筹推进的时间表和步骤安排是,2013 年年底前完成方案制定,2014 年开始进入制度全面推进阶段,到 2015 年底将实现基础养老金全国统筹。④

第三节　社会保险费征缴基数

社会保险费缴费基数,是指企业(雇主)和职工(雇员)按照法定比

---

① 郑秉文等主编:《当代东亚国家、地区社会保障制度》,法律出版社 2002 年版,第 79 页。

② 郑功成主编:《中国社会保障改革与发展战略》(养老保险卷),人民出版社 2011 年版,第 298 页。

③ [美]马克·W. 弗雷泽:《中国人或老无所依　列养老金改革障碍》,丁雨晴译,《环球时报》2013 年 2 月 21 日。

④ 降蕴彰:《养老金全国统筹方案年内完成　2015 年底将实现》,《经济观察报》2013 年 8 月 16 日。

例向社会保险经办机构缴纳社会保险费时所依据的薪金数或者收入数。由于社会保险待遇是国家通过征缴社会保险费、筹集社会保险基金,在劳动者因为发生年老、生病、失业、生育等生活风险、永久或暂时退出劳动领域而收入中断时,向退休者或者劳动者提供的保障其基本生活需要的收入补偿制度,社会保险费缴费基数的确定对于社会保险基金的规模以及保险待遇的水平具有直接影响,是社会保险制度稳定持续运行的基础,需要认真探讨。

一、现行法律法规对社会保险缴费基数的规定

1.《社会保险法》的规定

社会保险法第12条第1款规定:"用人单位应当按照国家规定的本单位职工工资总额的比例缴纳基本养老保险费",第2款规定:"职工应当按照国家规定的本人工资的比例缴纳基本养老保险费"。社会保险法没有对其他四个险种的缴费基数作出规定,我们可以理解为所有社会保险保险费的征缴基数都以职工工资总额和本人工资为基数。

2. 社会保险行政法规的规定

有关社会保险缴费基数的规定,是在《社会保险法》颁布之前的一系列行政法规中。

1989年9月30日,经国务院批准,国家统计局发布了《关于工资总额组成的规定》,并规定从1990年1月1日起施行,1955年5月21日发布的《关于工资总额组成的暂行规定》同时废止。《关于工资总额组成的规定》适用于全民所有制和集体所有制企业、事业单位,各种合营单位,各级国家机关、政党机关和社会团体(第2条)。第3条规定,工资总额是指各单位在一定时期内直接支付给本单位全部职工的劳动报酬总额。工资总额的计算应以直接支付给职工的全部劳动报酬为根据。第4条规定,工资总额由下列六个部分组成:计时工资、计件工资、

奖金、津贴和补贴、加班加点工资、特殊情况下支付的工资。此外，在第11条列举了14项不列入工资总额的内容，其中（五）规定"稿费、讲课费及其他专门工作报酬"不计入工资总额。

1990年1月1日，国家统计局发布了"《关于工资总额组成的规定》若干具体范围的解释"，其中"一"关于工资总额的计算的规定是，工资总额的计算原则应以直接支付给职工的全部劳动报酬为根据。各单位支付给职工的劳动报酬以及其他根据有关规定支付的工资，不论是计入成本的还是不计入成本的，不论是按国家规定列入计征奖金税项目的还是未列入计征奖金税项目的，不论是以货币形式支付的还是以实物形式支付的，均应列入工资总额的计算范围。解释"五"对"标准工资（基本工资）"和"非标准工资（辅助工资）"的定义作出如下解释：标准工资是指按规定的工资标准计算的工资（包括实行结构工资制的基础工资、职务工资和工龄津贴）；非标准工资是指标准工资以外的各种工资。国家统计局发布的对标准工资（基本工资）和非标准工资（辅助工资）的解释，与1955年5月国家统计局重新发布的《关于工资总额组成的暂行规定》的界定范围基本一致。

二、以上法律法规实施状况

1978年国务院发布的104号文件中的《国务院关于安置老弱病残干部的暂行办法》第5条规定："干部退休以后，每月按下列标准发给退休费，直至去世为止。……抗日战争时期参加革命工作的，按本人标准工资的90%发给。解放战争时期参加革命工作的，按本人标准工资的80%发给。中华人民共和国成立以后参加革命工作的，工作年限满20年的，按本人标准工资的75%发给；工作年限满15年不满20年的，按本人标准工资的70%发给；工作年限满10年不满15年的，按本人标准工资的60%发给。"在1985年工资制度改革之前，职工退休待遇标准按照其"标准工资"和工龄计算。由于职工"标准工资"和工资总额以及职工之间工资收入差距不大,养老金的替代率又比较高(60%—90%),因此,职工退休以后能够保持与退休前基本接近的生活水平。

劳动用人制度改革以后,企业内部分配有了较大的自主权,企业实行工效挂钩办法和岗位技能工资制为主的内部分配制度,国有企业职工的标准工资在职工收入中所占比重越来越小。统计表明,由1978年的85.7%下降到1989年的54.2%,奖金、津贴、补贴由1978年的8.9%上升到1989年的43.1%。[①] 1995年,标准工资在职工工资中的比重仅占46%左右。工资分配制度改革,在激励职工劳动积极性和提高企业生产效率方面发挥了积极作用。然而,在经济效益不同的企业之间以及同一企业内部,职工的收入差距拉开了。在我国养老金替代率在50%左右的情况下,退休人员领取到的养老金不足在职时收入的一半,他们由于收入的突然减少而导致生活水平急剧下降。[②] 据人力资源和社会保障部统计,2009年底,企业职工月人均基本养老金为1225元,月人均工资为2728元,基本养老金的替代率为44.9%。[③] 更让退休人员的不满的是,企业退休人员的养老金与机关事业单位退休人员的养老金差距在持续扩大,主要原因是机关事业单位退休人员的养老金与在职工作人员的工资同步增长,而企业退休人员的退休金缺乏合理的增长机制。[④] 2005年,企业、事业单位、国家机关工作人员养

[①] 中国社会保障制度总览编辑委员会::《中国社会保障制度总览》,中国民主法制出版社1995年版,第286页。

[②] 养老保险制度设计的养老金替代率为58.8%,2002年之前实际水平高于这个比例,之后,养老金社会平均工资替代率呈逐年下降的趋势,从2002年的63%下降到2008年的44%,期间中央政府连续6次上调养老金水平,否则,养老金替代率水平会更低。参见郑秉文:《中国社会保障制度60年:成就与教训》,《中国人口科学》2009年第5期。

[③] 郑功成主编:《转轨社会保障改革与发展战略》(养老保险卷),人民出版社2011年版,第6页。

[④] 2013年11月12日,中共十八届三中全会全体会议通过的《中共中央关于全面深化改革若干重大问题的决定》第(45)项提出,建立健全合理兼顾各类人员的社会保障待遇确定和正常调整机制。这将是缩小机关事业单位和企业职工退休金待遇差距的措施之一。

老金替代率分别是 49.3%、87.7%、88.4%,而在 1998 年时,这三类群体的养老金替代率分别为 73.7%、98.3%、101.7%,差距呈扩大趋势显而易见。近些年,离退休人员因养老金待遇不公平的信访案件在逐年增多。1999 年为 4 100 件,2003 年增加到 7 100 件。[①] 可见,制度不完善是导致社会矛盾产生并加剧的源头。

三、社会保险缴费基数不一的原因分析

社会保险缴费基数不统一的原因复杂,负面影响严重、治理起来比较困难。

1. 社会保险统筹层次低导致各地社会保险缴费基数不一

1991 年 6 月 26 日,国务院发布的《国务院关于企业职工养老保险制度改革的决定》指出,由于"各地区和企业的情况不同,各省、自治区、直辖市人民政府可以根据国家的统一政策,对职工养老保险作出具体规定,允许不同地区、企业之间存在一定的差别。"实践中,社会保险缴费基数一直由地方政府制定,各地差异较大,例如,2009 年各省城镇非私营单位职工年平均工资,上海、北京、西藏、天津分别为 63 549 元、58 140 元、48 750 元、44 992 元;而吉林、海南、江西分别为 26 230 元、24 934 元、24 696 元。[②] 差异之大显而易见。社会保险地方负责制导致不同地区社会保险缴费基数不同,由此形成的养老保险基金规模及养老金待遇差异,影响地区之间的公平竞争以及劳动力的自由流动,最终为社会保险全国统筹设置了障碍。

---

① 郑功成主编:《中国社会保障改革与发展战略》(养老保险卷),人民出版社 2011 年版,第 156—157 页。

② 同上,第 304 页。

2. 现行单位申报工资总额的制度导致企业缴费基数申报不实

1999年1月14日,国务院第13次常务会议通过并于1月22日发布施行的《社会保险费征缴暂行条例》第10条规定:"缴费单位必须按月向社会保险经办机构申报应缴纳的社会保险费数额",是导致企业缴费基数申报不实的制度原因。例如,2002年北京市对1 578家企业进行专项审计,查出漏缴少缴社会保险费1.95亿元。2003年对2 800家企业进行审计时,查出漏缴少缴社会保险费2.8亿元。连续两年审计结果表明,企业缴纳社会保险费的违规率达到61%左右,违规行为中的70%属于少报瞒报社会保险费,瞒报的职工人数占职工总数的30%,他们主要是农民工。审计结果还表明,实际缴费基数占应缴费基数不到50%。[①] 2010年,全国累计实地稽核企业221万户次,涉及参保职工14 185万人次,查出少报漏报人数676万人,少缴漏缴社会保险费27亿元,已督促补缴25亿元。[②] 保证企业社会保险缴费基数与企业支付给职工的实际工资总额相符的办法,是法律要明确规定,企业向税务部门申报进入企业成本和费用的工资总额,就是社会保险费缴费基数,由税务机关向社会保险经办机构提供企业工资总额数,由社会保险经办机构强制征收。

3. 过高的社会保险缴费率导致企业少报瞒报社会保险缴费基数

按照有关规定,企业需要缴纳企业职工工资总额20%的养老保险费、6%的医疗保险费、2%的失业保险费以及工伤保险费和生育保险费,合计约为企业职工工资总额的30%;个人缴费率分别为本人工资的8%、2%、1%,合计11%,社会保险费率总计为41%。对此,2011年的两会期间全国工商联在提案中指出,在与125个国家的社会保险费率比较

[①] 谢琴:《社会保险缴费基数研究》,浙江大学硕士学位论文。
[②] 白天亮:《2011年6万人冒领社保9 475万元已追回9 084万元》,《人民日报》2012年6月28日。

以后发现,只有11个国家的社会保险费率超过40%,而我国的保险费率高于德国、美国、日本、韩国这些经济比我国发达的国家。全国工商联认为,在我国,微型、小型企业占企业总数的99%,社会保险费率过高,不但影响到这些小微企业的发展,[①]而且也是这些企业少报瞒报职工"工资总额"、少缴社会保险费,甚至不参加社会保险的原因之一。

四、完善社会保险缴费基数制度的建议

我国的社会保险制度是通过1951年政务院颁布《劳动保险条例》建立起来的。劳动保险条例第8条规定:"凡根据本条例实行劳动保险的企业,其行政方面或资方须按月缴纳相当于各该企业全部工人与职员工资总额3%,作为劳动保险金。1951年3月7日,政务院财经委员会发布了《关于工资总额组成的规定》,其中"二"对《劳动保险条例》第8条规定的"工资总额"作出如下界定:工资总额应包括下列各项:(一)基本工资:(1)计时工资;(2)计件工资;(3)计时奖金;(4)企业单位内的营业提成。(二)辅助工资:(1)除基本工资中的计时奖金外的提高生产奖金;(2)加班费及夜班津贴;(3)各种津贴,包括技术津贴、地区津贴、有害健康津贴等;(4)事故停工工资;(5)用其他形式支付的工资,包括伙食贴、房贴、水电贴等。"三"对工资总额不包括的事项规定为:(1)发明、技术改进等非经常性的一次奖金;(2)企业缴纳的劳动保险金、工会经费等。1953年1月26日劳动部发布的《劳动保险条例实施细则修正草案》在第6条专门就"工资总额"作出规定:"实行劳动保险的企业,按照劳动保险条例第八条的规定,缴纳劳动保险金时,工资总额的计算,应依照中央人民政府政务院财政经济委员会'关于工资总额组成的规定'办理。"

---

① 韩宇明:《强征五险背后的企业负重账》,《新京报》2011年12月9日。

随着国家经济的不断发展,企业职工的工资结构也随之发生变化。1955年5月21日,经国务院批准,国家统计局重新发布了《关于工资总额组成的暂行规定》,暂行规定中的"工资总额包括在册与非在册人员的全部工资。""凡企业、事业、机关、团体以货币形式或实物形式支付给职工的工作报酬,及根据立法规定支付给职工的工资性质的津贴,不问经费来源,均应计算在工资总额内。"这里的工资总额包括了职工所有的现金和实物收入,各种经常性的奖金、节假日加班津贴、稿费和讲课费、各种工资性质的津贴(伙补、房补、交通补、供暖补等)等都在其中,即职工所有的现金和实物收入为工资总额以及缴纳劳动保险费的基数。

以上规定说明,我国当时有关"工资总额"的规定主要包括基本工资、辅助工资(主要是提高生产奖金)、各种补贴或津贴三个部分,即以货币形式或实物形式支付给职工的工作报酬以及工资性质的津贴。由于当时生产力水平不高,所有制形式单一,工资结构相对比较简单。参照以上规定,对我国目前社会保险缴费基数制度的完善提出以下建议。

1. 规范收入统计制度

经济体制改革以后,收入统计制度处于混乱状态,实际工资与名义工资严重脱节,完善收入统计制度成为建立与发展社会保险制度的重要基础工作。早在2002年郑功成教授就呼吁"尽快完善收入统计制度"。他认为,除了工伤保险之外,其他社会保险项目都与受益者的收入直接关联,因此,规范收入统计制度客观上构成了新型社会保险制度健康发展的必要条件。重新确定工资性收入的统计范围,将职工的实际工资收入作为计征社会保险费的基数,将有利于缴费负担的公平化,可以取得缴费率下降、社会保险待遇提高的双重效果。[1] 具体做法:一

---

[1] 郑功成等:《中国社会保障制度变迁与评估》,中国人民大学出版社2002年版,第45页。

是统计范围应当包括全体职工。国家统计局人口司的统计数据表明，目前城镇用人单位工资统计范围过窄，存在缺陷。我国在城镇就业的人数有3亿多，而每年公布的工资统计数据，只是1.3亿城镇国有单位、集体单位以及股份合作、联营、有限责任公司、股份有限公司、外资和港澳台商投资等企业的在职职工数，之外的6 000多万私营企业和5 000多万个个体工商户的在职职工以及灵活就业人员等，都不再统计范围，他们占到城镇就业总人数的四分之三。2008年底，全国城镇私营单位就业者约为6 676万人，他们的月工资仅相当于全国城镇在职职工年平均工资的58.38%。如果国家统计局在统计中将私营单位职工纳入全国城镇职工，城镇用人单位就业者的社会平均工资数就成了24 927元，比之前下降了15%。[①] 如果将国有企业职工、私营企业和个体劳动者的工资收入都统计进来，那么，将在降低社会平均工资的前提下，降低参加社会保险门槛，吸纳更多的劳动者参加社会保险，在扩大社会保险覆盖范围的同时，降低了社会保险缴费基数，由此扩大了而不是缩小了社会保险基金的规模。

2. 将税务部门征收企业所得税的收入依据作为缴纳社会保险费的缴费基数

在建立起社会保险制度的国家，一般都以受保险人向税务部门缴纳个人所得税时出示的个人工资收入（领薪者）凭证或者经营收入（自营业者）凭证为缴纳社会保险费的基数。例如，在德国，社会保险费的缴费基数，对于领薪者（雇员）来说，是指其经常的或者一次性的工作收入，即工作报酬；对于独立经营者（艺术工作者、新闻工作者等）来说，是

[①] 郑功成主编：《中国社会保障改革与发展战略》（医疗保障卷），人民出版社2011年版，第150页。

指其经营所获得的利润,即劳动收入;①对于职业农业企业主来说,他的家庭收入不是由议会或者政府确定,而是由农民自治机构(受保险人代表组成的机构)确定。确定农业企业主家庭收入的简易办法,是依据为农业企业主确定所得税收入时的收入证明,企业主向农民自治机构提交最后的所得税通知即可。② 在英国,社会保险缴费基数是相应时期内的毛现金收入,包括基本工资、奖金及能转化为现金的实物津贴。对雇主发放给雇员的实物补贴如何计入社会保险缴费基数的问题,国家出台了专门的规定,即雇员的实物补贴不计入社会保险缴费基数,但需要缴纳个人所得税;雇主则需将职工实物补贴总额的12.8%计入社会保险缴费基数。③ 目前我国许多地区的社会保险费和个人所得税分别由社会保险经办机构和税务局征收,这两个不同的机构对工资收入作出了不同的范围界定,由此导致社会保险缴费基数依据不同,为此,需要规范工资性收入的统计口径。

3. 尽快化解养老保险历史债务

在养老保险遵循"以支定收"的筹资原则下,缴费基数对养老保险费率有直接影响。我国企业应缴的养老保险费率高达20%,与我国养老保险资金有缺口(基本养老保险缴费率居高不下,有50%是用于化解历史债务④)、人口老龄化养老负担重都有关系,使得养老保险费率的下降处于两难境地。因此,降低养老保险费率的办法之一是中央财

---

① [德]霍尔斯特·杰格尔:《社会保险入门》,刘翠霄译,中国法制出版社2000年版,第13页。

② 刘翠霄:《天大的事——中国农民社会保障制度研究》,法律出版社2006年版,第327页、第339页。

③ 郑功成主编:《中国社会保障改革与发展战略》(养老保险卷),人民出版社2011年版,第293页。

④ 郑功成等:《中国社会保障制度变迁与评估》,中国人民大学出版社2002年版,第49页。

政承担起偿还养老保险历史债务的责任,才能减轻养老保险基金支付上的压力。随着经济发展和职工收入的提高,逐步降低企业缴费比例并相应提高职工个人缴费比例(许多国家的社会保险费率都是由雇主与雇员各负担50%[①]),向企业和职工各承担一半的费率过渡,将有利于企业如实申报社会保险缴费基数,由此提升企业依法办事的品格。

4. 完善社会保险稽核制度

社会保险稽核是确保社会保险费应收尽收和社会保险基金规模,对危害社会保险管理秩序的违法行为加以预防和制止,维护社会保险制度安全平稳运行的行政行为。它在要求被稽核单位提供与缴纳社会保险费相关的情况和资料时,具有一定的强制执行力。

由于企业的各种统计、财务制度不完善,导致工资发放随意化、多样化现象普遍存在。例如,有些企业将提取的工资转成企业内部职工股份后,就可以不参加工资总额的统计;有的企业把年终奖金、工资性福利开支等不列入工资总额。这些企业很难提供准确的职工工资总额,给缴费基数核定带来了较多的困难。而更为普遍的做法是少报瞒报工资总额和参加社会保险人数,致使应当征缴的社会保险费没有征缴上来。

(1)社会保险稽核制度的建立

为了确保社会保险费应收尽收,维护参保人员的合法权益,根据《社会保险费征缴暂行条例》的规定,2003年2月9日,劳动和社会保障部第16次部务会议通过了《社会保险稽核办法》。按照《社会保险稽核办法》第3条规定:"县级以上社会保险经办机构负责社会保险稽核工作。县级以上社会保险经办机构的稽核部门具体承办社会保险稽核

---

① [德]霍尔斯特·杰格尔:《社会保险入门》,刘翠霄译,中国法制出版社2000年版,第15页。

工作。"第11条第1款规定:"被稽核对象少报、瞒报缴费基数和缴费人数,社会保险经办机构应当责令其改正;拒不改正的,社会保险经办机构应当报请劳动保障行政部门依法处罚。"第2款规定:"被稽核对象拒绝稽核或伪造、变造、故意毁灭有关账册、材料,迟延缴纳社会保险费的,社会保险经办机构应当报请劳动保障行政部门依法处罚。"第3款规定:"社会保险经办机构应定期向劳动保障行政部门报告社会保险稽核工作情况。劳动保障行政部门应将社会保险经办机构提请处理事项的结果及时通报社会保险经办机构。"按照以上规定,目前,社会保险经办机构的稽核体系已基本建立,稽核业务已逐步开展起来。

(2)社会保险稽核规定的实施状况

《社会保险稽核办法》第9条规定了社会保险缴费情况稽核内容,其中第(一)项规定:"缴费单位和缴费个人申报的社会保险缴费人数、缴费基数是否符合国家规定"。由于社会保险经办机构不掌握统筹地区各类企业的工商登记以及参保单位的人数和工资信息,如果缴费单位不主动向社会保险经办机构登记参保,或者瞒报少报参保人数和缴费基数,在社会保险经办机构受人力和成本的限制、对缴费单位的缴费人数和缴费基数的稽核只能采取部分抽查方式的情况下,社会保险费漏缴、少缴的情况就不可避免并普遍存在。例如,上海市人力资源和社会保障局委托会计师事务所等中介机构在2007—2009三年中,分别对34 168户、17 033户、13 050户参保单位进行社会保险缴费基数专项审计。审计结果表明,需要补缴社会保险费的人数分别为468 047人、211 466人、123 454人,平均为参保总人数的17.86%;需要补缴的单位占到参保单位总数的73%。[①] 所以,修改完善由缴费单位自主申报的

[①] 郑功成主编:《中国社会保障改革与发展战略》(养老保险卷),人民出版社2011年版,第278页。

规定,要求工商行政管理机构掌握的信息必须与社会保险经办机构共享,是减少社会保险缴费人数和缴费基数漏报少报瞒报发生必须采取的措施。

在实践中,许多地区社会保险稽核往往侧重于对基本养老保险欠费的稽核,没有将企业申报的缴费人数和缴费基数纳入稽核范围。更由于社会保险经办机构强制执行力度有限,在被稽核对象拒绝稽核或伪造、毁灭有关账册、资料,迟延缴纳社会保险费的现象发生时,社会保险经办机构只能报请社会保障行政部门依法处罚,而社会保障行政部门还需要诉诸人民法院行使强制执行权。这种做法不仅损害了社会保障行政部门作为行政执法部门的权威性,而且由于程序繁冗、时间拖延,对社会保险费的征缴造成不利影响。社会保险稽核部门在社会保险缴费稽核工作中不能充分发挥行政稽核、行政监督、行政处罚的作用,是企业少报瞒报社会保险缴费基数的主要原因。督促企业按时足额征缴社会保险费是社会保险稽核机构法定的行政强制征收行为,是一种公权力的行使。在养老保险基金入不敷出,国家财政弥补亏空不可持续的情况下,建立具有强制执行力的专门的社会保险稽核机构以及社会保险缴费基数公示制度,对于保证企业足额缴纳社会保险费,具有重要的组织保障和社会监督作用。与此同时,需要加大社会保险稽核的处罚力度,按照 1999 年 3 月 19 日劳动和社会保障部发布的《社会保险费征缴监督检查办法》的规定,授权经办机构责令少报、漏报、瞒报社会保险缴费基数的单位限期整改的职能,对于期满后仍不如实申报缴费人数和缴费基数的单位,将其移送劳动监管直接进行行政处罚。参照企业所得税法的相关规定,视情节轻重处以足以遏制其瞒报少报漏报违法行为的罚款,将会在一定程度上约束企业恶意瞒报少报漏报社会保险费缴费基数的行为。

第四节 社会保险费征收机构

社会保险费征收是指由法律指定的、代表国家对社会保险费进行征缴的机构的执法行为。

一、现行法律法规的规定及其实施情况

1. 现行社会保险法律法规的规定

《社会保险法》在第59条第2款规定:"社会保险费实行统一征收,实施步骤和具体办法由国务院规定。"这是社会保险法中一个授权性规定。

1999年1月22日,国务院颁布的《社会保险费征缴暂行条例》在第6条规定,社会保险费"可以由税务机关征收,也可以由劳动保障行政部门按照国务院规定设立的社会保险经办机构征收。"

2. 法律法规实施情况

据国家税务总局统计,到2005年,全国已有19个省、市、自治区和计划单列市地税局征收各项或单项社会保险费。"十五"期间,税务机关征收的各项社会保险费累计达8 679亿元,收入规模由2001年的945亿元,增长到2005年的2 623亿元,年均增长29.07%。[1] 其他省份则由社会保险经办机构征收。我国的这种由两个不同的机构征收社会保险费的做法,在世界上是独一无二的。[2]

社会保险费由不同机构征收,导致两个机构之间难以协调、征收和管理成本增加等问题的产生。由此,学术界长期以来展开了"费改税"

---

[1] 李涛:《2005年税务部门征收社保费增25%》,《中国税务报》2006年4月14日。
[2] 郑功成:《社保基金应该实行集权监督》,《中国劳动保障报》2007年6月8日。

或者"税改费"的讨论。有学者认为,费改税不适合我国的国情。因为税与费之间有一个最大的不同之处,即税的一个重要特征是它具有"无偿性",纳税人从国家提供的公共服务中获得的收益与其缴纳的税款之间没有对应关系;而社会保险费具有明显的经济返还的性质,履行了缴纳社会保险费义务的人就获得了享受社会保险待遇的权利,而且缴费的数额与享受待遇的多少成正比例关系。这种缴费与受益之间的密切联系,强化了社会保险费制度的激励作用,产生鼓励人们努力工作、多挣钱、多缴费、多受益的后果。[1] 而持相反观点的人则认为,征收社会保险税是当前较佳选择:首先,税的立法层次高于费,在执行中具有绝对的刚性;其次,税由税务部门根据国家财政预算统一征收,比费征收成本低;再次,有利于扩大社会保险覆盖面;第四,有利于社会财富的再分配。[2]

二、国外的做法

在实行社会保险制度的国家,有些国家通过收取社会保险费,有些国家通过征收社会保险税,采取何种筹资方式一方面取决于该国的历史传统。另一方面取决于制度建立时的社会文化背景。

1. 社会保险费和社会保险税

在德国和我国以及其他一些国家实行缴纳社会保险费制度的国家,企业或者职工个人缴纳社会保险费的数额多少取决于法律规定的社会保险费率的高低。社会保险费率是国家根据社会保险支出的需要以及企业和职工个人的经济承受能力进行综合分析和计算以后确定的。

---

[1] 郑秉文:《费改税不符合社保制度改革的趋势》,《中国劳动保障报》2007年1月18日。

[2] 同上;邓大松:《社会保险》,中国劳动社会保险出版社2002年版,第76页。

美国自1935年实行社会保障制度以来,一直征缴的是"工资社会保险税"。美国的社会保险税与一般的税收相比,例如个人所得税,有所不同:第一,一般的纳税是企业和公民的义务,缴纳的税款纳入国家财政收入,虽然税收具有"取之于民、用之于民"的特点,但是,与社会保险税收入专门用于社会保险支付的这种经济对偿的特点相比,具有根本的区别;第二,一般税收由国家税务部门征收,而社会保险税则由社会保险机构征收,所得款项不纳入国家财政收入,而是作为社会保险基金加以妥善管理。美国开征社会保险税的做法为其他国家所效法,据统计,到1998年,开征社会保险税的国家有100多个。美国的社会保险税不仅征缴范围扩及所有的工薪收入者,而且税率在不断提高,1955年为12%,1970年为26%,1986年增至37%(个人所得税占45%),社会保险税收入成为仅次于个人所得税的第二大直接税。[①]

在一个国家,社会保险费采取哪种征缴方式与该国的经济、社会、文化等背景有密切关系。例如德国,19世纪末建立社会保险制度是为了缓解当时激烈的阶级冲突,工人与政府的尖锐对立,使得政府只能通过工会或其他社会组织与工人对话,后者成为工人的代言人,政府委托社会组织征收社会保险费要比用强制的方法征收社会保险税容易被工人接受。此外,在建立社会保险制度之前,德国工人就成立了由工人自己出资、预防和应对疾病、老年等生活风险的自助组织,就有缴费的习惯和传统。

2. 社会保险费或税的征缴机构

在德国,社会保险费统一由各医疗保险机构征收,[②]然后再分别划拨到各险种社会保险机构的账户;在美国,社会保险税由社会保险机构

---

① 邓大松:《社会保险》,中国劳动社会保险出版社2002年版,第75页。
② [德]霍尔斯特·杰格尔:《社会保险入门》,刘翠霄译,中国法制出版社2000年版,第14页。

征收,所得款项作为社会保险基金妥加管理;在荷兰,社会保险费由税务部门统一征收,然后划拨到社会保险银行的各险种保险账户;在法国,社会保险费由私营的"社会保险和家庭津贴征收联盟"收取,该机构受理雇主的缴费申报和收取雇主社会保险费,并且每三年检查一次申报与缴费的情况。①

三、对完善社会保险费征收机构的建议

1. 国务院应当规定社会保障费由社会保险经办机构征收。我国1951年制定实施的《劳动保险条例》在第7条规定:"本条例所规定之劳动保险的各项费用,全部由实行劳动保险的企业行政方面或资方负担,其中一部分由企业行政方面或资方直接支付,另一部分由企业行政方面或资方缴纳劳动保险金,交工会组织办理。"第9条甲款规定:"企业行政方面或资方,须按照上月份工资总额计算,于每月1日至10日限期内,一次向中华全国总工会指定代收劳动保险金的国家银行,缴纳每月应缴纳的劳动保险金。"这些规定表达出国家对社会保险费缴纳的强制性威力,而且实践证明它们得到了切实实施。应当说,在征缴社会保险费方面,主管部门和负有缴费义务的企业已经形成了制度规定的路径依赖。在新时期规定由社会保险经办机构征缴社会保险费,人们是熟悉并容易接受的。在这里,只存在守法和违法的问题,而不存在征税比收费更具有强制力的问题,因为只要是法律规定的义务,都必须履行,不存在义务强弱的问题。因此,还需要参照《企业所得税法》的有关规定,强化对于不缴纳、漏缴纳或者迟延缴纳社会保险费的企业的处罚力度,使企业像畏惧税法的处罚一样畏惧社会保险法的处罚,将能够提升社会保险经办机构的行政执行力。

---

① 杨燕绥:《社会保险法》,中国人民大学出版社2000年版,第219页。

2.社会保险费由社会保险经办机构征收和管理,并用于社会保险待遇的支付,能够保障社会保险基金专款专用。在社会保障体系中,除了社会保险基金具有经济对偿的性质外,即受保险人需要先履行缴纳社会保险费的义务,才能获得享受社会保险待遇的权利,而其他项目(例如社会福利、社会救济、优抚安置等)的收入支持属于收入补偿,即待遇获得者不以事先履行缴费义务为获得待遇的前提,在符合法律规定条件的情况下,就可以获得一定的待遇,所需资金从国家通过税收筹集的财政收入中支付。征收社会保险费,就将作为社会保障核心领域的社会保险基金与由国家财政支持的社会保障中的其他项目如社会救济、社会福利、优抚安置的资金来源区分了开来。

第五节 社会保险基金筹资模式

社会保险基金的筹资模式,是指筹集社会保险基金采取的方式。社会保险基金的筹集遵循"以支定收、略有结余、留有部分积累"的原则。国际范围社会保险基金的筹资模式有三种机制。

1.储蓄积累制。储蓄积累制也称作基金制,是指企业及其职工依据国家规定的缴费率缴纳社会保险费,所缴纳的社会保险费储存在国家为他们设立的个人社会保险账户上,在他们发生生活风险时,例如,达到法定退休年龄以后,将账户上积累的款额以及它们的投资收益,按照法律规定的方式,一次性或按月发放给受保险人。在储蓄积累制中,退休人员领取的养老金是其在工作期间所缴纳的养老保险费的积累,是退休人员本人资产在生命周期内的时序转移,而不是资产的代际转移,因而它的本质是"同代自养"。它的优点是:实现了资金供求的纵向平衡,受老龄化影响较小;激励作用强,能够促使劳动者延长工作年限,多缴社会保险费;储蓄积累制能够形成巨大的资金规模,合理利用社会保险基金能够推动经济发展。它的缺点是:积累的资金容易受通货膨胀的影响,导致社会保险基金贬值;参加社会保险的人,自己为自己积累,不能体现社会保险的互济功能。

2. 现收现付制。现收现付制,是指用在职职工缴纳的养老保险费筹集起来的养老保险基金支付退休人员的养老金,是养老保险基金在代际之间的转移。因而,在职职工的缴费率取决于支付需求的多少,即取决于人口结构的状况。如果缴费者多(年轻在职的人多),退休者少,那么缴费率就低;如果缴费者少,退休者多(老年人多),那么缴费率就高,否则,退休者领取到的养老金无法保障他们的基本生活。它的优点是:筹集起来的基金立即用于社会保险待遇的支付,不存在长期积累的问题;现收现付制贯彻"以支定收,略有结余"的原则,不会形成巨额的基金积累,也不存在因通货膨胀导致基金贬值的问题;能够比较充分地体现社会保险的收入再分配功能。它的缺点是:由于缺乏积累,所以这种制度抗风险能力弱,遇到筹集资金困难的意外情况时,同时遇到支付困难的问题;现收现付制下的养老保险是代际赡养,两代人的人口结构情况对享受养老金待遇一代人的生活水平具有决定性影响,人口老龄化不仅是中国而且是世界各国人口年龄结构变化的趋势,在这种情况下,唯有提高在职职工的养老保险费率,才能保障养老金按时足额发放,这将增加在职职工的负担,影响他们的收入水平和生活质量。

3. 部分积累制。对部分积累制有两种解释,一种解释认为,部分积累制也称作混合制,是以上两种筹集资金方式的混合,是指在确保养老金充分给付的条件下,按照偏低的积累率,提取出一部分养老保险基金储备起来,以应对将来可能出现的例如人口老化或者经济结构变化引起的养老金支付上的需要。例如美国,1935年在建立社会保障制度时,实行的是现收现付模式,到了20世纪70年代,随着人口老龄化的出现和不可预测的通货膨胀,转而实行部分积累制。①

1951年颁布实施的《劳动保险条例》第21条有关全总、基层工会组织对劳动保险金的支配以及劳动保险金调剂的规定表明,我国计划经济时期社会保险基金实行的是现收现付制,即企业缴纳的社会保险费筹集的社会保险基金在留有两个月的备用基金的前提下,基本用于支付退休人员的退休金。劳动保险基金在全国统一筹集、在全国统一调剂使用的筹资模式,有效地避免了基金的流失和被挪用。

经济体制改革以后的1995年3月,国务院发布了《关于深化企业职工养老保险制度改革的通知》,确立了社会统筹与个人账户相结合的养老保险模式。在统账结合的养老保险模式下,企业缴纳的养老保险费记入社会保险经办机构管理的社会统筹基金账户,职工个人缴纳的养老保险费记入为职工设立的个人账户。职工退休以后的养老金由社会统筹账户基础养老金和个人账户养老金两部分组成。有人认为,中国当前的个人账户和社会统筹相结合的城镇职工基本养老保险制度就是典型的部分积累制;②有人却认为,我国的个人账户和社会统筹相结合的养老保险制度不是国际上流行的部分积累制,而是部分现收现付和部分完全积累的组合模式。③因为企业缴纳的养老保险费形成社会统筹账户,通过现收现付的方式支付退休人员的基本养老金;而职工个人缴纳的养老保险费形成个人账户,用于支付职工个人账户养老金。这种机制既能体现社会保险的互助功能和社会公平,又能体现社会保险的激励机制。

改革以后的统账结合的养老保险模式是在现收现付、没有任何资

---

① 侯文若、孔泾源主编:《社会保险》,中国人民大学出版社2002年版,第283—284页。
② 参见中国社会科学院、德国阿登纳基金会:《中国城市社会保障的改革》,阿登那基金会系列丛书第11辑,第128页。
③ 参见郑功成:《论中国特色的社会保障道路》,武汉大学出版社1997年版,第186页。

金积累的传统养老保险制度的基础上建立起来的,如前所述,由于没有很好解决养老保险历史债务问题,使得许多地方在统筹账户不足以支付养老保险待遇时,不得不动用个人账户资金。据统计,到2011年底,基本养老保险个人账户基金共积累2 703亿元。[①] 截至2010年底,中国养老金个人账户记账额1.9万亿元,这样还有近1.7万亿元的缺口。社会保险基金究竟采取哪种模式,是各国根据本国经济发展水平、人口结构等因素确定的。我国养老保险采取"社会统筹和个人账户相结合"的模式能不能达到应对老龄化高峰的初衷,还有待实践检验。

  我个人认为,我国的养老保险制度应在实现全国统筹的同时,实行现收现付制的筹资模式比较科学合理。因为社会保险与企业年金和商业保险的根本区别在于,它的责任主体是政府。事实上这些年各级财政,尤其是中央财政对于养老保险个人账户的补贴已经说明了这个问题。既然在社会统筹账户不足以支付当年的养老金时,为了不"借用"个人账户资金,各级财政必须予以补贴,那么,何不将现行的统账结合的筹资模式改回现收现付,在出现养老金支付缺口时政府财政直接给予财政补贴,岂不更能彰显出政府在养老保险上的财政责任?而且,这样做还会使各级社会保险经办机构放下个人账户缩水贬值的担忧,由此降低管理两个账户的成本。《社会保险法》第11条规定的:"基本养老保险实行社会统筹与个人账户相结合。"是否需要修改为现收现付,需要学界和决策者进一步深入探讨。

第六节　社会护理保险

  根据美国健康保险学会的定义,社会护理服务或者长期护理服务,

[①] 白天亮:《2011年6万人冒领社保　9 475万元已追回9 084万元》,《人民日报》2012年6月28日。

是指"在一个比较长的时期内,持续地为患有慢性疾病,例如早老性痴呆等认知障碍或处于伤残状态下,即为功能性损伤的人提供的护理,它包括医疗服务、社会服务、居家服务、运送服务或其他支持性的服务。"世界卫生组织认为,长期护理的目的在于"保证那些不具备完全自我照料能力的人能继续得到其个人喜欢的以及较高的生活质量,获得最大可能的独立程度,自主、参与、个人满足及人格尊严。"[1]在人口老龄化的背景下,一些国家制定并实施了长期护理保险制度。以色列于1986年颁布了《长期护理社会保险法》,开启了世界范围社会护理保险立法的先河;奥地利于1994年颁布了《长期护理社会保险法》;德国于1995年出台了作为社会保险法第五大支柱的《社会护理保险法》;荷兰于1998年颁布了《长期护理社会保险法》;日本于1999年12月国会通过了《护理保险法》;韩国于2007年4月27日颁布了《老人护理保险法》。

老龄化同样是我国人口年龄结构不可避免的发展趋势。据国务院公布的《中国老龄事业发展"十二五"规划》,从2011年到2015年,我国60岁以上老年人由1.78亿增加到2.21亿,平均每年增加860万。老年人口比重将由13.3%增加到16%,平均每年递增0.54个百分点,到2030年全国老年人口规模将翻一番。到21世纪中叶,老年人口将达到4.37亿人,占总人口的31%,其中80岁以上的老人超过1亿。[2] 4.37亿人相当于现在欧盟国家人口的总和。中国现在在世界上是人口大国,在未来的二三十年将成为世界上最大规模的老年人口国。庞大的老年人群体,不仅使得中国的养老成为迫切需要面对的问题,而且使得老年人中因年老体弱而导致生活不能自理的护理也成为迫切需要面

---

[1] 转引自郑功成主编:《中国社会保障改革与发展战略》(医疗保障卷),人民出版社2011年版,第255页。

[2] 王建峰:《未来五到十年中国养老业有望获大发展》,《中国社会科学报》2010年7月15日。

对的问题。

一、我国亟需建立社会护理保险制度的原因

1. 我国的高龄老人、生活不能自理老人数量庞大

我国残疾人口总量由1987年的5 164万人[①]增加到2007的8 296万人,[②]《第二次全国残疾人抽样调查主要数据公报(第一号)说明》指出,影响这一变化的因素是多方面的,其中人口年龄结构老化是最为重要的因素之一。第二次全国残疾人抽样调查60岁及以上的残疾人约有4 416万人,比1987年调查时该年龄段残疾人数增加了2 365万,占全国残疾人新增总数的75.5%。[③] 加上2006年第二次全国残疾人抽样调查之前已有的老年残疾人,2011年我国大约有3 250万老年人需要不同程度的家庭护理,其中重度残疾老年人有1 200多万,这1 200多万人中有940万属于完全失能老人。[④] 我国首次"全国城乡失能老年人状况研究"显示,预计到2015年,我国部分失能和完全失能老年人将达4 000万人,其中完全失能老年人口将超过1 200万人。作为世界上失能老人人口最多的国家,我国面临的照护服务压力超过世界上任何国家。全国老龄工作委员会办公室副主任吴玉韶说,失能老人的照料护理已成为非常急迫的问题,现在失能老人护理大部分还是靠家庭解决,而随着独生子女的父母进入老年空巢,靠独生子女解决失能老人护理问题越来越难。中国社会科学院人口与劳动经济研究所研究员王广州研究员的研究表明,我国人均寿命增加了,但老年人的健康预期寿

[①] 《中华人民共和国残疾人保障法立法报告书》,华夏出版社1991年版,第95页。
[②] 第二次全国残疾人抽样调查办公室:《第二次全国残疾人抽样调查主要数据手册》,华夏出版社2008年版,第2页。
[③] 同上,第9页。
[④] 郑功成主编:《中国社会保障改革与发展战略》(医疗保障卷),人民出版社2011年版,第271页。

命没有太多延长。目前,全国 80 岁以上丧偶的老人大约占到一半,生活不能自理的也大约占一半。这必然会加大社会医疗保障和护理压力,而且会是"无底洞"式的。因此,应当及早动手谋划健全养老体系。① 这里主要是指需及早建立对生活不能自理的老年人的护理服务体系。据统计,到 2030 年,农村 65 岁以上的老年人占农村总人口的比重将达到 13%,2040 年进一步上升到 19%。在以后的几十年,随着经济的发展,城市化进程的加快,农村剩余劳动力将大量向城市迁移,这将使城市的老龄化压力减弱,而使农村老龄化速度加剧。所以,中国老龄化重点在农村。中国老龄事业发展基金会会长李宝库曾在一个公开的会议上透露,中国农村老人的自杀率是世界平均水平的四倍到五倍。② 残疾和老龄而生活不能自理人的照料和护理已经成为一个比较严重的社会问题。

2. 公共服务不能满足老年人的需求

1996 年底,德国护理保险法实施的结果显示,80 岁以上需要护理者占需要护理者总数的 50%,65 岁至 79 岁需要护理者占到 26%左右,65 岁以下者占到 24%左右。③ 这组数据表明,需要护理者的比例与年龄呈相同方向发展,年龄越大,需要护理的可能也随之增大。然而,老人在生病和丧失生活自理能力时难以得到子女和其他家庭成员的照料和护理,已成为近些年公认的社会问题。城市中因生活不能自理或不能完全自理需要护理的老人占老年人总数的 18.04%,而能够在家或在养老机构得到护理的只有 8.3%。2008 年,每千名老年人拥

---

① 贾立君、宗巍等:《3 300 万失能老人身处窘境 多数养老院不愿接收》,《经济参考报》2012 年 7 月 25 日。

② 郑功成主编:《中国社会保障改革与发展战略》(医疗保障卷),人民出版社 2011 年版,第 272 页。

③ [德]霍尔斯特·杰格尔:《社会保险入门》,刘翠霄译,中国法制出版社 2000 年版,第 54 页。

有养老机构床位为11.6张,说明98.84%的老人只能居家养老。① 到了2010年,我国有各类养老机构38 060个,拥有床位266.2万张,仅占老年人口的1.59%,而许多发展中国家的这个比例为2%—3%。② 民营养老机构不规范且收费偏高,将绝大多数养老金比较低的老年人拒之门外,而农村没有养老金的老年农民压根就没有在生活不能自理时去住养老院的奢望。在国际上,几乎所有发达国家都是在老龄化社会到来之前就已经建立起了比较完善的养老保险和医疗保险制度,从而自如应付老龄化社会的到来。而我国在经济尚不发达时就迎来了白发浪潮,未富先老增加了社会赡养的负担。人口老龄化及其带来的对老年服务的持续刚性增长,使得发展老年服务,尤其是护理服务具有紧迫性。

3. 护理人员严重缺乏

无论在家照料或者在机构护理,护理员的护理知识、服务质量对于需要护理者来说都是最关键的问题。然而,据统计,全国需要养老护理员1 000万人,而目前持证上岗的护理员只有3万余人。③ 据2011年12月1日《北京您早》播报,北京目前有60万人需要护理,其中13万人是亟需护理的失能老人,然而只有4 000名护理员,远远不能满足护理者需要。所以,抓紧护理员的培训工作,让更多有资质的护理员走上护理岗位,是各地民政和人社部门应当列入议事日程的工作。

二、国外的经验

在德国,将因衰老、慢性病和癌症晚期而生活不能自理的人都划入

---

① 阎青春:《我国城市居家养老服务研究》2008年2月21日新闻发布稿。
② 郑功成主编:《中国社会保障改革与发展战略(救助与福利卷)》,人民出版社2011年版,第163页、第42页。
③ 魏铭言:《5年拟增养老床位300万张》,《新京报》2011年12月9日。

残疾人的范围,在1995年之前,政府为因生活不能自理而需要护理的人提供护理救济,护理救济占用了社会救济的绝大部分资金,挤占了社会救济资金的其他用途。经过长期酝酿,德国于1995年出台了《社会护理保险法》,该法规定,凡是参加医疗保险的人都有参加护理保险的义务,企业主和职工各缴纳工资额0.85%的护理保险费,对农村居民的缴费额另作了专门规定。当参加社会护理保险者发生需要护理的情况时,由护理保险机构为其提供护理保险待遇。由于需要护理者的比例随年龄增长相应提高,因此,护理保险的主要服务对象是老年人。护理保险制度实施以来的实践证明,它是一项既能够减轻财政负担、又能够为老年人和残疾人提供良好服务的行之有效的制度。

日本于1999年12月国会通过了《护理保险法》,该项法律实施的结果表明,它不但减轻了需要护理者家庭成员的经济和精神负担,也减轻了国家的财政负担,中央财政为此节省的资金达4万亿日元,同时护理业的发展增加了国家财政收入,为劳动力市场提供了大量的就业岗位,缓解了失业压力。[1] 新加坡虽然没有建立专门的护理保险制度,但是,为了应对已经到来且日趋严重的老龄化需要,新加坡政府决定对护理机构,包括社区医院、疗养院、日间康复中心、慈善护理机构以及登门护理机构等提供资助。资助的具体办法为:一是从2012年4月1日起,医生平均加薪20%,护士平均加薪4%—17%,护理人员加薪10%—25%;二是在现有4 000护理人员的基础上,到2020年再增加1.1万人;三是在今后5年,聘请有高文凭的护士到这些护理机构担任顾问,并拨款培训护理技能低、薪水低的护理人员,以提高他们的技能和收入,稳定护理队伍;四是今后5年,计划拨款9600万新加坡元,以

---

[1] 郑功成主编:《中国社会保障改革与发展战略》(医疗保障卷),人民出版社2011年版,第263页。

提高医疗服务水平,①减少因病导致生活半自理和完全不能自理的情况发生,减少护理压力。这些国际经验值得我国在建立护理保险制度时参考和借鉴。

三、目前是我国建立社会护理保险制度的最佳时机

面对我国已进入老龄化社会和老残人员占残疾人总数的绝对多数的现状,不能再以发展中国家的眼光来看待和处理中国问题。尤其在老龄人口和残疾人中的一部分迫切需要社会护理服务方面,中国事实上存在着与发达国家一样的需求。② 为了从容应对21世纪30年代到来的老龄化高峰,我国必须未雨绸缪,不能错过目前的有利时机。必须看到,我国建立护理保险制度具有其他国家所没有的优势。在我国,1.33亿乡镇企业职工和1.2亿农民工③中的绝大多数人没有参加社会保险,而他们都有参加社会保险的愿望和要求。由于这些群体人数众多,又处于青壮年时期,除发生意外事故致残,他们进入老年还有二三十年甚至更长时间,所以,国家应在尽快为已纳入医疗保险的职工建立护理保险制度的同时,尽快将乡镇企业职工和农民工纳入社会医疗保险和护理保险制度,有这样一个庞大年轻群体缴纳的医疗和护理保险费,就能够让人们比较从容地应对残疾、疾病、老年等生活风险。

我国的养老护理事业虽然随着经济社会的发展近几年也在迅速发展,如2011年12月国务院颁布的《中国社会养老服务体系建设"十二五"专项规划》所指出,到2015年,每1000位老人平均拥有30张养老床位,比2011年翻一番。五年内增加日间照料床位和机构养老床位

---

① 《新加坡:政府资助护理机构》,《中国劳动保障报》2012年3月20日。
② 郑功成等:《中国社会保障制度变迁与评估》,中国人民大学出版社2002年版,第54页。
③ 郝书辰等:《新时期农村社会保障制度研究》,经济科学出版社2008年版,第129页。

300万张,并改造30%的既有床位,使之达到建设标准。但是,养老护理事业首要的任务是,国家应尽快制定护理保险法规,将参加护理保险的义务、护理保险费的缴纳、护理机构的设置、护理人员的培训、入住护理机构的条件、待遇水平等以法规的形式加以规范,将需要护理的残疾人和失能老年人的护理纳入法治的轨道。

第七节 职工退休年龄

2000年8月17日至9月2日,《中国妇女报》发表了8篇报道,讨论退休年龄对女性职工养老权益的影响,一时间引起社会的广泛关注。

一、我国职工退休年龄规定的沿革

我国男女职工退休年龄的规定始于1951年颁布实施的《劳动保险条例》。条例规定男性工人职员退休年龄为60岁,这一规定沿用至今;女性工人职员退休年龄为50岁,其中女性工人退休年龄的规定也沿用至今,女职员的退休年龄在1956年时调整为55岁。

《劳动保险条例》规定,男职工年满60岁、工龄满25年、本企业工龄满10年的,退休金为本人工资的35%—60%;女职工年满50岁、工龄满20年、本企业工龄满10年,获得与男职工相同比例的退休金。1953年的《中华人民共和国劳动保险条例实施细则(修正草案)》作出更为具体的规定:本企业工龄已满5年不满10年者,退休金为本人工资的50%;已满10年未满15年者,退休金为本人工资的60%;已满15年及15年以上者,退休金为本人工资的70%。

1956年1月1日起实施的《国家机关工作人员退休处理暂行办法》将男性退休年龄规定为60岁,女性退休年龄规定为55岁,工龄同为15年;1958年2月9日颁布实施的《国务院关于工人、职员退休处理的暂行规定》将男性退休年龄规定为60岁、工龄规定为20年;女工人的退休年龄为50岁、女职员的退休年龄为55岁,工龄均为15年。

1978年6月2日,国务院颁布的《关于安置老弱病残干部的暂行办法》和《关于工人退休、退职的暂行办法》规定,国家机关工作人员男年满60岁、女年满55岁,工龄满10年的,可以退休。工龄满20年的,退休金为本人标准工资的75%。全民所有制企业的工人男年满60岁、女年满50岁,工龄满20年的,退休金为本人标准工资的75%。

1993年12月4日,国务院办公厅发布《关于印发机关事业单位工资制度改革三个实施办法的通知》中的《机关工作人员工资制度改革实施办法》规定:实行职级工资制以后离退休人员,在新的养老保险制度建立之前,离退休费暂按下列办法计发:退休人员的退休费,基础工资和工龄工资按本人原标准的全额计发,职务工资和级别工资按本人原标准的一定比例计发。其中,工作满35年的,按职务工资和级别工资之和的88%计发;满30年不满35年的,按82%计发;满20年不满30年的,按75%计发。对于在机关工作满35年的工人,其退休金替代率最高为90%。通知中的《事业单位工作人员工资制度改革实施办法》规定:退休人员的退休费按本人职务工资与津贴之和的一定比例计发。其中,退休时工作满35年的,按90%计发;满30年不满35年的,按85%计发;满25年不满30年的,按80%计发。

1997年7月16日,《国务院关于建立统一的企业职工基本养老保险制度的决定》将我国养老保险制度的筹资模式规定为"社会统筹与个人账户相结合",退休金的工资替代率下降为58.5%,其中,社会统筹账户支付20%,个人账户支付38.5%,男女职工的退休年龄不变。

二、延长职工退休年龄为什么会引起全社会关注

1. 女性职工退休早,影响退休金待遇

从以上规定可以看出,退休工人职员的养老权益的多寡主要体现在领取退休金的标准上,而退休金的多寡取决于以下三个相互关联的因素:一是退休年龄,二是工资性收入,三是工龄。在计划经济时期,工资普遍偏低、差距不大,工资调整频率比较慢,相同级别的早退休者与晚退休者退休时计发退休金的工资标准差别不大。但是对退休金标准有较大影响的工龄,就将男女职工的退休金水平拉开了距离。尤其是机关事业单位的工资制度和企业养老保险制度改革以后,对于机关事业单位的职工来说,每两年工资调高一次,同年毕业并同时进入机关事业单位的男女同事,由于女性退休早,就至少错过了两次调高工资的机会,因此,比同时进单位的男性在计算退休金时起重要作用的工资总额少很多,由此退休金比男性低很多,这对女性是不公平的。对于企业职工来说,退休金的多少同样与基本工资和缴费时间关联,女性工人比男性工人早退休10年,10年期间男性工人的基本工资无疑几次得到调整,缴费的基数在不断提高,缴纳的个人账户资金累积也多。男女工人相比,前者缴费多、缴费时间长,领取到的退休金肯定比女工人多。尤其是退休前与男工人工资水平基本相同的女工人,在男工人退休后,他们的退休金会有比较大的差距,这对女工人显然是不公平的。

2. 新情况的出现需要延长退休年龄

目前的退休年龄是按照计划经济时期有关养老保险规定延续下来的,而三十多年过来,情况有了很大变化,需要根据已经变化了的情况对退休年龄作出新的规定。新情况主要有:一是人的预期寿命大大延长。统计显示,我国人口平均寿命已从20世纪50年代的50岁左右,

上升到了2008年的74岁。[1] 而且女性预期寿命比男性要长。预期寿命延长的结果是，在退休年龄不变的情况下，退休人员越来越多，而在在职人员总数基本不变的情况下，就意味着社会赡养率越来越高。据国家人口计划生育委员会的数据，2007年，我国65岁以上老年人已经达到1.04亿人，到21世纪40年代将达到3.2亿人，平均每5个人中就有1个65岁以上的老年人，[2]社会赡养率为25％，说明在职人员的经济负担会越来越重；二是人们受教育的年限在延长。随着社会的发展，对劳动力知识和技能的要求也越来越高。家长甚至农村家长都希望子女能够完成高等教育，其中许多家长鼓励子女以及子女本人也愿意继续读硕读博。在退休年龄不变的情况下，由于受教育时间的延长，而导致在职年限的缩短，这对于高学历的人来说，过早退休是人力资本的浪费；三是有利于平衡养老金的收支。退出劳动领域不仅意味着退休者不再缴纳养老保险费，而且意味着他们开始领取养老金，在退休年龄不变的情况下，由于退休人数增加了、领取养老金的年限延长了，养老保险基金就会出现供需不平衡的矛盾。上海财政局的一位官员说，上海的社保基金年年有窟窿，特别是近几年，每年的亏空规模均在百亿元以上，收少支多是最主要的原因之一。[3] 在出现这种情况时，无论通过提高养老保险费率或者减少养老金待遇都是不可行的。据报道，有专家测算，以过去6年的数据推算，参保人延迟1年退休我国可减少养老金支出490亿元，增加缴费230亿元，一减一增相当于多收入720亿元。如果推迟5年退休就能增加3600亿元，按照2011年全国平均水

---

[1] 卫生部：《2010中国卫生统计年鉴》，中国协和医科大学出版社2010年版。
[2] 《武寅出席老龄化背景下社会保障与可持续发展国际会议》，《中国社会科学报》2010年5月13日。
[3] 余丰慧：《上海"社保年亏百亿"警示全国》，《新京报》2011年2月16日。

平计算,足够支付 2 000 万人一年的养老金。① 基于此,学界基本赞成逐步提高退休年龄;四是近一两年发生在欧美的债务危机,给我国发出需要延长退休年龄的信息。例如,欧债危机的发生尽管有多方面的原因,但养老金赤字(尤其是希腊)是其中一个重要原因。过去一年频发在法国、英国等国家的社会骚乱事件,个中的原因不排除经济衰退和老龄化趋势下的养老负担沉重,更是提醒我们要尽快完善我国的养老保险制度,其中包括适当地延长退休年龄制度。适当缩小男女职工退休年龄之间的差距,尤其是应当使女职工能够获得法定的满额工龄,就能使男女职工的退休金差距与他们在职期间工资差距基本相当。

3. 延长退休年龄能够减缓劳动力总量减少的速度

人口老龄化使得我国养老金支出正面临着越来越大的压力,也是我国比较沉重的"隐性负债"之一。数据表明,当前我国社会基本养老制度的覆盖人口约为 2.6 亿,其中 1.9 亿人为缴费人口,而另外 7000 万人为领取养老金的人,养老金支出面临非常大的压力,出现了比较大的资金缺口。② 老龄化不但意味着人口老年负担系数不断提高,也同时意味着劳动投入的减少,减少的拐点将发生在 2015 年,届时将从 9.98 亿的峰值开始逐年下滑,年均减少 366 万。预计到 2050 年,我国 15 岁到 59 岁劳动年龄人口将下降到 7.1 亿人,比 2010 年减少约 2.3 亿人。2030 年以后,我国的劳动力供给将出现严重不足。劳动力严重短缺也将带来经济总产出下降,储蓄率下降,导致投资减少等。专家们建议从 2016 年实行延长退休年龄的政策,并每两年延长 1 岁退休年

---

① 夏晓伦:《专家称近一半人想延迟退休 养老金年增收 300 亿》,人民网 2013 年 8 月 6 日。
② 张茉楠:《我国养老基金只占 GDP 的 2%远不及发达国家》,《每日经济新闻》2013 年 9 月 5 日。

龄。到 2045 年不论男女,退休年龄均为 65 岁,[1]就能够减缓劳动力总量减少的速度。

三、延长职工退休年龄是国际社会的普遍做法

人口老龄化挑战是全世界面对的共同课题,延长退休年龄是人类预期寿命延长和人力资本投资年限不断延长的必然要求,是对人生周期的合理调整。1995 年国际上建立了社会保障制度的 172 个国家中,有 165 个国家对退休年龄有明确的规定。[2] 其中男女退休年龄相同的国家有 98 个,占 59.4%。美国的退休年龄已提高到 65 至 67 岁。德国的退休年龄是女性 65 岁,男性 67 岁。在男女退休年龄不同的国家,例如,东欧和独联体国家,一般男性比女性延迟 3 年至 5 年。而我国男性工人比女性工人退休年龄高出 10 年,是世界上男女退休年龄差距最大的国家。

四、我国应适当延长职工退休年龄

1951 年制定劳动保险条例时,国家整体生产力发展水平低,就业的女性普遍文化程度低,所以,多数女工人从事的是比较繁重的体力劳动;人的预期寿命比现在短 20 岁左右;没有实行计划生育政策,女性一般生育多个子女,家庭负担重。所有这些因素决定了国家在制定政策时更多考虑到女性工人的实际负荷和困难,出于保护女性工人的健康,规定女性工人的退休年龄早于男性工人 10 年。经过半个多世纪的发展,以上所有因素都发生了重大变化:我国已经进入工业化社会,女性工人受教育程度普遍提高,国家强制性义务教育政策的实施,使得农村

---

[1] 韩旭:《人社部专家建议退休年龄应延至 65 岁》,《京华时报》2012 年 7 月 2 日。
[2] 美国社会保障署编:《全球社会保障——1995》,华夏出版社 1996 年版,第 98 页。

女童也能够完成初中教育,她们大多在服务行业工作,更多受过高等教育的女性在知识、能力等方面与男性具有几乎同等的竞争力;计划生育政策的实施,市场竞争激烈,许多女性的生育观念也发生了改变,只生育一个孩子或者不生育孩子,已成常态,为女性参与竞争提供了可能;家庭小型化,养老社会化,也减免了女性照顾长辈的负担;尤其是女性独立意识的增强,都为女性与男性在同一平台上竞争创造了条件。在变化了的形势下,国家应当相应调整男女退休年龄的政策,才能够充分利用人力资源、减轻养老保险基金的压力,较少贫困现象的发生。至于女性与男性退休年龄相差几岁或者像许多国家那样实行男女同龄退休,则是由决策者对女性就业所持有的理念所决定的。

2012 年 6 月 27 日,国务院批转人社部、发改委、民政部、财政部、卫生部、社保基金会联合制定的《社会保障"十二五"规划纲要》向全社会发布,纲要提出"十二五"期间,我国将研究弹性延迟领取养老金年龄的政策。学术界也就延长退休年龄问题展开了热烈讨论。有人主张,退休年龄延长只能是渐进式的,国家在规范现有退休年龄的基础上,以 2049 年实现男女同龄 65 岁退休为基本目标,进行倒逼式的制度安排,先女后男,小步渐进,逐步延长退休者的退休年龄。[①] 学术界的主流观点认为,退休年龄逐渐延长,是适应人均预期寿命延长、受教育年限延长,以及人口老龄化趋势的必然选择。也有人指出,在短期内我国养老金收支压力主要来源于转轨成本,而在中长期内,人口老龄化将逐渐成为导致养老金收支缺口的更为主要的因素。政策环境和社会环境的大变化,使得弹性延迟领取基本养老金已经成为必然趋势。[②]

中国社会科学院世界社会保障制度与理论研究中心主任郑秉文教

[①] 郑功成主编:《中国社会保障改革与发展战略》(养老保险卷),人民出版社 2011 年版,第 47 页。
[②] 《退休年龄不提高养老保险制度难持续》,《新京报》2012 年 6 月 7 日。

授语重心长地指出,欧债危机告诉我们,如果其他支柱都是空的,只靠第一支柱养老会给国家带来极大的财务风险,[1]希腊就是这样。他说,有些发达国家,比如美国,它的第一支柱替代率仅为40%,国家的压力不是很大。但是,第二支柱的替代率在美国也是40%。第三支柱,美国的商业养老保险很发达,品种多,价格公道,适合各种各样的消费群体,保险深度和密度都是中国的好几倍。美国的第四支柱也是非常轻松的,美国的家庭存款平均只有1 000美元,但大部分资产是以商业养老产品和其他金融资产的形式存在的。[2] 他指出,退休年龄不提高,当前的养老保险制度肯定不可持续。[3]

学界的观点为决策者提供了充足的理论依据,助推国家尽快做出渐进式延长职工退休年龄的规定。

第八节 社会保险基金管理

由于养老保险基金是社会保险基金的主要组成部分,因此,社会保险基金的管理主要是对养老保险基金的管理。社会保险待遇支付上的刚性需求,决定了对于社会保险基金必须妥加管理,既不能流失,也不能挪作他用。为了确保社会保险基金的保障功能,就要使基金能够保值甚至增值,为此,社会保险基金有效的管理和运营就显得尤为重要。我国社会保险基金管理制度在社会保险制度改革前后是不一样的。

---

[1] 各国实行的基本都是多层次的养老保险制度,即由政府承担财政责任的社会养老保险;由企业承担责任的企业年金制度,也称作补充养老保险;公民个人通过购买商业养老保险,提高养老金待遇水平;公民通过储蓄,在其他养老金收入不足以维持老年生活或者希望提高老年生活水平时,以银行积蓄补充之。在这四个层次的保障中,以政府为责任主体的社会养老保险是最为可靠的保障。——笔者注。
[2] 陈圣莉:《养老保险制度改革更需要顶层设计》,《经济参考报》2012年6月8日。
[3] 《退休年龄不提高养老保险制度难持续》,《新京报》2012年6月7日。

一、我国社会保险基金管理法的沿革

1951年颁布实施的《劳动保险条例》第7条规定:"本条例所规定之劳动保险的各项费用,全部由实行劳动保险的企业行政方面或资方负担……交工会组织办理。"第21条规定:"劳动保险金的支配办法如下:甲、劳动保险总基金由中华全国总工会用以举办集体劳动保险事业。乙、劳动保险基金由工会基层委员会用以支付各项抚恤费、补助费与救济费及本企业集体劳动保险事业的补助费。"1953年1月26日劳动部发布的《劳动保险条例实施细则修正草案》在第十六章"关于劳动保险金保管支出"中,对劳动保险金的管理作了更为详细具体的规定。可见,社会保险制度改革之前,社会保险基金由中华全国总工会集中管理、调剂。

1999年3月19日,劳动和社会保障部发布的《保险费申报缴纳管理暂行办法》第12条规定:"征收的社会保险费,应当进入社会保险经办机构在国有商业银行开设的社会保险基金收入户。"第13条规定:"社会保险经办机构对已征收的社会保险费,……按以下程序进行记账:(一)个人缴纳的基本养老保险费、失业保险费和基本医疗保险费,分别记入基本养老保险基金、失业保险基金和基本医疗保险基金,并按规定记录基本养老保险和基本医疗保险个人账户"。由于我国的社会保险事业经历了由"国家型"向"责任分担型"转变的过程,因此,社会保险基金也由中华全国总工会集中管理、调剂,改革为由各统筹单位的社会保险经办机构管理。

根据新形势下的新情况,国家专门制定行政法规并规定由全国社会保障基金理事会管理社会保障基金。社会保险法第71条规定:"国家设立全国社会保障基金,由中央财政预算拨款以及国务院批准的其他方式筹集的资金构成,用于社会保障支出的补充、调剂。"全国社会保障基金是社会保险基金的另一个来源渠道和管理机构。

二、在完善我国社会保险基金管理模式上的不同见解

在完善社会保险基金管理模式问题上,学界存在不同意见。

一种意见认为,我国应当建立高度集中的社会保险基金管理制度。我国有2 000多个县,与此相应就有2000多个统筹单位和管理主体。事实证明,分散管理不适合中国:1.与欧洲国家根植于早期工人运动的"合作主义"的传统不同,我国一直以来是一种高度集权的社会结构和社会文化国家,社会组织自治能力正在成长,但远不成熟。因此,关系老百姓生存的社会保险基金由中央管理,人们更放心;2.随着社会保险覆盖面的逐步扩大,社会保险基金的规模也在扩大。近几年,每年滚存余额已高达1 000多亿元,据预测,到2020年前后,仅养老保险基金积累额将高达十几万亿元。分散管理不仅不能维护基金安全,而且会增加基金的风险,增大基金管理和运营成本,负效应大。所以,应当建立全国统筹的社会保险制度,社会保险基金由中央管理;3.我国资本市场远未成熟,分散管理的基金投资渠道狭窄收益低下。分散管理的资金不能形成规模经济,进入资本市场以后,在遭遇通胀风险时还要承受市场风险。建立全国集中管理社会保险基金的制度,就可以形成主权养老基金,集中投资可以提高回报率。[①]

另一种意见则认为,集中管理或者分散管理都不是问题的关键,养老保险基金管理的关键是需要建立完善的治理结构。虽然政府集中管理成本较低,但容易产生腐败,由非政府机构管理成本虽然较高,但可以通过竞争提高效率。日本和新加坡实行政府集中管理模式,而美国

---

① 郑秉文:《社保基金监管及其立法:中国能从欧盟学到什么?》,"中欧社会保障第三次高层圆桌会议"论文。

的团体年金和个人401K账户由保险公司和银行管理,管理费属全球最低之一,而投资回报率自1996年以来平均超过6%,效果明显不同。而在同样实行由养老基金管理公司管理的智利,2004年养老保险基金管理费达到养老保险基金的12%至13%,这里暴露出的问题是,基金管理的关键是能否建立公正透明的审计程序、治理结构和风险管理体系。在我国,到2009年底,基本养老保险基金收益率不到2%,同期CPI为2.2%。全国社保基金管理的8 500亿元(至2010年底)资金投资回报率年均为9.17%,两者的差别主要由于投资渠道不同,后者的投资渠道比前者要宽得多。[①] 但是,后者属于集中管理,前者属于分散管理,管理模式不同也是造成基金收益率不同的重要原因。

我们从以上两种观点中可以看出,在我国,对社会保险基金实现集中管理比较适合我国国情:一方面从1951年建立社会保险制度开始,我国社会保险基金实行的就是集中管理,并且取得了良好的管理效果,继续实行社会保险基金集中管理具有制度路径的顺延性;另一方面全国社保基金实行的也是集中管理,资金的回报率远远高于由社会保险经办机构分散管理的社会保险基金的回报率,说明我国适合社会保险基金集中管理模式。不仅全国社保基金的管理模式,而且他们的基金运营模式都可以给我国社会保险基金实行全国集中管理提供了有益经验。

三、需要对社会保险基金的行政管理和财务管理界限加以区分

社会保险行政管理部门主要负责社会保险方针政策、法律法规的制定以及实施情况的监督检查,例如,确定社会保险基金筹集中社会保险费的比例、社会保险支付时的待遇标准、基金积累系数、基金的保值

[①] 封进:《强制高保障不现实》,《中国社会科学报》2011年12月22日。

增值等,对如何确保基金收支基本平衡进行实证研究。还要对一定时期内的就业情况、工资水平、价格水平、银行利率、财政承受能力等进行综合分析,以加强风险预测,做到防患于未然,使社会保险待遇水平与经济发展水平以及国家财政承受能力相适应,达到既促进经济发展又维护社会稳定的目的。

社会保险财务管理是指对社会保险基金收支活动的管理,我国设立财政专户存储社会保险基金,并实行收支两条线管理。一方面社会保险基金是专项基金,必须专款专用,不能用于平衡财政预算;另一方面按不同险种分别建账,分账核算,自求平衡,不互相挤占;第三方面社会统筹基金与个人账户基金分别建账,在社会统筹基金入不敷出的情况下,体现国家财政的补足责任,不能挪用个人账户基金。养老保险制度改革以后,由于没有对养老保险行政管理和财务管理的责任作出明确界定,导致的社会统筹账户基金入不敷出时,社会保险行政管理机构随意动用个人账户基金填补社会统筹账户的资金缺口,导致个人账户空账运行。在对《社会保险法》进行修订时,必须将事权与财权明确分开,才能实现科学高效的管理。

四、需要实行社会保险基金预算管理制度

有统计资料表明,到 2015 年,我国将出现劳动人口下降,到 2035 年,老龄人口总数达到最高峰。到那时,我国养老金待遇标准是多少以及国家需要支付多少养老金,目前还没有任何数据。参加中欧社保合作项目的英国财务专家格雷森·克拉克认为,中国社会保险体系面临的最大问题是"由于缺乏中长期财务预测,各地无从考虑缴费人口基数增加造成的债务增加,以及提高养老金和其他福利的长远影响,同时也还很少意识到人口老龄化的影响等。"[①]针对现实问题以及专家建议,

---

① 胡倩:《拆解社保新改革》,《中国社会科学报》2010年1月21日。

我国运用国际通行的标准,在今年推行社会保险基金预算化管理改革,以使各地方政府能够重视并实行社会保险基金的预算。然而,格雷森·克拉克最近几年在各地调研的结果表明,我国基层社会保险机构工作人员不具备财务和精算能力,很难完成精算的预测。所以,建立社会保险基金预算化管理制度,首先需要培养大批能够胜任预算化管理工作的人员。

第九节 社会保险基金管理的监督

社会保险基金管理的监督是指监督部门对社会保险基金管理机构在社会保险基金的征缴、支付、管理、投资运营情况进行的监督。

一、我国社会保险基金管理监督制度沿革

1951年颁布的《劳动保险条例》第30条规定:"各级人民政府劳动行政机关应监督劳动保险金的缴纳,检查劳动保险业务的执行",第31条规定:"中央人民政府劳动部为全国劳动保险业务的最高监督机关,负责劳动保险条例的实施,检查全国劳动保险业务的执行"。各级劳动行政部门是劳动保险金管理的监督者。1953年1月26日劳动部发布的《劳动保险条例实施细则修正草案》第75条对劳动行政部门的监督作了更为详细具体的规定。

1999年6月15日,财政部、劳动和社会保障部发布的《社会保险基金财务制度》第43条规定:"经办机构要建立健全内部管理制度,定期或不定期向社会公告基金收支和结余情况,接受社会监督。"第44条规定:"劳动保障、财政和审计部门等要定期或不定期对收入户、支出户和财政专户内的基金收支和结余情况进行监督检查"。

2001年5月18日,劳动和社会保障部发布的《社会保险基金监督

举报工作管理办法》第 2 条规定:"劳动保障行政部门受理和办理社会保险基金监督适用本法。"第 3 条第 1 款规定:"公民、法人和其他社会组织有权对养老保险基金、医疗保险基金、失业保险基金、工伤保险基金、生育保险基金收支、管理方面的违法违纪行为进行检举、控告。"第 2 款规定:"公民、法人和其他社会组织就本条前款所列行为进行的检举、控告,劳动保障行政部门应当受理。"这是对《社会保险基金财务制度》中社会监督的解释。

2001 年 5 月 18 日,劳动和社会保障部发布的《社会保险基金行政监督办法》第 3 条规定:"劳动保障部主管全国社会保险基金监督工作。县级以上地方各级人民政府劳动保障行政部门主管本行政区域内的社会保险基金监督工作。"并在第 5 条详细规定了监督的内容。

社会保险法第 76 条、78 条、79 条、第 80 条规定,各级人民代表大会常务委员会、财政部门、审计部门、社会保险行政部门、社会保险监督委员会对社会保险基金管理负有监督责任。

二、在完善社会保险基金管理监督机制上的不同见解

德国社会法典第 4 卷第 90—94 条规定,在市和县的行政区域内设立社会保险事务所,它们对法定社会保险机构行使监督。联邦社会保险事务所,监督联邦直属社会保险机构。可见在德国,国家设立了专门的社会保险监督机构,对社会保险基金管理进行监督。在中国需要建立一个怎样的社会保险基金管理监督机制,学界存在不同观点。

一种意见认为,劳动保障系统坚持内部监督,在实际运作中,有证监会、保监会、银监会监督,财务上由审计署负责,但这是不够的,还需要建立符合社会各方利益的监督平台,让参加社会保险的职工和企业的代表参与到监督机构中来。这样做的结果是能够减少甚至避免在投资回报低、基金贬值的情况下,只有专家呼吁,而听不见企业和职工声

音的情形。将利益相关者吸纳到监督机构中来,在基金出现贬值情况时,他们将迫使政府采取措施使基金保值增值。[1]

另一种意见则认为,社保基金应该实行集权监督。因为目前的分散监管(参与社会保险基金监管的部门有劳动和社会保障部门、财政、民政、税务、银行、审计、监察等)导致的恶果是,多部门平等参与制度运作,损害了主管部门的权威。这些年来社会保险制度改革和基金监管的实践证明,凡是多部门参与就会搅成浑水,最终出了问题找不到责任承担者。监督一定要权力集中,实行集权监督,多部门参与监督并不意味着监督力度大,而是意味着谁也不监督。劳动保障部门应当承担更多的监督责任,其他部门不应当有这个职责。监督者要有权威,其职责是不能推卸的。集权监督是实行问责制的前提,也是问责制健康发展的条件。劳动保障部门的基金监督管理部门应当承担基金及其投资运营的监督责任。集权监督必须作到公开透明,主管部门应定期报告社保基金收支情况,以接受社会对公共基金的监督。[2]

事实表明,自社会保险制度改革以来,社会保险基金被非法挪用,导致社会保险基金流失,影响到社会保险制度正常持续发展,引起百姓对政府的不满,与社会保险基金监管制度不完善是密切相关的。因此,对社会保险基金实行分散监管还是集中监管,对于保障社会保险基金的安全是非常重要的。在以上两种观点中,笔者倾向于第二种观点。

第十节 社会保险基金运营

在建立起社会保险制度的国家,绝大多数都将社会保险基金的相

---

[1] 何平:《社保基金安全运营需要成熟的市场机制》,《中国劳动保障报》2007年6月12日。

[2] 郑功成:《社保基金应该实行集权监督》,《中国劳动保障报》2007年6月8日。

当比例投入资本市场。自 20 世纪 80 年代以来,社会保险基金(主要是养老保险基金)占一国 GDP 的比例越来越大,例如,1996 年,美国、英国、新加坡、智利的养老保险基金资产分别为 4 800、862、53、28 亿美元,分别占当年 GDP 比重为 63%、72%、52%、34%。[1] 这不仅增强了社会保险基金抗风险的能力,而且极大地推动了国家经济发展。与国外发达国家相比,我国养老保险基金占比相当低,只占到 GDP 的 2%。因此,为养老金寻找增值渠道,拓宽养老金融资渠道,无疑是未来的必然趋势。[2]

一、我国社会保险基金运营概况

由于社会保险基金关乎亿万人民的生存问题,所以,国家对社会保险基金的运营,一直持审慎的态度。例如,1997 年国务院颁布的《关于建立统一的企业职工基本养老保险制度的决定》中规定,基金节余额,除预留两个月的支付费用外,应全部购买国家债券和存入专户,严格禁止投入其他金融和经营性事业。1999 年国务院颁布的《社会保险费征缴暂行条例》规定,社会保险基金存入国有商业银行开设的社会保障基金财政专户,任何单位、个人不得挪用社会保险基金,违反规定者将追究行政及刑事责任。2001 年 12 月 17 日,朱镕基总理在全国社会保障基金理事会第一届理事大会第一次会议上指出:"社保基金要稳健运行。首要原则是安全性。宁肯少赚几个钱,也不要赔本,要有足够的风险意识。"[3]充分表达了中央在养老金入市问题上的谨慎态度。在社会

---

[1] 李曜:《养老保险体系——形成机制、管理模式、投资运用》,中国金融出版社 2000 年版,第 44 页。转引自董保华:《社会保障的法学观》,北京大学出版社 2005 年版,第 223 页。
[2] 张茉楠:《我国养老基金只占 GDP 的 2%远不及发达国家》,《每日经济新闻》2013 年 9 月 5 日。
[3] 朱镕基:《朱镕基讲话实录》(第 4 卷),人民出版社 2011 年版,第 300 页。

保险基金运营中,对基金的安全威胁最甚的是有些社会保险机构和地方政府违反国家规定,动用、挤占、挪用社会保险基金,并投资于固定资产或委托金融机构贷款,或者投资入股和经商办企业,导致基金大量流失。那些违规挪用无法收回的社会保险基金,使社会保险制度的正常稳定运行受到严重影响,造成国家不应承担的经济负担。社会保险基金投资渠道狭窄,是社会保险基金违规投资事件发生的主要原因之一。这就需要建立由社会保险经办机构管理的社会保险基金投资运营的机制和程序。

2007年国务院颁布的《做实企业职工基本养老保险个人账户中央补助资金投资管理暂行办法》规定,将政府补助职工基本养老保险做实个人账户的资金,委托全国社会保障基金理事会投资运营。全国社会保障基金理事会确定的社保基金投资管理人和社保基金托管人进行。为了确保社保基金投资安全,《全国社会保障基金投资管理暂行办法》第28条、第29条分别对社保基金的投资作了限制性规定。自2001年全国社会保险基金成立以来,取得了可喜的成就,例如,从2001年至2003年多以现金和低收益率的国债为资产;2003至2004年间设立分支机构,并委托10家国内资产管理公司代其投资国内股票和企业债券,还进入效益比较好的首次公开募股市场;2006年3月获准投资海外市场等。与此同时,全国社会保险基金在投资中也存在一些问题,例如,投资目标不够明确,信息披露和透明度欠缺,年报过于简略,会计方法不够科学等。[①] 所有这些都会影响到社保基金的投资回报。

二、国外社会保险基金的运营

由于社会保险待遇支付的刚性特征,尤其是养老保险基金储蓄的

[①] 赵丽:《中国社保基金的投资问题》,《经济学消息报》2007年4月20日。

长期性,决定了社会保险基金的保值增值极其重要,必须采取安全稳妥的投资运营方式。国际范围,社会保险基金运营一般遵循以下几项原则:安全性原则、分散性原则、流动性原则、专款专用原则。在这些原则下,国外社会保险基金的运营主要有以下几种模式:

1. 由政府财政部门运营

在日本,社会保险基金由大藏省的信托基金局管理,由资金运用部投资运营,主要是贷款,投资风险由财政部门负责,在发生基金损失的情况下,由政府承担财政兜底责任。[①] 在美国,社会保险基金由联邦老龄和遗属保险信托基金和联邦医疗保险信托基金会两个独立的机构投资于国家长期国库券和短期公债。[②]

2. 成立专门的既有国家权威又善于经营的机构运营

在新加坡,中央公积金局依据《公积金法》和《信托投资法》,对社会保险基金进行投资和运营。中央公积金局实施了五个投资计划以实现公积金的增值,并且指定了投资工具,主要有政府批准的信托和非信托股、在新加坡证券交易所一级市场上挂牌的债券股、政府批准的单位信托基金和黄金。有些投资计划还可以投资于非信托股和在自动报价股市挂牌的债权股、基金管理户头、储蓄人寿保险、政府公债和银行定期储蓄。[③] 中央公积金局还聘请了5位投资专家,负责基金的投资运营工作,专家每月要向中央公积金局提交投资情况报告。这不但使基金实现了保值,而且投资的利息收入分配到储蓄账户上数额相当可观,例如,中央公积金利息收入分配给医疗储蓄账户的数额,甚至超过了该账户的积累额,医疗储蓄账户制度由此得到国民的支持,几乎覆盖全体国

---

① 邓大松等:《社会保障理论与实践发展研究》,人民出版社2007年版,第403页。
② 杨燕绥:《社会保险法》,中国人民大学出版社2000年版,第221页。
③ 李绍光:《养老金制度与资本市场》,中国发展出版社1998年版,第196页。转引自董保华:《社会保障的法学观》,北京大学出版社2005年版,第225页。

民。1984年以来,医疗储蓄账户的缴费平均每年以13%的速度递增。①

3. 由专门的社会保险银行运营

在荷兰,社会保险银行利用基金收与支之间半个月的时间差进行短期借贷等投资,这种投资获得的税后纯收益大约相当于全年支付总额的1%。②

4. 由民营的基金管理公司进行竞争性的管理和运营

在智利,养老保险基金不由政府统一管理,而是由十数家基金公司管理。受保险人可以根据基金公司运营情况,经申请以后,退出原来的基金公司,而选择效益比较好的公司。到了1997年,智利的养老保险基金由15家有竞争力的基金公司管理,这些基金公司都是民营的商业保险公司、银行、商会、产业公司、国际金融公司。在养老保险基金的投放方向及投入组合上,国家规定以购买政府和中央银行债券为主。1998年,养老保险基金的投放占政府债券的55%、公司债券的59%、抵押贷款的62%、股票的11%。由于基金投资多样化,投资组合适宜,因而投资回报率高。据统计,1991—1994年间达到14.81%。由于基金投资回报率高,加上受保险人缴纳保险费的积累,使得养老保险基金猛增,从1981年的2.7亿美元,增加到1994年的214.82亿美元。养老保险基金占国内生产总值的比重也由1981年的0.9%,上升到1995年的40%。③ 自20世纪80年代初的20多年来,基金投资收益一直很好,引起了世界各国的普遍关注。为了更好地监管基金管理公司,智利政府设立了"基金管理公司监控公司",以保证它们能够遵守国家相关的法律。由于养老保险基金公司不同于一般的基金管理公司,因而国

---

① 杨燕绥:《社会保险法》,中国人民大学出版社2000年版,第226页、第229页。
② 侯文若、孔泾源主编:《社会保险》,中国人民大学出版社2002年版,第217页。
③ 同上,第247—249页。

家规定保证各公司的最低回报,具体措施是,要求各公司定期向国家缴纳保证金,用以补差或者在公司倒闭时补偿受保险人在基金公司的积累额。

5. 由养老保险基金会运营

在欧洲,成立的养老保险基金会取得基金法人资格以后,基金所有权与经营权实行分离,大的养老保险基金会甚至雇佣专业化的投资经理,或者委托专门的投资机构代理投资业务,基金法人要选择基金管理人和基金托管人,共同进行基金运营。①

以上5种运营模式基本可以归纳为以下两类:一类是集中垄断式运营,即由政府主管部门或政府授权的公营机构集中运营社会保险基金,在这种模式下,社会保险基金高度集中并垄断运营,美国和日本属于这种类型;另一类是分散竞争式运营,即由政府主管部门根据法律规定确定多家符合条件的金融机构进行运营,各机构之间可以展开竞争,在这种模式下,社会保险基金分散且竞争运营,例如,智利就属于这种类型。两类运营模式各有利弊:前者的优点在于政府可以有效控制投资风险且公开透明,缺点在于容易产生新的官僚体系以及效率低于后者;后者的优点在于效率高于前者,缺点在于由于运营机构对利润的追逐和运营的隐蔽性,而使政府和个人都难以控制投资风险。②

三、完善我国社会保险基金运营法律制度的建议

1. 需要制定社会保险基金运营的法律法规

2007年国务院颁布的《做实企业职工基本养老保险个人账户中央补助资金投资管理暂行办法》规定,将政府补助职工基本养老保险做实

---

① 邓大松等:《社会保障理论与实践发展研究》,人民出版社2007年版,第403页。
② 曹信邦主编:《社会保障学》,科学出版社2007年版,第89页。

个人账户的资金,委托全国社会保障基金理事会投资运营。这是因为养老保险个人账户基金数额巨大且积累时间长,可以通过投资金融市场或用于支持国家经济建设来实现保值增值。全国社保基金理事会理事长戴相龙表示,具有储备、积累、稳定滚存性质的个人账户养老基金可按一定比例投资股票,而现收现付的社会统筹账户养老金不能投资股市。① 在发达市场经济国家,养老金入市是个普遍现象。因为这不仅可以使养老金保值增值,而且可以促进证券市场的发展。然而,在我国,养老金应不应该入市,不仅是学界长期争论不休的问题,也是颇受公众关注的问题。2012年1月20日,人力资源和社会保障部新闻发言人尹成基在新闻发布会上说,养老金暂无入市计划,养老金投资运营计划一定要经人力资源和社会保障部审核同意。人力资源和社会保障部部长尹蔚民在2012年3月召开的"两会"期间表示,在养老金投资运营方案没有确定之前,会选择个别省市在"两会"后进行投资运营试点。据悉,2012年3月,经国务院批准,全国社会保障基金理事会受广东省政府委托,投资运营广东省城镇职工基本养老保险结存资金1000亿元,②主要投资方向为固定收益资产,只有30%—40%投资股市。③ 这是实现"十二五"规划提出的"积极稳妥推进养老基金投资运营"的有益尝试,它将为国家制定社会保险基金投资运营法律法规提供可资借鉴的经验。

　　社会保险基金不能采取全国社会保障基金理事会所采取的运营方式进行运营,因为一旦运营出现亏损,影响的是老百姓当下和未来的养

---

　　① 钟正:《千万地方养老金已获准投资股票及债券市场》,《中国证券报》2012年1月17日。

　　② 周人杰:《为全民养老铸就安全防线》,《人民日报》2012年12月23日。

　　③ 钟正:《千万地方养老金已获准投资股票及债券市场》,《中国证券报》2012年1月17日。

命钱,由此引发的不仅是经济问题,而且会造成严重的社会问题和政治问题。社会保险基金安全运营和收支基本平衡是基本原则。和社会保障基金相比,由于目前社会保险基金还分散在各省、各市、各县2 000多个统筹单位,管理和运营的责任主体高度分散而不统一,导致社会保险基金管理成本高、安全系数低。为此,在逐步提高社会保险统筹层次的同时,需要建立全国统一的社会保险信息系统,全国社会保险经办机构按照统一的规范实施管理,为建立独立的社会保险基金管理机构积累经验。

十余年来,地方政府制定的社会保险基金管理运营的行政规范性文件在规制地方社会保险基金管理运营方面虽然存在不少问题,但也积累了不少的经验。况且,全国社保基金理事会已为社会保障基金入市作出了有益的尝试。国家立法机关应当在总结地方立法和法规实施经验的基础上,制定在全国统一适用的社会保险基金运营的法律,提高法律的效力层次,增强法律的权威性,将我国的社会保险基金运营逐步纳入法制轨道。如果总是被投资有风险困扰,不敢让养老保险基金进入证券市场,眼看着让养老保险基金贬值缩水,这不仅是对参加养老保险的受保险人不负责任,而且会影响到养老保险制度以至整个社会保险制度的持续稳定运行以及国家的财政安全。

2. 社会保险与商业保险协调发展应成为社会保险基金运营改革的方向

在国际范围,社会保险基金由商业保险公司运营的事例有很多。例如,智利政府规定,民营养老基金管理公司要将向受保险人收取的月纳税工资3%的养老保险费的一半,即1.5%投入人寿保险公司,投保的产品是残疾、养老和生存年金;澳大利亚养老基金的50%也投资于人寿保险公司,购买人寿保险。而这些年来,我国的社会保险与商业保险一直处于人为分割、画地为牢的局面,给社会保险基金的保值增值造成一定影响。目前社会保险资金已经允许直接或间接地投资资本市场,参与股票二级市场的买卖或是专门为社会保险资金设计开放式基金等。在这种情况下,与基金公司相比,保险公司在经营社会养老保险基金方面比基金公司更具有竞争优势,因为保险法的颁布使得保险公司的经营活动能够在一个相对清晰的法律框架下进行,尤其是有些企业将企业职工的补充养老保险基金投入人寿保险公司,使保险公司积累了比较丰富的管理和运营养老保险基金的经验,这些优势使得投资保险公司比投资于法律规范薄弱、经常活动于高风险证券领域的基金公司风险要小。基于以上分析,政府应将适当比例的社会保险基金投资于较为成熟的商业保险公司,是使社会保险基金保值增值的有效途径。①

3. 加强对社会保险基金投资运营的监管

前述社会保险基金管理监督机构既要监管社会保险基金的征缴和社会保险基金的支付,还要监管社会保险基金的投资运营。对社会保险基金投资运营的监管旨在控制投资风险,确保社会保险基金在投资运营过程中的安全和收益。目前,我国还没有制定出专门的有关社会保险基金投资运营监管的法律制度,使得基金在投资运营中出现许多问题。为了保障基金投资运营安全高效,在制定相关制度时,要严把基金运营机构的市场准入关,规定基金运营机构的资格标准,才能使那些资信程度和资产质量高、管理人员素质好的金融机构进入市场,降低和减少基金投资运营的风险。同时,还要通过财务审计或投资审查,对基金运营质量进行评估和全程监管,及时纠正基金运营过程的失范行为,确保基金的安全和增值。

---

① 邓大松等:《社会保障理论与实践发展研究》,人民出版社 2007 年版,第 407 页。

第十一节　社会保险争议法律救济

罗马法有句谚语:"有权利就必须有救济","没有救济的权利不是真正的权利"[1]救济是指纠正、矫正或改正业已发生或业已造成伤害、危害、损失或损害的不当行为,是权利保障的最后一道防线和最有效措施,也表明司法救济对于人权保障的重要意义。《世界人权宣言》第8条就明确规定:"任何人当宪法或法律所赋予他的基本权利遭受侵害时,有权由合格的国家法庭对这种侵害行为作有效的补救。"实践也证明,一项不能获得司法救济的权利就不是一项能够获得法律保障的权利。社会保险法律救济对于遏制侵犯公民社会保险权益的不法行为以及公民在社会保险权益遭到不法侵犯时及时得到恢复,具有重要的意义。

我国在1987年7月31日由国务院发布的《国营企业劳动争议处理暂行规定》中建立了社会保险法律救济制度。1993年6月11日国务院第五次常务会议通过的《中华人民共和国企业劳动争议处理条例》、1993年9月23日劳动部发布的《〈中华人民共和国企业劳动争议处理条例〉若干问题解释》、2001年5月27日劳动和社会保障部发布的《社会保险行政争议处理办法》等行政法规规章的颁布实施,使得在不同主体之间发生的社会保险争议,可以通过劳动争议仲裁、行政复议、行政诉讼途径等法律救济加以解决。可以说,行政法规规章对于社会保险权益被侵害的救济途径的规定是明确具体的,然而,劳动者维权之路非常艰难,以至于让许多人不得不放弃维权。

---

[1] 胡锦光:《论公民"上书"的基本条件》,《团结杂志》2003年第4期。

一、国外的经验

1. 德国的做法

在德国,社会保险争议制度是随着德国社会保障制度的不断完善逐步完善起来的。德国公民社会保障法上的请求权源于 1949 年颁布的《基本法》第 20 条确定的社会国家原则,即当公民个人的社会权利受到公权力侵犯时,可以通过法律途径予以救济。1953 年 9 月 3 日,德国颁布了《社会法院法》,并且规定,社会法院是审理社会保障争议的专门法院,具有独立审判权,使其从行政法院体系中分离出来,以适应社会保障争议案件数量多、内容复杂、专业性强的特点。[1] 1954 年,社会法院正式对社会保障争议进行审理,成为继普通法院(普通民事法院、普通刑事法院)、行政法院、劳动法院、财税法院之后的第五个独立的专门法院。

《社会法院法》赋予社会法院特殊审判权,并且为其规定了特殊的组织机构。社会法院负责审理社会保险、战争受害者供养待遇等公法方面的争议,而不是私法上的民事争议;德国的社会保险机构是由雇员、雇主、政府三方组成的公法自治团体,所以,受保险人与社会保险机构之间的争议属于社会法上的争议,而不是行政法上的争议;社会法院既有终身任职的职业法官,也有任职期为 4 年的非职业法官,非职业法官由工会、雇主协会、医疗保险机构等提名,由州政府任命。

在德国,雇员与雇主之间的争议可以通过协商解决,属于私法纠纷,规定由劳动法院裁决;社会福利和社会救济争议属于社会保障行政机构行使职权时与当事人发生的行政争议,由行政法院裁决。社会法

---

[1] [德]霍尔斯特·杰格尔:《社会保险入门》,刘翠霄译,中国法制出版社 2000 年版,第 63 页。

上的争议包括受保险人与社会保险机构之间的争议以及社会保险机构相互之间的争议。例外情况是,德国的雇主对没有参加医疗保险义务的雇员自愿参加医疗保险时有给予补贴的义务以及雇主在雇佣关系结束时为使雇员获得失业保险待遇有为其开具证明的义务,如果因此发生争议,则由社会法院管辖。这是因为雇主的这两项义务是基于公法上的义务,属于公法性质,是一种特殊的行政纠纷。

受保险人如果对社会保险机构决定有异议,应当向社会保险机构提出书面复议申请,社会保险机构认为受保险人的申请具有事实和法律依据,将重新作出决定;如果社会保险机构复议委员会作出的复议决定维持原来的决定,受保险人可以向社会法院提起诉讼。可见,在社会保险争议处理中适用复议前置原则。德国的社会保险争议复议机构有两类:一类是设立在劳动局的复议处,专门处理与失业保险有关的社会保险争议案件;另一类是社会保险机构复议委员会,负责处理除失业保险以外的其他社会保险争议案件。[1]

2. 美国的做法

在美国,社会保障争议的解决要经过申请人申请、再考量、行政法官听证、申诉委员会申诉、司法审查五个程序,前四个是行政程序,后一个是司法程序:申请人向社会保障署的地方办公室提出申请,地方办公室经审查后认为申请人不具法律上的适格条件,将驳回申请人的申请;如果申请人不服该决定,可以在补充或者不补充新证据的情况下进入再考量程序,再考量官员不得是初审的官员;如果再考量申请被驳回,申请人可以进入由行政法官主持的听证程序,即申诉程序。行政法官由社会保障署任命,但不受所在机关控制,他们具有律师资格并且熟悉

---

[1] 程延园:《中德社会保障争议处理制度比较研究》,《北京行政学院学报》2005年第2期。

社会保障法律法规，有权依据行政程序法独立对社会保障争议作出判断；如果申诉人对于行政法官的裁决不服，可以继续向申诉委员会提出申诉。由于申诉委员会申诉是终局行政审查，所以，要求申诉委员会成员必须有至少七年法律执业经历，曾在法院或者政府机构办理过案件，有在社会保障机构工作经验者优先录用。申诉委员会既可以进行事实审，也可以进行法律审，但都是书面审，不举行听证程序；如果审查申请被申诉委员会驳回，申诉人可以向联邦地方法院提起诉讼，法院将对行政机关的行政决定进行司法审查。和德国一样，美国的社会保障争议绝大多数都在行政程序阶段解决了。在每年收到的125万件社会保障争议案件中，只有1万件由联邦地方法院审理。[1]

二、德国和美国的经验对我国的启示

德国和美国行之有效的社会保险制度以及社会保险争议救济制度为世界其他国家树立了典范，更值得我们国家效仿和借鉴。

首先，我国目前具有与德国当年设置社会法院基本一样的社会背景，即随着社会保险制度的逐步完善，人们维权意识的逐步增强，社会保险争议随之增加，由于我国法院体系与德国不一样，我国不可能设置专门的社会法院，也不可能设置美国那样的申诉委员会，但是，可以设置专门审理社会保险争议的社会法庭，这样不仅可以减轻行政法庭和民事法庭的审案负担，还可以使案件审理质量和效率更高。

其次，与德国和美国一样，我国社会保险法律法规适用及争议处理的专业性、技术性都很强，需要大量懂得社会保险法法理、社会保险法内容、社会保险法律关系各方权利义务、社会保险经办机构职责等的专业人才，才能够更有力地维护各方当事人的合法权益。但是，目前各级

---

[1] 薛小建：《论社会保障权》，中国法制出版社2007年版，第265页。

法院审理社会保险争议的专业法官人数有限。究其原因主要是因为社会保障法是法学院校近些年才设置的学科,多数院校将社会保障法的课程归入经济法教研室教授,将劳动法归入民法教研室教授,而且是选修课程。近两三年在几位知名学者的推动下,教育部已将社会保障法纳入必修科目。这些学者仍在努力使社会保障法成为独立的法学二级学科。随着教育主管部门、学术界以及社会各界对社会保障法认识的提高,将会有更多的学子选择学习社会保障法学,将有更多的社会保障专门人才进入劳动仲裁委员会和各级人民法院,各类社会保障争议案件将得到公平合理的处理。

结　语

国家人力资源和社会保障部副部长胡晓义在答《中国劳动保障报》记者问到"政府将采取什么措施保证《社会保险法》的实施"时说,政府"抓紧研究制定配套法规,清理相关政策文件。根据法律中的授权规定,抓紧研究制定配套法规;对现行有效的行政法规、规章和规范性文件进行全面、及时梳理,对与《社会保险法》不一致或者相抵触的规定进行清理和修订,确保法律顺利实施。"[①]

《社会保险法》中共有6处授权性规定。有学者认为,《社会保险法》授权规定过多的原因,一是在城乡二元结构下,难以提高社会保险统筹层次。因为统筹层次越高,财政风险越大。虽然中央在意识到提高统筹层次对于经济社会发展的重要性,并在1991年《国务院关于企业职工养老保险制度改革的决定》中就提出"要积极创造条件,由目前

[①] 林晓洁:《覆盖城乡全体居民　着力保障改善民生》,《中国劳动保障报》2010年11月26日。

的市、县统筹逐步过渡到省级统筹。"但是,将近20年过去了,省级统筹仍未在全国实现。在统一制度难以制定出来,又需要制定的两难情况下,只能采取授权国务院制定的做法;二是《社会保险法(草案)》在讨论过程中充满了部门之间的利益博弈,在部门之间难以协调时,也只能采取授权国务院制定的办法。例如,1999年出台的《社会保险费征缴暂行条例》就是在部门之间难以协调的情况下,规定社会保险费可以由社会保险经办机构征收,也可以由税务部门征收。然而,10年过去了,特别是在《社会保险法(草案)》拟定的过程中充满了部门之间的利益博弈,在2007年甚至达到了白热化的程度,正式颁布的《社会保险法》第59条第2款依然规定:"社会保险费实行统一征收,实施步骤和具体办法由国务院规定。"这一规定再次回避了矛盾,仍然是部门之间利益妥协的产物。本来《社会保险法》的制定是解决部门利益矛盾的大好机会,高层领导应当出面协调各方关系,以比较彻底地厘清和解决久拖不决的一些部门之间责任和利益界限,为制定出符合自身规律的法律铺平道路。遗憾的是,国家最高立法机关错过了这次难得的机会。[①] 国务院制定《社会保险法》授权的6项规定时,以能够降低和减轻广大人民对于生活风险的顾虑为重,参照1951年《劳动保险法》的规定、学者们的建议以及国际做法,制定出具有规范性和可操作性的行政法规。

国家在对社会保险制度进行改革的过程中,随着经济社会发展变化以及社会保险法规在实施中出现的问题,国务院或者劳动和社会保障部会不断地就某个险种的调整发布一系列法规文件。所以,应当对已经发布的、针对同一个险种的多个行政法规进行整合,将过时、重复、与《社会保险法》的规定不符的规范性文件加以废止或修改,以保证职

[①] 王鹏权:《〈社会保险法〉正式立法:不是今年或明年的事——郑秉文专访》,《中国社会科学报》2009年2月10日。

能部门统一适用法律和严格依法办事。

《社会保险法》的不可操作性显而易见,所以,需要制定单行的各险种的保险法,并将《社会保险法》规定的原则和精神贯穿其中。在单行社会保险法规制定出来以后,要及时废止之前的社会保险行政法规,以保证法规的统一适用。在这样的情况下,需要将《中华人民共和国社会保险法》更名为《中华人民共和国社会保险法通则》,使其名称与内容一致起来。

建设一个能够解除国民后顾之忧的健全的社会保障体系,是顺应时代发展与人民呼声的必然选择,也是中国在经历了30年高速增长后,将经济增长成果转化为国民福利的理性选择。以中国当前的经济基础和发展趋势,足以支撑一个水平适度、覆盖城乡的社会保障体系。① 从以上分析可以看出,我国的《社会保险法》是有明显缺陷的,它的规定的不可操作性、不同群体从同一制度中不能公平受益等,都会削弱社会成员对于政府的信任,进而降低政府的凝聚力。《社会保险法》应当汲取六十年前颁布实施、并被实践证明行之有效的《劳动保险条例》以及国外先进的立法理念和经验,以实现社会公平为立法的基本价值取向,制定出老百姓看得明白,执法机构得心应手,城乡和地区差别适当,养老金的差距能让老百姓基本心服口服的,能够真正造福于全中国老百姓的《中华人民共和国社会保险法》。

---

① 郑功成:《在挑战中把握社保推行的机遇》,《中国青年报》2008年12月29日。

法律法规索引

一、民国时期

《劳动法案大纲》 中国劳动组合书记部 1922年8月
《劳动法典草案》 南京国民政府成立劳动法起草委员会 1929年春
《劳动暂行法》 中央苏区瑞金 1930年5月
《优待红军家属礼拜六条例》 中央苏区瑞金 1931年1月10日
《中国工农红军优待条例》 中国共产党中央委员会、中华苏维埃共和国人民委员会 1931年11月
《中华苏维埃劳动法》 第一次中华苏维埃共和国工农兵代表大会 1931年11月
《强制劳工保险法草案》 国民政府实业部 1932年
《关于优待红军家属的决定》 中国共产党中央委员会、中华苏维埃共和国人民委员会 1934年
《晋冀豫边区优待抗日军人家属条例》 中国共产党中央委员会、中华苏维埃共和国人民委员会 1940年5月10日
《社会保险法原则草案》 国民政府社会部 941年4月
《健康保险法草案》完成 呈行政院转立法院审查 1942年12月
《陕甘宁边区拥军公约》 中国共产党中央委员会、中华苏维埃共和国人民委员会 1943年

《伤害保险法草案》完成　呈行政院转最高国防会议审核 1944年

《社会保险法原则》　由国民政府国务会议通过　1947年10月31日

《陕甘宁边区优待革命军人、烈士家属条例》　中国共产党中央委员会、中华苏维埃共和国人民委员会　1948年10月27日

《东北公营企业战时暂行劳动保险条例》　东北行政委员会　1948年12月27日

《东北公营企业战时暂行劳动保险条例实施细则》　东北行政委员会　1949年2月

二、1949年之后计划经济时期

《中国人民政治协商会议共同纲领》　中国人民政治协商会议第一届会议通过　1949年9月29日

《关于生产救灾的指示》　政务院　1949年12月19日

《中央人民政府政务院财政经济委员会关于退休人员处理办法的通知》　政务院　1950年3月15日

《关于举行全国救济失业工人运动和筹措救济失业工人基金办法的指示》　中共中央　1950年4月14日

《关于救济失业工人的指示》　政务院　1950年6月17日

《救济失业工人暂行办法》　劳动部　1950年6月17日

《中华人民共和国工会法》　中央人民政府　1950年6月29日

《政务院关于救济失业教师与处理学生失业问题的指示》　周恩来总理签署　1950年7月25日

《关于失业救济问题的总结及指示》　中共中央　1950年11月21日

《革命烈士家属、革命军人家属优待暂行条例》、《革命残废军人优待抚恤暂行条例》、《革命军人牺牲、病故褒恤暂行条例》、《民兵民工伤亡抚恤暂行条例》 内务部 1950年12月11日

《关于举办工农速成中学和工农干部文化补习学校的指示》 政务院 1950年12月14日

《政务院关于处理失业知识分子的补充指示》 周恩来总理签署 1951年1月12日

《举办工农速成中学暂行实施办法》、《工农干部文化补习学校暂行实施办法》 教育部 1951年2月10日

《劳动保险条例》 中央人民政府政务院 1951年2月26日

《关于劳动保险登记手续的规定》 劳动部 1951年2月27日

《劳动保险委员会组织条例(试行草案)》 中华全国总工会 1951年3月1日

《劳动保险登记卡片表式及说明的通知》 劳动部 1951年3月6日

《关于工资总额组成的规定》 劳动部 1951年3月7日

《劳动保险条例实施细则(草案)》 劳动部 1951年3月24日

《劳动保险基金会计计划》 劳动部 1951年4月20日

《国有企业工人、职员退职处理暂行办法(草案)》 政务院财政经济委员会 1952年1月12日

《中央人民政府政务院关于全国各级人民政府、党派、团体及所属单位的国家工作人员实行公费医疗预防的指示》 政务院 1952年6月27日

《关于劳动就业问题的决定》 政务院 1952年7月25日

《国家工作人员公费医疗预防实施办法》 卫生部 1952年8月24日

《关于失业人员统一登记办法》 中央劳动就业委员会 1952年8月27日

《关于各级人民政府工作人员在患病期间待遇暂行办法》 政务院 1952年9月12日

《关于处理失业工人办法》 政务院 1952年10月31日

《关于公费医疗的几项规定》 卫生部 1953年1月23日

《中央人民政府政务院关于国家建设征用土地办法》 政务院 1953年12月5日

《关于中华人民共和国劳动保险条例实施细则修正草案的决定》 中央人民政府政务院 1953年1月2日

《关于国营企业1953年计划中附加工资内容和计算办法的规定》 政务院财经委员会 1953年1月13日

《关于统一掌管多子女补助与家庭福利等问题的联合通知》 财政部、人事部 1953年5月

《关于劳动教养工作的报告》 中央劳动就业委员会、内务部、劳动部 1953年8月5日

《关于民政部门与有关部门的业务范围划分问题的通知》 政务院 1954年2月

《关于各级人民政府工作人员福利费掌管使用办法的通知》 政务院 1954年3月

《关于对失业人员进行清理工作的指示》 劳动部 1954年3月4日

《关于国家机关工作人员生产产假的规定》 政务院 1954年4月

《劳动保险委员会组织通则（试行草案）》 中华全国总工会书记处 1954年5月16日

《关于劳动保险业务移交工会统一管理的通知》 政务院 1954年5月28日

《关于军队供养人员移交地方安置的联合通知》 内务部、财政部、总政治部 1954年12月

《中华人民共和国女工保护条例（草案）》 国务院 1955年4月26日

《关于女工作人员生育假期的通知》 国务院 1955年4月26日

《中华人民共和国兵役法》 第一届人大二次会议通过 1955年7月30日

《关于国家机关工作人员子女医疗问题的规定》 财政部、卫生部和国务院人事局 1955年9月17日

《国家机关工作人员退休处理暂行办法》、《国家机关工作人员退职处理暂行办法》、《关于处理国家机关工作人员退职、退休时计算工作年限的暂行规定》 国务院 1955年12月29日

《国家机关工作人员病假期间生活待遇试行办法》 国务院 1955年12月29日

《国家机关工作人员退休后仍应享受公费医疗待遇的通知》、《关于高等学校工作人员退休后仍应享受公费医疗待遇的通知》 卫生部 1956年

《关于扫除文盲的决定》 中共中央、国务院 1956年3月

《关于失业工人救济工作由民政部门接管的联合通知》 劳动部、内务部 1956年5月9日

《高级农业合作社示范章程》 一届人大三次会议通过 1956年6月30日

《关于国家机关和事业、企业单位1956年职工冬季宿舍取暖补贴的通知》 国务院 1956年12月31日

《关于职工生活方面若干问题的指示》 国务院 1957年1月11日

《关于职业病范围和职业病患者处理办法的规定》 卫生部 1957年2月23日

《关于整顿现行附加工资提取办法的报告》 财政部、劳动部、全国总工会 1957年3月23日

《关于国家机关工作人员福利费掌管使用的暂行规定的通知》 国务院 1957年5月22日

《职业病范围和职业病患者处理办法的规定》 卫生部 1957年2月28日

《国务院关于工人、职员退休处理的暂行规定》 国务院 1958年2月9日

《关于工人、职员退职处理的暂行规定（草案）》 国务院 1958年3月7日

《关于处理义务兵退伍的暂行规定》 国务院 1958年3月17日

《关于现役军官退休处理的暂行规定》 国务院 1958年7月5日

《国家建设征用土地办法》 国务院 1958年1月16日

《关于严格控制病人转地治疗的通知》 卫生部 1958年4月25日

《关于归侨、侨眷和归国华侨学生因国外排华所引起的生活困难问题解决办法的通知》 国务院 1959年12月

《1956—1967年全国农业发展纲要》 第二届全国人民代表大会二次会议通过 1960年4月10日

《关于中央机关司局长及行政十级以上干部公费医疗的报销规定》 卫生部修订 1961年

《农村人民公社工作条例(修正草案)》 中共中央 1961年6月15日

《关于精简退职老职工生活困难救济问题的通知》 国务院 1962年

《关于贯彻执行国务院〈关于精简退职老职工生活困难救济问题的通知〉的联合通知》 内务部、财政部、劳动部 1962年

《关于享受长期劳动保险待遇的转移支付试行办法》 中华全国总工会 1963年1月23日

《进一步加强对烈军属和残废军人的优待补助工作》 内务部 1963年3月

《关于国营企业提取工资附加费的补充规定》 财政部、劳动部、国家统计局、全国总工会 1964年1月27日

《关于解决企业职工退休后生活困难救济经费问题的通知》 内务部和财政部 1964年3月6日

《全国总工会劳动保险部关于劳动保险问题解答》 全国总工会劳动保险部 1964年4月

《关于国家机关和事业单位工作人员福利费掌管使用问题的通知》 内务部 1965年8月25日

《关于改进公费医疗管理问题的通知》 卫生部、财政部 1965年10月27日

《关于改进企业职工劳保医疗制度几个问题的通知》 劳动部和全国总工会 1966年4月15日

《关于轻、手工业集体所有制职工、社员退职退休处理暂行办法》 第二轻工业部、全国手工业合作总社 1966年4月20日

《关于轻、手工业集体所有制企业职工、社员退休统筹暂行办法》、《关于改进企业职工劳保医疗制度几个问题的通知》 第二轻工业部、

全国手工业合作总社　1966年4月20日

《关于国营企业财务工作中几项制度的改革意见（草案）》　财政部　1969年2月

《关于加强麻风病防治和麻风病管理工作的报告》　卫生、公安、财政、总后等　1975年3月

三、1978年经济体制改革之后

（一）社会保险

1. 养老保险

《农村人民公社条例（试行草案）》　党的十一届三中全会通过的1978年12月23日

《国务院关于安置老弱病残干部的暂行办法》　国务院　1978年6月2日

《国务院关于工人退休、退职的暂行办法》　国务院　1978年6月2日

《中国人民解放军干部服役条例》　国务院和中央军委　1978年8月19日

《关于合作商店实行退休办法的报告》　国务院批转商业部等四单位　1978年9月29日

《关于集体卫生人员退休退职有关问题的通知》　卫生部、财政部、国家劳动总局　1979年9月1日

《农村合作医疗章程（试行草案）》　卫生部、农业部、财政部、国家医药总局、全国供销合作总社　1979年12月15日

《关于手工业合作工厂劳动保险福利待遇标准和劳保费用列支问题的通知》　轻工业部、财政部、国家劳动总局　1979年12月14日

《关于城镇集体所有制企业的工资福利标准和列支问题的通知》

财政部、国家劳动总局　1980年2月

《中华人民共和国中外合资经营企业劳动管理规定》　国务院　1980年7月26日

《关于老干部离职休养的暂行规定》　国务院　1980年10月7日

《关于建立老干部退休制度的决定》　中共中央　1982年2月20日

《关于城镇集体所有制经济若干政策问题的暂行规定》　国务院　1983年4月14日

《中外合资经营企业劳动管理规定实施办法》　劳动人事部　1984年1月19日

《关于城镇集体企业建立养老保险制度的原则和管理问题的函》　劳动部、人事部、中国人民保险公司　1984年4月

《国营企业实行劳动合同制暂行规定》　国务院　1986年7月12日

《关于外商投资企业用人自主权和职工工资、保险福利费用的规定》　劳动人事部　1986年11月10日

《全民所有制工业企业承包经营责任制暂行条例》　国务院　1988年2月27日

《中华人民共和国中外合作经营企业法》　第七届全国人民代表大会第一次会议　1988年4月15日

《全民所有制小型工业企业租赁经营暂行条例》　国务院　1988年6月5日

《私营企业劳动管理暂行规定》　劳动部　1989年9月21日

《全民所有制企业临时工管理暂行规定》　国务院　1989年10月5日

《关于军队和国家机关离退休人员死亡后计发一次性抚恤金应包

括项目的通知》　民政部、财政部　1991年4月28日

《国务院关于城镇企业职工养老保险制度改革的决定》　国务院　1991年6月26日

《全民所有制企业招用农民合同制工人的规定》　国务院　1991年7月25日

《关于认真贯彻国务院决定积极搞好城镇集体企业职工养老保险工作的通知》　劳动部　1991年8月29日

《关于机关、事业单位养老保险制度改革有关问题的通知》　人事部　1992年1月27日

《关于全民所有制企业职工实行基本养老保险基金省级统筹的意见的通知》　劳动部　1992年5月29日

《关于军队和国家行政机关离退休人员增加的离退休费计入一次性抚恤金的通知》　民政部、财政部　1992年10月26日

《关于军队企业贯彻〈国务院关于企业职工养老保险制度改革的决定〉的通知》　劳动部和解放军总后勤部联合　1993年2月14日

《关于机关和事业单位工作人员工资制度改革问题的通知》　国务院　1993年12月4日

《关于印发机关、事业单位工资制度改革三个实施办法的通知》　国务院办公厅　1993年12月4日

《关于工资制度改革后国家机关工作人员死亡一次性抚恤金计发问题的通知》　民政部、人事部、财政部　1994年7月18日

《外商投资企业劳动管理规定》　劳动部、对外经济贸易合作部　1994年8月11日

《关于在若干城市试行国有企业破产有关问题的通知》　国务院　1994年

《关于深化企业职工养老保险制度改革的通知》　国务院　1995

年3月1日

《企业职工基本养老保险社会统筹与个人账户相结合实施办法之一》 国务院 1995年3月1日

《企业职工基本养老保险社会统筹与个人账户相结合实施办法之二》 国务院 1995年3月1日

《关于建立统一的企业职工基本养老保险制度的决定》 国务院 1997年7月16日

《关于做好国有企业下岗职工基本生活保障和再就业工作的通知》 中共中央、国务院 1998年6月9日

《关于实行企业职工基本养老保险省级统筹和行业统筹移交地方管理有关问题的通知》 国务院 1998年8月6日

《社会保险征缴暂行条例》 国务院 1999年1月22日

《关于国家经贸委管理的10个国家局所属科研机构管理体制改革意见的通知》 国务院办公厅 1999年2月

《关于国家经贸委管理的10个国家级所属科研机构转制后有关养老保险问题的通知》 劳动和社会保障部、国家经贸委、科技部、财政部 2000年2月

《关于完善城镇社会保障体系的试点方案》 国务院 2000年12月25日

《关于进一步做好资源枯竭矿山关闭破产工作的通知》 中共中央办公厅、国务院办公厅 2000年

《关于贯彻国务院8号文件有关问题的通知》 劳动和社会保障部、财政部、民政部 2000年

《关于提前退休人员养老金计发有关问题的复函》 劳动和社会保障部 2000年10月9日

《关于切实做好企业离退休人员基本养老金按时足额发放和国有

企业下岗职工基本生活保障工作的通知》 国务院 2000年

《关于加快实行养老保险金社会化发放的通知》 劳动和社会保障部 2000年4月18日

《关于进一步规范基本养老金社会化发放工作的通知》 劳动和社会保障部 2000年12月21日

《关于职工在机关事业单位和企业之间流动时社会保险关系处理意见的通知》 劳动和社会保障部、财政部、人事部、中央机构编制委员会办公室 2001年9月28日

《关于确定企业退休人员社会化管理服务重点联系城市的通知》 劳动和社会保障部 2002年4月9日

《关于农垦企业参加企业职工基本养老保险有关问题的通知》 劳动和社会保障部、财政部、农业部、国务院侨务办公室 2003年

《关于监狱体制改革试点工作指导意见的通知》 司法部 2003年

《文化体制改革试点中经营性文化事业单位转制为企业的规定(试行)》 国务院办公厅 2003年12月

《关于扩大做实企业职工基本养老保险个人账户试点有关问题的通知》 劳动和社会保障部、财政部 2005年11月15日

《国务院关于完善企业职工基本养老保险制度的决定》 国务院 2005年12月3日

《关于解决农民工问题的若干意见》 国务院 2006年3月27日

《关于推进企业职工基本养老保险省级统筹有关问题的通知》 劳动和社会保障部、财政部 2007年1月18日

《关于进一步做好扩大做实企业职工基本养老保险个人账户试点工作有关问题的通知》 劳动和社会保障部、财政部 2007年2月15日

《关于国家机关工作人员及离退休人员死亡一次性抚恤发放办法的通知》 民政部、人事部、财政部 2007年5月8日

《关于社会组织专职工作人员参加养老保险有关问题的通知》 劳动和社会保障部、民政部 2008年3月

《关于提高做实企业职工基本养老保险个人账户比例的通知》 人力资源和社会保障部、财政部 2008年4月14日

2. 医疗保险

《关于整顿和加强公费医疗管理工作的通知》 卫生部和财政部 1978年8月2日

《进一步加强公费医疗管理的通知》 卫生部、财政部 1984年4月28日

《公费医疗管理办法》 卫生部、财政部 1989年8月9日

《私营企业劳动管理暂行规定》 劳动部 1989年9月21日

《关于职工医疗制度改革的试点意见》 国家体改委、财政部、劳动部、卫生部 1994年4月14日

《关于职工医疗保障制度改革扩大试点的意见》 国家体改委、财政部、劳动部、卫生部 1996年5月5日

《关于建立城镇职工基本医疗保险制度的决定》 国务院 1998年12月27日

《关于加强城镇职工基本医疗保险个人账户管理的通知》 劳动和社会保障部 2002年8月12日

《关于进一步做好扩大城镇职工基本医疗保险覆盖范围工作的通知》 劳动和社会保障部 2003年4月7日

《关于城镇灵活就业人员参加基本医疗保险的指导意见》 劳动和社会保障部 2003年5月26日

《关于推进混合所有制企业和非公有制经济组织从业人员参加医

疗保险的意见》 劳动和社会保障部 2004年5月28日

《关于开展农民工参加医疗保险专项扩面行动的通知》 劳动和社会保障部 2006年5月16日

《关于开展城镇居民基本医疗保险工作的指导意见》 国务院 2007年7月10日

《关于将大学生纳入城镇居民基本医疗保险试点范围的指导意见》 国务院办公厅 2008年10月25日

《关于深化医疗卫生体制改革的意见》 中共中央、国务院 2009年3月

《关于开展城镇居民基本医疗保险门诊统筹重点联系工作的通知》 人力资源和社会保障部 2010年3月9日

《关于做好2010年城镇居民基本医疗保险工作的通知》 人力资源和社会保障部 2010年6月1日

3. 失业保险

《国营企业职工待业保险暂行规定》 国务院 1986年7月12日

《国营企业招用工人暂行规定》 国务院 1986年7月12日

《国营企业辞退违纪职工暂行规定》 国务院 1986年7月12日

《国有企业职工待业保险规定》 国务院 1993年4月12日

《关于实施〈国有企业职工待业保险规定〉的意见的通知》 劳动部 1993年5月

《再就业工程》 劳动部 1993年11月3日

《关于全面实施再就业工程的通知》 劳动部 1995年1月19日

《关于在若干城市试行国有企业兼并破产和职工再就业有关问题的补充通知》 国务院 1997年3月2日

《关于在企业'优化资本结构'试点城市建立再就业服务中心的通知》 劳动部、国家经贸委、财政部 1997年8月20日

《关于切实做好国有企业下岗职工基本生活保障和再就业工作的通知》 中共中央、国务院 1998年6月9日

《失业保险条例》 国务院 1999年1月22日

《失业保险金申领发放办法》 劳动和社会保障部 2000年10月26日

《关于进一步做好下岗失业人员再就业工作的通知》 中共中央、国务院 2002年9月

《关于建立失业保险个人缴费记录的通知》 劳动和社会保障部 2002年4月12日

《关于妥善处理国有企业下岗职工出中心再就业有关问题的通知》 劳动和社会保障部、财政部 2003年9月25日

《关于进一步加强就业再就业工作的通知》 国务院 2005年11月

《关于中央管理企业2005年度下岗职工基本生活保障财政补助资金清算及有关问题的通知》 财政部、劳动和社会保障部 2005年12月28日

《关于适当扩大失业保险基金支出范围试点有关问题的通知》 劳动和社会保障部、财政部 2006年1月11日

《中华人民共和国就业促进法》 第十届全国人民代表大会常务委员会 2007年8月30日

《关于采取积极措施减轻企业负担稳定就业局势有关问题的通知》 人力资源和社会保障部、财政部、国家税务总局 2008年12月

《关于延长下岗失业人员再就业有关税收政策的通知》 财政部、国家税务总局 2009年3月3日

《关于延长东部7省(市)扩大失业保险基金支出范围试点政策有关问题的通知》 人力资源和社会保障部、财政部 2009年7月

《关于进一步做好减轻企业负担稳定就业局势有关工作的通知》人力资源和社会保障部、财政部、国家税务总局 2009年12月16日

4. 工伤保险

《中华人民共和国尘肺病防治条例》 国务院 1987年12月3日

《职业病范围和职业病患者处理办法的规定》 卫生部、劳动人事部、财政部、中华全国总工会 1988年1月1日

《关于加强企业职工伤亡事故统计管理工作的通知》 劳动部 1989年7月

《职业病报告办法》 劳动部 1989年7月

《企业职工伤亡事故报告和处理规定》 国务院 1991年3月1日

《企业职工伤亡事故报告和处理规定有关问题的解释的通知》 劳动部 1991年7月25日

《职工工伤与职业病致残程度鉴定标准（试行）》 劳动部、卫生部、中华全国总工会 1992年3月

《中华人民共和国劳动法》 全国人大常委会 1994年7月5日

《企业职工工伤保险试行办法》 劳动部 1996年8月12日

《中华人民共和国职业病防治法》 全国人大常委会 2002年5月1日

《中华人民共和国安全生产法》 全国人大常委会 2002年11月1日

《国家职业卫生标准管理办法》 卫生部 2002年5月1日

《职业危害事故调查处理办法》 卫生部 2002年5月1日

《工伤保险条例》 国务院 2003年4月27日

《关于工伤保险费率问题的通知》 劳动和社会保障部、财政部、卫生部、国家安全生产监督管理局 2003年10月29日

《工伤认定办法》 劳动和社会保障部 2004年1月1日

《关于农民工参加工伤保险有关问题的通知》 劳动和社会保障部 劳动和社会保障部 2004年6月1日

《关于印发国家基本医疗保险和工伤保险药品目录的通知》 劳动和社会保障部 2004年9月

《劳动保障监察条例》 劳动和社会保障部 2004年12月1日

《关于事业单位、民间非营利组织工作人员工伤有关问题通知》 劳动和社会保障部、人事部、民政部、财政部 2005年12月

《关于实施农民工'平安计划'加快推进农民工参加工伤保险工作的通知》 劳动和社会保障部 2006年5月17日

《劳动能力鉴定、职工工伤与职业病致残等级》 国家质量监督检验检疫总局、国家标准化管理委员会 2006年11月2日

《关于做好建筑施工企业农民工参加工伤保险有关工作的通知》 劳动和社会保障部、建设部 2006年12月5日

《关于新旧劳动能力鉴定标准衔接有关问题处理意见的通知》 劳动和社会保障部 2007年3月6日

《关于进一步做好中央企业工伤保险工作有关问题的通知》 劳动和社会保障部、国资委 2007年9月7日

《关于开展地震灾区工伤康复援助行动的通知》 人力资源和社会保障部 2008年7月

《关于拨付地震灾区工伤保险基金缺口补助资金的通知》 财政部、人力资源和社会保障部、全国社会保险基金理事会 2009年1月

5. 生育保险

《女职工保健工作暂行规定(试行草案)》 卫生部、劳动人事部、中华全国总工会、全国妇联 1986年5月30日

《国营企业实行合同制暂行规定》 国务院 1986年7月12日

《女职工劳动保护规定》 国务院 1988年7月21日

《关于女职工生育待遇若干问题的通知》 劳动部 1988年9月4日

《女职工劳动保护规定问题解答》 劳动部 1989年1月20日

《女职工禁忌劳动范围的规定》 劳动部 1990年1月18日

《企业职工生育保险试行办法》 劳动部 1994年12月10日

《中国妇女发展纲要(1995—2000)》 国务院 1995年7月27日

《关于妥善解决城镇职工计划生育手术费用问题的通知》 劳动和社会保障部、国家计划生育委员会、财政部、卫生部 1999年9月

《关于进一步加强生育保险工作的指导意见》 劳动和社会保障部 2004年9月8日

《关于生育津贴和生育医疗费有关个人所得税政策的通知》 财政部、国家税务总局 2008年3月7日

6. 社会保险管理体制

《关于城镇和农村社会养老保险分工的通知》 国家体改委、民政部、劳动部 1991年4月11日

《关于严格执行国务院的规定,不得随意改变社会保险管理体制问题的通知》 劳动部 1992年11月24日

《关于保持社会保险管理体制稳定的通知》 劳动部、人事部、民政部 1994年8月3日

7. 社会保险基金管理和运营

《企业职工基本养老保险基金实行收支两条线管理暂行规定》 财政部、劳动部、中国人民银行、国家税务总局 1998年1月

《社会保险基金财务制度》 财政部、劳动和社会保障部 1999年6月

《社会保险基金会计制度》 财政部 1999年6月

《全国社会保障基金投资管理暂行办法》 财政部、劳动和社会保障部 2001年12月13日

《关于进一步加强社会保险基金管理监督工作的通知》 劳动和社会保障部 2006年9月

8. 社会保险法律责任

《社会保险登记管理暂行办法》 劳动和社会保障部 1999年3月19日

《社会保险费征缴监督检查办法》 劳动和社会保障部 1999年3月19日

《社会保险稽核办法》 劳动和社会保障部 2003年3月27日

9. 社会保险争议法律救济

《国营企业劳动争议处理暂行规定》 国务院 1987年7月31日

《中华人民共和国企业劳动争议处理条例》 国务院 1993年6月11日

《〈中华人民共和国企业劳动争议处理条例〉若干问题解释》 劳动部 1993年9月23日

《中华人民共和国国家赔偿法》 全国人大常委会 1994年9月2日

《中华人民共和国行政复议法》 全国人大常委会 1999年4月29日

《劳动和社会保障行政复议办法》 劳动和社会保障部 1999年11月23日

《最高人民法院关于执行〈中华人民共和国行政诉讼法〉若干问题的解释》 最高人民法院 1999年11月24日

《关于审理劳动争议案件适用法律若干问题的解释》(一) 最高人民法院 2001年3月22日

《社会保险行政争议处理办法》 劳动和社会保障部 2001年5月27日

《关于审理劳动争议案件适用法律若干问题的解释》(二) 最高人民法院 2006年8月14日

《劳动争议调解仲裁法》 全国人大常委会 2007年12月29日

《关于审理劳动争议案件适用法律若干问题的解释》(三) 最高人民法院 2010年9月13日

(二)军人优抚安置

《关于做好部队退伍义务兵伤病残战士安置工作的通知》 国务院、中央军委 1979年6月25日

《革命烈士褒扬条例》 国务院 1980年6月4日

《关于妥善安排军队退出现役干部的通知》 中共中央 1980年9月24日

《关于军队干部退休的暂行规定》 国务院、中央军委 1981年10月13日

《关于军队干部离职休养的暂行规定》 国务院、中央军委 1982年1月4日

《关于军队离休干部移交地方管理问题的通知》 国务院办公厅 1983年7月9日

《中华人民共和国兵役法》 六届人大二次会议 1984年5月31日

《关于做好移交地方的军队离休退休干部安置管理工作的报告的通知》 国务院、中央军委 1984年12月3日

《关于人民群众因维护社会治安同犯罪分子进行斗争而致伤亡的抚恤问题的通知》 民政部 1985年3月28日

《退伍义务兵安置条例》 国务院 1987年12月12日

《军人抚恤优待条例》 国务院 1988年7月18日

《关于进一步做好伤病残义务兵退伍和安置工作意见的通知》 国务院、中央军委 1992年2月1日

《关于做好军队复员干部安置工作的通知》 国务院退伍军人和军队离休退休干部安置领导小组、民政部、公安部、财政部、劳动部、人事部、国家税务总局、国家工商行政管理局、总政治部 1993年2月17日

《关于退伍义务兵安置工作随用工单位改革实行劳动合同制意见的通知》 民政部、劳动部、总参谋部 1993年7月21日

《关于提高部分优抚对象抚恤补助标准的通知》 民政部、财政部 1994年2月1日

《关于1994年冬季士兵退出现役工作的通知》 国务院、中央军委 1994年

《关于滞留军队伤病残士兵退役安置工作有关问题的通知》 民政部 2000年6月23日

《关于进一步做好军队离休退休干部移交政府安置管理工作的意见》 中共中央办公厅、国务院办公厅、中央军委办公厅 2004年1月3日

《军人抚恤优待条例》 国务院、中央军委修订 2004年10月

《关于扶持城镇退役士兵自谋职业优惠政策意见的通知》 国务院办公厅 2004年

《关于进一步做好城镇退役士兵安置工作的通知》 国务院 2005年

《民政部、总参谋部关于做好患精神病义务兵和初级士官退役移交安置工作有关问题的通知》 民政部 2005年

《优抚对象医疗保障办法》 民政部、财政部、卫生部、劳动和社会保障部 2007年7月6日

《关于进一步落实部分军队退役人员劳动保障政策的通知》 劳动和社会保障部、民政部、财政部 2007年7月6日

《关于进一步落实和完善1993年至1999年军队复员干部住房政策和做好生活救助工作的通知》 建设部、民政部、财政部 2007年12月18日

《优抚对象医疗补助资金使用管理有关问题的通知》 民政部、财政部、劳动和社会保障部 2008年2月

《革命烈士褒扬条例》 经国务院修订 2011年7月20日

(三)社会福利

《关于城镇集体所有制企业的工资福利标准和列支问题的通知》 财政部、国家劳动总局 1980年2月

《关于城市社会福利事业单位岗位津贴的试行办法》 民政部、国家劳动总局 1980年10月

《关于中央级事业单位、行政机关从预算包干结余中提取的集体福利费开支范围的暂行规定》 财政部 1981年6月

《城市社会福利事业单位管理工作试行办法》 民政部 1982年4月

《关于在经济改革中要注意保障企业职工的劳动保险、福利待遇的意见》 劳动人事部、全国总工会、财政部 1983年8月

《关于扩大城市公有住宅补贴出售试点报告》 城乡建设环境保护部 1984年10月11日

《普通高等学校本、专科实行奖学金制度的办法》 国家教委、财政部 1987年7月31日

《普通高等学校本、专科实行贷款制度的办法》 国家教委、财政部 1987年7月31日

《关于在全国城镇分期分批推行住房制度改革的实施方案》 国务院 1988年2月

《关于普通高等学校收取学杂费和住宿费的规定》 国家教委、国家物价局、财政部 1989年8月22日

《关于继续积极稳妥地进行城镇住房制度改革的通知》 国务院 1991年6月7日

《关于全面推进城镇住房制度改革的决定》 国务院办公厅 1991年11月23日

《义务教育法实施细则》 国务院 1992年3月14日

《中国教育改革和发展纲要》 中共中央、国务院 1993年2月

《国家级福利院评定标准》 民政部 1993年4月

《关于对高等学校生活特别困难学生进行资助的通知》 国家教委、财政部 1993年7月26日

《社会福利企业规划》 民政部 1993年8月

《关于在普通高等学校设立勤工助学基金的通知》 国家教委、财政部 1994年5月10日

《关于深化城镇住房制度改革的决定》 国务院 1994年7月18日

《城镇经济适用住房建设管理办法》 建设部、财政部等部门 1994年12月15日

《中国福利彩票管理办法》 民政部 1994年12月

《转发国务院住房制度改革领导小组国家安居工程实施方案的通知》 国务院办公厅 1995年2月6日

《中华人民共和国教育法》 全国人大 1995年3月18日

《关于对普通高等学校经济困难学生减免学杂费有关事项的通知》 国家教委 1995年4月10日

《中华人民共和国职业教育法》 人大常委会 1996年5月15日

《关于加强住房公积金管理意见》 国务院办公厅 1996年8月8日

《民政事业发展"九五"计划和2010年远景目标纲要》 民政部、国家计委 1997年4月

《流动儿童少年就学暂行办法》 国家教委、公安部 1998年3月2日

《关于进一步深化城镇住房制度改革加快住房建设的通知》 国务院 1998年7月3日

《中华人民共和国高等教育法》 全国人大常委会 1998年8月29日

《住房公积金管理条例》（2002年3月重新修订） 国务院 1999年3月17日

《城镇廉租房管理办法》 建设部 1999年4月19日

《中华人民共和国公益事业捐赠法》 人大常委会 1999年6月28日

《社会福利机构管理暂行办法》 民政部 1999年12月

《关于进一步深化国有企业住房制度改革,加快解决职工住房问题的通知》 建设部、财政部、国家经贸委、全国总工会 2000年5月8日

《关于完善农村义务教育管理体制的通知》 国务院办公厅 2002年4月14日

《关于大力推进职业教育改革与发展的决定》 国务院 2002年8月24日

《经济适用房价格管理办法》 国家计委、建设部 2002年11月26日

《关于进一步加强农村教育工作的决定》 国务院 2003年9月20日

《国务院办公厅关于做好农民进城务工就业管理和服务工作的通知》 国务院 2003年1月15日

《关于促进房地产市场持续健康发展的通知》 国务院 2003年9月

《关于进一步做好进城务工就业农民子女义务教育工作的意见》 教育部、中央编办、公安部、发改委、财政部、劳动和社会保障部 2003年9月30日

《城镇最低收入家庭廉租住房管理办法》 建设部、财政部、民政部、国土资源部、国家税务总局 2003年12月31日

《经济适用房管理办法》 建设部、国家发改委等部门 2004年5月13日

《教育部、财政部、人民银行、银监会关于进一步完善国家助学贷款工作的若干意见》 国务院办公厅转发 2004年6月12日

《关于进一步做好城乡特殊困难未成年人教育援助工作的通知》 民政部、教育部 2004年8月27日

《关于住房公积金管理若干具体问题的指导意见》 建设部、财政部和中国人民银行 2005年1月7日

《廉租住房租金管理办法》 国家发改委、建设部 2005年3月14日

《国家助学奖学金管理办法》 国务院 2005年7月6日

《城镇最低收入家庭廉租住房申请、审核及退出管理办法》 建设部和民政部 2005年7月7日

《关于开展城镇最低收入家庭住房情况调查的通知》 建设部 2005年7月28日

《关于大力发展职业教育的决定》 国务院 2005年10月28日

《关于深化农村义务教育经费保障机制改革的通知》 国务院 2005年12月24日

《关于加强孤儿救助工作的意见》 民政部等15部委 2006年3月29日

《关于调整住房供应结构稳定住房价格的意见》 建设部、发展改革委、监察部、财政部、国土资源部、人民银行、税务总局、统计局、银监会 2006年5月17日

《中华人民共和国义务教育法》 全国人大常委会修订并审议通过 2006年6月29日

《教育部等部门关于教育部直属师范大学师范生免费教育实施办法（试行）的通知》 国务院办公厅 2007年5月9日

《关于建立健全普通本科高校、高等职业学校和中等职业学校家庭经济困难学生资助政策体系的意见》 国务院 2007年5月13日

《关于建立健全普通本科高校高等职业学校和中等职业学校家庭经济困难学生资助政策体系的意见》 国务院 2007年5月13日

《国家教育事业发展"十一五"规划纲要》 国务院 2007年5月18日

《关于印发〈普通本科高校、高等职业学校国家奖学金管理暂行办法〉的通知》 财政部、教育部 2007年6月26日

《关于解决城市低收入家庭住房困难的若干意见》 国务院 2007年8月7日

《廉租住房保障办法》 财政部、建设部等九部委 2007年11月15日

《关于印发〈廉租房保障资金管理办法〉的通知》 财政部、建设部等九部委 2007年11月15日

《经济适用房管理办法》 建设部、国家发改委、财政部、国土资源部等七部委联合新修订 2007年11月30日

《关于印发〈关于改善农民工居住条件的指导意见〉的通知》 建设部、发改委等部委 2007年12月5日

《2009—2011年廉租住房保障规划》 住房和城乡建设部 2009年6月1日

《国家中长期教育改革和发展规划纲要(2010—2020)》 国务院 2010年7月30日

(四)社会救济

《城市居民最低生活保障条例》 国务院 1999年9月28日

《关于进一步安排好困难群众生产和生活的通知》 中共中央办公厅、国务院办公厅 2002年2月5日

《关于建立城市医疗救助试点工作的意见》 民政部、卫生部、劳动和社会保障部、财政部 2005年2月26日

《关于加强城市医疗救助基金管理的意见》 财政部、民政部 2005年6月15日

《关于妥善安排城市居民最低生活保障有关问题的通知》 民政部、财政部 2007年8月7日

《关于做好城镇困难居民参加城镇居民基本医疗保险有关工作的通知》 民政部、财政部、劳动和社会保障部 2007年10月24日

《关于进一步提高城乡低保补助水平妥善安排当前困难群众基本生活的通知》 民政部、财政部 2008年2月3日

《城市低收入家庭认定办法》 民政部 2008年10月22日

《关于进一步加强城市低保对象认定工作的通知》 民政部 2010年6月13日

《关于进一步完善城乡医疗救助制度的意见》 民政部、财政部、卫生部、人力资源和社会保障部 2009年6月15日

《关于积极开展城市低收入家庭认定工作的若干意见》 民政部 2009年6月19日

(五)农村社会保障

《县级农村社会养老保险基本方案(试行)》 民政部 1992年1月3日

《关于改革和加强农村医疗卫生工作的请示》 卫生部等部门 1991年1月17日

《农村社会养老保险缴费、领取计算表的通知》 民政部 1992年5月18日

《乡镇企业劳动管理规定》 农业部 1992年12月10日

《乡镇企业职工养老保险办法》 农业部 1992年12月14日

《农村五保供养工作条例》 国务院 1994年1月23日

《关于进一步做好农村社会养老保险工作的意见》 民政部 1995年10月19日

《关于卫生改革与发展的决定》 中共中央、国务院 1997年1月15日

《关于发展和完善农村合作医疗若干意见》 卫生部等部门 1997年5月28日

《关于进一步加强救灾款使用管理工作的通知》 民政部、财政部 1999年2月23日

《国务院批转整顿保险业工作小组〈保险业整顿与改革方案〉的通

知》 国务院 1999年7月2日

《关于做好当前农村养老保险工作的紧急通知》 劳动和社会保障部 2000年

《关于农村卫生改革和发展的指导意见》 卫生部等部门 2001年5月24日

《中国农村初级卫生保健发展纲要(2001—2010年)》 卫生部、农业部、财政部等七部委 2002年4月29日

《关于进一步加强农村卫生工作的决定》 中共中央、国务院 2002年10月29日

《关于建立新型农村合作医疗制度的意见》 卫生部、财政部、农业部 2003年1月16日

《关于进一步加强农村卫生工作的决定》 中共中央、国务院 2003年10月19日

《关于实施农村医疗救助的意见》 民政部、卫生部、财政部 2003年11月18日

《农村医疗救助基金管理试行办法》 财政部、民政部 2004年1月5日

《关于进一步做好新型农村合作医疗试点工作的指导意见》 卫生部等部门 2004年1月13日

《关于做好2004年下半年新型农村合作医疗试点工作的通知》 国务院办公厅 2004年8月

《关于做好2004年下半年新型农村合作医疗试点工作的通知》 国务院办公厅 2004年8月

《关于加快推进农村医疗救助工作的通知》 民政部、卫生部、财政部 2005年8月15日

《关于2005年深化农村税费改革试点工作的通知》 国务院

2005年9月8日

《关于推进社会主义新农村建设的若干意见》 中共中央、国务院 2005年12月31日

《关于加快推进新型农村合作医疗试点工作的通知》 卫生部、国家发改委、民政部、财政部、农业部、国家食品药品监督管理局、国家中医药局 2006年1月10日

《农村五保供养工作条例》 国务院新修订 2006年1月11日

《关于做好被征地农民就业培训和社会保障工作的指导意见》 劳动和社会保障部 2006年4月10日

《关于做好2007年新型农村合作医疗工作的通知》 卫生部、财政部 2007年3月

《关于切实做好被征地农民社会保障工作的通知》 劳动和社会保障部、国土资源部 2007年4月28日

《关于进一步建立健全临时救助制度的通知》 民政部 2007年6月27日

《关于在全国建立农村最低生活保障制度的通知》 国务院 2007年7月11日

《关于做好当前农村社会养老保险和被征地农民社会保障工作有关问题的通知》 劳动和社会保障部、民政部、审计署 2007年8月17日

《关于完善新型农村合作医疗统筹补偿方案的指导意见》 卫生部、财政部、国家中医药管理局 2007年9月10日

《中华人民共和国物权法》 全国人大常委会 2007年10月1日

《关于进一步提高城乡低保补助水平妥善安排当前困难群众基本生活的通知》 民政部、财政部 2008年2月3日

《关于做好2008年新型农村合作医疗工作的通知》 卫生部、财政

部　2008年3月

《违反土地管理规定行为处分办法》　人力资源和社会保障部、监察部、国土资源部等部门　2008年5月2日

《关于推进农村改革发展若干重大问题的决定》　中共中央　2008年10月12日

《关于进一步加强农村孕产妇住院分娩工作的指导意见》　卫生部、财政部　2009年1月20日

（六）军人社会保障

《中国人民解放军供给标准草案》　中央军委　1949年3月

《中国人民解放军1950年度供给标准》　总后勤部　1950年2月

《1952年中国人民解放军陆军供给标准》　总后勤部　1952年7月

《中国人民解放军薪金、津贴暂行办法》　国防部长彭德怀　1954年11月19日

《关于干部福利问题的几项补充规定》　总政治部　1961年6月

《全军保障工作座谈会情况报告》　总政、总后等三总部　1979年12月

《关于干部医疗保健工作的规定》　总政、总后等三总部　1979年12月

《关于军队干部退休的暂行规定》　国务院、中央军委　1981年10月

《关于军队干部离职休养的暂行规定》　国务院、中央军委　1982年1月

《军队干部工资改革方案》　中央军委　1985年6月

《志愿兵和义务兵津贴改革方案》　中央军委　1985年6月

《发给军队离休干部生活补贴费的规定》 中央军委 1985年6月

《中华人民共和国现役军官法》 人大常委会 1988年9月5日

《军队住房租金计算办法》 总后勤部 1992年7月1日

《军队住房公积金管理暂行规定》 总后勤部 1994年3月17日

《军人保险制度实施方案》 国务院、中央军委 1998年7月9日

《中国人民解放军军人伤亡保险暂行规定》 总政、总后等四总部 1998年7月

《关于进一步深化军队住房制度改革方案》 中央军委 1999年9月20日

《中国人民解放军军人退役医疗保险暂行办法》 中央军委办公厅 1999年12月16日

《关于军地医疗保险个人账户转移办法的通知》 总后勤部、劳动和社会保障部 2000年5月9日

《关于对军队机关事业单位职工参加失业保险有关问题的复函》 劳动和社会保障部办公厅、人事部办公厅、解放军总后勤部司令部 2002年2月22日

《中国人民解放军军人配偶随军未就业期间社会保险暂行办法》 国务院办公厅和中央军委办公厅 2003年12月25日

《军队住房公积金管理规定》 总后勤部 2003年12月27日

《关于调整军队住房租金标准的通知》 总后勤部 2004年4月22日

《关于军人配偶随军未就业期间社会保险军地衔接有关问题的通知》 劳动和社会保障部、财政部、人事部、解放军总政治部、解放军总后勤部 2005年12月5日

《关于军队文职人员社会保险有关问题的通知》 劳动和社会保障

部、财政部、人事部、解放军总后勤部　2006年6月26日

《关于做好已参加当地养老保险军队无军籍退休退职职工移交地方安置养老保险关系处理工作的通知》　劳动和社会保障部办公厅、解放军总后勤部司令部　2006年12月26日

《中华人民共和国军人保险法（草案）》　人大常委会审议　2011年12月26日

(七)残疾人社会保障

《关于对民政部门举办的社会福利生产单位免征税问题的通知》　财政部　1984年10月

《关于进一步保护和扶持社会福利生产的通知》　民政部等单位　1986年2月

《中国残疾人事业五年工作纲要(1988—1992年)》　国家计委、国家教委、民政部、财政部、劳动部、卫生部、中国残疾人联合会　1988年9月

《关于发展特殊教育的意见》　国家教委、国家计委、民政部、财政部、人事部、劳动部、卫生部、中国残疾人联合会　1989年5月4日

《中华人民共和国残疾人保障法》　全国人大常委会　1990年12月28日

《关于加强社会福利生产管理工作的决定》　民政部　1992年1月

《关于在部分城市开展残疾人劳动就业服务和按比例就业试点工作的通知》　国家计划委员会、劳动部、民政部、中国残疾人联合会　1992年5月

《残疾人教育条例》　国务院　1994年8月23日

《关于进一步做好残疾人流动就业工作若干意见的通知》　劳动和

社会保障部等部门　1999 年 9 月

《关于进一步加强扶助贫困残疾人工作的意见》　教育部、劳动部、民政部、卫生部、国务院扶贫办等　2004 年 10 月

《残疾人就业条例》　国务院　2007 年 2 月 14 日

《关于促进残疾人就业税收优惠政策的通知》　财政部、国家税务总局　2007 年 6 月 15 日

《福利企业资格认定办法》　民政部　2007 年 6 月 29 日

《中华人民共和国残疾人保障法》　人大常委会新修订　2008 年 4 月 24 日

《残疾人权利公约》　全国人大常委会批准　2008 年 6 月 26 日

四、2009—2011 年

《人事部关于机关、事业单位养老保险制度改革有关问题的通知》　人事部　1992 年 1 月 27 日

《关于职工在机关事业单位与企业之间流动时社会保险关系处理意见的通知》　劳动保障部、财政部、人事部、中央编办　2001 年 9 月 28 日

《关于推进东北地区棚户区改造工作的指导意见》　建设部　2005 年 10 月 7 日

《关于印发〈儿童福利机构建设蓝天计划实施方案〉的通知》　民政部社会福利和社会事务司　2007 年 1 月 22 日

《"十一五"流浪未成年人救助保护体系建设规划》　民政部、国家发改委　2007 年 9 月

《农民工参加基本养老保险办法》　人力资源和社会保障部　2009 年 2 月 5 日

《关于制定孤儿最低养育标准的通知》　民政部办公厅　2009 年 2

月 19 日

《事业单位工作人员养老保险制度改革试点方案》 劳动和社会保障部、财政部、人事部 2009 年 2 月 29 日

《关于印发医药卫生体制改革近期重点实施方案（2009－2011 年）的通知》 国务院 2009 年 4 月 7 日

《2009—2011 年廉租住房保障规划》 住房和城市建设部、国家发改委、财政部 2009 年 5 月 22 日

《关于 2009 年扩大农村危房改造试点的指导意见》 住建部、国家发改委、财政部 2009 年 5 月 8 日

《关于制定福利机构儿童最低养育标准的指导意见》 民政部 2009 年 6 月 9 日

《关于开展新型农村社会养老保险试点的指导意见》 国务院 2009 年 9 月 4 日

《关于加强孤儿保障工作的意见》 国务院 2009 年 10 月 12 日

《关于推进城市和国有工矿棚区改造工作的指导意见》 住建部等五部委 2009 年 12 月 24 日

《城镇企业职工基本养老保险关系转移接续暂行办法》 人力资源和社会保障部、国家财政部 2009 年 12 月 29 日

《流动就业人员基本医疗保障关系转移接续暂行办法》 人力资源和社会保障部 2009 年 12 月 31 日

《关于基本医疗保险异地就医结算服务工作的意见》 人力资源和社会保障部 2009 年 12 月 31 日

《关于试行社会保险基金预算的意见》 国务院 2010 年 1 月 2 日

《人力资源社会保障行政复议办法》 人力资源社会保障部 2010 年 2 月 25 日

《关于中央投资支持国有工矿棚户区改造有关问题的通知》 住建部、国家发改委 2010年4月13日

《关于2009年扩大农村危房改造试点的指导意见》 住建部、国家发改委、财政部 2010年4月22日

《关于加快发展公共租赁住房的指导意见》 住房和城乡建设部、国家发改委、财政部 2010年6月12日

《国家中长期教育改革和发展规划纲要(2010—2020)》 教育部 2010年7月30日

《中央补助公共租赁住房专项资金管理办法》 财政部、国家发改委、住建部 2010年7月8日

《国有林区棚户区改造工程项目管理办法》 国家林业局、住建部、国家发改委、国土资源部修订 2010年10月26日

《中华人民共和国社会保险法》 人大常委会 2010年10月28日

《关于保障性安居工程资金使用管理有关问题的通知》 财政部、国家发改委、住建部 2010年11月16日

《关于加强孤儿保障工作的意见》 国务院办公厅 2010年11月16日

《关于发放孤儿基本生活费的通知》 民政部、财政部 2010年11月26日

《实施〈中华人民共和国社会保险法〉若干规定》 人力资源和社会保障部 2011年6月29日

《中国儿童发展纲要(2011—2020年)》 国务院 2011年7月30日

《关于保障性安居工程建设和管理的指导意见》 国务院办公厅 2011年9月28日

《关于加强见义勇为人员权益保护的意见》 民政部、教育部、公安部、财政部、人力资源社会保障部、住房城乡建设部、卫生部 2012年7月19日

《中国残疾人事业"十二五"发展纲要》 2011年5月16日

参 考 文 献

著作类

刘永富主编:《中国劳动和社会保障年鉴》(2001),中国劳动社会保障出版社 2001 年版。

郑功成等:《中国社会保障制度变迁与评估》,中国人民大学出版社 2002 年版。

谢振民:《中华民国立法史》(下册),中国政法大学出版社 2000 年版。

中国社会保障制度总览编辑委员会:《中国社会保障制度总览》,中国民主法制出版社 1995 年版。

严忠勤主编:《当代中国的职工工资福利和社会保险》,中国社会科学出版社 1987 年版。

王占臣等主编:《社会保障法全书》(上册),改革出版社 1995 年版。

高书生:《社会保障改革何去何从》,中国人民大学出版社 2006 年版。

胡晓义主编:《走向和谐:中国社会保障发展 60 年》,中国劳动社会保障出版社 2009 年版。

宋士云:《新中国社会保障制度结构与变迁》,中国社会科学出版社 2011 年版。

郑功成:《中国社会保障论》,湖北人民出版社 1994 年版。

崔乃夫主编:《当代中国的民政》(上),当代中国出版社 1994 年版。

苏廷林等主编:《中国社会保障词典》,首都师范大学出版社1994年版。

聂和兴等主编:《中国军人社会保障制度研究》,解放军出版社2000年版。

董华中主编:《优抚安置》,中国社会出版社2009年版。

劳动人事部保险福利局编:《社会保险与职工福利讲稿》,劳动人事出版社1986年版

曾煜编著:《新编社会保障法律法规与实务操作指南》,中国建材工业出版社2003年版。

赵建人编著:《各国社会保险和福利》,四川人民出版社1992年版。

冯兰瑞等:《中国社会保障制度重构》,经济科学出版社1997年版。

中华人民共和国教育部计划财务司编:《中国教育成就·统计资料1949—1983年》,人民教育出版社2013年版。

中华人民共和国教育部《中国共产党教育理论与实践》编写组:《中国共产党教育理论与实践》,北京师范大学出版社2001年版。

国家统计局编:《奋进的四十年1949—1989》,中国统计出版社1989年版。

国家统计局社会统计司等编:《中国社会发展资料——主观、客观、国际比较》,中国统计出版社1992年版。

国家统计局国际统计信息中心编:《世界主要国家和地区社会发展比较统计资料》,中国统计出版社1991年版。

吴忠民:《社会公正论》,山东人民出版社2004年版。

罗应光、向春玲等编著:《住有所居——中国保障性住房建设的理论与实践》,中共中央党校出版社2011年版。

王洪春:《住房社会保障研究》,合肥工业大学出版社2009年版。

黄晨熹:《社会福利》,上海人民出版社2009年版。

多吉才让:《中国最低生活保障制度研究与实践》,人民出版社2001年版。

崔乃夫主编:《当代中国的民政》(下),当代中国出版社1994年版。

李本功、姜力主编:《救灾救济》,中国社会出版社1996年版。

赵瑞政等:《中国农民养老保障之路》,黑龙江人民出版社2002年版。

蔡仁华主编:《中国医疗保障制度改革实用全书》,中国人事出版社1998年版。

陈佳贵主编:《中国社会保障发展报告(1997—2001)》,社会科学文献出版社2001年版。

武力等:《解决"三农"问题之路——中国共产党"三农"思想政策史》,中国经济出版社2004年版。

胡鞍钢主编:《透视 SARS:健康与发展》,清华大学出版社2003年版。

卫兴华、魏杰:《中国社会保障制度研究》,中国人民大学出版社1994年版。

吴承明、董志凯主编:《中华人民共和国经济史(1949—1952)》第1卷,中国财政经济出版社2001年版。

崔乃夫主编:《中国民政词典》,上海辞书出版社1990年版。

民政部政策研究室编:《中国农村社会保障》,中国社会出版社1997年版。

陈佳贵、王延中主编:《中国社会保障发展报告》,社会科学文献出版社2010年版。

国家统计局:《数字中国三十年——改革开放三十年统计资料汇编》,中国统计出版社2008年版。

宋晓梧:《中国社会保障制度改革》,清华大学出版社2001年版。

郑功成:《论中国特色的社会保障道路》,武汉大学出版社 1997年版。

林嘉:《社会保障法的理念、实践与创新》,中国人民大学出版社 2002 年版。

郑功成:《中国社会保障 30 年》,人民出版社 2008 年版。

中国"三农"形势跟踪调查课题组、中汉经济研究所农村发展研究部编:《小康中国痛——来自底层中国的调查报告》,中国社会科学出版社 2004 年版。

郑功成主编:《中国社会保障改革与发展战略》(救助与福利卷),人民出版社 2011 年版。

曾湘泉、郑功成主编:《收入分配与社会保障》,中国劳动社会保障出版社 2002 年版。

中国社会科学院、阿登纳基金会:《中国城市社会保障的改革》,阿登纳基金会系列丛书第 11 辑(2000 年)。

侯文若、孔泾源主编:《社会保险》,中国人民大学出版社 2002 年版。

董克用主编:《中国经济改革 30 年:社会保障卷(1978—2008)》,重庆大学出版社 2008 年版。

宋晓梧主笔:《中国社会保障体制改革与发展报告》,中国人民大学出版社 2001 年版。

阎青春主编:《社会福利与弱势群体》,中国社会科学出版社 2002 年版。

李培林主编:《中国新时期阶级阶层报告》,辽宁人民出版社 1995 年版。

郑功成主编:《中国社会保障改革与发展战略》(养老保险卷),人民出版社 2011 年版。

郑功成主编:《中国社会保障改革与发展战略》(医疗保障卷),人民出版社 2011 年版。

国家统计局:《中国统计年鉴》(1998),中国统计出版社 1998 年版。

国家卫生部:《2008 年中国卫生统计年鉴》,中国协和医科大学出版社 2008 年版。

社会保障研究中心主编:《社会保障知识读本》,中国致公出版社 2008 年版。

中国社会科学院、中国档案馆编:《中华人民共和国经济档案资料选编(劳动工资和职工福利卷)》,中国社会科学出版社 1994 年版。

劳动和社会保障部:《中国劳动统计年鉴》(1996),中国统计出版社 1996 年版。

林治芬主编:《社会保障资金管理》,科学出版社 2007 年版。

王延中:《中国的劳动与社会保障问题》,经济管理出版社 2004 年版。

祝铭山主编:《劳动保险纠纷》,中国法制出版社 2003 年版。

董华中主编:《优抚安置》,中国社会出版社 2009 年版。

聂和兴、张东江主编:《中国军人社会保障制度研究》,解放军出版社 2000 年版。

中华人民共和国民政部:《2006 年民政事业发展统计报告》。

国务院住房制度改革领导小组办公室、中国城镇住房制度改革研究会编著:《中国住房制度改革》,改革出版社 1996 年版。

于凌云:《社会保障:理论 制度 实践》,中国财政经济出版社 2008 年版。

《中国的社会保障状况和政策白皮书》,中国劳动社会保障出版社 2004 年版。

黄晨熹:《社会福利》,上海人民出版社 2009 年版。

倪鹏飞主编:《中国住房发展报告(2011—2012)》,社会科学文献出版社 2011 年版。

顾明远主编:《改革开放 30 年中国教育纪实》,人民出版社 2008 年版。

杨东平主编:《2006 年:中国教育的转型与发展》,社会科学文献出版社 2007 年版。

杨东平主编:《中国教育发展报告(2011)》,社会科学文献出版社 2011 年版。

劳凯声:《教育法论》,江苏教育出版社 1993 年版。

陈德珍:《中华人民共和国义务教育法讲话》,法律出版社 1993 年版。

《邓小平文选》第 2 卷,人民出版社 1983 年版。

乐章编著:《社会救助学》,北京大学出版社 2008 年版。

中央综治委预防青少年违法犯罪工作领导小组办公室、职工青少年研究中心:《中国流浪儿童研究报告》,人民出版社 2008 年版。

尚晓樱:《中国弱势儿童群体保护制度》,社会科学文献出版社 2008 年版。

莫荣:《中国就业形势依然严峻》,社会科学文献出版社 1999 年版。

乔东平、邹文开编著:《社会救助理论与实务》,天津大学出版社 2011 年版。

时正新主编:《中国社会福利与社会进步报告(2001)》,社会科学文献出版社 2001 年版。

李琮主编:《西欧社会保障制度》,中国社会科学出版社 1989 年版。

邓大松主编:《社会保险》,中国劳动社会保障出版社 2002 年版。

民政部农村社会养老保险办公室编:《农村社会养老保险文件汇编》(1991—1992)。

民政部农村社会保险司编:《农村社会养老保险文件汇编》(1995)。

劳动部课题组:《中国社会保障体系的建立与完善》,中国经济出版社1994年版。

福建省农村社保模式及其方案研究课题组:《农村社会养老保险制度创新》,经济管理出版社2004年版。

蔡仁华主编:《中国医疗保障制度改革实用全书》,中国人事出版社1998年版。

郑秉文、和春雷主编:《社会保障分析导论》,法律出版社2001年1月版。

郝书辰等:《新时期农村社会保障制度研究》,经济科学出版社2008年版。

李宁:《中国农村医疗卫生保障制度研究》,知识产权出版社2008年版。

孙淑云等:《新型农村合作医疗制度的规范化与立法研究》,法律出版社2009年版。

史探径主编:《社会保障法研究》,法律出版社2000年版。

赵瑞政等:《中国农民养老保障之路》,黑龙江人民出版社2002年版。

景天魁等:《社会公正理论与政策》,社会科学文献出版社2004年版

方鹏骞:《中国农村贫困人口社会医疗救助研究》,科学出版社2008年版。

陈绍军:《失地农民和社会保障水平分析与模式重构》,社会科学文献出版社2010年版。

赵曼主编:《被征地农民就业与社会保障政策问答》,中国人事出版社、中国劳动社会保障出版社2010年版。

尹兴水主编:《后勤机关业务技能读本》,蓝天出版社2009年版。

朱建新等:《军官制度比较与改革》,军事科学出版社2010年版。

中国残疾人联合会教育就业部等:《残疾人就业条例释义》,华夏出版社2007年版。

《中国残疾人事业"十一五"发展纲要与配套实施方案》,华夏出版社2006年版。

《中华人民共和国残疾人保障法注释本》,法律出版社2008年版。

《辞海》,上海辞书出版社1980年版。

刘翠霄:《天大的事——中国农民社会保障制度研究》,法律出版社2006年版。

顾俊礼主编:《福利国家论析——以欧洲为背景的比较研究》,经济管理出版社2002年版。

黎建飞主编:《中华人民共和国社会保险法释义》,中国法制出版社2010年版。

陈庆立:《农民与小康》,华夏出版社2004年版。

胡鞍钢主编:《第二次转型国家制度建设》,清华大学出版社2003年版。

郑秉文等主编:《当代东亚国家、地区社会保障制度》,法律出版社2002年版。

中国社会保障制度总览编辑委员会:《中国社会保障制度总览》,中国民主法制出版社1995年版。

杨燕绥:《社会保险法》,中国人民大学出版社2000年版。

《中华人民共和国残疾人保障法立法报告书》,华夏出版社1991年版。

第二次全国残疾人抽样调查办公室:《第二次全国残疾人抽样调查主要数据手册》,华夏出版社2008年版。

美国社会保障署编:《全球社会保障——1995》,华夏出版社1996年版。

董保华:《社会保障的法学观》,北京大学出版社2005年版。

朱镕基:《朱镕基讲话实录》(第4卷),人民出版社2011年版。

邓大松等:《社会保障理论与实践发展研究》,人民出版社2007年版。

曹信邦主编:《社会保障学》,科学出版社2007年版。

祝铭山主编:《劳动保险纠纷》,中国法制出版社2003年版。

林嘉主编:《社会保险法教程》,法律出版社2011年版。

韩君玲:《日本最低生活保障法研究》,商务印书馆2007年。

[德]霍尔斯特·杰格尔:《社会保险入门》,刘翠霄译,中国法制出版社2000年版。

[英]约翰·威尔逊爵士主编:《残疾预防——全球性的挑战》,朱成译,华夏出版社1992年版。

[美]约翰·罗尔斯:《正义论》,何怀宏等译,中国社会科学出版社2003年版。

[美]威廉姆·怀特科等《当今世界的社会福利》,解俊杰译,法律出版社2003年版。

[美]CCH编:《美国禁止残疾与基因信息歧视法解读》,蒋月等译,商务印书馆2012年。

[日]桑原洋子:《日本社会福利法制概论》,韩君玲等译,商务印书馆2010年。

期刊类

张自宽:《对合作医疗早期历史情况的回顾》,《中国卫生经济》1992年第6期。

顾昕、方黎明:《自愿性与强制性之间:中国农村合作医疗的制度嵌入性与可持续性发展分析》,《社会学研究》2004年第5期。

张元红:《农村公共卫生服务的供给与筹资》,《中国农村观察》2004年第5期。

苏少之:《论我国农村土地改革后的"两极分化"问题》,《中国经济史研究》1989年第2期。

宋士云:《1949—1978年中国农村社会保障制度透视》,《中国经济史研究》2003年第3期。

孙立平:《关注我国的弱势群体》,《读者》2002年第18期。

何平:《中国养老保险基金测算报告》,《社会保障制度》2001年第3期。

朱勇等:《社会福利社会化春天来了》,《中国民政》2000年第1期。

杨瑞勇、刘洪翔:《义务教育与教育公平新论》,《新华文摘》2005年第5期。

杨卜:《高中阶段学生资助政策分析》,《教育发展研究》2009年第11期。

戴泽明:《大学高额学费为哪般》,《读者》2004年第1期。

张卫:《可持续发展的农村社会保障体系建设》,《中国农村观察》2000年第2期。

顾涛等:《农村医疗保险制度相关问题分析及政策建议》,《中国卫生经济》1998年第4期。

王绍光:《人民的健康也是硬道理》,《读书》2003年第7期。

成峻:《新型农村合作医疗:调查与思考》,《社会保障制度》2005年第6期。

《一个值得密切关注的问题——从安徽看税费改革对农村五保、优抚工作的影响》,《中国民政》2000年第10期。

张太英、刘小姚:《中国农村的社会保障制度建设》,《中国农村研究》2000年第19期。

张振忠:《在中国农村建立贫困人口医疗救助制度研究》,《中国卫生经济》2002年第11期。

程凯:《试析我国残疾人的社会保障问题》,《新华文摘》2006年第12期。

雷顺莉等:《"高级幕僚"朱幼棣的医改梦》,《南都周刊》2011年第4期。

张丽云:《社会保险争议持续上升的原因及对策》,《天津社会保险》2009年第4期。

蒋积伟:《当前城市低保家庭的医疗困境》,《哈尔滨工业大学学报》2007年第2期。

代英姿:《论我国医疗体制改革的路径》,《沈阳师范大学学报》2006年第6期。

陈之楚、吴静瀛:《提升中国医疗保障水平与公平性研究》,《现代财经》(天津财经大学学报)2007年第1期。

卢海元:《中国农村社会养老保险制度建立条件分析》,《经济学家》2003年第5期。

汪习根:《免于贫困的权利及其法律保障机制》,《法学研究》2012年。

郝铁川:《构建和谐本位的法治社会》,《新华文摘》2005年第10期。

王虎峰:《奥巴马医改的真谛》,《中国财富》2010年第5期。

薛涌:《中国必须对贫富分化说"不"》,《中国新闻周刊》2009年第40期。

胡晓义:《从"统分混合"走向"统分结合"》,《中国社会保障》2002

年增刊。

郑秉文:《中国社会保障制度60年:成就与教训》,《中国人口科学》2009年第5期。

胡锦光:《论公民"上书"的基本条件》,《团结杂志》2003年第4期。

程延园:《中德社会保障争议处理制度比较研究》,《北京行政学院学报》2005年第2期。

报纸类

国务院新闻办公室:《中国劳动和社会保障状况白皮书》,《人民日报》2002年4月28日。

郑功成:《健全的社保体系是社会经济转型之基础》,《劳动社会保障报》2009年5月15日。

白天亮:《2011年6万人冒领社保9475万元 已追回9084万元》,《人民日报》2012年6月28日。

刘欣:《中国养老金个人账户缺口高达1.7万亿》,《东方早报》2012年3月16日。

李唐宁等:《我国养老金缺口超1.7万亿 养老金开源信号频出》,《经济参考报》2012年5月29日。

李唐宁:《报告称2013年我国养老金缺口将达18.3万亿》,《经济参考报》2012年6月14日。

耿雁冰:《我国社会保障支出占财政12%远低于西方国家》,《21世纪经济报道》2012年6月15日。

周晖:《过去5年是社会保障事业发展最快的时期》,《中国劳动保障报》2010年11月26日。

晓凤:《1998年"商品房"出现让人爱恨交加》,《中国劳动保障报》2008年12月25日。

郑秉文:《社会保障能否使消费者吃上"定心丸"》,《中国社会科学院报》2008年12月18日。

来洁:《职业病:农民工面前又一难题》,《经济日报》2005年1月13日。

蒋志臻:《每年因工致残逾70万人》,《人民日报》6月15日。

苏志:《受伤害的不仅是工人的身体》,《经济日报》2005年1月13日。

钟伟:《"中国制造"中的生命补贴》,《读者》2006年第11期。

常凯:《职业病防治的深层意义》,《经济日报》2005年1月13日。

武唯:《职业高危人群离工伤保险有多远》,《中国劳动保障报》2005年5月11日。

张成富:《推动雇主、雇员和政府三方协商》,《经济日报》2005年1月13日。

曲哲涵:《审计署:三项保险基金整体情况较好》,《人民日报》2006年11月24日。

郑秉文、黄念:《上海社保案折射出哪些制度漏洞》,《中国证券》2006年10月13日。

韩宇明:《社保基金超3万亿专家呼吁投资本市场避免贬值》,《新京报》2012年6月28日。

赵丽:《中国社保基金的投资问题》,《经济学消息报》2007年4月20日。

郑功成:《社保基金应该实行集权监督》,《中国劳动保障报》2007年6月8日。

何平:《社保基金安全运营需要成熟的市场机制》,《中国劳动保障报》2007年6月12日。

郑秉文:《养老保险制度改革更需要顶层设计》,《经济参考报》2012

年6月8日。

陈莹莹:《人社部:抓紧制定养老金投资运营管理办法》,《中国证券报》2012年04月26日。

任丽:《2010年农民工十件大事》,《中国劳动保障报》2011年1月7日。

王海鹰:《勇士何以沦为乞丐》,《新华每日电讯》2008年12月8日。

徐娟:《见义勇为奖励标准应尽量统一》,《人民公安报》2012年10月11日。

沈彬:《统一见义勇为标准,关键还在政府投入》,《东方早报》2012年7月24日。

玉炜:《保障性住房,9 000亿元怎么花》,《人民日报》2008年11月13日。

王炜:《经济适用住房如何"经济"适用》,《人民日报》2007年8月24日。

王炜:《988万低收入家庭通过廉租房制度解决住房难》,《人民日报》2007年5月10日。

李小彤:《"廉租房"是社会保障性质的住房》,《中国劳动保障报》2010年1月29日。

徐伟:《九成住房自有两亿农民工住哪里》,《时代周报》2012年5月17日。

刘军等:《当前农民工流动就业数量、结构与特点》,《中国劳动保障报》2005年7月28日。

刘辉:《农民工子女义务教育困境》,《中国社会科学报》2010年3月11日。

卢美慧等:《北京打工子弟学校被关停后三成学生回原籍读书》,

《新京报》2012年8月27日。

周全德等:《多重因素导致农村教育萎缩》,《中国社会科学报》2010年6月1日。

《重点高校农村学生越来越少——城乡教育差距由显性转为隐性》,《报刊文摘》2009年1月21日。

叶伟民等:《从"读书改变命运"到"求学负债累累"》,《南方周末》2010年1月28日。

江静等:《公共职能缺失致中国经济逆服务化》,《中国社会科学报》2011年2月17日。

朱玲:《政府与农村基本医疗保障制度选择》,《中国社会科学》2000年第4期。

王鹏权:《"新农合":农民得到更多实惠》,《中国社会科学院报》2008年12月23日。

苏大鹏:《十年形成劳保法律体系,十大劳保制度保障民生》,《经济日报》2004年7月31日。

郭少峰:《报告称6成非贫困家庭享低保 政策实施滥用职权》,《新京报》2013年2月24日。

丁刚:《惠及37万城乡低保边缘对象》,《北京社会报》2008年12月31日。

张怀雷等:《为失地农民建立社会保障体系的紧迫性》,《中国社会科学报》2010年12月16日。

韩俊:《失地农民的就业和社会保障》,《经济参考报》2005年6月28日。

张煜柠:《超越增长共识 关注社会"短板"》,《中国社会科学院报》2008年12月30日。

李培林:《加强群体事件的研究和治理》,《中国社会科学报》2010

年10月19日。

卢现祥:《政府资源过多制约经济持续繁荣》,《中国社会科学报》2011年2月17日。

阎洪菊:《俄罗斯:以消费政策应对金融危机》,《中国社会科学院报》2009年6月18日。

王丰丰等:《美国医改劫"富"济"贫"》,《国际先驱导报》2010年3月26日。

郑秉文:《止"瘦"增"肥"国际社会保障发展新取向》,《中国劳动保障报》2009年7月24日。

周悦:《中国社会保障体系"全覆盖"仍任重道远》,《中国社会科学报》2010年5月6日。

林晓洁:《覆盖城乡全体居民　着力保障改善民生——胡晓义就〈社会保险法〉出台答记者问》,《中国劳动保障报》2010年11月26日。

周晖:《过去5年是社会保障事业发展最快的时期》,《中国劳动社会保障部》2010年11月26日。

李涛:《2005年税务部门征收社保费增25%》,《中国税务报》2006年4月14日。

郭烁:《农民工参加基本养老保险是历史性突破》,《中国社会科学报》2009年2月12日。

郑秉文:《养老保险关系转续的深远意义与深层思考》,《中国劳动保障报》2010年1月19日。

蒋彦鑫:《事业单位分类改革设5年过渡期事业编只减不增》,《新京报》2012年4月17日。

戚铁军:《2007年中国劳动保障报十大新闻》,《中国劳动保障报》2008年1月4日。

张晓松等:《中国任何时候都能够养活自己的老年人——胡晓义副

部长回应养老保险相关热点问题》,《中国劳动保障报》2009年6月13日。

陈斌:《别让老有所养成为南柯一梦》,《南方周末》2011年3月24日。

陈斌:《事业单位最终还是取消为上》,《南方周末》2011年4月14日。

耿雁冰:《我国社会保障支出占财政12%远低于西方国家》,《21世纪经济报道》2012年6月15日。

王俊、李沐涵:《深圳市启动事业单位养老制度改革》,《京华时报》2012年8月24日。

《医药卫生体制改革近期重点实施方案》,《新华每日电讯》2009年4月8日。

刘铮等:《全民医保制度框架基本建成享受医保达12.6亿人》,《南方日报》2011年12月17日。

曾亮亮等:《三年医改惠及13亿人医保覆盖率达到95%以上》,《经济参考报》2012年6月26日。

肖国强等:《新医改一年间》,《浙江日报》2010年7月27日。

韩宇明:《内地医保缴费年限将各地互认并累计》,《新京报》2012年6月28日。

李梵:《谁在阻碍新医改》,《21世纪经济报道》2010年6月24日。

陈海华:《神木免费医疗:走得还好吗?》,《人民日报海外版》2011年9月17日。

何忠洲:《有钱不会花》,《南方周末》2010年1月28日。

顾昕、朱恒鹏等:《"全民免费医疗"不能成为中国实现全民医保的路径》,《中国劳动保障报》2011年1月14日。

郑功成:《走向"全民医改"的改革优化之路》,《中国劳动保障报》

2010年11月23日。

武唯:《贯彻新〈工伤保险条例〉推动新发展》,《中国劳动保障报》2010年12月29日。

韩宇明:《强征五险背后的企业负重账》,《新京报》2011年12月9日。

刘振杰:《保障性住房建设进入快车道》,《中国社会科学报》2011年12月1日。

王炜:《住房和城乡建设部:公租房运行,鼓励企业当主体》,《人民日报》2010年7月20日。

郭熙保等:《让保障性住房公平惠及民生》,《中国社会科学报》2010年11月30日。

赵秀池:《完善退出机制:经适房循环利用的关键》,《中国社会科学报》2011年3月3日。

《教育支出4%牵动中国19年李岚清被指"说空话"》,《中国青年报》2012年3月7日。

江静等:《公共职能缺失致中国经济逆服务化》,《中国社会科学报》2011年2月17日。

梦薇:《教育资源配置:一笔亟需算清的"公平账"》,《中国社会科学报》2010年7月29日。

周颖:《民政部等我国孤儿的现状与面临的困境调查报告》,《新京报》2005年10月19日。

底东娜:《全国孤儿人数超过71万5年增长约24%》,《新京报》2011年6月1日。

卫敏丽等:《医疗救助起付线将降低》,《北京青年报》2009年6月23日。

王卫国:《北大报告称农村八旬老人仍有20%在务农》,《南方都市报》2013年6月4日。

封进:《强制高保障不现实》,《中国社会科学报》2011年12月22日。

蒋彦鑫等:《农村老人月均养老金仅74元不足城市老人5%》,《新京报》2012年7月11日。

朱恒顺:《保障残疾人就业 法律的三大落点》,《法制日报》2010年3月24日。

杨良初:《社保基金入政府预算更具有控制和问责等功能》,《财经国家周刊》2013年4月1日。

许多奇:《中国:"缩差型"社会保障再分配模式的选择》,《中国社会科学报》2010年1月12日。

王鹏权:《〈社会保险法〉正式立法:不是今年或明年的事——郑秉文专访》,《中国社会科学报》2009年2月10日。

王薇等:《美国医改,钱从何处来?》,《经济参考报》2009年11月19日。

贾康等:《关于中国养老金隐性债务的研究》,《财贸经济》2007年9月15日。

降蕴彰:《养老金全国统筹方案年内完成2015年底将实现》,《经济观察报》2013年8月16日。

姜崴:《社科院:养老金待遇差50倍 四成人认为不公》,《北京晨报》2013年2月23日。

林凌:《中国农民对城市化的贡献》,《光明日报》2006年1月17日。

杨华云:《国务院列出时间表:养老保险2012年全国统筹》,《新京报》2008年12月23日。

陈佳:《收入分配改革方案年内出台养老保险将全国统筹》,《南方都市报》2012年5月31日。

任宝宣:《五千多万企业退休人员领到新增养老金》,《中国劳动保障报》2011年2月11日。

韩宇明:《强征五险背后的企业负重账》,《新京报》2011年12月9日。

李涛:《2005年税务部门征收社保费增25％》,《中国税务报》2006年4月14日。

郑功成:《社保基金应该实行集权监督》,《中国劳动保障报》2007年6月8日。

郑秉文:《费改税不符合社保制度改革的趋势》,《中国劳动保障报》2007年1月18日。

王建峰:《未来五到十年中国养老业有望获大发展》,《中国社会科学报》2010年7月15日。

贾立君、宋魏:《3 300万失能老人身处窘境护理难养老院不愿接收》,《经济参考报》2012年7月25日。

魏铭言:《5年拟增养老床位300万张》,《新京报》2011年12月9日。

《新加坡:政府资助护理机构》,《中国劳动保障报》2012年3月20日。

《武寅出席老龄化背景下社会保障与可持续发展国际会议》,《中国社会科学报》2010年5月13日。

余丰慧:《上海"社保年亏百亿"警示全国》,《新京报》2011年2月16日。

张茉楠:《我国养老基金只占GDP的2％远不及发达国家》,《每日经济新闻》2013年9月5日。

韩旭:《人社部专家建议退休年龄应延至65岁》,《京华时报》2012

年7月2日。

《退休年龄不提高养老保险制度难持续》，《新京报》2012年6月7日。

李珍：《养老保险制度改革更需要顶层设计》，《第一财经日报》2012年6月19日。

胡偾：《拆解社保新改革》，《中国社会科学报》2010年1月21日。

何平：《社保基金安全运营需要成熟的市场机制》，《中国劳动保障报》2007年6月12日。

刘霞辉：《积极又谨慎地对待养老金入市》，《中国社会科学报》2012年3月24日。

赵丽：《中国社保基金的投资问题》，《经济学消息报》2007年4月20日。

钟正：《千万地方养老金已获准投资股票及债券市场》，《中国证券报》2012年1月17日。

周人杰：《为全民养老铸就安全防线》，《人民日报》2012年12月23日。

林晓洁：《覆盖城乡全体居民　着力保障改善民生》，《中国劳动保障报》2010年11月26日。

郑功成：《在挑战中把握社保推行的机遇》，《中国青年报》2008年12月29日。

后 记

本书的责任编辑王兰萍博士希望我在后记中写写我编著这本书的初衷。我想了想,编著本书主要基于以下两方面的原因:一是希望比较客观全面地把我国社会保障法治六十年的发展历程记录下来,为人们比较方便地了解这一制度的发展变化开辟一条蹊径,也为有志于研究我国社会保障法治的学者提供最基础的资料和线索;二是希望人们在阅读中能够发现我国社会保障法治在今天的社会环境下存在的问题和不足,这些问题和不足产生的原因以及给国家经济社会发展所造成的不利影响,并为完善我国的社会保障法治提供更多的建设性意见和建议,使我国人民能够早日过上发达国家人民那种没有大的生活风险担忧的日子。

许多国家在进入工业化社会以后,都要基于一定的价值观念、通过立法赋予公民在年老、生病、伤残、失业、贫困等生活风险出现而导致收入中断时,可以从国家获得物质帮助的权利,即赋予公民以社会保障权。第二次世界大战以后,在联合国的一系列文件中,国家赋予公民社会保障权是作为国际人权被提出来的。1948 年,联合国大会通过的《世界人权宣言》在第 22 条规定:"所有公民,作为社会成员之一,都享有社会保障权。"第 25 条进一步规定:"每个人都有权享受能够保证个人及其家庭身心健康的生活标准,其中包括食物、衣物、住房、医疗、必要的社会服务,以及在失业、生病、残疾、丧偶、老年或其他个人无法控制的影响生机的情况下获得社会保障的权利。"1966 年,联合国通过的

《经济、社会、文化权利国际公约》第9条规定:"本公约缔约各国承认人人有权享受社会保障,包括社会保险。"第11条规定:"本盟约缔约国确认人人有权为自己和家人获得相当的生活标准,其中包括得当的食物、衣物、住房,并有权获得这些方面的不断改善。签约国将采取合适步骤确保这个权利的实现。"我国于1998年签署了《经济、社会、文化权利国际公约》,2003年,全国人大常委会正式批准中国加入该公约,这是中国政府在保障公民社会保障权方面对国际社会的郑重承诺,并且在十余年中为此做出了积极的努力。

社会保障权是公民应当享有的一项法定权利,是相对于现代社会保障制度建立之前,国家对社会最贫困者提供最基本生存需要的措施而言的。那时,获得政府极有限物质帮助不是贫困者的权利,而是政府采取的社会自我保护措施,具有极大的偶然性和不确定型。对此,18世纪经济学家约翰·穆勒就曾指出,对穷人的救济不应当依赖不可靠、没有规律的私人施舍,而应当由国家依照法律有组织、有计划地进行。19世纪末20世纪初,许多国家开始建立社会保障制度。即使在以判例法为传统的英国,其20世纪以来的成文法主要是社会保障立法。社会保障权是法定权利,意味着公民依据法律规定可以向政府提出提供社会保障待遇的请求,"它是对权威或通过权威的一个要求……这个要求是必须答应的。当局不能不给公民他的权利。"①"权利"一词在福利领域被用来描述一个所赋予的接受国家福利的机会,相关权利来源于国家的法定责任。② 也意味着法律对公民社会保障权的规定是"赋予权利人享有某种对待的资格。""权利是对利益享有的资格,这种利益是以相同方式给权利人带来好处的东西。一项要求权使权利人对实现其

---

① [美]弗里德曼:《法律制度》,李琼英译,华夏出版社1988年版,第267页。
② [英]内维尔·哈里斯等:《社会保障法》,李西霞等译,北京大学出版社2006年版,第35页。

要求这一利益享有资格,例如,给予养老金。"[1]具有权威性和稳定性的社会保障法是公民社会保障权的主要渊源,它在规定公民有获得社会保障权的同时,也规定了国家有为公民提供社会保障待遇的责任。

自19世纪下半叶德国率先在世界上建立社会保险制度以来的一百多年间,世界绝大多数国家都建立了与本国经济发展水平相适应的社会保障制度。欧美等发达国家逐步完善起来的社会保障制度彰显出了它们在经济社会发展中的重要作用。同时他们的经验也表明:在一个健康的现代社会中,经济发展与社会发展是协调同步进行的。经济发展是要创造更多的物质财富,为不断提高人们的生活水平和生活质量提供坚实的物质基础;而社会发展则是在实现了旨在体现社会公平的社会政策以后,使得社会全体成员都能够分享到经济发展的成果,由此形成人民安居乐业、经济持续发展、社会稳定和谐的局面;而在一个绝大多数人处于焦虑不安的病态社会,由于主要顾及发展经济,而忽视人们对于经济发展成果的共享或分享,导致社会贫富差距扩大、社会矛盾多发、内需严重不足等问题,进而影响到经济发展和社会稳定。发达国家社会保障制度发展的历史让我们获得了以下值得借鉴的信息:

一、社会保障制度全覆盖是逐步实现的。德国在1957年才将农民纳入养老保障制度,在1972年对农民实行医疗保险,从此,除了少数最高收入者没有资格参加和享受社会保险以外,德国社会保障制度惠及到绝大多数社会成员;法国1961年建立农业经营者的疾病与生育保险,1966年建立非农业人口中的非雇佣劳动者的疾病与生育保险,1978年7月1日的法律规定,家庭补贴也无职业条件地向所有居民发放,2000年实现了全民疾病保障;1993年,克林顿上台执政,就对美国

---

[1] [英]米尔恩:《人的权利与人的多样性——人权哲学》,夏勇等译,中国大百科全书出版社1995年版,第118、123页。

的医疗保险进行改革,他的改革方案引起了国会内外的辩论,总统与国会也进行过几次争论,直到 1996 年才达成了将医疗保险的覆盖范围由原来的 84% 提高到 95% 的协议;① 日本按照不同的职业群体设置的养老保险制度也是逐步建立起来的,国家公务员共济组合法、厚生年金法(在职职工)、农民年金法(农民)等相继制定实施,逐步将所有的日本国民保护了起来。② 全民性的社会保障项目覆盖了社会上各个阶层而不仅是社会底层的利益,所有的居民都可以在有可能降低或消除其生活来源的风险面前受到保护。

社会保障制度逐步实现全覆盖,是社会保障制度普遍性原则的体现。在工业化社会,每个人都有可能因为个人的或者社会的原因丧失财富或者丧失创造财富的能力和机会,国家需要为每个因为个人或社会原因不能维持最基本生活需要的人提供基本的生活所需,而且每一个处于贫困境地的人在获得国家物质帮助时是平等的。然而,受社会经济发展阶段的影响,社会保障制度以及与之相关的社会保障权只能呈现出逐步完善的态势,保障范围从保障雇佣劳动者扩及自由职业者再扩及农业劳动者,最后达到覆盖全民的目标。在这个过程中,国家总是首先帮助那些最需要帮助的人群,由此减少社会对生活处于困境成员的排斥,使获得社会保障待遇者感到社会对于他们的认可和尊重。这无疑是社会文明和进步的表现。

二、社会保障制度项目逐步齐全,待遇标准逐步提高。在英国,社会保障制度分为三大类:第一类是缴纳国民保险金后享受的国民保险待遇,即以养老保险、医疗保险、失业保险、工伤保险为内容的社会保险待遇;第二类是不需缴纳费用就可以享受到的社会福利,包括为儿童、

---

① 郑秉文等主编:《当代东亚国家、地区社会保障制度》,法律出版社 2002 年版,第 273、280 页。

② 和春雷主编:《社会保障制度的国际比较》,法律出版社 2002 年版,第 109 页。

单亲家庭、残疾人、寡妇鳏夫、因战争伤残以及战争遗属、未缴纳养老保险费者等提供的补助;第三类是对低收入者提供社会救助,包括住房补贴、教育补贴、儿童补贴、孕产妇补贴、鳏寡孤儿补贴、低收入家庭补贴等。所有这些待遇涉及到人们生活的方方面面;[1]在德国,巨大的社会保障网不仅使人们的例如生、老、病、死、失业这些一般生活风险获得了保障,而且使人们在遭遇例如战争伤害、暴力行为伤害以及因接种公共疫苗受伤害这些特殊的生活风险时也能够获得一定的补偿,此外,国家还为人们提供教育、住房、子女等补贴,对于不能获得社会保险待遇或者社会保险待遇不能保障最基本的生活需求时,政府为他们提供社会救济。1997年,社会保障支出为12 361亿马克,占当年国民生产总值的34.9%;[2]瑞典公共开支在国民生产总值中所占的百分比,在20世纪80年代初,曾高达60.1%以上,这在世界上都是名列前茅的。[3] 现代社会保障制度是国家为了维持社会再生产,借助法律对人们在个人谋生能力中断、丧失或需要特别支出时,对他们的基本生活需要予以适当保障的制度。因此,社会保障项目的设置以及待遇标准的高低,对于能否保障人们基本生活需要具有根本性影响。

西欧社会保障制度的全民化和全面保障,虽然使国家因承担了全体公民的终身保障责任而背上了沉重的财政负担,但是国家也因在整个社会保护系统中占据了绝对的优势地位而增加了亲和力。全民化和全面保障虽然没有从根本上改变贫富悬殊的状态,但是它使广大劳动人民获得了比较充分的经济保障和服务保障,享受到了经济发展的成果。在财产私有化的社会中,现代社会保障制度使人们的需求实现了

---

[1] 李琮主编:《西欧社会保障制度》,中国社会科学出版社1989年版,第194—195页。
[2] [德]霍尔斯特·杰格尔:《社会保险入门》,刘翠霄译,中国法制出版社2000年版,第6页。
[3] 孙炳耀主编:《当代英国瑞典社会保障制度》,法律出版社2000年版,第283页。

社会化。

三、国家对社会保障支付承担了最终责任。在西欧各国,社会保险是在厘清了个人、雇主和国家的责任的前提下,社会保障所需经费由国家承担最终财政责任。在英国,1946年的国民保险法规定,年满16岁、已经就业的国民,必须参加国民保险,缴纳国民保险金,才可以享受到养老、失业、医疗、伤残等待遇。1948年的国民救济法规定,对于那些没有收入或收入太低,没有能力缴纳国民保险金者,可以领取国民救济金,使这些人的生活能达到国家规定的最低标准。在国家对全体国民实施全面的社会保障项目时,社会保险资金虽然由雇员和雇主共同缴纳,但是政府仍然承担着最终的财政责任。英国社会保障基金25%来自雇员缴纳,25%来自雇主缴纳,50%是政府财政拨款,[1]而社会保障的其他项目的经费,例如住房补贴、儿童津贴、社会救济金等,全部由政府从财政支出;在德国,雇佣劳动者必须缴纳社会保险费,才能享受社会保险待遇;不能从社会保险中获得待遇者,或者社会保险待遇不能满足最基本生活需要者,可以获得社会救济待遇。国家不仅在社会保险基金不足以支付时予以财政补贴,而且社会保障其他项目所需经费,也由国家从财政收入中支付。[2] 例如,联邦用于农业社会保障政策的资金从1982年的37亿马克增加到1996年的77亿马克。1998年,联邦为农民疾病保险和养老保险提供了59亿马克的巨额津贴。联邦虽然采取了必要的节约和统一措施,但经济上的援助仍在成倍增加;[3]在瑞典,每一个国民都能够获得基本年金,而且无须缴纳保险费,雇主只缴纳工资总额4.7%的保险税,基本年金总额的55%由政府负担,极大

---

[1] 李珍主编:《社会保障理论》,中国劳动社会保障出版社2001年版,第87页。

[2] [德]霍尔斯特·杰格尔:《社会保险入门》,刘翠霄译,中国法制出版社2000年版,第5页。

[3] 刘翠霄:《天大的事》,法律出版社2006年版,第335页。

地体现了社会平等。① 欧洲福利国家一百多年社会保障发展史表明,国家担负社会保障责任已成为历史的大趋势。国家把收入保障和社会保障作为公民的基本社会权利,并且在保证和拓展这些权利方面负有主要责任。"福利国家"之称正是从政府的责任和保障水平的角度来界定的。

美国自20世纪60年代以来,福利费用也在逐年攀升。1960年,政府在社会保障上的转移支付为236亿美元,1980年为2 712亿美元,1/3的家庭可以得到不同形式的政府补贴。② 与欧洲福利国家相比,美国社会保障制度最明显的特点是,转移支付部分比较少,即社会再分配的程度比较低。养老保险、医疗保险和失业保险采取基金化的财务制度,职工缴纳的社会保险费构成养老保险基金、医疗保险基金和失业保险基金,养老金、医疗费用和失业保险金完全由基金支付,政府不提供任何补贴。为了提高人们的福利待遇水平,美国政府更多采用税收补贴这种间接开支的形式,并且一直保持以企业为核心的社会保障运行机制。这是美国不被西欧福利国家认可为福利国家的主要理由。③

国家之所以是保障公民社会保障权得以实现的财政承担者,是因为即使在国家权力有限的现代社会,征税权依然掌握在国家手中,它可以使用征得的税款,通过国民收入再分配的方式,为生活处于不利地位的社会成员解决生存问题。正是由于国家享有任何组织和个人所不能享有的征税权力以及对财政收入转移支付权力,所以,只有它有能力并且应当承担起为遭遇生活风险的公民提供生活保障的义务。

---

① 李琮主编:《西欧社会保障制度》,中国社会科学出版社1989年版,第373页。
② 顾俊礼主编:《福利国家论析——以欧洲为背景的比较研究》,经济管理出版社2002年版,第272页。
③ 郑秉文等主编:《当代东亚国家、地区社会保障制度》,法律出版社2002年版,第146页。

四、国家出面对社会保障制度进行统一的组织管理和监督。20世纪40—50年代,资本主义由一般垄断转变为国家垄断,社会生产力也在高速发展,在这样的社会背景下,《贝弗里奇报告》才提倡社会保障的"普遍性"原则,并且改分散管理制度为全国统一制度,使西欧的社会保障制度成为高度社会化的社会保障制度。英国的社会保障事务由卫生社会保障部主管,负责处理政策性问题并监督各区级机构的业务。区级保险局负责处理本区保险金和津贴支付业务并监督各地方保险办事处的工作。地方保险办事处负责收缴保险费和发放保险金。这样自上而下,形成了统一完整的社会保障事务的行政管理和监督体系;在德国,由于社会保障的管理和营运体系与公民自我保障和社会市场经济这两个原则相适应,因而不像英国和瑞典那样,由政府来包办社会保障事务,而是由受保险人和雇主各推出1/2的代表组成公法人自治团体,按照不同的保险项目,分别组成养老保险机构、医疗保险机构、失业保险机构等。[①] 各自治组织负责社会保险的具体运营。联邦有劳工社会部,负责筹划全国社会保障事宜,各县、市设立保险事务所,事务所对社会保险的所有问题提供咨询,并对社会保险营运机构的工作行使监督权。德国自俾斯麦建立社会保险制度时起,就确立的这种社会保障管理体制,经久不衰,表现出了很强的生命力;在法国,社会保障按风险分立的原则设立了疾病保险、老年保险、家庭给付三个原则上独立的全国社会保障所和地区以及基层社会保障所。又按照代表互等原则,由雇主和代表雇员利益的工会双方指定的相同数额的代表组成社会保障所。按照由雇员和雇主代表指定而不是选举出行政管理员的原则,组成管理机构进行管理,由政府社会事务部进行监督。管理机构与监督

---

① [德]霍尔斯特·杰格尔:《社会保险入门》,刘翠霄译,中国法制出版社2000年版,第17页。

机构之间建立目标和管理协议,协议就风险的管理、服务质量的改善、预防、财政管理等作出规定,以确保协议中所确立的目标得到实现。①但是,与英国和德国不同,法国没有建立起单一制的社会保障事务所。

美国社会保障的兴办和管理呈现出与西欧不同的特点。由市场化和社会化的社会保障倾向所决定,美国的社会保障组织表现出体制的多元化:联邦、州和地方政府兼顾,非赢利组织与赢利组织兼顾,公私兼营,且后者为发展的重点和方向:(1)联邦、州和地方政府兼顾。1935年美国社会保障法强调发挥联邦政府对社会保障的责任和作用。而艾森豪威尔、尼克松、里根、布什等总统则重视同时发挥州和地方政府的作用。真正确定由联邦政府、州和地方政府共同管理社会保障项目的是尼克松以来的历届政府。而推动美国社会保障政策由强化联邦政府职能到联邦政府和州及地方政府的兼顾则是由多方面因素促成的;(2)各级政府承担和社团、公司及私人承担的公私兼顾体制。1945年至1969年,政府特别是联邦政府的作用比较突出,而20世纪70年代以来,强化了地方和州政府及私人团体的作用。有人指出:"在当代美国,政府承担了提供社会福利的主要责任,为全体人民举办了退休养老、老年医疗、工伤、失业保险……但政府并不包揽一切,而是鼓励(主要是通过税收政策)私营企业、非赢利社会组织、慈善团体、基金会等举办社会福利项目,鼓励个人进行养老储蓄和参加非赢利性组织的各种保险以及商业保险公司投保各种保险。"这段话揭示了美国社会保障制度在管理和运作上的多元化特点。②

社会保障制度在西方国家建立和不断发展的实践表明,社会保障制度是资产阶级对资本主义制度进行改良所采用的有效措施。有意对

---

① [法]让-雅克·迪贝卢:《社会保险法》,蒋将元译,法律出版社2002年版,第138—154页。

② 杨冠琼主编:《当代美国社会保障制度》,法律出版社2002年版,第253—258页。

资本主义制度进行改良,说明资产阶级看到并承认资本主义制度的种种弊端,并主张加以改变。尽管这种改良是在不突破资本主义关系的框架、不破坏资本主义的基础上进行的,但是它给广大劳动人民带来了一定的现实利益是不可否认的,即它不仅使劳动人民的生活条件得到了一定改善,生活水平得到了一定程度的提高,而且使劳动人民中为数众多的低收入者和贫困者的生活得到了起码的保障,特别是在人们失业、伤残、疾病、老年这些人生中的被动阶段,因获得必要的保障而具有了生存的安全感。更为重要的是,通过提供教育补贴,使广大劳动人民的教育水平、科学技术知识、劳动技能得到普遍提高,即劳动者的素质得到提高,由此为现代化生产提供了大批合格的劳动力。由于社会保障制度的实施,社会公平得到了极大地体现,缩小了贫富之间的差距,减少了社会的不平等现象,扩大了民主,缓和了社会矛盾,这些都使得在所有制和资本结构都不发生根本性变动的前提下,社会民主党实现了他们的民主社会主义的目标。社会保障成为资本主义向社会主义过渡的表征。

以上所述欧美福利国家社会保障制度的立法理念、制度设计、制度实施中的组织和管理经验等都值得我们认真研究和参考借鉴,并从我国国情出发,对我国的社会保障制度不断加以完善。

在我国,改革开放以后,随着经济社会的发展和社会保障制度的逐步健全完善,一方面人们在遭遇生活风险时由于能够从政府获得一定的经济援助,从而避免陷入贫困。但是,另一方面人们对于生活风险的担忧不是减少了,而是增加了:家庭结构的变化以及家庭功能的弱化,使得许多老年人担心生活不能自理时由谁来照顾自己的生活起居问题;人们都会说"有啥别有病",这不仅因为疾病带给人肉体痛苦,而且昂贵的医疗费也让许多人谈病色变;年轻人更是为买房、子女上学、赡养父母等问题焦虑不安……有人把对养老、医疗、住房、教育这些生活风险的担忧和顾虑说成是"压在老百姓身上的四座大山"确实比较形象。因为无论在城市还是在乡村,人们在承认生活水平有了很大提高的同时,认为日子过得并不舒心。不舒心的原因是因为身上压着一座或者几座大山。搬掉压在人们心头大山的有效措施是在发展经济、增强国力的基础上,不断健全和完善我国的社会保障制度,真正实现"老有所终,壮有所用,幼有所长,鳏寡孤独废疾者,皆有所养",推动中国梦成为现实,早日在中国建成人们期待并为之奋斗了两千多年的小康社会。

刘 翠 霄

2014 年 9 月 28 日